学校・教育問題レファレンスブック

日外アソシエーツ

Reference Books of School and Educational Issues

Compiled by
Nichigai Associates, Inc.

©2013 by Nichigai Associates, Inc.
Printed in Japan

本書はディジタルデータでご利用いただくことができます。詳細はお問い合わせください。

●編集担当● 簡 志帆
装丁：赤田 麻衣子

刊行にあたって

　家庭教育・保育から学校教育・生涯教育に至るまで、あらゆる人々に関わりがあることもあり、教育への関心は高い。近年でも、学力低下、教師による体罰、「いじめ」とそれによる子どもの自殺、親の養育放棄や児童虐待など学校・教育をめぐる様々な問題が注目されている。

　小社では、辞書・事典などの「参考図書」を分野別に調べられるツールとして、『福祉・介護 レファレンスブック』『「食」と農業 レファレンスブック』（2010年刊）、『動植物・ペット・園芸 レファレンスブック』『児童書 レファレンスブック』（2011年刊）、『環境・エネルギー問題 レファレンスブック』（2012年刊）の5冊を刊行した。本書はそれに続くタイトルで、学校・教育問題に関する参考図書を収録している。全体を「教育全般」「家庭教育」「幼児教育・保育」「学校教育」「大学教育」「社会と教育」に分け、それぞれを参考図書のテーマに沿った分類別にわかりやすく排列し、さらに書誌、年表、事典、索引、年鑑など参考図書の形式ごとに分けて収録した。また、すべての参考図書に内容解説または目次のデータを付記し、どのような調べ方ができるのかわかるようにした。巻末の索引では、書名、著編者名、主題（キーワード）から検索することができる。

　インターネットの検索で必要最小限の情報をすぐに得られるようになった現代だが、専門の年鑑や統計集、事典に掲載されている詳細な内容から得られる情報が高い信頼性を持っていることは言うまでもない。本書が、学校および教育問題のための参考図書を調べるツールとして、既刊と同様にレファレンスの現場で大いに利用されることを願っている。

　　2013年8月

　　　　　　　　　　　　　　　　　　　　日外アソシエーツ

#　凡　例

1．本書の内容

　　本書は、学校・教育問題に関する書誌、事典、ハンドブック、法令集、年鑑、統計集などの参考図書の目録である。いずれの図書にも、内容解説あるいは目次を付記し、どのような参考図書なのかがわかるようにした。

2．収録の対象

（1）1990年（平成2年）から2012年（平成24年）までの間に日本国内で発売された学校・教育問題に関する参考図書を収録した。また昭和期の刊行でも、主要な参考図書については収録した。収録点数は2,381点である。

（2）年刊版の学校案内・受験ガイドは原則として収録対象から外した。

3．見出し

（1）全体を「教育全般」「家庭教育」「幼児教育・保育」「学校教育」「大学教育」「社会と教育」に大別し、大見出しを立てた。

（2）上記の区分の下に、各参考図書の主題によって分類し、126の中見出し・小見出しを立てた。

（3）同一主題の下では、参考図書の形式別に「書誌」「年表」「事典」「辞典」「索引」「名簿」「ハンドブック」「法令集」「カタログ」「地図帳」「年鑑・白書」「統計集」の小見出しを立てた。

4．図書の排列

　　同一主題・同一形式の下では、書名の五十音順に排列した。

5．図書の記述

　　記述の内容および記載の順序は以下の通りである。

書名／副書名／巻次／各巻書名／版表示／著者表示／出版地（東京以外を表示）／出版者／出版年月／ページ数または冊数／大きさ／叢書名／叢書番号／注記／定価（刊行時）／ISBN（Ⓘで表示）／NDC（Ⓝで表示）／目次／内容

6．索引

(1) 書名索引

　　各参考図書を書名の五十音順に排列し、所在を掲載ページで示した。

(2) 著編者名索引

　　各参考図書の著者・編者を姓の五十音順、名の五十音順に排列し、その下に書名と掲載ページを示した。機関・団体名は全体を姓とみなして排列、欧文のものは五十音順の後にABC順に排列した。

(3) 事項名索引

　　本文の各見出しに関するテーマなどを五十音順に排列し、その見出しと掲載ページを示した。

7．典拠・参考資料

　　各図書の書誌事項は、データベース「BOOKPLUS」およびJAPAN/MARCに拠った。内容解説はできるだけ原物を参照して作成した。

目　　次

教育全般

- 教育一般 ……………………………… 1
- 教育学 ………………………………… 18
- 教育思想 ……………………………… 20
- 教育史 ………………………………… 20
- 教育事情 ……………………………… 23
  - 海外の教育事情 …………………… 28
- 教育産業 ……………………………… 31
- 教育制度 ……………………………… 31
- 教育行政 ……………………………… 55
- 教育財政 ……………………………… 62
- 教育政策 ……………………………… 64
- 教育改革 ……………………………… 66
- 教育心理 ……………………………… 67
  - 発達心理学 ………………………… 69
- 精神衛生 ……………………………… 70

家庭教育

- 家庭教育一般 ………………………… 72
  - 学習法 ……………………………… 73
  - 読み聞かせ ………………………… 73
- 子育て ………………………………… 75
  - 子育て支援 ………………………… 77
  - 学童保育 …………………………… 78
- 家庭環境・家庭問題 ………………… 79
  - 兄弟関係 …………………………… 79
  - 児童虐待 …………………………… 80
  - 住環境 ……………………………… 82

幼児教育・保育

- 幼児教育・保育一般 ………………… 83
- 幼児教育 ……………………………… 84
  - 幼稚園 ……………………………… 85

- 幼児保育 ……………………………… 85
  - 障害児保育 ………………………… 99
  - 保育所 ……………………………… 100
  - 保育士 ……………………………… 103

学校教育

- 学校教育一般 ………………………… 105
- 学校経営・学校運営 ………………… 117
- 学校施設 ……………………………… 126
- 学校保健 ……………………………… 128
- 学級経営 ……………………………… 131
- 教職員 ………………………………… 134
  - 教員養成 …………………………… 137
  - 教育実習 …………………………… 137
  - 教員研修 …………………………… 138
  - 教師 ………………………………… 140
- 教育課程 ……………………………… 141
- 学習指導 ……………………………… 142
- 教科別教育 …………………………… 145
  - 国語科 ……………………………… 146
  - 英語科 ……………………………… 153
    - 小学校英語 ……………………… 156
  - 算数・数学科 ……………………… 157
  - 理科 ………………………………… 159
  - 社会科 ……………………………… 163
  - 生活科 ……………………………… 169
  - 図画工作・美術科 ………………… 169
  - 体育科 ……………………………… 170
  - 保健科 ……………………………… 172
    - 性教育 …………………………… 173
  - 道徳科 ……………………………… 174
  - 技術・家庭科 ……………………… 175
  - 音楽科 ……………………………… 175
  - 情報科 ……………………………… 176

その他の教育	177
総合的な学習	179
平和教育	179
国際理解教育	179
環境教育	180
消費者教育	181
人権教育	181
子どもの人権	182
福祉・ボランティア教育	183
進路指導	186
キャリア教育	187
教育相談・学校カウンセリング	188
学力問題	189
OECD生徒の学習到達度調査（PISA）	189
評価	190
教科書	191
障害者教育	192
視覚障害	198
聴覚障害	198
発達障害	201
特別支援教育	206
外国人子女・帰国子女教育	207
特別活動	208
学校行事	209
部活動	211
学校生活	211
児童の指導・理解	211
給食指導	212
学校安全	214
いじめ	216
不登校・ひきこもり	217
学校図書館	217
留学	221
留学生	225
通信教育	226
インターナショナルスクール	227

大学教育

大学	228
大学経営	232
国公立大学	232
私立大学	234
大学附属機関	235
海外の大学	236
ノーベル賞	237
大学院	237
大学教育	238
大学教職員	239
大学教員	245
大学生	246
就職	247
アルバイト・フリーター	250

社会と教育

社会教育一般	252
少子化	254
青少年文化	256
実態調査	267
ライフスタイル	269
青少年教育	271
児童健全育成	272
国際交流	273
生涯学習	273
図書館	276
児童福祉	277
児童手当	282
青少年問題	283
青少年犯罪	284
少年司法	284
労働	285
書名索引	287
著編者名索引	321
事項名索引	385

教育全般

教育一般

<書誌>

教育・文化・宗教団体関係図書目録 '45-'93 日外アソシエーツ編 日外アソシエーツ,紀伊国屋書店〔発売〕 1994.12 737p 21cm 25000円 ⓃNDC 4-8169-1270-3
〔内容〕日本国内で刊行された教育・文化・宗教・スポーツ関係の団体に関する図書を網羅的に集めた図書目録。1945年から1993年までに刊行された図書14700点を収録し、関係する団体数は7300である。各団体を教育、文化、社会、宗教、スポーツの5分野に分けて収録。団体名索引を付す。

教育・文化・宗教団体関係図書目録 1999-2003 日外アソシエーツ編 日外アソシエーツ,紀伊國屋書店〔発売〕 2004.10 428p 21cm 16000円 ⓃNDC 4-8169-1869-8
〔目次〕教育(学校法人、学校・大学、保育所、教職員組合、旧制学校・旧藩校、塾・その他の教育団体)、文化(研究所・研究機関、学会・研究会、文化団体・クラブ、芸術団体・芸能団体、文化施設、スポーツクラブ・団体)、社会(医療団体・病院、福祉団体・市民団体、暴力団・テロリズム)、宗教(宗教団体、神社・寺院)
〔内容〕研究・教育・文化・芸術・スポーツ、医療・社会、および宗教の各分野の団体・機関に関する図書を、網羅的に集めた図書目録。1999年(平成11年)から2003年(平成15年)までの5年間に日本国内で刊行された、3585団体に関する図書5932点を分野別に収録。団体名索引付き。

教育文献総合目録 第1集 明治以降教育文献総合目録 付・総索引 昭和24年3月現在 国立教育研究所編 小宮山出版 1976.7 1冊 27cm 8000円 Ⓝ370.31
〔内容〕明治以降の教育関係文献の書誌事項と所蔵機関を収録。第1集では、国立国会図書館支部上野図書館教育関係蔵書の目録を基本とし、これに国立教育研究所附属教育図書館、第一師範学校図書課(望月文庫)、東京女子高等師範学校図書室、東京大学教育学研究室、東京文理科大学教育学研究室、東京文理科大学附属図書館、東書文庫、文部省図書館、早稲田大学附属図書館等の蔵書を加えて所在を明らかにし、更に石川謙、海後宗臣、吉野作造の個人蔵書を収録して、納本制度確立以前の図書を補った。

教育文献総合目録 第2集 地方教育資料総合目録 国立教育研究所編 小宮山出版 1976.7 60,105p 27cm 2000円 Ⓝ370.31
〔内容〕明治以降の教育関係文献の書誌事項と所蔵機関を収録。第2集では、第1集で省かれた郷土資料等に含まれる地方特有の教育資料、各学校の沿革資料、個人の伝記等に重点をおいて収録している。

教育文献総合目録 第3集 第1 明治以降教科書総合目録 第1 国立教育研究所編 小宮山書店 1967 595p 図版 26cm 3000円 Ⓝ370.31
〔目次〕内容:小学校篇(鳥居美和子)

教育文献総合目録 第3集 第2 明治以降教科書総合目録 第2 小宮山書店 1985.2 484p 27cm 30000円 Ⓝ370.31
〔目次〕内容:中学校篇(鳥居美和子)

教育本44 転換期の教育を考える 佐藤学編 平凡社 2001.10 338p 19cm (Best selection) 2000円 4-582-74515-6 Ⓝ370.31
〔目次〕1 教育の再定義(「教え」の不可能性と「学び」の根源性—プラトン『メノン』、子どもの内側から子どもの世界を捉える—ピアジェ『教育の未来』ほか)、2 学びの思想(人はいかにしてなるべき存在になるか—アウグスティヌス『告白』、修道院において成熟した「修養」を基礎とする学び—サン=ヴィクトルのフーゴー『ディダスカリコン(学習論)』ほか)、3 学校という装置(クラスと一斉授業の歴史が意味するもの—ハミルトン『学校教育の理論に向けて』、近代教授理論の出発点を示すテキスト—コメニウス『大教授学』ほか)、4 子どもと社会(「子供期」の発見と学校、家族の変容—アリエス『子供の誕生』、近代教育学のパラダイムを提示—ルソー『エミール』ほか)、5 改革への指標(条約を生かす途をどう考えるのか—国際連合「子どもの権利条約」、グローバルに考える日本の教育、世界の教育—ユネスコ「世界教育レポート2000—教育権」ほか)
〔内容〕新しい教育改革の実現が叫ばれる時代

교育一般　教育全般

に、古典に学び教育の転換点を洞察するための名著を解説するブックガイド。

教育名著の愉しみ　金子茂,三笠乙彦編著
時事通信社　1991.12　275p　21cm　〈各章末:図書紹介〉　2233円　①4-7887-9140-4
Ⓝ370.31
内容 教育のパラダイム、教育学の系譜、新教育の展開、のテーマ別に教育名著を紹介。

教育問題に関する10年間の雑誌文献目録　昭和50年―昭和59年　日外アソシエーツ編　日外アソシエーツ　1987.6　223p　27cm　〈発売:紀伊國屋書店〉　8400円
①4-8169-0668-1　Ⓝ370.31
内容 本書は、日外アソシエーツ編・国立国会図書館監修「雑誌記事索引(人文・社会編)累積索引版」の第5期~第6期をもとに、テーマ別の文献目録として使い易いよう再編成したものの一部で、昭和50~59年(1975~1984)の10年間に発表された教育一般、教育問題に関係する雑誌文献6,659件を収録する。

教育問題の10年　雑誌文献目録1990 - 1999　日外アソシエーツ編　日外アソシエーツ,紀伊國屋書店〔発売〕　2000.4　527p　26cm　24000円　①4-8169-1602-4
Ⓝ370.31
目次 教育一般、教育制度・行財政、教育心理・意識、若者文化・生活、保健・体育、非行・少年犯罪、幼児教育・保育、学校教育、大学教育、障害者教育、社会教育、家庭教育・しつけ
内容 国内発行の総合雑誌、教育専門誌などに掲載された教育問題に関する論評、報道記事の文献目録。教育専門誌、週刊誌、総合雑誌など149誌から1990年~1999年に発表された評論、報道記事14360点を収録。文献は主題によって分類して排列し、各見出しにおける文献は掲載年月日順に行った。各文献の掲載事項は記事タイトルと著者名、掲載紙名、巻号・通号、発行年月、掲載ページ。索引は事項名索引と著者名索引を付す。

教育問題の10年雑誌文献目録　2000-2009　日外アソシエーツ株式会社編　日外アソシエーツ　2010.5　572p　27cm　〈索引あり〉　28000円　①978-4-8169-2254-1
Ⓝ370.31
目次 教育一般、教育制度・行財政、教育心理・意識、若者文化・生活、保健・体育、非行・少年犯罪:幼児教育・保育、学校教育、大学教育、障害者教育、社会教育、家庭教育・しつけ
内容 2000年から2009年まで、教育基本法改正を含む10年間の教育問題に関する記事の索引。教育専門誌、総合誌、週刊誌など189誌から

14647記事を採録し、372のテーマに分類。教育制度、若者文化、非行、学校教育、社会教育、家庭教育など関連分野を幅広く対象とした。著者名索引、事項名索引付き。

児童教育の本全情報　70-92　日外アソシエーツ編　日外アソシエーツ,紀伊國屋書店〔発売〕　1993.1　300p　21cm　12000円
①4-8169-1151-0
内容 児童教育に関する図書をテーマ別に収録した図書目録。1970~1992年に刊行された約5800点を収録。対象テーマは、親子関係、性教育、いじめ、PTAなど。巻末に著者名索引、事項索引を付す。

児童教育の本全情報　1992-2005　日外アソシエーツ編　日外アソシエーツ　2006.1　1066p　21cm　23800円　①4-8169-1960-0
目次 家庭、学校、社会
内容 児童教育に関する図書13443点を収録。1992年~2005年に刊行された図書を316のテーマに分類。ゆとり教育、不登校、フリースクール、学級崩壊、ジェンダー・フリー教育、障害児教育など幅広い分野を収録。巻末に便利な「著者名索引」「事項名索引」付き。

戦後教育資料総合目録　戦後教育資料収集委員会編　日本図書センター　1996.6　132,47p　22cm　〈社会科学書誌書目集成　第3巻〉〈監修:図書館科学会　昭和40年刊の複製〉　6180円　①4-8205-4163-3　Ⓝ370.31
目次 第1部 中央資料(I 新教育、II 教育課程・教科書、III 米国教育使節団、IV 教職適格審査、V 教員養成、VI 大学制度関係　学術会議、VII 教育基本法、VIII 社会教育、IX 文部省の行政機構、X 財政)、第2部 地方資料(I 北海道地方、II 東北地方、III 近畿地方、IV 中国地方、V 九州地方)
内容 1945年9月から1952年5月までの教育関係資料を11の領域に区分して収録。

ブックレビュー教育論　高校から海外留学まで読む115冊　小川吉造著　日本ドリコム　1991.7　285p　19cm　〈製作・発売:文化総合出版〉　1500円　①4-89246-193-8
Ⓝ370.31
内容 教育現場で直面する多岐にわたる諸問題をそれぞれに論じ、解決への道を読みとるための読書ガイド。115冊収録。

明治前期文部省刊行雑誌総目録　国立教育研究所　1968　205p　22cm　〈日本近代教育百年史編集資料　2〉　Ⓝ370.31
内容 文部省が刊行した『文部省雑誌』『教育雑誌』『文部省教育雑誌』の記事目録。主要所蔵機関の所在状況が分かる。

教育全般　　　　　　　　　　　　　　　　　　　　　教育一般

明治・大正・昭和（戦前）教育関係雑誌総覧稿　民間教育史料研究会　1968　94p　25cm　〈作成者：木戸若雄〉　Ⓝ370.31
内容　1944年までに刊行された教育関係雑誌の目録。所蔵が判明している場合は、所蔵先も示している。

＜事　典＞

岩波教育小辞典　五十嵐顕ほか編　岩波書店　1982.2　308p　19cm　1500円　Ⓘ4-00-080034-5　Ⓝ370.33
内容　教育者の人名を含む教育関係用語687項目を収録。

教育キーワード　'90-'91　江川玟成, 髙橋勝, 葉養正明, 望月重信編　時事通信社　1990.5　234p　21cm　1500円　Ⓘ4-7887-6190-7
目次　1 ニュートレンド, 2 学校, 3 教師, 4 子ども, 5 家族, 6 社会, 付録 教育基本用語事典
内容　本書は、ますます複雑化する今日の教育現象の由来、背景を、キーワードを通して一つひとつ解き明かし、読者が、それぞれの場で教育を考え、実践するための視座を提供する、というねらいのもとに編集された。

教育キーワード　'92　江川玟成, 髙橋勝, 葉養正明, 望月重信編　時事通信社　1991.5　234p　21cm　1500円　Ⓘ4-7887-6191-2
目次　1 ニュートレンド, 2 学校, 3 教師, 4 子ども, 5 家族, 6 社会, 付録 教育基本用語事典
内容　本書は、ますます複雑化する今日の教育現象の由来、背景を、キーワードを通して一つひとつ解き明かし、読者が、それぞれの場で教育を考え、実践するための視座を提供する。

教育研究事典　石山脩平等編　金子書房　1954.5　1514,38,22p　27cm　Ⓝ370.33
目次　教育科学, 教育心理, 教育社会学, 教育課程, 教育方法, 教育制度, 教育行財政, 社会教育, 学校教育, 各科教育, 索引, 追加文献
内容　明治以降1951年までに発表された教育関係の文献を収めた。

教育小事典　新版　平原春好, 寺﨑昌男編　学陽書房　1998.7　308p　21cm　3400円　Ⓘ4-313-61030-8
内容　現代社会の教育問題を原理的、歴史的、構造的に理解するための教育用語事典。教育状況の変化と教育研究の発展を踏まえ、新項目を追加し817項目とし、100人の研究者が分担執筆した新版。排列は見出しの五十音順。五十音順の和文事項さくいん付き。

教育小事典　新版 第2版　平原春好, 寺﨑昌男編集代表　学陽書房　2002.4　326p　19cm　3400円　Ⓘ4-313-61032-4　Ⓝ370.33
内容　教育改革の動きにともない改訂を加えた専門用語集。中央省庁等の改編や地方分権、規制緩和の推進に伴なう教育改革、学校週5日制の実施と対応する教育課程基準の改訂、子どもと親の心とからだに関する意識変容を視野に、新たに70項目を追加した全882項目を五十音順に排列して解説する。巻頭に五十音順の見出し項目一覧、巻末に和文事項索引を付す。

教育小事典　新版（第3版）　平原春好, 寺﨑昌男編　学陽書房　2011.4　372p　19cm　〈索引あり〉　2600円　Ⓘ978-4-313-61033-0　Ⓝ370.33
内容　学校・特別支援・ICT教育関係の新規項目を大幅追加。新規収録113項目、総収録945項目。

教育資料事典　日本図書センター　2002.1　4冊（セット）　21cm　56000円　Ⓘ4-8205-8591-6　Ⓝ370.33
目次　篠原教育辞典, 入沢教育辞典
内容　『篠原教育辞典』上・下巻と『入沢教育辞典』上・下巻の計4冊を復刻したもの。第1巻では、昭和10年宝文館より刊行の『増訂 教育辞典』を底本とした『篠原教育辞典』上巻を収録。教育に関わる用語を原則として五十音順に排列する。巻末に五十音順またはアルファベット順の索引を付す。

教育名言辞典　寺﨑昌男編　東京書籍　1999.5　658p　21cm　9500円　Ⓘ4-487-73321-9
目次　第1編 学ぶ, 第2編 求める, 第3編 知る, 第4編 考える, 第5編 育つ, 第6編 生きる, 第7編 関わる, 第8編 教える, 第9編 育てる, 第10編 築く
内容　教育に関する名言を集め解説を加えた辞典。600項目を収録。項目ごとに、歴史的な背景、内容のポイント、関連するエピソード、現代における意義などを解説。巻末に、人名・事項索引を付す。

教育問題情報事典　日外アソシエーツ編　日外アソシエーツ, 紀伊國屋書店〔発売〕　1993.2　452p　19cm　4800円　Ⓘ4-8169-1160-X
内容　教育問題の様々なテーマを、601語の用語解説と6900点の参考文献で示す情報事典。収録テーマは、教科書裁判、同和教育など継続中の教育に関する問題から、学校5日制、業者テスト、エイズ教育など最新の問題、おたく族、女子高生絞殺死事件などの社会現象・事件、関連の機関・団体名、会議・条約名など。巻末には「参考文献著者索引」、キーワードから引

教育一般　　　　　　　　　　教育全般

ける「事項索引」を付す。

教育問題情報事典　第2版　日外アソシエーツ編著　日外アソシエーツ,紀伊国屋書店〔発売〕　2002.2　450p　19cm　5300円　Ⓘ4-8169-1706-3　Ⓝ370.33

（内容）教育問題を理解するための用語とその参考文献をまとめた事典。1993年刊の「教育問題情報事典」の全面改訂版。基本用語から社会現象・事件、機関・団体、法令などの用語731語を選定、図書・雑誌の参考文献5473点を収録。見出し用語の五十音順に排列し、用語には可能な範囲で英文表記も付記し、すべてに解説・語義説明がある。文献は図書・雑誌に分けてそれぞれ新しいものから順に書誌事項を掲載する。巻末に五十音順の参考文献著者索引・事項索引がある。

教育用語辞典　山崎英則,片上宗二編　（京都）ミネルヴァ書房　2003.7　547p　19cm　2400円　Ⓘ4-623-03606-5

（内容）最新のタームを含む1800項目を収録。21世紀に教育の動向に対応した、最も新しい辞典。教育の基礎知識をわかりやすく、しかも、しっかりと定義。はじめて教育を学ぶ人のための参考書であり、教育の現場の実践を背後から支え、研究者の机上でいつでもどこでも役立つ辞典。

教職をめざす人のための教育用語・法規　広岡義之編　（京都）ミネルヴァ書房　2012.6　11,297p　19cm　〈文献あり 年表あり 索引あり〉　2000円　Ⓘ978-4-623-06341-3　Ⓝ370.33

（目次）項目、関連法規・資料

（内容）新法制、新しい学習指導要領に対応した内容。194の人名と、最新の教育時事用語も含めた合計863の項目を収録。採用試験に頻出の法令（教育基本法は新旧両方）、役立つ資料を収録。2段組で見やすく、わかりやすい解説。

現代教育活動事典　改訂版　石堂豊,金子孫市編　世界書院　1979.4　699p　22cm　〈監修：石堂豊,金子孫市　参考文献：p673～684〉　4500円　Ⓝ370.36

（目次）1 教育の意味と目的、2 教育行政・制度、3 教師、4 学校の管理・運営、5 学級経営・学年経営、6 教育課程、7 授業の計画と展開、8 教科外の諸活動、9 教材と教育機器、10 学校の教育施設・設備、11 教育の測定と評価、12 ガイダンスとカウンセリング、13 子どもの成長と発達、14 学校と地域社会との関係、15 教育学論文の作成法、参考文献、事項索引、人名索引

（内容）教育科学の諸領域を大項目によって14章に分類し、中項目と小項目で日常の教育活動を考察し展開するに必要な諸事項を具体的・事例

的に解説している。

現代教育小事典　藤永保,森隆夫編　ぎょうせい　1980.4　357p　19cm　1500円　Ⓝ370.33

（内容）教育全般約910項目について解説した事典。巻末に事項の和文索引・欧文索引を付す。

現代教育方法事典　日本教育方法学会編　図書文化社　2004.10　609p　21cm　〈付属資料：CD-ROM1〉　8000円　Ⓘ4-8100-4436-X

（目次）第1章 教育方法学の対象と課題、第2章 子どもの発達と教育方法、第3章 教育課程の編成と教材・教具の研究、第4章 教科の教育方法と総合学習の研究、第5章 学力の形成と授業の研究、第6章 情報通信技術（ICT）の教育、第7章 生活指導・生徒指導・道徳教育と特別活動・学校文化、第8章 学校と家庭・地域との連携、第9章 大学教育と教師の力量形成、第10章 教育方法の歴史と思想

（内容）現代の学校教育現場が直面する実践的・理論的課題に応える。総執筆者222名、日本教育方法学会の総力を結集。研究分野別に計547項目を収録。

現代教育用語辞典　中谷彪,浪本勝年著　北樹出版　2003.11　263p　19cm　2400円　Ⓘ4-89384-883-6

（内容）「ゆとり教育」・「生きる力を育む教育」等、新しい教育の試みが始まった今日、教育への関心は、国民すべての重要問題となっている。目覚しい発展を遂げる教育学研究の理解するための、時代のニーズに対応する辞典。

子どもの教育と福祉の事典　田中未来,井上肇,待井和江,松本峰雄,三神敬子編　建帛社　1992.11　417p　19cm　2500円　Ⓘ4-7679-7528-X

（目次）総論編（人間の子ども，子ども観の変遷，子どもの権利，子どもの発達，子どもの教育 ほか），教育編（就学前教育=保育，保育所・幼稚園の保育，保育の方法と形態 ほか），福祉編（児童養護，子どもの施設養護，児童福祉施設の運営・管理 ほか）

最新教育キーワード　江川玫成,高橋勝,葉養正明,望月重信編著　時事通信出版局,時事通信社（発売）　2009.12　317p　21cm　〈『最新教育キーワード137』の第13版　索引あり〉　2200円　Ⓘ978-4-7887-0972-0　Ⓝ372.107

（目次）第1章 学校（開かれた学校の多様な展開、公立学校の挑戦 ほか）、第2章 「学び」空間（学校という意味空間、学び合う共同体 ほか）、第3章 教師（"教師 - 生徒"関係、潜在的カリキュラム ほか）、第4章 家族と子ども（近代家

4　学校・教育問題 レファレンスブック

族の変容，家庭の教育力格差 ほか），第5章 社会と教育（市民性教育，親密圏と公共圏 ほか）
〔内容〕147の重要語（キーワード）を2ページずつ，教育を"読み解く"事典。

最新教育キーワード137 第8版 江川玟成，高橋勝，葉養正明，望月重信編著 時事通信社 1999.7 319p 21cm 2400円 ⓘ4-7887-9914-6
〔目次〕第1章 拓かれた学校世界，第2章 学校という"学び"の空間，第3章 教師という仕事とその周辺，第4章 揺れる家族と子どもの生活世界，第5章 多元化する社会と教育，教育の戦後史
〔内容〕現代教育を137のキーワードで解説した事典。関連用語索引付き。巻末に「教育の戦後史」年表がある。

最新教育キーワード137 第9版 江川玟成，高橋勝，葉養正明，望月重信編 時事通信社 2001.4 317p 21cm 2400円 ⓘ4-7887-0159-2 Ⓝ370.4
〔目次〕第1章 学校（完全学校週5日制，開かれた学校 ほか），第2章"学び"空間（総合的な学習の時間，学習の個別化 ほか），第3章 教師（"教師―生徒"関係，ゲストティーチャー ほか），第4章 家族と子ども（ホームスクーリング，親業教育 ほか），第5章 社会と教育（チャータースクール，教育における"ゆとり" ほか）
〔内容〕現代日本の教育とその課題を読み解く上で重要なキーワードを137項目で解説する事典。本文は137のキーワードを5テーマに大別，それぞれ対応する英語がある場合にはそれを付記，関連図書の紹介や関連用語の解説を含めて詳述する。巻末に五十音順索引を付す。

最新教育キーワード137 第10版 江川玟成，高橋勝，葉養正明，望月重信編著 時事通信社 2003.7 318p 21cm 2200円 ⓘ4-7887-0358-0
〔目次〕第1章 学校（開かれた学校，特色ある学校づくり ほか），第2章"学び"空間（総合的な学習の時間，個性を生かす教育 ほか），第3章 教師（「教師―生徒」関係，反省的実践者としての教師 ほか），第4章 家族と子ども（ホームスクーリング，全国子どもプラン ほか），第5章 社会と教育（階層と教育，トラッキング ほか）
〔内容〕本書は，現代日本の教育とその課題の解決を考える上で不可欠なキーワードを集約し，厳選して，それぞれに詳しい解説を加えたものである。

最新教育キーワード137 第11版 江川玟成，高橋勝，葉養正明，望月重信編 時事通信出版局，時事通信社〔発売〕 2005.6 318p 21cm 2200円 ⓘ4-7887-0558-3
〔目次〕第1章 学校（開かれた学校，2学期制 ほか），第2章"学び"空間（総合的な学習の時間，個性をはぐくむ教育 ほか），第3章 教師（「教師―生徒」関係，反省的実践者としての教師 ほか），第4章 家族と子ども（ホームスクーリング，子どもの成育空間 ほか），第5章 社会と教育（階層と教育，トラッキング ほか）
〔内容〕教育をよむ，教育をとく，教育がわかる137の論点。

最新教育キーワード137 第12版 江川玟成，高橋勝，葉養正明，望月重信編著 時事通信出版局，時事通信社〔発売〕 2007.7 318p 21cm 2200円 ⓘ978-4-7887-0760-3
〔目次〕第1章 学校，第2章"学び"空間，第3章 教師，第4章 家族と子ども，第5章 社会と教育，戦後の教育史
〔内容〕教育の「今」がわかる137のキーワード。

新 教育事典 遠藤克弥監修，坂本辰朗，佐藤尚子，鈴木孝光，田中治彦，田部井潤ほか編 勉誠出版 2002.10 574p 21cm 6800円 ⓘ4-585-06040-5 Ⓝ370.36
〔目次〕第1領域 青少年自身の問題への理解，第2領域 家庭と教育，第3領域 現代日本の学校教育，第4領域 社会と教育，第5領域 変わる高等教育，第6領域 マルチメディアと教育，第7領域 地球的課題と教育，第8領域 環境教育，第9領域 生涯学習の時代，第10領域 海外の教育，資料 教育改革三法の新旧対照表
〔内容〕改革の進む今日の教育について理解するための"読む"事典。10領域に分類したトピックごとに，教育の現在を詳細に解説する。キーワードや教育活動の実践例などに関するコラム記事も収載。巻末に五十音順索引がある。

新教育社会学辞典 日本教育社会学会編 東洋館出版社 1986.11 982p 22cm〈付：参考文献〉 14000円 ⓘ4-491-00540-0 Ⓝ371.3
〔内容〕教育社会学の最新の研究成果をふまえて，2000項目について解説した事典。事項項目，人名項目別にそれぞれ五十音順に配列している。

新教育の事典 平凡社 1979.4 910p 27cm〈参考文献：p821～860〉 15000円 Ⓝ370.33
〔内容〕日本ではじめての教育工学事典として，教育行為と実践の技法，教育工学，教育科学，行動科学の諸理論を中心に620項目を収録。

世界教育事典 増補改訂版 新井郁男ほか編集 ぎょうせい 1980.10 2冊 27cm〈「本編」「資料編」に分冊刊行 監修：平塚益

徳〕 全12000円 Ⓝ370.33

内容 世界各国の教育の実態を把握・理解し、世界的視野から日本の教育の諸問題を考察するための事典。教育用語・各国の教育・国際機関・団体・人名・大学等1446項目を収録。

<索 引>

教育研究論文索引 2002年版 国立教育政策研究所編 東京法令出版 2003.7 325p 26cm 26858円 Ⓘ4-8090-6231-7

目次 教育一般，教育学・教育思想，教育史・教育事情，教育社会学，教育心理学，教育評価，教育政策・制度，学校経営，教育内容・方法，教科教育，障害児教育，幼児教育，初等・中等教育，高等教育，社会教育・生涯教育，関連諸科学

内容 わが国で刊行され、当研究所の教育研究情報センター教育図書館が2002年に受け入れた、大学・短期大学・高等専門学校の紀要、教育関係学協会誌、一般雑誌・教育関係雑誌、その他の教育関係諸機関の逐次刊行物所載の教育研究論文及び教育関係資料、約5600件を収録。

<名 簿>

教育人名辞典 1 教育実成会編纂 日本図書センター 1989.11 2冊 27cm 〈『明治聖代教育家銘鑑 第1編』(教育実成会明治45年刊)の複製〉 全30900円 Ⓘ4-8205-2071-7 Ⓝ372.8

目次 内容：上巻 イの部〜ナの部 下巻 ムの部〜スの部

教育人名辞典 2 教育実成会編纂 日本図書センター 1989.11 2冊 27cm 〈『大日本現代教育家銘鑑 第2輯』(教育実成会大正4年刊)の複製〉 全37080円 Ⓘ4-8205-2074-1 Ⓝ372.8

目次 内容：上巻 イの部〜ウの部 下巻 ノの部〜スの部、補遺

教育人名辞典 3 教育実成会編纂 日本図書センター 1989.11 2冊 27cm 〈『大日本現代教育家銘鑑 第3輯』(教育実成会大正6年刊)の複製〉 全30900円 Ⓘ4-8205-2077-6 Ⓝ372.8

目次 内容：上巻 イの部〜ムの部 下巻 ウの部〜スの部

教育人名資料事典 第1巻 教育人名辞典 上 教育人名辞典刊行会編，稲富栄次郎監修 日本図書センター 2009.3 406p 22cm 〈理想社昭和37年刊の複製〉 Ⓘ978-4-284-30269-2,978-4-284-30268-5 Ⓝ370.33

内容 戦前・戦後の教育家および教育関係者等の人物情報に関する辞典・評伝類の復刻シリーズ。第1巻は、昭和37年に理想社から刊行された「教育人名辞典」を2分冊したものの1冊目を収録。

教育人名資料事典 第2巻 教育人名辞典 下 教育人名辞典刊行会編，稲富栄次郎監修 日本図書センター 2009.3 p407-927 22cm 〈理想社昭和37年刊の複製 年表あり 索引あり〉 Ⓘ978-4-284-30270-8,978-4-284-30268-5 Ⓝ370.33

内容 戦前・戦後の教育家および教育関係者等の人物情報に関する辞典・評伝類の復刻シリーズ。第2巻は、昭和37年に理想社から刊行された「教育人名辞典」を2分冊したものの2冊目を収録。

教育人名大辞典 復刻版 尾高豊作編 東出版 1996.6 581p 21cm （辞典叢書） 15450円 Ⓘ4-87036-026-8

内容 児童教育に関わる人物の名号・系統・事蹟・関係した事件などを収めた人名事典。巻頭に五十音順の人名索引を付す。1936(昭和11)年刊の「教育人名大辞典」の原寸復刻版にあたる。

図説教育人物事典 日本教育史のなかの教育者群像 唐沢富太郎編著 ぎょうせい 1984.4-7 3冊 27cm 全45000円 Ⓝ372.8

内容 教育分野別に26の章を設け、各分野ごとに原則第二次世界大戦以前に日本の教育に貢献した人物978名を解説した事典。

早わかり教育人名小事典 安彦忠彦編 明治図書出版 2005.3 139p 21cm 1960円 Ⓘ4-18-616006-6

目次 芦田恵之助，アリストテレス，イリイチ，ヴィゴツキー，ヴント，エリクソン，及川平治，オーエン，小原国芳，キルパトリック〔ほか〕

内容 西洋と日本の教育史上の人物のうち、特に日本の教育界に大きな影響を与えたと思われる著名かつ重要な人物62名を選び、その思想の特徴とその影響を、わかりやすく要約的に解説。

<ハンドブック>

インターネット教育イエローページ 99年版 越桐国雄監修，渡辺幸重，太田順子編著 旬報社 1999.3 113,311p 26×19cm 4500円 Ⓘ4-8451-0574-8

目次 第1部 おすすめ教育サイト（検索・情報収集に便利なページ，子どもが楽しめるページ，日本と世界のプロジェクトのページ，健康・子育て/障害者に役立つページ ほか），第2部 教育イエローページ（検索・情報，子どものページ，教育プロジェクト，海外情報 ほか）

(内容)教育、子育てに関するホームページ378を紹介し、日本・海外の教育サイト8000件のアドレスを掲載したもの。幼稚園から大学に至る各学校と、教育研究機関や教育団体、教育プロジェクト、さらに教育活動の際に教材として活用できる博物館や図書館、報道機関など、インターネットやコンピュータの教育利用に関連した機関のURL情報を収録。

教育研究ハンドブック 立田慶裕編 (京都)世界思想社 2005.2 278p 19cm 1900円 ④4-7907-1103-X

(目次)1 研究のはじめに,1 研究設計の方法(情報検索の方法,仮説構成の方法,マインド・マッピング),2 データの収集と分析(質的調査,量的調査,実験と開発),3 研究の開発と計画(ナレッジ・マネージメント,メタ・アナリシスの技法,シナリオ・プランニング),おわりに―研究のマネージメント

(内容)質的なものから量的なものまで、また旧来のものから新しいものまで―教育について研究したり考えたりする人たちに向け、資料の収集・分析・評価といった過程に沿って研究法の基礎的知識を解説。

教育データランド '93～'94 清水一彦ほか著 時事通信社 1993.6 267p 21cm 2800円 ④4-7887-6793-7

(目次)1 学校,2 児童・生徒・学生,子どもと生活,3 教師をめぐる状況,4 生涯学習と社会教育,5 教育の国際化・情報化,6 財政と教育

(内容)教育の基本テーマ105項目について、統計図表と要点解説を示す資料集。

教育データランド '94～'95 清水一彦ほか著 時事通信社 1994.5 285p 21cm 2600円 ④4-7887-6794-5

(目次)1 学校(幼稚園・小学校・中学校・高校・特殊教育諸学校,高等教育),2 児童・生徒・学生,子どもと生活,3 教師をめぐる状況,4 生涯学習と社会教育,5 教育の国際化・情報化,6 財政と教育,教育関係団体一覧,図表・解説索引

(内容)教育分野の各種計を編集収録した資料集。109項目の教育基本テーマについて統計図表と要点解説で教育の現況と課題をまとめている。

教育データランド '95～'96 清水一彦,赤尾勝己,新井浅浩,伊藤稔,佐藤晴雄ほか著 時事通信社 1995.6 369p 21cm 3200円 ④4-7887-6795-3

(目次)1 学校,2 児童・生徒・学生,子どもと生活,3 教師をめぐる状況,4 生涯学習と社会教育,5 教育の国際化・情報化,6 財政と教育,7 地方教育行政データ(都道府県別)

(内容)幼稚園から大学院に至る学校教育の全段階、生涯学習、教育の国際化・情報化等に関するデータをまとめたハンドブック。112項目のテーマごとに455点の統計図表と解説を掲載する。巻末に1994教育トピックス、教育関係団体の資料、図表・解説索引がある。

教育データランド '96～'97 教育の全体像が見えてくる 清水一彦,赤尾勝己,新井浅浩,伊藤稔,佐藤晴雄,八尾坂修著 時事通信社 1996.7 405p 21cm 3200円 ④4-7887-9627-9

(目次)1 学校,2 児童・生徒・学生,子どもと生活,3 教師をめぐる状況,4 生涯学習と社会教育,5 教育の国際化・情報化,6 財政と教育,7 地方教育行政データ―都道府県別

(内容)幼稚園から大学院にいたる全学校段階の諸問題、教育に関する国際化・情報化問題のデータをまとめたハンドブック。116項目のテーマについて464の統計図表を掲げ、要点の解説を付す。本版では「教科書」「大学改革」「大学の教員の評価」「高校生の国際交流」の4項目を追加。巻末に1995教育トピックスや教育関係団体一覧、図表・解説索引がある。

教育データランド '97～'98 清水一彦,赤尾勝己,新井浅浩,伊藤稔,佐藤晴雄,八尾坂修著 時事通信社 1997.7 414p 21cm 3200円 ④4-7887-9721-6

(目次)1 学校(幼稚園・小学校・中学校・高校・特殊教育諸学校,高等教育),2 児童・生徒・学生,子どもと生活,3 教師をめぐる状況,4 生涯学習と社会教育,5 教育の国際化・情報化,6 財政と教育,7 地方教育行政データ‐都道府県別

教育データランド 教育の全体像が見えてくる '98～'99 清水一彦,赤尾勝己,新井浅浩,伊藤稔,佐藤晴雄,八尾坂修著 時事通信社 1998.7 416p 21cm 3200円 ④4-7887-9821-2

(目次)1 学校,2 児童・生徒・学生,子どもと生活,3 教師をめぐる状況,4 生涯学習と社会教育,5 教育の国際化・情報化,6 財政と教育,7 地方教育行政データ(都道府県別)

(内容)幼稚園から大学院に至る学校教育の全段階、生涯学習、教育の国際化・情報化等に関するデータをまとめたハンドブック。118項目のテーマごとに統計図表と解説を掲載する。本版では「インターネットと子どもの時間」「子どもと情報社会」「子どもと国際社会」「青少年と社会教育」「女性と社会教育」「教育委員会と教育長」「民間カルチャーセンター」の項目を設けた。巻末に1997教育トピックス、教育関係団体の資料、図表・解説索引がある。

教育一般　　　　　　　　　　　教育全般

教育データランド　1999‐2000　清水一彦,赤尾勝己,新井浅浩,伊藤稔,佐藤晴雄,八尾坂修著　時事通信社　1999.7　408p　21cm　3500円　①4-7887-9923-5
(目次)1 学校, 2 児童・生徒・学生, 子どもと生活, 3 教師をめぐる状況, 4 生涯学習と社会教育, 5 教育の国際化・情報化, 6 財政と教育, 7 地方教育行政データ(都道府県別)
(内容)幼稚園から大学院に至る学校教育の全段階、生涯学習、教育の国際化・情報化等に関するデータをまとめたハンドブック。118項目のテーマごとに統計図表と解説を掲載する。本版では新たに「スクールカウンセラーの配置」「子どもと心の健康」「インターネット利用状況」の項目を設けた。巻末に資料編として、1998教育トピックス、文部省機構図、都道府県・政令指定都市の生涯学習担当組織一覧、西暦・年号対照表解説索引がある。

＜法令集＞

ハンドブック教育・保育・福祉　(京都)北大路書房　1995.4　492p　21cm　2575円　①4-7628-2031-8
(目次)基本編(日本国憲法, 児童憲章), 福祉編(社会福祉関係法令, 児童福祉関係法令, 母子及び寡婦福祉関係法令 ほか), 教育編(教育基本関係法令, 学校教育関係法令, 学校保健関係法令 ほか), 条約・宣言(条約, 国際的宣言)
(内容)1994年6月30日現在の教育・保育・福祉関係の法令、国際条約・宣言等を集め、原則として全文を掲載したもの。学生向け。巻末に用語の五十音順索引がある。

＜雑誌目次総覧＞

教育関係雑誌目次集成　第1期(教育一般編)第1巻　教育ジャーナリズム史研究会編　日本図書センター　1987.3　247p　27cm　〈複製〉①4-8205-0639-0　Ⓝ370.31
(目次)教育時論(1号〜245号)

教育関係雑誌目次集成　第1期(教育一般編)第2巻　教育ジャーナリズム史研究会編　日本図書センター　1987.3　247p　27cm　〈複製〉①4-8205-0639-0　Ⓝ370.31
(目次)教育時論(246号〜490号)

教育関係雑誌目次集成　第1期(教育一般編)第3巻　教育ジャーナリズム史研究会編　日本図書センター　1987.3　247p　27cm　〈複製〉①4-8205-0639-0　Ⓝ370.31
(目次)教育時論(491号〜735号)

教育関係雑誌目次集成　第1期(教育一般編)第4巻　教育ジャーナリズム史研究会編　日本図書センター　1987.3　247p　27cm　〈複製〉①4-8205-0639-0　Ⓝ370.31
(目次)教育時論(736号〜980号)

教育関係雑誌目次集成　第1期(教育一般編)第5巻　教育ジャーナリズム史研究会編　日本図書センター　1987.3　250p　27cm　〈複製〉①4-8205-0639-0　Ⓝ370.31
(目次)教育時論(981号〜1225号)

教育関係雑誌目次集成　第1期(教育一般編)第6巻　教育ジャーナリズム史研究会編　日本図書センター　1987.3　253p　27cm　〈複製〉①4-8205-0639-0　Ⓝ370.31
(目次)教育時論(1226号〜1470号)

教育関係雑誌目次集成　第1期(教育一般編)第7巻　教育ジャーナリズム史研究会編　日本図書センター　1987.3　225,27p　27cm　〈複製〉①4-8205-0639-0　Ⓝ370.31
(目次)教育時論(1471号〜1762号)

教育関係雑誌目次集成　第1期(教育一般編)第8巻　教育ジャーナリズム史研究会編　日本図書センター　1987.3　460,11p　27cm　〈複製〉①4-8205-0639-0　Ⓝ370.31
(目次)教育報知

教育関係雑誌目次集成　第1期(教育一般編)第9巻　教育ジャーナリズム史研究会編　日本図書センター　1986.11　365p　27cm　〈複製〉①4-8205-0638-2　Ⓝ370.31
(目次)教育実験界

教育関係雑誌目次集成　第1期(教育一般編)第10巻　教育ジャーナリズム史研究会編　日本図書センター　1986.11　481,9p　27cm　〈複製〉①4-8205-0638-2　Ⓝ370.31
(目次)教育実験界/創造

教育関係雑誌目次集成　第1期(教育一般編)第11巻　教育ジャーナリズム史研究会編　日本図書センター　1986.11　495p　27cm　〈複製〉①4-8205-0638-2　Ⓝ370.31
(目次)教育学術界

教育関係雑誌目次集成　第1期(教育一般編)第12巻　教育ジャーナリズム史研究会編　日本図書センター　1986.11　545,9p　27cm　〈複製〉①4-8205-0638-2　Ⓝ370.31
(目次)教育学術界/教学

教育関係雑誌目次集成　第1期(教育一般編)第13巻　教育ジャーナリズム史研究会編　日本図書センター　1986.11　477,5p

27cm〈複製〉①4-8205-0638-2 Ⓝ370.31
目次 教育界

教育関係雑誌目次集成　第1期（教育一般編）第14巻　教育ジャーナリズム史研究会編　日本図書センター　1986.11　329p　27cm〈複製〉①4-8205-0638-2 Ⓝ370.31
目次 教育論叢

教育関係雑誌目次集成　第1期（教育一般編）第15巻　教育ジャーナリズム史研究会編　日本図書センター　1986.11　347,5p　27cm〈複製〉①4-8205-0638-2 Ⓝ370.31
目次 教育論叢

教育関係雑誌目次集成　第1期（教育一般編）第16巻　教育ジャーナリズム史研究会編　日本図書センター　1987.8　326,12p　27cm ①4-8205-0640-4 Ⓝ370.31
目次 教育新誌、内外教育新報、教育雑誌/学芸之世界、国民之教育、教師之友、学海之指針/教育

教育関係雑誌目次集成　第1期（教育一般編）第17巻　教育ジャーナリズム史研究会編　日本図書センター　1987.8　463,10p　27cm ①4-8205-0640-4 Ⓝ370.31
目次 教育評論、教育及政治/時事公論、国家教育、教育壇、教育公論/教育新誌、国民教育、実験教授指針/実験教育指針

教育関係雑誌目次集成　第1期（教育一般編）第18巻　教育ジャーナリズム史研究会編　日本図書センター　1987.8　570,12p　27cm ①4-8205-0640-4 Ⓝ370.31
目次 日本教育、内外教育評論、教育文壇/教育公論、国民教育、教育画報

教育関係雑誌目次集成　第1期（教育一般編）第19巻　教育ジャーナリズム史研究会編　日本図書センター　1987.8　496,7p　27cm ①4-8205-0640-4 Ⓝ370.31
目次 教育の世紀、教育診断、教育、興亜教育/教育維新

教育関係雑誌目次集成　第1期（教育一般編）第20巻　教育ジャーナリズム史研究会編　日本図書センター　1987.8　119,10,212p　27cm ①4-8205-0640-4 Ⓝ370.31
目次 補遺、各誌解題、執筆者索引、所蔵機関一覧

教育関係雑誌目次集成　第3期（人間形成と教育編）第1巻　教育ジャーナリズム史研究会編　日本図書センター　1990.6　391,8p　27cm ①4-8205-5357-7 Ⓝ370.31
目次 女学新誌
内容 明治以降の日本の近代教育の歩みを雑誌の目次の集成として通覧・把握できる。第3期では対象を教員以外にも広げたもの、青少年や家庭向けの雑誌から教育色の強いものを集める。

教育関係雑誌目次集成　第3期（人間形成と教育編）第2巻　教育ジャーナリズム史研究会編　日本図書センター　1990.6　385,3p　27cm ①4-8205-5358-5 Ⓝ370.31
目次 少年世界（13巻1号～25巻12号）

教育関係雑誌目次集成　第3期（人間形成と教育編）第3巻　教育ジャーナリズム史研究会編　日本図書センター　1991.11　491,3p　27cm ①4-8205-5557-X Ⓝ370.31
目次 少年世界（26巻1号～39巻1号）

教育関係雑誌目次集成　第3期（人間形成と教育編）第4巻　教育ジャーナリズム史研究会編　日本図書センター　1990.6　363p　27cm ①4-8205-5360-7 Ⓝ370.31
目次 中学世界（1巻1号～13巻16号）

教育関係雑誌目次集成　第3期（人間形成と教育編）第5巻　教育ジャーナリズム史研究会編　日本図書センター　1990.6　371p　27cm ①4-8205-5361-5 Ⓝ370.31
目次 中学世界（14巻1号～24巻15号）

教育関係雑誌目次集成　第3期（人間形成と教育編）第6巻　教育ジャーナリズム史研究会編　日本図書センター　1990.6　325,8p　27cm ①4-8205-5362-3 Ⓝ370.31
目次 中学世界（25巻1号～31巻5号）

教育関係雑誌目次集成　第3期（人間形成と教育編）第7巻　教育ジャーナリズム史研究会編　日本図書センター　1990.6　353p　27cm ①4-8205-5363-1 Ⓝ370.31
目次 女学世界（1巻1号～11巻16号）

教育関係雑誌目次集成　第3期（人間形成と教育編）第8巻　教育ジャーナリズム史研究会編　日本図書センター　1990.6　363,6p　27cm ①4-8205-5364-X Ⓝ370.31
目次 女学世界（12巻1号～25巻6号）

教育関係雑誌目次集成　第3期（人間形成と教育編）第9巻　教育ジャーナリズム史研究会編　日本図書センター　1991.1　309,3p　27cm ①4-8205-5401-8 Ⓝ370.31
目次 成功

教育関係雑誌目次集成　第3期（人間形成と教育編）第10巻　教育ジャーナリズム史研究会編　日本図書センター　1991.1

教育一般　　　　　　　　　　　　教育全般

293p　27cm　①4-8205-5402-6　Ⓝ370.31
(目次)向上(1号～17巻10号)

教育関係雑誌目次集成　第3期(人間形成
と教育編)第11巻　教育ジャーナリズム
史研究会編　日本図書センター　1991.1
323p　27cm　①4-8205-5403-4　Ⓝ370.31
(目次)向上(18巻1号～28巻12号)

教育関係雑誌目次集成　第3期(人間形成
と教育編)第12巻　教育ジャーナリズム
史研究会編　日本図書センター　1991.1
293,7p　27cm　①4-8205-5404-2　Ⓝ370.31
(目次)向上(29巻1号～39巻3号)

教育関係雑誌目次集成　第3期(人間形成
と教育編)第13巻　教育ジャーナリズム
史研究会編　日本図書センター　1991.1
393p　27cm　①4-8205-5405-0　Ⓝ370.31
(目次)少年倶楽部(1巻1号～13巻12号)

教育関係雑誌目次集成　第3期(人間形成
と教育編)第14巻　教育ジャーナリズム
史研究会編　日本図書センター　1991.1
385p　27cm　①4-8205-5406-9　Ⓝ370.31
(目次)少年倶楽部(14巻1号～21巻12号)

教育関係雑誌目次集成　第3期(人間形成
と教育編)第15巻　教育ジャーナリズム
史研究会編　日本図書センター　1991.1
397,7p　27cm　①4-8205-5407-7　Ⓝ370.31
(目次)少年倶楽部(22巻1号～32巻8号)

教育関係雑誌目次集成　第3期(人間形成
と教育編)第16巻　教育ジャーナリズム
史研究会編　日本図書センター　1991.1
391p　27cm　①4-8205-5408-5　Ⓝ370.31
(目次)文検世界(7巻7号～19巻12号)

教育関係雑誌目次集成　第3期(人間形成
と教育編)第17巻　教育ジャーナリズム
史研究会編　日本図書センター　1991.1
355,4p　27cm　①4-8205-5409-3　Ⓝ370.31
(目次)文検世界(20巻1号～27巻1号)

教育関係雑誌目次集成　第3期(人間形成
と教育編)第18巻　教育ジャーナリズム
史研究会編　日本図書センター　1991.1
387p　27cm　①4-8205-5410-7　Ⓝ370.31
(目次)受験界(1巻1号～14巻12号)

教育関係雑誌目次集成　第3期(人間形成
と教育編)第19巻　教育ジャーナリズム
史研究会編　日本図書センター　1991.1
386,5p　27cm　①4-8205-5411-5　Ⓝ370.31
(目次)受験界(15巻1号～25巻4号)

教育関係雑誌目次集成　第3期(人間形成
と教育編)第20巻　教育ジャーナリズム
史研究会編　日本図書センター　1991.5
296,1p　27cm　①4-8205-5450-6　Ⓝ370.31
(目次)日本乃家庭/家庭教育/日本廼家庭/婦人
と子ども/幼児教育

教育関係雑誌目次集成　第3期(人間形成と
教育編)第21巻　教育ジャーナリズム史
研究会編　日本図書センター　1991.5　335,
10p　27cm　①4-8205-5451-4　Ⓝ370.31
(目次)幼児の教育

教育関係雑誌目次集成　第3期(人間形成
と教育編)第22巻　教育ジャーナリズム
史研究会編　日本図書センター　1991.5
301p　27cm　①4-8205-5452-2　Ⓝ370.31
(目次)児童教育(13巻1号～24巻13号)

教育関係雑誌目次集成　第3期(人間形成
と教育編)第23巻　教育ジャーナリズム
史研究会編　日本図書センター　1991.5
309,7p　27cm　①4-8205-5453-0　Ⓝ370.31
(目次)児童教育(25巻1号～35巻3号)

教育関係雑誌目次集成　第3期(人間形成
と教育編)第24巻　教育ジャーナリズム
史研究会編　日本図書センター　1991.5
367,2p　27cm　①4-8205-5454-9　Ⓝ370.31
(目次)家庭

教育関係雑誌目次集成　第3期(人間形成
と教育編)第25巻　教育ジャーナリズム
史研究会編　日本図書センター　1991.5
289,2p　27cm　①4-8205-5455-7　Ⓝ370.31
(目次)児童/子供の研究/児童/愛児

教育関係雑誌目次集成　第3期(人間形成
と教育編)第26巻　教育ジャーナリズム
史研究会編　日本図書センター　1991.5
261,4p　27cm　①4-8205-5456-5　Ⓝ370.31
(目次)愛育(6巻1号～10巻3号)

教育関係雑誌目次集成　第3期(人間形成
と教育編)第27巻　教育ジャーナリズム
史研究会編　日本図書センター　1991.5
427p　27cm　①4-8205-5457-3　Ⓝ370.31
(目次)農業教育(1号～280号)

教育関係雑誌目次集成　第3期(人間形成
と教育編)第28巻　教育ジャーナリズム
史研究会編　日本図書センター　1991.5
438,8p　27cm　①4-8205-5458-1　Ⓝ370.31
(目次)農業教育(281号～515号)

教育関係雑誌目次集成　第3期(人間形成

教育関係雑誌目次集成　第3期（人間形成と教育編）第29巻　教育ジャーナリズム史研究会編　日本図書センター　1991.11　319,2p　27cm　①4-8205-5558-8　Ⓝ370.31

(目次)通俗教育

教育関係雑誌目次集成　第3期（人間形成と教育編）第30巻　教育ジャーナリズム史研究会編　日本図書センター　1991.11　319,6p　27cm　①4-8205-5559-6　Ⓝ370.31

(目次)青年（17巻1号～30巻1号）

教育関係雑誌目次集成　第3期（人間形成と教育編）第31巻　教育ジャーナリズム史研究会編　日本図書センター　1991.11　403,5p　27cm　①4-8205-5560-X　Ⓝ370.31

(目次)社会と教化／社会教育／社会教育

教育関係雑誌目次集成　第3期（人間形成と教育編）第32巻　教育ジャーナリズム史研究会編　日本図書センター　1991.11　378,5p　27cm　①4-8205-5561-8　Ⓝ370.31

(目次)感化教育／児童保護

教育関係雑誌目次集成　第3期（人間形成と教育編）第33巻　教育ジャーナリズム史研究会編　日本図書センター　1992.1　62,14,378p　27cm　15450円　①4-8205-5562-6　Ⓝ370.31

(目次)補遺・収録誌一覧・各誌解題・執筆者索引・所蔵機関一覧

教育関係雑誌目次集成　第4期（国家と教育編）第1巻　教育ジャーナリズム史研究会編　日本図書センター　1992.6　394p　27cm　①4-8205-5614-2,4-8205-5613-4　Ⓝ370.31

(目次)大日本教育会誌,大日本教育会雑誌,教育公報

(内容)明治期から昭和戦前期の教育関係雑誌の目次集成。第4期「国家と教育編」は、日本占領地で発行されていた雑誌を含め、国家教育政策の影響を強く受けたとされる教育雑誌を収める。

教育関係雑誌目次集成　第4期（国家と教育編）第2巻　教育ジャーナリズム史研究会編　日本図書センター　1992.6　467p　27cm　①4-8205-5615-0,4-8205-5613-4　Ⓝ370.31

(目次)帝国教育（320～556号）

教育関係雑誌目次集成　第4期（国家と教育編）第3巻　教育ジャーナリズム史研究会編　日本図書センター　1992.6　445,13p　27cm　①4-8205-5616-9,4-8205-5613-4　Ⓝ370.31

(目次)帝国教育（557～787号）,大日本教育

教育関係雑誌目次集成　第4期（国家と教育編）第4巻　教育ジャーナリズム史研究会編　日本図書センター　1992.6　172,4p　27cm　①4-8205-5617-7,4-8205-5613-4　Ⓝ370.31

(目次)函館教育協会雑誌,函館教育会雑誌,函館教育雑誌,函館教育

教育関係雑誌目次集成　第4期（国家と教育編）第5巻　教育ジャーナリズム史研究会編　日本図書センター　1992.6　407p　27cm　①4-8205-5618-5,4-8205-5613-4　Ⓝ370.31

(目次)宮城私立教育会雑誌,宮城教育会雑誌,宮城県教育雑誌,宮城県教育会雑誌,宮城教育（228～330号）

教育関係雑誌目次集成　第4期（国家と教育編）第6巻　教育ジャーナリズム史研究会編　日本図書センター　1992.6　375,10p　27cm　①4-8205-5619-3,4-8205-5613-4　Ⓝ370.31

(目次)宮城教育（331～536号）

教育関係雑誌目次集成　第4期（国家と教育編）第7巻　教育ジャーナリズム史研究会編　日本図書センター　1992.6　268p　27cm　①4-8205-5620-7,4-8205-5613-4　Ⓝ370.31

(目次)私立秋田県教育会雑誌,秋田県教育雑誌

教育関係雑誌目次集成　第4期（国家と教育編）第8巻　教育ジャーナリズム史研究会編　日本図書センター　1992.6　346,10p　27cm　①4-8205-5621-5,4-8205-5613-4　Ⓝ370.31

(目次)秋田教育,弥高（秋田教育）秋田教育

教育関係雑誌目次集成　第4期（国家と教育編）第9巻　教育ジャーナリズム史研究会編　日本図書センター　1992.12　376p　27cm　①4-8205-5666-5

(目次)千葉教育会雑誌,千葉教育雑誌（1号～260号）

教育関係雑誌目次集成　第4期（国家と教育編）第10巻　教育ジャーナリズム史研究会編　日本図書センター　1992.12　354,13p　27cm　①4-8205-5667-3

(目次)千葉教育雑誌（261号～356号）,千葉教育

教育関係雑誌目次集成　第4期（国家と教育編）第11巻　教育ジャーナリズム史研究会編　日本図書センター　1992.12　466,8p　27cm　①4-8205-5668-1

(目次)神奈川県教育会雑誌,神奈川県教育,神奈川県教育時報,武相教育

教育関係雑誌目次集成　第4期（国家と教育編）第12巻　教育ジャーナリズム史研究会編　日本図書センター　1992.12　375,7p

27cm ①4-8205-5669-X
(目次)私立富山県教育会雑誌,富山県私立教育会雑誌,富山県教育会雑誌,富山県教育,富山教育

教育関係雑誌目次集成　第4期(国家と教育編)第13巻　教育ジャーナリズム史研究会編　日本図書センター　1992.12　389p
27cm ①4-8205-5670-3
(目次)愛知教育会雑誌,大日本教育会愛知部会雑誌,愛知教育会雑誌,愛知教育雑誌,愛知教育(372号～408号)

教育関係雑誌目次集成　第4期(国家と教育編)第14巻　教育ジャーナリズム史研究会編　日本図書センター　1992.12　372,11p
27cm ①4-8205-5671-1
(目次)愛知教育(409号～696号)

教育関係雑誌目次集成　第4期(国家と教育編)第15巻　教育ジャーナリズム史研究会編　日本図書センター　1993.8　509,14p
27cm ①4-8205-5687-8,4-8205-5686-X
(目次)京都教育会雑誌,京都府教育雑誌,京都府教育会雑誌,京都教育

教育関係雑誌目次集成　第4期(国家と教育編)第16巻　教育ジャーナリズム史研究会編　日本図書センター　1993.8　345p
27cm ①4-8205-5688-6,4-8205-5686-X
(目次)私立兵庫県教育会雑誌,兵庫県教育会報,兵庫教育(217号～326号)

教育関係雑誌目次集成　第4期(国家と教育編)第17巻　教育ジャーナリズム史研究会編　日本図書センター　1993.8　335p
27cm ①4-8205-5689-4,4-8205-5686-X
(目次)兵庫教育(327号～530号)

教育関係雑誌目次集成　第4期(国家と教育編)第18巻　教育ジャーナリズム史研究会編　日本図書センター　1993.8　323,11p
27cm ①4-8205-5690-8,4-8205-5686-X
(目次)兵庫教育(531号～645号)

教育関係雑誌目次集成　第4期(国家と教育編)第19巻　教育ジャーナリズム史研究会編　日本図書センター　1993.8　323p
27cm ①4-8205-5691-6,4-8205-5686-X
(目次)山口県教育会報,防長教育,防長教育時報,山口県教育(245号～340号)

教育関係雑誌目次集成　第4期(国家と教育編)第20巻　教育ジャーナリズム史研究会編　日本図書センター　1993.8　314,9p
27cm ①4-8205-5692-4,4-8205-5686-X
(目次)山口県教育(341号～524号)

教育関係雑誌目次集成　第4期(国家と教育編)第21巻　教育ジャーナリズム史研究会編　日本図書センター　1993.8　281p
27cm ①4-8205-5693-2,4-8205-5686-X
(目次)愛媛教育協会雑誌,愛媛教育雑誌,愛媛教育(251号～403号)

教育関係雑誌目次集成　第4期(国家と教育編)第22巻　教育ジャーナリズム史研究会編　日本図書センター　1993.8　282,11p
27cm ①4-8205-5694-0,4-8205-5686-X
(目次)愛媛教育(404号～685号)

教育関係雑誌目次集成　第4期(国家と教育編)第23巻　教育ジャーナリズム史研究会編　日本図書センター　1993.8　418,10p
27cm ①4-8205-5695-9,4-8205-5686-X
(目次)長崎県有志教育会雑誌,長崎県教育雑誌,長崎教育

教育関係雑誌目次集成　第4期(国家と教育編)第24巻　教育ジャーナリズム史研究会編　日本図書センター　1994.3　197,3p
27cm ①4-8205-5698-3,4-8205-5697-5
(目次)南満教育,在満教育研究

教育関係雑誌目次集成　第4期(国家と教育編)第25巻　教育ジャーナリズム史研究会編　日本図書センター　1994.3　526p
27cm ①4-8205-5699-1,4-8205-5697-5
(目次)台湾教育会雑誌,台湾教育

教育関係雑誌目次集成　第4期(国家と教育編)第26巻　教育ジャーナリズム史研究会編　日本図書センター　1994.3　524,8p
27cm ①4-8205-5700-9,4-8205-5697-5
(目次)台湾教育,台湾教育会雑誌・台湾教育(漢文目録)

教育関係雑誌目次集成　第4期(国家と教育編)第27巻　教育ジャーナリズム史研究会編　日本図書センター　1994.3　524,6p
27cm ①4-8205-5701-7,4-8205-5697-5
(目次)朝鮮教育会雑誌,朝鮮教育研究会雑誌,朝鮮教育,朝鮮教育時報,文教の朝鮮

教育関係雑誌目次集成　第4期(国家と教育編)第28巻　教育ジャーナリズム史研究会編　日本図書センター　1994.3　268,10,262p　27cm ①4-8205-5702-5,4-8205-5697-5
(目次)補遺・収録誌一覧・各誌解題・執筆者索引・所蔵機関一覧

<年鑑・白書>

教育アンケート調査年鑑　1995年版　上
『教育アンケート調査年鑑』編集委員会編
創育社　1995.9　1213p　31cm　21000円
Ⓘ4-916004-03-5　Ⓝ372.107

教育アンケート調査年鑑　1995年版　下
『教育アンケート調査年鑑』編集委員会編
創育社　1995.12　1276p　31cm　21000円
Ⓘ4-916004-04-3　Ⓝ372.107

教育アンケート調査年鑑　1996年版　上
『教育アンケート調査年鑑』編集委員会編
創育社　1996.6　1214p　30cm　22000円
Ⓘ4-916004-05-1
目次　1 意識・実態（幼・小・中・高校生），2 意識・実態（大学生・社会人），3 家庭教育（しつけ），4 親子関係（家族関係），5 家庭環境（生活費用），6 地域環境（地方自治体），7 福祉活動（余暇活用），8 将来・就職（就業観・仕事観），9 企業（ビジネスマン・OL）

教育アンケート調査年鑑　1996年版　下
『教育アンケート調査年鑑』編集委員会編
創育社　1996.11　1213p　31cm　21000円
Ⓘ4-916004-06-X　Ⓝ372.107

教育アンケート調査年鑑　1997年版　上
『教育アンケート調査年鑑』編集委員会編
創育社　1997.9　1214p　31cm　21000円
Ⓘ4-916004-07-8　Ⓝ372.107

教育アンケート調査年鑑　1997年版　下
『教育アンケート調査年鑑』編集委員会編
創育社　1997.12　1215p　31cm　21000円
Ⓘ4-916004-08-6　Ⓝ372.1

教育アンケート調査年鑑　1998年版　上
『教育アンケート調査年鑑』編集委員会編
創育社　1998.9　1,213p　30cm　21000円
Ⓘ4-916004-09-4
目次　巻頭 緊急課題―いじめ・非行・虐待等，1 意識・実態（幼・小・中・高校生），2 意識・実態（大学生・若者・独身者），3 意識・実態（一般消費者・社会人），4 家庭教育―しつけ・子育て観，5 親子関係―家族関係・夫婦関係，6 家庭環境―生活意識・生活費用，7 地域環境―地域活動・福祉活動，8 職業・就職環境―仕事観・ジェンダー

教育アンケート調査年鑑　1998年版　下
『教育アンケート調査年鑑』編集委員会編
創育社　1998.12　1215p　31cm　21000円
Ⓘ4-916004-10-8　Ⓝ372.107

教育アンケート調査年鑑　1999年版　上
『教育アンケート調査年鑑』編集委員会編
創育社　1999.6　1215p　31cm　21000円
Ⓘ4-916004-11-6　Ⓝ372.107

教育アンケート調査年鑑　1999年版　下
『教育アンケート調査年鑑』編集委員会編
創育社　1999.11　1215p　31cm　21000円
Ⓘ4-916004-12-4　Ⓝ372.107

教育アンケート調査年鑑　2000年版　上
『教育アンケート調査年鑑』編集委員会編
創育社　2000.5　1215p　31cm　21000円
Ⓘ4-916004-13-2　Ⓝ372.107

教育アンケート調査年鑑　2000年版　下
『教育アンケート調査年鑑』編集委員会編
創育社　2000.10　1215p　31cm　21000円
Ⓘ4-916004-14-0　Ⓝ372.107

教育アンケート調査年鑑　2001年版　上
『教育アンケート調査年鑑』編集委員会編
創育社　2001.5　1215p　31cm　21000円
Ⓘ4-916004-15-9　Ⓝ372.107

教育アンケート調査年鑑　2001年版　下
『教育アンケート調査年鑑』編集委員会編
創育社　2001.10　1215p　31cm　21000円
Ⓘ4-916004-16-7　Ⓝ372.107

教育アンケート調査年鑑　2002年版　上
『教育アンケート調査年鑑』編集委員会編
創育社　2002.6　1215p　31cm　21000円
Ⓘ4-916004-17-5　Ⓝ372.107

教育アンケート調査年鑑　2002年版　下
『教育アンケート調査年鑑』編集委員会編
創育社　2002.10　1215p　31cm　21000円
Ⓘ4-916004-18-3　Ⓝ372.107

教育アンケート調査年鑑　2003年版　上
『教育アンケート調査年鑑』編集委員会編
創育社　2003.6　1215p　31cm　21000円
Ⓘ4-916004-19-1　Ⓝ372.107

教育アンケート調査年鑑　2003年版　下
『教育アンケート調査年鑑』編集委員会編
創育社　2003.11　1215p　31cm　21000円
Ⓘ4-916004-20-5　Ⓝ372.107

教育アンケート調査年鑑　2004年版　上
『教育アンケート調査年鑑』編集委員会編
創育社　2004.6　1215p　31cm　21000円
Ⓘ4-916004-21-3　Ⓝ372.107

教育アンケート調査年鑑　2004年版　下
『教育アンケート調査年鑑』編集委員会編
創育社　2004.11　1215p　31cm　21000円
Ⓘ4-916004-22-1　Ⓝ372.107

教育アンケート調査年鑑　2005年版　上

「教育アンケート調査年鑑」編集委員会編
創育社　2005.6　1215p　31cm　21000円
⓵4-916004-23-X　Ⓝ372.107
(目次)巻頭課題/上巻(逸脱行為・人権侵害等)、1 意識・実態―幼・小・中・高校生、2 意識・実態―大学生・若者・新婚、3 意識・実態――般消費者・社会人、4 家庭教育―しつけ・子育て観、5 親子関係―家族関係・夫婦関係、6 家庭環境―生活意識・生活費用、7 地域環境―地域活動・福祉活動、8 就職・職場環境―仕事観・ジェンダー

教育アンケート調査年鑑　2005年版　下
「教育アンケート調査年鑑」編集委員会編
創育社　2005.10　1215p　31cm　21000円
⓵4-916004-24-2　Ⓝ372.107
(目次)巻頭課題/下巻-逸脱行為・人権侵害等、9 学校教育―生徒指導・子育て支援、10 学校教育―行政・連携等、11 学校教育―教科・特別活動・進路等、12 心身の健康―ストレス・病気、13 保健・体育―健康観・性意識、14 食生活―食行動・栄養意識、15 職場の人間関係―仕事意識・仕事環境、16 社会環境―世相・高齢社会

教育アンケート調査年鑑　2006年版　上
「教育アンケート調査年鑑」編集委員会編
創育社　2006.6　1215p　31cm　21000円
⓵4-916004-25-6　Ⓝ372.107
(目次)巻頭課題/上巻(安全対策・人権侵害等)、1 意識・実態―幼・小・中・高校生、2 意識・実態―大学生・若者・新婚、3 意識・実態――般消費者・社会人、4 家庭教育―しつけ・子育て観、5 親子関係―家族関係・夫婦関係、6 家庭環境―生活意識・生活費用、7 地域環境―地域活動・福祉活動、8 就職・職場環境―仕事観・ジェンダー

教育アンケート調査年鑑　2006年版　下
「教育アンケート調査年鑑」編集委員会編
創育社　2006.10　1215p　31cm　21000円
⓵4-916004-26-4　Ⓝ372.107
(目次)巻頭課題/下巻-逸脱行為・人権侵害等、9 生徒指導―生活指導・子育て支援、10 学校教育―行政・連携等、11 学校教育―教科・特別活動・進路等、12 心身の健康―ストレス・病気、13 保健・体育―健康観・スポーツ、14 食生活―食行動・栄養意識、15 職場の人間関係―仕事意識・仕事環境、16 社会環境―世相・高齢社会

教育アンケート調査年鑑　2007年版　上
「教育アンケート調査年鑑」編集委員会編
創育社　2007.6　1216p　31cm　21000円
⓵978-4-916004-27-7　Ⓝ372.107
(目次)巻頭課題/上巻(安全管理・問題行動等)、1 意識・実態―幼・小・中・高校生、2 意識・実態―大学生・若者・新婚、3 意識・実態――般消費者・社会人、4 家庭教育―しつけ・子育て意識、5 家族関係―親子関係・夫婦関係、6 家庭環境―生活意識・生活費用、7 地域環境―地域活動・福祉活動、8 就職・職場環境―仕事観・ジェンダー

教育アンケート調査年鑑　2007年版　下
「教育アンケート調査年鑑」編集委員会編
創育社　2007.10　1216p　31cm　21000円
⓵978-4-916004-28-4　Ⓝ372.107
(目次)巻頭課題/下巻―人権侵害・安全教育等、9 生徒指導―生活意識指導・学校外教育等、10 子育て環境―支援・連携等、11 学校教育―制度・教育現場・学力等、12 心身の健康―ストレス・病気等、13 保健・体育―健康観・健康意識等、14 食生活―食行動・営養意識等、15 職場の人間関係―仕事環境・仕事環境等、16 社会環境―生活環境・高齢社会等

教育アンケート調査年鑑　2008年版　上
「教育アンケート調査年鑑」編集委員会編
創育社　2008.6　1215p　31cm　21000円
⓵978-4-916004-60-4
(内容)2008年度・2007年度に発表されたアンケート調査を中心に、情報教育・問題行動等、意識・実態、家庭教育、親子関係、家庭環境、地域環境、就職・職場環境に分けて収録する。

教育アンケート調査年鑑　2008年版　下
「教育アンケート調査年鑑」編集委員会編
創育社　2008.10　1215p　31cm　21000円
⓵978-4-916004-61-1
(内容)2008年度・2007年度に発表されたアンケート調査を中心に、巻頭課題「健全育成・人権教育等」ほか、生活指導、子育て環境、学校教育、心身の健康、保健・体育、食生活、職場の人間関係、社会環境に分けて収録する。

教育アンケート調査年鑑　2009年版　上
「教育アンケート調査年鑑」編集委員会編
創育社　2009.6　1215p　31cm　21000円
⓵978-4-916004-62-8
(内容)2008年度・2009年度に発表されたアンケート調査を中心に、巻頭課題「ICT利用・問題行動等」、意識・実態、家庭教育、親子関係、家庭環境、地域環境、就職・職場環境に分けて収録する。

教育アンケート調査年鑑　2009年版　下
「教育アンケート調査年鑑」編集委員会編
創育社　2009.10　1215p　31cm　21000円
⓵978-4-916004-63-5　Ⓝ372.107
(目次)巻頭 下巻(逸脱行為・虐待防止等)、9 生活指導(学校外教育・ICT利用等)、10 子育て協力(支援・少子化・人権問題等)、11 園教育・学校教育(制度・教育実践・進路等)、12

心身の健康(ストレス・医療環境等)、13 保健・体育(スポーツ・安全教育等)、14 食生活(食行動・栄養意識等)、15 職場の人間関係(仕事意識・仕事環境等)、16 社会環境(生活環境・環境保全等)

教育アンケート調査年鑑　2010年版　上
「教育アンケート調査年鑑」編集委員会編
創育社　2010.6　1215p　31cm　21000円
①978-4-916004-64-2
(内容)2009年度・2010年度に発表されたアンケート調査を中心に、巻頭課題「児童虐待・心の健康等」ほか、意識・実態、家庭教育、家族関係、家庭環境、地域環境、就職・職場環境に分けて収録する。

教育アンケート調査年鑑　2010年版　下
「教育アンケート調査年鑑」編集委員会編
創育社　2010.10　1215p　31cm　21000円
①978-4-916004-65-9　Ⓝ372.107
(目次)巻頭課題/下巻(いじめ・DV等)、9 生活指導(健全育成・行動意識等)、10 子育て協力(支援・共同参画・地育力等)、11 園教育・学校教育(制度・教育実践・進路等)、12 心身の健康(メンタルヘルス・医療環境等)、13 保健体育(健康意識・生活習慣等)、14 食生活(食行動・栄養意識等)、15 職場の人間関係(仕事意識・キャリア形成等)、16 社会環境(生活環境・高齢化社会等)

教育アンケート調査年鑑　2011年版　上
「教育アンケート調査年鑑」編集委員会編　創育社　2011.6　1215p　31cm　〈索引あり〉　21000円　①978-4-916004-66-6　Ⓝ372.107
(目次)巻頭課題/上巻―有害環境対策・児童虐待防止等、1 意識・実態―園児・小学生・中学生・高校生、2 意識・実態―大学生・青年・単身者、3 意識・実態―社会一般・各世代、4 家庭教育―教育観・学校教育、5 家族関係―親子関係・夫婦関係等、6 家庭教育―生活意識・生活費用等、7 地域環境―地域活動・地域連携等、8 就職・職場環境―仕事観・企業教育等

教育アンケート調査年鑑　2011年版　下
「教育アンケート調査年鑑」編集委員会編
創育社　2011.10　1冊　30cm　21000円
①978-4-916004-67-3
(目次)巻頭課題/下巻(DV・虐待防止、環境整備等)、9 行動意識(健全育成・生活指導等)、10 子育て協力(支援・共同参画・地育力等)、11 園教育・学校教育(制度・教育実践・指導観等)、12 心身の健康(メンタルヘルス・医療環境等)、13 保健・体育(健康意識・生活習慣等)、14 食生活(食行動・栄養意識等)、15 職場の人間関係(仕事意識・キャリア形成等)、16 社会環境(震災復興・生活環境・高齢社会等)

教育アンケート調査年鑑　2012年版　上
「教育アンケート調査年鑑」編集委員会編
創育社　2012.6　1215p　31cm　21000円
①978-4-916004-68-0　Ⓝ372.107
(目次)巻頭課題/上巻―有害環境対策・暴力防止等、1 意識・実態―園児、児童・生徒・保護者、2 意識・実態―大学生・青年・単身者、3 意識・実態―社会一般・各世代、4 家庭教育―教育観・学習指導等、5 家族関係―親子関係・夫婦関係等、6 家庭教育―生活費用・防災意識等、7 地域環境―地域活動・連携等、8 就職・職場環境―人材育成・男女共同参画等

教育アンケート調査年鑑　2012年版　下
「教育アンケート調査年鑑」編集委員会編
創育社　2012.10　1215p　31cm　21000円
①978-4-916004-69-7　Ⓝ372.107
(目次)巻頭課題―いじめ・児童虐待等、9 行動意識―生活意識・健全育成等、10 子育て環境―支援・連携、地育力等、11 園・学校教育―教科・進路・学校運営等、12 心身の健康―メンタルヘルス・医療環境等、13 保健・体育―スポーツ・健康意識等、14 食生活―食行動・栄養意識等、15 職場の人間関係―仕事意識・仕事環境等、16 社会環境―生活環境・高齢社会等

教育総研年報　2008　国民教育文化総合研究所編　国民教育文化総合研究所、アドバンテージサーバー(発売)　2008.11　377p　26cm　2200円　①978-4-901927-75-8　Ⓝ370
(目次)第1部 法教育研究委員会報告書(「規範教育」としての法教育ではなく、法教育「教材」についての批判的検討 ほか)、第2部 これからの学校事務・事務職員の在り方研究委員会報告書(学校事務のシステム化、新しい学校評価を活かす学校事務職員の役割 ほか)、第3部 メディア・リテラシー教育研究委員会報告書(「メディア・リテラシー教育」とは何か、メディアから見た「メディア・リテラシー」ほか)、第4部 学力研究委員会報告書(学力問題の現状分析、学力とは何か ほか)

データからみる日本の教育　2004　文部科学省編　国立印刷局　2004.4　89P　30cm　900円　①4-17-283000-5
(目次)1 学校教育(学校数、在学者数、進学率等、学卒者の進路、学力、教育課程、生徒指導、教職員等、国際化、情報化、学校施設)、2 社会教育、スポーツ、文化(社会教育施設、子どもの性格と健康、子どもの体力・運動能力、国際競技力、国民の余暇・学習活動、文化・文化財)、3 教育費(国と地方の教育費、子どもの教育費)、資料編

データからみる日本の教育　2005　文部科

学省編　国立印刷局　2005.7　92p　30cm　1100円　④4-17-283001-3

〔目次〕1 学校教育（学校数、在学者数、進学率等ほか），2 社会教育、スポーツ、文化（社会教育施設，子どもの体格と健康，子どもの体力・運動能力 ほか），3 教育費（国と地方の教育費，子どもの教育費），資料編

〔内容〕昭和から平成の今日に至るまでの教育関係の基礎的な統計データについて、学校教育、社会教育を中心に、スポーツ・文化、教育費も含めて再編・整理。編集に当たっては、グラフを多用して視覚的にも分かりやすく配慮するとともに、他府省庁や国際機関などの統計データも用いて、戦後の教育の流れと現状・特色などを、経年的に、また、国際比較も交えて、できるだけ多面的に把握できるようにした。

データからみる日本の教育　2006　文部科
学省編　国立印刷局　2006.11　86p　30cm　1048円　④4-17-283002-1

〔目次〕1 学校教育（学校数、在学者数、進学率等ほか），2 社会教育、スポーツ、文化（社会教育施設，子どもの体格と健康，子どもの体力・運動能力 ほか），3 教育費（国と地方の教育費，子どもの教育費），資料編

データからみる日本の教育　2008　文部科
学省編　日経印刷局　2009.7　97p　30cm　1048円　①978-4-904260-28-9　Ⓝ372

〔目次〕1 学校教育（学校数、在学者数、進学率等，学卒者の進路、学力，教育課程，生活指導，教職員等，国際化，情報化，学校施設），2 社会教育、スポーツ、文化（社会教育施設，子どもの体格と健康，子どもの体力・運動能力，食育・生活習慣，国際競技力，国民の余暇・学習活動，文化、文化財），3 教育費（国と地方の教育費，子どもの教育費），資料編

日本教育年鑑　1990年版　日本教育年鑑刊
行委員会編　ぎょうせい，日本教育新聞社〔発売〕　1990.3　749,6p　26cm　9500円　①4-324-02106-6　Ⓝ370.59

〔目次〕教育トピックス，年誌（'88・4・'89.3），学校教育，生涯学習・社会教育，教育政策・行財政，団体・思潮，世界の教育，資料・統計，名簿（国会・文部省関係，教育委員会，校長会・教頭会，教職員組合，教育関係団体，文部省研究指定校，教育研究所 ほか）

日本教育年鑑　1991年版　日本教育年鑑刊
行委員会編　ぎょうせい，日本教育新聞社〔発売〕　1991.3　673,6p　26cm　9800円　①4-324-02621-1　Ⓝ370.59

〔目次〕教育トピックス，年誌（'89・4・190・3），1980年代の学校教育・社会教育，学校教育，生涯学習・社会教育，教育政策・行財政，団体・思潮，世界の教育，資料・統計，名簿（国会・文部省関係，教育委員会，校長会・教頭会，教職員組合，教育関係団体，文部省研究指定校，教育研究所，博物館，大学，大学院，短期大学，高等専門学校，教育関係出版社，視聴覚教具関連企業）

日本教育年鑑　1992年版　日本教育年鑑刊
行委員会編　ぎょうせい　1992.5　699,6p　26cm　10000円　①4-324-03313-7

〔目次〕教育トピックス，年誌，学校教育，生涯学習・社会教育，教育政策・行財政，団体・思潮，世界の教育，資料・統計，名簿

日本教育年鑑　1993年版　日本教育年鑑刊
行委員会編　ぎょうせい，日本教育新聞社〔発売〕　1993.6　478,6p　27cm　9709円　①4-324-03761-2

〔内容〕教育界の動向と資料で構成する年鑑。1993年版では、平成3年度（1991年度）の動向を収める。資料として、中教審答申、大学審議会答申、学校五日制関連資料を収録する。

＜統計集＞

教育データブック　教育の全体像が見えてくる　2000‐2001　赤尾勝己，新井浅浩，
伊藤稔，佐藤晴雄，清水一彦，藤田晃之，八尾坂修編著　時事通信社　2000.6　327p　21cm　3000円　①4-7887-0062-X　Ⓝ370.59

〔目次〕1 学校，2 児童・生徒・学生、子どもと生活，3 教師をめぐる状況，4 生涯学習と社会教育，5 教育の国際化・情報化と外国の教育，6 財政と教育，7 資料編／索引

〔内容〕教育に関する統計資料集。戦後50年にわたる主要教育事項の推移と、その変化の特徴を解説。6分野、108の基本テーマについて統計資料を掲載・解説する。巻末に資料編／索引として地方教育行政データ、戦後50年教育主要トピックス、1999年教育トピックスを掲載。五十音順の事項索引を付す。

教育における統計事典　教育統計・統計教
育　岡本昭等編　（大阪）三晃書房　1970　416p　27cm　〈監修者：依田新，続有恒，内田良男〉　3000円　Ⓝ371.8

〔目次〕1 教育統計学と統計教育，2 教育統計学，3 教育に必要な統計知識・技能，4 教育におけるオペレーションズ・リサーチ，5 統計教育，6 統計教育の教材，教具解説，7 資料，索引

〔内容〕教育統計学と統計教育を柱とし、教育現場における合理的な問題解決の一環としての統計的な、ものの見方、考え方、現象解析のしかた、これらの指導法にかかわる統計的知識・技能・態度・資料などについて、幅広い領域をとりあげ、各領域に関して体系的・実践的にまと

めた事典.

子育て・教育・子どもの暮らしのデータ集 2001年版　食品流通情報センター編　食品流通情報センター　2001.6　629p　26cm （情報センターBOOKs）　14800円　ⓘ4-915776-46-8　Ⓝ370.59

⦿目次⦿第1章 人口・世帯数, 生徒数に関するデータ, 第2章 子育て・しつけに関するデータ, 第3章 学校教育・教育費に関するデータ, 第4章 子どもの暮らし意識に関するデータ, 第5章 健康・食生活に関するデータ, 第6章 遊び・余暇に関するデータ

⦿内容⦿子どもの教育と生活に関する統計資料集. 各種機関・企業・団体などが実施した, 幼児・小学生から中学生・高校生までの子育て・教育関連意識調査, 子どもが回答者, 親が回答者のアンケート調査, 教育費をはじめとする「子ども」関連データを収録.

子育て・教育・子どもの暮らしのデータ集 2002年版　生活情報センター編　生活情報センター　2002.10　559p　26cm　14800円　ⓘ4-915776-74-3　Ⓝ370.59

⦿目次⦿第1章 人口・世帯・生徒数, 健康等に関するデータ, 第2章 子育て・しつけに関するデータ, 第3章 学校教育・教育費に関するデータ, 第4章 子どもの暮らし意識に関するデータ, 第5章 健康・食生活に関するデータ, 第6章 遊び・余暇に関するデータ

⦿内容⦿子育てに関するデータ集. 幼児・小学生から中学生・高校生までの子育て・教育関連の意識調査, 子どもが回答者, 親が回答者のアンケート調査, 教育費をはじめとする「子ども」関連データを収録する.

子育て・教育・子どもの暮らしのデータ集 2004年版　生活情報センター編集部編　生活情報センター　2004.5　313p　30cm　14800円　ⓘ4-86126-117-1

⦿目次⦿第1章 官庁統計によるデータ, 第2章 子育て・しつけに関するデータ, 第3章 学校・教育費に関するデータ, 第4章 子どもの暮らし意識に関するデータ, 第5章 健康・食生活に関するデータ, 第6章 遊び・余暇に関するデータ

⦿内容⦿教育関係者・研究者, 子育てに関心を持つ多くの方々必読の最新統計資料集. 各種データを広範に収録. ビジネス, 各種の調査研究に最適の一冊.

子育て・教育・子どもの暮らしのデータ集 2005年版　生活情報センター編集部編　生活情報センター　2005.10　333p　30cm 〈他言語標題：Statistical data of childcare and education〉　14800円　ⓘ4-86126-218-6　Ⓝ370.59

最新教育データブック 教育の全体像が見えてくる　第9版　赤尾勝己, 新井浅浩, 伊藤稔, 佐藤晴雄, 清水一彦編著　時事通信社　2002.11　268p　21cm　3200円　ⓘ4-7887-0269-X　Ⓝ370.59

⦿目次⦿特集 21世紀の教育, 1 学校, 2 児童・生徒・学生, 子どもと生活, 3 教師をめぐる状況, 4 生涯学習と社会教育, 5 教育の国際化と外国の教育, 6 財政と教育, 7 資料編／索引

⦿内容⦿現代日本の教育の現状と課題をデータをもとに解説するハンドブック. 6つのテーマ毎にそれぞれの主要項目を1項目2ページで図表とともに掲載する. 巻頭に「21世紀の教育」の特集ページを設け, 資料編には, 2000年教育Topics, 2001年教育Topicsを掲載し, 巻末に五十音順索引を付す.

最新教育データブック 教育の全体像が見えてくる　第10版　清水一彦, 赤尾勝己, 新井浅浩, 伊藤稔, 佐藤晴雄ほか編著　時事通信社　2004.11　273p　21cm　3200円　ⓘ4-7887-0475-7　Ⓝ370.59

⦿目次⦿特集 教育の現在, 1 初等中等教育, 2 高等教育, 3 子どもと生活, 4 教師をめぐる状況, 5 生涯学習と社会教育, 6 教育の国際化, 7 外国の教育, 8 財政と教育, 9 資料編／索引

最新教育データブック 教育の全体像が見えてくる　第11版　清水一彦編集代表　時事通信出版局, 時事通信社〔発売〕　2006.10　303p　21cm　3000円　ⓘ4-7887-0669-5

⦿目次⦿特集 教育の現在, 1 初等中等教育, 2 高等教育, 3 子どもと生活, 4 教師をめぐる状況, 5 生涯学習と社会教育, 6 教育の国際化, 7 外国の教育, 8 財政と教育, 9 資料編／索引

⦿内容⦿教育の「いま」を読み「これから」を考える. 教育に関する115の基本テーマについて, 最新の教育統計データ等を駆使して教育の現況と課題を解き明かす.

最新教育データブック 教育の全体像が見えてくる　第12版　清水一彦, 赤尾勝己, 新井浅浩, 伊藤稔, 佐藤晴雄, 藤田晃之, 八尾坂修編著　時事通信出版局, 時事通信社（発売）　2008.11　354p　21cm 〈他言語標題：A databook of educational statistics　文献あり　年表あり〉　3200円　ⓘ978-4-7887-0874-7　Ⓝ372.107

⦿目次⦿特集 教育の創生, 1 初等中等教育, 2 高等教育, 3 子どもと生活, 4 教師をめぐる状況, 5 生涯学習と社会教育, 6 教育の国際化, 7 外国の教育, 8 財政と教育, 9 資料編

⦿内容⦿広く教育に関心のある一般読者に分かり

やすく手軽なハンドブックを作成すること、学校現場や教育行政に携わる方々に教育の現状や問題点が容易に把握できる資料を提供すること、教育に関する授業において学生が興味深く学べるような補完的教材を創ること、の3つの観点に基づき編集。

日本の教育・学習データ総覧　2006　日本能率協会総合研究所編　生活情報センター　2005.11　318p　30cm　14800円　①4-86126-223-2

(目次)第1章 官庁の基本統計，第2章 学校経営，第3章 教育システム・制度，第4章 学習実態・教育費，第5章 学校生活，第6章 産業界との連携，第7章 海外との交流・国際比較

(内容)教育関係者・研究者、子育てに関心を持つ多くの方々必読の最新統計資料集。各種データを広範に収載。ビジネス、各種の調査研究に最適の一冊。

日本の教育統計　明治―昭和　文部省　1971　89p　26cm　Ⓝ370.59

(目次)1 学校数 生徒数 教員数，2 教育費，3 保健統計 (付) 参考統計

(内容)明治元年から昭和45年頃までの日本の教育関連統計を収録。

我が国の教育統計　明治・大正・昭和・平成　2001　文部科学省編　財務省印刷局　2001.2　77p　30cm　800円　①4-17-550525-3　Ⓝ370.59

(目次)1 学校教育(学校種別学校数，学校種別在学者数，1学級当たり児童・生徒数(公立)，教員1人当たり児童・生徒数(公立)，学校段階別 在学者数・構成比，就学率・在学率，進学率)，2 社会教育(社会教育施設数，職員数)，3 保健統計(年齢別単位の平均値(身長・体重・座高))，4 教育費(公教育費総額と国民総生産・国民所得及び総行政費との関係，国と地方の行政費と公教育費，国と地方の行政費と公教育費，教育費の種類別構成，学校種別学校教育費総額，学校種類別学校教育費総額及び在学者1人当たり教育費，子供の学習費総額結果(年間1人当たり)，参考統計(学校系統図，出典資料名算出基礎)

(内容)明治から平成の今日までにわたる基礎的な文教関係統計資料を再編・整理し、編集した統計資料集。学校数、在学者数、教員数、進学率などのデータを始め、社会教育施設、身長・体重などの教育関係並びに公教育費・学校教育費に及ぶ基礎統計を収録。

教育学

<書誌>

教育学関係参考文献総覧　加納正巳著　図書館科学会監修　日本図書センター　1997.9　167p　22cm　(社会科学書誌書目集成　第39巻)〈帝国地方行政学会昭和46年刊の複製〉　5000円　①4-8205-4206-0　Ⓝ371.031

(目次)A 教育一般，B 教育思想・比較教育，C 教育史，D 教育社会学，E 教育心理学，F 教育政策・制度，G 学校経営，H 教育内容・方法，J 教科教育，K 特殊教育，L 幼児教育，M 初等・中等・高等教育，N 社会教育，P 体育・スポーツ

(内容)戦前から1968年12月までに日本で刊行された教育関係の書誌・目録、索引、抄録および資料集等約850点の参考文献類を収録し、解題を付している。

教育学・教育心理学に関する10年間の雑誌文献目録　昭和50年―昭和59年　日外アソシエーツ編　日外アソシエーツ　1987.6　339p　27cm　〈発売：紀伊國屋書店〉　12500円　①4-8169-0669-X　Ⓝ370.31

(内容)本書は、日外アソシエーツ編・国立国会図書館監修「雑誌記事索引(人文・社会編)累積索引版」の第5期～第6期をもとに、テーマ別の文献目録として使い易いよう再編成したものの一部で、昭和50～59年(1975～1984)の10年間に発表された教育学、教育史、教育心理学、幼児教育、児童・生徒研究に関係する雑誌文献9,336件を収録する。

教育学・教育問題に関する10年間の雑誌文献目録　昭和40年―昭和49年　日外アソシエーツ「雑誌文献目録」編集部編　日外アソシエーツ　1979.2　412p　27cm　〈発売：紀伊國屋書店〉　8500円　Ⓝ370.31

(内容)特定のテーマに関して、いつ、だれが、どこに、どんな論文を発表したかを知ることができるハンディな雑誌文献目録。昭和40年～49年の10年間に国内の雑誌に発表された論文・記事を収録。主題別の大項目を設け、その下をキーワードにより細分。文献展望にも最適。

名著解題　寺崎昌男,古沢常雄,増井三夫編　協同出版　2009.10　347p　18cm　(教職課程新書)　1000円　①978-4-319-11035-3　Ⓝ370.31

(目次)第1部 外国(ボルノウ『教育の雰囲気』，フレネ『フランスの現代学校』，ブルーナー『教育の過程』，ランゲフェルド『教育の人間学的考察』ほか)，第2部 日本(南原繁『日本における教育改革』『大学と学問』，倉橋惣三『幼

稚園保育法真諦』，長田新『教育学』，野口援太郎『高等小学校の研究』ほか

<事典>

教育学辞典 城戸幡太郎等編 岩波書店
1936-1940 5冊 27cm Ⓝ370.33
[目次] 内容：第1巻 アーク（昭和11年）第2巻 ケーシ（昭和12年）第3巻 スーヒ（昭和13年）第4巻 フーワ（昭和15年 再販）第5巻 総索引（昭和14年）
[内容] 教育学及び関係分野を包括し、各項目末尾には参考文献が示されている。第4巻巻末には「道府県教育史統計資料」を収録。第5巻には総索引のほか、教育史年表、教育学著述年表、教育雑誌目録が含まれる。

教育学事典 平凡社編 平凡社 1954-1956 6冊 26cm Ⓝ370.33
[目次] 内容：アーキュ、キョーコン、サース、セーヌ、ネーワ、索引 世界の教育 年表
[内容] 約3800項目を立項。第6巻には、主要項目体系索引、事項索引、人名索引、欧文索引、教育史年表を収録。

教育学用語辞典 第三版 岩内亮一、萩原元昭、深谷昌志、本吉修二編 学文社 1995.4 318p 19cm 2472円 Ⓘ4-7620-0587-8
[内容] 教育学に関する基本的な用語を集めた辞典。事項（約770項目）と人名（約100項目）に分け、それぞれ五十音順に排列。巻末に和文索引、欧文索引を付す。

教育学用語辞典 第四版 岩内亮一、本吉修二、明石要一編集代表、小松郁夫、結城光夫、貝塚茂樹、藤川大祐編集委員 学文社 2006.5 289p 19cm 2500円 Ⓘ4-7620-1560-1
[内容] 学校教育、社会教育から教育心理学まで、教育分野の基本的かつ標準的な用語を精選し簡潔に解説。事項約800、人名約100を収録。巻末に和文索引、欧文索引が付く。

教育学用語辞典 第四版（改訂版） 岩内亮一、本吉修二、明石要一ほか編 学文社 2010.4 289p 20cm〈索引あり〉 2500円 Ⓘ978-4-7620-2075-9 Ⓝ370.33
[内容] 学校教育、社会教育から教育心理学まで、教育分野の基本的かつ標準的な用語を精選し簡潔に解説。事項約800、人名約100を収録したハンディ辞典。

現代教育学事典 青木一ほか編 労働旬報社
1988.10 876p 23cm 15000円 Ⓝ370.33
[目次] 第1編 子ども・青年の発達と教育（人間・子どもの発達、発達と環境、発達と教育）、第2編 教育の内容と方法（教育課程・教育内容、学力と評価、教科書と教材、教育の方法と授業、生活の指導と教科外活動）、第3編 学校と教職員（公教育と学校、学校の仕事と管理・運営、教職員の地位と権利・労働条件、学校と地域・父母）、第4編 生涯学習と社会教育（学校外教育と教育福祉、生涯学習と学習社会、社会教育と住民自治、国民の自己教育運動）、第5編 教育制度・教育行政・教育思想（国家と教育・社会と教育、世界の教育と近代教育思想、教育制度改革と教育政策・教育行財政、教育運動）、第6編 教育の歴史と人物（教育の歴史、教育を築いた人）
[内容] 本事典では、人間（子ども）の発達にとって真に意味のある教育とは何かを基本の観点にすえ、そこから、子ども・青年の発達と教育、教育の内容と方法、学校と教職員、生涯学習と社会教育、教育制度・教育行政・教育思想、教育の歴史と人物、の6つのテーマを設け、項目の選定を行った。そのさい、テーマごとに基礎的・基本的事項および基本概念を精選・網羅し、また新しい用語・事象を積極的にとりあげた。

新教育学大事典 細谷俊夫、奥田真丈、河野重男、今野喜清ほか編 第一法規出版 1990.7 8冊（セット） 26cm 80000円 Ⓘ4-474-14740-5 Ⓝ370.33
[内容] 第1巻〜第6巻は、事項および人名項目を五十音順に配列した。第7巻には、教育関係旧法令、各種審議会答申、各国教育制度関係資料等を収録した。第8巻には、年表、統計、索引を収録した。

新版 教育学用語辞典 増補版 岩内亮一、萩原元昭、深谷昌志、本吉修二編著 学文社 1992.4 307p 19cm 2400円 Ⓘ4-7620-0420-0
[内容] 激動期にある教育を理解するために、教育現実を客観的な社会現象としてとらえ、約800項目を新鮮な問題意識で精選。中項目主義による体系的・包括的解説。学習・研究、受験や教育現場に必携の書。

<ハンドブック>

教育学がわかる事典 読みこなし使いこなし活用自在 田中智志著 日本実業出版社 2003.5 247,23p 19cm 1600円 Ⓘ4-534-03581-0
[目次] 第1章 学校という世界、第2章 子ども・少年少女・若者、第3章 社会のなかの教育、第4章 国家のなかの教育、第5章 学ぶこと・教えること、第6章 家族の変容、第7章 近代教育学の世界、第8章 新しい教育理論、第9章 現代の教育政策・教育実践、第10章 教育学を変革する
[内容] なぜ、学校教育が必要とされたのか？ 学校建築のモデルになったのは監獄？ 本当に、子どもは変わってしまったのか？ 性教育はど

うして難しいのか？ しつけは、家庭の役割ではなかった？ 発達段階論はまちがっている？ 教育が階級再生産の機能を果たしている？ そもそも、教育学とはどんな学問か？ 教育学に何ができるのか？ 限界は？ 多角的に教育と教育学をめぐる情況をとらえる。

教育思想

<書 誌>

シュタイナーを学ぶ本のカタログ ほんの木編 ほんの木 2002.7 254p 21cm 2400円 ⓘ4-938568-99-3 Ⓝ169.34

⦅目次⦆第1章 伝記と入門書, 第2章 教育, 第3章 芸術, 第4章 思想, 第5章 社会, 第6章 自然科学, 第7章 その他

⦅内容⦆ルドルフ・シュタイナーの著書及び関連書籍のガイドブック。「自由ヴァルドルフ学校」を創設、人智学を提唱し、教育、芸術、経済、農業、医療等の多面的領域にわたって活躍したルドルフ・シュタイナーの著書、及びシュタイナーに関連する書籍計212冊について、伝記と入門書、教育、芸術、思想等7章に区分、項目別にまとめて排列して、書名、著者名・訳者名、出版社、初版発行日、価格、主な目次等のデータと内容についての解説を表紙写真とともに掲載。書名・著者名・出版社のそれぞれの五十音順索引を付す。巻末にハガキ・電話・FAX・インターネットによる購入案内も掲載する。

<事 典>

教育思想事典 教育思想史学会編 勁草書房 2000.5 772p 21cm 7200円 ⓘ4-326-25041-0 Ⓝ370.33

⦅内容⦆近代の教育思想に関する事典。今日の教育の状況を思想史的側面から整理するため、教育を作り上げた思想史的経緯、教育的観念をかたちづくった歴史的構造について項目を取り上げたもの。掲載項目は6000字程度の大項目および3000字程度の中項目で構成。巻末に人名索引と関連項目を含めた五十音順の事項索引を付す。

シュタイナー教育小事典 子ども編 西川隆範編・訳 イザラ書房 1992.8 276p 19cm 2300円 ⓘ4-7565-0045-5

⦅内容⦆シュタイナー教育の土台は、1に精神科学、2に芸術、3に教育学であるといわれる。本書は、その教育に関する精神科学的考察の概観を与えようとするもの。

ペスタロッチー・フレーベル事典 日本ペスタロッチー・フレーベル学会編 (町田) 玉川大学出版部 1996.12 486p 21cm 20600円 ⓘ4-472-01461-0

⦅内容⦆スイスの教育思想家・教育実践家のペスターロッチーとその弟子のドイツの教育学者フレーベルの足跡を中心に編集された教育学事典。

モンテッソーリ教育用語辞典 クラウス・ルーメル監修 学苑社 2006.10 314p 21cm 4000円 ⓘ4-7614-0607-0

⦅目次⦆愛着の敏感期, 新しい教師, 新しい子ども, 意思の発達, イタール・セガン, 逸脱, 異年齢・縦割り保育, 運動の原理・協応, エルドキンダー, お仕事・日常生活〔ほか〕

⦅内容⦆幼児期の子どもの成長を援助するモンテッソーリ教育。本書は、この教育に関する約100語のキーワードについて、モンテッソーリ教育の専門家、実践家など100余名の執筆者が解説する日本で最初の用語事典である。

<ハンドブック>

シュタイナー教育ハンドブック ルドルフ・シュタイナー著, 西川隆範編訳 風濤社 2007.11 213p 19×13cm 〈原書名: Worte Rudolf Steiners zum Lehrplan〉 1600円 ⓘ978-4-89219-295-1

⦅目次⦆緒言—幼年期・学童期・思春期, 国語（ドイツ語）, 算数・数学, 理科, 物理, 化学, 生活科, 地理, 歴史, 外国語, 美術, 音楽, 芸術史, 体育・オイリュトミー, 手芸・手仕事, 工芸, 技術, 概観

⦅内容⦆シュタイナー教育の全学年・全教科をシュタイナーの助言でたどる。

教育史

<書 誌>

教育史に関する文献目録並に解題 改訂版 石川松太郎著 宣文堂書店出版部 1974 260,23,3p 27cm （近代日本教育資料叢書 史料篇 5）〈監修: 大久保利謙, 海俊宗臣「教育史に関する文献目録並に解題」（講談社, 1953年刊）の改訂〉 5000円 Ⓝ370.31

⦅目次⦆1 教育史発達史・史観・方法論, 2 日本教育史, 3 東亜教育史, 4 西洋教育史, 5 論文集・紀要・雑誌, 6 辞書・年表・教育史文献目録, 7 補遺, 8 日本における日本教育史研究の歴史

⦅内容⦆明治以降に日本で公刊された教育史にかかわる単行本および定期刊行物・雑誌に掲載された論文約2000点を分類した上で解題を付している。

近代日本のアジア教育認識 明治後期教育雑誌所収 中国・韓国・台湾関係記事目録篇 近代アジア教育史研究会編 竜渓

書舎　1995.7　203p　26cm　9270円　Ⓣ4-8447-8383-1

(目次)1 中国の部(清末の教育状況, 日本人の対華教育活動 ほか), 2 韓国の部(旧韓末の教育状況, 日本人の対韓教育活動 ほか), 3 台湾の部(植民地以前の教育状況, 植民地教育論・政策 ほか)

(内容)明治期の教育雑誌に掲載された中国、韓国、台湾の教育文化に関する論説・記事の目録。62誌から6000件の記事・論説を主題別に収録する。「明治後期教育雑誌にみられる中国・韓国教育文化関係記事目録」(1989年刊)の増補改訂版にあたり、台湾関係の資料が新たに収録された。

日本近代教育史文献目録　1　国立教育研究所編　図書館科学会監修　日本図書センター　1997.9　106p　22cm　〈社会科学書誌書目集成　第37巻〉〈昭和43年刊の複製〉4000円　Ⓣ4-8205-4204-4　Ⓝ372.106

(目次)総記(教育文献目録, 教育史年表, 教育関係辞典・事典, 教育統計), 研究書(総合教育史, 領域別教育史)

(内容)1968年5月までに調査済の日本近代教育史に関係する総記・教育史研究書974点を収録。

日本近代地方教育史文献目録　地方教育史文献研究会編　第一書房　1982.7　179p　22cm　3000円　Ⓝ372.1

(内容)1981年3月までに刊行された都道府県教育史、群市区教育史、府県師範学校沿革史、地方教育史関係の論文を収録。

日本植民地教育政策史料集成　朝鮮篇〔別巻〕　総目録・解題・索引　阿部洋編著　竜渓書舎　1991.7　244p　22cm　5000円

(内容)9期に分けて刊行された「日本植民地教育政策史料集成(朝鮮編)」全69巻74冊に収録されている資料文献類約300点の総目録。各集の冒頭に収めた9編を一つにまとめ、書名索引を付したもの。

〈年　表〉

キリスト教学校教育同盟百年史 年表　キリスト教学校教育同盟百年史編纂委員会編　教文館　2010.11　123p　26cm　1200円　Ⓣ978-4-7642-7914-8　Ⓝ371.6

(内容)キリスト教学校教育同盟の100年にわたる歴史的事実を資料に基づき明らかにした年表。1863年から2010年6月までを対象に、キリスト教学校教育同盟の事業活動、出版物、加盟校情報の事項を記載する。

西洋教育史年表　和倉康悦著　(〔島牧村(北海道)〕)〔和倉康悦〕　1982.11　143p　19×26cm　2000円　Ⓝ372

(内容)紀元前から1971年までの西洋教育史に関する年表。

戦後教育年表　阿部彰著　風間書房　2005.2　1186p　26cm　40000円　Ⓣ4-7599-1498-6

(目次)1 年表本文(1945(昭和20)年6月～2000(平成12)年12月), 2 資料(教育をめぐる動向の概要, 学校系統図(戦前, 戦後), 豊中市立小学校の設置状況(図), 豊中市立中学校の設置状況(図), 豊中市立学校・園の年次設置状況(表), 人間形成と学習環境に関する映像資料整備計画の概要), 3 索引(事項索引(五十音順), 調査, 統計に関する項目索引(掲載順), 雰囲気, 傾向, 心情に関する項目索引(掲載順), 映像に関する項目索引(掲載順)), 4 あとがき

(内容)第二次世界大戦の終結時(1945年8月)から2000年末までの年表を収録。各年ごとに、前半において、教育関係法制、行・財政上の施策、教育施設の整備過程、学校内および子どもの身辺に起きた諸事件などを時間の流れに即して記述し、後半に、その年の雰囲気・傾向、学校生活や地域での日々、児童生徒の意識・心情・夢などを具体的に知る上で有効な内容を含む調査統計、記事(作文, 手記, 回想記)および映像リストなどを一括して記載。

日本教育史事典　トピックス1868-2010　日外アソシエーツ編集部編　日外アソシエーツ, 紀伊國屋書店(発売)　2011.5　488p　21cm　〈文献あり 索引あり〉　14200円　Ⓣ978-4-8169-2316-6　Ⓝ372.106

(内容)1868年から2010年まで、日本の教育に関するトピック3,776件を年月日順に掲載した記録事典。教育政策・制度、関連の法律、学校設立、教育現場の事件など幅広いテーマを収録。関連する事柄が一覧できる便利な「分野別索引」「人名索引」「事項名索引」付き。

日本教育史年表　伊ケ崎暁生, 松島栄一編　三省堂　1990.6　317p　21cm　2800円　Ⓣ4-385-32096-9　Ⓝ372.1

(内容)1868年(明治元年)～1989年(平成元年)まで、近代日本教育の歩みをたどる。見開き2ページに1年間の動きを簡潔に記述。巻末に前近代教育史略年表、事項・人物索引を収録。

〈事　典〉

懐徳堂事典　湯浅邦弘編著　(吹田)大阪大学出版会　2001.12　271p　21cm　2800円　Ⓣ4-87259-080-5　Ⓝ372.105

(目次)第1章 懐徳堂の成立, 第2章 懐徳堂の経営と教育, 第3章 懐徳堂の学問, 第4章 懐徳堂の周辺, 第5章 懐徳堂の終焉と復興, 第6章 懐徳堂文庫関係書誌情報, 第7章 懐徳堂の名言,

教育史　　　　　　　　教育全般

第8章 懐徳堂関係施設
(内容)江戸時代後期の大阪で商人が自主的に設立・運営した学校である懐徳堂に関する諸情報を解説した事典。享保9年(1729)の設立から明治2年(1869)の閉口までの歴史の中から、人名96、事項214、資料151項目をとりあげる。懐徳堂の歴史にそって全8章で構成。巻末に索引および懐徳堂年表を付す。

学校　改訂新版　海原徹著　東京堂出版
　1996.2　300,67p　19cm　〈日本史小百科〉　2500円　Ⓘ4-490-20280-6
(目次)上代の学校、中世の学校、近世の学校、近代の学校、戦後の学校
(内容)上代・中世・近世・戦後のさまざまな学校について解説した事典。時代区分した後、綜芸種智院・寺子屋・帝国大学など学校名や学校形態名を見出しに、歴史や機能・情勢・学校に対する各方面の反応等を資料を交えながら解説する。巻末に五十音順の事項索引を付す。―歴史の視座から学校を見なおす。ジャンル別の日本史辞典。

現代教育史事典　久保義三、米田俊彦、駒込武、児美川孝一郎編著　東京書籍　2001.12　596p　21cm　7500円　Ⓘ4-487-79649-0　Ⓝ372.106
(目次)事項篇(教育政策・行財政、学校の体系と接続、幼児教育、初等教育、中等教育、高等学校と学術行政、障害児教育、教員、教育課程、学校経営・教科外活動、技術・職業教育、社会教育、子どもの福祉と文化、戦争と教育、民族と教育、宗教と教育、教化理念と思想統制、教育運動、教育問題・教育事件、教育研究と学会)、人名篇、資料篇
(内容)20世紀を中心とした日本の教育史について解説する事典。人名篇では主に物故者となった主要な教育実践家など約160人を五十音順に排列し、資料篇では中央教育審議会答申一覧や教育学関係学会一覧などを掲載する。巻末に事項索引、人名索引が付く。

図説近代百年の教育　唐澤富太郎著　日本図書センター　2011.2　382p　31cm　〈国土社1967年刊の複製　年表あり〉　24000円　Ⓘ978-4-284-30493-1　Ⓝ372.106
(目次)近代教育の夜明け前、近代国家の建設と教育、近代教育の確立、臣民教育の展開、資本主義の発展と教育、戦争と教育、民主主義国家の建設と教育

日本近代教育史事典　日本近代教育史事典編集委員会編　平凡社　1971.12　800p　27cm　〈監修：海後宗臣〉　5500円　Ⓝ372.1
(内容)教育事象の領域を53の大項目に分け、大項目ごとに「時期区分」にしたがってその時期の教育の歴史を概説。原則、明治から1965年までを対象としている。附録(教育史関係諸表)、年表、事項索引・人名索引を付す。

民間教育史研究事典　民間教育史料研究会、大田堯、中内敏夫編　評論社　1992.6　606p　21cm　〈第2刷(第1刷：75.8.5)〉　8500円　Ⓘ4-566-05156-0
(内容)民間教育とは何か？ 市民権を与えられることがないながらも、未来を展望していく底深いパトスに支えられた民衆の教育実践・教育運動―その成果を、十余年の歳月をかけて、研究・討議しつつ集大成された、日本で初めての画期的な事典。語彙・単行本・団体・人物等544項目、並びに民間教育主要雑誌目次、民間教育史研究文献年表等を収録し、教育に携わる研究者・教師・学生諸氏に待望された必携の書。

＜ハンドブック＞

新日本教育年記　第1巻　昭和20年～24年(1945～1949)　復刻版　学校教育研究所　1997.7　406p　27cm　〈原本：1966年刊　東京　学校図書(発売)〉　15124円　Ⓘ4-7625-0491-2　Ⓝ372.107
(目次)内容：1945-1949
(内容)1945年から1949年までの5年間の教育関係の歴史を収録した資料集。年記編と資料編で構成。年記編は、教育・学術一般、教育行政・財政、政治・経済・社会・文化、海外事情の4部門に分けて掲載。資料編には、重要事項の関係文書の全文を収めた。

新日本教育年記　第2巻　昭和25年～29年(1950～1954)　復刻版　学校教育研究所　1997.7　552p　27cm　〈原本：1966年刊　東京　学校図書(発売)〉　15124円　Ⓘ4-7625-0492-0　Ⓝ372.107
(目次)内容：1950-1954
(内容)1950年から1954年までの5年間の教育関係の歴史を収録した資料集。

新日本教育年記　第3巻　昭和30年～34年(1955～1959)　復刻版　学校教育研究所　1997.7　443p　27cm　〈原本：1967年刊　東京　学校図書(発売)〉　15124円　Ⓘ4-7625-0493-9　Ⓝ372.107
(目次)内容：1955-1959
(内容)1955年から1959年までの5年間の教育関係の歴史を収録した資料集。

新日本教育年記　第4巻　復刻版　学校教育研究所　1997.7　549p　27cm　〈原本：1968年刊　東京　学校図書(発売)〉　15124

円　①4-7625-0494-7　Ⓝ372.107
(目次)内容：1960-1964
(内容)1960年から1964年までの5年間の教育関係の歴史を収録した資料集。

新日本教育年記　第5巻　復刻版　学校教育研究所　1997.7　653p　27cm　〈原本：1973年刊　東京　学校図書（発売）〉　15143円　①4-7625-0495-5　Ⓝ372.107
(目次)内容：1965-1969
(内容)1965年から1969年までの5年間の教育関係の歴史を収録した資料集。

新日本教育年記　第6巻　復刻版　学校教育研究所　1997.7　641p　27cm　〈原本：1980年刊　東京　学校図書（発売）〉　15143円　①4-7625-0496-3　Ⓝ372.107
(目次)内容：1970-1974
(内容)1970年から1974年までの5年間の教育関係の歴史を収録した資料集。

新日本教育年記　第7巻　復刻版　学校教育研究所　1997.7　337,292p　27cm　〈原本：1984年刊　東京　学校図書（発売）〉　15143円　①4-7625-0497-1　Ⓝ372.107
(目次)内容：1975-1979
(内容)1975年から1979年までの5年間の教育関係の歴史を収録した資料集。

新日本教育年記　第8巻　1980年（昭和55年）〜1984年（昭和59年）　学校教育研究所　1991.3　177,210p　27cm　〈監修：大久保利謙ほか　発行所：学校図書〉　16000円　Ⓝ372.1
(内容)1980年から1984年までの5年間の教育関係の歴史を収録した資料集。

新日本教育年記　第9巻　1985年（昭和60年）〜1989年（平成元年）　学校教育研究所　1993.10　187,312p　27cm　〈監修：辰野千寿ほか　発売：学校図書〉　19000円　①4-7625-0509-9　Ⓝ372.1
(内容)1985年から1989年までの5年間の教育関係の歴史を収録した資料集。

新日本教育年記　第10巻　1990年（平成2年）〜1994年（平成6年）　学校教育研究所　1996.12　169,348p　27cm　〈発行：学校図書〉　①4-7625-0510-2　Ⓝ372.107
(内容)1990年から1994年までの5年間の教育関係の歴史を収録した資料集。

新日本教育年記　第11巻　1995年〜1999年　学校教育研究所,学校図書〔発売〕　2001.7　320p　26cm　22000円　①4-7625-0511-0　Ⓝ372.1
(内容)1995年から1999年までの5年間の教育関係の歴史を収録した資料集。年記編と資料編で構成。年記には教育・学術一般、教育行政・財政、政治・経済・社会・文化、海外の動向の4つの項目を掲載。資料編には「生きる力」の育成を目指した教育改革に関連した法令や規則等の資料を収録する。

新日本教育年記　第12巻　2000年〜2004年　学校教育研究所,学校図書〔発売〕　2006.5　285p　26cm　22000円　①4-7625-0512-9
(目次)年記編, 資料編（教育関係審議会答申等, 教育関係法令・規則等, 日本学術会議勧告・声明等, 教育諸団体・教員組合の声明・要望等, 教育政策・改革関連事項, その他, 賞, 教育諸統計）

新日本教育年記　第13巻　2005年（平成17年）〜2009年（平成21年）　学校教育研究所,学校図書〔発売〕　2011.9　215,342p　27cm　22000円　①978-4-7625-0513-3　Ⓝ372.107
(目次)年記編（2005年（平成17年）, 2006年（平成18年）, 2007年（平成19年）, 2008年（平成20年）, 2009年（平成21年））, 資料編（教育関係審議会答申等, 教育関係法令・規則等, その他, 賞, 教育諸統計）

日本近代教育史料大系　附巻2　公文記録1公文録　編集復刻版　日本近代教育史料研究会編　龍溪書舎　2003.12　531p　31×22cm　25000円　①4-8447-0333-1
(目次)皇漢両学所伺（戊辰三月〜己巳九月）, 昌平開成両学校伺（戊辰十月〜己巳五月）, 大学校伺（己巳六月〜十二月）, 大学伺（己巳十二月〜庚午四月）, 京都学校伺（己巳九月〜庚午九月）, 大学伺（庚午五月〜八月）, 大学伺（庚午九月〜閏十月）, 大学伺（庚午十一月〜十二月）, 大学伺（辛未正月〜四月）, 大学伺（辛未五月〜七月）〔ほか〕
(内容)本巻（総目次）は、国立公文書館所蔵記録文書中の「公文録」文部省関係記録史料の全貌を正確にとらえ、同文書を利用するうえでの便宜の提供を目的として編集した。

教育事情

<事典>

国際比較教育情報総覧　文部省内海外教育事情研究会編　中央法規出版　1980.10　325p　27cm　6000円　Ⓝ372
(目次)第1編　解説（各国の教育制度, 各国の教育の動向）, 第2編　統計（教育機会, 教育条件,

教員，教育費，教育の国際交流），資料編

(内容)各国の教育制度，統計に関する基本的情報を原資料に基づき収集・整理し，比較を試みたもの。

比較教育学事典　日本比較教育学会編　東信堂　2012.6　25,424p　27cm　〈他言語標題：Encyclopedia of Comparative Education　索引あり〉　12000円　①978-4-7989-0127-5　Ⓝ373.1

(内容)諸外国と日本の教育を比較で知る最新の総合的事典。現在・将来の教育研究の礎石となる項目1036を網羅。事項索引・人名索引を付す。

〈年鑑・白書〉

OECD教員白書　効果的な教育実践と学習環境をつくる：第1回OECD国際教員指導環境調査〈TALIS〉報告書　OECD編著，斎藤里美監訳，木下江美，布川あゆみ，本田伊克，山本宏樹訳　明石書店　2012.8　392p　27cm　〈文献あり　原書名：Creating Effective Teaching and Learning Environments：First Results from TALIS〉　7400円　①978-4-7503-3655-8　Ⓝ373.1

(目次)第1章 本書のねらい，第2章 前期中等教育における教員と学校の概要，第3章 教員の専門性開発，第4章 教員の信念，態度，授業実践，第5章 学校評価，教員評価とフィードバック，学校と教員への影響，第6章 学習へと導くために：学校のリーダーシップとマネジメントのスタイル，第7章 効果的な学習環境を創出するための主な要因：学級の規律的雰囲気と教員の自己効力感

(内容)OECDが24か国の教員や校長を対象に行った「第1回TALIS調査」の報告書。

教育研究とエビデンス　国際的動向と日本の現状と課題　国立教育政策研究所編　明石書店　2012.5　370p　22cm　〈他言語標題：Educational Research and Evidence　執筆：大槻達也ほか　年表あり〉　3800円　①978-4-7503-3607-7　Ⓝ370.1

(目次)第1部 英国と米国におけるエビデンス活用の系譜（英国におけるエビデンスに基づく教育政策の展開，ランダム化比較試験とメタアナリシスの発展，米国のエビデンス仲介機関の機能と課題），第2部 OECDと欧州の取り組み（OECDプロジェクトに見るエビデンスと教育的成果，エビデンス活用の推進に向けた欧州の取り組み），第3部 我が国の動き（日本のエビデンスに基づく医療（EBM）の動きからのレッスン，エビデンス情報に基づくソーシャルワークの実践に向けて，知識社会における教育研究エビデンスの課題，エビデンスを活用した教育政策形成），付録A「教育研究におけるエビデンスとは」"教育改革国際シンポジウム"，付録B 用語解説

世界教育白書　1994　ユネスコ編，国際基督教大学研究所訳　東京書籍　1995.1　172p　30cm　〈原書名：World Education Report 1993〉　4000円　①4-487-75711-8

(目次)知識格差の克服，教育選択の拡大，教育水準の考察

(内容)教育に関する世界の有益なデータおよび現代の主要な問題と傾向に関する分析を提供することを目的にユネスコが編集する教育白書。全4章で構成し，掲載した表・図・地図には出典を記載する。付録として，関係統計，各国とユネスコで刊行された教育関係出版物リストがある。

世界教育白書　1996　ユネスコ編，日本ユネスコ協会連盟監訳　東京書籍　1997.3　174p　30cm　4000円　①4-487-75713-4

(目次)第1章 序論（グローバルな基準，教育への権利と参加，内容と目的），第2章 女性の教育（開発に絶対必要なもの，増加する非識字者数，就学の傾向，学校教育への道と退学，「就学期待年数」，優先課題，将来の展望），第3章 教授学への挑戦（機会と待遇の平等，選択と目的，専門分化か差別か？，性差別指標，職業の見通し，「能力」の問題，効果的な教授学を目指して），第4章 平和と人権および民主主義のための教育（新たな展望，国際協力への期待，教育実践，内容，方法，エピローグ）

世界教育白書　変革期の世界における教員と教授法　1998　ユネスコ編，日本ユネスコ協会連盟監訳　東京書籍　1998.12　174p　30cm　〈原書名：World Education Report 1998〉　4000円　①4-487-75715-0

(目次)第1章 序論，第2章 教員の変化する地位とその現況（『教員の地位に関する勧告』，就学者の増加が及ぼす世界的規模の圧力，変化する教育政策の状況，浮上しつつある教員の地位とその現況の課題），第3章 教育を取りまく諸状況と圧力（教育の質とその実効性への関心，査定と評価に対する新たな傾向，教員への圧力，教育と学習環境，教員養成，教員の有用性に対する評価），第4章 教員，教授法と新しいテクノロジー（新技術に対する戸惑い，主要なテクノロジーの動向と発達，仮想学習環境に向けて，教員と教授法への影響），付記（統計についての注釈，地域別統計表，世界教育指標，教育に関する各国の報告書およびユネスコの報告書，出版物，定期刊行物1995‐1997年）

(内容)世界の教育における主要な動向や政策問題をとらえ，分析したもの。今回は，世界の

5700万人の教員に焦点をあて、教員や彼らの境遇や仕事、育成や訓練に影響を与える教育・教育政策における世界的な動向や発展について調査している。

＜統計集＞

教育指標の国際比較　平成5年版　文部省大臣官房調査統計企画課著　大蔵省印刷局　1993.12　117p　30cm　1000円　Ⓣ4-17-164468-2

(目次)第1部 教育の普及，第2部 教員，第3部 教育費

(内容)アメリカ合衆国、イギリス、フランス、ドイツ、ロシア連邦、中国における教育の普及、教育諸条件、教育費等の状況を統計数字を用いて比較した統計資料。

教育指標の国際比較　平成6年版　大蔵省印刷局　1994.12　117p　30cm　1000円　Ⓣ4-17-164469-0

(目次)第1部 教育の普及(就学前教育の在籍率，義務教育後中等教育への進学率 ほか)，第2部 教員(教員1人当たり児童・生徒数、学生数，1学級当たり児童・生徒数 ほか)，第3部 教育費(国民総生産・国民所得に対する公財政支出文教関係費の比率，一般政府総支出に対する公財政支出文教関係費 ほか)

教育指標の国際比較　平成7年版　文部省著　大蔵省印刷局　1996.1　115p　30cm　1000円　Ⓣ4-17-164470-4

(目次)第1部 教育の普及，第2部 教員，第3部 教育費

教育指標の国際比較　平成8年版　文部省著　大蔵省印刷局　1997.1　109p　30cm　1000円　Ⓣ4-17-164471-2

(目次)第1部 教育の普及(就学前教育の在籍率，義務教育後中等教育への進学率，義務教育後中等教育の在学率 ほか)，第2部 教員(教員1人当たり児童・生徒数、学生数，1学級当たりの児童・生徒数，1学級当たりの本務教員数，女子本務教員の比率)，第3部 教育費(国民総生産・国民所得に対する公財政支出文教関係費の比率，一般政府総支出に対する公財政支出文教関係費の比率，学校教育費の負担区分 ほか)

教育指標の国際比較　平成9年版　文部省著　大蔵省印刷局　1998.1　111p　30cm　980円　Ⓣ4-17-164472-0

(目次)第1部 教育の普及，第2部 教員，第3部 教育費

教育指標の国際比較　平成10年版　文部省編　大蔵省印刷局　1999.1　111p　30cm　980円　Ⓣ4-17-164473-9

(目次)第1部 教育の普及(就学前教育の在籍率，義務教育後中等教育への進学率，義務教育後中等教育の在学率，高等教育への進学率，，高等教育の在学率，高等教育在学者の人口千人当たり人数，学部学生に対する大学院学生の比率，高等教育在学者の専攻分野別構成，学位取得者の専攻分野別構成)，第2部 教員(教員1人当たり児童・生徒数、学生数，1学級当たり児童・生徒数，1学級当たり本務教員数，女子本務教員の比率)，第3部 教育費(国民総生産・国民所得に対する公財政支出文教関係費の比率，一般政府総支出に対する公財政支出文教関係費の比率，学校教育費の負担区分，学校教育費の使途別構成，学生・生徒1人当たり学校教育費，学生・生徒1人当たり消費的学校教育費，大学の学生納付金，政府機関等奨学制度)，付録(各国の就学前教育・義務教育後中等教育・高等教育の該当年齢人口と全人口：各国の国民総生産と国民所得，各国の学校系統図と学校統計，各国通貨の円換算率，各国の典拠資料)

教育指標の国際比較　平成11年版　文部省著　大蔵省印刷局　2000.1　111p　30cm　980円　Ⓣ4-17-164474-7　Ⓝ370.59

(目次)第1部 教育の普及(就学前教育の在籍率，義務教育後中等教育への進学率，義務教育後中等教育の在学率 ほか)，第2部 教員(教員1人当たり児童・生徒数、学生数，1学級当たり児童・生徒数，1学級当たり本務教員数 ほか)，第3部 教育費(国民総生産・国民所得に対する公財政支出文教関係費の比率，一般政府総支出に対する公財政支出文教関係費の比率，学校教育費の負担区分 ほか)

教育指標の国際比較　平成13年版　文部科学省編　財務省印刷局　2001.1　111p　30cm　980円　Ⓣ4-17-164475-5　Ⓝ370.59

(目次)第1部 教育の普及(就学前教育の在籍率，義務教育後中等教育への進学率，義務教育後中等教育の在学率，高等教育への進学率，高等教育の在学率，高等教育在学者の人口千人当たり人数，学部学生に対する大学院学生の比率，高等教育在学者の専攻分野別構成，学位取得者の専攻分野別構成)，第2部 教員(教員1人当たり児童・生徒数、学生数，1学級当たり児童・生徒数，1学級当たり本務教員数，女子本務教員の比率)，第3部 教育費(国民総生産・国民所得に対する公財政支出文教関係費の比率，一般政府総支出に対する公財政支出文教関係費の比率，学校教育費の負担区分，学校教育費の使途別構成，学生・生徒1人当たり学校教育費，学生・生徒1人当たり消費的学校教育費，大学の学生納付金，政府機関等奨学制度)，付録(各国の就学前教育・義務教育後中等教育・高等教育の該当年齢人口と全人口：各国の国民総生産

教育事情　　　　　　　　　教育全般

と国民所得，各国の学校系統図と学校統計，各国通貨の円換算率，各国の典拠資料）

教育指標の国際比較　平成14年版　文部科学省著　財務省印刷局　2002.1　95p　30cm　900円　①4-17-164476-3

（目次）第1部 教育の普及（就学前教育の在籍率，義務教育後中等教育への進学率，義務教育後中等教育の在学率 ほか），第2部 教員（教員1人当たり児童・生徒数，学生数，1学級当たり児童・生徒数，1学級当たり本務教員数 ほか），第3部 教育費（国内総生産（GDP）に対する学校教育費の比率，一般政府総支出に占める公財政支出学校教育費の比率，学校教育費の公私負担区分 ほか）

教育指標の国際比較　平成15年版　文部科学省編　財務省印刷局　2003.1　91p　30cm　900円　①4-17-164477-1

（目次）第1部 教育の普及（就学前教育の在籍率，義務教育後中等教育への進学率 ほか），第2部 教員（教員1人当たり児童・生徒数，学生数，1学級当たり児童・生徒数 ほか），第3部 教育費（国内総生産（GDP）に対する学校教育費の比率，一般政府総支出に対する公財政支出学校教育費の比率 ほか），付録（各国の就学前教育・義務教育後中等教育・高等教育の該当年齢人口と全人口，各国の学校系統図と学校統計 ほか）

教育指標の国際比較　平成16年版　文部科学省著　国立印刷局　2004.1　93p　30cm　900円　①4-17-164478-X

（目次）第1部 教育の普及（就学前教育の在籍率，義務教育後中等教育への進学率，義務教育後中等教育の在学率 ほか），第2部 教員（教員1人当たり児童・生徒数，学生数，1学級当たり児童・生徒数，1学級当たり本務教員数 ほか），第3部 教育費（国内総生産（GDP）に対する学校教育費の比率，一般政府総支出に対する公財政支出学校教育費の比率，学校教育費の公私負担区分 ほか），付録

教育指標の国際比較　平成17年版　文部科学省編　国立印刷局　2005.1　99p　30×21cm　900円　①4-17-164479-8

（目次）第1部 教育の普及（就学前教育の在籍率，義務教育後中等教育への進学率，義務教育後中等教育の在学率 ほか），第2部 教員（教員1人当たり児童・生徒数，学生数，1学級当たり児童・生徒数，1学級当たり本務教員数 ほか），第3部 教育費（国内総生産（GDP）に対する学校教育費の比率，一般政府総支出に対する公財政支出学校教育費の比率，学校教育費の公私負担区分 ほか），付録

教育指標の国際比較　平成18年版　文部科学省編　国立印刷局　2006.3　101p　30cm　900円　①4-17-164480-1

（目次）第1部 教育の普及（就学前教育の在籍率，義務教育後中等教育への進学率，義務教育後中等教育の在学率 ほか），第2部 教員（教員1人当たり児童・生徒数，学生数，1学級当たり児童・生徒数，1学級当たり本務教員数 ほか），第3部 教育費（国内総生産（GDP）に対する学校教育費の比率，一般政府総支出に対する公財政支出学校教育費の比率，学校教育費の公私負担区分 ほか），付録

教育指標の国際比較　平成19年版　文部科学省編　国立印刷局　2007.1　99p　30cm　900円　①978-4-17-164481-2

（目次）第1部 教育の普及（就学前教育の在籍率，義務教育後中等教育への進学率，義務教育後中等教育の在学率 ほか），第2部 教員（教員1人当たり児童・生徒数，学生数，1学級当たり児童・生徒数，女子本務教員の比率），第3部 教育費（国内総生産（GDP）に対する学校教育費の比率，一般政府総支出に対する公財政支出学校教育費の比率，学校教育費の公私負担区分 ほか），付録

図表でみる教育　OECDインディケータ　2002年版　経済協力開発機構（OECD），OECD教育研究革新センター編著　明石書店　2003.1　376p　26cm　6800円　①4-7503-1675-X

（目次）A章 教育機関の成果と教育・学習の効果（後期中等教育卒業率と成人の学歴分布，高等教育卒業率及び修了率と成人の学歴分布 ほか），B章 教育への支出と人的資源（在学者一人当たり教育支出，国内総生産（GDP）に対する教育支出の割合 ほか），C章 教育機会・在学・進学の状況（平均教育年数と在学率，高等教育進学率と平均教育年数，及び中等教育の在学率 ほか），D章 学習環境と学校組織（9～14歳児の標準授業時間数，学級規模と教員一人あたり生徒数 ほか）

（内容）経済協力開発機構（OECD）から発表される加盟各国の教育インディケータ2002年度版の完訳版。OECD加盟各国の教育を取り巻く状況を国際的に比較・評価するデータを，豊富な図表とともにテーマ別に構成。巻末に「標準卒業年齢」「主要な基本データ」「資料・算定方法・テクニカルノート」「用語解説」を収録。

図表でみる教育　OECDインディケータ　2003年版　経済協力開発機構（OECD），OECD教育研究革新センター編著　明石書店　2003.11　444p　27×20cm　6800円　①4-7503-1814-0

（目次）A章 教育機関の成果と教育・学習の効果（後期中等教育卒業率と成人の学歴分布，高

教育全般　　　　　　　　　　　　　　　　　　　　教育事情

教育卒業率及び修了率と成人の学歴分布 ほか)，B章 教育への支出と人的資源(在学者一人当たり教育支出，国内総生産(GDP)に対する教育支出の割合 ほか)，C章 教育機会・在学・進学の状況(平均教育年数と在学率，高等教育進学率と平均教育年数，及び中等教育の在学率 ほか)，D章 学習環境と学校組織(初等・中等教育学校の生徒の標準授業時間数，学級規模と教員一人当たり生徒数 ほか)

内容 本書は，ほかの国々と比較することで，各国の実績を検証することができる。本書は，各国の教育の成果に関する比較可能な最新の指標を満載している。これらの指標は，教育の現状を国際的にどう測るかについての専門家の総意を表している。

図表でみる教育　OECDインディケータ　2004年版　経済協力開発機構(OECD)，OECD教育研究革新センター編著　明石書店　2004.10　477p　27×20cm　6800円　①4-7503-1997-X

目次 教育機関の成果と教育・学習の効果(成人の学歴分布，後期中等教育卒業率と成人の学歴分布 ほか)，教育への支出と人的資源(在学者一人当たり教育支出，国内総生産(GDP)に対する教育支出の割合 ほか)，教育機会・在学・進学の状況(平均教育年数と在学率，高等教育進学率と平均教育年数，及び中等教育の在学率 ほか)，学習環境と学校組織(初等・中等教育学校の生徒の標準授業時間数，学級規模と教員一人当たり生徒数 ほか)

内容 本書は，ほかの国々と比較することで，各国の実績を検証することができる。本書は，各国の教育の成果に関する比較可能な最新の指標を満載している。

図表でみる教育　OECDインディケータ　2005年版　経済協力開発機構(OECD)編著　明石書店　2005.11　457p　27×20cm　6800円　①4-7503-2225-3

目次 A章 教育機関の成果と教育・学習の効果(成人の学歴分布，後期中等教育卒業率 ほか)，B章 教育への支出と人的資源(在学者一人当たり教育支出，国内総生産(GDP)に対する教育支出の割合 ほか)，C章 教育機会・在学・進学の状況(初等教育から成人までの在学率，中等・高等教育の在学率 ほか)，D章 学習環境と学校組織(初等・中等教育学校の生徒の標準授業時間数，学級規模と教員一人当たり生徒数 ほか)

図表でみる教育　OECDインディケータ　2006年版　経済協力開発機構(OECD)編著　明石書店　2006.10　471p　27×20cm　6800円　①4-7503-2433-7

目次 A章 教育機関の成果と教育・学習の効果

(成人の学歴分布，後期中等教育卒業率 ほか)，B章 教育への支出と人的資源(在学者一人当たり教育支出，国内総生産(GDP)に対する教育支出の割合 ほか)，C章 教育機会・在学・進学の状況(初等教育から成人までの在学率，中等・高等教育の在学率 ほか)，D章 学習環境と学校組織(初等・中等教育学校の生徒の標準授業時間数，学級規模と教員一人当たり生徒数 ほか)，付録

内容 OECD加盟国の各政府は，教育を効果的に行う政策を模索しつつ，同時に，教育へのニーズの高まりに応えるための追加資源を探している。本書を参照することで，各国は他の国々との比較の中で自国の実績を検証できる。本書は，各国の教育の成果に関する比較可能な最新の指標を多数提供し，またその指標は，教育の現況を国際的に比較・評価する方法についての専門家の総意を表している。各指標が対象とするのは，教育に関わる人々，教育財源の支出，教育制度の機能であり，また，教育の成果である。教育の成果には，主要教科の生徒の成績比較から，成人の学歴と収入・就業機会まで，幅広い内容が含まれる。

図表でみる教育　OECDインディケータ　2007年版　経済協力開発機構(OECD)編著　明石書店　2007.10　471p　30cm　6800円　①978-4-7503-2656-6

目次 A章 教育機関の成果と教育・学習の効果，B章 教育への支出と人的資源，C章 教育機会・在学・進学の状況，D章 学習環境と学校組織，付録1 教育制度の特徴(教育関連の主要基礎データ)，付録2 主要な基本データ，付録3 資料・算定方法・テクニカルノート

図表でみる教育　OECDインディケータ　2008年版　経済協力開発機構編著，徳永優子，稲田智子，来田誠一郎，矢倉美登里訳　明石書店　2008.10　545p　27cm　〈原書名：Education at a glance. 2008 edition〉　7600円　①978-4-7503-2865-2　Ⓝ370.59

目次 A章 教育機関の成果と教育・学習の効果，B章 教育への支出と人的資源，C章 教育機会・在学・進学の状況，D章 学習環境と学校組織，付録1 教育制度の特徴(教育関連の主要基礎データ)，付録2 主要な基本データ，付録3 資料・算定方法・テクニカルノート

図表でみる教育　OECDインディケータ　2009年版　経済協力開発機構(OECD)編著，徳永優子，稲田智子，来田誠一郎，矢倉美登里訳　明石書店　2009.10　515p　27cm　〈文献あり　原書名：Education at a glance.〉　7600円　①978-4-7503-3072-3

学校・教育問題レファレンスブック　27

Ⓝ370.59

⦿目次 A章 教育機関の成果と教育・学習の効果，B章 教育への支出と人的資源，C章 教育機会・在学・進学の状況，D章 学習環境と学校組織，付録1 教育制度の特徴（教育関連の主要基礎データ），付録2 主要な基本データ，付録3 資料・算定方法・テクニカルノート

図表でみる教育　OECDインディケータ 2010年版　経済協力開発機構（OECD）編著，徳永優子,稲田智子,来田誠一郎,矢倉美登里訳　明石書店　2010.10　499p　27cm　〈文献あり　原書名：Education at a glance.〉　7600円　Ⓘ978-4-7503-3284-0　Ⓝ370.59

⦿目次 A章 教育機関の成果と教育・学習の効果（成人の学歴分布，後期中等教育卒業率と高等教育進学率 ほか），B章 教育への支出と人的資源（在学者一人当たり教育支出，国内総生産（GDP）に対する教育支出の割合 ほか），C章 教育機会・在学・進学の状況（初等教育から高等教育までの在学率，高等教育機関における留学生と外国人学生 ほか），D章 学習環境と学校組織（初等・中等教育学校の生徒の標準授業時間数，学級規模と教員一人当たり生徒数 ほか）

⦿内容 各国に対し，他の国々との比較の中で自国の実績を検証する機会を提供。各国の教育制度に関する比較可能な最新の指標を多数提供し，教育の現況を国際的に比較・評価する方法について専門家の総意を反映している。

図表でみる教育　OECDインディケータ 2011年版　経済協力開発機構（OECD）編著，徳永優子,稲田智子,来田誠一郎,矢倉美登里訳　明石書店　2011.10　571p　27cm　〈文献あり　原書名：Education at a glance.〉　8400円　Ⓘ978-4-7503-3475-2　Ⓝ370.59

⦿目次 A章 教育機関の成果と教育・学習の効果，B章 教育への支出と人的資源，C章 教育機会・在学・進学の状況，D章 学習環境と学校組織，付録1 教育制度の特徴（教育関連の主要基礎データ），付録2 主要な基本データ，付録3 資料・算定方法・テクニカルノート

⦿内容 OECD加盟国の各政府は，公的予算の縮小を迫られる，効果的な教育，拡大するニーズに応える教育を実現する政策を模索している。本書はそうした各国政府に対し，他の国々との比較の中で自国の実績を検証する機会を提供するものである。本書は，教育制度に関する比較可能な指標を多数提示し，教育の現況を国際的に比較・評価する方法について専門家の総意を反映している。各指標が示すのは，どのような人が教育に関わり，教育にはどの程度の資金が投じられ，教育制度がどのように機能

しているかについてである。また，例えば，主要教科の生徒の成績の比較，収入や成人の就業機会に対する教育の影響など，多種多様な教育の成果についても報告している。

図表でみる教育　OECDインディケータ 2012年版　経済協力開発機構編著，徳永優子,稲田智子,来田誠一郎,矢倉美登里訳　明石書店　2012.10　635p　27cm　〈原書名：Education at a Glance〉　8400円　Ⓘ978-4-7503-3684-8　Ⓝ370.59

⦿目次 A章 教育機関の成果と教育・学習の効果，B章 教育への支出と人的資源，C章 教育機会・在学・進学の状況，D章 学習環境と学校組織，付録1 教育制度の特徴（教育関連の主要基礎データ），付録2 主要な基本データ，付録3 資料・算定方法・テクニカルノート

⦿内容 OECD加盟34か国及びOECD非加盟G20諸国を対象に，各国の教育制度の構造や財政，成果についてのデータを収録。140の図，230の表，10万に及ぶ数値を駆使し，教育機関の成果，各国を通じた教育・学習の効果，教育に投入される財政的・人的資源，教育機関への入学・在学・進学，学習環境と学校組織など，教育のさまざまな側面についての重要な情報を取り上げる。

◆海外の教育事情

<書　誌>

世界諸地域の文化と教育　邦文参考文献目録　東京学芸大学海外子女教育センター編（小金井）東京学芸大学海外子女教育センター　1982.6　75p　26cm　Ⓝ370.31

⦿目次 1.東南アジア及び東アジアの文化と教育，2.南アジア及び西アジアの文化と教育，3.アフリカの文化と教育，4.ラテン・アメリカの文化と教育，5.ソ連・東欧の文化と教育，6.西ヨーロッパの文化と教育，7.アメリカ合衆国の文化と教育，8.海外子女教育センターの関係文献・資料

⦿内容 諸外国における文化・教育事情に関する文献を国・地域ごとにまとめている。

<ハンドブック>

現代アメリカ教育ハンドブック　アメリカ教育学会編　東信堂　2010.10　201p　26cm　〈他言語標題：HANDBOOK OF MODERN AMERICAN EDUCATION〉　2800円　Ⓘ978-4-7989-0017-9　Ⓝ372.53

⦿目次 アーティキュレーション，アドバンスト・プレスメント・プログラム，アメリカ教師教育カレッジ協会，アメリカ大学日本校，イ

マージョンスクール，移民教育政策，イヤーラウンド教育，SAT (Scholastic Assessment (Aptitude) Test.エス・エー・テー)，NCLB (No Child Left Behind Act) による学校の変化，オープンスクール〔ほか〕

諸外国の主要学校ハンドブック　ヨーロッパ編　外務省領事移住部　1991.3　221p　21cm　Ⓝ373.1
〔内容〕海外在留邦人の子女が入学・編入学可能な現地の初等・中等教育機関の案内書。

諸外国の主要学校ハンドブック　ヨーロッパ編　資料編　外務省領事移住部　1992.3　220p　21cm　Ⓝ373.1

諸外国の主要学校ハンドブック　アジア編　外務省領事移住部　1993.3　228p　21cm　Ⓝ373.1

諸外国の主要学校ハンドブック　大洋州編　外務省領事移住部　1994.3　176p　21cm　Ⓝ373.1

諸外国の主要学校ハンドブック　中近東・アフリカ編　外務省領事移住部　1995.3　234p　21cm　Ⓝ373.1

諸外国の主要学校ハンドブック　中南米編　外務省領事移住部　1996.3　198p　21cm　Ⓝ373.1

諸外国の主要学校ハンドブック　アジア編　外務省領事移住部　1997.3　228p　22cm　Ⓝ373.1

諸外国の主要学校ハンドブック　ヨーロッパ編　外務省領事移住部　1998.3　228p　21cm　〈1992年刊の改訂〉　Ⓝ373.1

諸外国の主要学校ハンドブック　大洋州編　外務省領事移住部　1999.3　212p　21cm　〈1994年刊の改訂〉　Ⓝ373.1

諸外国の主要学校ハンドブック　中近東・アフリカ編　外務省領事移住部　2000.3　256p　21cm　Ⓝ373.1

諸外国の主要学校ハンドブック　中南米編　平成13年版　外務省領事移住部　2001.3　212p　21cm　Ⓝ372.55

諸外国の主要学校ハンドブック　アジア編　平成14年版　外務省領事移住部　2002.3　280p　21cm　Ⓝ373.1

諸外国の主要学校ハンドブック　ヨーロッパ編　平成15年版　外務省領事移住部　2003.3　302p　21cm　Ⓝ373.1

世界の教育政策と行財政　ユネスコ編，日本ユネスコ国内委員会訳編　帝国地方行政学会　1973.3　1175p　31cm　〈原書名：WORLD SURVEY OF EDUCATION vol.V Educational Policy, Legislation and Administration〉　Ⓝ373
〔内容〕世界191の国・属領別に教育制度を総括的に概観した部分と国別に詳述した部分から成り立つ。前者では，教育目的，政策，計画，教育制度の組織と構造，教育行政，教育の質の向上，国際教育統計を概観し，後者では，各国別に教育目的と教育政策，教育制度の法律的基礎，教育行政を詳述。財源別教育財政，公・私教育への公費支出，費目別教育費，段階別・種類別教育費，学校統計一覧などの統計表も掲げた。

世界の大学入試　中島直忠編著　時事通信社　1986.8　691p　22cm　〈注・参考文献：p649〜677〉　6800円　Ⓘ4-7887-8627-3　Ⓝ373.1
〔目次〕第1部 各国大学入学制度の比較考察（比較項目別の考察，各国別の大学入学制度比較表，各国の学校系統図），第2部 各国の大学入試―動向と問題点（移行型の世界23ヵ主義型の国々，開放型の国々，社会主義型の国々）
〔内容〕いまや，大学入試制度改革は教育問題を超え，社会問題・政治問題と化している。本書は，入試改革という複雑かつ難解な課題に指針を提供するべく，日本を含めた世界23ケ国の大学入学制度の科学的・総合的分析を試み，その実態・特徴を浮彫りにした。

＜年鑑・白書＞

諸外国の教育動向　2007年度版　文部科学省著　明石書店　2008.8　338p　28×20cm　（教育調査　第138集）　3800円　Ⓘ978-4-7503-2839-3
〔目次〕アメリカ合衆国，イギリス，フランス，ドイツ，中国，韓国，その他の国々，資料
〔内容〕アメリカ合衆国、イギリス、フランス、ドイツ、中国、韓国及びその他の国々の教育事情について、2007年度の主な動向を調査。作成に当たっては、まず1年間の概観を述べ、その後、教育政策・行財政、生涯学習、初等中等教育、高等教育、教員及びその他の各分野別に重要な動向をまとめている。

諸外国の教育動向　2008年度版　文部科学省著　明石書店　2009.8　368p　27×20cm　3800円　Ⓘ978-4-7503-3048-8
〔目次〕アメリカ合衆国（概観，教育政策・行財政，生涯学習，初等中等教育，高等教育，教員），イギリス，フランス，ドイツ，中国，韓国，その他の国々，資料

諸外国の教育動向　2009年度版　文部科学

省編　明石書店　2010.9　340p　27×20cm　(教育調査　第141集)　3800円　Ⓟ978-4-7503-3265-9　Ⓝ372

(目次)アメリカ合衆国，イギリス，フランス，ドイツ，中国，韓国，その他の国々，資料

諸外国の教育動向　2010年度版　文部科学省編　明石書店　2011.11　354p　27×20cm　3800円　Ⓟ978-4-7503-3496-7

(目次)アメリカ合衆国，イギリス，フランス，ドイツ，中国，韓国，資料

諸外国の教育動向　2011年度版　文部科学省編　明石書店　2012.9　377p　27×20cm　(教育調査　第145集)　3800円　Ⓟ978-4-7503-3663-3

(目次)アメリカ合衆国，イギリス，フランス，ドイツ，中国，韓国，その他の国々，資料

諸外国の教育の動き　2005　文部科学省著　国立印刷局　2006.8　249p　30cm　1600円　Ⓟ4-17-218581-9

(目次)アメリカ合衆国，イギリス，フランス，ドイツ，中国，韓国，その他，資料

(内容)アメリカ合衆国，イギリス，フランス，ドイツ，中国，韓国及びその他の各国の教育事情について，教育政策・行財政，生涯学習，初等中等教育，高等教育，教員及びその他の各分野別に，2005年の主な動きについてまとめた。

<統計集>

ユネスコ文化統計年鑑　1989　ユネスコ編，永井道雄監訳　原書房　1990.10　1080p　26cm　26000円　Ⓟ4-562-02140-3　Ⓝ350.9

(目次)1 参考表，2 大陸別・主要地域別・国集団別の全段階教育総括表，3 段階別・国別の教育，4 教育費，5 科学技術，6 文化・コミュニケーション関係主題の大陸別・主要地域別・国集団別総括表，7 印刷物，8 文化遺産，9 映画と映画館，10 放送，11 印刷物の国際貿易

ユネスコ文化統計年鑑　1990　ユネスコ編，永井道雄監訳　原書房　1991.10　1035p　27cm　〈原書名：UNESCO statistical yearbook.〉　25243円　Ⓟ4-562-02241-8　Ⓝ350.9

(内容)世界200の国・地域の文化・教育・科学技術の現況を把握するための最も包括的で詳細なデータを収めた年鑑。

ユネスコ文化統計年鑑　1991　ユネスコ編，永井道雄監訳　原書房　1992.12　1007p　26cm　〈原書名：UNESCO STATISTICAL YEARBOOK〉　26000円　Ⓟ4-562-02388-0

(目次)1 参考表，2 大陸別・主要地域別・国集団別の全段階教育総括表，3 段階別・国別の教育，4 教育費，5 科学技術，6 文化・コミュニケーション関係主題の大陸別・主要地域別・国集団別総括表，7 印刷物，8 映画と映画館，9 放送，10 印刷物の国際貿易

ユネスコ文化統計年鑑　1992　ユネスコ編，永井道雄監訳　原書房　1993.7　1015p　26cm　〈原書名：UNESCO STATISTICAL YEARBOOK,1992〉　28000円　Ⓟ4-562-02448-8

(目次)1 参考表，2 大陸別・主要地域別・国集団別の全段階教育総括表，3 段階別・国別の教育，4 教育費，5 科学技術，6 文化・コミュニケーション関係主題の大陸別・主要地域別・国集団別総括表，7 印刷物，8 映画と映画館，9 放送，10 印刷物の国際貿易

(内容)世界の200の国・地域の文化・教育・科学技術の現況を示す基本統計集。約200の国と地域がユネスコの質問書に各国・地域から寄せられた直接回答を基にした数字を収録する。表についての改正点や提供された追加情報は，主題別各章の冒頭序文のなかで述べられている。

ユネスコ文化統計年鑑　1993　ユネスコ編，永井道雄監訳　原書房　1994.6　936p　26cm　28000円　Ⓟ4-562-02564-6

(目次)1 参考表，2 大陸別・主要地域別・国集団別の全段階教育総括表，3 段階別・国別の教育，4 教育費，5 科学技術，6 文化・コミュニケーション関係主題の大陸別・主要地域別・国集団別総括表，7 印刷物，8 映画と映画館，9 放送，10 印刷物の国際貿易，11 文化遺産，付録(ユネスコ加盟国と準加盟国，学年度と会計年度，通貨交換率，ユネスコ統計出版物一覧。本版では省略した表，ロシア語序文，アラビア語序文)

(内容)世界の200の国・地域の文化・教育・科学技術の現況を示す基本統計集。約200の国と地域がユネスコの質問書に各国・地域から寄せられた直接回答を基にした数字を収録する。

ユネスコ文化統計年鑑　1997　ユネスコ編，永井道雄監訳　原書房　1998.4　818p　26cm　〈原書名：UNESCO STATISTICAL YEARBOOK 1997〉　28000円　Ⓟ4-562-03068-2

(目次)選沢指標，教育(国集団別の教育総括表，国別の教育，教育公費)，科学技術(研究及び実験開発 R&D)，文化・コミュニケーション(文化・コミュニケーション関係主題の大陸別・主要地域別・国集団別総括表，印刷物，放送，文化遺産)

ユネスコ文化統計年鑑　1999　永井道雄監訳，ユネスコ編　原書房　2000.4　839p　27cm　〈英仏文併記　原書名：UNESCO

statistical yearbook.〉 28000円 ①4-562-03293-6 Ⓝ350.9
(目次)序文,教育,科学技術,文化およびコミュニケーション
(内容)世界の各国・地域の文化・教育・科学技術の現況を示す統計集。ユネスコの質問書に各国・地域から寄せられた直接回答を基にした数字を収録する。なお1963年の初版以来統計の調査編集にあたった統計局は1999年に解散しユネスコ統計研究所に引き継がれた。

教育産業

<名 簿>

私塾・私学・企業教育ネット要覧 第12集 平成24年度 佐藤勇治編 (調布)全日本学習塾連絡会議 2012.6 264p 26cm Ⓝ376.8
(内容)学習塾関係の各種業界団体に加盟する企業を収録したリスト。

教育制度

<書 誌>

教育法学文献目録 日本教育法学会会員著作目録 日本教育法学会出版委員会 1986.3 184p 26cm 非売品 Ⓝ373.2
(目次)1 教育法総論,2 国際教育条規,3 各国教育法制,4 日本教育法制史,5 日本国憲法,6 教育基本法,7 教育政策と教育行政,8 教育財政,9 就学前教育,10 学校教育,11 私立学校,12 学校給食・保健,13 教育振興・奨励,14 教職員法制,15 社会教育,16 同和教育,17 障害児・者教育,18 児童福祉,19 少年法,20 教育裁判
(内容)日本教育法学会会員の著書・論文を分野ごとに分類し、著者名の50音順で配列した目録。

<事 典>

教育法規事典 追補版 兼子仁,神田修編著 北樹出版,学文社〔発売〕 1991.1 293p 19cm 2200円 ①4-89384-191-2 Ⓝ373.2
(目次)1 教育法制のしくみと動態,2 現行教育法の原理と理念,3 学校教育の制度および運営,4 教職員の地位および人事,5 教育行財政の法制,6 大学学術法制,7 児童生徒の福祉法制,8 一般行政法の適用
(内容)基本用語、事項を正確・簡潔に解説した最新事典。利用しやすいハンディな小事典の型のなかに、立体的・重層的な編集で、専門書数冊分に相当する分量の教育法制用語、問題項目をカバーする。

教育法規事典 追補改装版 兼子仁,神田修編著 北樹出版,学文社〔発売〕 1993.7 293p 19cm 2200円 ①4-89384-191-2
(目次)1 教育法制のしくみと動態(教育法制の存在形態,教育裁判による動態,教育法制の歴史),2 現行教育法の原理と理念(現行教育法の法原理関係,現行教育法制にかかわる教育理念),3 学校教育の制度および運営(学校制度,義務教育制,学校の設置と組織編制,学校の運営と教育措置,学校事故の責任と救済,障害児教育の法制),4 教職員の地位および人事(教職員の専門的地位,教職員の種類と法的地位,教職員の勤務条件・労働条件,教職員の人事と服務),5 教育行財政の法制(教育行政のしくみ,教育財政制度),6 社会教育の法制,7 大学学術法制,8 児童生徒の福祉法制,9 一般行政法の適用
(内容)教育法制分野の基本用語、事項を簡潔に解説した事典。

教育法規新事典 神田修,兼子仁編著 北樹出版,学文社〔発売〕 1999.11 299p 19cm 2500円 ①4-89384-734-1
(目次)1 教育法制のしくみと動態,2 現行教育法の原理と理念,3 学校教育の制度および運営,4 教職員の地位および人事,5 教育行財政の法制,6 社会教育・生涯学習の法制,7 大学学術法制,8 児童生徒の福祉法制
(内容)教育法制に関する用語約840語収録した辞典。用語を教育法制をめぐる問題体系にそって構成。巻末に50音順の索引付き。

教育法規大辞典 菱村幸彦,下村哲夫編 エムティ出版 1994.4 1031p 21cm 10000円 ①4-89614-426-0
(内容)教育法規辞典、教育経営辞典、教育制度辞典および学校経営辞典の性格をあわせ持つ事典。2500項目を五十音順に排列する。収録分野は、基本理念、法規用語、個別間法令、教育判例、教育行財政、学校制度、組織運営、教育課程、学校保健・学校給食・就学援助、児童・生徒、生徒指導、教職員(職務、人事、服務・研修、分限・懲戒、勤務条件、資格・免許、職員団体・各種団体)、学校施設、学校事務、私立学校(生涯教育)、社会教育、海外教育・国際教育の各領域にわたる。

新教育法規基本用語辞典 下村哲夫編 明治図書出版 1982.4 305p 22cm 2400円 ①4-18-149006-8 Ⓝ373.2
(目次)1 教育法制の基本原理(現行教育法制の理念,教育法規の体系,教育法規の用語),2 教育法制の沿革,3 学校(学校制度,学校の設置と組織・編成,学級編成・教職員定数),4 教育活動(学校教育の目的・目標,教育課程の編成,学年・学期・授業日・休業日,教科書と

補助教材)、5 児童・生徒(児童・生徒の就学、入学・退学・卒業等、出席督促・出席停止、指導要録・通知表、児童・生徒の懲戒、児童・生徒の就労、問題のある児童・生徒の指導)、6 学校保健・学校給食(学校保健、学校給食、就学援助等)、7 学校事故、8 教職員(教職員の職務、学校運営組織、教職員の人事、教職員の服務、分限と懲戒、研修(現職教育)、勤務成績の評定、教職員の給与、勤務時間・休日・休暇、共済・公務災害補償、女教師の保護、教職員の資格・免許、教職員団体)、9 学校の施設・設備(学校の施設・設備、学校施設の利用)、10 学校事務、11 教育行政(中央・地方教育行政機関、教育委員会制度、教育財政(教育費))、12 社会教育、13 私立学校、索引

(内容)教育法規の基本用語の解説を通じて、教育法規の理論と実際について必要かつ的確な知識を提供することを企図している。

＜ハンドブック＞

青森県教育関係者必携　平成8年版　青森県教育庁編　ぎょうせい　1996.7　1139p　19cm　〈書名は奥付・背による　標題紙・表紙の書名：教育関係者必携〉　4900円　Ⓝ373.22

青森県教育関係者必携　平成10年版　青森県教育庁編　ぎょうせい　1998.7　1087,1185p　19cm　〈標題紙・表紙のタイトル：教育関係者必携〉　4857円　Ⓝ373.22

青森県教育関係者必携　平成12年版　青森県教育庁編　ぎょうせい　2000.9　1334,1258p　19cm　〈標題紙・表紙のタイトル：教育関係者必携〉　5238円　Ⓝ373.22

青森県教育関係者必携　平成14年版　青森県教育庁編　ぎょうせい　2002.7　1408,1309p　19cm　〈標題紙・表紙のタイトル：教育関係者必携〉　5524円　Ⓝ373.22

青森県教育関係者必携　平成16年版　青森県教育庁編　ぎょうせい　2004.7　1380,1050p　19cm　5695円　①4-324-07499-2

(目次)国法編(総則、学校、学校基準等、教科用図書、学校教育の振興、社会教育、保健体育、職員、教育財政、その他)〔ほか〕

青森県教育関係者必携　平成18年版　青森県教育庁編　ぎょうせい　2006.9　1366,1213p　19cm　〈標題紙・表紙のタイトル：教育関係者必携〉　5695円　①4-324-08061-5　Ⓝ373.22

青森県教育関係者必携　平成20年版　青森県教育庁編　ぎょうせい　2008.9　1078,1229p　19cm　〈標題紙・表紙のタイトル：教育関係者必携〉　5695円　Ⓝ373.22

青森県教育関係者必携　平成22年版　青森県教育庁編　ぎょうせい　2010.8　1234p　19cm　5905円　①978-4-324-09118-0　Ⓝ373.22

(目次)第1章 総則、第2章 学校、第3章 学校基準等、第4章 教科用図書、第5章 学校教育の振興、第6章 社会教育、第7章 保健体育、第8章 職員、第9章 教育財政、第10章 その他

改訂 教育法講義資料　永井憲一, 入沢充編　エイデル研究所　2003.5　143p　21cm　1048円　①4-87168-358-3

(目次)第1編 教育基本編、第2編 学校教育編、第3編 生涯学習編、第4編 教育行政(教職員)編、第5編 子ども編、第6編 国際編、第7編 資料

(内容)本書は、主に編者の二人が大学において教育法の授業を行うに際し必要とする「資料」として二〇〇〇年に編んだ初版の改訂版である。教育法を学ぶ学生が「資料」として、すぐ手にとって活用できるように、また将来教職をめざす学生にとって知っておくべき基本的な法律、さらに日本の教育制度の改革過程で重大な影響を与えた資料など、一般の学生には入手しにくい情報を選んで収録している。教育法に関する研究書や書物を横に置いて、十分に活用していただきたい。

神奈川県教育関係例規集　平成13年版　神奈川県教育庁管理部総務室監修　ぎょうせい　2001.11　2178p　22cm　5238円　①4-324-06682-5　Ⓝ373.22

神奈川県教育関係例規集　平成17年版　神奈川県教育委員会教育局総務課監修　ぎょうせい　2005.10　2461p　21cm　5238円　①4-324-07781-9

(目次)第1章 通則、第2章 人事、第3章 免許、第4章 給与、旅費等、第5章 財務、第6章 学校教育、第7章 社会教育

(内容)本書には、原則として平成17年4月1日現在における神奈川県教育関係の条例、規則、訓令及び例規的内容の要綱、通知等、計328件を収録した。通則、人事、免許、給与・旅費等、財務、学校教育、社会教育の7部門に章を分けた。

富山県教育関係者必携　平成5年版　県例規編・国法編　富山県教育委員会編　ぎょうせい　1993.7　974,988p　16cm　4300円　Ⓝ373.2

富山県教育関係者必携　平成7年版　県例規編・国法編　富山県教育委員会編　ぎょうせい　1995.7　996,964p　19cm　4500円

教育全般　教育制度

Ⓝ373.2

富山県教育関係者必携　平成9年版　富山県教育委員会編　ぎょうせい　1997.7　999,930p　19cm　4800円　Ⓝ373.22

富山県教育関係者必携　平成12年版　富山県教育委員会編　ぎょうせい　2000.10　980,1031p　19cm　5238円　Ⓝ373.22

富山県教育関係者必携　平成15年版　富山県教育委員会編　ぎょうせい　2003.8　1021,1012p　19cm　5238円　Ⓝ373.22

(目次)国法編(教育基本,学校教育,社会教育,教育職員,教育行政,教育財政,その他),県例規編(通則,職員,給与・旅費等,財務,学校教育,社会教育,その他)

富山県教育関係者必携　平成17年版　富山県教育委員会編　ぎょうせい　2005.9　1075,1004p　19cm　5333円　Ⓝ373.22

和歌山県 教育関係諸規程集　平成15年版　和歌山県教育庁教育総務局総務課編　ぎょうせい　2003.9　1852,9p　21cm　6190円

(目次)第1編 行政組織,第2編 公務員,第3編 学校教育,第4編 体育保健,第5編 社会教育,第6編 文化,第7編 財務

和歌山県 教育関係諸規程集　平成17年版　和歌山県教育庁教育総務局総務課編　ぎょうせい　2005.9　1990p　21cm　6476円

(目次)第1編 行政組織,第2編 公務員,第3編 学校教育,第4編 体育保健,第5編 社会教育,第6編 文化,第7編 財務

＜法令集＞

解説 教育六法　1990(平成2年版)　解説 教育六法編修委員会編　三省堂　1990.2　910p　19cm　2300円　①4-385-15318-3

(内容)新学習指導要領、指導要領の特例、子どもの権利条約を新収録。

解説 教育六法　1991(平成3年版)　解説 教育六法編修委員会編　三省堂　1991.2　910p　19cm　2300円　①4-385-15700-6

(目次)教育基本編,学校教育編,教育振興・奨励編,学校保健編,私立学校編,社会教育編,福祉編,学術文化編,教育行財政編,教育職員人事編,国際編

(内容)実務・学習・研究用の解説つき教育六法。生涯学習振興整備法、同法施行令、生涯学習審議会令を新収録。

解説 教育六法　1992(平成4年版)　解説 教育六法編修委員会編　三省堂　1992.2　916p　19cm　2400円　①4-385-15701-4

(目次)教育基本編,学校教育編,教育振興・奨励編,学校保健編,私立学校編,社会教育編,福祉編,学術文化編,教育行財政編,教育職員人事編,国際編,諸法編,資料

(内容)学校教育法、同法施行規則、学位規則、大学設置基準の改正法令を収録。

解説 教育六法　1993(平成5年版)　解説 教育六法編修委員会編　三省堂　1993.2　918p　19cm　2400円　①4-385-15702-2

(内容)教育関連の法律・条約・政令等を集めたもの。体系的に収録し、主要法令には参照条文、行政実例・判例を付し、簡潔な解説を加える。内容は1993年1月1日現在。

解説 教育六法　1994(平成6年版)　解説 教育六法編修委員会編　三省堂　1994.2　927p　19cm　2400円　①4-385-15703-0

(目次)教育基本編,学校教育編,教育振興・奨励編,学校保健編,私立学校編,社会教育編,福祉編,学術文化編,教育行財政編,教育職員人事編,国際編,諸法編,資料

(内容)教育関連の法律・条約・政令を集めた法令集。主要法令には参照条文、行政実例・判例を付し、簡潔な解説を加える。内容は1994年1月1日現在。見返しに五十音順の法令索引、巻末に総合事項索引を付す。

解説 教育六法　1995(平成7年版)　三省堂　1995.2　942p　19cm　2400円　①4-385-15704-9

(目次)教育基本編,学校教育編,教育振興・奨励編,学校保健編,私立学校編,社会教育編,福祉編,学術文化編,教育行財政編,教育職員人事編,国際編,諸法編,資料

解説 教育六法　1996(平成8年版)　新井隆一,伊ケ崎暁生,浦田賢治,神田修,島田修一,中山和久,永井憲一,山崎真秀編　三省堂　1996.2　954p　19cm　2400円　①4-385-15705-7

(目次)教育基本編,学校教育編,教育振興・奨励編,学校保健編,私立学校編,社会教育編,福祉編,学術文化編,教育行財政編,教育職員人事編,国際編,諸法編

(内容)教育関連の法律・条約・政令等284件を集めたもの。主要法令には参照条文、行政実例・判例を付し、簡潔な解説を加える。内容は1996年1月1日現在。ほかに教育法関係の用語を署名入りで解説した「教育法用語事典」がある。見返しに五十音順の法令索引、巻末に総合事項索引を付す。一実務・学習・研究に最適な解説つき教育六法。

解説 教育六法　1997(平成9年版)　解説

学校・教育問題レファレンスブック　33

教育六法編修委員会編　三省堂　1997.2
956p　19cm　2340円　①4-385-15706-5

〔目次〕教育基本編、学校教育編、教育振興・奨励編、学校保健編、私立学校編、社会教育編、福祉編、学術文化編、教育行財政編、教育職員人事編、国際編、諸法編

〔内容〕教育に関係する数多くの法令の中から、学習・実務・研究に不可欠と思われる重要な法令を選び出し、体系的に排列、集成した法令集。法律・条約・政令・省令・人事院規則等288件を収録。内容は、1997年1月1日現在。

解説 教育六法　1998（平成10年版）　新井隆一、伊ヶ崎暁生、浦田賢治、神田修、島田修一、中山和久、永井憲一、山崎真秀編　三省堂　1998.2　974p　19cm　2400円　①4-385-15707-3

〔目次〕教育基本編、学校教育編、教育振興・奨励編、学校保健編、私立学校編、社会教育編、福祉編、学術文化編、教育行財政編、教育職員人事編、国際編、諸法編

解説 教育六法　1999（平成11年版）　新井隆一、伊ヶ崎暁生、浦田賢治、神田修、島田修一、中山和久、永井憲一、山崎真秀編　三省堂　1999.2　1006,15p　19cm　2400円　①4-385-15708-1

〔目次〕教育基本編、学校教育編、教育振興・奨励編、学校保健編、私立学校編、社会教育編、福祉編、学術文化編、教育行財政編、教育職員人事編、国際編、諸法編

〔内容〕教育関係の法令集。主要法令には行政実例・判例を付し解説を加えた。本年度版には、特定非営利活動促進法（NPO法）・中央省庁等改革基本法などを新収録。近代教育法制史年表、教育用語事典、総合事項索引、おもな法令略称表、法令索引付き。

解説 教育六法　2000（平成12年版）　解説教育六法編修委員会編　三省堂　2000.4　1112,3p　19cm　2500円　①4-385-15709-X　Ⓝ373.22

〔目次〕教育基本編、学校教育編、社会教育・生涯学習編、教育行財政編、教育職員編、福祉編、教育関連法編、資料

〔内容〕教育およびそれと関連する分野の法令、資料を集めた法令集。内容は平成12年2月現在、法令・資料等計317件を収録。構成は教育基本編、学校教育編、社会教育編、生涯学習編、教育行財政編、教育職員編、福祉編、教育関連法に分けて排列。重要法律については参照条文、判例、行政実例、解説を併載する。巻末に付録として学校教育施行規則の一部を改正する省令等の平成12年3月9日に公布された文部省例題9号から第12号を掲載。五十音順の法令名索

引と教育法令用語の事項索引を付す。

解説教育六法　2001（平成13年版）　解説教育六法編修委員会編　三省堂　2001.2　1150p　19cm　2500円　①4-385-15650-6　Ⓝ373.22

〔目次〕教育基本編、学校教育編、社会教育・生涯学習編、教育行財政編、教育職員編、福祉編、自治体立法編、教育関連法編、資料

〔内容〕実務者・研究者・学生向けに教育関連法規・判例・行政実例等を系統的に収録、解説する法令集。全338件収録、データは2001年1月1日現在。

解説教育六法　2002（平成14年版）　解説教育六法編修委員会編　三省堂　2002.2　1166p　19cm　2500円　①4-385-15651-4　Ⓝ373.22

〔目次〕教育基本編、学校教育編、社会教育・生涯学習編、教育行財政編、教育職員編、福祉編、自治体立法編、教育関連法編、資料編

〔内容〕学校教育法、社会教育法、地教行法など教育関連の法令等を収録した法令集。川崎市人権オンブズマンパーソン条例、文化芸術振興基本法を新規収録。実務・学習・研究者向けの解説つき。内容は2001年12月現在。巻末に総合事項索引がある。

解説教育六法　2003（平成15年版）　解説教育六法編修委員会編　三省堂　2003.3　1182p　19cm　2500円　①4-385-15652-2

〔目次〕教育基本編、学校教育編、社会教育・生涯学習編、教育行財政編、教育職員編、福祉編、自治体立法編、教育関連法編、資料編

〔内容〕学校教育法、教育公務員特例法など改正法令収録。小学校設置基準、中学校設置基準、埼玉県子どもの権利擁護委員会条例など新収録。

解説教育六法　2004（平成16年版）　解説教育六法編修委員会編　三省堂　2004.3　1154p　19cm　2500円　①4-385-15653-0

〔目次〕教育基本編、学校教育編、社会教育・生涯学習編、教育行財政編、教育職員編、福祉編、子どもの権利・自治体立法編、教育関連法編、資料編

〔内容〕実務・学習・研究に最適な解説つき教育六法。学校教育法、教育公務員特例法など改正法令収録。日本スポーツ振興センター法、日本学生支援機構法、次世代育成支援対策推進法など新収録。

解説教育六法　2005（平成17年版）　姉崎洋一、荒牧重人、小川正人、金子征史、喜多明人ほか編集委員　三省堂　2005.3　1164p

教育全般　　　　　　　　　　　　　　　　　　教育制度

19cm　2500円　①4-385-15654-9
〈目次〉教育基本編，学校教育編，社会教育・生涯学習編，教育行財政編，教育職員編，福祉編，子どもの権利・自治体立法編，教育関連法編，資料編
〈内容〉実務・学習・研究に最適な解説つき教育六法。学校教育法、地方教育行政組織運営法など改正法令収録。発達障害者支援法、構造改革特別区域法、北海道少子化対策推進条例など新収録。

解説教育六法　2006（平成18年版）　解説
教育六法編修委員会編著，姉崎洋一，荒牧重人，小川正人，金子征史，喜多明人ほか編修委員　三省堂　2006.2　1204p　19cm　2500円　①4-385-15655-7
〈目次〉教育基本編，学校教育編，社会教育・生涯学習編，教育行財政編，教育職員編，福祉編，子どもの権利・自治体立法編，教育関連法編，資料編
〈内容〉学校教育法、学校教育法施行規則など改正法令収録。文字・活字文化振興法、障害者自立支援法、三重県子どもを虐待から守る条例、目黒区子ども条例、中教審答申5件。実務・学習・研究に最適な解説つき教育六法。

解説教育六法　2007（平成19年版）　解説
教育六法編修委員会編　三省堂　2007.3　1220p　19cm　2600円　①978-4-385-15656-9
〈目次〉教育基本編，学校教育編，社会教育・生涯学習編，教育行財政編，教育職員編，福祉編，子どもの権利・自治体立法編，教育関連法編，資料編

解説教育六法　2008（平成20年版）　解説
教育六法編修委員会編　三省堂　2008.3　1256p　19cm　〈年表あり〉　2600円　①978-4-385-15657-6　Ⓝ373.22
〈目次〉教育基本編，学校教育編，社会教育・生涯学習編，教育行財政編，教育職員編，福祉編，子どもの権利・自治体立法編，教育関連法編，資料編
〈内容〉「学校教育法」「同法施行令」「同法施行規則」「地方教育行政法」「教育公務員特例法」「教育職員免許法」の大改正に完全対応。教育基本法の参照条文、行政実例、判例などを全面見直し、障害者の権利条約を新収録。

解説教育六法　2009（平成21年版）　解説
教育六法編修委員会編　三省堂　2009.3　1256p　19cm　〈索引あり〉　2600円　①978-4-385-15658-3　Ⓝ373.22
〈目次〉教育基本編，学校教育編，社会教育・生涯学習編，教育行財政編，教育職員編，福祉編，子どもの権利・自治体立法編，教育関連法編，資料編
〈内容〉学習指導要領の改訂、教員免許更新制の導入に対応！「学校教育法施行規則」「教育職員免許法施行規則」「社会教育法関連三法」の大改正収録。「社会教育法」「学校保健安全法」「児童福祉法」の改正。「教育振興基本計画について」（中教審答申）を新収録。

解説教育六法　2010（平成22年版）　解説
教育六法編修委員会編　三省堂　2010.3　1254p　19cm　〈年表あり　索引あり〉　2600円　①978-4-385-15659-0　Ⓝ373.22
〈目次〉教育基本編，学校教育編，社会教育・生涯学習編，教育行財政編，教育職員編，福祉編，子どもの権利・自治体立法編，教育関連法編，資料編
〈内容〉主な法令には「法令のあらまし」「逐条ごとの解説」つき。新学習指導要領に対応。「学校保健安全法」「学校教育法施行規則」「教育職員免許法」の改正、「子ども・若者育成支援推進法」「札幌市子どもの権利条例」を新収録。

解説教育六法　2011（平成23年版）　解説
教育六法編修委員会編　三省堂　2011.3　1242p　19cm　〈年表あり　索引あり〉　2600円　①978-4-385-15940-9　Ⓝ373.22
〈目次〉教育基本編，学校教育編，社会教育・生涯学習編，教育行財政編，教育職員編，福祉編，子どもの権利・自治体立法編，教育関連法編，資料編

解説教育六法　2012（平成24年版）　解説
教育六法編修委員会編　三省堂　2012.3　1230p　19cm　2600円　①978-4-385-15941-6
〈目次〉教育基本編，学校教育編，社会教育・生涯学習編，教育行財政編，教育職員編，福祉編，子どもの権利・自治体立法編，教育関連法編，資料編
〈内容〉豊富な収録法令・資料等349件。近代教育法制史年表、主要教育判例を増補改訂。主な法令には「法令のあらまし」「逐条ごとの解説、行政実例・判例」つき。「障害者虐待防止法」「スポーツ基本法」を新収録。

学校教育　やさしく引ける判例総覧　日外
アソシエーツ編　日外アソシエーツ，紀伊国屋書店〔発売〕　1993.11　1030,24p　21cm　9800円　①4-8169-1205-3
〈目次〉学問・思想の自由，教職員・教育関係者，学生・生徒・児童，事故・事件
〈内容〉1948〜1991年の、主に教育関係に関する判例を集め、テーマごとに再編成した判例集。全体を「学問・思想の自由」「教職員・教育関

係者」「学生・生徒・児童」「事故・事件」等で構成する。巻末に、事項名、事件名、法令・条文の各索引を付す。

学校事務小六法　2002　現代学校事務研究会著　学事出版　2001.11　302p　21cm　2600円　①4-7619-0776-2
(目次)第1編 基本編(日本国憲法，教育基本法)，第2編 学校教育編(学校教育法，学校教育法施行規則 ほか)，第3編 教育職員編(地方公務員法，教育公務員特例法)，第4編 教育行政編(地方教育行政の組織及び運営に関する法律，地方自治法)，第5編 教育財政他編(義務教育費国庫負担法，市町村立学校職員給与負担法 ほか)

学校事務小六法　2008　学校事務法令研究会編　学事出版　2007.12　310p　21cm　2800円　①978-4-7619-1369-4
(目次)基本編(日本国憲法，教育基本法)，学校教育編(学校教育法，公立義務教育諸学校の学級編制及び教職員定数の標準に関する法律，公立高等学校の適正配置及び教職員定数の標準等に関する法律)，教育職員編(地方公務員法，教育公務員特例法，公立の義務教育諸学校等の教育職員の給与等に関する特別措置法，学校教育の水準の維持向上のための義務教育諸学校の教育職員の人材確保に関する特別措置法)，教育行政編(地方教育行政の組織及び運営に関する法律，地方自治法)，教育財政他編(義務教育費国庫負担法，市町村立学校職員給与負担法，地方財政法，社会教育法，社会教育法，国家賠償法，学校給食法，学校保健法)

岐阜県教育法令要覧　平成元年版　ぎょうせい　1989.9　1711,8p　19cm　〈監修：岐阜県教育委員会〉　4300円　Ⓝ373.2

岐阜県教育法令要覧　平成4年版　岐阜県教育委員会編　ぎょうせい　1993.2　1冊　19cm　4500円　Ⓝ373.2

岐阜県教育法令要覧　平成7年版　岐阜県教育委員会編　ぎょうせい　1995.7　2629,8p　19cm　4600円　Ⓝ373.2

岐阜県教育法令要覧　平成10年版　岐阜県教育委員会編　ぎょうせい　1998.7　2610,9p　19cm　4600円　Ⓝ373.22

岐阜県教育法令要覧　平成12年版　岐阜県教育委員会監修　ぎょうせい　2000.8　2688,9p　19cm　5000円　Ⓝ373.22

岐阜県教育法令要覧　平成15年版　岐阜県教育委員会監修　ぎょうせい　2003.8　2678p　19cm　5429円
(目次)県例規編(教育行政，学校教育，教職員，社会教育，学術・文化)，国法編(教育基本，学校教育)
(内容)本書は、教育関係者の日常の執務に必要な教育関係の法令及び県の条例、規則、通知等を収録した。

教育関係法令目録　明治編　国立教育研究所　1968　520p　22cm　(日本近代教育百年史編集資料　1)　Ⓝ373.2
(内容)慶応3年から明治45年までの間に公布された教育関係法令の件名目録。全体を年代順とし、各年ごとの配列は「法令全書」の方式に準じている。

教育関係法令目録　大正編　教育研究振興会編　教育研究振興会　1971　576p　22cm　(教育研究振興会紀要　1)　Ⓝ373.2
(内容)大正元年から大正15年までの間に公布された教育関係法令の件名目録。全体を年代順とし、各年ごとの配列は「法令全書」の方式に準じている。

教育関係法令目録並びに索引　昭和編1　阿部彰著　風間書房　1984.2　1353p　22cm　38000円　①4-7599-0603-7　Ⓝ373.2
(内容)文部省所管の教育、学術、文化、宗教関係事項のほか、他省所管の諸養成施設、試験研究機関、免許、資格試験等をも含めて法令全書に掲載された教育関係の全内容を収め、かつ教育政策の形成展開過程に係わる、連合国総司令部が発した「覚書」、諸審議会の建議、国会の決議、閣議決定、次官会議申し合せ及び例規となり得る通牒・通達類を追加した。1926(昭和元)年12月から1940(昭和27)年12月までを収録。

教育関係法令目録並びに索引　昭和編2　阿部彰著　風間書房　1986.3　1600p　22cm　38000円　①4-7599-0652-5　Ⓝ373.2
(内容)文部省所管の教育、学術、文化、宗教関係事項のほか、他省所管の諸養成施設、試験研究機関、免許、資格試験等をも含めて法令全書に掲載された教育関係の全内容を収め、かつ教育政策の形成展開過程に係わる、連合国総司令部が発した「覚書」、諸審議会の建議、国会の決議、閣議決定、次官会議申し合せ及び例規となり得る通牒・通達類を追加した。1941(昭和16)年から1945(昭和20)年までを収録。

教育関係法令目録並びに索引　昭和編3　阿部彰著　風間書房　1988.2　1779p　22cm　38000円　①4-7599-0701-7　Ⓝ373.2
(内容)文部省所管の教育、学術、文化、宗教関係事項のほか、他省所管の諸養成施設、試験研究機関、免許、資格試験等をも含めて法令全書に掲載された教育関係の全内容を収め、かつ教育政策の形成展開過程に係わる、連合国総司令部が発した「覚書」、諸審議会の建議、国会の

決議,閣議決定、次官会議申し合せ及び例規となり得る通牒・通達類を追加した。

教育小六法　平成2年版　兼子仁ほか編　学陽書房　1990.2　844p　19cm　2100円
ⓘ4-313-01166-8
(内容)本書は、教育法規集として、あくまで教育法令の条文とそのコメントを主にしているが、主要な諸資料や教育裁判の判例要旨集などを収めた「資料編」には、毎年相当の努力をしてきており、特に昨年は全面的な見直しにより、法令コメント等に新しい作業を行なった。

教育小六法　平成3年版　兼子仁,佐藤司,鈴木英一,平原春好,室井力,渡辺孝三編　学陽書房　1991.1　2冊（別冊共）　19cm　〈別冊(128p):生涯学習の基礎整備について〔ほか〕〉　2200円　ⓘ4-313-01167-6
(目次)基本編、学校教育編、教育奨励編、学校保健・環境編、私立学校編、社会教育編、教育職員編、教育行政編
(内容)本書は、学校教育・社会教育・教育行政に携わる人びとと、教育学を学ぶ学生のために、実務と学習に便利な法規集として編集してある。本書の目的に沿って利用度の高いものを選択して、法令157件、資料30件を収録してある。本書の収録法令は、1990年12月10日現在をもって加除訂正してある。

教育小六法　平成4年版　兼子仁ほか編　学陽書房　1992.1　855p　19cm　2200円
ⓘ4-313-01168-4
(目次)基本編、学校教育編、高等教育編、教育奨励編、学校保健・環境編、私立学校編、社会教育・生涯学習編、教育職員編、教育行政編、教育財政編、教育福祉編、諸法編、資料編
(内容)「高等教育編」を分離・新設。「大学設置基準」をはじめ、各種高等教育関係設置基準の大幅改正を収録。「育児休業法」「学位授与機構規則」「国公立大学外国人任用法に基づく外国人職員任期省令」を新収録。別冊付録に「新しい時代に対応する教育の諸制度の改革」(中教審答申)、「大学教育の改善について」など大学審答申を新収録。別冊付録に「教員採用試験/校長教頭選考試験法規問題」を充実・収録。

教育小六法　平成5年版　兼子仁ほか編　学陽書房　1993.1　856p　19cm　〈別冊付録：生涯学習審議会答申〔ほか〕〉　2200円
ⓘ4-313-01169-2
(目次)基本編、学校教育編、高等教育編、教育奨励編、学校保健・環境編、私立学校編、社会教育・生涯学習編、教育職員編、教育行政編、教育財政編、教育福祉編、諸法編、資料編

教育小六法　平成6年版　兼子仁,佐藤司,鈴木英一,平原春好,室井力,渡辺孝三編　学陽書房　1994.1　856p　19cm　2200円　ⓘ4-313-01170-6
(目次)基本編、学校教育編、高等教育編、教育奨励編、学校保健・環境編、私立学校編、社会教育・生涯学習編、教育職員編
(内容)教育関係者、教育学を学ぶ学生のための実務・学習用法令集。

教育小六法　平成7年版　兼子仁ほか編　学陽書房　1995.1　868p　19cm　2200円
ⓘ4-313-01171-4
(目次)基本編、学校教育編、教育行政編、教育財政編、教育福祉編、諸法編、資料編〔ほか〕
(内容)教育関係者、教育学を学ぶ学生のための実務・学習用法令集。平成6年12月1日現在の法令160件、資料30件を13編に分類収録。基本となる法令には条文ごとに参照条文、判例、通達等を付し色刷りで示す。巻末資料編には統計・年表・文献目録等を掲載。95年版では、短時間労働者雇用管理法を新収録、また別冊付録には、児童の権利条約関連の政府説明書などを収録する。事項索引を付す。

教育小六法　平成8年版　兼子仁,佐藤司,鈴木英一,平原春好,室井力ほか編　学陽書房　1996.1　888p　19cm　2200円　ⓘ4-313-01172-2
(目次)基本編、学校教育編、高等教育編、教育奨励編、学校保健・環境編、私立学校編、社会教育・生涯学習編、教育職員編、教育行政編、教育財政編、教育福祉編、諸法編、資料編
(内容)学校教育、社会教育、教育行政関連の法規集。法令161件と、条約、宣言、判例要旨、統計等の資料30件を収録する。内容は1995年12月1日現在。巻末に事項索引がある。一教育法規集の定本。

教育小六法　平成9年版　兼子仁,佐藤司,鈴木英一,平原春好,室井力,渡辺孝三編　学陽書房　1997.1　895p　19cm　〈付属資料：別冊付録1〉　2233円　ⓘ4-313-01173-0
(目次)基本編、学校教育編、高等教育編、教育奨励編、学校保健・環境編、私立学校編、社会教育・生涯学習編、教育職員編、教育行政編、教育財政編、教育福祉編、諸法編、資料編
(内容)学校教育・社会教育・教育行政に携わる人と、教育学を学ぶ学生を対象に、実務と学習に便利な法規集として編集。法令167件、資料31件を収録。法令は、1996年12月1日現在。

教育小六法　平成10年版　兼子仁,佐藤司,鈴木英一,平原春好,室井力,渡辺孝三編　学陽書房　1998.1　912p　19cm　〈付属資料：

教育制度　　　　　　　　　　教育全般

別冊1〉　2250円　ⓘ4-313-01174-9
目次基本編，学校教育編，高等教育編，教育奨励編，学校保健・環境編，私立学校編，社会教育・生涯学習編，教育職員編，教育行政編，教育財政編，福祉・文化編，諸法編

教育小六法　平成11年版　浦野東洋一，兼子仁，佐藤司，鈴木英一，成嶋隆ほか編　学陽書房　1999.1　935p　19cm　2300円　ⓘ4-313-01175-7
目次基本編，学校教育編，高等教育編，教育奨励編，学校保健・環境編，私立学校編，社会教育・生涯学習編，教育職員編，教育行政編，教育財政編，教育福祉編，諸法編，資料編
内容学校教育・社会教育・教育行政に携わる人と、教育学を学ぶ学生を対象に、実務・学習用の教育法規集。1998年12月1日現在の法令173件，資料27件を収録。本年度版は、スポーツ振興投票の実施等に関する法律、特定非営利活動促進法などを新収録。事項索引，法令名索引，法令名略語表付き。別冊付録には、教育改革プログラム（主要事項）、今後の地方教育行政の在り方について（抄）などを収録する。

教育小六法　平成12年版　浦野東洋一，兼子仁，佐藤司，鈴木英一，成嶋隆，平原春好，室井力，渡辺孝三編　学陽書房　2000.2　958p　19cm　〈付属資料：別冊1〉　2400円　ⓘ4-313-01176-5　Ⓝ373.2
目次基本編，学校教育編，高等教育編，教育奨励編，学校保健・環境編，私立学校編，社会教育・生涯学習編，教育職員編，教育行政編，教育財政編，福祉・文化編，諸方編
内容教育に関する法令182件，資料29件を収録した法令集。内容は1999年12月1日現在。別冊付録として、独立行政法人通則法（抄）、幼稚園教育要領、小学校、中学校、高等学校、盲学校・聾学校・養護学校の小学部・中学部・高等部の学習指導要領（各「総則」のみを抄録）等を収録したものがある。

教育小六法　平成13年版　浦野東洋一，兼子仁，佐藤司，鈴木英一，成嶋隆，平原春好，室井力，渡辺孝三編　学陽書房　2001.2　986p　19cm　〈付属資料：別冊1〉　2500円　ⓘ4-313-01177-3　Ⓝ373.2
目次基本編，学校教育編，高等教育編，教育奨励編，学校保健・環境編，私立学校編，社会教育・生涯学習編，教育職員編，教育行政編，教育財政編，福祉・文化編，諸法編，資料編
内容教育関係の法令187件資料29件を収録、内容は2000年12月1日現在。最新の教育動向の資料を別冊付録に収める。

教育小六法　平成14年版　兼子仁編　学陽

書房　2002.2　1010p　19cm　〈付属資料：別冊1〉　2500円　ⓘ4-313-01178-1　Ⓝ373.22
目次基本編，学校教育編，高等教育編，教育奨励編，学校保健・環境編，私立学校編，社会教育・生涯学習編，教育職員編，教育行政編，教育財政編，福祉・文化編，諸法編，資料編
内容学習、研究、実務向けの教育関係の法令集。巻頭に日本の教育法制を鳥瞰する「教育法制のあらまし」を収録。平成14年版は、人権及び人権啓発の推進に関する新法律、第151国会で成立した教育改革関連・育児介護休業法等の改正を収録。内容は平成13年12月1日現在。巻末に事項索引を付す。最新の教育動向を映す資料を収めた別冊付録あり。

教育小六法　平成15年版　市川須美子，浦野東洋一，小野田正利，窪田真二，中嶋哲彦，成嶋隆編　学陽書房　2003.1　1118p　19cm　2500円　ⓘ4-313-01179-X
目次基本編，学校教育編，高等教育編，教育奨励編，学校保健・環境編，私立学校編，社会教育・生涯学習編，教育職員編，教育行政編，教育財政編〔ほか〕
内容半世紀に及ぶ伝統の上に益々充実する教育法規集の定本。「子ども法編」「条例編」の新設。新委員による「教育法制のあらまし」の全面改訂。2色刷りの参照条文・判例等。改正法令の「通知等」を巻末に収録。

教育小六法　平成16年版　市川須美子，浦野東洋一，小野田正利，窪田真二，中嶋哲彦，成嶋隆編集委員　学陽書房　2004.1　1132p　19cm　2500円　ⓘ4-313-01180-3
目次基本編，学校教育編，高等教育編，教育奨励編，学校保健編，私立学校編，社会教育・生涯学習編，教育職員編，教育行政編，教育財政編，情報法編，福祉・文化編，子ども法編，諸法編
内容国立大学法人法、専門職大学院設置基準、独立行政法人国立高等専門学校機構法、個人情報保護法、構造改革特別区域法等、17件の法令を新収録。資料編には「主要教育法判例分野別リスト」を新たに加え、「不登校への対応の在り方」等の最新の通知も収録。内容現在＝平成15年12月1日。

教育小六法　平成17年版　市川須美子，浦野東洋一，小野田正利，窪田真二，中嶋哲彦編集委員　学陽書房　2005.1　1146p　19cm　2500円　ⓘ4-313-01181-1
目次基本編，学校教育編，高等教育編，教育奨励編，学校保健編，私立学校編，社会教育・生涯学習編，教育職員編，教育行政編，教育財政編，情報法編，福祉・文化編，子ども法編，

諸法編，条例編，資料編
〈内容〉国立大学法人法施行令・施行規則をはじめ大学法人化に伴う関係政省令等，7件の法令を新収録。高知県こども条例，中野区教育委員人材推薦要綱等，新条例等を充実。「学習指導要領改正」通知等，最新の通知・資料も収録。

教育小六法　平成18年版　市川須美子，浦野東洋一，小野田正利，窪田眞二，中嶋哲彦，成嶋隆編集委員　学陽書房　2006.1　1164p　19cm　2500円　④4-313-01182-X
〈目次〉基本編，学校教育編，高等教育編，教育奨励編，学校保健編，私立学校編，社会教育・生涯学習編，教育職員編，教育行政編，教育財政編〔ほか〕
〈内容〉本書は，学校教育・社会教育・教育行政に携わる人びとと，教育学を学ぶ学生のために，実務と学習に便利な法規集として編集してある。法令228件，資料17件を収録してある。

教育小六法　平成19年版　市川須美子，浦野東洋一，小野田正利，窪田眞二，中嶋哲彦ほか編集委員　学陽書房　2007.3　1194p　19cm　2500円　978-4-313-01183-0
〈目次〉基本編，学校教育編，高等教育編，教育奨励編，学校保健編，私立学校編，社会教育・生涯学習編，教育職員編，教育行政編，教育財政編，情報法編，福祉・文化編，子ども法編，諸法編
〈内容〉新・教育基本法に完全対応。「就学前の子どもに関する教育，保育等の総合的な提供の推進に関する法律（認定こども園法）」，「子どもを犯罪の被害から守る条例」等，5件の法令を新収録。「今後の教員養成・免許制度の在り方について（答申）」等，最新の答申・通知を収録。「戦後教育法年表」「主要教育法判例分野別リスト」ほか，資料編を充実。

教育小六法　平成20年版　市川須美子，浦野東洋一，小野田正利，窪田眞二，中嶋哲彦，成嶋隆編　学陽書房　2008.3　1240p　20cm　〈年表あり〉　2600円　978-4-313-01184-7　Ⓝ373.22
〈目次〉基本編，学校教育編，高等教育編，教育奨励編，学校保健編，私立学校編，社会教育・生涯学習編，教育職員編，教育行政編，教育財政編，情報法編，福祉・文化編，子ども法編，諸法編，条例・規則編，国際教育法規編，資料編
〈内容〉「能力障害のある人の権利に関する条約」「高等教育教員の地位に関する勧告」を新収録。「特別支援教育の推進について」，「学校評価の在り方と今後の推進方策について」など最新の通知・報告を収録。「教育小六法の使い方」を新収録し，「戦後教育法年表」「主要教育法判例分野別リスト」ほか資料編を充実。

教育小六法　平成21年版　市川須美子，浦野東洋一，小野田正利，窪田眞二，中嶋哲彦，成嶋隆編　学陽書房　2009.2　1272p　20cm　〈年表あり　索引あり〉　2600円　978-4-313-01185-4　Ⓝ373.22
〈目次〉基本編，学校教育編，高等教育編，教育奨励編，学校保健編，私立学校編，社会教育・生涯学習編，教育職員編，教育行政編，教育財政編，情報法編，福祉・文化編，子ども法編
〈内容〉「青少年が安全に安心してインターネットを利用できる環境の整備等に関する法律」，「免許状更新講習規則」など6件の法令を新収録。「新しい時代を切り拓く生涯学習の振興方策について（答申）」など最新の答申・通知を収録。「戦後教育法年表」「主要教育法判例分野別リスト」ほか，資料編を充実。

教育小六法　平成22年版　市川須美子，浦野東洋一，小野田正利，窪田真二，中嶋哲彦，成嶋隆編　学陽書房　2010.1　1296p　20cm　〈年表あり　索引あり〉　2600円　978-4-313-01186-1　Ⓝ373.22
〈目次〉基本編，学校教育編，高等教育編，教育奨励編，学校保健編，私立学校編，社会教育・生涯学習編，教育職員編，教育行政編，教育財政編，情報法編，福祉・文化編，子ども法編
〈内容〉教育関係法令236件，資料14件を収録。「学校環境衛生基準」「学校給食実施基準」等を新収録。「学士課程教育の構築に向けて」「高等専門学校教育の充実について」等最新の答申・通知・報告を収録。「戦後教育法年表」「主要教育法判例分野別リスト」ほか資料編を充実。内容現在平成21年12月1日。

教育小六法　平成23年版　市川須美子，浦野東洋一，小野田正利，窪田眞二，中嶋哲彦，成嶋隆編　学陽書房　2011.1　1310p　20cm　〈年表あり　索引あり〉　2600円　978-4-313-01187-8　Ⓝ373.22
〈目次〉基本編，学校教育編，高等教育編，教育奨励編，学校保健編，私立学校編，社会教育・生涯学習編，教育職員編，教育行政編，教育財政編，情報法編，福祉・文化編，子ども法編，諸法編，条例・規則編，国際教育法規編，資料編
〈内容〉教育関係法令238件，資料15件を収録。「平成22年度における子ども手当の支給に関する法律」「労働安全衛生法」等を新収録。「児童虐待防止に向けた学校等における適切な対応の徹底について」をはじめ最新の通知等を収録。資料編に「教育基本法第2条で道徳・伝統が強調されたことにかかわる学習指導要領の記述」を新収録。「戦後教育法年表」「主要教育法判例分野別リスト」ほか資料編を充実。

教育小六法　平成24年版　市川須美子，浦野

教育制度　　　　　　　　　　　　　　教育全般

東洋一,小野田正利,窪田眞二,中嶋哲彦ほか編集委員　学陽書房　2012.1　1336p　20×14cm　2600円　①978-4-313-01188-5

〔目次〕基本編，学校教育編，高等教育編，教育奨励編，学校保健編，私立学校編，社会教育・生涯学習編，スポーツ法編，教育職員編，教育行政編，教育財政編，情報法編，福祉・文化編，こども法編，諸法編，条例・規則編，国際教育法規編，資料編

〔内容〕教育関係法令240件，資料15件を収録。「東日本大震災復興基本法」「スポーツ基本法」「平成二十三年度における子ども手当の支給等に関する特別措置法」などを新収録。「スポーツ法編」を新たに加えて，全18編に再構築。「教育法制のあらまし」においては，全編に解説を付けて改訂。その他，資料編における「戦後教育法年表」「主要教育法判例分野別リスト」等を最新情報に更新。

教育法規便覧　平成3年版　下村哲夫著　学陽書房　1990.7　537p　19cm　2200円　①4-313-64366-4

〔目次〕1 学校の設置・組織編制，2 教育活動，3 児童・生徒，4 保健・安全・給食，5 就学援助・育英奨学，6 教職員(教職員の職務，教職員の人事，教職員の勤務条件，教職員の資格・免許，単純労務職員)，7 職員団体，8 学校の施設・設備，9 学校事務，10 学校と教育行政機関，11 学校財務，12 学校と社会，13 私立学校

〔内容〕高等学校の学習指導要領の移行措置，盲・聾・養護学校幼稚部の教育要領，情報公開とプライバシーの保護，消費税と学校教育のかかわり等について補正するとともに，校長の職務権限，職員会議規程についても一層の充実を期した。法令の改廃や判例の動向に伴う改訂を行い，最新の統計資料類を収録。内容現在，平成2年4月。

教育法規便覧　平成4年版　下村哲夫著　学陽書房　1991.6　551p　19cm　2600円　①4-313-64367-2

〔目次〕1 学校の設置・組織編制，2 教育活動，3 児童・生徒，4 保健・安全・給食，5 就学援助・育英奨学，6 教職員，7 職員団体，8 学校の施設・設備，9 学校事務，10 学校と教育行政機関，11 学校財務，12 学校と社会，13 私立学校

〔内容〕学習指導要録の改訂，40人学級の完成など新しい動向を収めるとともに，児童の権利条約，補助教材と著作権，栄典制度(叙勲)等の節を新設し，休暇関係の諸制度について充実を期した。法令の改廃や判例の動向に関し，全面的補正を加え，最新の統計資料類を収録。内容現在，平成3年5月11日。

教育法規便覧　平成5年版　下村哲夫著　学陽書房　1992.7　556p　19cm　2600円　①4-313-64368-0

〔目次〕1 学校の設置・組織編制，2 教育活動，3 児童・生徒，4 保健・安全・給食，5 就学援助・育英奨学，6 教職員，7 職員団体，8 学校の施設・設備，9 学校事務，10 学校と教育行政機関，11 学校と社会，13 私立学校，参考(中・高等学校の現行教育課程，中学校の新指導要録)

〔内容〕「学校週五日制」と育児休業法による「育児休業」について新しく節を起こし，週休二日制の新しい展開と「児童の権利条約」の批准についてやや詳しく触れ，小学校で全面実施に入った新指導要録について大幅に加除整理した。法令の改廃や判例の動向に伴う改訂を行い，最新の統計資料類を収録。内容現在，平成4年5月1日。校長・教頭・主任職，指導主事の実務や管理職試験に最適。

教育法規便覧　平成6年版　下村哲夫著　学陽書房　1993.6　558p　19cm　2600円　①4-313-64369-9

〔目次〕1 学校の設置・組織編制，2 教育活動，3 児童・生徒，4 保健・安全・給食，5 就学援助・育英奨学，6 教職員，7 職員団体，8 学校の施設・設備，9 学校事務，10 学校と教育行政機関，11 学校財務，12 学校と社会，13 私立学校

〔内容〕教育法規に関する事項を学校管理の実務に即して解説した便覧。内容は平成5年4月1日現在。法令の改廃や判例の動向に伴う改訂を行い，「情報公開・個人情報開示」に新しく節を起こし，第6次教職員配置計画の概要を紹介したほか，改訂された「学校環境衛生基準」の大要にも触れ，「通級」の制度化，新しい高校の単位認定制度，過労死問題等もとりあげている。ほかに最新統計資料類を収録する。

教育法規便覧　平成7年版　下村哲夫著　学陽書房　1994.6　562p　19cm　2800円　①4-313-64370-2

〔目次〕1 学校の設置・組織編制，2 教育活動，3 児童・生徒，4 保健・安全・給食，5 就学援助・育英奨学，6 教職員，7 職員団体，8 学校の施設・設備，9 学校事務，10 学校と教育行政機関，11 学校財務，12 学校と社会，13 私立学校，参考 高等学校の旧学習指導要領

〔内容〕教育法規に関する事項を学校管理の実務に即して解説した便覧。内容は平成6年4月1日現在。「義務教育標準法」改正などの法令の改廃や判例の動向に伴う改訂を行い，さらに新指導要録に基づく通知表の事例，学校における情報管理及び指導要録の全面開示に関する判例を収め，最新統計資料類を収録する。

教育法規便覧　平成8年版　下村哲夫著　学陽書房　1995.8　572p　19cm　2800円

教育全般　　　　　　　　　　　　教育制度

⓪4-313-64371-0
(目次)1 学校の設置・組織編制, 2 教育活動, 3 児童・生徒, 4 保健・安全・給食, 5 就学援助・育英奨学, 6 教職員, 7 職員団体, 8 学校の施設・設備, 9 学校事務, 10 学校と教育行政機関, 11 学校財務, 12 学校と社会, 13 私立学校

教育法規便覧　平成9年版　下村哲夫著　学陽書房　1996.7　576p　19cm　2800円
⓪4-313-64372-9
(目次)1 学校の設置・組織編制, 2 教育活動, 3 児童・生徒, 4 保健・安全・給食, 5 就学援助・育英奨学, 6 教職員, 7 職員団体, 8 学校の施設・設備, 9 学校事務, 10 学校と教育行政機関, 11 学校財務, 12 学校と社会, 13 私立学校
(内容)教育法規に関する事項を学校管理の実務に即して解説したもの。「学校の設置・組織編制」「教育活動」「児童・生徒」「保健・安全・給食」「就学援助・育英奨学」等13章から構成。巻頭に用語索引の機能をもつ「五十音順細目次」がある。内容は1996年4月1日現在。一校長・教頭・主任職, 指導主事の実務や管理職試験に最適。

教育法規便覧　平成10年版　下村哲夫著　学陽書房　1997.8　589p　19cm　2720円
⓪4-313-64373-7
(目次)1 学校の設置・組織編制, 2 教育活動, 3 児童・生徒, 4 保健・安全・給食, 5 就学援助・育英奨学, 6 教職員, 7 職員団体, 8 学校の施設・設備, 9 学校事務, 10 学校と教育行政機関, 11 学校財務, 12 学校と社会, 13 私立学校
(内容)学校管理のために必要な法規に関する事項を, 領域別に13章に分類・収録。各章ごとに, 必要に応じて内容別に小分類し, さらに事項別見出しを置く。各事項については, 法規の内容を要約ないし注解した説明がある。内容は1997年6月15日現在。

教育法規便覧　平成11年版　下村哲夫著　学陽書房　1998.8　618p　19cm　2800円
⓪4-313-64374-5
(目次)1 学校の設置・組織編制, 2 教育活動, 3 児童・生徒, 4 保健・安全・給食, 5 就学援助・育英奨学, 6 教職員, 7 職員団体, 8 学校の施設・設備, 9 学校事務, 10 学校と教育行政機関, 11 学校財務, 12 学校と社会, 13 私立学校
(内容)教育法規を学校管理の立場から, 領域別に教育活動, 児童・生徒, 保健・安全・給食, 教職員, 職員団体, 学校の施設・設備, 学校事務等に区分し, 関連する法律, 政令, 省令, 通達, 訓示, 告示, 判例などを収録, 解説したもの。平成10年6月15日現在。

教育法規便覧　平成12年版　下村哲夫著　学陽書房　1999.8　631p　21cm　2800円

⓪4-313-64375-3
(目次)1 学校の設置・組織編制, 2 教育活動, 3 児童・生徒, 4 保健・安全・給食, 5 就学援助・育英奨学, 6 教職員, 7 職員団体, 8 学校の施設・設備, 9 学校事務, 10 学校と教育行政機関, 11 学校財務, 12 学校と社会, 13 私立学校
(内容)教育法規を学校管理の立場から, 領域別に教育活動, 児童・生徒, 保健・安全・給食, 教職員, 職員団体, 学校の施設・設備, 学校事務等に区分し, 関連する法律, 政令, 省令, 通達, 訓示, 告示, 判例などを収録, 解説したもの。内容は1999年7月1日現在。

教育法規便覧　平成13年版　下村哲夫著　学陽書房　2000.6　649p　19cm　2800円
⓪4-313-64376-1　Ⓝ373.2
(目次)学校の設置・組織編制, 教育活動, 児童・生徒, 保健・安全・給食, 就学援助・育英奨学, 教職員, 職員団体, 学校の施設・設備, 学校事務, 学校と教育行政機関, 学校財務, 学校と社会, 私立学校
(内容)学校管理の関係法令を解説する法令資料集。領域別に構成し, 各事項について関連する法律, 政令, 省令から通達, 訓令, 告示, 判例及び学校管理規則を解説する。ほかに新しく制度化された学校評議員, 職員会議, 研修休業など各種法令等の改正も収録。内容は平成12年4月現在。また, 巻末に付録として学習指導要領の移行措置と教育改革プログラム(主要事項)を収録。索引は巻頭に五十音順細目次を掲載。

教育法規便覧　平成14年版　下村哲夫著　学陽書房　2001.6　675p　19cm　2800円
⓪4-313-64377-X　Ⓝ373.2
(目次)学校の設置・組織編制, 教育活動, 児童・生徒, 保健・安全・給食, 就学援助・育英奨学, 教職員, 職員団体, 学校の施設・設備, 学校事務, 学校と教育行政機関, 学校財務, 学校と社会, 私立学校
(内容)学校管理の関係法令を解説する法令資料集。領域別に構成し, 各事項について関連する法律, 政令, 省令から通達, 訓令, 告示, 判例及び学校管理規則を解説する。ほかに新しく制定・制度化された「児童虐待防止法」「大学院修学休業」をはじめ, 学級編制及び教職員定数標準法, 文部科学省の組織・所掌事務, 校長の資格等の大幅な改訂のほか, 学校評議員の運営規程(設置要綱)(例), 学校セクハラ事件判決例等を収録。内容は平成13年4月現在。索引は巻頭に五十音順細目次を掲載。

教育法規便覧　平成15年版　下村哲夫著　学陽書房　2002.6　697p　19cm　2800円
⓪4-313-64378-8　Ⓝ373.2
(目次)学校の設置・組織編制, 教育活動, 児童・生徒, 保健・安全・給食, 就学援助・育英

奨学，教職員，職員団体，学校の施設・設備，学校事務，学校と教育行政機関，学校財務，学校と社会，私立学校

(内容)学校管理の関係法令を解説する法令資料集。領域別に構成し，各事項について，関連する平成14年5月1日現在の法律，政令，省令から通達，訓令，告示，判例及び学校管理規則を解説する。平成15年版では，新制定された「小・中学校設置基準」をはじめ，少人数指導のための義務教育標準法の改正，出席停止・社会奉仕体験活動等を定めた学校教育法の改正等について大幅改訂，また，「指導力不足教員」，「人権教育・人権啓発」，「学校の対外的安全管理と学校開放」について節を追加し，「アピール・学びのすすめ」について詳しい補足を加えた。巻頭に五十音順目次を掲載。

教育法規便覧　平成16年版　下村哲夫著
　学陽書房　2003.8　686p　19cm　3000円
　①4-313-64379-2
(目次)学校の設置・組織編制，教育活動，児童・生徒，保健・安全・給食，就学援助・育英奨学，教職員，職員団体，学校の施設・設備，学校事務，学校と教育行政機関，学校財務，学校と社会，私立学校
(内容)「10年経験者研修」を制度化した教育公務員特例法等の法改正をはじめ，高校の新教育課程移行措置，学校管理職の希望降任制度などについても詳しく解説した最新版。巻末に「10年経験者研修のイメージ案」，「新しい時代にふさわしい教育基本法と教育振興計画の在り方について」(中教審答申概要)等の資料を収録。法令の改廃や判例の動向に伴う改訂を行い，最新の統計資料を収録。平成15年6月1日現在の内容。

教育法規便覧　平成17年版　下村哲夫著
　学陽書房　2004.7　659p　19cm　3000円
　①4-313-64380-X
(目次)学校の設置・組織編制，教育活動，児童・生徒，保健・安全・給食，就学援助・育英奨学，教職員，職員団体，学校の施設・設備，学校事務，学校と教育行政機関，学校財務，学校と社会，私立学校
(内容)教育課程・学習指導要領の一部改正，教員給与制度，育英奨学制度の改定等を盛り込む。次官通知・中教審答申等の関連資料も収録。

教育法規便覧　平成18年版　下村哲夫，窪田眞二，小川友次著　学陽書房　2005.6　676p　19cm　3000円　①4-313-64381-8　Ⓝ373.22

教育法規便覧　平成19年版　窪田眞二，小川友次著　学陽書房　2006.7　730p　19cm　3000円　①4-313-64382-6
(目次)教育法規のしくみと教育改革，学校のしくみに関する法規，義務教育に関する法規，教職員に関する法規，教育課程に関する法規，教育奨励に関する法規，学校保健に関する法規，学校安全に関する法規，私立学校に関する法規，生涯学習・社会教育に関する法規，児童・生徒に関する法規，特別支援教育に関する法規，高等教育に関する法規，学術・文化に関する法規

教育法規便覧　平成20年版　窪田真二，小川友次著　学陽書房　2007.8　746p　19cm　3200円　①978-4-313-64383-3
(目次)1 教育法規のしくみと教育改革，2 学校のしくみに関する法規，3 義務教育に関する法規，4 教職員に関する法規，5 教育課程に関する法規，6 教育奨励に関する法規，7 学校保健に関する法規，8 学校安全に関する法規，9 私立学校に関する法規，10 生涯学習・社会教育に関する法規，11 児童・生徒に関する法規，12 特別支援教育に関する法規，13 高等教育に関する法規，14 学術・文化に関する法規
(内容)学校管理の実務にそくし，説明を教育法規(法律・政令・省令・告示・訓令・通知)にかぎらず，判例および必要に応じて各府県の実態を学校管理規則(準則)等で補い，平易な説明を加えて，体系的・総合的な理解を図った。事項別の説明は，箇条書を主体にし，図表類を多用している。教育基本法及び平成19年6月の学校教育法，教育職員免許法等の大改正を盛込み。教育改革の動きを反映し，用語解説・資料等を充実させた。

教育法規便覧　平成21年版　窪田真二，小川友次著　学陽書房　2008.8　796p　19cm　3200円　①978-4-313-64384-0　Ⓝ373.22
(目次)教育法規のしくみと教育改革，学校のしくみに関する法規，義務教育に関する法規，教職員に関する法規，教育課程に関する法規，教育奨励に関する法規，学校保健に関する法規，学校安全に関する法規，私立学校に関する法規，生涯学習・社会教育に関する法規，児童・生徒に関する法規，特別支援教育に関する法規，高等教育に関する法規，学術・文化に関する法規
(内容)学校教育法の大改正に対応。学校教育法・教育職員免許法等の大改正をはじめ，新学習指導要領を盛込む。教育改革の動向をふまえ，資料等を充実。

教育法規便覧　平成22年版　窪田真二，小川友次著　学陽書房　2009.8　781p　21cm　〈索引あり〉　3300円　①978-4-313-64385-7　Ⓝ373.22
(目次)教育法規のしくみと教育改革，学校のしくみに関する法規，義務教育に関する法規，教職員に関する法規，教育課程に関する法規，教育奨励に関する法規，学校保健安全に関する法規，食育・学校給食に関する法規，私立学校に関する法規，生涯学習・社会教育に関する法

規，児童・生徒に関する法規，特別支援教育に関する法規，高等教育に関する法規，学術・文化に関する法規
〈内容〉「学校保健」・「学校安全」大幅改訂。文字が大きくなって読みやすく使いやすい新装版。

教育法規便覧　平成23年版　窪田眞二，小川友次著　学陽書房　2010.8　804p　19cm　〈索引あり〉　3300円　①978-4-313-64386-4　Ⓝ373.22
〈目次〉教育法規をめぐる最近の動き，教育法規のしくみと教育改革，学校のしくみに関する法規，義務教育に関する法規，教職員に関する法規，教育課程に関する法規，教育奨励に関する法規，学校保健安全に関する法規，食育・学校給食に関する法規，私立学校に関する法規，生涯学習・社会教育に関する法規，児童・生徒に関する法規，特別支援教育に関する法規，高等教育に関する法規，学術・文化に関する法規
〈内容〉膨大な教育法規を分野別に整理、解説。「序章 教育法規をめぐる最近の動き」を新設。用語解説や教育資料を大幅追加。

教育法規便覧　平成24年版　窪田眞二，小川友次著　学陽書房　2012.1　698p　19cm　3800円　①978-4-313-64387-1
〈目次〉序 教育法規をめぐる最近の動き，1 教育法規のしくみと教育改革，2 学校のしくみに関する法規，3 義務教育に関する法規，4 教職員に関する法規，5 教育課程に関する法規，6 教育奨励に関する法規，7 学校保健安全に関する法規，8 食育・学校給食に関する法規，9 私立学校に関する法規，10 生涯学習・社会教育に関する法規，11 児童・生徒に関する法規，12 特別支援教育に関する法規，13 高等教育に関する法規，14 学術・文化に関する法規
〈内容〉膨大な教育法規を分野別に整理・解説。東日本大震災の対応、学級編制基準など盛込む。資料検索用ホームページアドレスを大幅追加。

重要教育判例集　斎藤一久編　（小金井）東京学芸大学出版会　2012.10　171p　26cm　2000円　①978-4-901665-30-8　Ⓝ373.22
〈内容〉東京都国旗国歌訴訟、家永教科書裁判、中野富士見中いじめ自殺事件など、重要かつ最新の教育判例を厳選して収録。

逐条学校教育法　第6次改訂版　鈴木勲編著　学陽書房　2006.3　1132p　21cm　12000円　①4-313-07606-9
〈目次〉総則，小学校，中学校，高等学校，中等教育学校，大学，高等専門学校，特殊教育，幼稚園，専修学校，雑則，罰則
〈内容〉認証評価制度、栄養教諭制度、大学の教員組織の整備、教育特区及び国立大学の法人化など、近年の教育改革に伴い大幅改訂。学校教育法のすべての条文を詳細に解説し、関連の政令・省令・通知・判例などを随所に挿入。

逐条学校教育法　第7次改訂版　鈴木勲編著　学陽書房　2009.11　1220p　22cm　〈文献あり　索引あり〉　13000円　①978-4-313-07607-5　Ⓝ373.22
〈目次〉序章，総則，義務教育，幼稚園，小学校，中学校，高等学校，中等教育学校，特別支援教育，大学，高等専門学校，専修学校，雑則，罰則
〈内容〉学校教育法の大改正に対応！教育基本法の改正をふまえた各学校種の目的・目標の見直し、副校長、主幹教諭などの職の創設、学校の評価及び情報の提供に関する規定の新設など学校教育法の大改正を盛込む。3年ぶりの全面改訂。

注解 新教育六法　平成2年版　教育法令研究会編　第一法規出版　1990.3　2177p　19cm　3600円　①4-474-04977-2
〈目次〉第1編 総則，第2編 学校教育（総則，教科用図書，保健・安全・給食，就学奨励・奨学，教育振興等），第3編 教育行政，第4編 教育財政，第5編 教職員（通則，免許，給与等，労働関係），第6編 社会教育・スポーツ・文化，第7編 諸法，第8編 資料・統計

注解 新教育六法　平成3年版　教育法令研究会編　第一法規出版　1991.4　2177p　19cm　3600円　①4-474-09022-5
〈目次〉第1編 総則，第2編 生涯学習，第3編 学校教育，第4編 教育行政，第5編 教育財政，第6編 教職員，第7編 社会教育・スポーツ・文化，第8編 諸法，第9編 資料・統計

注解 新教育六法　平成4年版　教育法令研究会編　第一法規出版　1992.4　2177p　19cm　3600円　①4-474-09069-1
〈目次〉第1編 総則，第2編 生涯学習，第3編 学校教育，第4編 教育行政，第5編 教育財政，第6編 教職員，第7編 社会教育・スポーツ・文化，第8編 諸法，第9編 資料・統計
〈内容〉平成四年版においては、学位授与機構の設置を定めた国立学校設置法及び学校教育法の一部を改正する法律、国家公務員の育児休業等に関する法律及び地方公務員の育児休業等に関する法律など、先の第百二十一～百二十二回国会において成立した関係の法律を全て収録したほか、政令・省令の改正や最新の通知・通達等を織りこみました。

注解 新教育六法　平成5年版　教育法令研究会編　第一法規出版　1993.5　2177p　19cm　3600円　①4-474-00191-5
〈目次〉第1編 総則，第2編 生涯学習，第3編 学校教育，第4編 教育行政，第5編 教育財政，第6

章 教職員，第7編 社会教育・スポーツ・文化，第8編 諸法，第9編 資料・統計

(内容)日常多く利用される教育法令を収録した実務法令集。利用者が一々の解説書を読まなくても主要な条文の解釈の核心が理解出来るよう，主要な法令の条文に注解や行政実例，参照条文を設けること，法令の各編ごとに解説をつけることを編集方針としている。

注解 新教育六法 平成6年版　教育法令研究会編　第一法規出版　1994.5　2177p　19cm　3600円　①4-474-00375-6

(目次)第1編 総則，第2編 生涯学習，第3編 学校教育，第4編 教育行政，第5編 教育財政，第6編 教職員，第7編 社会教育・スポーツ・文化，第8編 諸法，第9編 資料・統計

(内容)日常多く利用される教育法令を収録した実務法令集。利用者が一々の解説書を読まなくても主要な条文の解釈の核心が理解出来るよう，主要な法令の条文に注解や行政実例，参照条文を設けること，法令の各編ごとに解説をつけることを編集方針としている。

注解 新教育六法 平成7年版　教育法令研究会編　第一法規出版　1995.6　2161p　19cm　3600円　①4-474-00534-1

(目次)第1編 総則，第2編 生涯学習，第3編 学校教育，第4編 教育行政，第5編 教育財政，第6編 教職員，第7編 社会教育・スポーツ・文化，第8編 諸法，第9編 資料・統計

(内容)1995年3月20日現在の教育関係の法令集。主要法令には条文ごとに注解や行政実例を付す。「音楽文化の振興のための学習環境の整備等に関する法律」「児童の権利に関する条約」などの最新の法律，政令・省令の改正等も掲載。巻末に五十音順の事項索引がある。

注解 新教育六法 平成8年版　教育法令研究会編　第一法規出版　1996.6　2161p　19cm　3600円　①4-474-00630-5

(目次)第1編 総則，第2編 生涯学習，第3編 学校教育，第4編 教育行政，第5編 教育財政，第6編 教職員，第7編 社会教育・スポーツ・文化，第8編 諸法，第9編 資料・統計

(内容)教育関連の法令を集めたもの。「総則」「生涯学習」「学校教育」「教育行政」「教育財政」「教職員」「社会教育・スポーツ・文化」「諸法」の8編で構成。主要な法令の条文には注解，行政実例，参照条文を設け，編ごとに解説を付す。内容は1996年5月10日現在。

注解 新教育六法 平成9年版　教育法令研究会編　第一法規出版　1997.7　2161p　19cm　3600円　①4-474-00725-5

(目次)第1編 総則，第2編 生涯学習，第3編 学校教育，第4編 教育行政，第5編 教育財政，第6編 教職員，第7編 社会教育・スポーツ・文化，第8編 諸法，第9編 資料・統計

注解 新教育六法 平成10年版　教育法令研究会編　第一法規出版　1998.6　2161p　19cm　3600円　①4-474-00825-1

(目次)第1編 総則，第2編 生涯学習，第3編 学校教育，第4編 教育行政，第5編 教育財政，第6編 教職員，第7編 社会教育・スポーツ・文化，第8編 諸法，第9編 資料・統計

(内容)主要な法令の条文には注解や行政実例を付した，教育関係の法令集。「大学の教員等の任期に関する法律」「日本私立学校振興・共済事業団法」「放送大学学園法の一部を改正する法律」など，第141・142国会において成立した関係の法律等を収録したほか，政令・省令の改正などにも対応。平成10年5月1日現在。

注解 新教育六法 平成11年版　教育法令研究会編　第一法規出版　1999.7　2161p　19cm　3600円　①4-474-00897-9

(目次)第1編 総則，第2編 生涯学習，第3編 学校教育，第4編 教育行政，第5編 教育財政，第6編 教職員，第7編 社会教育・スポーツ・文化，第8編 諸法，第9編 資料・統計

(内容)主要な法令の条文には注解や行政実例を付した，教育関係の法令集。「総則」「生涯学習」「学校教育」「教育行政」「教育財政」「教職員」「社会教育・スポーツ・文化」「諸法」の8編で構成。「学校教育法等の一部を改正する法律」「教育職員免許法の一部を改正する法律」など，第142・143国会において成立した関係の法律等を収録したほか，政令・省令の改正などにも対応。索引付き。平成11年5月1日現在。

東京都教育例規集 平成17年版　東京都教育庁総務部監修　ぎょうせい　2005.9　1924p　19cm　5238円　①4-324-07716-9

(目次)総務部教育政策室，総務部総務課，総務部契約管財課，総務部教育情報課，総務部法規監察課，学務部高等学校教育課，学務部義務教育心身障害教育課，学務部学校健康推進課，人事部人事計画課，人事部選考課〔ほか〕

(内容)東京都における教育関係者が，平素の執務に役立つように，特に使用頻度の多い最新の条例から規則，訓令及び解釈，施行通達類に至るまでを収録し，また，携行にも便利な例規集として利用されることを意図して編集。

東京都教育例規集 平成19年版　東京都教育庁総務部監修　ぎょうせい　2007.9　2046,12p　19cm　5524円　①978-4-324-08275-1

(目次)総務部教育政策室，総務部総務課，総務部契約管財課，総務部教育情報課，総務部法務

教育全般　　　　　　　　　　　　　　　　　　　　　　　　　　　　　　　　　教育制度

監察課，学務部高等学校教育課，学務部義務教育特別支援教育課，学務部学校健康推進課，人事部人事計画課，人事部選考課，人事部職員課，人事部勤労課，福利厚生部福利課，福利厚生部給付課，福利厚生部厚生課，指導部管理課，指導部指導企画課，死蔵部義務教育特別支援教育指導課，指導部高等学校教育指導課，生涯学習計画課，生涯学習部社会教育課

東京都教育例規集　平成21年版　東京都教育庁総務部監修　ぎょうせい　2009.9　2185,12p　19cm　〈索引あり〉　5524円　①978-4-324-08863-0　Ⓝ373.22

⦅目次⦆総務部教育政策室，総務部総務課，総務部契約管財課，総務部教育情報課，総務部法務監察課，都立学校教育部高等学校教育課，都立学校教育部特別支援教育課，都立学校教育部学校健康推進課，地域教育支援部管理課，地域教育支援部義務教育課，地域教育支援部生涯学習課，指導部管理課，指導部指導企画課，指導部義務教育特別支援教育指導課，指導部高等学校教育指導課，人事部人事計画課，人事部選考課，人事部職員課，人事部勤労課，福利厚生部福利厚生課，福利厚生部給付貸付課

東京都教育例規集　平成23年版　東京都教育庁総務部監修　ぎょうせい　2011.9　1793,13p　19cm　〈付属資料：別冊1〉　5429円　①978-4-324-09378-8

⦅目次⦆総務部教育政策課，総務部総務課，総務部契約管財課，総務部教育情報課，総務部法務監察課，都立学校教育部高等学校教育課，都立学校教育部特別支援教育課，都立学校教育部学校健康推進課，地域教育支援部管理課，地域教育支援部義務教育課〔ほか〕

ハンディ教育六法　'91年版　志村欣一，中谷彪，浪本勝年編　あゆみ出版　1991.5　303p　19cm　1450円　①4-7519-2157-6

⦅目次⦆第1編 教育基本編，第2編 学校教育編，第3編 学校図書館，第4編 学校保健編，第5編 社会教育，第6編 社会・児童福祉編，第7編 教育財政編，第8編 教育職員編，第9編 関連法編，第10編 資料編

ハンディ教育六法　志村欣一，中谷彪，浪本勝年編　北樹出版，学文社〔発売〕　1992.6　304p　19cm　1500円　①4-89384-269-2

⦅目次⦆第1編 教育基本編，第2編 学校教育編，第3編 教育振興・奨励編，第4編 学校保健編，第5編 社会教育，第6編 社会・児童福祉編，第7編 教育行財政編，第8編 教育職員編，第9編 関連法編，第10編 資料編

⦅内容⦆教育採用試験および研修用のテキスト・参考書として，また教育・社会関係の実務に携わる人の座右の書として役立つよう，重要関係法令を網羅して収録。「学校教育法」・大学等の「設置基準」などの大改正や「育児休業等に関する法律」など，新たな立法動向をも配慮して改訂を施した最新版。

ハンディ教育六法　改訂版　志村欣一，中谷彪，浪本勝年編　北樹出版　1994.10　310p　19cm　1500円　①4-89384-367-2

⦅目次⦆第1編 教育基本編，第2編 学校教育編，第3編 教育振興・奨励編，第4編 学校保健編，第5編 社会教育編，第6編 社会・児童福祉編，第7編 教育行財政編，第8編 教育職員編，第9編 関連法編，第10編 資料編

⦅内容⦆教育関係法規を福祉・養護などの領域まで広く選定収録した，教員採用試験用，研修用，実務用の小型六法。憲法・教育基本法などの重要な法律には，国会上程時の提案理由を掲載している。巻頭に五十音順索引，巻末には教育勅語，臨教審答申などの資料，図表，年表がある。

ハンディ教育六法　再改訂版　志村欣一，中谷彪，浪本勝年編　北樹出版，学文社〔発売〕　1997.4　324p　19cm　1600円　①4-89384-614-0

⦅目次⦆第1編 教育基本編，第2編 学校教育編，第3編 教育振興・奨励編，第4編 学校保健編，第5編 社会教育・生涯学習編，第6編 社会・児童福祉編，第7編 教育行財政編，第8編 教育職員編，第9編 関連法編，第10編 資料編

ハンディ教育六法　三改訂版　志村欣一，中谷彪，浪本勝年編　北樹出版，学文社〔発売〕　1999.5　330p　19cm　1800円　①4-89384-705-8

⦅目次⦆第1編 教育基本編，第2編 学校教育編，第3編 教育振興・奨励編，第4編 学校保健編，第5編 社会教育・生涯学習編，第6編 社会・児童福祉編，第7編 教育行財政編，第8編 教育職員編，第9編 関連法編，第10編 資料編

ハンディ教育六法　四改訂版　志村欣一，中谷彪，浪本勝年編　北樹出版　2000.5　326p　19cm　1900円　①4-89384-770-8　Ⓝ373.22

⦅目次⦆第1編 教育基本編，第2編 学校教育編，第3編 教育振興・奨励編，第4編 学校保健編，第5編 社会教育・生涯学習編，第6編 社会・児童福祉編，第7編 教育行財政編，第8編 教育職員編，第9編 関連法編，第10編 資料編

⦅内容⦆教育関係の法令集。日本国憲法をはじめ教育基本法，学校教育法など特に重要な法律には国会に上程された際の提案理由を掲げ，立法主旨についても解説し，また法令のほか，福祉・用語などの領域も掲載する。本文は分類別に法令を収録。各項目ごとに法の主要部分の抄録と提案理由，関係する国際法などを掲載。また資料編として近・現代の教育史上重要な文書や法

令を収録。ほかに教育に関連する図表および年表も収録する。五十音順の法令等索引を付す。

ハンディ教育六法 5改訂版　浪本勝年,伊藤良高,志村欣一,中田康彦,中谷彪,山口拓史編　北樹出版　2001.5　334p　19cm　1900円
　①4-89384-816-X　Ⓝ373.22
（目次）第1編　教育基本編、第2編　学校教育編、第3編　教育振興・奨励編、第4編　学校保健編、第5編　社会教育・生涯学習編、第6編　社会・児童福祉編、第7編　教育行財政編、第8編　教育職員編、第9編　関連法編、第10編　資料編
（内容）教育関係の法令・資料集。現行教育法（国際法を含む）、資料、図表、年表の四つから構成し、法令のほか、福祉・用語などの領域も掲載する。本文は分類別に法令を収録。各項目ごとに法の主要部分の抄録と提案理由、関係する国際法などを掲載。5改訂版では、新法律として「人権教育及び人権啓発の推進に関する法律」を新たに収録するとともに、法務省保護局保護振興課からの依頼により「犯罪者予防更正法」及び「保護司法」を収録、またオリンピック憲章や教育法年表も増補している。五十音順の法令等索引を付す。

ハンディ教育六法 6改訂版　浪本勝年,伊藤良高,志村欣一,中田康彦,中谷彪,山口拓史編　北樹出版　2002.4　341p　19cm　1900円
　①4-89384-862-3　Ⓝ373.22
（目次）第1編　教育基本編、第2編　学校教育編、第3編　教育振興・奨励編、第4編　学校保健編、第5編　社会教育・生涯学習編、第6編　社会・児童福祉編、第7編　教育行財政編、第8編　教育職員編、第9編　関連法編、第10編　資料編
（内容）教育関係の法令・資料集。部門別に収録する。

ハンディ教育六法　2003年版　浪本勝年ほか編　北樹出版　2003.4　350p　19cm　〈他言語標題：Handy compendium of education laws in Japan　年表あり〉　1900円　①4-89384-903-X　Ⓝ373.22

ハンディ教育六法　2004年版　浪本勝年,伊藤良高,志村欣一,中田康彦,中谷彪編　北樹出版　2004.4　357p　19cm　1900円
　①4-89384-948-4
（目次）第1編　教育基本編、第2編　学校教育編、第3編　教育振興・奨励編、第4編　学校保健編、第5編　社会教育・生涯学習編、第6編　社会・児童福祉編、第7編　教育行財政編、第8編　教育職員編、第9編　関連法編、第10編　資料編

ハンディ教育六法　2005年版　浪本勝年,伊藤良高,志村欣一,中田康彦,中谷彪ほか編　北樹出版　2005.4　372p　19cm　1900円　①4-7793-0000-2
（目次）第1編　教育基本編、第2編　学校教育編、第3編　教育振興・奨励編、第4編　学校保健編、第5編　社会教育・生涯学習編、第6編　社会・児童福祉編、第7編　教育行財政編、第8編　教育職員編、第9編　関連法編、第10編　資料編

ハンディ教育六法　2006年版　浪本勝年,伊藤良高,志村欣一,中田康彦,中谷彪,廣田健,佐伯知美編　北樹出版　2006.4　378p　19cm　1900円　①4-7793-0055-X
（目次）第1編　教育基本編、第2編　学校教育編、第3編　教育振興・奨励編、第4編　学校保健編、第5編　社会教育・生涯学習編、第6編　社会・児童福祉編、第7編　教育行財政編、第8編　教育職員編、第9編　関連法編、第10編　資料編
（内容）この度の改訂では、新たに制定された諸法令や教育施策の動向に配慮しつつ編集にあたった。新法律として「基本法」と称する二八番目の法律である「食育基本法」を新たに収録するとともに、資料や教育法年表の増補を行なうなど、本書ならではの新しい特色を盛り込んだ。

ハンディ教育六法　2007年版　浪本勝年,伊藤良高,志村欣一,中田康彦,廣田健,佐伯知美編　北樹出版　2007.4　387p　19cm　1900円　①978-4-7793-0095-0
（目次）第1編　教育基本編、第2編　学校教育編、第3編　教育振興・奨励編、第4編　学校保健編、第5編　社会教育・生涯学習編、第6編　社会・児童福祉編、第7編　教育行財政編、第8編　教育職員編、第9編　関連法編、第10編　資料編

ハンディ教育六法　2008年版　浪本勝年,伊藤良高,志村欣一,中田康彦,広田健,佐伯知美,石本祐二編　北樹出版　2008.4　398p　19cm　〈他言語標題：Handy compendium of education laws in Japan　年表あり〉　2000円　①978-4-7793-0137-7　Ⓝ373.22
（目次）第1編　教育基本編、第2編　学校教育編、第3編　教育振興・奨励編、第4編　学校保健編、第5編　社会教育・生涯学習編、第6編　社会・児童福祉編、第7編　教育行財政編、第8編　教育職員編、第9編　関連法編、第10編　資料編、年表
（内容）二〇〇八年版では、新たに制定された諸法令や教育施策の動向に配慮しつつ編集にあたった。障害者の権利に関する条約のほかに、「改正」教育基本法を踏まえてのいわゆる教育三法の制定による学校教育法、地方教育行政の組織及び運営に関する法律及び教育職員免許法等の大幅な改正はもとより、日本学生野球憲章、資料として要望の多かった「幼稚園教育要領」及び「保育所保育指針」を新たに収録するとともに、資料や教育法年表の増補を行なうな

教育全般　　　教育制度

ど新しい特色を盛り込んだ。

ハンディ教育六法　2009年版　浪本勝年，伊藤良高，志村欣一，中田康彦，広田健，佐伯知美編　北樹出版　2009.4　415p　19cm　〈年表あり　索引あり〉　2000円　①978-4-7793-0176-6　Ⓝ373.22

目次 第1編 教育基本編，第2編 学校教育編，第3編 教育振興・奨励編，第4編 学校保健編，第5編 社会教育・生涯学習編，第6編 社会・児童福祉編，第7編 教育行財政編，第8編 教育職員編，第9編 関連法編，第10編 資料編

ハンディ教育六法　2010年版　浪本勝年，伊藤良高，志村欣一，広田健，佐伯知美編　北樹出版　2010.4　420p　19cm　〈年表あり　索引あり〉　2000円　①978-4-7793-0231-2　Ⓝ373.22

目次 第1編 教育基本編，第2編 学校教育編，第3編 教育振興・奨励編，第4編 学校保健編，第5編 社会教育・生涯学習編，第6編 社会・児童福祉編，第7編 教育行財政編，第8編 教育職員編，第9編 関連法編，第10編 資料編

ハンディ教育六法　2011年版　浪本勝年，伊藤良高，志村欣一，廣田健編　北樹出版　2011.4　419p　19cm　〈年表あり　索引あり〉　2000円　①978-4-7793-0279-4　Ⓝ373.22

目次 第1編 教育基本編，第2編 学校教育編，第3編 教育振興・奨励編，第4編 学校保健・学校安全編，第5編 社会教育・生涯学習編，第6編 社会・児童福祉編，第7編 教育行財政編，第8編 教育職員編，第9編 関連法編，第10編 資料編

ハンディ教育六法　2012年版　浪本勝年集代表，伊藤良高，廣田健，石本祐二，白川優治編集委員，海老沢隼悟編集協力　北樹出版　2012.4　428p　19cm　2000円　①978-4-7793-0330-2

目次 第1編 教育基本編，第2編 学校教育編，第3編 教育振興・奨励編，第4編 学校保健・学校安全編，第5編 社会教育・生涯学習編，第6編 社会・児童福祉編，第7編 教育行財政編，第8編 教育職員編，第9編 関連法編，第10編 資料編

ハンドブック　教育・保育・福祉関係法令集　平成11年版　民秋言，岡本富郎，小田豊，小林義郎，坂本敬ほか編　(京都)北大路書房　1999.4　557p　21cm　2500円　①4-7628-2146-2

目次 基本編（日本国憲法，児童憲章），福祉編（社会福祉関係法令，児童福祉関係法令，母子及び寡婦福祉関係法令，母子健康関係法令，老人福祉関係法令，障害者福祉関係法令，生活保護関係法令，労働福祉関係法令，福祉関係法令），教育編（教育基本関係法令，学校教育関係法令，学校保健関係法令，生涯学習関係法令，私立学校，生涯学習関係法令，教育職員免許関係法令，教育労働関係法令），条約・宣言編（条約，国際的宣言）

内容 教育，保育，福祉の法令や資料を収録したハンドブック。内容は，1998年12月31日現在。巻末に，索引を付す。

ハンドブック教育・保育・福祉関係法令集　平成12年版　民秋言編集代表，岡本富郎，小田豊，小林義郎，坂本敬，西村重稀編集主査　(京都)北大路書房　2000.3　573p　21cm　2500円　①4-7628-2172-1　Ⓝ369.12

目次 基本編（日本国憲法，児童憲章），福祉編（社会福祉関係法令，児童福祉関係法令，母子及び寡婦福祉関係法令，母子保健関係法令，老人福祉関係法令，障害者福祉関係法令，生活保護関係法令，労働福祉関係法令，福祉関係法令），教育編（教育基本関係法令，学校教育関係法令，学校保健関係法令，生涯学習関係法令，私立学校関係法令，教育職員免許関係法令，教育労働関係法令），条約・宣言編（条約，国際的宣言）

内容 教育，保育，福祉関係の法令集。関連する憲法および法令，条約・宣言等も収録。主要な法令については各項目ごとに解説を付す。

ハンドブック　教育・保育・福祉関係法令集　平成13年版　民秋言編集代表，岡本富郎，小田豊，小林義郎，近藤正春，坂本敬，西村重稀集主査　(京都)北大路書房　2001.3　594p　21cm　2500円　①4-7628-2208-6　Ⓝ369.12

目次 基本編（日本国憲法，児童憲章），福祉編（社会福祉関係法令，児童福祉関係法令，母子及び寡婦福祉関係法令，母子保健関係法令，老人福祉関係法令，障害者福祉関係法令，生活保護関係法令，労働福祉関係法令，福祉関係法令），教育編（教育基本関係法令，学校教育関係法令，学校保健関係法令，生涯学習関係法令，私立学校関係法令，教職員免許関係法令，教育労働関係法令），条約・宣言編（条約，国際的宣言）

内容 教育，保育，福祉関係の法令集。関連する憲法および法令，条約・宣言等も収録。内容は2000年12月6日現在。

ハンドブック　教育・保育・福祉関係法令集　平成14年版　民秋言，岡本富郎，小田豊，小林義郎，近藤正春，坂本敬，西村重稀編　(京都)北大路書房　2002.3　610p　21cm　2500円　①4-7628-2243-4　Ⓝ369.12

目次 基本編（日本国憲法，児童憲章），福祉編（社会福祉関係法令，児童福祉関係法令 ほか），教育編（教育基本関係法令，学校教育関係法令 ほか），条約・宣言編（条約，国際的宣言）

内容 幼稚園教諭の免許状と保育士任用資格の

学校・教育問題 レファレンスブック　47

教育制度　　　　　　　　　　教育全般

取得を目指す学生の学習に必要な法令や資料を編纂した法令集。内容は平成13年11月30日現在。

ハンドブック教育・保育・福祉関係法令集　平成15年版　民秋言編集代表，岡本富郎，小田豊，小林義郎，近藤正春，坂本敬，西村重稀編集主査　(京都) 北大路書房　2003.3　638p　21cm　2800円　①4-7628-2296-5

(目次)基本編(日本国憲法)，福祉編(社会福祉関係法令，児童福祉関係法令 ほか)，教育編(教育基本関係法令，学校教育関係法令 ほか)，条約・宣言編(児童憲章，条約 ほか)

(内容)本書は大学などで教育，保育，福祉にかかわる講義を担当する教員が相集って，その授業(学習)をいっそう充実させ，そして学生諸君がこのテーマに興味をもち，自主的な学習に取り組めるよう願って編んだものである。

ハンドブック教育・保育・福祉関係法令集　平成16年版　民秋言編集代表，岡本富郎，小田豊，小林義郎，近藤正春，坂本敬ほか編集主査　(京都) 北大路書房　2004.3　650p　21cm　2800円　①4-7628-2357-0

(目次)基本編(日本国憲法)，福祉編(社会福祉関係法令，児童福祉関係法令，母子及び寡婦福祉関係法令，母子保健関係法令，老人福祉関係法令，障害者福祉関係法令，生活保護関係法令，労働者福祉関係法令，福祉関係法令)，教育編(教育基本関係法令，学校教育関係法令，学校保健関係法令，生涯学習関係法令，私立学校関係法令，教職員免許関係法令，教育労働関係法令)，条約・宣言編(児童憲章，条約，国際的宣言)

(内容)教育，保育，福祉の法令等をできるかぎり網羅的にとりあげ，原則的には全文掲載。国内の法令等だけでなく，国家間の条約や国連の宣言も可能なかぎりとりあげ，掲載している。

ハンドブック教育・保育・福祉関係法令集　平成17年版　近藤正春，安藤和彦編集主査　(京都) 北大路書房　2005.3　677p　21cm　2800円　①4-7628-2424-0

(目次)基本編(日本国憲法，児童憲章)，福祉編(社会福祉関係法令，児童福祉関係法令 ほか)，教育編(教育基本関係法令，学校教育関係法令 ほか)，条約・宣言・勧告編(条約，国際的宣言・勧告)

ハンドブック教育・保育・福祉関係法令集　平成18年版　近藤正春，安藤和彦編　(京都) 北大路書房　2006.3　677p　21cm　2800円　①4-7628-2489-5

(目次)基本編(日本国憲法，児童憲章)，福祉編(社会福祉関係法令，児童福祉関係法令 ほか)，

教育編(教育基本関係法令，学校教育関係法令 ほか)，条約・宣言・勧告編(条約，国際的宣言・勧告)

ハンドブック教育・保育・福祉関係法令集　平成19年版　近藤正春，安藤和彦編集主査　(京都) 北大路書房　2007.3　701p　21cm　2800円　①978-4-7628-2543-9

(目次)基本編(日本国憲法，児童憲章)，福祉編(社会福祉関係法令，児童福祉関係法令 ほか)，教育編(教育基本関係法令，学校教育関係法令 ほか)，条約・宣言・勧告編(条約，国際的宣言・勧告)

ハンドブック教育・保育・福祉関係法令集　平成20年版　安藤和彦，近藤正春，西村重稀，原孝成編集主査　(京都) 北大路書房　2008.3　732p　21cm　2800円　①978-4-7628-2596-5　Ⓝ369.12

(目次)基本編(日本国憲法，児童憲章)，福祉編(社会福祉関係法令，児童福祉関係法令 ほか)，教育編(教育基本関係法令，学校教育関係法令 ほか)，条約・宣言・勧告編(条約，国際的宣言・勧告)

ハンドブック教育・保育・福祉関係法令集　平成21年版　安藤和彦，近藤正春，西村重稀，原孝成編集主査　(京都) 北大路書房　2009.3　709p　21cm　2800円　①978-4-7628-2666-5　Ⓝ369.12

(目次)基本編(日本国憲法，児童憲章)，福祉編(社会福祉関係法令，児童福祉関係法令，母子及び寡婦福祉関係法令，母子保健関係法令，老人福祉関係法令，障害者福祉関係法令，生活保護関係法令，労働関係法令，福祉関連法令)，教育編(教育基本関係法令，学校教育関係法令，学校保健・給食関係法令，生涯学習関係法令，教育行政関係法令)，条約・宣言・勧告編(条約，国際的宣言・勧告)

必携学校小六法　'91年度版　森隆夫編　協同出版　1990.6　543p　21cm　1400円　①4-319-66410-8

(目次)1 現行法規，2 旧法規，3 資料，4 事項別解説，5 統計

(内容)1990年3月末までの改正を収録。新・教免法施行規則や中央教育審議会答申(抄)も収録。現行法規，旧法規，関連資料，事項別解説，統計からなる。

必携学校小六法　'92年度版　森隆夫編　協同出版　1991.4　545p　21cm　1600円　①4-319-67410-3

(目次)1 現行法規(基本編，学校教育編，学校教育奨励編，保健・健康・給食・図書編，私立学校編，教育職員編，教育行政編，教育財政編，

生涯教育編, 児童福祉編, 諸法編), 2 旧法規, 3 資料, 4 事項別解説, 5 統計

(内容)主に大学・短大等における「教育原理」「教育制度」「教育行政学」などの、研究、教育、授業、自習に役立つことをねらいとして編集されている。その目的のためには必須の現行の基本法規や解説、資料、統計を集め、加えて第2次第戦前の重要法規である学制・教育令、小学校令、中学校令など、そして戦後の米国教育使節団報告書などの歴史的に重要な過去の資料をも網羅してある。

必携学校小六法　'93年度版　森隆夫編　協同出版　1992.4　547p　21cm　1600円
①4-319-68410-9

(目次)教育法規の手引, 1 現行法規(基本編, 学校教育編, 学校教育奨励編, 保健・健康・給食・図書編, 私立学校編, 教育職員編, 教育行政編, 教育財政編, 生涯教育編, 児童福祉編, 諸法編), 2 旧法規, 3 資料, 4 事項別解説(基本編, 学校教育編, 学校教育奨励編, 保健・健康・給食・図書編, 私立学校編, 教育職員編, 教育行政編, 教育財政編, 生涯教育編, 児童福祉編), 5 統計

(内容)本書は、必須の現行の基本法規や解説、資料、統計を集め、加えて第二次大戦前の重要法規である学制、教育令、小学校令、中学校令など、そして戦後の米国教育使節団報告書などの歴史的に重要な過去の資料をも網羅。また、各都道府県、政令指定都市で行われている教員採用試験の準備にふさわしいもので、そのための、必要にして充分なすべての法規、資料が集大成されている。

必携学校小六法　'94年度版　森隆夫編　協同出版　1993.3　543p　21cm　1600円
①4-319-69410-4

(目次)1 現行法規, 2 旧法規, 3 資料, 4 事項別解説, 5 統計

必携学校小六法　'95年度版　森隆夫編　協同出版　1994.4　545p　21cm　1600円
①4-319-70410-X

(目次)1 現行法規(基本編, 学校教育編, 学校教育奨励編, 保健・健康・給食・図書編, 私立学校編, 教育職員編, 教育行政編, 教育財政編, 生涯教育編, 児童福祉編, 諸法編), 2 旧法規, 3 資料, 4 事項別解説(基本編, 学校教育編, 学校教育奨励編, 保健・健康・給食・図書編, 私立学校編, 教育職員編, 教育行政編, 教育財政編, 生涯教育編, 児童福祉編), 5 統計

必携学校小六法　'96年度版　森隆夫編　協同出版　1995.4　545p　21cm　1600円
①4-319-64074-1

(内容)教育学を学ぶ学生を対象とした教育法令集。学習に必要な現行法規, 旧法規, 条約・通達など計168件を収録する。ほかに教育法制史年表、教育制度に関する事項別解説、教育関係の統計等がある。巻末に教育採用試験関連の用語を集めた「総合事項索引」を付す。

必携学校小六法　1997年度版　森隆夫編　協同出版　1996.3　673p　21cm　1600円

(目次)法規, 事項別解説, 統計, 教員選考・管理職選考問題

(内容)教育学を学ぶ学生を対象とした教育法令集。学習に必要な現行法規, 旧法規, 条約・通達など計168件を収録する。ほかに教育法制史年表、教育制度に関する事項別解説、教育関係の統計等がある。内容は1995年12月31日現在。巻末に教員採用試験関連の用語を集めた「総合事項索引」を付す。

必携学校小六法　'98年度版　森隆夫, 市川昭午, 下村哲夫, 杉原誠四郎, 若井弥一編　協同出版　1997.2　665p　21cm　1748円
①4-319-64079-9

(目次)1 法規, 2 資料, 3 事項別解説, 4 統計・教育法制史, 5 教員選考・管理職選考問題

(内容)教育学を学ぶ学生、教職課程にある学生を、主な対象とした教育法令集。主に大学・短大等における教育原理、教育制度、教育行政学などの、研究、教育、授業、自習に役立つよう編集。収録件数は、162件。巻末の総合事項索引は、法規、資料、事項索引の中の重要事項の索引。法令は、平成8年12月25日現在。

必携学校小六法　'99年度版　森隆夫, 市川昭午, 下村哲夫, 杉原誠四郎, 若井弥一編　協同出版　1998.2　693p　21cm　1800円
①4-319-64080-2

(目次)1 法規, 2 資料, 3 事項別解説, 4 統計・教育法制史, 5 教員選考・管理職選考問題

必携学校小六法　2000年度版　森隆夫, 市川昭午, 下村哲夫, 杉原誠四郎, 若井弥一編　協同出版　1999.2　725p　21cm　1800円
①4-319-64081-0

(目次)1 法規(日本国憲法, 教育基本法 ほか), 2 資料(五箇条の御誓文, 教学聖旨 ほか), 3 事項別解説(基本的人権, 教育の機会均等 ほか), 4 統計・教育法制史(幼稚園・小学校・中学校・高等学校の校数・教員数・在学者数の変遷, 明治・大正期の児童就学率の変遷 ほか), 5 教員選考・管理職選考問題(教員選考, 管理職選考 ほか)

(内容)教育学を学ぶ学生、教職課程にある学生を、主な対象として編纂された教育法令集。法令等の収録件数は総計162件。全体を5つに分け、「法規」は現行の教育法規中より、教育学

教育制度　　　　　　　　　　　教育全般

の学習および教員試験に必須の法令78件と、学習に必要な旧法規24件を集めたもの、「資料」は現在の日本の教育行政の理解を深めるために必要な条約、通達、判決文など51件を集めたもの、「事項別解説」は教育制度の小辞典として、教育法規、教育行政の重要事項を事項別に解説したもの、「統計」は文部省の学校基本調査速報等より教育関係の統計を集めたもの、「教員採用・管理職選考問題」は近年の出題から頻出問題を選んだものである。「現行法規」「資料」「事項別解説」中の重要事項の索引で、教員採用試験受験に必須の用語を中心に集めた「総合事項索引」付き。

必携学校小六法　2001年度版　森隆夫, 市川昭午, 下村哲夫, 杉原誠四郎, 若井弥一編　協同出版　2000.3　785p　21cm　2000円　Ⓘ4-319-64086-1　Ⓝ373.3

〔目次〕1 法規, 2 資料, 3 事項別解説, 4 統計・教育法制史, 5 教員選考・管理職選考問題
〔内容〕教育学を学ぶ学生、教職課程にある学生を対象とした教育法令集。法令等の収録件数は162件。法令の内容は、平成11年12月25日現在。巻末の総合事項索引は「現行法規」「資料」「事項別解説」の中の重要事項の索引。

必携学校小六法　2002年度版　森隆夫編集代表, 市川昭午, 下村哲夫, 杉原誠四郎, 若井弥一編　協同出版　2001.2　801p　21cm　2200円　Ⓘ4-319-64087-X　Ⓝ373.2

〔目次〕1 法規, 2 資料, 3 事項別解説, 4 統計・教育法制史, 5 教員選考・管理職選考問題
〔内容〕主に学生を対象に、教育関係法規に加え、事項別解説を体系的に整理・解説する法令集。内容は2000年12月31日現在。巻末の総合事項索引には教員採用試験受験に必須の用語を中心に集める。

必携学校小六法　2003年度版　森隆夫, 市川昭午, 下村哲夫, 杉原誠四郎, 若井弥一編　協同出版　2002.2　840p　21cm　2200円　Ⓘ4-319-64088-8　Ⓝ373.22

〔目次〕1 法規, 2 資料, 3 事項別解説, 4 統計・教育法制史, 5 教員選考・管理職選考問題
〔内容〕学校教育関係の法令集。収録件数は総計162件。内容は平成13年12月31日現在。学校教育法、学校教育法施行規則などの改正法令、児童労働禁止条約、子ども読書活動推進法、配偶者暴力防止法の他、テロ対策特別措置法等の新規法令を収録。教育用語の要点をおさえた事項別解説もある。総合事項索引あり。

必携学校小六法　2004年度版　森隆夫, 市川昭午, 下村哲夫, 杉原誠四郎, 若井彌一編　協同出版　2003.2　862p　21cm　2200円　Ⓘ4-319-64089-6

〔目次〕1 法規(基本編, 学校教育編, 学校教育奨励編, 保健・健康・給食・図書編, 私立学校編 ほか), 2 資料, 3 事項別解説(基本編, 学校教育編, 学校教育奨励編, 保健・健康・給食・図書編, 私立学校編 ほか), 4 統計・教育法制史, 5 教員採用・管理職選考問題
〔内容〕改革動向を踏まえた的確な事項別解説。教員採用試験、管理職試験に最適。「小学校設置基準」「中学校設置基準」の二法令、「子どもの読書活動の推進に関する基本的な計画」「人権教育・啓発に関する基本計画」を新規収録、現行法令の改正に対応した事項別解説。

必携学校小六法　2005年度版　下村哲夫, 杉原誠四郎監修, 葉養正明, 結城忠, 若井弥一編集委員　協同出版　2004.3　922p　21cm　2200円　Ⓘ4-319-64090-X

〔目次〕1 法規(基本編, 学校教育編 ほか), 2 資料(五箇条の御誓文, 教学聖旨 ほか), 3 事項別解説(基本編, 学校教育編 ほか), 4 統計・教育法制史(幼稚園・小学校・中学校・高等学校の校数・教員数・在学者数の変遷, 明治・大正期の児童就学率の変遷 ほか)
〔内容〕「環境保全教育法」「国立大学法人法」「個人情報保護法」「学生支援機構法」「スポーツ振興センター法」を新規収録、現行法令の改正に対応した事項別解説。

必携学校小六法　2006年度版　白石裕, 杉原誠四郎, 葉養正明, 結城忠, 若井弥一編集委員　協同出版　2005.3　832p　21cm　2200円　Ⓘ4-319-64096-9

〔目次〕1 法規(基本編, 学校教育編, 学校教育奨励編 ほか), 2 資料(五箇条の御誓文, 教学聖旨, 小学校教員心得 ほか), 3 事項別解説(基本編, 学校教育編, 学校教育奨励編 ほか), 4 統計・教育法制史(幼稚園・小学校・中学校・高等学校の校数・教員数・在学者数の変遷, 明治・大正期の児童就学率の変遷, 我が国の公教育費の変遷 ほか)
〔内容〕「軽犯罪法」「インターネット規制法」「出会い系サイト規制法」「時間外勤務の基準法令」「学校教育法」「児童虐待防止法」「児童福祉法」「教育公務員特別法・同法施行令等の一部改正」を収録。

必携学校小六法　2007年度版　杉原誠四郎監修, 白石裕, 葉養正明, 結城忠, 若井彌一編集委員　協同出版　2006.3　875p　21cm　2200円　Ⓘ4-319-64097-7

〔目次〕1 法規(基本編, 学校教育編 ほか), 2 資料(五箇条の御誓文, 教学聖旨 ほか), 3 事項別解説(基本編, 学校教育編 ほか), 4 統計・教育法制史(幼稚園・小学校・中学校・高等学

教育全般　教育制度

校の校数・教員数・在学者数の変遷，明治・大正期の児童就学率の変遷 ほか）

〔内容〕最新の教育改革動向に対応した事項別解説。教採試験，大学院受験者，教職課程担当者に最適な法規集の決定版。

必携学校小六法　2008年度版　杉原誠四郎監修，白石裕，葉養正明，結城忠，若井彌一編集委員　協同出版　2007.1　909p　21cm　2200円　Ⓘ978-4-319-64098-0

〔目次〕1 法規（基本編，学校教育編，学校教育奨励編，保健・健康・スポーツ・給食・図書編，私立学校編 ほか），2 資料，3 事項別解説（基本編，学校教育編，学校教育奨励編，保健・健康・スポーツ・給食・図書編，私立学校編 ほか），4 統計・教育法制史

必携学校小六法　2009年度版　杉原誠四郎監修，白石裕，葉養正明，結城忠，若井弥一編　協同出版　2008.2　970p　21cm　〈年表あり〉　2200円　Ⓘ978-4-319-64099-7　Ⓝ373.22

〔目次〕1 法規（基本編，学校教育編，学校教育奨励編，保健・健康・スポーツ・給食・図書編，市立学校編，教育職員・勤務条件・教員免許編，教育行政編，教育財政編，社会教育・生涯学習編，児童福祉・少年司法編，諸法編），2 資料（五箇条の御誓文，数学聖旨 ほか），3 事項別解説（基本編，学校教育編，学校教育奨励篇，市立学校編，教育職員・勤務条件・教員免許編，教育税制編，児童福祉・少年司法編），4 統計・教育法制史（幼稚園・小学校・中学校・高等学校の校数・教員数・在学者数の変遷，明治・大正期の児童就学率の変遷 ほか）

〔内容〕本学校教育のすべてがわかる事項別解説です。

必携学校小六法　2010年度版　白石裕，葉養正明，結城忠，若井弥一編，杉原誠四郎監修　協同出版　2009.2　1008p　21cm　〈年表あり　索引あり〉　2200円　Ⓘ978-4-319-64110-9　Ⓝ373.22

〔目次〕1 法規，2 わが国における重要教育判例，3 旧法制，4 資料，5 事項別解説，6 統計，7 教育法制史，8 教員採用試験問題

〔内容〕学校教育のすべてがわかる事項別解説！2010年度の教員採用試験，管理職試験もこの一冊でOK！分かりやすく読みやすい最新法規集。

必携学校小六法　2011年度版　白石裕，葉養正明，結城忠，若井弥一編，杉原誠四郎監修　協同出版　2010.2　1008p　21cm　〈索引あり〉　2200円　Ⓘ978-4-319-64111-6　Ⓝ373.22

〔目次〕1 法規，2 わが国における重要教育判例，3 旧法制，4 資料，5 事項別解説，6 統計，7 教

育法制史

〔内容〕最新の法改正に対応した教育法規で2011年度の教員採用試験，管理職試験もこの一冊でOK。

必携学校小六法　2012年度版　河野和清，高見茂，葉養正明，結城忠，若井彌一編，杉原誠四郎監修　協同出版　2011.2　1004p　21cm　〈年表あり　索引あり〉　2200円　Ⓘ978-4-319-64112-3　Ⓝ373.22

〔目次〕1 法規，2 わが国における重要教育判例，3 旧法制，4 資料，5 事項別解説，6 統計・組織図等

〔内容〕「教育法規学習の手引き」「索引」を充実。2012年度の教員採用を目指す方に必読の教育法規集。

必携学校小六法　2013年度教採対応版　杉原誠四郎監修，河野和清，高見茂，葉養正明，結城忠，若井彌一編　協同出版　2012.2　1004p　21cm　2200円　Ⓘ978-4-319-64113-0

〔目次〕1 法規，2 わが国における重要教育判例，3 旧法制，4 資料，5 事項別解説，6 統計・組織図等，7 教育法制史，附 教員採用試験問題

広島県教育法規集　平成24年版　広島県教育委員会事務局管理部法務室監修　ぎょうせい　2012.10　1970p　21cm　4571円　Ⓘ978-4-324-09551-5

〔目次〕第1編 行政組織・行政一般，第2編 教職員，第3編 学校教育，第4編 生涯学習，第5編 文化財，第6編 財務，第7編 その他

ポケット教育小六法　教職研究会編　（広島）渓水社　2003.9　214p　17cm　700円　Ⓘ4-87440-774-9

〔目次〕第1編 総則，第2編 学校教育，第3編 教育振興，第4編 学校保健，第5編 生涯学習・社会教育，第6編 教育職員，第7編 教育行財政，第8編 児童・社会福祉論，第9編 関連法編

ポケット教育小六法　2005年度版　21世紀教職研究会編　（広島）渓水社　2005.4　259p　17cm　〈年表あり〉　700円　Ⓘ4-87440-874-5　Ⓝ373.22

ポケット教育小六法　2006年度版　改訂四版　21世紀教職研究会編　（広島）渓水社　2006.4　300p　17×12cm　700円　Ⓘ4-87440-922-9

〔目次〕第1編 総則，第2編 学校教育，第3編 教育振興，第4編 学校保健，第5編 生涯学習・社会教育，第6編 教育職員，第7編 教育行財政，第8編 児童・社会福祉編，第9編 関連法編，附録

ポケット教育小六法　2007年度版　21世

学校・教育問題レファレンスブック　51

紀教職研究会編　(広島)溪水社　2007.4
312p　17cm　800円　Ⓘ978-4-87440-975-6
⦅目次⦆第1編　総則，第2編　学校教育，第3編　教育振興，第4編　学校保健，第5編　生涯学習・社会教育，第6編　教育職員，第7編　教育行財政，第8編　児童・社会福祉編，第9編　関連法編，附録
⦅内容⦆大学・短大で教育学や教職科目を学ぶ学生のために編集された小六法。

ポケット教育小六法　2008年度版　関西教育環境文化研究会編　(京都)晃洋書房
2008.5　327p　17cm　〈年表あり〉　1200円
Ⓘ978-4-7710-1979-9　Ⓝ373.22
⦅目次⦆第1編　総則，第2編　学校教育，第3編　教育振興，第4編　学校保健，第5編　生涯学習・社会教育，第6編　教育職員，第7編　教育行財政，第8編　児童・社会福祉編，第9編　関連法編，附録
⦅内容⦆本書は，大学・短大で教育学や教職科目を学ぶ学生のために編集したものである。教員・保育士採用試験には，教育法規・教育制度に関する出題が多いが，それへの対応も考慮して編集した。各法令の重要条文のみを抽出して，「附則」とか，特例的規定などは除外した。必要と思われるものは，その条文の「見出し」だけを示した。

ポケット教育小六法　2009年版　教育フロンティア研究会編　(京都)晃洋書房
2009.5　321p　17cm　〈年表あり〉　1300円
Ⓘ978-4-7710-2067-2　Ⓝ373.22
⦅目次⦆第1編　総則，第2編　学校教育，第3編　教育振興，第4編　学校保健，第5編　生涯学習・社会教育，第6編　教育職員，第7編　教育行財政，第8編　児童・社会福祉編，第9編　関連法編

ポケット教育小六法　2010年版　教育フロンティア研究会編　(京都)晃洋書房
2010.5　317p　18cm　〈年表あり〉　1300円
Ⓘ978-4-7710-2162-4　Ⓝ373.22
⦅目次⦆総則，学校教育，学校振興，学校保健，生涯学習・社会教育，教育職員，教育行財政，児童・社会福祉，関連法，附録

ポケット教育小六法　2011年版　教育フロンティア研究会編　(京都)晃洋書房
2011.4　319p　18cm　〈年表あり〉　1300円
Ⓘ978-4-7710-2249-2　Ⓝ373.22
⦅目次⦆第1編　総則，第2編　学校教育，第3編　教育振興，第4編　学校保健，第5編　生涯学習・社会教育，第6編　教育職員，第7編　教育行財政，第8編　児童・社会福祉，第9編　関連法編，附録

ポケット教育小六法　2012年版　教育フロンティア研究会編　(京都)晃洋書房
2012.4　325p　18cm　1300円　Ⓘ978-4-

7710-2349-9
⦅目次⦆第1編　総則，第2編　学校教育，第3編　教育振興，第4編　学校保健，第5編　生涯学習・社会教育，第6編　教育職員，第7章　教育行財政，第8編　児童・社会福祉，第9編　関連法，附録

北海道教育例規集　平成4年版　ぎょうせい
1992.10　1冊　19cm　〈監修：北海道教育庁企画管理部総務課〉　5000円　Ⓝ373.2

北海道教育例規集　〔1996〕改訂版　ぎょうせい　1996.10　1冊　19cm　〈監修：北海道教育庁企画管理部総務課〉　6500円
Ⓝ373.22

北海道教育例規集　第2次改訂版　北海道教育庁企画総務部総務課監修　ぎょうせい
1999.1　2868,15p　19cm　6476円
Ⓝ373.22

北海道教育例規集　第3次改訂版　北海道教育庁企画総務部総務課監修　ぎょうせい
2002.1　2843,15p　19cm　6667円
Ⓝ373.22
⦅目次⦆第1編　教育行政，第2編　財務，第3編　公務員，第4編　生涯学習，第5編　学校教育，第6編　保健体育・スポーツ，第7編　社会教育，第8編　文化
⦅内容⦆北海道における教育関係の例規集。教育行政，財務，公務員，生涯学習，学校教育，保健体育・スポーツ，社会教育，文化の8編で構成。第三次改訂版は，平成13年11月1日現在における教育関係の北海道条例，北海道規則，北海道教育委員会規則，北海道人事委員会規則，北海道教育委員会訓令，北海道教育委員会教育長訓令，その他一般的な例規として掲載の必要性の高い通達，通知等，計455件を収録している。巻末に五十音順索引を付す。

北海道教育例規集　第4次改訂版　北海道教育庁企画総務部総務課監修　ぎょうせい
2004.7　1冊　19cm　7000円　Ⓝ373.22

文部科学法令要覧　平成17年版　文部科学法令研究会監修　ぎょうせい　2005.1
4286p　21cm　4952円　Ⓘ4-324-07582-4
⦅目次⦆第1編　教育基本，第2編　生涯学習，第3編　学校教育，第4編　私立学校，第5編　社会教育，第6編　スポーツ・保健・給食，第7編　教育行政組織，第8編　教職員，第9編　教育財政，第10編　科学技術・学術，第11編　文化・宗教・国際関係，第12編　その他
⦅内容⦆平成十六年十一月一日現在における法令四〇一件を収録。

文部科学法令要覧　平成18年版　文部科学法令研究会監修　ぎょうせい　2006.1

4203p 21cm 4952円 ⓘ4-324-07865-3

⦅目次⦆教育基本，生涯学習，学校教育，私立学校，社会教育，スポーツ・保健・給食，教育行政組織等，独立行政法人，教職員，教育財政，科学技術・学術，文化・宗教・国際関係，その他

⦅内容⦆本書は、主として国及び地方の教育行政実務担当者が日常の執務にことかかぬ程度の文教関係法令を収録し、教育関係法令の概要の理解と、日常の執務・携行に便利な法令集として利用されることを意図して編集した。平成十七年十一月一日現在における法令三七六件を収録した。

文部科学法令要覧　平成19年版　文部科学法令研究会監修　ぎょうせい　2007.1　1冊　22cm　4952円　ⓘ978-4-324-08131-0　Ⓝ373.22

文部科学法令要覧　平成20年版　文部科学法令研究会監修　ぎょうせい　2008.1　1冊　22cm　5048円　ⓘ978-4-324-08381-9　Ⓝ373.22

⦅内容⦆日常の執務に不可欠な教育関係法令を収録した法令集。教育関係法令の概要の理解に役立つ、携行に便利な法令集。平成19年11月1日現在における法令384件を収録。

文部科学法令要覧　平成21年版　文部科学法令研究会監修　ぎょうせい　2009.1　1冊　22cm　〈索引あり〉　5048円　ⓘ978-4-324-08636-0　Ⓝ373.22

⦅内容⦆日常の執務に不可欠な教育関係法令を収録した法令集。教育関係法令の概要の理解に役立つ、携行に便利な法令集。平成20年10月31日現在における法令398件を収録。

文部科学法令要覧　平成22年版　文部科学法令研究会監修　ぎょうせい　2010.1　1冊　22cm　〈索引あり〉　5143円　ⓘ978-4-324-08981-1　Ⓝ373.22

⦅内容⦆日常の執務に不可欠な教育関係法令を収録した法令集。教育関係法令の概要の理解に役立つ、携行に便利な法令集。平成21年11月1日現在における法令406件を収録。

文部科学法令要覧　平成23年版　文部科学法令研究会監修　ぎょうせい　2011.1　4288p　21cm　5143円　ⓘ978-4-324-09247-7

⦅目次⦆第1編　教育基本，第2編　生涯学習，第3編　学校教育，第4編　社会教育，第5編　スポーツ・保健・給食，第6編　教職員，第7編　教育財政，第8編　科学技術・学術，第9編　文化・宗教・国際関係，第10編　行政組織等・独立行政法人等，第11編　その他

文部科学法令要覧　平成24年版　文部科学法令研究会監修　ぎょうせい　2012.1　4313p　21cm　5238円　ⓘ978-4-324-09423-5

⦅目次⦆第1編　教育基本，第2編　生涯学習，第3編　学校教育，第4編　社会教育，第5編　スポーツ・保健・給食，第6編　教職員，第7編　教育財政，第8編　科学技術・学術，第9編　文化・宗教・国際関係，第10編　行政組織等・独立行政法人等，第11編　その他

文部法令要覧　平成2年版　文部省大臣官房総務課編　ぎょうせい　1990.1　2147p　21cm　3400円　ⓘ4-324-02101-5

⦅目次⦆第1編　教育基本，第2編　学校教育，第3編　社会教育，第4編　体育・保健・給食，第5編　教育行政組織等，第6編　教職員，第7編　教育財政，第8編　学術・文化・宗教・ユネスコ・国連大学等，第9編　その他

文部法令要覧　平成3年版　文部省大臣官房総務課編　ぎょうせい　1991.1　2768p　21cm　3400円　ⓘ4-324-02506-1

⦅目次⦆第1編　教育基本，第2編　生涯学習，第3編　学校教育，第4編　私立学校，第5編　社会教育，第6編　体育・保健・給食，第7編　教育行政組織等，第8編　教職員，第9編　教育財政，第10編　学術・文化・宗教・国際関係，第11編　その他

⦅内容⦆本書は、主として国及び地方の教育行政実務担当者が日常の執務にことかかぬ程度の文教関係法令を収録し、教育関係法令の概要の理解と、日常の執務・携行に便利な法令集として利用されることを意図して編集した。

文部法令要覧　平成4年版　文部省大臣官房総務課編　ぎょうせい　1992.1　2776p　21cm　3500円　ⓘ4-324-03198-3

⦅目次⦆第1編　教育基本，第2編　生涯学習，第3編　学校教育，第4編　私立学校，第5編　社会教育，第6編　体育・保健・給食，第7編　教育行政組織等，第8編　教職員，第9編　教育財政，第10編　学術・文化・宗教・国際関係，第11編　その他

文部法令要覧　平成5年版　文部省大臣官房総務課編　ぎょうせい　1992.12　2778p　22cm　3500円　ⓘ4-324-03591-1　Ⓝ373.2

文部法令要覧　平成6年版　文部省大臣官房総務課監修　ぎょうせい　1993.12　2782p　21cm　3600円　ⓘ4-324-04004-4

⦅目次⦆第1編　教育基本，第2編　生涯学習，第3編　学校教育，第4編　私立学校，第5編　社会教育，第6編　体育・保健・給食，第7編　教育行政組織等，第8編　教職員，第9編　教育財政，第10編　学術・文化・宗教・国際関係，第11編　その他

文部法令要覧　平成7年版　文部省大臣官房

教育制度　　　　　　　　　　　　教育全般

総務課監修　ぎょうせい　1995.1　2805p
21cm　3600円　Ⓣ4-324-04268-3
(目次)第1編 教育基本，第2編 生涯学習，第3編 学校教育，第4編 私立学校，第5編 社会教育，第6編 体育・保健・給食，第7編 教育行政組織等，第8編 教職員，第9編 教育財政，第10編 学術・文化・宗教・国際関係，第11編 その他
(内容)教育関係法令を編集収録した教育行政担当者のための実務用法令集。平成6年11月1日現在の法令325件を収録。教育基本，生涯学習など11編に分類掲載，各編扉の編別目次の他，表見返しに編別総目次，裏見返しに五十音順法令名索引を付す。

文部法令要覧　平成8年版　文部省大臣官房総務課監修　ぎょうせい　1996.1　2799p
21cm　3800円　Ⓣ4-324-04715-4
(目次)第1編 教育基本，第2編 生涯学習，第3編 学校教育，第4編 私立学校，第5編 社会教育，第6編 体育・保健・給食，第7編 教育行政組織等，第8編 教職員，第9編 教育財政，第10編 学術・文化・宗教・国際関係，第11編 その他

文部法令要覧　平成9年版　文部省大臣官房総務課監修　ぎょうせい　1997.1　2806p
21cm　3800円　Ⓣ4-324-05014-7
(目次)第1編 教育基本，第2編 生涯学習，第3編 学校教育，第4編 私立学校，第5編 社会教育，第6編 体育・保健・給食，第7編 教育行政組織等，第8編 教職員，第9編 教育財政，第10編 学術・文化・宗教・国際関係，第11編 その他

文部法令要覧　平成10年版　文部省大臣官房総務課監修　ぎょうせい　1998.1　1冊
22cm　4000円　Ⓣ4-324-05309-X　Ⓝ373.22

文部法令要覧　平成11年版　文部法令研究会監修　ぎょうせい　1999.1　2967p
21cm　4190円　Ⓣ4-324-05618-8
(目次)第1編 教育基本，第2編 生涯学習，第3編 学校教育，第4編 私立学校，第5編 社会教育，第6編 体育・保健・給食，第7編 教育行政組織等，第8編 教職員，第9編 教育財政，第10編 学術・文化・宗教・国際関係，第11編 その他
(内容)教育関係法令を編集収録した教育行政担当者のための実務用法令集。内容は，1998年11月1日現在。教育基本，生涯学習など11編に分類掲載，法令341件を収録。各編扉の編別目次の他，表見返しに編別総目次，裏見返しに五十音順法令名索引を付す。

文部法令要覧　平成12年版　文部法令研究会監修　ぎょうせい　2000.1　2973p
21cm　4381円　Ⓣ4-324-06060-6　Ⓝ373.22
(目次)第1編 教育基本，第2編 生涯学習，第3編 学校教育，第4編 私立学校，第5編 社会教育，第6編 体育・保健・給食，第7編 教育行政組織等，第8編 教職員，第9編 教育財政，第10編 学術・文化・宗教・国際関係，第11編 その他
(内容)教育関係法令を編集収録した実務用法令集。平成11年11月1日現在の法令347件を収録。各編扉の編別目次の他，表見返しに編別総目次，裏見返しに五十音順法令名索引を付す。

文部法令要覧　平成13年版　文部法令研究会監修　ぎょうせい　2001.1　1冊　22cm　4571円　Ⓣ4-324-06382-6　Ⓝ373.22

文部法令要覧　平成14年版　文部法令研究会監修　ぎょうせい　2002.1　3373p
21cm　4667円　Ⓣ4-324-06724-4　Ⓝ373.22
(目次)第1編 教育基本，第2編 生涯学習，第3編 学校教育，第4編 私立学校，第5編 社会教育，第6編 体育・保健・給食，第7編 教育行政組織等，第8編 教職員，第9編 教育財政，第10編 学術・文化・宗教・国際関係，第11編 その他
(内容)教育行政実務担当者のための文教関係法令集。教育基本，生涯学習，学校教育など各法令を11編に構成し，平成13年11月1日現在における法令370件を収録する。学校教育はさらに，一般，学校基準等，教科用図書など6章に，学術・文化・宗教・国際関係は，学術，文化，宗教，国際関係の4章に，それぞれ分類して紹介する。法令には改正年の年番号を示し，改正の沿革を明示している。平成14年版は，第150，151回国会で成立した法律を追加した。巻末に五十音順法令名索引を付す。

文部法令要覧　平成15年版　文部法令研究会監修　ぎょうせい　2003.1　3392p
21cm　4762円　Ⓣ4-324-06998-0
(目次)第1編 教育基本，第2編 生涯学習，第3編 学校教育，第4編 私立学校，第5編 社会教育，第6編 体育・保健・給食，第7編 教育行政組織等，第8編 教職員，第9編 教育財政，第10編 学術・文化・宗教・国際関係，第11編 その他
(内容)本書は，主として国及び地方の教育行政実務担当者が日常の執務にことかかぬ程度の文教関係法令を収録し，教育関係法令の概要の理解と，日常の執務・携行に便利な法令集として利用されることを意図して編集した。平成十四年十一月一日現在における法令三八〇件を収録。

文部法令要覧　平成16年版　文部法令研究会監修　ぎょうせい　2004.1　3947p
21cm　4952円　Ⓣ4-324-07293-0
(目次)第1編 教育基本，第2編 生涯学習，第3編 学校教育(一般，学校基準等，教科用図書，学校教育の振興その他，放送大学，育英奨学)，第4編 私立学校
(内容)本書は，主として国及び地方の教育行政実務担当者が日常の執務にことかかぬ程度の文

教関係法令を収録し、教育関係法令の概要の理解と、日常の執務・携行に便利な法令集として利用されることを意図して編集したものである。

教育行政

<事典>

教育行政事典　相良惟一著　教育開発研究所
1980.4　339p　27cm　3800円　Ⓝ373.2

(内容)教育行政に関する用語、関係する条約、国際勧告、争訟事件の判決、教育法規や諸制度の改正・改訂にかかわる問題等について解説した事典。

<名簿>

文部科学省関係法人名鑑　平成12年度版
官庁通信社　2000.7　851p　21cm　〈『文部省関係法人名鑑』改題書〉　7500円　Ⓝ060

(目次)文部省〔所掌事務要覧、大臣官房、生涯学習政策局、初等中等教育局、教育助成局、高等教育局、学術国際局、体育局、文化局、特殊法人等、その他関係団体〕、科学技術庁〔長官官房、科学技術政策局、科学技術振興局、研究開発局、原子力局、原子力安全局、特殊法人等、その他関係団体〕

(内容)文部科学省関係の法人名鑑。平成12年7月1日現在とし、文部省所管2020余の法人、科学技術庁所管100余の法人を収録。文部省、科学技術庁の2部で構成。各法人団体は各局、課別により排列して法人名、設立年月日、所在地、目的、代表者、事業内容を掲載。巻末に五十音順の法人名索引を付す。

文部科学省関係法人名鑑　平成13年度版
官庁通信社　2001.7　831p　21cm　7500円
Ⓝ060

(目次)大臣官房、国際統括官、生涯学習政策局、初等中等教育局、高等教育、科学技術・学術政策局、研究振興局、研究開発局、スポーツ・青少年局、文化庁、特殊法人等、その他関係団体、文部科学省組織図、所掌事務要覧等

(内容)文部科学省関係の法人名鑑。各法人団体は各局、課別により排列して法人名、設立年月日、所在地、目的、代表者、事業内容を掲載。巻末に五十音順の法人名索引を付す。

文部科学省関係法人名鑑　平成14年度版
官庁通信社　2002.7　839p　22cm　〈限定版〉　7500円　Ⓝ061.035

文部科学省関係法人名鑑　平成15年度版
官庁通信社　2003.7　813p　22×16cm　7500円

(目次)大臣官房、国際統括官、生涯学習政策局、初等中等教育局、高等教育局、科学技術・学術政策局、研究振興局、研究開発局、スポーツ・青少年局、文化庁、独立行政法人移行法人等、その他関係団体、公益法人関係資料

(内容)本書は平成15年7月1日現在とし、文部科学省所管の2150余の法人等を所管課別に掲載している。掲載事項は、法人名、設立許可年月日、所在地、目的、代表者、事業内容の順となっている。この1年間に設立された法人を加えるとともに、末尾に「公益法人関係資料」を掲載している。

文部科学省関係法人名鑑　平成16年度版
官庁通信社　2004.7　839p　21cm　7500円

(目次)大臣官房、国際統括官、生涯学習政策局、初等中等教育局、高等教育局、科学技術・学術政策局、研究振興局、研究開発局、スポーツ・青少年局、文化庁、国立大学病院財団、独立行政法人、その他関係団体、公益法人関係資料

文部科学省関係法人名鑑　平成17年度版
官庁通信社　2005.7　845p　21cm　7500円

(目次)大臣官房、国際統括官、生涯学習政策局、初等中等教育局、高等教育局、科学技術・学術政策局、研究振興局、研究開発局、スポーツ・青少年局、文化庁、国立大学法人病院財団、独立行政法人等、その他関係団体、公益法人関係資料

(内容)この法人名鑑は平成17年7月1日現在とし、文部科学省所管等の2150余の法人等を所管課別に掲載。掲載事項は、法人名、設立許可年月日、所在地、目的、代表者、事業内容、基本財産の順で、末尾に「公益法人関係資料」を掲載。

文部科学省関係法人名鑑　平成18年度版
官庁通信社編　官庁通信社　2006.7　829p　21cm　7500円

(目次)大臣官房、国際統括官、生涯学習政策局、初等中等教育局、高等教育局、科学技術・学術政策局、研究振興局、研究開発局、スポーツ・青少年局、文化庁、国立大学法人病院財団、独立行政法人等、その他関係団体、公益法人関係資料

(内容)平成18年7月1日現在とし、文部科学省所管等の2150余の法人等を所管課別に掲載。掲載事項は、法人名、設立許可年月日、所在地、目的、代表者、事業内容、基本財産の順となっている。

文部科学省関係法人名鑑　平成19年度版
限定版　官庁通信社　2007.8　847p　21cm　7500円

(目次)大臣官房、国際統括官、生涯学習政策局、初等中等教育局、高等教育局、科学技術・学術政策局、研究振興局、研究開発局、スポーツ・青少年局、文化庁、国立大学法人病院財団、独

立行政法人等，その他関係団体，公益法人関係資料

文部科学省関係法人名鑑　平成20年度版
　官庁通信社　2008.8　847p　21cm　7500円　Ⓝ060
　(目次)大臣官房，国際統括官，生涯学習政策局，初等中等教育局，高等教育局，科学技術・学術政策局，研究振興局，研究開発局，スポーツ・青少年局，文化庁，国立大学法人病院財団，独立行政法人等，その他関係団体，公益法人関係資料
　(内容)文部科学省所管の法人名鑑。平成20年7月現在の文部科学省所管法人，関係団体等約2,000法人を分野別に収録する。

文部科学省関係法人名鑑　平成21年度版
　官庁通信社　2009.8　834p　21cm　7500円　Ⓝ060
　(目次)大臣官房，国際統括官，生涯学習政策局，初等中等教育局，高等教育局，科学技術・学術政策局，研究振興局，研究開発局，スポーツ・青少年局，文化庁，国立大学法人病院財団，独立行政法人等，その他関係団体，公益法人，開催法人一覧，公益法人関係資料
　(内容)文部科学省所管の法人名鑑。平成21年7月現在の文部科学省所管法人，関係団体等約2,000法人を分野別に収録する。

文部科学省関係法人名鑑　平成22年度版
　官庁通信社　2010.8　844p　21cm　7500円　Ⓝ060
　(目次)大臣官房，国際統括官，生涯学習政策局，初等中等教育局，高等教育局，科学技術・学術政策局，研究振興局，研究開発局，スポーツ・青少年局，文化庁，国立大学法人病院財団，独立行政法人等，その他関係団体，公益社団法人，公益財団法人，一般社団法人，一般財団法人，解散法人

文部科学省関係法人名鑑　平成23年度版
　官庁通信社　2011.8　838p　21cm　7500円
　(目次)大臣官房，国際統括官，生涯学習政策局，初等中等教育局，高等教育局，科学技術・学術政策局，研究振興局，研究開発局，スポーツ・青少年局，文化庁，国立大学法人病院財団，独立行政法人等，公益社団法人，公益財団法人，一般社団法人，一般財団法人，解散法人

文部科学省関係法人名鑑　平成24年度版
　限定版　官庁通信社　2012.10　821p　21cm　7500円
　(目次)大臣官房，生涯学習政策局，初等中等教育局，高等教育局，科学技術・学術政策局，研究振興局，研究開発局，スポーツ・青少年局，文化庁，国立大学法人病院財団，独立行政法人等，その他関係団体，公益社団法人，公益財団法人，一般社団法人，一般財団法人，解散法人

文部省関係法人名鑑　平成7年度版　官庁通信社　1995.10　723p　22cm　〈限定版〉7000円　Ⓝ061

文部省関係法人名鑑　平成8年度版　限定版　官庁通信社　1996.10　735p　21cm　7300円
　(目次)所掌事務要覧，公益法人の設立及び監督に関する規程等，大臣官房，生涯学習局，初等中等教育局，教育助成局，高等教育局，学術国際局，体育局，文化庁，特殊法人等，その他関係団体

文部省関係法人名鑑　平成9年度版　官庁通信社　1997.10　751p　22cm　〈限定版〉7000円　Ⓝ061

文部省関係法人名鑑　平成10年度版　官庁通信社　1998.10　766p　21cm　7500円
　(目次)大臣官房，生涯学習局，初等中等教育局，教育助成局，高等教育局，学術国際局，体育局，文化庁，特殊法人等，その他関係団体

文部省関係法人名鑑　平成11年度版　官庁通信社　1999.9　778p　21cm　7500円
　(目次)所掌事務要覧，大臣官房，生涯学習局，初等中等教育局，教育助成局，高等教育局，学術国際局，体育局，文化庁，特殊法人等，その他関係団体

文部省名鑑　1990年版　米盛幹雄編著　時評社　1990.2　690p　19cm　3200円　Ⓘ4-915503-56-9　Ⓝ317.27
　(内容)文部省本省，外局(文化庁)、施設等機関・国立大学等の主要幹部を登載し、其の職名(英文表示入り)、生年月日、出身地、出身高校・大学、経歴、趣味、住所、電話番号等を調査記載している。平成元年10月1日現在。

文部省名鑑　1991年版　米盛幹雄編著　時評社　1990.12　695p　19cm　3800円　Ⓘ4-915503-66-6　Ⓝ317.27

文部省名鑑　1992年版　米盛幹雄編著　時評社　1992.2　698p　19cm　3800円　Ⓘ4-915503-74-7　Ⓝ317.27

文部省名鑑　1993年版　時評社　1993.2　707p　19cm　3800円　Ⓘ4-915503-86-0
　(内容)文部省関係の役職者の職員録。アンケート方式で調査し、各人の肩書(英文表示入り)、氏名、生年月日、出身地、出身校、経歴、住所、電話番号等を掲載する。収録対象は、文部省本省、外局(文化庁)、施設等機関・国立大学等の主要幹部、内容は平成4年9月1日現在。本文は

職制順に構成し、巻末に五十音順の人名索引を付す。

文部省名鑑　1994年版　米盛幹雄編著　時評社　1994.2　727p　19cm　4000円　Ⓣ4-915503-97-6

⦅内容⦆文部省関係の役職者の職員録。内容は平成5年9月1日現在。文部省本省、外局（文化庁）、施設等機関・国立大学の主要幹部を登載し、其の職名（英文表示入り）、生年月日、出身地、出身高校・大学、経歴、趣味、住所、電話番号等を調査記載する。

文部省名鑑　1996年版　米盛幹雄編著　時評社　1996.1　382p　19cm　3500円　Ⓣ4-88339-015-2　Ⓝ317.27

文部省名鑑　1997年版　米盛幹雄編著　時評社　1997.1　388p　19cm　3399円　Ⓣ4-88339-027-6

⦅目次⦆本省（文部事務次官，大臣官房，生涯学習局，初等中等教育局，教育助成局，高等教育局，学術国際局，体育局），外局（文化庁）

⦅内容⦆文部省本省、外局（文化庁）の主要幹部を対象にし、職名、生年月日、出身地、出身高校・大学、経歴、趣味等のデータを掲載した名鑑。内容は、平成8年12月1日現在。

文部省名鑑　1999年版　米盛幹雄編著　時評社　1998.11　406p　19cm　3905円　Ⓣ4-88339-044-6

⦅目次⦆本省（文部事務次官，大臣官房，生涯学習局，初等中等教育局，教育助成局，高等教育局，学術国際局，体育局），外局（文化庁）

文部省名鑑　2000年版　米盛幹雄編著　時評社　1999.12　403p　19cm　3905円　Ⓣ4-88339-054-3　Ⓝ317.271

＜ハンドブック＞

文部科学省　加古陽治,永井理著　インターメディア出版　2001.6　221p　19cm　（完全新官庁情報ハンドブック　6）　1500円　Ⓣ4-901350-30-7　Ⓝ317.27

⦅目次⦆ガイド編，解説編（Q&A―文部科学省がわかる一問一答，変化―なにがどう変わるか？，仕事と権限―大臣官房と7局1国際統括官1外庁）

⦅内容⦆文部科学省のガイドブック。ガイド編と解説編で構成。省庁再編による変化、当面する重要課題などについても解説。

＜法令集＞

奈良県教育委員会規程集　平成5年版　奈良県教育委員会総務課編　ぎょうせい　1993.6　1192p　16cm　Ⓝ373.2

奈良県教育委員会規程集　平成8年版　奈良県教育委員会総務課編　ぎょうせい　1996.7　1264p　22cm　4500円　Ⓝ373.2

奈良県教育委員会規程集　平成11年版　奈良県教育委員会総務課編　ぎょうせい　1999.7　1305p　22cm　5000円　Ⓝ373.2

奈良県教育委員会規程集　平成15年版　奈良県教育委員会教育企画課編　ぎょうせい　2003.7　1360p　21cm　5238円

⦅目次⦆第1章 行政一般，第2章 財務・財産管理，第3章 職員，第4章 学校教育，第5章 社会教育，第6章 保健体育，第7章 文化財，第8章 その他，第9章 参考法令

⦅内容⦆奈良県の教育に携わる者が手元に置いて日常的に使用できるよう、県の関係例規を収録。

＜年鑑・白書＞

英文 文部科学白書　平成13年度　文部科学省編　財務省印刷局　2002.7　129p　30cm　〈本文：英文〉　1800円　Ⓣ4-17-563800-8　Ⓝ373.1

⦅目次⦆1 Basic approach for educational refors in the 21st century，2 Aiming to foster children with rich humanity，3 Bringing out talent and bringing up creativity，4 School‐building for the new times，5 Building a distinguished university in the times of intellect，6 Creating a lifelong liarning society，7 New initiative for educational reform taken by local communities，8 Educational reform abroad

英文 文部科学白書　平成14年度　文部科学省編　国立印刷局　2003.5　75p　30cm　〈本文：英文〉　1400円　Ⓣ4-17-563801-6

⦅目次⦆1 Progress of Japan's Elementary and Secondary Education Reform and Future Issues（Progress of Elementary and Secondary Education in Post-War Japan，Problems Relating to Elementary and Lower Secondary Education），2 Towards Advancement of "Academic Ability"（The Kind of "Academic Ability" We Should Strive for Now，Status of Japanese Children's "Academic Ability" ほか），3 For the Cultivation of "Richness in Mind"（Regarding the Cultivation of "Richness in Mind"，Current Circumstances Surrounding Children ほか），4 For the Foundation of Trustworthy Schools（To secure appealing and competent teachers，The Establishment of Schools That are Trustworthy to the

教育行政　　　　　　　　　　　　　　教育全般

Parents and to the Local Communities ほか)

英文 文部科学白書 平成16年度　文部科学省編　国立印刷局　2005.10　86p　30cm　〈本文：英文〉　1800円　Ⓘ4-17-563803-2

(目次)Introduction A "Zest for Living" and a Sound Mind and Body (The "Zest for Living" and the Mind-Body Connection, Children's Mental and Physical Health at Present ほか), 1 Sound Development of Children's Minds and Bodies (Improving Child Fitness, Maintaining and Improving Children's Health ほか), 2 Building a Society with a Lifelong Love of Sports (Basic Measures to Promote Sports, Achieving a Lifelong Sports Society ほか), 3 Sports/Youth Administration in Other Countries (Sports Administration in Other Countries, School Lunch Programs in Other Countries ほか), Reference Sports/Youth Administration Q&A

英文 文部科学白書 平成17年度　文部科学省編　国立印刷局　2006.10　86p　30cm　〈本文：英文〉　1800円　Ⓘ4-17-563804-0

(目次)1 Promoting Educational Reform (Basic Approach to Educational Reform, Essential Action Plans for Educational Reform, How the Fundamental Law of Education Befitting to the New Times should be, A Trend for Compulsory Education Reform ほか), 2 Enhancing Educational Functions of Communities and Families (Current Status and Issues of Educational Functions of Communities and Families, Approaches to Enhancing Educational Functions of Communities, Approaches to Enhancing Educational Functions of Families, Cooperation among Schools, Communities and Families), Reference Q&A

英文 文部科学白書 平成18年度 教育再生への取組／文化芸術立国の実現　文部科学省編　ぎょうせい　2007.2　51p　30cm　〈本文：英文〉　1524円　Ⓘ978-4-324-08418-2　Ⓝ373.1

(目次)1 Efforts in Education Rebuilding (Basic Concept of Education Rebuilding, Basic Act on Education Benefitting of the New Era, Further Promotion of Educational Reforms), 2 Realization of a Nation Based on Culture and the Arts (Significance of the Promotion of Culture and the Arts, the Comprehensive Development of Measures for the Promotion of Culture and the Arts, Changes in Situation Associated with Culture and the Arts, Formulation of the Second Basic Policy, Cultural Administration of Other Countries)

文部科学白書 平成13年度 21世紀の教育改革　文部科学省編　財務省印刷局　2002.1　469p　30cm　2400円　Ⓘ4-17-442013-0　Ⓝ373.2

(目次)第1部 21世紀の教育改革(戦後の教育改革を振り返って、21世紀の教育改革の基本的な考え方、「豊かな人間性の育成」を目指して、「才能の伸長や創造性の育成」を目指して、新しい時代に対応した学校づくり ほか)、第2部 文教・科学技術施策の動向と展開(生涯学習時代の社会教育の活性化に向けて、初等中等教育の一層の充実に向けて、高等教育の多様な発展のために、私立学校の振興のために、科学技術・学術の一体的振興のための取組 ほか)

文部科学白書 平成14年度 新しい時代の学校 進む初等中等教育改革　文部科学省編　財務省印刷局　2003.2　399p　15cm　2300円　Ⓘ4-17-442014-9

(目次)第1部 新しい時代の学校―進む初等中等教育改革(我が国の初等中等教育の改革の歩みと今後の課題、確かな学力の向上を目指して、豊かな心の育成に向けて、信頼される学校づくりに向けて、諸外国の初等中等教育改革)、第2部 文教・科学技術施策の動向と展開(教育改革の推進、生涯学習社会の実現へ、初等中等教育の一層の充実のために、高等教育の多様な発展のために、私立学校の振興のために ほか)

文部科学白書 高等教育改革の新展開 平成15年度 創造的活力に富んだ知識基盤社会を支える高等教育　文部科学省編　国立印刷局　2004.2　475p　30cm　2400円　Ⓘ4-17-442015-7

(目次)第1部 創造的活力に富んだ知識基盤社会を支える高等教育―高等教育改革の新展開(知識基盤社会を支える高等教育、高等教育改革はどこまで進んだか、高等教育改革の新展開、高等教育の一層の発展に向けて、諸外国の高等教育改革、高等教育改革Q&A)、第2部 文教・科学技術施策の動向と展開(教育改革の推進、生涯学習社会への実現へ、初等中等教育の一層の充実のために、高等教育の多様な発展のために、私立学校の振興のために ほか)

文部科学白書 平成16年度 「生きる力」を支える心と体　文部科学省編　国立印刷局　2005.3　483p　30cm　2096円　Ⓘ4-17-442016-5

(目次)第1部 「生きる力」を支える心と体(「生きる力」と健やかな心と体、子どもの心と体の健やかな発達のために、生涯にわたってスポーツに親しむ社会を目指して、諸外国のスポ

ツ・青少年行政), 第2部 文教・科学技術施策の動向と展開(教育改革の推進, 生涯学習社会の実現へ, 初等中等教育の一層の充実について, 高等教育の多様な発展のために, 私立学校の振興のために ほか), 参考資料

文部科学白書 平成17年度 教育改革と地域・家庭の教育力の向上 文部科学省編 国立印刷局 2006.3 512p 30cm 2381円 Ⓟ4-17-442017-3

(目次)第1部 教育改革と地域・家庭の教育力の向上(教育改革の推進, 地域・家庭の教育力の向上), 第2部 文教・科学技術施策の動向と展開(生涯学習社会の実現, 初等中等教育の一層の充実のために, 高等教育の多様な発展のために, 私立学校の振興のために, 科学技術・学術政策の総合的推進 ほか)

文部科学白書 平成18年度 教育再生への取組/文化芸術立国の実現 文部科学省編 国立印刷局 2007.3 491p 30cm 2600円 Ⓟ978-4-17-442018-5

(目次)第1部 教育再生への取組/文化芸術立国の実現(教育再生への取組, 文化芸術立国の実現), 第2部 文教・科学技術施策の動向と展開(生涯学習社会の実現, 初等中等教育の一層の充実のために, 高等教育の多様な発展のために, 私立学校の振興のために ほか)

文部科学白書 平成19年度 教育基本法改正を踏まえた教育改革の推進/「教育新時代」を拓く初等中等教育改革 文部科学省編 日経印刷,全国官報販売協同組合(発売) 2008.4 417p 30cm 2600円 Ⓟ978-4-9903697-7-4 Ⓝ373.1

(目次)第1部 教育基本法改正を踏まえた教育改革の推進/「教育新時代」を拓く初等中等教育改革(教育基本法改正を踏まえた教育改革の推進, 「教育新時代」を拓く初等中等教育改革), 第2部 文教・科学技術施策の動向と展開(生涯学習社会の実現, 初等中等教育の一層の充実のために, 高等教育の多様な発展のために, 私立学校の振興のために, 科学技術・学術政策の総合的推進, 科学技術の戦略的重点化, 科学技術システムの改革, スポーツの振興と心身の健やかな発達に向けて, 「文化芸術立国」を目指して, 国際交流・協力の充実に向けて, 高度情報通信ネットワーク社会における新たな展開, 新たな時代の文教施設を目指して, 防災対策の充実, 行政改革等の推進, 政策評価等の推進)

文部科学白書 平成20年度 教育政策の総合的推進/大学の国際化と地域貢献 文部科学省編 佐伯印刷 2009.7 375p 30cm 1953円 Ⓟ978-4-903729-61-9

Ⓝ373.1

(目次)第1部 教育政策の総合的推進/大学の国際化と地域貢献(教育政策の総合的推進, 大学の国際化と地域貢献), 第2部 文教・科学技術施策の動向と展開(生涯学習社会の実現, 初等中等教育の一層の充実のために, 高等教育の多様な発展のために, 私立学校の振興のために, 科学技術・学術政策の総合的推進, スポーツの振興と心身の健やかな発達に向けて, 文化芸術立国を目指して, 国際交流・協力の充実に向けて, 高度情報通信ネットワーク社会における新たな展開, 安全で質の高い学校施設の整備と防災対策の充実, 行政改革・政策評価の推進)

文部科学白書 平成21年度 我が国の教育水準と教育費 文部科学省編 佐伯印刷 2010.6 403p 30cm 1900円 Ⓟ978-4-903729-78-7 Ⓝ373.1

(目次)第1部 我が国の教育水準と教育費(我が国の教育水準と教育費, 公立高等学校の授業料無償化及び高等学校等就学支援金制度Q&A), 第2部 文教・科学技術施策の動向と展開(生涯学習社会の実現と教育政策の総合的推進, 子どもたちの教育の一層の充実のために, 大学の多様な発展のために, 私立学校の振興のために, 科学技術・学術政策の総合的推進, スポーツの振興のために, 文化芸術立国を目指して, 国際交流・協力の充実に向けて, 情報社会革命の推進に向けて, 安全で質の高い学校施設の整備, 防災対策の充実, 行政改革・政策評価の推進)

文部科学白書 平成22年度 文部科学省編 佐伯印刷 2011.8 427p 30cm 1900円 Ⓟ978-4-905428-11-4

(目次)東日本大震災への対応(震災による被害の概況, 震災の発生を受けての文部科学省の対応, 復興に向けた対応), 第1部 スポーツ立国の実現/教育と職業(スポーツ立国の実現, 教育と職業), 第2部 文教・科学技術施策の動向と展開(生涯学習社会の実現と教育政策の総合的推進, 子どもたちの教育の一層の充実, 大学等の多様な発展 ほか)

文部科学白書 人づくりから始まる創造的復興 平成23年度 東日本大震災からの復旧・復興 文部科学省編 佐伯印刷 2012.6 385p 30cm 1900円 Ⓟ978-4-905428-25-1

(目次)第1部 東日本大震災からの復旧・復興―人づくりから始まる創造的復興, 第2部 文教・科学技術施策の動向と展開(生涯学習社会の実現と教育政策の総合的推進, 子どもたちの教育の一層の充実, 大学等の多様な発展, 私立学校の振興, 科学技術・学術政策の総合的推進, スポーツ立国の実現, 文化芸術立国の実現, 国際交流・協力の充実, 情報通信技術の活用の推

＜統計集＞

英文 文部科学統計要覧 平成14年版 文部科学省編 財務省印刷局 2002.3 205p 19cm 〈本文：英文〉 980円 ①4-17-564077-0 Ⓝ370.59
(目次)School education(Summary tables), Kindergartens, Elementary schools, Lower secondary schools, Upper secondary schools, Secondary schools, Schools for the blind, Schools for the deaf, Schools for the other disabled, Colleges of technology〔ほか〕

英文 文部科学統計要覧 平成15年版 文部科学省編 財務省印刷局 2003.1 205p 19cm 〈本文：英文〉 800円 ①4-17-564078-9
(目次)SCHOOL EDUCATION (SUMMARY TABLES), KINDERGARTENS, ELEMENTARY SCHOOLS, SCHOOLS FOR THE BLIND, SCHOOLS FOR THE DEAF, SCHOOLS FOR THE OTHER DISABLED, COLLEGES OF TECHNOLOGY, UNIVERSITIES AND JUNIOR COLLEGES, PHYSICAL EDUCATION AND SPORTS, SCIENCE AND TECHNOLOGY〔ほか〕

英文 文部科学統計要覧 平成16年版 文部科学省編 国立印刷局 2004.1 197p 19cm 〈本文：英文〉 800円 ①4-17-564079-7
(目次)SCHOOL EDUCATION (SUMMARY TABLES), KINDERGARTENS, ELEMENTARY SCHOOLS, LOWER SECONDARY SCHOOLS, UPPER SECONDARY SCHOOLS, SECONDARY SCHOOLS, SCHOOLS FOR THE BLIND, SCHOOLS FOR THE DEAF, SCHOOLS FOR THE OTHER DISABLED, COLLEGES OF TECHNOLOGY〔ほか〕

英文 文部科学統計要覧 2005年版 文部科学省編 国立印刷局 2005.1 201p 19cm 〈本文：英文〉 800円 ①4-17-564080-0
(目次)SCHOOL EDUCATION (Summary Tables), KINDERGARTENS, ELEMENTARY SCHOOLS, LOWER SECONDARY SCHOOLS, UPPER SECONDARY SCHOOLS, SECONDARY SCHOOLS, SCHOOLS FOR THE BLIND, SCHOOLS FOR THE DEAF, SCHOOLS FOR THE OTHER DISABLED, COLLEGES OF TECHNOLOGY〔ほか〕

英文 文部統計要覧 平成11年版 文部省編 大蔵省印刷局 1999.8 169p 19cm 〈本文：英文〉 980円 ①4-17-564074-6
(内容)我が国の教育・学術・スポーツ・文化の現状を概観するための参考となる統計資料について、文部省及び文化庁が作成する諸統計を中心に編集したもの。英訳版。

英文 文部統計要覧 平成12年版 文部省編 大蔵省印刷局 2000.4 171p 19cm 〈本文：英文〉 980円 ①4-17-564075-4 Ⓝ370.59
(目次)School education (summary tables), Kindergartens, Elementary schools, Lower secondary schools, Upper secondary schools, Secondary schools, Schools for the blind, Schools for the deaf, Schools for the other desabled, Colleges of technology〔ほか〕

英文 文部統計要覧 平成13年版 文部科学省編 財務省印刷局 2001.4 177p 19cm 〈本文：英文〉 980円 ①4-17-564076-2 Ⓝ370.59
(目次)School education (summary tables), Kindergartens, Elementary schools, Lower secondary schools, Upper secondary schools, Schools for the blind, Schools for the deaf, Schools for the other desabled, Colleges of technology, Universities and junior colleges〔ほか〕

文部科学統計要覧 平成14年版 文部科学省著 財務省印刷局 2002.1 213p 19cm 740円 ①4-17-443077-2 Ⓝ370.59
(目次)学校教育総括、幼稚園、小学校、中学校、高等学校、盲学校、聾学校、養護学校、高等専門学校、大学、専修学校、各種学校、海外子女教育、社会教育、体育・スポーツ、科学技術、文化、教育行政、諸外国、学校系統図、大学・短期大学の規模等の推移

文部科学統計要覧 平成15年版 文部科学省編 財務省印刷局 2003.1 205p 19cm 800円 ①4-17-443078-0
(目次)学校教育総括、幼稚園、小学校、中学校、高等学校、盲学校、聾学校、養護学校、高等専門学校、大学〔ほか〕

文部科学統計要覧 平成16年版 文部科学省著 国立印刷局 2004.1 205p 19cm 500円 ①4-17-443079-9
(目次)学校教育総括、幼稚園、小学校、中学校、高等学校、中等教育学校、盲学校、聾学校、養

文部科学統計要覧　平成17年版　文部科学省著　国立印刷局　2005.1　213p　19cm　500円　Ⓘ4-17-443080-2

目次　学校教育総括，幼稚園，小学校，中学校，高等学校，中等教育学校，盲学校，聾学校，養護学校，高等専門学校，大学，専修学校，各種学校，海外子女教育，社会教育，体育・スポーツ：科学技術・学術，文化，教育行財政，諸外国，学校系統図，大学・短期大学の規模等の推移

文部科学統計要覧　平成18年版　文部科学省著　国立印刷局　2006.2　213p　19cm　600円　Ⓘ4-17-443081-0

目次　学校教育総括，幼稚園，小学校，中学校，高等学校，中等教育学校，盲学校，聾学校，養護学校，高等専門学校，大学，専修学校，各種学校，海外子女教育，社会教育，体育・スポーツ，科学施術・学術，文化，教育行財政，諸外国，学校系統図

内容　我が国の教育・科学技術・学術・スポーツ・文化の現状を概観する上で，参考となる統計資料について，文部科学省が作成する諸統計を中心に編集し刊行した。

文部科学統計要覧　平成19年版　文部科学省著　国立印刷局　2007.3　241p　19cm　〈本文：日英両文〉　650円　Ⓘ978-4-17-443082-5

目次　学校教育総括，幼稚園，小学校，中学校，高等学校，中等教育学校，盲学校，聾学校，養護学校，高等専門学校，大学，専修学校，各種学校，海外子女教育，社会教育，体育・スポーツ，科学技術・学術，文化，教育行財政，諸外国，学校系統図，18歳人口及び高等学校教育機関への入学者数・進学率等の推移

文部科学統計要覧　平成20年版　文部科学省著　国立印刷局　2008.3　239p　19×12cm　650円　Ⓘ978-4-17-443083-2　Ⓝ370.59

目次　学校教育総括，幼稚園，小学校，中学校，高等学校，中等教育学校，特別支援学校，高等専門学校，大学，専修学校，各種学校，海外子女教育，社会教育，体育・スポーツ，科学技術・学術，文化，教育行財政，諸外国，学校系統図，18歳人口及び高等教育機関への入学者数・進学率等の推移

内容　我が国の教育・科学技術・学術・スポーツ・文化の現状を概観する上で，参考となる統計資料について，文部科学省が作成する諸統計を中心に編集。

文部科学統計要覧　平成21年版　文部科学省著　日経印刷　2009.3　239p　19cm　650円　Ⓘ978-4-904260-15-9　Ⓝ370.59

目次　学校教育総括，幼稚園，小学校，中学校，高等学校，中等教育学校，特別支援学校，高等専門学校，大学，専修学校〔ほか〕

文部科学統計要覧　平成22年版　文部科学省編　日経印刷，全国官報販売協同組合（発売）　2010.3　239p　19×12cm　〈本文：日英両文〉　650円　Ⓘ978-4-904260-45-6　Ⓝ370.59

目次　学校教育総括，幼稚園，小学校，中学校，高等学校，中等教育学校，特別支援学校，高等専門学校，大学，専修学校，各種学校，海外児童・生徒教育，社会教育，体育・スポーツ：科学技術・学術，文化，教育行財政，諸外国，18歳人口及び高等教育機関への入学者数・進学率の推移

文部科学統計要覧　平成23年版　文部科学省編　日経印刷，全国官報販売協同組合〔発売〕　2011.3　239p　19cm　650円　Ⓘ978-4-904260-79-1

目次　学校教育総括，幼稚園，小学校，中学校，高等学校，中等教育学校，特別支援学校，高等専門学校，大学，専修学校，各種学校，海外児童・生徒教育，社会教育，体育・スポーツ，科学技術・学術，文化，教育行財政，諸外国，学校系統図，18歳人口及び高等教育機関への入学者数・進学率等の推移

文部科学統計要覧　平成24年版　文部科学省著　日経印刷　2012.6　239p　19cm　650円　Ⓘ978-4-905427-14-8

目次　学校教育総括（学校数・在学者数・教職員数，学校数（都道府県別），在学者数（都道府県別）ほか），幼稚園（学校数，園児数，教員数ほか），小学校（学校数，学級数，児童数 ほか）

文部統計要覧　平成2年版　文部省大臣官房調査統計企画課著　第一法規出版　1990.5　165p　19cm　890円　Ⓘ4-474-03225-X

目次　学校教育総括，幼稚園，小学校，中学校，高等学校，盲学校，聾学校，養護学校，高等専門学校，大学，専修学校，各種学校，海外子女教育，社会教育，体育・スポーツ，学術，文化，教育行財政，諸外国，高等教育の規模等の推移

文部統計要覧　平成3年版　文部省大臣官房調査統計企画課著　第一法規出版　1991.4　167p　19cm　900円　Ⓘ4-474-03253-5

目次　学校教育総括，幼稚園，小学校，中学校，高等学校，盲学校，聾学校，養護学校，高等専門学校，大学，専修学校，各種学校，海外子女教育，社会教育，体育・スポーツ，学術，文化，教育行財政，諸外国，高等教育の規模等の推移

内容　我が国の教育・学術・文化の現状を概観

教育財政　教育全般

するための統計資料について，文部省及び文化庁が作成する諸統計を中心に編集したもの。

文部統計要覧　平成4年版　文部省大臣官房調査統計企画課編　第一法規出版　1992.4　173p　19cm　728円　ⓘ4-474-03272-1

(内容)我が国の教育・学術・文化の現状を概観するための統計資料について，文部省及び文化庁が作成する諸統計を中心に編集したもの。

文部統計要覧　平成5年版　文部省大臣官房調査統計企画課編　大蔵省印刷局　1993.4　179p　19cm　750円　ⓘ4-17-443068-3

文部統計要覧　平成6年版　文部省編　大蔵省印刷局　1994.4　179p　18cm　750円　ⓘ4-17-443069-1

(目次)学校教育総括，幼稚園，小学校，中学校，高等学校，盲学校，聾学校，養護学校，高等専門学校，大学，専修学校，各種学校，海外子女教育，社会教育，体育・スポーツ，学術，文化，教育行政財政，諸外国，大学・短期大学の規模等の推移

文部統計要覧　平成7年版　文部省編　大蔵省印刷局　1995.4　179p　14×12cm　750円　ⓘ4-17-443070-5

(目次)学校教育総括，幼稚園，小学校，中学校，高等学校，盲学校，聾学校，養護学校，高等専門学校，大学〔ほか〕

文部統計要覧　平成8年版　文部省編　大蔵省印刷局　1996.5　179p　19cm　750円　ⓘ4-17-443071-3

(内容)本書は，わが国の教育・学術・文化の現状を概観するための参考となる統計資料について，文部省および文化庁が作成する諸統計を中心に編集したもの。

文部統計要覧　平成9年版　文部省編　大蔵省印刷局　1997.4　183p　19cm　740円　ⓘ4-17-443072-1

(目次)学校教育総括，幼稚園，小学校，中学校，高等学校，盲学校，聾学校，養護学校，高等専門学校，大学，専修学校，各種学校，海外子女教育，社会教育，体育・スポーツ，学術，文化，教育行政財政，諸外国，学校系統図，大学・短期大学の規模等の推移，付録

文部統計要覧　平成10年版　文部省著　大蔵省印刷局　1998.4　183p　19cm　740円　ⓘ4-17-443073-X

(目次)学校教育総括，幼稚園，小学校，中学校，高等学校，盲学校，聾学校，養護学校，高等専門学校，大学，専修学校，各種学校，海外子女教育，社会教育，体育・スポーツ，学術，文化，教育行政財政，諸外国，学校系統図，大学・短期

大学の規模等の推移，付録

(内容)我が国の教育・学術・スポーツ・文化の現状を概観するための参考となる統計資料について，文部省及び文化庁が作成する諸統計を中心に編集したもの。

文部統計要覧　平成11年版　文部省著　大蔵省印刷局　1999.6　183p　19cm　740円　ⓘ4-17-443074-8

(目次)学校教育総括，幼稚園，小学校，中学校，高等学校，盲学校，聾学校，養護学校，高等専門学校，大学，専修学校，各種学校，海外子女教育，社会教育，体育・スポーツ，学術，文化，教育行政財政，諸外国，学校系統図，大学・短期大学の規模等の推移，付録

(内容)我が国の教育・学術・スポーツ・文化の現状を概観するための参考となる統計資料について，文部省及び文化庁が作成する諸統計を中心に編集したもの。

文部統計要覧　平成12年版　文部省著　大蔵省印刷局　2000.1　185p　19cm　740円　ⓘ4-17-443075-6　Ⓝ370.59

(目次)学校教育総括，幼稚園，小学校，中学校，高等学校，中等教育学校，盲学校，聾学校，養護学校，高等専門学校，専修学校，各種学校，海外子女教育，社会教育，体育・スポーツ，学術，文化，教育行政財政，諸外国，学校系統図，大学・短期大学の規模等の推移，付録

文部統計要覧　平成13年版　文部省大臣官房調査統計企画課著　大蔵省印刷局　2000.12　188p　19cm　740円　ⓘ4-17-443076-4　Ⓝ370.59

教育財政

<ハンドブック>

地方教育費調査報告書　平成12年度（平成11会計年度）　文部科学省著　財務省印刷局　2001.12　1冊　21×30cm　2300円　ⓘ4-17-260974-0　Ⓝ373.4

(目次)1 調査の概要，2 調査結果の概要，3 公教育費の概観，4 統計表（全国集計，都道府県別集計，基準財政需要額との比較）

地方教育費調査報告書　平成13年度（平成12会計年度）　文部科学省著　財務省印刷局　2002.12　238p　21×30cm　3400円　ⓘ4-17-260975-9

(目次)地方教育費調査（調査の概要，調査結果の概要，文教費の概観，統計表），教育行政調査（調査の概要，調査結果の概要，統計表）

(内容)「地方教育費調査報告書（平成12会計年度）」では，「調査結果の概要」において，地方

教育全般　　　　　　　　　　　　　　　　　　教育財政

教育費の支出項目別・財源別の実態及び在学者・国民1人当たり経費などの実態を、次いで、「文教費の概観」においては、国、地方を通ずる文教費と国民所得や総行政費との関係などについて、それぞれ解説している。また、「教育行政調査(平成13年5月1日現在)」では、教育委員、教育長、事務局職員等の現状について、市町村教育委員会、都道府県教育委員会ごとにそれぞれ解説している。

地方教育費調査報告書　平成14年度(平成13会計年度)　文部科学省編　国立印刷局
2003.12　200p　30cm　2300円　ⓘ4-17-260976-7
(目次)1 調査の概要，2 調査結果の概要，3 文教費の概観，4 統計表(全国集計，都道府県別集計，基準財政需要額との比較)

地方教育費調査報告書　平成15年度(平成14会計年度)　文部科学省著　国立印刷局
2004.12　280p　30cm　3350円　ⓘ4-17-260977-5
(目次)地方教育費調査(調査の概要，調査結果の概要，文教費の概観，統計表)，教育行政調査(調査の概要，調査結果の概要，統計表)

地方教育費調査報告書　平成16年度(平成15会計年度)　文部科学省著　国立印刷局
2005.12　220p　21×30cm　2700円　ⓘ4-17-260978-3
(目次)1 調査の概要(調査の目的，調査の実施時期 ほか)，2 調査結果の概要(地方教育費の総額とその財源別，支出項目別の状況，寄付金の状況 ほか)，3 文教費の概観(文教費の推移と国内総支出・国民所得に対する比率の状況，総行政費に占める文教費の割合の状況 ほか)，4 統計表(全国集計，都道府県別集計 ほか)
(内容)「調査結果の概要」において、地方教育費の支出項目別・財源別の実態及び在学者・国民一人当たり経費などの実態を、次いで、「文教費の概観」においては、国、地方を通ずる文教費と国民所得や総行政費との関係などについて、それぞれ解説。

地方教育費調査報告書　平成17年度(平成16会計年度)　文部科学省生涯学習政策局調査企画課編　国立印刷局　2006.12　280p　21×30cm　3400円　ⓘ4-17-260979-1
(目次)地方教育費調査(調査の概要，調査結果の概要，文教費の概観，統計表)，教育行政調査(調査の概要，調査結果の概要，統計表)
(内容)「地方教育費調査」では、「調査結果の概要」において、地方教育費の支出項目別・財源別の実態及び在学者・国民一人当たり経費などの実態を、次いで、「文教費の概観」においては、国、地方を通ずる文教費と国民所得や総行政費との関係などについて、それぞれ解説。また、「教育行政調査」では、教育委員、教育長、事務局職員等の現状について、市町村教育委員会、都道府県教育委員会ごとにそれぞれ解説している。

地方教育費調査報告書　平成18年度(平成17会計年度)　文部科学省編　国立印刷局
2007.12　217p　21×30cm　2700円　ⓘ978-4-17-260980-3
(目次)1 調査の概要，2 調査結果の概要，3 文教費の概観，4 統計表(全国集計，都道府県別集計，基準財政需要額との比較，年次統計)

地方教育費調査報告書　教育行政調査報告書　平成19年度　地方教育費調査(平成18会計年度)・教育行政調査(平成19年5月1日現在)　文部科学省編　日経印刷, 全国官報販売協同組合(発売)　2008.12　278p　21×30cm　3400円　ⓘ978-4-904260-09-8　Ⓝ373.1
(目次)地方教育費調査(調査の概要，調査結果の概要，文教費の概観，統計表(全国集計，都道府県別集計，基準財政需要額との比較，年次統計))，教育行政調査(調査の概要，調査結果の概要(市町村教育委員会，都道府県教育委員会)，統計表(市町村教育委員会，都道府県教育委員会，年次統計))

地方教育費調査報告書　平成20年度　文部科学省編　日経印刷　2010.3　212p　21×30cm　2700円　ⓘ978-4-904260-48-7
(目次)地方教育費調査(調査の概要，調査結果の概要，文教費の概観，統計表)全国集計，都道府県別集計

地方教育費調査報告書　平成21年度　地方教育費調査(平成20会計年度)　教育行政調査(平成21年5月1日現在)　文部科学省編　日経印刷, 全国官報販売協同組合〔発売〕　2010.12　282p　21×30cm　3400円　ⓘ978-4-904260-75-3
(目次)地方教育費調査(調査の概要，調査結果の概要，文教費の概観，統計表)，教育行政調査(調査の概要，調査結果の概要，統計表)

地方教育費調査報告書　平成22年度　平成21会計年度　文部科学省編　日経印刷
2012.1　216p　21×30cm　2700円　ⓘ978-4-905427-03-2
(目次)1 調査の概要，2 調査結果の概要，3 文教費の概観，4 統計表(全国集計，都道府県別集計，基準財政需要額との比較，年次統計)

地方教育費調査報告書　平成23年5月1日現在　平成23年度　教育行政調査　文部

学校・教育問題レファレンスブック　63

科学省編　日経印刷　2012.12　282p　21×30cm　3400円　ⓘ978-4-905427-35-3

⦅目次⦆地方教育費調査(調査の概要，調査結果の概要，文教費の概観，統計表)，教育行政調査(調査の概要，調査結果の概要，統計表)

<法令集>

教育財政会計六法　平成2年版　文部省内教育財政研究会編　第一法規出版　1990.7　1942p　21cm　4100円　ⓘ4-474-04988-8

⦅目次⦆第1章 教育基本，第2章 教育財政，第3章 会計諸法令，第4章 教育行政，第5章 学校教育振興，第6章 学校保健・給食，第7章 社会教育・スポーツ，第8章 学術・文化，第9章 教育関係職員，第10章 教育関係税制，第11章 諸法令，第12章 教育財政資料

教育財政会計六法　平成3年版　文部省内教育財政研究会編　第一法規出版　1991.9　1942p　21cm　4100円　ⓘ4-474-09024-1

⦅目次⦆第1章 教育基本，第2章 教育財政，第3章 会計諸法令，第4章 教育行政，第5章 学校教育振興，第6章 学校保健・給食，第7章 社会教育・スポーツ，第8章 学術・文化，第9章 教育関係職員，第10章 教育関係税制，第11章 諸法令，第12章 教育財政資料

⦅内容⦆平成3年6月1日までの法令を極力収録した。収録法令は，256件，うち全文収録は，191件，抄録65件である。

教育財政会計六法　平成4年版　文部省内教育財政研究会編　第一法規出版　1992.9　1冊　22cm　4100円　ⓘ4-474-09092-6　Ⓝ373.4

教育財政会計六法　平成5年版　文部省内教育財政研究会編　第一法規出版　1993.9　1冊　22cm　ⓘ4-474-09092-6　Ⓝ373.4

教育財政会計六法　平成6年版　文部省内教育財政研究会編　第一法規出版　1994.8　1冊　22cm　4100円　ⓘ4-474-00451-5　Ⓝ373.4

教育財政会計六法　平成7年版　文部省内教育財政研究会編著　第一法規出版　1995.9　1冊　22cm　4100円　ⓘ4-474-00559-7　Ⓝ373.4

教育財政会計六法　平成8年版　文部省内教育財政研究会編著　第一法規出版　1996.9　1冊　22cm　4100円　ⓘ4-474-00663-1　Ⓝ373.4

教育財政会計六法　平成9年版　文部省内教育財政研究会編　第一法規出版　1997.9　1958p　22cm　4000円　ⓘ4-474-00752-2　Ⓝ373.4

教育財政会計六法　平成10年版　教育財政研究会編　第一法規出版　1998.9　1冊　22cm　4000円　ⓘ4-474-00843-X　Ⓝ373.4

教育財政会計六法　平成11年版　教育財政研究会編　第一法規出版　1999.9　1冊　22cm　4000円　ⓘ4-474-00925-8　Ⓝ373.4

教育財政会計六法　平成12年版　教育財政研究会編　第一法規出版　2000.9　1冊　22cm　4000円　ⓘ4-474-00984-3　Ⓝ373.4

教育財政会計六法　平成13年版　教育財政研究会編　第一法規出版　2001.9　1冊　22cm　4000円　ⓘ4-474-01608-4　Ⓝ373.4

教育財政会計六法　平成14年版　教育財政研究会編　第一法規出版　2002.9　1冊　22cm　4400円　ⓘ4-474-01668-8　Ⓝ373.4

教育財政会計六法　平成15年版　教育財政研究会編　第一法規　2003.9　1冊　22cm　4400円　ⓘ4-474-01753-6　Ⓝ373.4

教育政策

<事　典>

中央教育審議会答申総覧　増補版　教育事情研究会編　ぎょうせい　1992.3　496p　26cm　4500円　ⓘ4-324-03216-5

⦅目次⦆義務教育に関する答申，社会科教育の改善に関する答申，教員の政治的中立性維持に関する答申，医学および歯学の教育に関する答申，義務教育学校教員給与に関する答申，大学入学者選考およびこれに関連する事項についての答申，特殊教育ならびにへき地教育振興に関する答申，かなの教え方についての答申，私立学校教育の振興についての答申，教科書制度の改善に関する答申〔ほか〕

⦅内容⦆前回の発行以来既に10年が経過し，この間に昭和58年6月には「教育書の在り方について」の答申が，平成2年1月には「生涯学習の基盤整備について」の答申が，そして平成3年4月には「新しい時代に対応する教育の諸制度の改革について」の答申が行われている。今回これらの答申を加え，内容を充実したものである。

<年鑑・白書>

教育の目標・成果管理　日本教育政策学会年報〈第14号〉　日本教育政策学会編　日本教育政策学会, 八月書館〔発売〕　2007.6　278p　21cm　（日本教育政策学会年報　第

14号） 3000円 ⓘ978-4-938140-56-4

(目次)1 特集1・教育における目標・成果管理（教育の目的設定と質の保障—国家のヘゲモニック・プロジェクト，Professionalism, Modernisation and Civil Society：Beyond Targets and Performance Cultures ほか），2 特集2・日本における学校教育制度改革（品川区における学校制度改革，小規模・へき地校からみた教育改革と学校づくり ほか），3 特集3・教育基本法の「改正」（教育基本法「改正」をめぐる政治力学，韓国の教育法と近年の教育政策動向について ほか），4 投稿論文（二十世紀初めにおける小学校教員の結核とその対策—流行の背景や公立小学校教員疾病療治料の効果を中心に，占領下の教育改革期における教育行政専門職論と指導・助言 ほか），5 内外の教育政策・研究動向（国内の教育政策研究動向，アフリカにおける教育政策課題と教育研究—初等教育を中心に ほか），6 書評・図書紹介，7 英文摘要，8 学会記事

公教育計画学会年報 1 公教育計画研究 特集 公教育の現在と教育計画 公教育計画学会編 （川崎）公教育計画学会，八月書館（発売） 2010.7 166p 21cm （公教育計画学会年報 1） 1800円 ⓘ978-4-938140-69-4 Ⓝ373.1

(目次)特集 公教育の現在と教育計画，公教育計画研究レポート，公教育計画学会第1回大会シンポジウム，公教育・公教育理論の動向，書評，英文摘要，学会関係記事

我が国の文教施策 平成2年度 文部省編 大蔵省印刷局 1990.11 638p 21cm 2300円 ⓘ4-17-551102-4

(目次)第1部 高等教育の課題と展望（我が国高等教育の歩み，高等教育の現状と課題，高等教育改革の方向，諸外国の高等教育），第2部 文教施策の動向と展開（教育改革の推進，生涯学習の振興，初等中等教育の改善・充実，学術研究の振興，社会教育の振興，体育・スポーツ及び健康教育の振興，文化の振興，国際化の進展と教育・文化・スポーツ，情報化の進展と教育の対応）

我が国の文教施策 平成3年度 文部省編 大蔵省印刷局 1991.11 615p 21cm 2300円 ⓘ4-17-551103-2

(目次)第1部 学術研究の振興（学術政策の課題と展望，学術研究の振興，学術研究基盤の整備，学術研究の動向，諸外国における学術研究体制と学術政策），第2部 文教施策の動向と展開（教育改革の推進，生涯学習の振興，初等中等教育の改善・充実，高等教育の改善・充実，私立学校の振興，社会教育の振興，体育・スポーツ及び健康教育の振興，文化の振興，国際化の進展と教育・文化・スポーツ，情報化の進展と教育の対応），参考資料

我が国の文教施策 平成4年度 スポーツと健康 豊かな未来に向けて 文部省編 大蔵省印刷局 1992.11 595p 21cm 2300円 ⓘ4-17-551104-0

(目次)第1編 スポーツと健康（体育・スポーツの振興，健康教育の充実），第2編 文教施策の動向と展開（教育改革の推進，生涯学習の振興，初等中等教育の改善・充実，高等教育の改善・充実，私立学校の振興，学術研究の振興，社会教育の振興，文化の振興，国際化の進展と教育・文化・スポーツ，情報化の進展と教育の対応）

我が国の文教施策 平成5年度 「文化発信社会」に向けて 文部省編 大蔵省印刷局 1993.11 556p 21cm 2300円 ⓘ4-17-551105-9

(目次)第1部 文化の振興（文化をより豊かにするために，芸術文化向上と普及のために，文化財を守り，活かすために，文化は世界と結ぶ），第2部 文教施策の動向と展開（文教施策の総合的推進，生涯学習の振興，初等中等教育の改善・充実，高等教育の改善・充実，私立学校の振興，学術研究の振興，社会社育の振興，体育・スポーツ及び健康教育の振興，国際化の進展と教育・文化・スポーツ，情報化の進展と教育の対応，文教施設の整備充実）

我が国の文教施策 平成6年度 学校教育の新しい展開生きる力をはぐくむ 文部省編 大蔵省印刷局 1994.12 434p 21cm 2000円 ⓘ4-17-551106-7

(目次)第1部 学校教育の新しい展開（一人一人を大切にした教育，学校週5日制の目指すもの，豊かな特色ある高等学校づくりを目指して，生き方の指導としての進路指導を目指して），第2部 文教施策の動向と展開（文教施策の総合的推進，生涯学習社会を目指して，初等中等教育のより一層の充実のために，高等教育の多様な発展を目指して，私立学校の振興，学術研究の振興 ほか）

我が国の文教施策 進む高等教育の改革 平成7年度 新しい大学像を求めて 文部省編 大蔵省印刷局 1996.2 523p 21cm 2300円 ⓘ4-17-551107-5

(目次)第1部 新しい大学像を求めて—進む高等教育の改革（なぜ大学改革なのか，大学が変わり始めた，高等教育の財政はどうなっているか，大学改革を更に進めるために），第2部 文教施策の動向と展開（文教施策の総合的推進，生涯学習社会の構築を目指して，初等中等教育のより一層の充実のために，高等教育の一層の充実 ほか）

我が国の文教施策　生涯学習社会の課題と展望　進む多様化と高度化　平成8年度　文部省編　大蔵省印刷局　1996.12　531p　21cm　2300円　①4-17-551108-3
(目次)第1部 生涯学習社会の課題と展望―進む多様化と高度化(生涯学習社会の実現に向けて，いま生涯学習は，これからの生涯学習)，第2部 文教施策の動向と展開(文教施策の総合的推進，生涯にわたる学習活動を支援するために，初等中等教育のより一層の充実のために，高等教育の多様な発展のために，私立学校の振興 ほか)

我が国の文教施策　未来を拓く学術研究　平成9年度　文部省編　大蔵省印刷局　1997.12　608p　21cm　2240円　①4-17-551109-1

我が国の文教施策　心と体の健康とスポーツ　平成10年度　文部省編　大蔵省印刷局　1998.10　623p　21cm　2240円　①4-17-551110-5
(目次)教育改革の動向，第1部 心と体の健康とスポーツ(これからの健康とスポーツ，健康教育の充実のために，生涯にわたるスポーツライフの実現のために，国際競技力の向上とスポーツの国際交流の推進)，第2部 文教施策の動向と展開(教育改革にかかわる審議会の活動，生涯学習社会の実現に向けて，初等中等教育の一層の充実のために，高等教育の多様な発展のために ほか)

我が国の文教施策　進む「教育改革」　平成11年度　文部省編　大蔵省印刷局　1999.12　546p　30cm　2840円　①4-17-551111-3
(目次)第1編 進む『教育改革』(教育改革による成果，教育改革のこれまでの歩み，教育改革の今後の展開，諸外国の教育改革の動向)，第2編 文教施策の動向と展開(文教行政における行政改革への対応，生涯学習社会の実現に向けて，初等中等教育の一層の充実のために，高等教育の多様な発展のために，私立学校の振興，社会教育の新たな展開を目指して，学術研究の振興，心と体の健康とスポーツ，文化立国を目指して，教育・文化・スポーツの国際化に向けて，情報化の進展と教育・学術・文化・スポーツ，新たな時代の文教施設を目指して，防災対策の充実)

我が国の文教施策　平成12年度　文化立国に向けて　文部省編　大蔵省印刷局　2000.11　370p　30cm　2280円　①4-17-551112-1　Ⓝ373.1
(目次)第1部 文化立国に向けて(今，我が国の文化をめぐって，文化行政の歩み―文化行政の展開とその評価，文化立国の実現を目指して，海外の文化行政)，第2部 文教施策の動向と展開(生涯学習社会の実現へ，初等中等教育の一層の充実のために，高等教育の多様な発展のために，私立学校の振興を期して，社会教育の新たな広がり，未来を拓く学術研究，スポーツ振興と健康教育の充実に向けて，文化の振興のための取組，国際化への要請にこたえて，情報化への新局面を迎えて，新たな時代の文教施設を目指して，防災対策の充実)，参考資料
(内容)21世紀を目前にした教育行政についてとりまとめた「我が国の文教施策」(教育白書)を収録した白書。今版では，文化立国の実現に向けた教育改革と文教施策をとりあげている。巻末の参考資料では，教育関連の統計，年表，文部省刊行物一覧などを掲載する。

教育改革

<書　誌>

教育改革論に関する文献目録　1　1984年1月～1986年2月　日本教育学会教育制度研究委員会編　〔日本教育学会教育制度研究委員会〕　1986.3　27p　26cm　Ⓝ373.1
(内容)教育改革論についての単行本・雑誌論文を収録した書誌。

教育改革論に関する文献目録　2　1986年3月～1988年7月　日本教育学会教育制度研究委員会編　〔日本教育学会教育制度研究委員会〕　1988.8　23p　26cm　Ⓝ373.1
(内容)教育改革論についての単行本・雑誌論文を収録した書誌。

<ハンドブック>

教育特区ハンドブック　この"まち"だからできた教育改革　21世紀教育研究所学びリンク編集部編著　学びリンク　2006.8　95p　26cm　2000円　①4-902776-15-4
(目次)特区で変わる日本の教育，解説編，インタビュー 特区で学校をつくる人，自治体研究・検証編，方法・実践編，事例(学校紹介)編

世界の教育改革　OECD教育政策分析　OECD著，御園生純，稲川英嗣監訳　明石書店　2002.10　194p　26cm　〈原書名：Education Policy Analysis 2001〉　3800円　①4-7503-1639-3
(目次)第1章 すべての人に生涯学習を保障するための政策動向(生涯学習の政策的重要性，各国の事例 ほか)，第2章 すべての人に生涯学習を：現状調査(各国の現状調査：体系的アプローチ，基礎教育の充実と継続学習 ほか)，第3章 格差の是正：教育訓練利益の平等を目指し

教育全般　　　　　　　　　　　　　　　　　　　　　教育心理

て（教育的平等への取り組み，今昔．教育到達度の格差はグループ間でどの程度広まっているのか？ ほか），第4章 知識経済体制のための能力（知識革命，知識経済体制に特有の能力とはどのようなものなのだろうか？ ほか），第5章 学校の将来は？（OECDの学校教育に関するシナリオ，結論）
⦿内容 OECD（経済協力開発機構）から発表される加盟各国の教育政策分析（Educational Policy Analyisis）2001年度版報告書の完487。

世界の教育改革　早期幼児期教育・高水準で公平な教育・教育的労働力・国境を越える教育・人的資本再考　2　OECD教育政策分析　OECD編著，御園生純監訳，稲山英嗣，川崎陽子，小杉夏子，高橋聡訳　明石書店　2006.6　215p　21cm　〈原書名：Education Policy Analysis 2002 Edition〉　3800円　Ⓘ4-7503-2356-X
⦿目次 第1章 早期幼児期教育と保育制度—改革のための政策戦略（教育制度の発展と統合を目的とした体系的なアプローチ，教育制度との強固かつ同等なる提携 ほか），第2章 高水準で公平な教育をめざして—PISA2000からの洞察（生徒の成績の質と公平性について明らかにする，質と公平性は相反するか，政策への指針），第3章 教育的労働力—教員不足の懸念と政策課題（教員不足の原因は何か？，政策的手段と挑戦），第4章 国境を越える教育の拡大（学生移動：焦点は文化的なことから金銭的なことへ？，教育サービス貿易の新しい形態，教育貿易とGATS，国際的な質保証と認証，結論および政策課題 ほか），第5章 人的資本再考（人的資本は所得にどう影響するか：その証拠，人的資本のより広い概念，測定へ向けて：学習プロセス，政策的関与の文脈，政策と研究に対するインプリケーション）
⦿内容 学習への需要がますます高まるにつれて，OECD加盟国は，より広範囲に及ぶ教育と訓練の機会を幼児期から成人期にいたるまでの生涯を通じて提供できるように努力している。また，資源を効率的に活用し，最も不利な人々に機会を提供するべきとの社会的圧力もある。本書を構成する5つの章は，これらの課題の克服のための方法について，最新の国際的な実践をもとに分析している。

世界の教育改革　特別支援教育，キャリア・ガイダンス，高等教育ガバナンス，成人生涯学習への投資　3　OECD教育政策分析　OECD編著，稲川英嗣，御園生純監訳，一木玲子，大塚裕介，高橋聡訳　明石書店　2009.4　204p　21cm　〈原書名：Education Policy Analysis 2003 Edition〉

3800円　Ⓘ978-4-7503-2984-0
⦿目次 序論 異なる政策間のより強固な連携の構築にむけて，第1章 多様性，インクルージョン，公正—特別な要求への資源提供に関する考察，第2章 キャリア・ガイダンス—先駆的方法，第3章 高等教育ガバナンスの転換期の形態，第4章 成人の生涯学習を得られる機会を提供するために，付録 OECD加盟各国における最近の教育政策の展開
⦿内容 教育の質的向上は，OECD加盟各国の重要な政策的目標である。世界中で，あらゆる人々に生涯学習を利用可能にする機会を付与するための大規模な教育改革が進行中である。本書は，各国の豊富な実践の検討を通じて，それらから教訓を得られる機会を提供するものである。本書では，政策課題と，各国の動向の最新のレビューとその評価を収録している。

世界の教育改革　OECD教育政策分析　4　「非大学型」高等教育，教育とICT，学校教育と生涯学習，租税政策と生涯学習　OECD編著，御園生純，稲川英嗣監訳　高橋聡，高籔学，野田千亜紀，西山幸恵，野尻愛弓，人塚裕介訳　明石書店　2011.11　236p　22cm　〈原書名：Education policy analysis.2004 ed〉　3800円　Ⓘ978-4-7503-3487-5　Ⓝ373.1
⦿目次 第1章 「非大学型」高等教育機関の課題と役割（教育機関設置の目的，教育機関はどのように国の教育訓練システムに合わせていけばよいか ほか），第2章 教育へのICT投資から得られるものは何か？（教育へのICT投資，ICTの教育効果に関する評価 ほか），第3章 学校教育はどの程度生涯学習に寄与しているのか？（はじめに：学校教育と生涯学習の連携の軽視，生涯学習を学校システムに連携させるための枠組み ほか），第4章 生涯学習のための租税政策の役割（生涯学習への持続可能な投資のための戦略，租税政策は生涯学習でなぜ重要になりうるのか ほか）
⦿内容 高等教育機関への門戸を開き，多様かつ適切な形態を提供するために，「非大学型」高等教育機関が果たす役割。各国がどのようにしたら教育分野でのICT投資から教育上の見返りを得ることができるのか。生涯学習が学校に提起する課題。租税政策はどのようにしたら生涯学習を支援することができるのか。以上にかかわる政策課題と国際動向の現状を分析。付録としてOECD諸国における注目すべき教育改革の概要も収録。

教育心理

<事　典>

教育心理学小辞典　三宅和夫，北尾倫彦，小嶋

教育心理　　　　　　　　　　　教育全般

秀夫編　有斐閣　1991.9　375p　19cm　〈有斐閣小辞典シリーズ〉　2400円　①4-641-00212-6　Ⓝ371.47

〈内容〉教育心理学の全分野・関連領域を収録した総合辞典。小項目主義により1630項目を選定、初学者から専門家まで幅広い層を対象とする。

教育心理学用語辞典　岸本弘、柴田義松、渡部洋、無藤隆、山本政人編　学文社　1994.5　304p　19cm　2500円　①4-7620-0534-7

〈内容〉教育心理学の全分野と新しい研究分野の用語を収録・解説する事典。項目数は、事項約1000、人名約50。

教育・臨床心理学中辞典　小林利宣編　（京都）北大路書房　1990.12　487p　21cm　〈『教育臨床心理学辞典』（1980年刊）の改訂　引用文献一覧：p449～451〉　3495円　①4-7628-0136-4　Ⓝ371.4

〈内容〉教育心理学に関連のある用語項目ならびに人名を併せて約1,400項目を収録している。

原色子どもの絵診断事典　浅利篤監修、日本児童画研究会編著　（名古屋）黎明書房　1998.10　182p　26cm　〈描画心理学双書7〉　8000円　①4-654-00037-2

〈目次〉1 子どもの心は絵に現れる（子どもの絵を診断するには、理想的なテスト法、色の単語と色の熟語—色彩標識 ほか）、2 色彩による子どもの絵の診断（赤—興奮・活動そして不満・攻撃、黄—求愛・依存そして幼児性・甘え、緑—疲労・虚弱・無気力 ほか）、3 人体投影による子どもの絵の診断（画面に映し出された顔—顔の構図、画面に映し出されたからだ—からだの構図 ほか）、4 シンボルによる子どもの絵の診断（太陽の色は父親の愛情—父親のシンボル、太陽の後光は父親の手足—父親のシンボル、画面からはみ出した太陽（位置）—父親のシンボル ほか）、5 子どもの絵は訴える（夜尿児、盗癖児、登校拒否児、教護施設の絵、予告画）

〈内容〉色彩標識、構図標識、形態標識の3つの標識を使った、幼児から小学生、中学生までの絵の読み解き方を示した事典。

新・教育心理学事典　金子書房　1977.6　895p　27cm　〈監修：依田新〉　20000円　Ⓝ371.403

〈内容〉教育心理学に関する約1500項目を収録。巻末に外国人名索引、欧文索引、事項索引を付す。

青年心理学事典　久世敏雄、斎藤耕二監修、福富護、二宮克美、高木秀明、大野久、白井利明編　福村出版　2000.11　519p　22×16cm

14000円　①4-571-23040-0　Ⓝ371.47

〈目次〉第1部 青年理解のための基礎的枠組み（歴史的背景、青年心理の諸理論 ほか）、第2部 青年理解のためのキーワード（身体・運動的側面、ジェンダー ほか）、第3部 青年の心理・社会的諸問題（社会的諸問題、非行 ほか）、第4部 青年への援助（ソーシャル・サポート、教育相談 ほか）、第5部 青年心理学と隣接科学（精神医学からみた青年、文化人類学からみた青年 ほか）

〈内容〉青年の理解、教育・指導のための知識を体系的にまとめた事典。思春期に入る10～11歳から、就職し、結婚して独立した社会人になる25～26歳まで対象とする。各項目には参考文献を記載。巻末に和文人名索引、欧文人名索引、和文事項索引、欧文事項索引を付す。

多項目教育心理学辞典　辰野千寿ほか編　教育出版　1986.1　509p　20cm　4000円　①4-316-32610-4　Ⓝ371.4

〈内容〉教育心理学の基本用語及び新語・隣接部門の用語6256語を収録した辞典。事項編・人名編に分けて五十音順に配列。

「学び」の認知科学事典　渡部信一編、佐伯胖監修　大修館書店　2010.2　607p　20cm　〈他言語標題：A companion to the cognitive science of learning　文献あり　索引あり〉　3600円　①978-4-469-01282-8　Ⓝ371.41

〈目次〉序　「学び」探求の俯瞰図、1部 「学び」をどう考えるか、2部 子どもの「学び」、3部 生涯を通した「学び」、4部 「学び」のメカニズム、5部 関係と状況の中での「学び」、6部 「学び」とテクノロジー

〈内容〉教育哲学、心理学、言語学、脳科学、学びの環境学など、第一線で活躍中の34名が総力をあげて書き下ろした包括的なハンドブック。「キーワード解説」つき。学生・研究者必携。

＜ハンドブック＞

学習科学ハンドブック　R.K.ソーヤー編、森敏昭、秋田喜代美監訳　培風館　2009.7　490p　26cm　〈索引あり　原書名：The Cambridge handbook of the learning sciences.〉　7800円　①978-4-563-05206-5　Ⓝ371.41

〈目次〉第1部 学習科学の基礎理論、第2部 学習科学の方法、第3部 学習科学の知識の性質、第4部 知識の可視化、第5部 協働学習、第6部 学習環境

〈内容〉学習と学習環境に関する研究の進展について、認知科学や教育心理学、教育工学などの研究者が、近年の主な研究知見や今後の課題をまとめたハンドブック。多様な学問的観点から俯瞰的に学習科学の動向をとらえることがで

き、これからの知識社会において、学習や学習環境をどのように考えたらよいのか、学校をどのような方向に変えていくべきなのかについて、各領域を担ってきた研究者による明確な論点と多様な視点から読みとることができる。

教育心理学ハンドブック　日本教育心理学会編　有斐閣　2003.3　297p　21cm　2500円　⓵4-641-07665-0

[目次]第1章 教育心理学は何をするのか、第2章 教育心理学の歴史、第3章 教育心理学が社会に果たす役割、第4章 学校心理士について、第5章 最近の研究動向、第6章 教育心理学の研究法、第7章 教育心理学研究のための倫理、第8章『教育心理学研究』への投稿、第9章 教育心理学の学び方・進め方、第10章 教育心理学の基本用語

[内容]教育実践との結びつきのなかで、教育心理学は変貌しつつある。教育心理学の過去、現在、そして未来を、さまざまな角度からとらえ、教育心理学に関わるすべての人に役立つように工夫した。学問的な実証性を保ちつつ、豊かな教育実践をつくり上げるためのヒントが、この中にぎっしり詰まっている。

行動・性格アセスメント基本ハンドブック　児童生徒理解の理論と方法　辰野千寿著　図書文化社　1999.6　140p　21cm　1500円　⓵4-8100-9307-7

[目次]第1章 人間理解の心理学的基礎、第2章 性格アセスメント、第3章 性格アセスメントの方法、第4章 性格検査、第5章 指導要録における行動および性格の記録

◆発達心理学

<事　典>

発達心理学辞典　岩田純一、落合正行、浜田寿美男、松沢哲郎、矢野喜夫ほか編　（京都）ミネルヴァ書房　1995.1　868p　19cm　6500円　⓵4-623-02470-9

[内容]発達心理学とそれに関連する保育・教育・療育・臨床・福祉分野の用語を解説した事典。1621項目を五十音順に排列、ただし人名と主な発達検査についてはそれぞれ別にまとめている。解説は必要量に応じて大中小の3段階に分けている。本文中の重要語句も採録した和文・欧文・人名の各索引を付す。

発達心理学用語辞典　山内光哉ほか編　（京都）北大路書房　1991.9　421p　19cm　3700円　⓵4-7628-0154-2　Ⓝ143.033

[内容]この用語辞典には、952項目に及ぶ用語が含まれており、伝統的な発達心理学の基本用語から最新の用語および関係のある隣接科学の用語が取り上げられて平易に解説されている。付録としては、児童憲章、発達検査一覧、発達心理学の主な研究者、内外で発行されている発達心理学関係主要雑誌、日本心理学会で最近設定された認定心理士についての規定、発達心理学の隣接学問領域図解などを掲載している。

発達心理学用語集　中島常安、靑川滋大、畠山寛、畠山美穂、川田学、河原紀子編著　同文書院　2006.4　245p　18cm　1500円　⓵4-8103-0035-8

[目次]1 発達の基礎（発達心理学，発達 ほか），2 発達のみちすじ（発達課題，受精 ほか），3 感情と社会性の発達（社会化・社会性，生態学的モデル ほか），4 認知とことばの発達（認知，選好注視法 ほか），5 障害と発達支援（発達臨床，発達アセスメント ほか）

<ハンドブック>

研究法と尺度　岩立志津夫、西野泰広責任編集，日本発達心理学会編　新曜社　2011.11　330p　21cm　（発達科学ハンドブック　第2巻）　3600円　⓵978-4-7885-1257-3

[目次]導入：発達心理学の研究法を求めて，第1部 研究法の基礎（乳児の実験心理学的研究法，発達の観察研究法と実例 ほか），第2部 領域別の研究課題と研究法（認知発達の研究課題と研究法，言語発達研究の課題と方法 ほか），第3部 研究の理論（研究パラダイムとの関係でみた研究法，量的研究と質的研究の長短所と補完的折衷：体系的折衷調査法の提案 ほか），第4部 研究資料（発達研究における倫理，論文投稿への道：とりあえず一歩を踏み出したい大学院生のために ほか）

[内容]創意に満ちた研究のための研究法の選択から論文執筆・評価まで。実験、観察、質問紙、量的・質的研究、統計法等の多彩な方法を、いかに的確に、柔軟に使いこなすか。英文執筆等の資料編も充実した学生・研究者必携の研究ガイド。

時間と人間　子安増生，白井利明責任編集，日本発達心理学会編　新曜社　2011.4　324p　21cm　（発達科学ハンドブック　第3巻）　3600円　⓵978-4-7885-1231-3

[目次]心の発達と時間，第1部 発達心理学における時間の意味，第2部 各発達期における時間，第3部 時間体験の生態学，第4部 時間の発達の意味，第5部 時間認識の発達

[内容]「時間」を切り口に、発達の原理に迫る。心・身体・社会の進化、歴史、人生―現在・過去・未来・時を刻む19の物語。

**自己概念研究ハンドブック　発達心理学、社会心理学、臨床心理学からのアプロー

チ　ブルース・A.ブラッケン編，梶田叡一，浅田匡監訳　金子書房　2009.6　620p　22cm　〈文献あり　原書名：Handbook of self-concept.〉　13000円　Ⓘ978-4-7608-2626-1　Ⓝ141.93

(目次)自己概念をめぐる現代的課題の歴史的ルーツ，自己概念の構造の理論的展望，自己概念の測定用具：歴史的，評価的レビュー，社会的自己概念，コンピテンス自己概念，全体的自己概念とストレスの多い生活状況との関係，学業的自己概念：その構造，測定，学力との関連，家族自己概念：その意義についての諸見解，身体的自己概念，児童・青年の多次元自己概念への年齢，人種，ジェンダーの効果，自己概念研究における将来の方向性，自己概念の文脈依存・多次元モデルの臨床的応用

(内容)さまざまな心理学における「自己」の問題を体系的にとらえ，それらを臨床・実践に生かすことができるかを具体的に検証する。現在の自己研究の射程をさらに伸ばし，日本独自の研究のためのパースペクティブを与える。日本における自己研究に新たな足場(scaffold)を組むための画期的なハンドブック。

社会・文化に生きる人間
日本発達心理学会編，氏家達夫，遠藤利彦責任編集　新曜社　2012.3　346p　21cm　（発達科学ハンドブック　5）　3800円　Ⓘ978-4-7885-1277-1

(目次)社会・文化に生きる人間，第1部 総説（発達を支える社会文化的基盤，「ヒト」と「人」―生物学的発達論と社会文化的発達論の間），第2部 発達文脈としての社会・文化（発達早期，児童期・青年期の家族システム，成人期・高齢期，里親・養子・施設，発達早期=保育・child system，学齢期=学校・仲間，ソーシャルネットワークとソーシャルサポート，メディア社会，ネット世代の人間関係と若者文化，環境移行とライフサイクル），第3部 人と社会の理解と社会的行動（心の理解の発達，社会的基準・ルールの理解と道徳性，慶弔・社会の仕組みに関する理解，向社会的行動，攻撃性・抑うつと問題行動），第4部 情動と動機づけ（情動の起源と発達，情動理解と情動調整の発達―情動的知性を育む，アタッチメント，友情・恋愛・親密性，動機づけ），第5部 自己とアイデンティティ（自己理解と自己，自己と文化，アイデンティティとパーソナリティ：生涯発達的視点，人生設計とキャリア発達，養育者としての発達：親アイデンティティ・養育者心性）

(内容)発達にとっての「社会・文化」とは？　生物学的な要因を基盤としつつ「世間」の中で育まれる発達を多層的・多面的にとらえる視点と理論。

発達と支援
日本発達心理学会編，無藤隆，長崎勤責任編集　新曜社　2012.5　362p　21cm　（発達科学ハンドブック　6）　3800円　Ⓘ978-4-7885-1278-8

(目次)発達心理学の展望と発達支援の位置づけ，第1部 発達支援の基本とは（現代社会の中の発達心理学の役割，発達支援のスペクトラムと包括的アセスメント），第2部 発達する場への支援（現代社会における育児の広がり，家庭におけるハイリスクの親への支援 ほか），第3部 発達的ニーズへの支援（乳幼児の社会性・情動発達の障害と支援：自閉症児における研究より，仲間関係の発達支援 ほか），第4部 生きることの困難への支援（青年期の発達と支援のあり方，非行の傾向と支援 ほか）

(内容)発達心理学をベースに，教育心理学，臨床心理学，臨床発達心理学，障害科学，保育学，教育学など学際的な知見を幅広く結集。研究と実践の相互関係を視野に入れて，問題解決に向けての専門家としての役割を探り，今後の支援のあり方を展望する。

発達の基盤：身体、認知、情動
日本発達心理学会編，根ヶ山光一，仲真紀子責任編集　新曜社　2012.9　322p　21cm　（発達科学ハンドブック　4）　3600円　Ⓘ978-4-7885-1302-0

(目次)第1部 発達を支えるもの（脳科学からみた発達，発達の生物学的基礎，大規模空間の認知発達 ほか），第2部 発達における生物学的基盤（姿勢制御のメカニズムと発達，認知発達の脳科学的基盤，対人関係の基盤としての身体接触 ほか），第3部 発達における情動・認知的基盤（マルチモダリティと他者理解，情動と記憶，道徳性の発達 ほか）

(内容)「身体-脳-心」をつなぐ人間科学的発達論。心の身体性に注目すると，「生物としてのヒト」の発達過程が見えてくる。

精神衛生

<事典>

児童青年精神医学大事典
ジェリー・ウィーナー，ミナ・ダルカン編著，齊藤万比古，生地新総監訳，飯田順三，市川宏伸，十一元三，西村良二，本城秀次監訳　西村書店　2012.6　994p　27cm　〈文献あり　索引あり　原書名：Textbook of Child and Adolescent Psychiatry 原著第3版の翻訳〉　14000円　Ⓘ978-4-89013-419-9　Ⓝ493.937

(目次)第1部 児童青年精神医学の領域，第2部 アセスメントと診断，第3部 発達障害，第4部 統合失調症，他の精神病性障害，気分障害，第5部 注意欠如障害と破壊的の行動障害，第6部 不

安障害，第7部 摂食障害，第8部 身体機能に変調をきたす障害，第9部 その他の障害と特殊な問題，第10部 治療

(内容)米国精神医学会の英知を結集。DSMに基づき、アセスメント・診断方法から各疾患の詳細、治療法までを網羅・詳述。子どもの心の問題に向き合う方へ。

<ハンドブック>

絵による児童診断ハンドブック
扇田博元著　(名古屋)黎明書房　1999.12　303p　21cm　(描画心理学双書　第5巻)　5900円
①4-654-00035-6

(目次)1 絵による児童診断の原則(絵による児童診断の立場，個性の多様性を理解する，自己実現の創造性を伸ばす，みえない個性を知る)，2 絵による個性の診断法(子供の能力発達を知るには，子供の性格を知るには，美術性(創造性)を知るには)，3 絵による不適応傾向の早期診断法─主として「いじめ」を早期に発見するには(「いじめ」の早期発見法(扇田案)，絵による人間関係の診断法，不適応の徴候観察法)，4 個性が生かされているかの診断法─自己実現型と紋切型の発見(描画完成法による診断法，人物描画法による診断法，二つの描画法を活用する場合の留意点)，5 絵による個性の生かし方─「とらわれ」の診断と指導法(個性を生かす動機づけをするには，「とらわれ」の診断と指導の要点─診断的動機づけチャート，追記─教育実践への提案

(内容)幼児、小学生、中学生、障害児など全ての子供の描画による個性の診断と、創造性を引き出し、個々の個性を伸ばす指導法を述べたハンドブック。

子どもと若者のための認知行動療法ガイドブック　上手に考え，気分はスッキリ
ポール・スタラード著，下山晴彦監訳　金剛出版　2008.7　189p　26cm　〈文献あり〉　原書名：A clinician's guide to think good-feel good.〉　2600円　①978-4-7724-1034-2
Ⓝ146.82

(目次)第1章 本書のアウトライン，第2章 動機づけと変化に向けての準備，第3章 フォーミュレーション，第4章 ソクラテス的問答と帰納的推論，第5章 親に関わってもらう，第6章 認知行動療法のプロセス，第7章 子どもに認知行動療法を適用する，第8章 認知行動療法を構成する主要素，第9章 心理教育用教材

家庭教育

家庭教育一般

＜ハンドブック＞

子どもの習いごとガイド・SAITAMA埼玉
（さいたま）幹書房 2003.2 199p 21cm 1429円 ⓘ4-944004-90-7

[目次]サッカー，テニス，野球，ラグビー，体操，水のスポーツ，冬のスポーツ，武道，舞踊，乗馬〔ほか〕

[内容]地元のお母さんが，探して，選んで，取材した。とっておきの教室，クラブ，サークル，150団体。「習いごとの費用って，どのくらい？」etc…お母さん100人に聞いたアンケート結果を公開。子どもの力を伸ばすポイントから，ちょっと困ったお母さん事情まで，スポーツの指導者による本音座談会。埼玉県内のベビー・ジュニアスイミングスクールを一覧表で掲載。

＜統計集＞

子どもの学習費調査報告書　平成6年度
大蔵省印刷局 1997.3 78p 30cm 583円 ⓘ4-17-196340-0

[目次]1 調査の概要（調査の目的，調査対象と抽出方法，調査の構成及び調査する費用の範囲，調査の対象期間，調査方法，都道府県別調査対象校数，回収状況等，標準誤差及び標準誤差率，子どもの学習費調査 項目別定義），2 結果の概要（概観，学校教育費，学校外活動費，幼稚園から高等学校卒業までの14年間の学習費総額），3 統計表（学校種別の学習費，学年別，市町村の人口規模別の学習費，学校外活動の項目別年間支出額の金額分布），4 附属資料

子どもの学習費調査報告書　平成10年度
文部省著　大蔵省印刷局 2000.4 82p 30cm 660円 ⓘ4-17-196342-7 Ⓝ373.4

[目次]1 調査の概要（調査の目的，調査対象と抽出方法，調査の構成及び調査する費用の範囲，調査の対象期間 ほか），2 調査結果の概要（学習費総額，学校教育費，学校外活動費，幼稚園から高等学校卒業までの14年間の学習費総額），3 統計表（学校種別の学習費，学年（年齢）別，所在市町村の人口規模（学科）別の学習費，学年（年齢）別，所在市町村の人口規模（学科）別の学習費支出状況，学校外活動の項目別経費の金額段階別幼児・児童・生徒の構成比），4 附属資料

子どもの学習費調査報告書　平成12年度
文部科学省著　財務省印刷局 2002.3 94p 30cm 700円 ⓘ4-17-196343-5 Ⓝ373.4

[目次]1 調査の概要，2 調査結果の概要（学習費総額，学校教育費，学校外活動費，幼稚園から高等学校卒業までの14年間の学習費総額），3 統計表（学校種別の学習費，学年（年齢）別，所在市町村の人口規模（学科）別の学習費，学年（年齢）別，所在市町村の人口規模（学科）別の学習費支出状況，学校外活動の項目別経費の金額段階別幼児・児童・生徒の構成比），4 附属資料

子どもの学習費調査報告書　平成14年度
文部科学省生涯学習政策局調査企画課著　国立印刷局 2004.3 94p 30cm 700円 ⓘ4-17-196344-3

[目次]1 調査の概要（調査の目的，調査対象と抽出方法 ほか）：2 調査結果の概要（学習費総額，学校教育費 ほか），3 統計表（学校種別の学習費，学年（年齢）別，所在市町村の人口規模（学科）別の学習費 ほか），4 附属資料

[内容]平成14年度に実施した「子どもの学習費調査」の結果をとりまとめた。この調査は，子どもを公立又は私立の学校に通学させている保護者が，子どもの学校教育及び学校外活動のために支出した経費の実態をとらえ，教育に関する国の諸施策を検討・立案するための基礎資料を得ることを目的として，平成6年度から隔年で実施しており，今回で第5回目の調査となる。

子どもの学習費調査報告書　平成16年度
文部科学省著　国立印刷局 2006.3 84p 30cm 800円 ⓘ4-17-196345-1

[目次]1 調査の概要（調査の目的，調査対象と抽出方法，調査の構成及び調査する費用の範囲 ほか），2 調査結果の概要（学習費総額，学校教育費 ほか），3 統計表（学校種別の学習費，学年（年齢）別，所在市町村の人口規模（学科）別の学習費，学年（年齢）別，所在市町村の人口規模（学科）別の学習費支出状況 ほか），4 附属資料

[内容]この調査は，子どもを公立又は私立の学校に通学させている保護者が，子どもの学校教育及び学校外活動のために支出した経費の実態をとらえ，教育に関する国の諸政策を検討・立

案するための基礎資料を得ることを目的とし、平成6年度より隔年で実施している。

子どもの学習費調査報告書　平成18年度
　文部科学省著　国立印刷局　2008.2　102p　30cm　1000円　①978-4-17-196346-3　Ⓝ373.4

目次 1 調査の概要，2 調査結果の概要（学習費総額，学校教育費，学校外活動費，幼稚園から高等学校卒業までの15年間の学習費総額，世帯の年間収入別の学習費），3 統計表（学校種別の学習費，学年（年齢）別，所在市町村の人口規模（学科）別の学習費，学年（年齢）別，所在市町村の人口規模（学科）別の学習費支出状況，項目別経費の金額段階別幼児・児童・生徒の構成比，世帯の年間収入段階別，項目別経費の金額段階別構成比），4 参考資料（学校種別支出項目の推移），5 附属資料

内容 この調査は、子どもを公立又は私立の学校に通学させている保護者が、子どもの学校教育及び学校外活動のために支出した経費並びに世帯の年間収入の実態をとらえ、教育に関する国の諸施策を検討・立案するための基礎資料を得ることを目的とする。

子どもの学習費調査報告書　平成20年度
　文部科学省著　エムア　2010.4　94p　30cm　1000円　①978-4-9904174-7-5　Ⓝ373.4

目次 1 調査の概要，2 調査結果の概要（学習費総額，学校教育費，学校外活動費，幼稚園から高等学校卒業までの15年間の学習費総額，世帯の年間収入別の学習費），3 統計表（学校種別の学習費，学年（年齢）別，所在市町村の人口規模（学科）別の学習費，学年（年齢）別，所在市町村の人口規模（学科）別の学習費支出状況，項目別経費の金額段階別幼児・児童・生徒の構成比，世帯の年間収入段階別，項目別経費の金額段階別構成比），4 参考資料（学校種別支出項目の推移），5 附属資料

子どもの学習費調査報告書　平成22年度
　文部科学省生涯学習政策局調査企画課編（龍ケ崎）エムア　〔2012.4〕　112p　30cm　1500円　①978-4-9905222-8-5

目次 1 調査の概要，2 調査結果の概要，3 統計表，4 参考資料，5 附属資料，6 考察

◆学習法

　　　　　　　＜事　典＞
深谷式辞書・図鑑活用術　自ら学ぶ力をつける　深谷圭助著　小学館　2010.3　222p　19cm　1400円　①978-4-09-837387-1　Ⓝ379.9

目次 第1章 子どもは、辞書や図鑑を通じて、「学ぶ」ことの「楽しさ」を感じとる（子どもの成長は、目に見えるもの？　目に見えないもの？，伸びる子どもは、親が「なぜ？」「どうして？」を大切にする，子どもが学ぶエンジンを動かし続けるために必要なもの ほか），第2章 辞書の選び方と使い方（辞書選びのポイント，付せんに関するルール，やる気を持続させるポイント ほか），第3章 自分の頭で考えるようになると、生涯「学び」を楽しめる（なぜ勉強をする必要があるのか，習っていることも習っていないことも、自分で調べてみる，「遊び」の中に「学び」があることを知る ほか）

内容 「辞書引き学習法」の提唱者が、子どもと一緒に、辞典・事典・図鑑を上手に使いこなしたり、楽しみながら学んだりする方法を具体的に解説する。

深谷式辞書引きガイドブック　深谷圭助監修　小学館　2009.7　64p　26cm　〈付属資料（DVD-Video1枚 12cm）：深谷式辞書引きガイド〉　1000円　①978-4-09-504179-7　Ⓝ379.9

目次 1 辞書引き学習の3つのポイント—学びの型を身につけよう！，2 家庭でできる辞書引き学習 基礎編—引いたことばを「ふせん」に書いてはろう！，3 家庭でできる辞書引き学習 応用編—ふせんを上手に活用しよう！，4 家庭でできる辞書引き学習 活用編—身の回りのものからどんどん引こう！，5 家庭でできる辞書引き学習 発展編—難しいことばもどんどん覚えよう！，6 家庭での日本語環境づくり—子どもの日本語力を伸ばすのは家庭環境がカギ！

内容 「辞書引き学習」の方法がこの1冊ですぐにわかる！深谷先生のライブ授業のDVD付き。

　　　　　　＜ハンドブック＞
子どものための頭がよくなる読み薬　よみがえる子どもたちハンドブック版　その2　武田利幸著　日教，声の教育社〔発売〕　2003.10　144p　19cm　762円　①4-7715-6279-2

目次 第1章 頭がよいとは？　すばらしい人とは？，第2章 大切なのは反復と集中力，第3章 心と頭を開く！，第4章 15分のがまんで成績アップ！，第5章 必ずできる！覚えられる！，最終章 ウソみたいにできてしまう学習法，付録 ほほえみ診断（生徒用）

◆読み聞かせ

　　　　　　　＜書　誌＞
赤ちゃん絵本ノート　赤ちゃんが微笑む、とっておきの絵本160冊　田中尚人，あべみちこ監修　マーブルトロン，中央公論新社

〔発売〕 2005.8 126p 21cm （MARBLE BOOKS） 1600円 Ⓘ4-12-390099-2

㊟目次　第1章 赤ちゃんのためのブックガイド（ファーストブック，ペロペロ，ガジガジしたい，この音，なーんだ？　ほか），第2章 絵本選びと読み聞かせに関するQ&A（絵本選びについて，読み聞かせについて），第3章 ママとパパの現場から（伊藤まさこ×あべみちこ—絵本の世界でそれぞれのセンスをみがく，パパイヤ鈴木×田中尚人—絵本は親子のコミュニケーションを楽しむための遊びのひとつ，赤ちゃん絵本が買える全国オンラインショップガイド）

㊟内容　おなかの中から，3歳までの赤ちゃんへ贈る，胸に残りつづける1冊がきっと見つかるファーストブックガイドの決定版。大事な初めての絵本選びのポイントは？　絵本のエキスパートが絵本選びのコツを教えてくれる。

あかちゃんの絵本箱　はじめて出会う絵本ガイド　こどもと本-おかやま-「あかちゃんの絵本箱」編集委員会著　吉備人出版　2001.11 147p 19cm 857円 Ⓘ4-906577-78-4 Ⓝ019.53

㊟目次　あかちゃんと絵本，絵本タイムのすすめ，いきもの，ごっこ遊び，たべもの，紙芝居，のりもの，エプロンシアター，あそび，パネルシアター，せいかつ，ペープサート，リズム・おと・ことば（詩），ものがたり，お母さんへのメッセージ，絵本タイムのQ&A

㊟内容　赤ちゃんのための絵本の目録。いきもの，たべもの，のりもの，あそび，せいかつ，ものがたりなどのテーマ別に紹介。五十音順の作品名のさくいんがある。

えほん　子どものための300冊　『えほん　子どものための500冊』続編　日本子どもの本研究会絵本研究部編　一声社　2004.7 205p 21cm 2200円 Ⓘ4-87077-182-9

㊟目次　幼児向—『あっぷっぷ！』から『わんわんわんわん』まで，小学校・初級向—『あかいとり』から『わたしのろばベンジャミン』まで，小学校・中級向—『赤牛モウサー』から『わらでっぽうとよるのみち』まで，小学校・上級以上—『青い馬の少年』から『わすれないで』まで

㊟内容　毎年1000冊以上も出版されている絵本。1989年以降に出版された膨大な絵本を1点1点，全て手にとって吟味し，302冊厳選。子どもに読みきかせた反応等，子どもの声を反映したユニークなリスト。子ども関係者必携の絵本ガイド。幼児向，小学校低学年向，中学年向，高学年以上（中学生も含む）に分けて紹介。書名，作者名，画家名，訳者名で引ける便利な索引付。

こども絵本ガイド　豊かな心をはぐくむ0～7才　さわださちこ絵本セレクト，なかじまえりこ構成・文，主婦の友社編　主婦の友社　2010.7 125p 21cm （セレクトbooks）〈索引あり〉1400円 Ⓘ978-4-07-269268-4 Ⓝ028.09

㊟内容　親子で楽しめる絵本を紹介するブックガイド。0才～7才まで，子どもの成長や興味に合わせた46のテーマ別に，約300冊の絵本を紹介する。親子で楽しむためのアドバイスやQ&A，絵本の中のおやつレシピも掲載。

子どもがよろこぶ！読み聞かせ絵本101冊ガイド　西本鶏介著　講談社　2003.10 143p 21cm 1300円 Ⓘ4-06-211854-8

㊟目次　2-4歳から（はらぺこあおむし，ぼくのくれよん，どろんこハリー，ねずみくんのチョッキ　ほか），4-6歳から（おおきなかぶ，にじいろのさかな，おじさんのかさ，じごくのそうべえ　ほか），6歳から（100万回生きたねこ，どんなにきみがすきだかあててごらん，こぶたがずんずん，ともだちくるかな　ほか）

㊟内容　全国訪問おはなし隊公認読み聞かせ最強ガイドブック。おすすめ絵本も読み聞かせノウハウもこの1冊でなんでもわかる。

こんなとき子どもにこの本を　あなたの子育てに確かなヒントを与える117冊の絵本　第3版　下村昇，岡田真理子著　自由国民社　2000.9 253p 19cm〈索引あり〉1238円 Ⓘ4-426-47902-9 Ⓝ028.09

㊟目次　また，なくしちゃった 新しいの買って！—くまのコールテンくん，だれかのために何かすることをいやがる子—おおきな木，仲間はずれにされている子がいた—まっくろネリノ，目に入るもの，何でも欲しがる子—まんげつのよるまでまちなさい，気持ちが妙にすれ違ってきたような気が—わたしのパパ，のんきで軽率で，真剣みが足りない—うさぎくんはやくはやく，もしも「いじめ」が—わたしいもうと，うちの子にかぎって—花さき山，はじめの努力を途中でほうり投げてしまう—あかりの花，二人だけであそびたかったのに—まっくろけのまよなかネコよおはいり〔ほか〕

保育者と学生・親のための乳児の絵本・保育課題絵本ガイド　福岡貞子，礒沢淳子編著　（京都）ミネルヴァ書房　2009.8 140, 12p 26cm〈索引あり〉1800円 Ⓘ978-4-623-05359-9 Ⓝ028.09

㊟内容　子どもにぜひ読み聞かせたい絵本を「保育課題絵本」として紹介するブックガイド。11の分野別に500冊以上を収録。保育課題絵本の活用例，絵本にかかわる理論・実践・活動も紹介する。

家庭教育　　　　　　　　　　　　　　　　　　　　　　子育て

読み聞かせで育つ子どもたち　とっておきの本12か月ブックリスト　清水鉄郎，京都この本だいすきの会編　（京都）かもがわ出版　1991.4　63p　21cm　（かもがわブックレット　38）　450円　Ⓘ4-87699-007-7　Ⓝ028.09
〔目次〕本好きな子どもを育てるために―子どもたちの明るい笑顔は私たちの力，輝く瞳は私たちの宝，心耕す読み聞かせ―「瓜つくるより土つくれ」，とっておきの本12か月―読み聞かせブックリスト

読み聞かせのための音のある英語絵本ガイド　子どものために，そして自分のためにフル活用　外山節子監修・著，宮下いづみ著，コスモピア編集部編　コスモピア　2010.1　253p　21cm　〈奥付のタイトル：音のある英語絵本ガイド　解説：田縁真弓ほか　索引あり〉　2400円　Ⓘ978-4-902091-74-8　Ⓝ376.158
〔目次〕音のある英語絵本TOP100（Baby Bear, Baby Bear,What Do You See？, Bear Hunt, Bears in the Night, Big Red Barn ほか），音のある英語絵本NEXT35（Alice the Fairy, Berenstain Bears and the Spooky Old Tree, The, Blue Seed,The, Dinosaur Encore ほか）
〔内容〕特選TOP100。まるごと1冊，絵本Quick as a Cricketを読む。45冊の絵本のサンプル音声が聞けるCD付。

子育て

＜書　誌＞

最新文献ガイド 育児をめぐって　育児不安・幼児虐待からお受験・保育園不足まで　日外アソシエーツ編　日外アソシエーツ，紀伊國屋書店〔発売〕　2001.5　280p　21cm　5600円　Ⓘ4-8169-1666-0　Ⓝ599.031
〔目次〕育児問題，育児ストレス，子ども虐待，育児環境，育児と女性労働，育児分担，保育施設・保育サービス，早期教育
〔内容〕育児・保育に関連する文献を収録する書誌。1998年以降に発行された雑誌記事・論文3720点，図書1270点を収録。構成は文献のテーマ別で，雑誌記事，図書の順に発行年月により排列。雑誌記事は記事タイトル，著者名，「掲載誌名」，巻号・通号，発行年月，掲載頁を記載し，図書は書名，著者名，版表示，出版地，出版者，発行年月，頁数・冊数，大きさ，叢書名・叢書番号，注記，定価，ISBN，NDC分類，内容を記載する。巻末に五十音順の事項名索引付き。

＜ハンドブック＞

育児の事典　平山宗宏，中村敬，川井尚編　朝倉書店　2005.5　520p　21cm　14000円　Ⓘ4-254-65006-X
〔目次〕育児の歴史と理念，少子化社会の中の育児，妊娠の成立から出産まで，新生児，子どもの成長・発達，乳児期の子育て，幼児期の子育て，学童期の子育て，思春期の子育て，母子関係，父子関係，子どもと生活，子どもと食事（栄養），子どもの健康と環境，子どもの発達障害，親と子の精神保健，子どもの病気，感染症と免疫，予防接種，小児歯科，子どもの事故，救急治療の必要性の判断と応急手当，保育所と幼稚園，障害のある子の育児（障害児・者福祉），育児支援，育児と情報，子どものしつけ，外国の育児，子どもと勉強，子どもと行事，社会経済と育児，子どもと運動（スポーツ），多彩な子育て形態，子どもと大人，子どものサポーター，子どもと社会病理，虐待とその対策，子どもと人権，21世紀における子どもの心身の健康
〔内容〕医学的な側面からだけではなく，心理的・社会的側面，また文化的側面など多様な観点から「育児」をとらえ解説した事典。38テーマ，139項目を収録。巻末に索引を収録。

現代っ子版子育て安心ハンドブック　子どものこころがよくわかる　石川功治著　幻冬舎ルネッサンス　2010.3　172p　19cm　〈絵：堀口ミネオ〉　1200円　Ⓘ978-4-7790-0553-4　Ⓝ599
〔目次〕第1章 けが？ お熱？ ママは子どものレスキュー隊，第2章 体のサイン，ママが気づいてあげて！，第3章 それは成長ですよ！ 喜んであげましょう，第4章 ウンチのサインもきちんと見ましょう，第5章 子どもの生活時間，大人とは違います，第6章 子どもの本心が出るこんな行動，第7章 きょうだいができるとどうなるの？，第8章 アレルギー症状あれこれ

国際比較にみる世界の家族と子育て　牧野カツコ，渡辺秀樹，舩橋惠子，中野洋恵編著　（京都）ミネルヴァ書房　2010.4　204,6p　21cm　〈文献あり〉　2500円　Ⓘ978-4-623-05689-7　Ⓝ599
〔目次〕1章 世界の家族と子育ては今，2章 子育ての役割分担は世界いろいろ，3章 世界の父親と家族の関わり，4章 子どもへの期待と子育ての悩み，5章 親になるための教育，親のための教育，6章 支えあう社会での子育て
〔内容〕九〇年代以降日本では，急激な社会変化のもと少子化・核家族化はさらに進み，「基礎的生活習慣が身についていない子ども」「過保護・甘やかせ過ぎの親」など，家庭教育力の低下が指摘されつづけている。本書では，文部科

学省による六カ国の子どもを持つ父親・母親を対象とした「家庭教育についての国際比較調査」に基づき、家族の現状や子育てについての親の意識・実態をわかりやすく整理し、各国の子育て支援プログラムにもふれながら、今後の課題に提言を行う。

子どもの活力 いのちの本源から育む 「愉しい倶楽部ライフ」と「家庭・地域が活きる」結ぶ共同子育てハンドブック
佐野豪著 不昧堂出版 2011.7 124p 21cm 1400円 ①978-4-8293-0488-4

(目次)第1章 みずは、おともだち―水との原体験が活力を育む(水で育む人間の活力は生まれる前から、家族で愉しむ水とのふれあい ほか)、第2章 なんでもやってみよう―興味・欲求から活動力を育む(赤ちゃんの時の『活力』に学ぶ、全ては興味から始まる ほか)、第3章 たのしくやろう―愉しみながら自立・自立育む(子どもの目の輝きは、自立期の愉しい環境こそ大切 ほか)、第4章 おともだちとなかよし―仲間と表現力・協調性を育む(一人の活動から協同活動へ、群がっていく活動への進展 ほか)、第5章 ママ・パパとせんせいはおともだち―保護者・スタッフとの『共同子育て』(子育てを愉しく、親同士の仲間観こそ大切 ほか)

女医ママが教える育児ハンドブック 0～3歳
喜里山慶子監修 大泉書店 2004.6 159p 21cm 950円 ①4-278-03637-X

(目次)1 赤ちゃんはこうして育つ(赤ちゃんはこんな人、0か月から3歳までどんなことができるのかな? ほか)、2 赤ちゃんのお世話(どんなときに泣く? どうすればいい?、赤ちゃんの抱き方 ほか)、3 赤ちゃんのいる生活を楽しもう(赤ちゃんのお祝い事、赤ちゃんと遊ぼう ほか)、4 赤ちゃんの健康管理(乳幼児健診でわかること、予防接種はきちんと受けましょう ほか)、5 生き生きママでいるために(からだのケア、授乳中の食事 ほか)

(内容)ママのメンタルケア、パパの育児参加、ワーキングマザー、子育て支援サービス…最新キーワード情報で、赤ちゃんのいる生活がどんどん楽しくなる。産前からおさえておきたい、新知識が満載。

月別の産後一年間子育て事典
A.アイゼンバーグ、ハイジ・E.マーコフ、サンデー・E.ハザウェイ、井上裕美,長谷川充子監訳 (吹田)メディカ出版 2004.3 745p 21cm 〈原書名:WHAT TO EXPECT THE FIRST YEAR〉 3200円 ①4-8404-0681-2

(目次)位置について、よーいドン!、赤ちゃんのための買い物、誕生の頃のできごと、生後一カ月までのできごと、生後一カ月からのできごと、生後二カ月のできごと、生後三カ月のできごと、生後四カ月のできごと、生後五カ月のできごと、生後六カ月のできごと〔ほか〕

(内容)本書には、新しい、役に立つ、専門家も認めるアドバイスが載っている。各々の月の「赤ちゃんはどんなことができるでしょう」の情報は、非常に役立つ。睡眠・食事・うんちのガイダンスからは、忙しい小児科医が与える治療よりも、もっとバランスの取れた十分なものが得られるだろう。

<年鑑・白書>

家庭と子育ての指標
厚生省児童家庭局企画課監修 中央法規出版 1990.5 142p 21cm 1700円 ①4-8058-0736-9

(目次)第1章 社会経済の変化(人口、産業・経済、労働・余暇、社会資本・生活関連資本、教育、国際)、第2章 児童と家庭の変化(家庭の形態、婚姻制度、地域・社会参加活動、健康、児童の生活、親子・夫婦関係)、第3章 児童家庭行政

(内容)家庭と子育ての問題について考える場合に重要と思われる指標を幅広く収集・整理し、若干の解説を付したもの。

国民生活白書 平成17年版 子育て世代の意識と生活
内閣府編 国立印刷局 2005.8 300p 30cm 「暮らしと社会」シリーズ」 1400円 ①4-17-190477-3

(目次)第1章 結婚・出生行動の変化(最近の出生率低下の要因、結婚するという選択、子どもを持つという選択 ほか)、第2章 子育て世代の所得をめぐる環境(子育て世代の所得と結婚・出生行動、子育て世代内の所得格差、子育て世代への私的な所得移転)、第3章 子育てにかかる費用と時間(子育てにかかる費用、教育にかかる費用、良好な子育て環境のための費用)、むすび:子育てをしたいと思える社会の構築に向けて

(内容)国民生活白書は、生活の実態や社会の変化について、人々の意識面も含めて多面的に分析してきた。近年では、「家族」、「若年」、「地域」などの視点から暮らしの現状や課題を考察している。48回目の刊行となる今回の白書は、子育てを担う世代の意識と生活について取り上げた。

子ども・子育て白書 平成22年版
内閣府編 佐伯印刷 2010.7 234p 30cm 1800円 ①978-4-903729-81-7 Ⓝ334.31

(目次)第1部 子ども・子育て支援策の現状と課題(「子ども・子育てビジョン」の策定、出生率等の現状、これまでの取組)、第2部 平成21年度における子ども・子育て支援策の具体的実施状況(子どもの育ちを支え、若者が安心して成

長できる社会へ，妊娠，出産，子育ての希望が実現できる社会へ，多様なネットワークで子育て力のある地域社会へ，男性も女性も仕事と生活が調和する社会へ（ワーク・ライフ・バランスの実現）），参考，付録

子ども・子育て白書 平成23年版 内閣府編 勝美印刷 2011.7 231p 30cm 1800円 ⓘ978-4-903729-81-7

(目次)第1部 子ども・子育て支援策の現状と課題（「子ども・子育て新システム」の構築に向けて，出生率等の現状），第2部 平成22年度における子ども・子育て支援策の具体的実施状況（子どもの育ちを支え，若者が安心して成長できる社会へ，妊娠，出産，子育ての希望が実現できる社会へ，多様なネットワークで子育て力のある地域社会へ，男性も女性も仕事と生活が調和する社会へ（ワーク・ライフ・バランスの実現），東日本大震災の被災地等における子ども・子育てに関する対応），参考，付録

子ども・子育て白書 平成24年版 内閣府編 勝美印刷 2012.9 245p 30cm 1800円 ⓘ978-4-906955-02-2

(目次)第1部 子ども・子育て支援策の現状と課題（「子ども・子育て新システム」の構築に向けて，出生率等の現状），第2部 平成23年度における子ども・子育て支援策の具体的実施状況（子ども・子育てを支援し，若者が安心して成長できる社会へ，妊娠，出産，子育ての希望が実現できる社会へ，多様なネットワークで子育て力のある地域社会へ，男性も女性も仕事と生活が調和する社会へ（ワーク・ライフ・バランスの実現），東日本大震災の被災地等における子ども・子育てに関する対応）

21世紀出生児縦断調査 第3回 平成15年度 厚生労働省大臣官房統計情報部編 厚生統計協会 2005.5 478p 30cm 7500円 ⓘ4-87511-242-4,ISSN1348-2742

(目次)1 調査の概要，2 結果の概要，3 統計表（子どもの属性，同居者等の状況，父母の職業，労働時間，保育者の状況，子育て費用・保育料 ほか），4 用語の説明

21世紀出生児縦断調査 第4回 平成16年度 厚生労働省大臣官房統計情報部編 厚生統計協会 2006.5 429p 30cm 7500円 ⓘ4-87511-281-5

(目次)1 調査の概要，2 結果の概要，3 統計表（子どもの属性，きょうだい，同居者等の状況，住環境等，保育者の状況，父母の就業状況等，子育て費用・保育料，健康に関して意識して行っていること，しつけの状況，悪いことをしたときの対応，就寝時間・起床時間 ほか），4 用語の説明

(内容)平成16年8月と平成17年2月に実施した「第4回21世紀出生児縦断調査」の結果をとりまとめた。

＜統計集＞

都市と地方における子育て環境に関する調査報告書 内閣府政策統括官（共生社会政策担当） 2012.3 124,36,7p 30cm Ⓝ369.4

(内容)全国を「地域ブロック」に分けて，当事者である子育て中の夫婦の意識調査を行うとともに，既存の統計資料を収集・整理し，出生率との関連や子育て環境の基礎的な状況を把握し，各地域の共通課題や違いの傾向を分析することにより，国及び地方公共団体の子育て支援施策の検討・展開のための基礎資料とすることを目的としている。

◆子育て支援

＜辞典＞

子育て支援用語集 山内昭道監修，太田光洋，平山祐一郎，渡辺弥生，熊沢幸子，松川秀夫編著 同文書院 2005.4 201p 18cm 1500円 ⓘ4-8103-0029-3

(目次)1 子育て支援総論（子育ての概念，子育て支援とは ほか），2 支援の内容と方法（保育所，幼稚園 ほか），3 発達・臨床（発達，発達心理学 ほか），4 保健・栄養（妊娠と出産，周産期医療 ほか），5 制度・歴史（児童権利条約，児童福祉法 ほか）

＜ハンドブック＞

子育て支援データ集 2005 生活情報センター編集部編 生活情報センター 2004.12 350p 30cm 14800円 ⓘ4-86126-144-9

(目次)第1章 官庁統計によるデータ（人口推計，将来推計人口 ほか），第2章 国が実施した調査（国民生活，社会意識 ほか），第3章 自治体が実施した調査（東京の子どもと家庭，北海道の道民ニーズ ほか），第4章 団体・民間企業等が実施した調査（育児・介護と雇用環境，育児・介護と仕事の両立 ほか），第5章 子育て（次世代育成）支援策に関する参考資料（少子化大綱，行動計画 ほか）

(内容)「子育て支援」に関するあらゆる分野の最新データを網羅したデータブック。

子育て支援データ集 2006年版 生活情報センター編集部編 生活情報センター 2006.8 331p 30cm 14800円 ⓘ4-86126-254-2

(目次)第1章 官庁統計によるデータ（人口推計，将来推計人口 ほか），第2章 国が実施した調査

(国民生活，社会意識 ほか），第3章 自治体が実施した調査（家庭と社会生活，育児休業 ほか），第4章 団体・民間企業等が実施した調査（子育て，子育て支援 ほか）
〔内容〕「子育て支援」に関するあらゆる分野の最新データを網羅したデータブック。各種の調査研究に最適。出産・育児支援制度は不十分74％，母子世帯の年間収入212万円で一般世帯年収の3割強，養育費等金銭的な負担が大きい71％など，最新データを豊富に収録。

子育て支援ハンドブック 日本小児科学会・日本小児保健協会・日本小児科医会・日本小児科連絡協議会ワーキンググループ編 日本小児医事出版社 2011.11 622p 30cm 5000円 Ⓘ978-4-88924-215-7
〔目次〕乳幼児健診─総論，健診のポイント，子育て支援とは，さまざまな保護者への対応，子育てとその周辺，発達の評価，栄養とその評価・よくある問題点，歯科保健，保育園・幼稚園，予防接種，児童虐待とその周辺，障害（事故）予防，障害を抱えた子どもたちとその周辺

子育て支援ハンドブック チェック版 日本小児科学会・日本小児保健協会・日本小児科医会・日本小児科連絡協議会ワーキンググループ編 日本小児医事出版社 2011.11 145p 21cm〈付属資料：CD1〉 2500円 Ⓘ978-4-88924-216-4
〔目次〕1 乳幼児健診：総論，2 健診のポイント，3 子育て支援とは，4 発達の評価，5 栄養とその評価・よくある問題点，6 歯科保健，7 予防接種，8 児童虐待とその周辺，9 傷害（事故）予防，10 障害を抱えた子どもたちとその周辺

子育て情報ハンドブック 育児も仕事もがんばるパパ＆ママの PHP研究所編 PHP研究所 2009.4 222p 18cm（〔PHPハンドブック〕） 1200円 Ⓘ978-4-569-70842-3 Ⓝ599
〔目次〕第1章 妊娠したら，第2章 出産・子育て準備，第3章 子どもを預ける，第4章 子どもの成長，第5章 育児休暇と復帰，第6章 小学校から中学校，第7章 夫婦の家事分担，第8章 子育てと仕事にかかわる制度・給付金
〔内容〕妊娠から育児休暇，職場復帰，子どもの中学入学までの必要な情報をまとめたハンドブック。子育てにも仕事にも手を抜かないパパ＆ママを応援する本。

ベビー・キッズサービス施設事業化計画・運営実態資料集 綜合ユニコム 2011.2 138p 30cm 60000円 Ⓘ978-4-88150-512-0 Ⓝ369.42
〔内容〕保育所以外の民間ベビー・キッズサービ

ス事業について，業態ごとに内容，事業化のポイント，収支計画を解説し，先進事例を紹介している。

＜年鑑・白書＞

厚生白書 平成5年版 未来をひらく子どもたちのために─子育ての社会的支援を考える 厚生省編 厚生問題研究会，ぎょうせい〔発売〕 1994.4 371p 21cm 1650円 Ⓘ4-324-04073-7
〔内容〕我が国の厚生行政の現状と今後の指針を示す年次報告書。

◆学童保育

＜ハンドブック＞

学童保育指導員ハンドブック しどういんたちがつくった 大阪保育研究所編 （大阪）大阪保育研究所，草土文化〔発売〕 1999.2 239p 21cm 1905円 Ⓘ4-7945-0763-1
〔目次〕第1部 子どもたちの生活と学童保育（子どもの心と身体を解くかぎ，学童保育の生活，学童保育実践の構造，地域と学童保育），第2部 学童保育の歴史・制度・政策（学童保育制度の発展，学童保育施設，働き続けるために─指導員）

学童保育ハンドブック 全国学童保育連絡協議会編 ぎょうせい 2006.4 160p 21cm 1524円 Ⓘ4-324-07938-2
〔目次〕がくどうほいくってなあに─学童保育に興味・関心をもたれている多くの方のために，学童保育との出あい─入学前の子どもをもつ保護者のために，学童保育と子どもたちの生活─学童保育の生活を知りたい人のために そして，学童保育の生活で大切にしたいことを確かめたい人のために，指導員─学童保育の指導員であるあなたに，保護者と学童保育─いま，学童保育に子どもを通わせている保護者のあなたに，施設と運営─学童保育にかかわるすべての人のために，学童保育をつくる─学童保育をつくりたい人のために そしていま学童保育にかかわっている保護者・指導員のあなたにも，学童保育の国の制度，資料
〔内容〕学童保育がこれまで積み上げてきたもの・確かめてきたものを，項目ごとに整理してわかりやすく解説。

新版学童保育のハンドブック 全国学童保育連絡協議会編 一声社 1998.10 150p 21cm 1500円 Ⓘ4-87077-152-7
〔目次〕がくどうほいくってなあに─学童保育に興味・関心をもたれる多くの方のために，学童

保育との出あい―入学前の子どもをもつ父母のために，学童保育と子どもたちの生活―学童保育の生活を知りたい人のためにそして，学童保育の生活で大切にしたいことを確かめたい人のために，指導員―学童保育の指導員であるあなたに，父母と学童保育一いま，学童保育に子どもを通わせている父母のあなたに，施設と運営―学童保育にかかわるすべての人のために，学童保育をつくる―学童保育をつくりたい人のためにそしていま学童保育にかかわっている父母・指導員のあなたにも，学童保育の国の制度，資料
(内容)学童保育のことについてこれまでの運動で確かめられてきたものを，項目ごとに整理して解説したハンドブック。

家庭環境・家庭問題

<書誌>

家族本40　歴史をたどることで危機の本質が見えてくる　山田昌弘編　平凡社
2001.4　350p　19cm　(Best selection)
1900円　①4-582-74511-3　Ⓝ367.3
(目次)1 家族の現在・家族論の現在 欧米篇，2 家族の現在・家族論の現在 日本篇，3 家族の起源・家族論の起源，4 「家族」という制度，5 核家族の発見，家族キーワード20
(内容)現代家族を社会科学的に理解するための基本文献40冊を解説するブックガイド。エンゲルスら19世紀の古典から，上野千鶴子ら90年代の論考までを紹介する。

<ハンドブック>

国連子どもの代替養育に関するガイドライン　SOS子どもの村と福岡の取り組み
子どもの村福岡編　福村出版　2011.12
254p　21cm　2000円　①978-4-571-42041-2
Ⓝ369.43
(目次)第1部 SOS子どもの村インターナショナル・ISS版子どもの代替養育に関するガイドライン（ガイドライン和訳，ガイドライン原文，国連ガイドラインを俯瞰して実行可能性を探る，EUモデルによる国連ガイドラインの位置づけ，社会的養護の現状と国連ガイドラインの影響および課題），第2部 国連ガイドラインと福岡の実践（「SOS子どもの村」を日本に，福岡市における家庭的養護拡大の取り組み―「ファミリーシップふくおか」は国連ガイドラインに近づけるか，福岡の新しい嵐―社会的養護が「市民の課題」になるまで，里親からみた国連ガイドライン，国連ガイドラインへの期待，児童相談所の虐待対応と国連ガイドライン，光は西より）

ほめ言葉ハンドブック　身近な人間関係が深まる！　家族・プライベート編　本間正人，祐川京子著　PHP研究所　2008.5
213p　18cm　950円　①978-4-569-69917-2
Ⓝ336.4
(目次)1 家族をほめるということ，2 親をほめよう，3 わが子をほめよう，4 配偶者をほめよう，5 自分に関係する人たちをほめよう，付録 すぐに使えるほめ言葉リスト 家族・プライベート編
(内容)身内をほめるのは難しい，だからこそほめよう。ちょっとしたひと言で，家庭の居心地がよくなる！　夫婦の絆が深まる！　子どもが伸びる！　両親や義父・義母との関係がよくなる。

<年鑑・白書>

国民生活白書　家族の暮らしと構造改革　平成13年度　内閣府編　ぎょうせい
2002.3　232p　30cm　〈付属資料：CD-ROM1〉　1800円　①4-324-06809-7
Ⓝ365.5
(目次)第1章 家族を巡る潮流変化（生活の糧を得る機能に関する変化―家族における働き方の変化，婚姻や子どもを生み育てる機能に関する変化―進む少子化，高まる離婚率 ほか），第2章 家族の働き方の現状と課題（夫婦の働き方の現状，顕在化する家族の働き方の選択を巡る問題 ほか），第3章 次代を担う子どもと家族（子育て支援の必要性の高まり，子育て支援の現状と課題 ほか），第4章 ITの普及と家族（ITの現状，ITによる働き方の変化 ほか），補論 構造改革による「暮らしの改革」へ向けて
(内容)国民生活に関する重要な課題とその対応の方向について考察する白書。2002年度版は「家族の暮らしと構造改革」という副題のもとに，「家族」を切り口として，国民のライフスタイルに関する検討を行っている。巻末に用語等索引，調査名索引がある。

◆兄弟関係

<書誌>

きょうだい関係とその関連領域の文献集成　1　総合目録編　白佐俊憲編著　川島書店
2003.9　456p　21cm　6000円　①4-7610-0784-2
(目次)目録編（単行本の目録，単行本内での解説等の目録，紀要・学会誌等の論文の目録，市販雑誌の目録，学会での口頭報告等の目録，卒業論文・修士論文等の目録，辞典・事典類での解説の目録，紹介された欧米語文献の目録），索引編
(内容)本書は，少子高齢化社会が進行する中で，きょうだい関係に焦点を当て，埋もれている関

連文献の発掘・整理・紹介を行い、関連の研究に寄与すると共に、21世紀の家族関係のあり方を考える上での参考資料を提供し、また、きょうだいの存在意義や子育てのあり方を考えるための有効な資料を提供しようというものである。1巻には、文献3756の一覧と詳細索引を収録。

◆児童虐待

<事典>

子ども虐待問題百科事典 ロビン・E.クラーク、ジュディス・フリーマン・クラーク、クリスティン・アダメック編著、門脇陽子、萩原重夫、森田由美訳 明石書店 2002.9 343p 21cm 〈原書名：Encyclopedia of child abuse, 2nd ed.〉 5000円 ⓘ4-7503-1624-5 Ⓝ367.6

内容 児童虐待についての総合的な事典。虐待の要因、防止及び治療の方法、虐待の及ぼす精神的・身体的影響及び虐待による疾患・症状、国名及び地域名、子ども保護に関する英米の法律、国際条約・宣言、虐待問題に関連する米連邦最高裁判決、英米の子ども虐待防止団体について網羅する内容。配列は見出し項目のアルファベット順。見出し語の欧文表記と日本語訳、関連項目、参考文献、解説文を記載。巻末に参考資料、参考文献一覧、五十音順の分野別索引、欧文索引がある。

詳解子ども虐待事典 ロビン・E.クラーク、ジュディス・フリーマン・クラーク、クリスティン・アダメック編著、門脇陽子、森田由美訳、小野善郎、川崎二三彦、増沢高監訳 福村出版 2009.12 409p 22cm 〈文献あり 原書名：The encyclopedia of child abuse.3rd ed.〉 8000円 ⓘ978-4-571-42026-9 Ⓝ369.4

内容 虐待とネグレクトの問題を定義し、防止、対処するためのテーマを、法学、医学、心理、社会学、経済学、歴史学、教育学など多岐に渡る学問領域からわかりやすく解説。本文配列は見出し語の50音順。巻末に原書の英語見出し語一覧を収録し、英語見出しからも検索できる。巻末には日本の子ども虐待問題における重要事項の解説と、本文の補足説明を「用語集」として加えた。

<ハンドブック>

Q&A児童虐待防止ハンドブック 児童虐待問題研究会編著 ぎょうせい 2008.1 141p 21cm 1524円 ⓘ978-4-324-08280-5 Ⓝ369.4

目次 第1章 よくある質問（児童虐待防止法ができた背景、児童虐待とは ほか）、第2章 虐待されている子ども（虐待の兆候—これまで見過ごされてきた数々の事例、虐待の兆候—子どもの様子 ほか）、第3章 虐待する保護者（虐待する保護者の背景、「暴力ではなく、しつけである」という言い分の問題点 ほか）、第4章 虐待に気づいたら（虐待された子どもを守る仕組み、虐待が疑われる場合の相談先 ほか）、第5章 今後の課題（改正児童虐待防止法等の概要、早期発見に向けた試み ほか）、資料編（児童虐待の防止等に関する法律、児童福祉法抜粋 ほか）

内容 現場で実務に携わってきた視点からまとめた、児童虐待問題に関するQ&A。2007（平成19）年6月の「児童虐待の防止等に関する法律（児童虐待防止法）」改正（2008（平成20）年施行）にともなう最新情報を盛り込んでいる。

Q&A児童虐待防止ハンドブック 改訂版 児童虐待問題研究会編著 ぎょうせい 2012.8 154p 21cm 1905円 ⓘ978-4-324-09517-1

目次 第1章 よくある質問、第2章 虐待されている子ども、第3章 虐待する保護者、第4章 虐待に気づいたら、第5章 民法等の改正、資料編

子ども虐待対応ハンドブック 通告から調査・介入そして終結まで ハワード・ドゥボヴィッツ、ダイアン・デパンフィリス編著、庄司順一監訳 明石書店 2005.9 713p 21cm 〈原書名：HANDBOOK FOR CHILD PROTECTION PRACTICE〉 6800円 ⓘ4-7503-2177-X

目次 第1部 通告とスクリーニング、第2部 関与、第3部 面接、第4部 初期のアセスメント、第5部 家族のアセスメント、第6部 サービス計画、第7部 介入、第8部 経過の評価と終結、第9部 法律問題と倫理問題、第10部 子ども保護の実務

子どもの虐待とネグレクト 臨床家ハンドブック Christopher J.Hobbs,Helga G.I.Hanks,Jane M.Wynne著、稲垣由子、岡田由香監訳 日本小児医事出版社 2008.7 386p 30cm 〈原書名：Child Abuse and Neglect—A Clinician's Handbook〉 10000円 ⓘ978-4-88924-179-2 Ⓝ367.6

目次 序論：論理的概論、児童虐待とネグレクト：歴史的展望、発育不全、身体的虐待、火傷と熱傷、ネグレクト、情緒的マルトリートメント、性的虐待：問題点、性的虐待の臨床像、障害児に対する虐待、胎児の問題、中毒、窒息、虚偽性疾患、子どもの性的虐待、児童虐待への取り組み、心理学的な介入と治療、虐待やネグレクトされた子どもたちが実家を出た後のケア—子どもの声に耳を傾けて、子どもの虐待における法律的領域について、致死的な児童虐待

〈内容〉子ども虐待に関わる小児科医必携の書。児童虐待の関わり方と対応について、医療・福祉・心理・教育・司法の領域まで幅広く知識を習得できる。被虐待児の身体所見やレントゲン写真を32頁に及ぶカラー頁で例示。

子どもの面接ガイドブック　虐待を聞く技術　W.ボーグ,R.ブロドリック,R.フラゴー,D.M.ケリー,D.L.アービンほか著、藤川洋子,小沢真嗣監訳　日本評論社　2003.10　167p　21cm　〈原書名：A CHILD INTERVIEWER'S GUIDEBOOK〉　1900円　①4-535-56203-2
〈目次〉面接場面の設定、適切な質問、言葉の使い方、質問の繰り返し、アナトミカル・ドールなどの道具の使用、面接の終結、面接記録の作成、記憶と被暗示性、子どもの申告のなかの誤り、虐待を打ち明けない子ども、特別な配慮が必要な子ども、親権や面接交渉との関係、アメリカにおける司法面接の実際
〈内容〉虐待が疑われるとき、当の子どもから何をどう聞き出せばよいのか…。"虐待先進国"アメリカで広範な支持を得ている司法警察関係者、児童臨床家のための面接技法エッセンス。

児童虐待とネグレクト対応ハンドブック　発見、評価からケース・マネジメント、連携までのガイドライン　マリリン・ストラッチェン・ピーターソン,マイケル・ダーフィー編、ケビン・コルターメディカルエディター、太田真弓,山田典子監訳、加藤真紀子訳　明石書店　2012.2　690p　21cm　〈原書名：Child Abuse and Neglect: Guidelines for Identification, Assessment, and Case Management〉　9500円　①978-4-7503-3542-1
〈目次〉危険信号：養育者歴、家族歴、養育者と子どもの行動、虐待発見とスクリーニング検査、子どもへの面接、サインと症状の評価、児童マルトリートメントに関連する特殊な問題、付随するリスクファクター、社会的孤立により増強されるリスクファクター、宗教的問題、評価と治療、家庭内措置と家庭外措置の子ども〔ほか〕

防げなかった死　虐待データブック2001　子どもの虐待防止ネットワーク・あいち編　(名古屋)キャプナ出版,(立川)ほんの本出版〔発売〕　2000.12　251p　21cm　2000円　①4-938874-19-9　Ⓝ367.61
〈目次〉第1章 子どもの虐待死の現状、第2章 成人の家族間の事件、第3章 進む虐待防止対策、第4章 CAPNAからの発信、第5章 子どもの虐待死事件一覧
〈内容〉子供の虐待死の現状、事件データ、対策などをまとめた資料集。子どもの虐待防止ネットワーク・あいち(CAPNA)の発足した1995年から1999年までの虐待死事件の464件563人のデータ分析を基にまとめている。

<法令集>

児童虐待防止法等関係法令通知集　虐待防止法研究会編　中央法規出版　2007.11　844p　21cm　3800円　①978-4-8058-4777-0
〈目次〉第1章 児童虐待防止対策の概要(児童虐待防止法の概要、児童虐待の防止への取り組みの沿革)、第2章 法令・通知(基本法令、通知)、第3章 関係資料(関係法令等、資料)
〈内容〉児童虐待防止等に関係する法律・通知を予防・発見・対応とカテゴリーごとに整理した法令通知集。

児童虐待防止法令ハンドブック　平成21年版　児童虐待防止法令編集委員会編　中央法規出版　2009.9　950p　21cm　4200円　①978-4-8058-4898-2　Ⓝ369.4
〈目次〉第1章 児童虐待防止対策の概要、第2章 法令・通知(基本法令、通知)、第3章 関係資料(関係法令等、資料)
〈内容〉児童虐待防止に必要な法令・通知をすべて収載。虐待の予防、早期発見、虐待を受けた子どもとその家族の支援という実際の流れに沿って通知を収載。

<年鑑・白書>

子ども性虐待防止白書　子どもポルノ・子ども買春・家庭での性虐待・スクールセクハラ・痴漢　子ども性虐待防止市民ネットワーク・大阪編　(京都)松香堂書店　1997.7　111p　21cm　(ウイメンズブックスブックレット　3)　840円　①4-87974-971-0
〈目次〉言葉の定義、第1章 子どもの商業的性搾取、第2章 家庭における性虐待、第3章 痴漢、第4章 学校における子ども性虐待(スクールセクハラ)、第5章 提言

<統計集>

東京都内区市町村における児童虐待対応及び予防に関するアンケート報告書　東京都社会福祉協議会　2006.3　226p　30cm　952円　①4-903290-26-3
〈目次〉1 実施のあらまし、2 調査項目ごとのあらまし、3 調査集計結果(区市町村別)、4 まとめにかえて、5 調査表、6 地域福祉推進に関する提言2006、7 資料編

| 家庭環境・家庭問題 | 家庭教育

◆住環境

<年鑑・白書>

住宅白書 1994年版 家族・子どもとすまい 日本住宅会議編 ドメス出版 1993.12
332p 21cm 3090円 ①4-8107-0377-0
(目次)第1部 現代日本の家族・子どもと住まい,第2部 家族・子どもと住環境(家族・子どもの居住実態,自立と共生のための社会と住まいの権利),第3部 住宅事情・住宅政策・住宅運動,第4部 資料篇

幼児教育・保育

幼児教育・保育一般

<書　誌>

幼児教育・保育図書総目録　No.7（1990年版）　教育図書総目録刊行会　1990.2　240p　21cm　388円　Ⓝ376.1

(内容)104社、1936点の総合販売目録。19の大項目と74の小項目の分類順に排列。関係雑誌一覧、書名・著者名・シリーズ名の各索引がある。

幼児教育・保育図書総目録　No.8（1991年版）　教育図書総目録刊行会　1991.3　246p　21cm　400円

(目次)事典・年鑑、双書、講座、幼児教育・保育論、幼児教育・保育史、思想史および事情、幼児教育・保育の心理、幼児教育・保育法規、制度、幼稚園・保育園の経営管理、小児保健、栄養・養護、幼児教育・保育法、教育要領、保育指針、保育内容と指導法、健康の指導、人間関係、環境、言葉、表現、音楽・リズムの指導、幼稚園・保育園の生活指導、障害児保育、幼児の家庭教育、幼児教育・保育関係雑誌一覧、書名索引、著者索引、シリーズ索引、掲載出版社名簿

<事　典>

子どもの教育と福祉の事典　改訂版　田中未来、井上肇、待井和江、松本峰雄、三神敬子編　建帛社　2000.1　417p　19cm　2600円　①4-7679-7532-8　Ⓝ376.1

(目次)総論編（人間の子ども、子ども観の変遷、子どもの権利、子どもの発達、子どもの教育、子どもの福祉、子どもに関する制度、子どもと環境）、教育編（就学前教育＝保育、保育所・幼稚園の保育、保育の方法と形態、子どもの保健と安全、障害児の保育、保育の施設と設備、保育所・幼稚園の経営、保育者、保育研究、保育所・幼稚園と家庭及び地域社会、保育の課題と今後の展望）、福祉編（児童養護、子どもの施設養護、児童福祉施設の運営・管理、施設職員、児童福祉施設と家庭及び地域社会、児童福祉施設の課題と展望）

ちょっと変わった幼児学用語集　清水凡生、山崎晃、井上勝、烏光美緒子、深田昭三ほか編　（京都）北大路書房　1996.3　192p　21cm　2575円　①4-7628-2045-8

(目次)1 遊び、2 こころ、3 からだ、4 内容・方法、5 制度・政策、6 社会・文化、7 基礎概念、8 人名

(内容)幼児学に関する用語240、人名87を集めたもの。用語を「遊び」「こころ」「からだ」「内容・方法」「制度・政策」「社会・文化」「基礎概念」の7つのカテゴリーに分類し、同一カテゴリー内は五十音順に排列。1項目600字程度（重要項目は1200字程度）で解説する。解説は署名入り。人名は1項目210字でプロフィール・業績等を紹介する。巻末に五十音順の事項索引がある。ほかにコラム22編を掲載。―保母試験・幼稚園教諭採用試験のための必携書。

乳幼児発達事典　伊藤隆二ほか編　岩崎学術出版社　1985.12　664p　27cm　〈監修：黒田実郎　付：文献〉　20000円　Ⓝ376.1

(内容)発達心理学・小児医学・児童精神医学・保育・幼児教育・児童福祉・障害児教育の領域を中心に1517項目を収録。人名索引・和文索引・欧文索引を付す。

保育者のための教育と福祉の事典　大嶋恭二、岡本富郎、倉戸直実、松本峰雄、三神敬子編　建帛社　2012.5　377p　19cm　2800円　①978-4-7679-3293-4

(目次)1 基本編（子どもと保育・教育・福祉、子どもと法、子どもの教育・福祉のための機関 ほか）、2 教育編（保育所の保育・幼稚園の教育、保育の原理、保育内容 ほか）、3 福祉・養護編（保育における児童福祉、現代社会と児童・家庭、児童福祉の意義とその歴史的展開 ほか）

<ハンドブック>

今すぐできる幼・保・小連携ハンドブック　「小1ギャップ」の克服を地域で支える必携　日本標準教育研究所企画・編集　日本標準　2009.4　127p　21cm　〈文献あり〉　1429円　①978-4-8208-0394-2　Ⓝ376.1

(目次)第1章 幼・保・小連携とは、何か？（なぜ今、幼・保・小連携が必要なのか？、「幼稚園教育要領」「保育所保育指針」「学習指導要領」を知る）、第2章 すぐ始められる幼・保・小連携（交流・連携の実践例、「連携」のためのQ&A、「連携」のための情報伝達、「要録」以

外の情報伝達方法を考える。，「気になる子」の情報伝達)，第3章 これからの幼・保・小連携
⑰全国の交流・連携の実践ヒントを収録したハンドブック。Q&A形式で疑問を解決。新・幼稚園幼児指導要録/新・保育所児童保育要録の書き方も掲載。

ここが変わった！ new幼稚園教育要領 new保育所保育指針ガイドブック 無藤隆，民秋言著 フレーベル館 2008.5 127p 21cm （Noccoセレクト v.2）〈奥付のタイトル：ここが変わった！ new幼稚園教育要領・保育所保育指針ガイドブック〉 500円 Ⓟ978-4-577-80326-4 Ⓝ376.1
⑰ここが変わった！ NEW幼稚園教育要領ガイドブック（総則，ねらい及び内容，指導計画及び教育課程に係る教育時間の終了後等に行う教育活動などの留意事項），ここが変わった！ NEW保育所保育指針ガイドブック（総則，子どもの発達，保育の内容，保育の計画及び評価，健康及び安全，保護者に対する支援，職員の資質向上)

すぐ役立つ救急ハンドブック ラボムブックス 田中哲郎，石井博子監修 学習研究社 2003.4 175p 19cm （ラボムブックス） 1500円 Ⓟ4-05-402061-5
⑰1 ケガ・事故救急マニュアル，2 病気救急マニュアル，3 感染症救急マニュアル，4 知っておきたい子どもの病気，5 乳幼児の事故・ケガ防止マニュアル，6 知っておきたい子どもの体のこと
⑰毎日の園での生活で，子どもたちにおこりそうなケガや事故，病気について，保育者がどう判断するか，どう処置するかをイラストをまじえて解説。子どもたちの体と健康について，最低限必要な知識をコンパクトに収録。

幼児教育

<事 典>

現代幼児教育小辞典 改訂新版 上野辰美，竹内通夫編 （名古屋）風媒社 1991.5 239p 19cm 2230円 Ⓝ376.1
⑰幼児教育全体について，偏りなく体系的に収録し，専門的内容を平易に解説。研究者はもちろん，保育現場でもすぐ活用できるよう配慮している。幼児教育に関する従来の必要項目に加えて，教育学，心理学，医学，福祉，社会学，芸術など隣接関連諸領域も含める。幼稚園教育要領・保育所保育指針改定にともなう項目を新たに追加。

<ハンドブック>

小学校・幼稚園受験用語ハンドブック 金田一秀穂，伸芽会教育研究所監修 伸芽会 2012.4 127p 19cm 1200円 Ⓟ978-4-86203-347-5
⑰1 入学準備ファイル（入学準備のための自己診断Sheet30，小学校受験とは？，私立・国立小学校の特色，共学・別学と進路パターン，入学テストと考査の種類，求められる子ども像，歓迎されない親のタイプ），2 敬語の使い方基本ファイル（敬語の基本，敬語の注意点，敬語基本ワード，よく使う敬語のポイント），3 正しい表現と漢字を覚える（誤りやすい用字用語・慣用句，同音異義語・同訓異義語，書き間違えやすい漢字），4 短所を長所に言い換える（性格編，行動編），5 お悩み相談室

0才から6才の幼児スクールガイド 首都圏版 オクムラ書店企画・編 オクムラ書店 2004.5 132p 21cm 2000円 Ⓟ4-86053-024-1
⑰第1章 本当の学力・才能UPのために，第2章 どんな所で何をするの？―訪問レポート，第3章 うちの子にぴったりの学力UPスクール探し（幼稚園・小学校受験など），第4章 うちの子にぴったりの才能UPスクール探し（英会話，才能開発，音楽・絵画など），第5章 自宅で出来る「通信教育」「家庭用学習教材」，第6章 首都圏幼児スクール一覧

幼児音楽教育ハンドブック 指導法，教育法，音楽の基礎知識，理論，歴史，楽器，演奏法など保育者の"知る""調べる""確認する"に役立つ項目を網羅した事典 全国大学音楽教育学会編 音楽之友社 2001.6 165p 19cm 1800円 Ⓟ4-276-00181-1 Ⓝ376.157
⑰音楽と幼児音楽教育の用語辞典。音楽の基礎知識や幼児および音楽の教育事項に関する項目を五十音順に排列。

<法令集>

幼稚園教育要領 平成20年告示 文部科学省編 フレーベル館 2008.4 23p 21cm 〈文部科学省告示第26号 付・教育基本法，学校教育法（抄），学校教育法施行規則（抄）〉 100円 Ⓟ978-4-577-81240-2 Ⓝ376.1
⑰第1章 総則，第2章 ねらい及び内容，第3章 指導計画及び教育課程に係る教育時間の終了後等に行う教育活動などの留意事項，付（教育基本法，学校教育法（抄），学校教育法施行規則（抄））

幼稚園教育要領—平成20年告示 原本 保

育所保育指針―平成20年告示 原本　文部科学省著　厚生労働省著　チャイルド本社　2008.5　110p　21cm　〈付：教育基本法・学校教育法(抄)・学校教育法施行規則(抄)・就学前の子どもに関する教育、保育等の総合的な提供の推進に関する法律(抄)・児童福祉法(抄)・児童福祉施設最低基準(抄)〉　400円　①978-4-8054-0122-4　Ⓝ376.1

[目次]幼稚園教育要領，付（教育基本法，学校教育法(抄)，学校教育法施行規則(抄)，文部科学省告示第26号，就学前の子どもに関する教育，保育等の総合的な提供の推進に関する法律(抄))，保育所保育指針，付（児童福祉法(抄)，児童福祉施設最低基準(抄)，厚生労働省告示第141号)

◆幼稚園

＜事　典＞

幼稚園事典　幼少年教育研究所編　鈴木出版　1994.11　623p　26cm　20000円　①4-7902-7132-3

[目次]1章 思想・歴史，2章 行政，3章 幼児期の発達と保育，4章 保育の内容と計画，5章 現代社会と保育，6章 保育の施設設備と遊具備品，7章 管理と運営

[内容]幼児教育に関する事項を体系的に分類構成した事典。思想・歴史から管理・運営までの7章で構成する。第1章には保育関係人名事典と年表，巻末には関連法規・統計資料，参考文献がある。各章毎にインデックス，巻末に1000項目の索引を付す。昭和41年に刊行された『幼稚園事典』の新版にあたる。―幼児教育とは何か，保育とは何か，歴史・現状・未来像がわかる。

＜ハンドブック＞

環境にやさしい幼稚園・学校づくりハンドブック　ドイツ環境自然保護連盟編，エーリッヒ・ルッツ，ミヒャエル・ネッチャー著，今泉みね子訳　中央法規出版　1999.4　334p　21cm　4000円　①4-8058-1807-7

[目次]第1章 すぐに実行できる10の改造案，第2章 空想ワークショップで改造ははじまる，第3章 十分な計画ができれば，改造は半分完成したも同然，第4章 改造のためのたくさんのアイデア，第5章 もしお金が足りなかったら，第6章 マスメディアへの広報活動，第7章 改造の過程を記録する

[内容]現在の学校・幼稚園・保育所を環境にやさしい空間に変えるアイデアをイラスト，写真を使って紹介したハンドブック。

幼稚園の教育課程と指導計画　実践ハンドブック　西久保礼造著　ぎょうせい　2008.8　253p　21cm　2381円　①978-4-324-08513-4　Ⓝ376.15

[目次]第1章 新しい幼稚園教育の方向（新しい幼稚園教育要領の方向―改善の具体的事項，幼稚園教育の基本―環境を通して行う教育，幼稚園教育の基本として重視する教育)，第2章 教育課程とは（園の教育目標の設定と教育課程，幼稚園の教育内容をよく吟味しよう，教育課程の編成はどのように進めるか)，第3章 週・日案の作成（2週単位の週・日案，5歳時の最終段階の望ましい姿から保育の方向を)，第4章 "わが子の成長に期待感を抱かせる"年間指導計画の作成資料（発達に見合ったわが子のよさが見られる園行事に，伝統的行事に伴う物づくりで，学年の違いを，幼児の可能性を見極めた造形表現の指導細案を，小学校に行っても安心できるゲームを，"遊びの充実を図る"3年保育の年間指導計画作成資料)

幼児保育

＜事　典＞

厳選 保育用語集　百瀬ユカリ，小堀哲郎，森川みゆき編著　創成社　2007.7　295p　21cm　2200円　①978-4-7944-8024-8

[目次]社会福祉，児童福祉，発達心理学，精神保健，小児保健，小児栄養，保育原理，教育原理，養護原理，実習理論，保育指針

[内容]保育士試験の出題の頻度に合わせて用語を厳選。出題傾向に準じての配列。巻末には，試験対策用に「ここが出た！ 保育所保育指針」と，「おぼえておきたい憲法」を掲載している。

現代保育用語辞典　岡田正章，千羽喜代子，網野武博，上田礼子，大戸美也子，大場幸夫，小林美実，中村悦子，萩原元昭編　フレーベル館　1997.2　587p　21cm　7767円　①4-577-81130-8

[目次]一般項目，人名編，外国の保育・教育，事項索引，人名索引，分野別索引

[内容]保育にかかわる基本的な用語，新しい保育観・子ども観から出てくる言葉，歴史上の重要語，保育に足跡を残した人物などについて解説。全見出し項目数は，約2000。収録された用語には，原則として英語訳を添え，巻末には，外国の保育事情を最新の情報に基づいて収録。排列は，見出し語の五十音順。

保育学大事典　岡田正章ほか編　第一法規出版　1983.5　3冊　27cm　Ⓝ376.1

[内容]保育及び関係分野の研究・実践の成果をまとめて記述した事典。

保育技術事典　巷野悟郎ほか編集　同文書院

幼児保育　　　　　　　　　幼児教育・保育

　　1980.9　502p　27cm　3600円　Ⓝ376.1
（目次）1.子どもの発達と理解，2.保育の計画，3.保育内容・指導，4.保育の研究，5.保育施設・設備，6.人間関係，付表 法規・統計
（内容）保育の現場で日常当面すると考えられる技術的な面をとりあげて215項目にまとめ，解説した事典。

保育基本用語事典　岡田正章，森上史朗編
　　第一法規出版　1980.10　416,20p　22cm　2800円　Ⓝ376.1
（目次）第1章 保育史・保育思想，第2章 保育制度，第3章 発達，第4章 保育内容，第5章 保育の計画・評価，第6章 保育形態・方法，第7章 保育環境，第8章 障害児保育・治療保育，第9章 家庭教育，第10章 諸外国の保育，第11章 保育者・研修・研究，第12章 保健衛生・栄養，第13章 人物，重要人名索引，重要語句・事項索引
（内容）全体を13分野にまとめ，保育の基本用語172項目について用語の定義及び実践・研究との関わりについて記述した事典。

保育実践用語事典　改訂版　西久保礼造著
　　ぎょうせい　1990.3　272p　19cm　1800円　Ⓘ4-324-02022-1　Ⓝ376.1
（目次）幼児の理解・指導に関連する基本用語（幼児の発達とその特性，幼児期の発達課題，幼児の身体的，知的，感情的，社会的機能，欲求と適応，不適応），幼稚園教育に関連する基本用語（幼稚園教育の性格，さまざまな保育の考え方），幼稚園経営に関連する基本用語（幼稚園の教育目標，幼稚園経営と園内研究，教育課程の編成，実施，評価，幼稚園における人的管理，幼稚園における物的管理，幼稚園教育と家庭教育との連携），学級経営に関連する基本用語（学級目標と学級経営，週・日案の作成，実施，評価，学級における幼児の掌握と管理，学級における物的環境の管理，学級の個々の父母との連携・協力），障害がある幼児の保育に関連する基本用語

保育指導案大百科事典　開仁志編著　一藝社
　　2012.4　241p　26cm　2200円　Ⓘ978-4-86359-041-0
（目次）本書の使い方，指導案の意味，指導案作成のポイント，指導案に使う用語辞典，生活の流れがわかれた指導案，全日指導案・特別支援の指導案，歌・手遊び・パネルシアター・ごっこ遊びの指導案，ものづくりの指導案，自然素材を使った遊びの指導案，体を動かす遊びの指導案，アスレチック・サーキット，迷路遊びの指導案，施設実習における指導案
（内容）実習の最難関，保育指導案。そのコツは「習うより慣れる！」「まねから学ぶ！」だった。保育・施設現場の実習指導者から実習生へ

送る，保育指導案43例のプレゼント。

保育小辞典　改訂版　碓井隆次，待井和江編
　　（京都）ミネルヴァ書房　1990.10　175p　18cm　1000円　Ⓘ4-623-02049-5　Ⓝ376.1
（目次）第1編 保育施設，第2編 発達，保育の方法，第3編 健康，安全，第4編 人格形成，第5編 遊び，能力伸長，第6編 建築，造園，第7編 児童福祉，第8編 社会福祉

保育小辞典　保育小辞典編集委員会編，宍戸健夫，金田利子，茂木俊彦監修　大月書店
　　2006.6　388p　19cm　2200円　Ⓘ4-272-41170-5
（内容）基本用語から最新の動向まで。精選した1370項目を保育の基本をおさえて解説した学習・実践・研究の手引き。

保育のための乳幼児心理事典　森上史朗責任編集　日本らいぶらり　1980.9　462p　22cm　（幼児保育事典シリーズ）〈発売：紀伊国屋書店　参考文献一覧：p430〜439〉2200円　Ⓝ376.11
（目次）1 発達とは何か，2 身体・運動の発達と評価，3 対人行動の発達と社会化，4 乳幼児の感情と欲求の発達，5 パーソナリティーの発達，6 子どものものの見方・考え方，7 乳幼児の遊び・表現活動・創造性，8 発達の障害と偏り，9 乳幼児の発達と集団施設保育，参考文献一覧，図版リスト，図版作製参照文献，事項索引，人名索引
（内容）乳幼児心理学領域を9つのパート，201の項目に分け，各項目で乳幼児心理学の基礎的な知識を日常の保育に生かせるような形で簡潔に解説した事典。

保育ミニ辞典　谷田貝公昭編　一藝社
　　2007.5　182p　18cm　1200円　Ⓘ978-4-901253-89-5
（内容）全項目数は1009項目。基礎・基本的な用語を中心に取り上げた。

保育用語辞典　谷田貝公昭監修，林邦雄責任編集　一藝社　2006.4　420p　19cm　2200円　Ⓘ4-901253-70-0
（内容）保育者のための基本用語1116。子どもの未来を拓く保育をめざして。伝統的な用語から最新の用語まで。保育士試験対策に最適な一冊。

保育用語辞典　子どもと保育を見つめるキーワード　森上史朗，柏女霊峰編　（京都）ミネルヴァ書房　2000.12　382p　19cm　2300円　Ⓘ4-623-03283-3　Ⓝ376.1
（目次）保育総論，保育法規・通達等，保育制度，保育内容，保育方法・形態，保育の計画・評価，保育環境，園とクラスの経営管理，保育研

86　学校・教育問題レファレンスブック

究．保育者・保育者養成・研修〔ほか〕
⑩保育実践・養成教育・保育研究分野の用語を体系的に掲載した事典。保育・幼児教育に必要な1,303項目を収載。最新幼稚園教育要領、保育所保育指針、児童福祉法、同最低基準、教育職員免許法に対応する。五十音順索引付き。

保育用語辞典 子どもと保育を見つめるキーワード 第2版 森上史朗，柏女霊峰編 （京都）ミネルヴァ書房 2002.4 385p 19cm 2300円 ①4-623-03647-2 Ⓝ376.1
⑩保育の研究者・学習者向け用語集。全1267項目を体系的に排列して解説する。新しい幼稚園教育要領、保育所保育指針、教育職員免許法保育士養成カリキュラムに対応。巻頭に五十音順索引あり。

保育用語辞典 子どもと保育を見つめるキーワード 第3版 森上史朗，柏女霊峰編 （京都）ミネルヴァ書房 2004.5 398p 19cm 2300円 ①4-623-04050-X
⑩新しい幼稚園教育要領、保育所保育指針に対応。新しい教育職員免許法に対応。保育・幼児教育に必要な1303項目を収載。保育実践、養成教育に、保育研究に欠かせない用語をしっかり定義。体系的編集による読む辞典。50音順索引で引きやすい辞典。

保育用語辞典 子どもと保育を見つめるキーワード 第4版 森上史朗，柏女霊峰編 （京都）ミネルヴァ書房 2008.4 27,396p 19cm 2300円 ①978-4-623-05077-2 Ⓝ376.1
⑩保育・幼児教育に必要な項目を収載。保育実践に、養成教育に、保育研究に欠かせない用語をしっかり定義。体系的編集による読む辞典。

保育用語辞典 子どもと保育を見つめるキーワード 第5版 森上史朗，柏女霊峰編 （京都）ミネルヴァ書房 2009.3 412p 19cm 〈索引あり〉 2300円 ①978-4-623-05407-7 Ⓝ376.1
⑩保育・幼児教育に必要な項目を収載。保育実践に、養成教育に、保育研究に欠かせない用語をしっかり定義。体系的編集による読む辞典。50音順索引付き。

保育用語辞典 子どもと保育を見つめるキーワード 第6版 森上史朗，柏女霊峰編 （京都）ミネルヴァ書房 2010.4 29,422p 19cm 2300円 ①978-4-623-05607-1 Ⓝ376.1
⑩保育・幼児教育に必要な項目を収載。保育実践に、養成教育に、保育研究に欠かせない用語をしっかり定義。体系的編集による読む辞

辞典。

幼児保育学辞典 松原達哉ほか編集 明治図書出版 1980.6 849p 22cm 〈監修：村山貞雄〉 9600円 Ⓝ376.033
⑩幼児教育学・幼児保育学及び関連領域の用語を解説する事典。

<ハンドブック>

あそびうたハンドブック 親子で遊べる・保育で使える あそびうた研究会編 カワイ出版 2004.8 167p 21cm 1800円 ①4-7609-4605-5
⑪テーマソング(Sing，パワフルトレイン，うたってゆこう)，1 親子(大人と子ども)で遊ぶ—あそばせ歌を中心にした，指遊び，手遊び，からだ遊び(あそばせ歌，模倣遊び＝2才前後，遊び歌への積極的な興味と模倣)，2 みんなで遊ぶ(輪遊び，列あそび・橋くぐり，手合わせあそび，じゃんけんあそび，鬼あそび，まりつき，なわとび，様々な遊びが一体化した変化のあるあそびうた，ことばあそびうた)，3 行事・集会の遊び(グループ対グループ，出会いの遊び)，4 読む・見る・つくる(絵本を歌う，パネルシアター，道具，クラフト)

遊びの指導 エンサイクロペディア 乳幼児編 ハンディ版 クリエイティブプレイ研究会編 同文書院 1996.3 356p 21cm 2884円 ①4-8103-0025-0
⑪理論編(乳幼児期の遊びの意義，乳幼児期の遊びの発達心理，乳幼児期の発達特性から見た遊びの指導，施設における遊びの指導 ほか)，実践編(0～2歳児の遊び，3～6歳児の遊び，児童館での遊び，日本の伝承遊び ほか)
⑩乳幼児の知育に大切な遊びの指導のための理論と実践を解説したもの。理論編12章(50項目)、実践編7章(226項目)および付録7項目の計238項目を収録する。巻末に五十音順の事項索引がある。

おさんぽあそびハンドブック いますぐいきたくなる園外保育 藤本ともひこ作・絵 鈴木出版 2008.7 119p 25cm 1600円 ①978-4-7902-7211-3 Ⓝ376.15
⑪1 探険さんぽ編，2 造形あそびさんぽ編，3 アイデアさんぽ編，4 おさんぽ図鑑，5 遠足編，6 おさんぽの歌編，7 おさんぽアドバイス編，8 おさんぽ心得集
⑩外にでかけるのが楽しくなるアイデアとアドバイスを集めたハンドブック。中川ひろたか、ケロポンズ作曲による元気なおさんぽソングも収録。のんびり楽しめるおさんぽ童話も収録する。

学校・教育問題 レファレンスブック 87

健康保育ハンドブック　高野陽,全国保育園保健婦看護婦連絡会編著　(京都)ミネルヴァ書房　1993.2　348p　21cm　3000円
Ⓘ4-623-02272-2
(目次)総論(乳幼児の健康の定義と健康保育の目標,保育と保健の関連と健康保育に対する保育者の意識,保育所における保健職の役割・保育者との連携),各論(身体発育,精神運動機能発達,生理機能,健康保育推進の考え方—嘱託医の役割,嘱託医との連携,健康観察,健康相談・健康診断,疾病・障害とその予防,栄養・食生活,精神保健,健康増進,健康習慣,生活・遊び,事故・災害,地域保健福祉活動,家庭保育との連携)
(内容)保育所をめぐる問題点の中で健康保育に焦点をあてた実務便覧。

最新保育資料集　1994　幼児保育研究会編　(京都)ミネルヴァ書房　1994.3　304,43p　19cm　1500円　Ⓘ4-623-02428-8
(内容)保育・幼児教育に関する法令を中心に収録した資料集。関連法規・条約・通知を分野別に収録した法規編、幼児教育年表、資料編の3部構成。

最新保育資料集　1995　幼児保育研究会編　(京都)ミネルヴァ書房　1995.3　310,47p　21cm　1600円　Ⓘ4-623-02508-X
(目次)第1部 法規篇(子どもと保育の基本,学校・幼稚園,保育所およびその他の児童福祉施設,幼稚園の教職員,保母の資格,心身障害児をめぐる制度,幼稚園の安全・保健,母子の保健,幼稚園の保育内容,保育所の保育内容,各種通知等),第2部 幼児教育関係資料
(内容)保育に関する法令や年表などを収録した資料集。法規・年表・資料の3部構成。法規編では、条約・通知などを含む関連法規を分野別に収録、作成や改訂の経緯について解説する。年表は、学制公布から現在までの重要な保育事項の変遷を収載。

最新保育資料集　1996　幼児保育研究会編　(京都)ミネルヴァ書房　1996.3　234,58p　21cm　1751円　Ⓘ4-623-02624-8
(目次)子どもと保育の基本,学校・幼稚園,保育所およびその他の児童福祉施設,幼稚園の教職員,保母の資格,心身障害児をめぐる制度,幼稚園と保育所と母子の保健・安全,育児休業および家族介護,幼稚園の保育内容,保育所の保育内容〔ほか〕

最新保育資料集　1997　幼児保育研究会編　(京都)ミネルヴァ書房　1997.3　234,62p　21cm　1700円　Ⓘ4-623-02752-X
(目次)第1部 法規篇(子どもと保育の基本,学校・幼稚園,保育所およびその他の児童福祉施設,幼稚園の教職員,保母の資格,心身障害児をめぐる制度,幼稚園・保育所と母子の保健・安全,育児休業および家庭介護,幼稚園の保育内容,保育所の保育内容,各種通知など,幼児教育関係文書など,幼児教育年表),第2部 幼児教育関係資料

最新保育資料集　1998　幼児保育研究会編　(京都)ミネルヴァ書房　1998.4　253,61p　21cm　1800円　Ⓘ4-623-02892-5
(目次)第1部 法規篇(子どもと保育の基本,学校・幼稚園,保育所およびその他の児童福祉施設,幼稚園の教職員,保育士の資格 ほか),第2部 幼児教育関係資料
(内容)最新の法令や通達類、教育要領や保育指針の全文、保育に関する情報・資料、保育年表などを収録。

最新保育資料集　1999　幼児保育研究会編　(京都)ミネルヴァ書房　1999.3　271,61p　21cm　1800円　Ⓘ4-623-03040-7
(目次)第1部 法規篇(子どもと保育の基本,学校・幼稚園,保育所およびその他の児童福祉施設,幼稚園の教職員,保育士の資格,心身障害児をめぐる制度,幼稚園・保育所と母子の保健・安全,育児休業および家族介護,幼稚園の保育内容,保育所の保育内容,各種通知など,幼児教育関係文書など),幼児教育年表,第2部 幼児教育関係資料
(内容)保育関係の法令や通達類、教育要領や保育指針の全文、保育に関する情報・資料、保育年表などを収録した資料集。法規・年表・資料の3部構成。法規編では、条約・通知などを含む関連法規を分野別に収録、作成や改訂の経緯について解説する。年表は、学制公布から現在までの重要な保育事項の変遷を収載。

最新保育資料集　2000　幼児保育研究会編　(京都)ミネルヴァ書房　2000.4　293,60p　21cm　1800円　Ⓘ4-623-03225-6　Ⓝ376.1
(目次)第1部 法規篇(子どもと保育の基本,学校・幼稚園,保育所およびその他の児童福祉施設,幼稚園の教職員,保育士の資格,心身障害児をめぐる制度,幼稚園・保育所と母子の保健・安全,育児休業及び家族介護,幼稚園の保育内容,保育所の保育内容,各種通知など,幼児教育関係文書など),幼児教育年表,第2部 幼児教育関係資料(ライフサイクルの変化,出生数および児童の有無別世帯数,女性の社会進出の状況,幼稚園,幼稚園教員,幼稚園保育料,幼稚園教員給与,保育園における預かり保育,保育,保育所職員,保育所運営費,保育所職員給与,特別保育,保育所地域活動事業,保育サービスの現状,幼稚園と保育所の比較,児童福祉施設の現状,新エンゼルプランの概要)

幼児教育・保育　　　幼児保育

内容 保育に関する、法令や通達類、教育要領や保育指針の全文、情報・資料、保育年表などを収録した資料集。

最新保育資料集　保育所、幼稚園、保育者に関する法制と基本データ　2001　森上史朗編　(京都)ミネルヴァ書房　2001.4　287,64p　21cm　2000円　①4-623-03421-6　Ⓝ376.1

目次 第1部 法規篇(子どもと保育の基本，学校・幼稚園，保育所およびその他の児童福祉施設，幼稚園の教職員 ほか)，幼児教育年表，第2部 幼児教育関係資料(ライフサイクルの変化，出生数および児童の有無別世帯数，女性の社会進出の状況，幼稚園 ほか)

内容 保育に関する法令や通達類、教育要領や保育指針の全文、情報・資料、保育年表などを収録した資料集。「幼稚園教育要領」と「保育所保育指針」の改訂に対応して、新旧対照表を付す。新たに成立した「児童虐待の防止等に関する法律」を掲載。

最新保育資料集　2002　保育所、幼稚園、保育者に関する法制と基本データ　幼児保育研究会編　(京都)ミネルヴァ書房　2002.4　1冊　21cm　2000円　①4-623-03639-1　Ⓝ376.1

目次 第1部 法規篇(子どもと保育の基本，学校・幼稚園，保育所およびその他の児童福祉施設，幼稚園の教職員 ほか)，第2部 幼児教育関係資料(ライフサイクルの変化，出生数の推移，女性の社会進出の状況，幼稚園 ほか)

内容 保育に関する法令や通達類、教育要領や保育指針の全文、情報・資料、保育年表などを収録した資料集。「幼稚園教育要領」と「保育所保育指針」の改訂に対応して、新旧対照表を付す。「児童虐待の防止等に関する法律」「児童福祉法」の大幅改正に伴い関連条文の変更、追加分を掲載。また通知については文部科学省の「用事児童生徒の安全確保及び学校の安全管理についての点検項目」に関する通知を新たに掲載。

最新保育資料集　2003　幼児保育研究会、森上史朗編　(京都)ミネルヴァ書房　2003.4　334,57p　21cm　2000円　①4-623-03795-9

目次 第1部 法規篇(子どもと保育の基本，学校・幼稚園，保育所およびその他の児童福祉施設，幼稚園の教職員，保育士の資格，心身障害児をめぐる制度，幼稚園・保育所と母子の保健・安全 ほか)，幼児教育・保育年表，第2部 幼児教育・保育関係資料

内容 保育所、幼稚園、保育者に関する法制と基本データ。

最新保育資料集　2004　幼児保育研究会編　(京都)ミネルヴァ書房　2004.4　358,55p　21cm　2000円　①4-623-04048-8

目次 第1部 法規篇(子どもと保育の基本，学校・幼稚園，保育所およびその他の児童福祉施設，幼稚園の教職員 ほか)，幼児教育年表，第2部 幼児教育・保育関係資料(逆頁)(ライフサイクルの変化，出生数の推移，幼稚園，幼稚園教員 ほか)

内容 本書は、保育者として必ず心得ておく必要のある法律や政府関係の通知、それに保育に関係する様々な統計資料をコンパクトにまとめたものである。2004年版では、法令については「次世代育成支援対策推進法」及び「少子化社会対策基本法」が新しく制定されたので、必要部分を掲載した。通知や関係文書も新しいものを追加し、統計資料は新しいものにしてある。

最新保育資料集　2005　保育所、幼稚園、保育者に関する法制と基本データ　幼児保育研究会編　(京都)ミネルヴァ書房　2005.4　355,53p　21cm　2000円　①4-623-04384-3

目次 第1部 法規篇(子どもと保育の基本，学校・幼稚園，保育所およびその他の児童福祉施設，幼稚園の教職員 ほか)，第2部 幼児教育・保育関係資料(ライフサイクルの変化，出生数の推移，幼稚園，幼稚園教員 ほか)

最新保育資料集　2006　幼児保育研究会編　(京都)ミネルヴァ書房　2006.4　379,43p　21cm　2000円　①4-623-04626-5

目次 第1部 法規篇(子どもと保育の基本，学校・幼稚園，保育所およびその他の児童福祉施設，幼稚園の教職員，保育士の資格，心身障害児をめぐる制度，幼稚園・保育所と母子の保健・安全・食育，子育て支援，育児休業および家族介護，幼稚園の保育内容，保育所の保育内容 ほか)，幼児教育・保育年表，第2部 幼児教育・保育関係資料

最新保育資料集　保育所、幼稚園、保育者に関する法制と基本データ　2007　森上史朗編　(京都)ミネルヴァ書房　2007.3　407,47p　21cm　2000円　①978-4-623-04813-7

目次 第1部 法規篇(子どもと保育の基本，学校・幼稚園，保育所およびその他の児童福祉施設，認定こども園 ほか)，幼児教育・保育年表，第2部 幼児教育・保育関係資料(ライフサイクルの変化，出生数の推移，幼稚園，幼稚園教員 ほか)

最新保育資料集　保育所、幼稚園、保育者に関する法制と基本データ　2008　子どもと保育総合研究所編　(京都)ミネルヴァ書房　2008.3　421,50p　21cm　〈年表

あり〉 2000円 ①978-4-623-05076-5 ⓃN376.1

⦿目次 第1部 法規篇（子どもと保育の基本，学校・幼稚園，保育所およびその他の児童福祉施設，認定こども園，幼稚園の教職員，保育士の資格，心身障害児をめぐる制度，幼稚園・保育所と母子の保健・安全・食育，子育て支援，育児休業および家族介護，幼稚園の保育内容，保育所の保育内容，各種通知など），第2部 幼児教育・保育関係資料

最新保育資料集 2009 森上史朗編 （京都）ミネルヴァ書房 2009.3 445,50p 21cm 〈2009のサブタイトル：保育所，幼稚園，保育者に関する法制と基本データ 年表あり〉 2000円 ①978-4-623-05335-3 ⓃN376.1

⦿目次 第1部 法規篇（子どもと保育の基本，学校・幼稚園，保育所およびその他の児童福祉施設，認定こども園，幼稚園の教職員，保育士の資格，心身障害児をめぐる制度，幼稚園・保育所と母子の保健・安全・食育，子育て支援，育児休業および家族介護，幼稚園の保育内容，保育所の保育内容，各種通知など，幼児教育・保育年表，第2部 幼児教育・保育関係資料

最新保育資料集 保育所、幼稚園、保育者に関する法制と基本データ 2010 子どもと保育総合研究所監修，大豆生田啓友，三谷大紀編 （京都）ミネルヴァ書房 2010.4 469,49p 21cm 〈年表あり〉 2000円 ①978-4-623-05606-4 ⓃN376.1

⦿目次 第1部 法規篇（子どもと保育の基本，学校・幼稚園，保育所およびその他の児童福祉施設，認定こども園，幼稚園の教職員，保育士の資格，心身障害児をめぐる制度，幼稚園・保育所と母子の保健・安全・食育，子育て支援，育児休業および家族介護，幼稚園の保育内容 ほか），第2部 幼児教育・保育関係資料

最新保育資料集 保育所、幼稚園、保育者に関する法制と基本データ 2011 子どもと保育総合研究所監修，大豆生田啓友，三谷大紀編 （京都）ミネルヴァ書房 2011.4 485,53p 21cm 〈年表あり〉 2000円 ①978-4-623-05984-3 ⓃN376.1

⦿目次 第1部 法規篇（子どもと保育の基本，学校・幼稚園，保育所およびその他の児童福祉施設，認定こども園，幼稚園の教職員，保育士の資格，心身障害児をめぐる制度，幼稚園・保育所と母子の保健・安全・食育，子育て支援，育児休業および家族介護，幼稚園の保育内容，保育所の保育内容，各種通知など，幼児教育・保育関係文書ほか），第2部 幼児教育・保育関係資料

資料

最新保育資料集 2012 森上史朗監修，大豆生田啓友，三谷大紀編 （京都）ミネルヴァ書房 2012.4 511,53p 21cm 2000円 ①978-4-623-06214-0

⦿目次 第1部 法規篇（子どもと保育の基本，学校・幼稚園，保育所およびその他の児童福祉施設，認定こども園 ほか），幼児教育・保育年表，第2部 幼児教育・保育関係資料（ライフサイクルの変化，出生数の推移，幼稚園，幼稚園教員 ほか

実習に役立つパネルシアターハンドブック 古宇田亮順編，古宇田亮順，松家まきこ，藤田佳子著 萌文書林 2009.6 121p 26cm 〈文献あり〉 1500円 ①978-4-89347-136-9 ⓃN376.157

⦿目次 第1章 パネルシアターとは（パネルシアターとは，パネルシアターの誕生と広がり ほか），第2章 パネルシアターを通して子どものなかに育つもの（先生大好き！―安心感を与え，信頼関係を育む（養護），できるよ！進んで取り組む生活習慣（健康）ほか），第3章 パネルシアターをつくる（パネルシアターの作品の選び方，パネルシアターを演じるために必要なもの ほか），第4章 パネルシアターを演じる（パネル舞台と作品準備―舞台をセッティングしてみよう！，演じるときの絵人形の取り扱い―絵人形を実際に貼って動かしてみよう！ ほか），第5章 実習でパネルシアターを演じる（実習でパネルシアターを演じる，パネルシアターの実践事例から）

保育おたすけハンドブック 入門編 あそび・製作物から人づきあいまで 学研ラポム編集部編 学習研究社 2007.3 128p 21cm （ラポムブックス） 1500円 ①978-4-05-403384-9

⦿目次 第1章 楽しさを演出！ 保育室の飾りとグッズ差がつくポイント（壁面飾り，窓飾り ほか），第2章 ほら、こんなに簡単！ 子どもが喜ぶ手作り製作物にチャレンジ！（お誕生日カード，メダル＆記念品 ほか），第3章 思いたったらすぐできる！ 人気のあそびセレクション（いつでもどこでも編，ひとつの素材で楽しむ編），第4章 保護者＆職場の困ったを解決！ 人づきあいがうまくいくコツ（タイプ別保護者対応マニュアル編，マンガで見る職場の人間関係編）

⦿内容 学研の月刊保育情報誌『ラポム』『ピコロ』で紹介したものから、新人の保育者さん用に、お役だちのものをピックアップ。

保育に役だつ子どもの健康＋病気ハンドブック 田村幸子総合監修 学習研究社 2007.2 151p 21cm （ラポムブックス）

1500円　①978-4-05-403335-1

(目次)第1章 日常の病気と症状(発熱、ひきつけ・けいれん ほか)、第2章 園の生活と病気(知っておきたい病気と基礎知識、アレルギー ほか)、第3章 子どもの生活と健康(発育・発達、子どもの睡眠 ほか)、巻末カラー資料編(野外で気をつけたい危険な生き物図鑑、目で見る子どもの病気と症状 ほか)

(内容)保育者が把握しておきたい乳幼児の病気の症状と対処法を1冊に。ひと目でわかる症例写真付き。

保育の悩みを解決！ 子どもの心にとどく指導法ハンドブック　横山洋子著　ナツメ社　2012.3　159p　15cm　(ナツメ社保育シリーズ)　1000円　①978-4-8163-5189-1

(目次)偏食がひどい、かんしゃくを起こす、言葉がきつい、いつもマイペース、保育者にべったり、注意しても繰り返す、落ち着きがない、すぐに口答えをする、すぐに暴力をふるう、勝ちにこだわりすぎる〔ほか〕

(内容)現場の先生の声をもとによくある36のケースを厳選。年齢別・子どものタイプ別に指導法を解説。

＜法令集＞

保育小六法　平成7年版　厚生省児童家庭局保育課監修　中央法規出版　1995.1　317p　21cm　1400円　①4-8058-1283-4

(目次)児童福祉・保育、教育、社会福祉、手当、保健衛生、報告書

(内容)女性の社会進出や就労形態の多様化に伴い保育ニーズが増大、質の高いサービスが求められるようになってきているなかで、保母を目指す人や保育に携わる人に必要な法令・通知を分類収録した小型法令集。内容は平成6年12月5日現在。また巻末には保育に関連する報告書類4点を掲載する。

保育小六法　平成8年版　厚生省児童家庭局保育課監修　中央法規出版　1995.12　373p　21cm　1400円　①4-8058-4013-7

(内容)保育に関する法令・通知を集めたもの。内容は1995年11月15日現在。

保育小六法　平成9年版　厚生省児童家庭局保育課監修　中央法規出版　1997.3　390p　21cm　1400円　①4-8058-4066-8

(目次)児童福祉・保育、教育、社会福祉、手当、保健衛生、資料

保育小六法　平成10年版　厚生省児童家庭局保育課監修　中央法規出版　1998.1　422p　21cm　1400円　①4-8058-4128-1

(目次)児童福祉・保育(保母試験・保母養成所、保育所、保育対策、民間保育サービス)、教育、社会福祉、手当、保健衛生

(内容)平成9年12月1日現在の法令・通知を児童福祉・保育、教育、社会福祉、手当、保健衛生の5つに分類、編集。

保育小六法　平成11年版　厚生省児童家庭局保育課監修　中央法規出版　1999.1　418p　21cm　1400円　①4-8058-4185-0

(目次)児童福祉・保育、教育、社会福祉、手当、保健衛生

(内容)改正後の児童福祉法の全文、エンゼルプラン、緊急保育対策等五か年事業の初年度に改正された各種通知等や中央児童福祉審議会の中間報告(少子社会にふさわしい保育システムについて・平成八年十二月三日)など、保育に関する法令・通知を収録した法令集。内容は、1998年12月1日現在。

保育小六法　平成12年版　保育法令研究会監修　中央法規出版　2000.1　453p　21cm　1400円　①4-8058-4238-5　Ⓝ376.1

(目次)児童福祉・保育、教育、社会福祉、手当、保健衛生、資料

(内容)保育に関連する必要な法律・通知を収録したもの。内容は1999年12月1日現在。

保育小六法　平成13年版　保育法令研究会監修　中央法規出版　2000.12　467p　21cm　1400円　①4-8058-4314-4　Ⓝ376.1

(目次)児童福祉・保育、教育、社会福祉、手当、保健衛生、資料

(内容)保育士を目指す人や保育に携わる人を対象に法令・通知を収録した法令集。内容は平成12年12月1日現在。

保育小六法　平成14年版　保育法令研究会監修　中央法規出版　2002.1　439p　21cm　1400円　①4-8058-4384-5　Ⓝ376.1

(目次)児童福祉・保育、教育、社会福祉、手当、保健衛生、資料

(内容)保育士を目指す人や保育に携わる人に必要な法令・通知を収録した法令集。平成13年12月1日現在。

保育小六法　平成15年版　保育法令研究会監修　中央法規出版　2003.1　508p　21cm　1400円　①4-8058-4448-5　Ⓝ376.1

保育小六法　平成16年版　保育法令研究会監修　中央法規出版　2004.1　525p　21cm　1400円　①4-8058-4511-2

(目次)児童福祉・保育(保育士養成・試験、保育指針、保育所、小児栄養、保育所、認可外保育施設)、教育、社会福祉、老人・介護、手当、保健衛生、少子化社会対策、資料

〈内容〉本書は、保育士を目指す方々や保育に携わる方々に必要な法令・通知を平成十五年十二月二十日現在の内容で分類・編集した。

保育小六法　平成17年版　保育法令研究会監修　中央法規出版　2005.3　562p　21cm　1400円　ⓘ4-8058-4574-0

〈目次〉児童福祉・保育、教育、社会福祉、老人・介護、手当、保健衛生、少子化社会対策、資料

〈内容〉保育士資格に必要な法令をコンパクトな1冊に。『児童福祉法』平成17年4月1日施行分対応。保育士養成校カリキュラムに対応。"保育所における食事に関する指針"を収載。

保育小六法　平成18年版　保育法令研究会監修　中央法規出版　2005.11　542p　21cm　1400円　ⓘ4-8058-4634-8

〈目次〉児童福祉・保育、教育、社会福祉、老人・介護、手当、保健衛生、食育、少子化社会対策

〈内容〉保育士資格に必要な法令コンパクトな1冊に。保育士養成校カリキュラムに対応。「特別保育事業」が「保育対策等促進事業」として大幅に改訂。"食育基本法"を収載。保育士志望者必携。

保育小六法　平成19年版　保育法令研究会監修　中央法規出版　2006.12　590p　21cm　1400円　ⓘ4-8058-4701-8

〈目次〉児童福祉・保育、認定こども園、教育、社会福祉、老人・介護、手当、保健衛生、食育、少子化社会対策、資料

〈内容〉保育士資格に必要な法令、コンパクトな1冊に。保育士養成校カリキュラムに対応。『認定子ども園』の項目を新設。"障害者自立支援法"を収載。

保育小六法　平成20年版　保育法令研究会監修　中央法規出版　2008.2　631p　21cm　1400円　ⓘ978-4-8058-4793-0　Ⓝ376.1

〈目次〉児童福祉・保育、認定こども園、教育、社会福祉、高齢者、手当、保健衛生、食育、少子化社会対策、資料

〈内容〉保育士に必要な法令等を厳選。カリキュラム対応・充実の1冊。

保育小六法　平成21年版　保育法令研究会監修　中央法規出版　2008.12　587p　21cm　1600円　ⓘ978-4-8058-4851-7　Ⓝ376.1

〈目次〉第1章 児童福祉，第2章 保育原理・保育所，第3章 子育て支援施策，第4章 養成施設・試験，第5章 社会福祉，第6章 教育，第7章 資料

〈内容〉保育士を目指す方々や保育に携わる方々に必要な法令・通知を平成二十年十一月十五日現在の内容で、分類・編集。

保育小六法　平成22年版　保育小六法編集委員会編　中央法規出版　2009.12　615p　21cm　〈索引あり〉　1800円　ⓘ978-4-8058-4908-8　Ⓝ376.1

〈目次〉第1章 児童福祉，第2章 保育原理・保育所，第3章 子育て支援施策，第4章 養成施設・試験，第5章 社会福祉，第6章 教育，第7章 資料

〈内容〉保育士資格を目指す学生必携！保育士資格取得のために必要な法令・通知等を科目ごとに収載。新しく50音索引を取載し、調べたい法令がピンポイントで引ける。「使いやすさ」、「読みやすさ」にとことんこだわったコンパクト六法。児童福祉法の子育て支援事業の法定化に完全対応。

保育小六法　2010　ミネルヴァ書房編集部編　（京都）ミネルヴァ書房　2010.4　540,3p　19cm　1600円　ⓘ978-4-623-05706-1　Ⓝ376.1

〈目次〉第1章 基本法令，第2章 子どもの福祉と保育，第3章 幼稚園幼児教育，第4章 認定こども園，第5章 母子保健・安全・食育，第6章 子どもと社会福祉，第7章 子育て支援，少子化対策，第8章 保育所の保育内容・幼稚園の教育内容，第9章 保育・幼児教育関係通知，第10章 保育・幼児教育関係文書等

〈内容〉保育所・幼稚園と保育者に関する法令をコンパクトに収載。

保育小六法　2011　ミネルヴァ書房編集部編　（京都）ミネルヴァ書房　2011.4　563,3p　19cm　1600円　ⓘ978-4-623-05983-6　Ⓝ376.1

〈目次〉第1章 基本法令，第2章 子どもの福祉と保育，第3章 幼稚園幼児教育，第4章 認定こども園，第5章 母子保健・安全・食育，第6章 子どもと社会福祉，第7章 子育て支援，少子化対策，第8章 保育所の保育内容・幼稚園の教育内容，第9章 保育・幼児教育関係通知，第10章 保育・幼児教育関係文書等

〈内容〉保育所・幼稚園と保育者に関する法令をコンパクトに収載。

保育小六法　2012（平成24年版）　ミネルヴァ書房編集部編　（京都）ミネルヴァ書房　2012.4　597,3p　19cm　1600円　ⓘ978-4-623-06211-9

〈目次〉第1章 基本法令，第2章 子どもの福祉と保育，第3章 幼稚園幼児教育，第4章 認定こども園，第5章 母子保健・安全・食育，第6章 子どもと社会福祉，第7章 子育て支援，少子化対策，第8章 保育所の保育内容・幼稚園の教育内容，第9章 保育・幼児教育関係通知，第10章 保育・幼児教育関係文書等

〈内容〉保育所・幼稚園と保育者に関する法令をコンパクトに収載。

幼児教育・保育　　　　　　　　　　　幼児保育

保育福祉小六法　1996年版　保育福祉小六法編集委員会編　（岐阜）みらい　1996.4　373p　21cm　1600円　Ⓘ4-944111-18-5
⦅目次⦆1 憲法，2 社会福祉一般，3 児童福祉・保育・幼児教育，4 母子及び寡婦福祉・女性福祉，5 障害者福祉，6 老人福祉・老人保健，7 生活保護，8 法一般
⦅内容⦆社会福祉や保育を学ぶ際に必要な法令、条約、通知等を集めたもの。「憲法」「社会福祉一般」「児童福祉・保育」「母子及び寡婦福祉・女性福祉」「障害者福祉」「老人福祉・老人保健」「生活保護」「法一般」で構成される。巻末に関連の統計資料がある。学生向け。

保育福祉小六法　1997年版　（岐阜）みらい　1997.4　377p　21cm　1600円　Ⓘ4-944111-29-0
⦅目次⦆1 憲法，2 社会福祉一般，3 児童福祉・保育・幼児教育，4 母子及び寡婦福祉・女性福祉，5 障害者福祉，6 老人福祉・老人保健，7 生活保護，8 法一般
⦅内容⦆社会福祉や保育を学ぶ際に必要な法令、条約、通知等を集めたもの。憲法、社会福祉一般、児童福祉・保育・幼児教育、母子及び寡婦福祉・女性福祉、障害者福祉、老人福祉・老人保健、生活保護、法一般で構成される。巻末に関連の統計資料がある。内容は1997年2月15日現在。

保育福祉小六法　1998年版　保育福祉小六法編集委員会編　（岐阜）みらい　1998.4　415p　21cm　1600円　Ⓘ4-944111-39-8
⦅目次⦆1 憲法，2 社会福祉一般，3 児童福祉・保育・幼児教育，4 母子及び寡婦福祉・女性福祉，5 障害者福祉，6 老人福祉・老人保健，7 生活保護，8 法一般

保育福祉小六法　1999年版　保育福祉小六法編集委員会編　（岐阜）みらい　1999.4　431p　21cm　1600円　Ⓘ4-944111-60-6
⦅目次⦆1 憲法，2 社会福祉一般，3 児童福祉・保育・幼児教育，4 母子及び寡婦福祉・女性福祉，5 障害者福祉，6 老人福祉・老人保健，7 生活保護，8 関係法令等
⦅内容⦆社会福祉や保育を学ぶ際に必要な法令、条約、通知等を集めたもの。憲法、社会福祉一般、児童福祉・保育・幼児教育、母子及び寡婦福祉・女性福祉、障害者福祉、老人福祉・老人保健、生活保護、法一般で構成される。巻末に関連の統計資料がある。内容は1999年2月10日現在。

保育福祉小六法　2000年版　保育福祉小六法編集委員会編　（岐阜）みらい　2000.4　515p　21cm　1600円　Ⓘ4-944111-78-9

Ⓝ369.12
⦅目次⦆1 憲法，2 社会福祉一般，3 児童福祉・保育・幼児教育，4 母子及び寡婦福祉・女性福祉，5 障害者福祉，6 老人福祉・老人保健・介護保険，7 生活保護，8 関係法令等，関係法令未施行，統計資料
⦅内容⦆社会福祉や保育を学ぶ人を対象とした、保育福祉関係の法令集。内容は2000年3月1日現在。憲法、社会福祉一般、児童福祉・保育・幼児教育、母子及び寡婦福祉・女性福祉、障害者福祉、老人福祉・老人保健・介護保険、生活保護、関係法令等の8編で構成。ほかに未施行の関係法令、65歳以上人口割合の国際比較等の福祉関係の統計資料を収録する。

保育福祉小六法　2001年版　保育福祉小六法編集委員会編　（岐阜）みらい　2001.4　571p　21cm　1600円　Ⓘ4-944111-93-2
Ⓝ369.42
⦅目次⦆1 憲法，2 社会福祉一般，3 児童福祉・保育・幼児教育，4 母子及び寡婦福祉・女性福祉，5 障害者福祉，6 老人福祉・老人保健・介護保険，7 生活保護，8 関係法令等，関係法令未施行，統計資料
⦅内容⦆社会福祉や保育を学ぶ人を対象とした、保育福祉関係の法令集。内容は2001年3月1日現在。

保育福祉小六法　2002年版　保育福祉小六法編集委員会編　（岐阜）みらい　2002.4　581p　21cm　1600円　Ⓘ4-86015-003-1
Ⓝ369.12
⦅目次⦆1 憲法，2 社会福祉一般，3 児童福祉・保育・幼児教育（児童福祉・保育等，幼児教育等），4 母子及び寡婦福祉・女性福祉，5 障害者福祉，6 老人福祉・老人保健・介護保険，7 生活保護，8 関係法令等，統計資料
⦅内容⦆社会福祉や保育を学ぶ学生に必要な法令等を収録した学習用法令集。日々の学習や受講に欠かせない法令等、就職試験や資格試験に必要な法令等、現場での実践に必要な法令等、の3つの観点から取捨選択して収録。法令のみならず条約等の審議会答申・関係基本通知・関係資料等も登載。内容は平成14年2月5日現在。

保育福祉小六法　2003年版　保育福祉小六法編集委員会編　（岐阜）みらい　2003.4　595p　21cm　1600円　Ⓘ4-86015-021-X
⦅目次⦆1 憲法，2 社会福祉一般，3 児童福祉・保育・幼児教育，4 母子および寡婦・女性福祉，5 障害者福祉，6 老人福祉・老人保健・介護保険，7 生活困窮者対策，8 関係法令等

保育福祉小六法　2004年版　保育福祉小六法編集委員会編　（岐阜）みらい　2004.4

626p　21cm　1600円　①4-86015-041-4

〖目次〗1 憲法, 2 社会福祉一般, 3 児童福祉・保育・少子化対策・幼児教育, 4 母子及び寡婦・女性福祉, 5 障害者福祉, 6 老人福祉・老人保健・介護保険, 7 生活保護等, 8 関係法令等, 統計資料等

〖内容〗大学や短大、専門学校等で社会福祉や保育を学ぶ学生諸氏にとって必要な法令等を、(1)日々の学習や受講に欠かせない法令等、(2)就職試験や資格試験に必要な法令等、(3)現場での実践に必要な法令等の視点から、学習や実践に役立つよう取捨選択したものを収録。また、単に法令のみならず、条約や重要な政府の審議会答申・関係基本通知・関係資料等も豊富に登載。

保育福祉小六法　2005年版　小六法編集委員会編　(岐阜) みらい　2005.4　21cm　1600円　①4-86015-063-5

〖目次〗1 憲法, 2 社会福祉一般, 3 児童福祉・保育・少子化対策・幼児教育, 4 母子及び寡婦・女性福祉, 5 障害者福祉, 6 老人福祉・老人保健・介護保険, 7 生活保護等, 8 関係法令等

保育福祉小六法　2006年版　保育福祉小六法編集委員会編　(岐阜) みらい　2006.4　679p　21cm　1600円　①4-86015-087-2

〖目次〗1 憲法, 2 社会福祉一般, 3 児童福祉・保育・少子化対策・幼児教育, 4 母子及び寡婦・女性福祉, 5 障害者福祉, 6 老人福祉・老人保健・介護保険, 7 生活保護等, 8 関係法令等

保育福祉小六法　2007年版　保育福祉小六法編集委員会編　(岐阜) みらい　2007.4　759p　21cm　1600円　①978-4-86015-107-2

〖目次〗1 憲法・世界人権宣言等, 2 社会福祉一般, 3 児童福祉・保育・少子化対策・幼児教育, 4 母子及び寡婦・女性福祉, 5 障害者福祉, 6 老人福祉・老人保健・介護保険, 7 生活保護等, 8 保険・年金・医療等, 9 関係法令等, 資料

〖内容〗保育・福祉等の分野で求められる最新の法律・政省令・基本通知等を広範囲に収載。

保育福祉小六法　2008年版　保育福祉小六法編集委員会編　(岐阜) みらい　2008.4　771p　21cm　1600円　①978-4-86015-134-8　⑳369.12

〖内容〗社会福祉や保育を学ぶ学生に必要な法令等を収録した学習用法令集。法令の制定や改正を反映し毎年刊行されている。

保育福祉小六法　2009年版　保育福祉小六法編集委員会編　(岐阜) みらい　2009.4　813p　21cm　1600円　①978-4-86015-166-9　⑳369.12

〖内容〗社会福祉や保育を学ぶ学生に必要な法令等を収録した学習用法令集。法令の制定や改正を反映し毎年刊行されている。

保育福祉小六法　2010年版　保育福祉小六法編集委員会編　(岐阜) みらい　2010.4　829p　21cm　〈索引あり〉　1600円　①978-4-86015-192-8　⑳369.12

〖目次〗1 憲法・世界人権宣言等, 2 社会福祉一般, 3 児童福祉・保育・少子化対策・幼児教育, 4 母子及び寡婦・女性福祉, 5 障害者福祉, 6 老人福祉・介護保険・高齢者医療・高齢化対策等, 7 生活保護等, 8 保険・年金・医療等, 9 関係法令等, 資料

〖内容〗社会福祉や保育を学ぶ学生に必要な法令等を収録した学習用法令集。保育・福祉・幼児教育等分野の最新法令を幅広く収載。法令の制定や改正を反映し毎年刊行されている。幼稚園教諭・保育士資格取得のための学習にも適する。

保育福祉小六法　2011年版　保育福祉小六法編集委員会編　(岐阜) みらい　2011.4　892p　21cm　〈索引あり〉　1600円　①978-4-86015-233-8　⑳369.12

〖内容〗社会福祉や保育を学ぶ学生に必要な法令等を収録した学習用法令集。

保育福祉小六法　2012年版　保育福祉小六法編集委員会編　(岐阜) みらい　2012.4　880p　21cm　1600円　①978-4-86015-261-1　⑳369.12

〖内容〗社会福祉や保育を学ぶ学生に必要な法令等を収録した学習用法令集。

保育六法　2009　田村和之編　信山社　2009.2　619p　19cm　〈索引あり〉　1880円　①978-4-7972-5681-9　⑳369.42

〖内容〗保育所・幼稚園に関わる法令を収録した法令集。国際条約、地方自治体の条例・規則、社会福祉や関連分野の法令などもコンパクトに収録。

保育六法　第2版　田村和之編　信山社　2010.6　694p　19cm　〈索引あり〉　2200円　①978-4-7972-5682-6　⑳369.42

〖内容〗保育所・幼稚園に関わる国の法令 (法律・政令・省令・告示) を体系的に網羅。そのほか、国際条約、地方自治体の条例・規則、社会福祉や関連分野の法令などもコンパクトに収録。

<年鑑・白書>

OECD保育白書　人生の始まりこそ力強く：乳幼児期の教育とケア (ECEC) の国際比較　OECD編著, 星三和子, 首藤美香子, 大和洋子, 一見真理子訳　明石書店　2011.3　513p　27cm　〈原書名：Starting strong 2.〉　7600円　Ⓘ978-4-7503-3365-6　Ⓝ376.1

〔目次〕第1章 各国はなぜ「乳幼児期の教育とケア（ECEC）」に投資するのか，第2章 ECEC政策への体系的で統合的なアプローチ，第3章 ECECと教育制度の強力で対等な連携，第4章 すべての人に開かれたアクセスと特別なニーズをもつ子どもたちへの配慮，第5章 ECECサービスとインフラに対する相当額の公的投資，第6章 ECECの質の改善と保証への参加型アプローチ，第7章 ECEC職員のための適切な養成と労働条件，第8章 ECEC分野の体系的なデータ収集とモニタリング，第9章 ECEC研究と評価の安定した枠組みと長期的課題，第10章 OECDによる政策提言：10項目

〔内容〕2001年版の白書「Starting Strong」で概観したECEC政策の成功の鍵となる諸側面に，その後各国がどう応え，どのような進展があったかを報告。ECECの新しい政策の取り組みの例が数多く紹介されている。

保育年報　1990年版　全国保育協議会編　全国社会福祉協議会　1990.8　188p　26cm　1800円

〔目次〕1 児童福祉問題の背景（国際連合「児童の権利に関する条約」とこれからの児童福祉，子どもの現状と児童家庭福祉対策，人口問題の動向とわが国の将来），2 保育所をめぐる諸問題（保育所の地域活動，多様化する保育需要と保育関係予算，発達のゆがみと保育問題，男女雇用機会均等法と働く女性の現状，90年代の保育所運営），3 特編・新保育所保育指針と保育実践（保育所保育指針改定の意義および今後の課題，新保育所保育指針の特徴とその解説，年齢別保育にみる実践のポイント，保健・安全および食事に関する考え方と保育上の留意点，保育・指導計画の立案の視点），4 保育界の動向（全国保育協議会の活動，全国保母会の活動，保育団体の動向）5 保育関係資料（行政・参考資料，統計資料）

保育年報　1996　全国保育協議会編　全国社会福祉協議会　1996.10　181p　26cm　2060円

〔内容〕来年は児童福祉法制定50年。厚生省では，児童や家庭を取り巻く社会経済情勢が変化してることを踏まえ，保育児童施策については，国民にとって利用しやすい保育所のあるべき姿の議論が進められている。本書では，特集として「児童福祉法制定50年の歩みとこれからの展望」を組み，保育所の果たしてきた役割等を振り返り，これからの保育所のあり方を考える上での示唆としている。

保育年報　児童福祉法の改正をふまえて　1998・1999　新しい時代の保育所の役割　全国保育協議会編　全国社会福祉協議会　1999.5　175p　26cm　2000円　Ⓘ4-7935-0489-2

〔目次〕1 社会福祉基礎構造改革と保育所，2 少子社会と保育所，3 児童福祉法改正元年，4 保育界の動向，5 保育関係資料，6 保育史年表—1997（平成9）年～1999（平成11）年

保育年報　多様な経営主体の参入と省庁再編後の保育所経営　2001　21世紀・競争の時代における保育所の課題　全国保育協議会編　全国社会福祉協議会　2001.2　193p　30cm　2200円　Ⓘ4-7935-0579-1　Ⓝ369.42

〔目次〕1 多様な経営主体の参入と省庁再編にともなう今後の保育所経営の課題，2 保育所における利用者の権利擁護について，3 新エンゼルプランと多様な保育ニーズへの対応，4 ここ1年の保育制度をめぐる国の動向と全国保育協議会の対応，5 保育界の動向，6 保育関係資料

保育年報　保育制度のゆくえ　2002　規制改革の方向性　全国保育協議会編　全国社会福祉協議会　2002.2　208p　30cm　2200円　Ⓘ4-7935-0670-4　Ⓝ369.42

〔目次〕鼎談「ここ1年の保育を振り返る」，1 保育制度をめぐる国の動向，2 利用者や地域から信頼される保育所に向けての課題，3 ここ1年の保育制度をめぐる国の動向と全国保育協議会の取り組み，4 保育界の動向，5 保育関係資料

保育年報　2005　地域子育て文化の創造と保育所の役割　全国保育協議会編　全国社会福祉協議会　2005.12　239p　30cm　2200円　Ⓘ4-7935-0836-7

〔目次〕1 地域の子育て力をひろげ，深めるための視点（次世代育成支援の動向と保育の課題，三位一体改革・規制改革の流れと保育・保育行政の今後 ほか），2 各地でひろがる子育て支援の輪（人と人とがつながり，地域で支え合う—ファミリー・サポート・センターの取り組み，保育所で出来る子育て支援 ほか），3 保育界の動向（全国保育協議会の活動，全国保育士会の活動 ほか），4 保育関係資料（児童福祉・次世代育成支援対策・幼保一元化・食育等に関する資料，福祉サービス第三者評価・個人情報の適正な取扱い等に関する資料 ほか）

保育年報　2006　保育所が進める次世代育成支援　全国保育協議会編　全国社会福祉協議会　2006.7　161p　30cm　2200円　Ⓘ4-7935-0854-5

〔目次〕1 保育所が進める次世代育成支援（市町村における地域福祉の展開と子育て支援のあり方—保育所の今後の課題，制度改革を促す三つ

幼児保育　　　　　幼児教育・保育

の潮流と保育所制度改革の方向、認定こども園と保育所 ほか）、2 保育界の動向（全国保育協議会の活動、全国保育士会の活動、保育団体の活動）、3 保育関係資料（三位一体改革・児童福祉などに関する資料、「認定こども園」に関する資料、保育士の専門性に関する資料 ほか）

保育白書　1991　全国保育団体連絡会,保育研究所編　草土文化　1991.8　295p　21cm　2200円　①4-7945-0425-X

〔目次〕1 特集 子育てネットワークと家庭・地域・社会（子産み・子育て問題の今日的焦点、乳幼児をもつ家族の生活と子育ての実態、様変わりした子育ての環境とその背景、地域にひろがる子育てのうごき）、2 保育研究・実践の動向（保育思潮と保育実践の動向、乳幼児の発達研究の動向）、3 保育政策・保育運動の動向（子どもの権利条約と保育所問題、福祉・保育政策をめぐる動き、厚生省の「地域保育センター活動事業」について、国家予算・保育予算の動向、保育運動の動向、学童保育の動向、学童保育の運動、保育問題における法的諸問題）、4 資料（保育所に関する行政監察報告書、健やかに子供を生み育てる環境づくりについて、幼稚園教育の振興について、措置費等通達関連資料、予算関連資料、各種統計資料、保育団体の動向、1990年保育問題日誌）

保育白書　1992年版　全国保育団体連絡会,保育研究所編　草土文化　1992.8　299p　21cm　2200円　①4-7945-0445-4

〔目次〕特集 子どもたちは変わったか―食・からだ・健康（相談活動から見える現代の親・子ども、最近の子どもの生活と健康問題、乳幼児のアレルギーとそれを克服する取り組み、"子どもビジネス"のなかの親と子、座談会食・からだ・健康をとおして現代の子育てを考える）、保育研究・実践の動向（保育思潮と保育実践の動向、乳幼児の発達研究の動向、自治体における障害児保育の動向）、わたしたちの運動（保育・福祉政策の動向、公立幼稚園の状況と課題、保育運動の動向、保育問題における法的諸問題）、資料（福祉人材確保関連資料、子どもと家庭に関する円卓会議提言、企業委託型保育サービス関連通達、育児休業に伴う途中入所受入関連通達、措置費等通達関連資料、予算関連資料、各種統計資料、保育団体の動向、1991年保育問題日誌、全国保育団体連絡会加盟・関係団体一覧）

保育白書　1993年版　全国保育団体連絡会,保育研究所編　草土文化　1993.8　300p　21cm　2500円　①4-7945-0587-6

〔目次〕1 特集 検証・保育制度見直し論―公的責任による保育制度の拡充を求めて（地域の子育てをめぐる状況、80年代の生活の変動と臨調

「行革」路線の矛盾、「これからの保育所懇談会」提言の批判的検討、児童福祉法と保育所、国家・地方財政と保育所、座談会 国民の求める保育制度とは）、2 保育研究・実践の動向（幼稚園・保育所における指導のあり方をめぐって―保育思潮と保育実践の動向、乳幼児の発達研究の動向）、3 保育政策と私たちの運動（国家予算・保育政策の動向、保育運動の動向）、4 資料

保育白書　1994年版　全国保育団体連絡会,保育研究所編　草土文化　1994.8　308p　21cm　2500円　①4-7945-0646-5

〔目次〕1 特集（保育の現場から考える制度拡充の展望）、2 保育研究・実践の動向、3 保育政策と私たちの運動、4 資料（1993年保育問題日誌、全国保育団体連絡会加盟・関係団体一覧、保育関係団体一覧、執筆者一覧）

保育白書　1995年版　全国保育団体連絡会,保育研究所編　草土文化　1995.8　301p　21cm　2500円　①4-7945-0676-7

〔目次〕1 特集―国民の求める保育所とエンゼルプラン、2 小特集―阪神大震災と保育所、3 保育政策と私たちの運動、4 資料

保育白書　1996　全国保育団体連絡会・保育研究所編　草土文化　1996.7　299p　21cm　2500円　①4-7945-0699-6

〔目次〕1 特集・転換期の保育政策とこれからの保育所―住民の保育要求実現求めて、2 小特集・子どもの発達保障と保育所給食、3 保育政策と私たちの運動

保育白書　1997　特集 児童福祉法「改正」と保育所　全国保育団体連絡会・保育研究所編　草土文化　1997.7　297p　21cm　2500円　①4-7945-0726-7

〔目次〕1 特集 児童福祉法「改正」と保育所、2 地域の要求に応える保育実践・保育運動、3 保育政策と私たちの運動、4 資料編

〔内容〕保育現場の実態を踏まえたうえで、児童福祉法改正の持つ意味を、政策論、法律論などの面から多面的に整理することを課題として企画されたもの。

保育白書　'98　全国保育団体連絡会・保育研究所編　草土文化　1998.7　329p　21cm　2500円　①4-7945-0753-4

〔目次〕1 特集 現代の家族と保育所のあり方―子育て・就労支援の現状と課題（女性労働の現状と保育の課題、保健婦から見た現代子育て事情、子育て支援と保育所、家族を支える保育実践）、2 小特集 幼稚園問題を考える（預かり保育の現状―私立幼稚園の実態を中心に、幼稚園教育要領の見直しをめぐって、調査研究協力者会議の「最終報告」をどう読むか）、3 保育政

策と私たちの運動（保育・社会福祉政策の動向―「改正」児童福祉法の施行とイデオロギー攻勢のなかで，保育をめぐる法的諸問題，1998年度国家予算の動向と保育・幼稚園予算，保育をめぐる状況，住民要求の実現をめざして，学童保育の法制化と今後の課題），4 資料編（社会福祉基礎構造改革関連資料，最低基準「見直し」関連資料，幼稚園・保育所のあり方に関する資料，保育所運営費・補助金関連資料，予算関係・各種統計資料，保育料表，1997年保育問題日誌，全国保育団体連絡会加盟・関係諸団体一覧，保育関係官庁・団体一覧）

保育白書　1999年版　全国保育団体連絡会，保育研究所編　草土文化　1999.8　333p　21cm　2500円　Ⓘ4-7945-0785-2

(目次)1 特集 社会福祉基礎構造改革と保育（国家改造シナリオと福祉の基礎構造改革，社会福祉基礎構造改革をめぐる論点），2 小特集 教育政策の動向と幼児教育（幼稚園教育要領・保育所保育指針の改訂と幼児教育，教育政策の動向と幼児教育問題，幼児教育をめぐる諸論調），3 保育制度の課題（保育政策をめぐる動向，労働法制をめぐる動きと男女平等，1999年度保育・幼稚園予算の概要，法制化後の学童保育―現状と課題，障害乳幼児施策の現状と課題），4 保育をめぐる各地の動向（名古屋市における延長保育制度と補助金の変化，東大阪市の保育所入所をめぐる運動―不服申立てから行政訴訟へ，堺市の公立保育所「民営化」問題，新潟県の特別保育事業補助金の状況，過疎地における保育所の実態と課題，待機児増加・ベビーホテル急増のなかでの自治体の待機児解消策―福岡市・横浜市を例に）

保育白書　2000年版　全国保育団体連絡会，保育研究所編　草土文化　2000.8　341p　21cm　2500円　Ⓘ4-7945-0802-6　Ⓝ369.42

(目次)1 特集・現代子育て事情，2 小特集・福祉改革と新エンゼルプラン，3 保育制度の課題と展望，4 保育をめぐる各地の動向，5 資料編

(内容)子育て，保育制度の動向と資料をまとめた資料集。現代社会における子育てをめぐる事情，政策・制度面あるいは地域におけるさまざまな状況・実態の報告などを収録する。資料編では，改訂保育所保育指針，社会福祉基礎構造改革関連資料，新エンゼルプラン，保育所の設置認可に係る規制緩和関連通知，保育所運営費・補助金関連資料，認可外保育施設に対する指導監督について，予算関係・各種統計資料，保育料表を収録。巻末に1999年保育問題日誌，全国保育団体連絡会加盟・関係諸団体一覧を掲載する。

保育白書　2001　全国保育団体連絡会，保育研究所編　草土文化　2001.8　317p　21cm　2500円　Ⓘ4-7945-0826-3　Ⓝ369.42

(目次)1 最新データ＝保育の「今」，2 特集i 保育所における子育て支援―その実践的課題と展望，3 特集ii 保育政策の動向と課題，4 保育をめぐる状況・各地の動き，5 資料編

(内容)子育て，保育制度の動向と資料をまとめた資料集。現代社会における子育てをめぐる事情，政策・制度面あるいは地域におけるさまざまな状況・実態の報告などを収録する。2001年版では，保育所における子育て支援のあり方を具体的に考えるための企画と，保育政策の動向を多面的に論じる企画を特集。さらに，保育をめぐる様々な動向，各地・各分野の状況・実態を報告する章を設けている。

保育白書　2002年版　全国保育団体連絡会，保育研究所編　草土文化　2002.8　325p　21cm　2500円　Ⓘ4-7945-0847-6　Ⓝ369.42

(目次)1 最新データ＝保育の「今」，2 特集 規制緩和と保育士のしごと，3 小特集 検証―待機児童ゼロ作戦，4 保育をめぐる状況，5 資料編

(内容)保育の現状と保育士の仕事について論じる白書。2002年版は特集として，大きく変貌しつつある保育所と保育士の「しごと」に焦点を合わせている。小特集では「検証―待機児童ゼロ作戦」をテーマとする。資料編では37種の資料を収録。巻末に2001年保険問題日誌，全国保育団体連絡会・関係諸団体一覧を掲載。

保育白書　2003年版　全国保育団体連絡会・保育研究所編　草土文化　2003.8　237p　26cm　2500円　Ⓘ4-7945-0877-8

(目次)1 保育の「今」（保育所と保育園，保育所の待機児童は減らず ほか），2 特集-1 幼保問題を考える（「幼保一元化」論の歩みと今日の課題，構造改革政策による幼保一元化論の問題点 ほか），3 特集-2 規制緩和・構造改革と子どもの権利（保育関係の研究者が取り組んだアピール―資料・アピール「経済効率優先でなく，幼い子どもの権利最優先の保育政策を」，保育施設づくり・設置基準をめぐる現状と課題 ほか），4 保育をめぐる状況・各地の動き（保育をめぐる法的諸問題，2003年度保育・幼児教育予算の概要 ほか），5 資料編（次世代育成支援対策関連資料，構造改革関連資料 ほか）

保育白書　2004年版　全国保育団体連絡会，保育研究所編　草土文化　2004.8　251p　26cm　2500円　Ⓘ4-7945-0899-9

(目次)1 保育の「今」（史上最低の合計特殊出生率1.29，保育所と幼稚園 ほか），2 特集 次世代育成支援と保育制度改革の現段階（次世代育成支援と保育制度「改革」の動向，構造改革・規制緩和政策による「幼保一元化」・「総合施設」構想の問題点 ほか），3 保育をめぐる状況・各

地の動き(保育をめぐる法的諸問題、2004年度保育・幼児教育予算の概要 ほか)、4 資料編(次世代育成支援関連資料、厚労省・次世代育成支援施策在り方研究報告 ほか)

保育白書 2005年版 全国保育団体連絡会保育研究所編 ちいさいなかま社、ひとなる書房〔発売〕 2005.8 237p 26cm 2500円 ①4-89464-085-6

(目次) 1 最新データ=保育の「今」(子ども・子育て応援プランと保育―問われる実効性ある少子化対策、微増の保育所/微減の幼稚園 ほか)、2 特集(1)次世代育成支援の光と影―子育て支援充実の道(次世代育成支援の現状と課題、千葉県習志野市における次世代育成支援計画づくりに対する市民の取り組み ほか)、3 特集(2)ひろがる学童保育―現状と課題(学童保育の現状と課題、学童保育関連の補助金をめぐる状況―2005年度における問題と運動の成果 ほか)、4 保育をめぐる状況・各地の動き(保育をめぐる法的諸問題、2005年度保育関係予算の概要―三位一体改革と補助金再編 ほか)、5 資料編(子ども・子育て応援プラン、「総合施設」関連資料 ほか)

保育白書 2006年版 全国保育団体連絡会保育研究所編 ちいさいなかま社、ひとなる書房〔発売〕 2006.8 222p 26cm 2500円 ①4-89464-093-7

(目次) 第1章 最新データと解説=保育の今(幼い子ども・家族の今、保育政策の動向 ほか)、第2章 特集「認定こども園」って何?(認定こども園制度の概要と問題点、保育の構造改革と認定こども園 ほか)、第3章 小特集 公立保育所の民営化(公立保育所民営化/今日の状況と課題、公立保育所民営化は「保育の質」を維持できるか―横浜・中野・練馬・川崎の現場から)、第4章 保育をめぐるさまざまな状況(乳幼児の発達研究・保育研究の動向―実践記録論の今日的意義と課題、保育をめぐる法的諸問題 ほか)、第5章 資料編(認定こども園関連資料、規制改革・民間開放推進3か年計画 ほか)

保育白書 2007年版 全国保育団体連絡会保育研究所編 ちいさいなかま社、ひとなる書房〔発売〕 2007.8 228p 26cm 2500円 ①978-4-89464-107-5

(目次) 第1章 最新データと解説=保育の今(幼い子ども・家族の今、保育政策の動向 ほか)、第2章 特集・保育が貧困・格差と向き合うとき(子どもの視点から貧困の再発見を―貧困と家族・子ども、格差と貧困、現場に見る親と子の暮らし ほか)、第3章 保育をめぐるさまざまな状況(保育をめぐる法的諸問題、家庭教育・子育てをめぐる動向)、第4章 保育最前線レポート(幼保一体化施設設立を通して考える―保育園児も

幼稚園児もしあわせに育つために、公立保育所を民営化しない選択―文京区における保護者と区の協議の到達点 ほか)、第5章 資料編(幼児教育関連資料、規制改革推進3か年計画 ほか)

(内容) 特集では、日本の現状を格差社会として捉え直し、その実態と保育の課題を論じ合うために、子どもの貧困問題を捉える視点を確立するための論文をはじめ、保育現場からの報告、ルポなど種々の論稿を掲載。

保育白書 2008 全国保育団体連絡会・保育研究所編 ちいさいなかま社、ひとなる書房〔発売〕 2008.8 280p 26cm 2500円 ①978-4-89464-123-5 Ⓝ369.42

(目次) 第1章 最新データと解説=保育の今(幼い子ども・家族の今、保育政策の動向、保育所の現状・制度の仕組みと課題、幼稚園の現状・制度の仕組みと課題、認定こども園とは、学童保育の現状と課題、子育て支援施策、よりよい保育を実現するために)、第2章 特集1・保育制度改革を斬る(新待機児童ゼロ作戦と保育制度改革の現段階、家庭的保育の法制化と課題、保育への株式会社参入はどこまで進んだか、親が求める本当の「新待機児童ゼロ作戦」、最低基準「廃止」でいいのか!?)、第3章 特集2・新指針・要領は保育を変えるのか!?(教育再生議論と指針・要領の改定、新保育指針は、保育に何をもたらすのか、新幼稚園教育要領の改定点とその問題点)、第4章 保育最前線レポート(保育をめぐる法的諸問題、保育者の専門性と労働条件、公立保育所がなくなる!?―青森県、ねばり強い運動で公立保育所民営化をストップ―泉大津市、地域の保育政策を創る―名古屋市)、第5章 資料編(制度改革・次世代育成支援関連資料、新待機児童ゼロ作戦関連資料、幼稚園教育要領・保育所保育指針関連資料、規制改革推進3か年計画、認定こども園関連資料、予算関連資料、保育所運営費・補助金関連資料、統計資料、保育料表、2007年保育問題日誌)

(内容) 2つの特集が中心。特集1では、矢継ぎ早にさまざまな「改革」論が提起される現在の政策動向を整理し、その問題点を明らかにする論稿とともに、求めるべき改革の方向性を明らかにするために、保育現場の実態や、保育所を利用する父母の思いに関する報告を用意。特集2では、2008年3月に告示された、新しい保育所保育指針・幼稚園教育要領の概要を理解しつつ、保育実践上の課題との関係でこれをどう評価すべきかについて、論点を明らかにすべく3本の論稿を用意した。

保育白書 2009年版 全国保育団体連絡会保育研究所編 ちいさいなかま社、ひとなる書房〔発売〕 2009.8 270p 26cm 2500円

幼児教育・保育　　　　　　　　　　　　　　　　　　　　　　　　幼児保育

①978-4-89464-136-5　Ⓝ369.42

〔目次〕第1章 最新データと解説＝保育の今（幼い子ども・家族の今，保育政策の動向 ほか），第2章 特集1 制度「改革」よりも保育所増設を！（私たちの保育所づくり運動，ルポ待機児童対策の現場は ほか），第3章 特集2 新指針・要領と保育の課題（指針・要領の改定と保育の課題，保育の質の向上に結びつく自己評価とは ほか），第4章 保育最前線レポート（保育をめぐる法的諸問題，公立保育所の民営化を阻止し，民間保育所の配置基準の改善も（西宮市） ほか），第5章 資料編（制度改革・次世代育成支援関連資料，家庭的保育事業関連資料 ほか）

保育白書　2010年版　全国保育団体連絡会，保育研究所編　ちいさいなかま社，ひとなる書房（発売）　2010.8　260p　26cm　2500円
①978-4-89464-150-1　Ⓝ369.42

〔目次〕第1章 最新データと解説＝保育の今（幼い子ども・家族の今，保育政策の動向 ほか），第2章 特集 幼保一体化・新システムと保育のゆくえ（「子ども・子育て新システム」の保育供給方式とその問題点，幼保一体化批判と私たちの課題 ほか），第3章 保育最前線レポート（保育をめぐる法的諸問題，子どもの運動量調査，保護者アンケートからみえる公的保育の課題 ほか），第4章 資料編（子ども・子育て新システム関連資料，OECD／幼児教育・保育に関する提言 ほか）

保育白書　2011　全国保育団体連絡会，保育研究所編　ちいさいなかま社，ひとなる書房〔発売〕　2011.8　280p　26cm　2500円
①978-4-89464-162-4

〔目次〕第1章 最新データと解説＝保育の今（幼い子ども・家族の今，保育制度・政策の原理と動向 ほか），第2章 特集1 大震災と保育（東日本大震災と保育所，子どもを守りぬいた保育者たち（岩手） ほか），第3章 特集2 幼保一体化・新システムを問う（社会保障と税の一体改革と新システム，「幼保一体化」は保育に何をもたらすか ほか），第4章 保育最前線レポート（保育をめぐる法的諸問題，自治体の待機児童対策の動向 ほか），第5章 資料編（子ども・子育て新システム関連資料，新システムに対する各界の意見 ほか）

保育白書　2012年版　全国保育団体連絡会，保育研究所編　ちいさいなかま社，ひとなる書房〔発売〕　2012.8　325p　26cm　2700円
①978-4-89464-176-1

〔目次〕第1章 最新データと解説＝保育の今（幼い子ども・家族の今，保育制度・政策の原理と動向，保育所の現状と課題，幼稚園の現状と課題，設定こども園，幼保一体化，学童保育の現状と課題，子育て支援施策，よりよい保育を実現するために），第2章 特集 保育の改善課題と新システム（深刻な保育士不足－新システムで処遇は改善されるのか，新システムの保育・教育論批判の視座，子ども・子育て支援法と市町村の保育義務，新システムと待機児童問題，保育の質と新システム─基準問題を中心に，新システムに対する各界の意見書），第3章 保育最前線レポート（被災地の保育─宮城県沿岸部の状況，障害児施策再編の問題点─自立支援法から再び児童福祉法へ，「新システム」を先取りする企業保育の実態，待機児童解消のために立ち上がった母親たち─「保育所つくってネットワーク」の取り組み，制度改革議論と日本保育学会（保育学研究者）の役割，法的な争いになっている保育問題），第4章 資料編（子ども・子育て新システム関連法案，新システムに対する各界の意見，予算関連資料，保育所運営費・補助金関連資料，統計資料，保育料費，2011年保育問題日誌）

〔内容〕特集 保育の改善課題と新システム─保育最前線レポート資料編。

◆障害児保育

<事典>

保育者・教師のための障害児医学ケア相談事典　1　病名別・症状別にみる医学ケア　学習研究社　1991.2　458p　26cm　6200円　①4-05-102439-3

〔目次〕第1部 診断理解の基礎知識，第2部 病名別にみるケアの実際，第3部 部位別症状とケア，巻末資料 訓練法・技法一覧

〔内容〕保育・教育現場から寄せられた医学的な質問に，医師または医療現場従事者が回答したもの。従って医学体系に基づく専門書としてでなく，保育・教育実践の中で求められる医学知識や心得を，保育・教育関係者の質問に答えて解説した指導書的性格をもつ。

保育者・教師のための障害児医学ケア相談事典　2　保育・教育活動の中の医学ケア　学習研究社　1991.2　517p　26cm　6800円　①4-05-102440-7

〔目次〕第1部 症候群別にみる医学ケア，第2部 健康な生活をおくるための医学ケア，第3部 日常生活動作（ADL）に関する医学ケア，第4部 言語指導に関する医学ケア，第5部 保育・学習活動の中の医学ケア，第6章 問題行動に対する医学ケア，第7部 発作に関する医学ケア，第8部 性に関する医学ケア，巻末付録 学校生活ヘルスケアの重点12か月

<ハンドブック>

子育て応援BOOK　滋賀　障害をもつ子ど

ものための生活ガイド　やさしいまちをつくり隊編　（京都）クリエイツかもがわ，（京都）かもがわ出版〔発売〕　2002.7　147p　26cm　1800円　①4-87699-689-X　Ⓝ369.49

(目次)グラビア，あそぶ・たべる，ユニバーサルデザイン，サークル・ボランティア，理美容，医療，余暇支援，ホリデーサービス事業，学校教育，生活教育，生活支援

(内容)障害をもつ子どもとその親のために，学童保育，五日制事業，ホリデー事業支援センター，学校教育一覧，自習サークルボランティアなどを紹介するガイドブック。

子どもの発音とことばのハンドブック　山崎祥子著　芽ばえ社　2011.7　109p　21cm　1400円　①978-4-89579-345-2

(目次)1章 発音の障害はどこで起きているのか―発声・発語のしくみと構音障害のタイプ（発音がつくられるしくみ，構音障害の原因とタイプ ほか），2章 構音障害はこどうにして起こるのか―発音を覚える順序と日本語の音の種類（発音の発達のしかた，聞き分ける力の発達のしかた ほか），3章 専門家はどのような検査や訓練をするのか―専門家による訓練と家庭や保育所での取り組み（機能性構音障害の検査と訓練方法，専門家の行う構音訓練の方法 ほか），Q&A この子の場合はどうなのかしら？（サ行が言えない年長児ですが，「キ」と「ケ」の音だけ言えないけど ほか）

重症児者の防災ハンドブック　3.11を生きぬいた重い障がいのある子どもたち　田中総一郎，菅井裕行，武山裕一編著　（京都）クリエイツかもがわ　2012.4　235p　21cm　2200円　①978-4-86342-082-3

(目次)第1部 3.11障がいの重い人たちへの支援（医療と生活，両面からの支援，拓桃医療療育センターの経験，被災地の中の支援学校，当事者による支援活動 ほか），第2部 重症児者の防災マニュアル―災害の備え（災害時の医療機器と電源の確保，家庭における災害時への備え，HELPカード―災害時のサポートカード，ボランティアスタッフのコーディネーション ほか）

(内容)人工呼吸器やたんの吸引など「医療的ケア」が，常時，必要な重い障害をもつ子ども・人達が，3.11をどう生きのびたか，支援の記録と教訓からの災害時の備え，防災マニュアル。

知的障害児・者の生活と援助　支援者へのアドバイス　三訂版　一番ヶ瀬康子監修，手塚直樹，青山和子著　一橋出版　2004.10　147p　21cm　（介護福祉ハンドブック）　1000円　①4-8348-0221-3

(目次)1 新しい時代へ向けて，2 知的障害の概念と特徴，3 乳・幼児期の特徴と介護・支援，4 児童期の特徴と介護・支援，5 成人期の特徴と介護・支援，6 高齢期の特徴と介護・支援，7 地域生活と社会参加，8 本人活動と支援，9 知的障害児・者の実態

(内容)知的障害の子ども，知的障害の成人や高齢の人の介護など，日常生活の中で支援をしている支援者の皆さんと，知的障害児・者の支援の実際について考えていく。

保育のための小児保健ハンドブック　内山源編著　ぎょうせい　1998.6　276p　21cm　3000円　①4-324-05474-6

(目次)1 保育保健と健康の考え方―保育所・幼稚園の健康管理と健康教育，2 保育所・幼稚園の保健計画と評価，3 小児の発育発達と環境，4 小児の生理・運動の機能，5 小児の食事・栄養生活，6 小児の生活と環境保健・衛生，7 小児期の主な病気とその予防・処置・看護―けいれん，ひきつけ，嘔吐など，8 小児期の主な皮膚・アレルギー・泌尿器科等の病気とその予防，9 小児癌と免疫，10 小児期の事故と安全―心肺蘇生法，11 小児保健・人口動態統計と保健行政，12 小児保健のための生理・解剖の基礎知識と法律―資料 保育・保健関連法規集

(内容)保育保健と健康の考え方，保育所・幼稚園の保健計画，小児の発育と環境，栄養，病気とその予防等について解説した，幼稚園や保育園で子どもの健康・安全を守り疾病を予防するためのハンドブック。

◆保育所

<ハンドブック>

児童保護措置費保育所運営費手帳　平成10年度版　厚生省児童家庭局監修　日本児童福祉協会　1998.9　544p　21cm　Ⓝ369.4

児童保護措置費保育所運営費手帳　平成11年度版　厚生省児童家庭局監修　日本児童福祉協会　1999.8　557p　21cm　Ⓝ369.4

児童保護措置費保育所運営費手帳　平成12年度版　日本児童福祉協会　2000.8　612p　21cm　Ⓝ369.4

児童保護措置費・保育所運営費手帳　平成16年度版　日本児童福祉協会　2005.1　791p　21cm　3500円

(目次)1 児童保護措置費・保育所運営費制度の概説（支弁，徴収及び国庫負担の関係，保護単価又は保育単価，徴収基準，地方公共団体における経理，内容改善の経過，その他），2 児童入所施設措置費関係（児童福祉法による児童入所施設措置費等国庫負担金について，「児童福祉法による児童入所施設措置費等国庫負担金に

について」通知の施行について ほか），3 保育所運営費関係（児童福祉法による保育所運営費国庫負担金について，「児童福祉法による保育所運営費国庫負担金について」通知の施行について ほか），4 児童入所施設措置費・保育所運営費共通事項関係（措置費等（運営費）支弁台帳について，児童福祉施設（児童家庭局所管施設）における施設機能強化推進費について ほか），5 関連法令・通達関係（国家公務員の俸給表，一般職の職員の給与に関する法律（抄） ほか）

児童保護措置費保育所運営費手帳　平成17年度版　日本児童福祉協会　2005.11　707p　21cm　3675円　Ⓘ4-930918-06-5　Ⓝ369.4

児童保護措置費保育所運営費手帳　平成18年度版　日本児童福祉協会　2006.9　757p　21cm　3990円　Ⓘ4-930918-08-1　Ⓝ369.4

児童保護措置費・保育所運営費手帳　平成19年度版　日本児童福祉協会　2007.11　766p　21cm　3800円　Ⓘ978-4-930918-11-6
(目次)1 児童保護措置費・保育所運営費制度の概説（支弁，徴収及び国庫負担の関係，保護単価又は保育単価 ほか），2 児童入所施設措置費関係（児童福祉法による児童入所施設措置費等国庫負担金について，「児童福祉法による児童入所施設措置費等国庫負担金について」通知の施行について ほか），3 保育所運営費関係（児童福祉法による保育所運営費国庫負担金について，「児童福祉法による保育所運営費国庫負担金について」通知の施行について ほか），4 児童入所施設措置費・保育所運営費共通事項関係（措置費等（運営費）支弁台帳について，児童福祉施設（児童家庭局所管施設）における施設機能強化推進費について ほか），5 関連法令・通達関係（国家公務員の俸給表，一般職の職員の給与に関する法律（抄） ほか）

児童保護措置費保育所運営費手帳　平成20年度版　日本児童福祉協会　2008.10　782p　21cm　4200円　Ⓘ978-4-930918-14-7　Ⓝ369.4

児童保護措置費保育所運営費手帳　平成21年度版　日本児童福祉協会　2009.11　830p　21cm　4300円　Ⓘ978-4-930918-17-8　Ⓝ369.4

児童保護措置費・保育所運営費手帳　平成22年度版　日本児童福祉協会　2010.10　800p　21cm　4300円　Ⓘ978-4-930918-18-5
(目次)1 児童保護措置費・保育所運営費制度の概説（支弁，徴収及び国庫負担の関係，保護単価又は保育単価 ほか），2 児童入所施設措置費関係（児童福祉法による児童入所施設措置費等国庫負担金について，「児童福祉法による児童入所施設措置費等国庫負担金について」通知の施行について ほか），3 保育所運営費関係（児童福祉法による保育所運営費国庫負担金について，「児童福祉法による保育所運営費国庫負担金について」通知の施行について ほか），4 児童入所施設措置費・保育所運営費共通事項関係（措置費等（運営費）支弁台帳について，児童福祉施設（児童家庭局所管施設）における施設機能強化推進費について ほか），5 関連法令・通達関係（国家公務員の俸給表，一般職の職員の給与に関する法律（抄） ほか）

児童保護措置費・保育所運営費手帳　平成23年度版　日本児童福祉協会　2011.9　772p　21cm　4300円　Ⓘ978-4-930918-21-5
(目次)1 児童保護措置費・保育所運営費制度の概説（支弁，徴収及び国庫負担の関係，保護単価又は保育単価 ほか），2 児童入所施設措置費関係（児童福祉法による児童入所施設措置費等国庫負担金について，「児童福祉法による児童入所施設措置費等国庫負担金について」通知の施行について ほか），3 保育所運営費関係（児童福祉法による保育所運営費国庫負担金について，「児童福祉法による保育所運営費国庫負担金について」通知の施行について ほか），4 児童入所施設措置費・保育所運営費共通事項関係（措置費等（運営費）支弁台帳について，児童福祉施設（児童家庭局所管施設）における施設機能強化推進費について ほか），5 関連法令・通達関係（国家公務員の俸給表，一般職の職員の給与に関する法律（抄） ほか）

保育所運営ハンドブック　平成7年版　厚生省児童家庭局監修　中央法規出版　1995.4　829p　21cm　3800円　Ⓘ4-8058-1341-5
(目次)1 保育所制度の概説，2 基本法令，3 保育所，4 保育，5 特別保育，6 保母養成及び保母試験，7 社会福祉法人，8 関連法令
(内容)保育所の運営に関する法令や通知を収録した便覧。

保育所運営ハンドブック　平成8年版　厚生省児童家庭局保育課監修　中央法規出版　1996.8　1255p　21cm　3800円　Ⓘ4-8058-4041-4
(目次)1 保育所制度の概説，2 基本法令，3 保育所，4 保育，5 緊急保育対策等5か年事業と特別保育対策，6 保母養成及び保母試験，7 社会福祉法人，8 関連法令

保育所運営ハンドブック　平成9年版　厚生省児童家庭局保育課監修　中央法規出版　1997.9　1281p　21cm　3800円　Ⓘ4-8058-4107-9
(目次)1 保育所制度の概説，2 基本法令，3 保育所，4 保育，5 緊急保育対策等5か年事業と特別

保育対策，6 保母養成及び保母試験，7 社会福祉法人，8 関連法令

保育所運営ハンドブック　平成10年版　厚生省児童家庭局保育課監修　中央法規出版　1998.8　1281p　21cm　3800円　①4-8058-4162-1
(目次)1 保育所制度の概説，2 基本法令，3 保育所，4 緊急保育対策等5か年事業と特別保育対策，5 保母養成及び保母試験，6 社会福祉法人，7 関連法令
(内容)保育所の運営に関する法令や通知を収録した便覧。

保育所運営ハンドブック　平成11年版　保育法令研究会監修　中央法規出版　1999.9　1281p　21cm　3800円　①4-8058-4224-5
(目次)1 保育所制度の概説，2 基本法令，3 保育所，4 緊急保育対策等5か年事業と特別保育対策，5 保育士養成及び保育士試験，6 社会福祉法人，7 関連法令
(内容)保育所の運営に関する法令や通知を収録した便覧。

保育所運営ハンドブック　平成12年版　保育法令研究会監修　中央法規出版　2000.8　1373p　21cm　3900円　①4-8058-4286-5　Ⓝ369.42
(目次)1 保育所制度の概説，2 総則，3 保育所，4 特別保育対策，5 保育士養成及び保育士試験，6 社会福祉法人，7 関連法令，参考資料
(内容)保育所運営に関係する法令を収録した法令集。保育所制度の概説と保育所のための法令、関連法令を収録する。内容は平成12年8月16日現在。巻末に参考資料として少子化対策基本方針、重点的に推進すべき少子化対策の具体的実施計画について、「保育内容等の自己評価」のためのチェックリストを収録する。

保育所運営ハンドブック　平成13年版　保育法令研究会監修　中央法規出版　2001.9　1393p　21cm　3900円　①4-8058-4357-8　Ⓝ369.42
(目次)1 保育所制度の概説，2 総則，3 保育所，4 特別保育対策，5 保育士養成及び保育士試験，6 社会福祉法人，7 関連法令
(内容)保育所運営に関係する法令を収録した法令集。保育所制度の概説と保育所のための法令、関連法令を収録する。

保育所運営ハンドブック　平成14年版　保育法令研究会監修　中央法規出版　2002.9　1699p　22cm　3900円　①4-8058-4426-4　Ⓝ369.42
(目次)1 保育所制度の概説，2 総則，3 保育所，4 特別保育対策，5 保育士養成及び保育士試験，6 社会福祉法人，7 関連法令
(内容)保育所運営に関わる法令・基準をまとめた法令資料集。

保育所運営ハンドブック　平成15年版　保育法令研究会監修　中央法規出版　2003.9　1729p　21cm　4000円　①4-8058-4489-2
(目次)1 保育所制度の概説，2 総則，3 保育所，4 特別保育対策，5 保育士養成及び保育士試験，6 社会福祉法人，7 関連法令，参考資料

保育所運営ハンドブック　平成16年版　保育法令研究会監修　中央法規出版　2004.9　1687p　21cm　4000円　①4-8058-4552-X
(目次)1 保育所制度の概説，2 総則，3 保育所，4 特別保育対策，5 保育士養成及び保育士試験，6 社会福祉法人，7 関連法令，参考資料

保育所運営ハンドブック　平成17年版　保育法令研究会監修　中央法規出版　2005.9　1747p　22×16cm　4000円　①4-8058-4617-8
(目次)1 保育所制度の概説，2 総則，3 保育所，4 保育対策等促進，5 保育士養成及び保育士試験，6 社会福祉法人

保育所運営ハンドブック　平成18年版　保育法令研究会監修　中央法規出版　2006.9　1654p　21cm　4000円　①4-8058-4680-1
(目次)1 保育所制度の概説，2 総則，3 保育所，4 保育対策等促進，5 保育士養成及び保育士試験，6 社会福祉法人，7 関連法令，参考資料

保育所運営ハンドブック　平成19年版　保育法令研究会監修　中央法規出版　2007.8　1686p　21cm　4000円　①978-4-8058-4754-1
(目次)1 保育所制度の概説，2 総則，3 保育所，4 保育対策等促進，5 保育士養成及び保育士試験，6 社会福祉法人，7 認定こども園，8 関連法令

保育所運営ハンドブック　平成20年版　保育法令研究会監修　中央法規出版　2008.8　1858p　22cm　〈年表あり〉　4200円　①978-4-8058-4834-0　Ⓝ369.42
(目次)1 保育所制度の概説，2 総則，3 保育所，4 保育対策等促進，5 保育士養成及び保育士試験，6 社会福祉法人，7 認定こども園，8 関連法令，参考資料

保育所運営ハンドブック　平成21年版　保育法令研究会監修　中央法規出版　2009.8　1冊　21cm　4200円　①978-4-8058-4889-0　Ⓝ369.42
(目次)1 保育所制度の概説，2 総則，3 保育所，

4 保育対策等促進・子育て支援, 5 保育士養成及び保育士試験, 6 社会福祉法人, 7 認定こども園, 8 関連法令, 参考資料

保育所運営ハンドブック　平成22年版　保育所運営ハンドブック編集委員会監修　中央法規出版　2010.8　1冊　21cm　4200円　Ⓘ978-4-8058-3350-6　Ⓝ369.42

〔目次〕1 保育所制度の概説, 2 総則, 3 保育所, 4 保育対策等促進・子育て支援, 5 保育士養成及び保育士試験, 6 社会福祉法人, 7 認定こども園, 8 関連法令, 参考資料

保育所運営ハンドブック　平成23年版　中央法規出版編集部編　中央法規出版　2011.8　2465p　21cm　4200円　Ⓘ978-4-8058-3517-3

〔目次〕1 保育所制度の概説, 2 総則, 3 保育所, 4 保育対策等促進・子育て支援, 5 保育士養成及び保育士試験, 6 社会福祉法人, 7 認定こども園, 8 関連法令, 参考資料

保育所運営ハンドブック　平成24年版　中央法規出版編集部編　中央法規出版　2012.8　2567p　21cm　4400円　Ⓘ978-4-8058-3694-1

〔目次〕1 保育所制度の概説, 2 総則, 3 保育所, 4 保育対策等促進・子育て支援, 5 保育士養成及び保育士試験, 6 社会福祉法人, 7 認定子ども園, 8 関連法令, 参考資料

保育所保育指針　平成20年告示　厚生労働省編　フレーベル館　2008.4　35p　21cm　〈厚生労働省告示第141号〉　120円　Ⓘ978-4-577-81241-9　Ⓝ376.15

〔目次〕第1章 総則, 第2章 子どもの発達, 第3章 保育の内容, 第4章 保育の計画及び評価, 第5章 健康及び安全, 第6章 保護者に対する支援, 第7章 職員の資質向上

よくわかる新・保育所保育指針ハンドブック　ラポムブックス　石井哲夫監修　学習研究社　2003.4　191p　19cm　（ラポムブックス）　1500円　Ⓘ4-05-402060-7

〔目次〕総則, 子どもの発達, 6か月未満児の保育の内容, 6か月から1歳3か月未満児の保育の内容, 1歳3か月から2歳未満児の保育の内容, 2歳児の保育の内容, 3歳児の保育の内容, 4歳児の保育の内容, 5歳児の保育の内容, 6歳児の保育の内容, 保育の計画作成上の留意事項, 健康・安全に関する留意事項, 保育所における子育て支援及び職員の研修など

〔内容〕子どもたちの発達過程の特徴を解説。子どもの自立や自主性, 社会性を育てる関わり方とは？　どうほめ, どう叱ったらいいのか, 保育の悩みや迷いが解消。新しい「保育所保育指針」の改訂のポイントをわかりやすく解説。「子育て支援」「低年齢児の保育」「虐待などへの対応」…。今, 必要な内容を満載。

<年鑑・白書>

保育所待機児問題白書　東京都社会福祉協議会　2011.6　254p　30cm　952円　Ⓘ978-4-86353-081-2

〔目次〕第1章 保育所待機児問題に関するアンケート 調査実施のあらまし, 第2章 保育所待機児問題に関するアンケート 調査結果の概要（保育所待機児問題の現状, 子どもを保育する環境として重視するもの, 保育に関わる社会資源の拡大, 保育の質の向上―保育人材確保・育成と連携, 保育所入所申請・相談と情報提供, ワーク・ライフ・バランスを支える子育て支援）, 第3章 多面的なアプローチによる保育所待機児問題に関する提言（即応性が求められる中でも質を確保した大都市における保育所定員の拡大方策, 大都市における多様な家庭環境をふまえた保育サービスと保育人材の確保・育成, 保育所の入所をめぐる制度改善と情報提供・相談支援機能の強化, 子育ての総合的な支援によるワーク・ライフ・バランスの推進基盤の確立, 大都市における1歳児の入所困難「1歳児問題」への対応）, 資料編（認可・認証保育所, 認定こども園向けアンケート, 認可・認証保育所, 認定こども園利用保護者向けアンケート, 保育所利用希望保護者（見学者）向けアンケート, 保育所利用希望保護者（講座参加者）向けアンケート, 保育所待機児童対策に関する区市町村アンケート）, 保育所待機児問題プロジェクト委員名簿

〔内容〕都内認可・認証保育所, 認定こども園とその利用保護者, 見学者, 区市町村保育主管課を対象とした実態調査結果, 5つの柱による20の提言を掲載。

◆保育士

<ハンドブック>

改訂福祉施設実習ハンドブック　保育士養成課程　改訂版　内山元夫, 岡本幹彦, 神戸賢次編　（岐阜）みらい　2007.4　174p　26cm　2000円　Ⓘ978-4-86015-098-3

〔目次〕第1部 福祉施設実習とは, 第2部 福祉施設実習への準備, 第3部 福祉施設実習の内容, 第4部 施設別の実習の内容, 第5部 実習後の学習, 第6部 保育実習3, 第7部 福祉施設実習FAQ, 資料編

子どもへの言葉かけハンドブック　保育の悩みを解決！　横山洋子著　ナツメ社　2010.3　159p　15cm　（ナツメ社保育シリーズ）　1000円　Ⓘ978-4-8163-4855-6

Ⓝ376.1

(目次)第1章 年間行事での言葉かけ(入園式でお漏らし。落ち込む子に何と声をかけたらよい?、保育参観で保護者が帰る際に泣き出してしまった子には? ほか)、第2章 日常生活での言葉かけ(保護者と離れるのを嫌がって毎朝大泣きする子には?、園には持ってきてはいけないものを持ってくる子には? ほか)、第3章 トラブル時の言葉かけ(子どもが園のものを壊してしまったときには?、何度注意しても廊下を走る子には? ほか)、第4章 困った行動への言葉かけ(理由もなく他の子を叩いたり、けったりする子には?、気に入らないことがあるとすぐに暴力を振るう子には? ほか)、第5章 乳幼児への言葉かけ(哺乳瓶からコップへの移行を嫌がる子には?、お茶を飲むのを嫌がる子には? ほか)

(内容)年間行事、日常生活、トラブル時、困った行動、乳幼児—保育者に聞いた68の悩みを一挙解決。

福祉施設実習ハンドブック 保育士養成課程 内山元夫,岡本幹彦,神戸賢次編 (岐阜)みらい 2003.5 174p 26cm 2000円
①4-86015-029-5

(目次)第1部 福祉施設実習とは、第2部 福祉施設実習への準備、第3部 福祉施設実習の内容、第4部 施設別の実習の内容、第5部 実習後の学習、第6部 保育実習3、第7章 福祉施設実習FAQ、資料編

(内容)新「保育士養成・実施基準」に基づき、施設保育士養成に必要な実習1と実習3の実習目的・趣旨に応じた、各施設種別、各実習段階別にステップアップできるように編集。また、施設実習に臨む学生が独学で、実習前・実習中・実習後に何を準備し、何を学ぶべきなのかを系統立てて理解できるよう執筆。

保育士のための福祉施設実習ハンドブック 小野澤昇,田中利則編著 (京都)ミネルヴァ書房 2011.3 231p 21cm 2400円
①978-4-623-06003-0

(目次)第1部 施設実習について学ぶ(福祉施設実習の目的と理解、実習施設の種類と概要、実習関連の知識を学ぶ、福祉施設の現状と利用者の生活、職員の仕事から実習生が学んでほしいこと、利用者の日常生活から実習生が学んでほしいこと)、第2部 施設実習へ向けての準備と実習中の学び(施設実習へ向けての準備、福祉施設実習に参加する際の留意事項、実習前の不安や悩みに関するQ&A)、第3部 施設実習後の学び(施設実習の振り返り、実習終了後の施設との関係づくり)、保育実習3への取り組み

(内容)保育士養成のための施設実習最新テキスト。実習で失敗した学生や、逆に成功し自信を

もてた学生のエピソードや事例を豊富に盛り込む。また、専門職の基本となる倫理や価値、技術、知識の必要性についても記述し、一度の実習経験が人生の宝物になる可能性があることについて述べる。

保護者との話し方ハンドブック 保育の悩みを解決! 横山洋子著 ナツメ社 2010.3 159p 15cm (ナツメ社保育シリーズ) 1000円 ①978-4-8163-4853-2
Ⓝ376.1

(目次)第1章 年間行事での話し方(入園式で子どもが大泣き、保護者も困っているときには?、役員を決める保護者会。誰もやりたくないのか、黙っているときには? ほか)、第2章 日常生活での話し方(毎朝遅刻してくる保護者には?、子どもが気になり保育開始後も帰らない保護者には? ほか)、第3章 トラブル時の話し方(見ていないときにした、子どものケガを伝えるには?、特定の子に繰り返しケガをさせた子の保護者には? ほか)、第4章 困った保護者への話し方(「○○ちゃんと違う組にして」など無理なことを言われたら?、他の保護者の悪口を言ってくる保護者には? ほか)

(内容)年間行事、日常生活、トラブル時、困った保護者—保育者に聞いた69の悩みを一挙解決。

保護者にきちんと伝わる連絡帳の書き方&文例ハンドブック 椛沢幸苗監修 ナツメ社 2012.2 255p 15cm (ナツメ社保育シリーズ) 1400円 ①978-4-8163-5168-6

(目次)第1章 保護者からの相談・連絡への答え方(健康・発達、園の様子、家庭の様子)、第2章 子どもの様子の伝え方(一日の様子、行事の様子、人との関わり)、第3章 心が通う連絡帳にするテクニック(保護者のタイプ別対応法、対応が難しいケース、連絡帳テクニック)

(内容)現場の先生たちの声をもとによくあるケースを厳選。

学校教育

学校教育一般

<事典>

英和・和英学校教育用語集 学校教育用語編集委員会編 教育開発研究所 1999.4 216p 19cm 1800円 ⓘ4-87380-308-X

(内容)教育学関係用語、学校教育関係用語を英和、和英に編集したもの。英和の部はABC順に配列し最初に英語用語、次に日本語訳を記し、和英の部は五十音順に配列し最初に日本語用語、次に英語訳を記した。

学校教育キーワード事典 土屋基規,平原春好,三輪定宣,室井修編著 旬報社 1998.8 242,5p 21cm 2500円 ⓘ4-8451-0537-3

(目次)第1章 学校教育は今,第2章 学校の組織と運営,第3章 教師のしごと,第4章 学校を支えるしくみ,第5章 二一世紀をめざして
(内容)学校と教育内容に関する問題、学校の組織と運営に関する問題、教師のしごと、教師の養成や研修などに関する問題、学校の施設や財政に関する問題、現代の教育改革の焦点的な問題、の5つの分野で学校教育の問題に関する100項目のキーワードを解説した事典。索引付き。

学校教育辞典 新版 今野喜清,新井郁男,児島邦宏編 教育出版 2003.2 756p 21cm 〈付属資料：CD-ROM1〉 8000円 ⓘ4-316-34950-3

(内容)国際化・情報化・高齢化社会に対応した新しい時代の学校教育を俯瞰するための重要語句2100語を収録した辞典。配列は見出し語の五十音順、巻末に事項名索引、付録としてハードディスクインストール型CD-ROMが付く。

学校用語英語小事典 改訂増補版 竹田明彦著,ジョン・L.スネリング英文校閲 大修館書店 1998.6 354p 19cm 2200円 ⓘ4-469-24423-6

(目次)学校の設備・備品、職員室の設備・備品、教室の道具・備品、教務、生徒指導、クラス役員、ホームルーム活動、生徒会、進路指導、科目・学習〔ほか〕
(内容)日本の学校事情を英語で説明すつために必要な語彙を行事や科目など46の分野にまとめた学校用語辞典。巻末に日本語索引が付く。

学校用語英語小事典 第3版 竹田明彦著,ジョン・スネリング英文校閲 大修館書店 2004.2 385p 19cm 2300円 ⓘ4-469-24491-0

(目次)学校の設備・備品、職員室の設備・備品、教室の道具・備品、教務、生徒指導、クラス役員、ホームルーム活動、生徒会、進路指導、科目・学習〔ほか〕
(内容)学校の設備、教科名、行事など、学校生活に必要な用語や表現が英語で何というのかすぐに分かる便利な用語事典。新学習指導要領に対応するとともに、試験や授業で使える英語の指示文を増補。各種証明書のサンプルなど、付録も充実。

教育工学事典 日本教育工学会編 実教出版 2000.6 589p 28×20cm 12000円 ⓘ4-407-05110-8 Ⓝ375.11

(内容)教育工学に関する用語を解説した事典。認知、メディア、コンピュータ利用、データ解析、ネットワーク、授業研究、教師教育、情報教育、インストラクショナル・デザイン、教育工学一般の10分野からキーワードを収録し、五十音順に排列。364項目のキーワードを解説し、索引に収録したテクニカルタームの数は約5200。外国語と日本語の総さくいん、分野別さくいんがある。

「教育の情報化」用語辞典 古藤泰弘,清水康敬,中村一夫編 学文社 2002.4 246p 19cm 2500円 ⓘ4-7620-1137-1 Ⓝ375.199

(内容)コンピュータの導入に見られる情報化教育に関連する用語を解説したもの。コンピュータやインターネットについての基本用語、教育情報環境の整備、情報教育の推進や教育工学的手法による授業改善に必要な項目約1300をアルファベット順または五十音順に排列。語義、教育的意義、社会的背景等を簡潔に解説する。巻末に平成11年度版高等学校学習指導要領、平成10年度版中学校学習指導要領(いずれも抜粋)を初めとする9種の関連資料を収集。アルファベット順の索引あり。

現代学校教育大事典 1-7巻 安彦忠彦ほか編集 ぎょうせい 1993.8-9 7冊 27cm

学校教育一般　　　　　　　　学校教育

〈監修：奥田真丈,河野重男〉
[目次]1 あ～かつ　2 かて～ける　3 けん～しゃ　4 しゅ～そ　5 た～ひの　6 ひは～ん　7 索引
[内容]学校教育にかかわる事項・用語5177項目を収録した事典。全体構成は本編6巻（五十音順）、索引1巻。

現代学校教育大事典　新版　安彦忠彦ほか編
ぎょうせい　2002.8-9　7冊　27cm　Ⓘ4-324-06415-6　Ⓝ370.33
[目次]1（あ-かつ）　2（かて-け）　3（こ-しゅこ）　4（しゅさ-た）　5（ち-ふよ）　6（ふら-わ A-Z）　7（索引）

最新 学校教育キーワード事典　最新増補版
土屋基規,平原春好,三輪定宣,室井修編著
旬報社　2001.12　274,5p　21cm　2500円　Ⓘ4-8451-0722-8　Ⓝ370.33
[目次]第1章 教育改革の焦点，第2章 学校教育は今，第3章 学校の組織と運営，第4章 教師のしごと，第5章 学校を支えるしくみ，第6章 二一世紀の教育
[内容]現代日本の学校教育のさまざまな問題について、基本的なことがらを114項目のキーワードにまとめて解説したもの。最新の「教育改革」に焦点をあてた1章を新設した最新増補版。巻末に重要な資料・刊行物についての「情報アクセスマップ」を掲載し、五十音順の索引を付す。

新 学校用語辞典　牧昌見編　ぎょうせい
1993.12　1279p　21cm　7500円　Ⓘ4-324-03480-X
[内容]学校での日常の教育活動に関連する用語を解説した実務用事典。収録対象は、教育基本用語，教育改善・授業改善・教師自己変革に資する用語、その他広く学校教育にかかわる用語の計3800項目。学校教育の効果的実践と改善、教師の資質・能力の向上に役立つべく実践的解説を編集方針としている。巻末には「児童の権利に関する条約（政府訳）」「生涯学習振興法」などの資料・データがある。

＜名 簿＞

学校創立者人名事典　日外アソシエーツ編
日外アソシエーツ,紀伊國屋書店〔発売〕
2007.7　448p　21cm　12571円　Ⓘ978-4-8169-2058-5
[目次]合川正道，会沢信彦，愛知すみ，合原琴，青木千作代，青田強，赤井米吉，赤城周行，明石嘉國，赤松安子〔ほか〕
[内容]近代から昭和に至るまでの私立大学、短期大学、高校、旧制中学などの学校設立、創立に関わった教育者、実業家、政治家、宗教家、芸術家など820人を収録。学校沿革史、地方百

科事典などを調査、人名事典に未掲載の人物も多数収録。巻末には家族や親族、別名などからも引ける人名索引、設立、創立に関わった学校名から引ける学校名索引付き。

学校法人名簿　平成5年版　学校法人経理研究会　1993.10　622,46p　26cm　〈監修：日本私学振興財団〉　8500円　Ⓘ4-87602-543-6　Ⓝ370.35
[内容]大学・短大から幼稚園までの全学校法人とその設置学校を網羅し、都道府県ごとに排列。

学校名変遷総覧 大学・高校編　日外アソシエーツ編　日外アソシエーツ,紀伊國屋書店〔発売〕　2006.11　754p　26cm　28000円　Ⓘ4-8169-2012-9
[目次]北海道，青森県，岩手県，宮城県，秋田県，山形県，福島県，茨城県，栃木県，群馬県〔ほか〕
[内容]大学・短大・高専・高校の校名の変遷を一望。旧制中学校から新制高校、短大から四年制大学、師範学校から大学など学校制度や時代の流れによって変化をとげてきた学校名の変遷が一覧できる。現行の大学、短大、高専、高校あわせて6481校と、それらの旧校名のべ15,416校を収録。古くは藩校、学林、裁縫塾などにまで遡って収録。総合学科、単位制の導入などによる校名変更にも対応。

近畿学校一覧　2006年度　タイムス編
（大阪）タイムス　2006.6　345p　21cm　3900円　Ⓘ4-88465-115-4
[目次]大阪府，兵庫県，京都府，滋賀県，奈良県，和歌山県，近畿各府県別校園数一覧

近畿の公私立高等学校全調査　高校進学に役立つ　平成25年度　（大阪）教育事業社　2012.6　543p　21cm　1700円　Ⓘ978-4-902096-90-3
[目次]大阪府，兵庫県，京都府，滋賀県，奈良県，和歌山県，公立高校

全国学校総覧　1991年版　文部省大臣官房調査統計企画課監修　東京教育研究所，原書房〔発売〕　1990.11　1486p　21cm　16500円　Ⓘ4-562-02146-2　Ⓝ370.35
[内容]この総覧は全国の大学・大学院・短期大学、高等専門学校、高等学校、中学校、小学校、幼稚園、盲学校、聾学校、養護学校、専修学校、各種学校について収録した。

全国学校総覧　1992年版　文部省大臣官房調査統計企画課監修　東京教育研究所，原書房〔発売〕　1991.11　1434p　21cm　16500円　Ⓘ4-562-02248-5　Ⓝ370.35
[内容]この総覧は全国の大学・大学院・短期大

学・高等専門学校, 高等学校, 中学校, 小学校, 幼稚園, 盲学校, 聾学校, 養護学校, 専修学校, 各種学校について収録した。

全国学校総覧　1993年版　文部省大臣官房調査統計企画課監修　原書房　1992.11　1437p　21cm　16500円　Ⓘ4-562-02377-5

〔目次〕第1部 大学・大学院・短期大学・通信制大学短期大学, 高等専門学校, 第2部 高等学校高等学校通信制課程, 第3部 中学校, 第4部 小学校, 第5部 幼稚園, 第6部 盲・聾・養護学校, 第7部 専修学校, 第8部 各種学校

〔内容〕全国の学校について, 都道府県別にその所在地, 在学者数, 教員数, 校長名, 電話番号等学校に関する基本的事項を収録した。

全国学校総覧　1994年版　文部省大臣官房調査統計企画課監修　東京教育研究所, 原書房〔発売〕　1993.11　1499p　21cm　17500円　Ⓘ4-562-02483-6

〔目次〕大学・大学院・短期大学・通信制大学短期大学・高等専門学校, 高等学校通信制課程, 中学校, 小学校, 幼稚園, 盲・聾・養護学校, 専修学校, 各種学校

全国学校総覧　1995年版　原書房　1994.11　1495p　21cm　17500円　Ⓘ4-562-02623-5

〔目次〕第1部 大学・大学院・短期大学・通信制大学短期大学・高等専門学校, 第2部 高等学校・高等学校通信制課程, 第3部 中学校, 第4部 小学校, 第5部 幼稚園, 第6部 盲・聾・養護学校, 第7部 専修学校, 第8部 各種学校

〔内容〕全国の学校の所在地・在学者数・教員数・校長名・電話番号等を記した名簿。収録対象は1994年5月1日現在の大学・大学院・短大, 高等専門学校, 高等学校, 中学校, 小学校, 幼稚園, 盲学校, 聾学校, 養護学校, 専修学校, 各種学校。それぞれ都道府県別に掲載する。巻末の付表には統計7表, 文部省機構図, 教育委員会名簿を収める。

全国学校総覧　1996年版　文部省大臣官房調査統計企画課監修　原書房　1995.11　1499p　21cm　17500円　Ⓘ4-562-02745-2

〔内容〕全国の大学, 大学院, 短期大学, 高等専門学校, 中学校, 小学校, 幼稚園, 盲学校, 聾学校, 養護学校, 専修学校, 各種学校の名簿。北海道から沖縄県まで都道府県別に各学校の所在地, 在学者数, 教員数, 校長名, 電話番号等を掲載する。内容は1995年5月1日現在。巻末に都道府県別の学校数, 生徒数, 教員数等の統計資料, 都道府県市区町村教育委員会名簿がある。

全国学校総覧　1997年版　文部省大臣官房調査統計企画課監修　原書房　1996.11　1499p　21cm　17510円　Ⓘ4-562-02848-3

〔目次〕第1部 大学・大学院・短期大学・通信制大学・短期大学, 高等専門学校, 第2部 高等学校・高等学校通信制課程, 第3部 中学校, 第4部 小学校, 第5部 幼稚園, 第6部 盲・聾・養護学校, 第7部 専修学校, 第8部 各種学校

全国学校総覧　1998年版　文部省大臣官房調査統計企画課監修　原書房　1997.11　1491p　21cm　17000円　Ⓘ4-562-03017-8

〔目次〕第1部 大学・大学院・短期大学・通信制大学・短期大学, 高等専門学校, 第2部 高等学校・高等学校通信制課程, 第3部 中学校, 第4部 小学校, 第5部 幼稚園, 第6部 盲・聾・養護学校, 第7部 専修学校, 第8部 各種学校

〔内容〕1997年5月1日現在の, 全国の大学, 大学院, 短期大学, 高等専門学校, 高等学校, 中学校, 小学校, 幼稚園, 盲学校, 聾学校, 養護学校, 専修学校, 各種学校の所在地, 在学者数, 教員数, 校長名, 電話番号を記載した学校名簿。

全国学校総覧　1999年版　原書房編集部編　原書房　1998.12　1433p　21cm　9500円　Ⓘ4-562-03149-2

全国学校総覧　2000年版　原書房編集部編　原書房　1999.11　1430p　21cm　9500円　Ⓘ4-562-03254-5

〔目次〕第1部 大学・大学院・短期大学・通信制大学・短期大学, 高等専門学校, 第2部 高等学校・高等学校通信制課程, 第3部 中学校, 第4部 小学校, 第5部 幼稚園, 第6部 盲・聾・養護学校, 第7部 専修学校, 第8部 各種学校

〔内容〕全国の文部省管轄の大学・大学院・短期大学, 高等専門学校, 高等学校, 中学校, 小学校, 幼稚園, 盲学校, 聾学校, 養護学校, 専修学校, 各種学校を, 約60000校収録した総覧。収録内容は, 学校名（国・公・私立別, 男・女子校別を明示）, 所在地, 郵便番号, 電話番号, 課程（全日制・定時制・普通・農業・水産・工業・商業・家庭・看護・専科・別科・総合の別を明示）, 学部（大学）, 研究科名（大学院）, 学科（短大）など。内容は1999年5月1日現在。付録に, 全国市町村教育委員会一覧表, 都道府県別統計がある。

全国学校総覧　2001年版　全国学校データ研究所編　原書房　2001.1　2冊（セット）　21cm　13000円　Ⓘ4-562-03361-4　Ⓝ370.35

〔目次〕国公立編, 私立編（大学・大学院・短期大学・通信制/大学・大学院・短期大学・高等専門学校, 高等学校・高等学校通信制課程, 中学校, 小学校, 幼稚園, 盲・聾・養護学校, 専修学校, 各種学校, 全国教育委員会一覧）

全国学校総覧　2002年版　全国学校データ研究所編　原書房　2001.12　2冊(セット)　21cm　13000円　Ⓘ4-562-03461-0　Ⓝ370.35

(内容)文部省所管の学校約6万校のデータを記載した名簿。原則として2000年5月1日現在の情報を掲載。巻末に全国教育委員会一覧と学校数・生徒数などの都道府県別統計表を付す。

(目次)国公立編(大学・大学院・短期大学・その他の大学校等・高等専門学校、高等学校、中学校、小学校、幼稚園、盲・聾・養護学校、専修学校、各種学校)、私立編(大学・大学院・短期大学・通信制/大学・大学院・短期大学・高等専門学校、高等学校・高等学校通信制課程、中学校、小学校、幼稚園、盲・聾・養護学校、専修学校、各種学校)

全国学校総覧　2003年版　全国学校データ研究所編　原書房　2002.12　2冊(セット)　21cm　13500円　Ⓘ4-562-03574-9　Ⓝ370.35

(内容)文部省所管の学校約6万校の名簿。原則的に2001年5月1日現在の内容。各校の生徒数や所在地、代表者名などを記載する。付録として全国都道府県市町村教育委員会一覧および学校関係統計表が付く。

(目次)国公立編(大学・大学院・短期大学・その他の大学校等・高等専門学校、高等学校、中学校、小学校、幼稚園、盲・聾・養護学校、専修学校、各種学校)、私立編(大学・大学院・短期大学・通信制/大学・大学院・短期大学・高等専門学校、高等学校・高等学校通信制課程、中学校、小学校、幼稚園、盲・聾・養護学校、各種学校)

(内容)文部科学省所管の学校データを記載した名簿。国公立編、私立編の2冊組。幼稚園から大学・各種学校まで、日本全国すべての学校、約60000校を収録。学校の種類別に構成。各学校の学校名、校長名、所在地、郵便番号、電話番号などを記載。データは原則として2002年5月1日現在のもの。巻末に全国教育委員会一覧表と学校数・生徒数などの都道府県別統計を付す。

全国学校総覧　2004年版　全国学校データ研究所編　原書房　2003.12　1242p　21cm　15500円　Ⓘ4-562-03720-2

全国学校総覧　2005年版　全国学校データ研究所編　原書房　2004.11　1224p　26cm　15500円　Ⓘ4-562-03799-7

(目次)1 大学・大学院・短期大学・通信制(大学・大学院・短期大学)・高等専門学校, 2 高等学校, 3 中学校, 4 小学校, 5 幼稚園, 6 盲・聾・養護学校, 7 専修学校, 8 各種学校, 全国教育委員会一覧

(内容)幼稚園から大学・各種学校まで日本全国の総ての学校、約62000校を収録。学校名、校長名、電話、FAX番号を記載。

全国学校総覧　2006年版　全国学校データ研究所編　原書房　2005.12　1202p　26cm　13500円　Ⓘ4-562-03974-4

(目次)大学・大学院・短期大学通信制(大学・大学院・短期大学)・高等専門学校、高等学校、中学校, 小学校, 幼稚園, 盲・聾・養護学校、専修学校、各種学校

(内容)幼稚園から大学・各種学校まで日本全国の総ての学校を網羅した正確な資料。収録学校計、約62000校収録。

全国定時制通信制高等学校基本調査　平成24年度　全国高等学校定時制通信制教頭・副校長協会　2012.8　124p　30cm　非売品　Ⓝ376.41

(内容)定時制高等学校、通信制高等学校の所在地、電話番号、定員、生徒数等を記載した名簿。

東京都学校名簿　平成22年度版　東京都教育委員会監修　原書房,東京教科書供給(発売)　2010.6　319p　13×19cm　2400円　Ⓘ978-4-562-04583-9　Ⓝ370.35

(目次)公立(区市立幼稚園, 区市町村立小学校, 区市町村立中学校, 都立中学校, 区立中等教育学校, 都立中等教育学校, 都立高等学校, 都区立特別支援学校・通信教育・中学校(夜間学級)・高専・大学・短大)、国立, 私立(私立幼稚園, 私立小学校, 私立中学校, 私立高等学校, 私立・高校通信課程・ろう・養護・大学・短大・高専, 専修・各種学校), 付録(教育行政機関)

日本の名門高校ベスト100　公立高校編　新生通信編　新生通信,朝日新聞社(発売)　2002.6　627p　26cm　5000円　Ⓘ4-02-100066-6　Ⓝ376.41

(目次)北海道小樽潮陵高等学校, 北海道札幌南高等学校, 北海道函館中部高等学校, 青森県立弘前高等学校, 岩手県立盛岡第一高等学校, 宮城県仙台第一高等学校, 宮城県仙台第二高等学校, 秋田県立秋田高等学校, 山形県立山形東高等学校, 山形県立米沢興譲館高等学校〔ほか〕

(内容)日本の名門公立高校のガイドブック。日本の名門公立高校100校について、都道府県別に県コード順・県内五十音順に排列、沿革を年表の形にまとめ、建学の経緯、歴史や伝統、学校の特徴や学校生活等について、写真を交えて詳しく解説する。巻頭に、学校建学の源流を訪ねるコラム2編を掲載。巻末に参考文献、執筆者一覧他を付す。

兵庫県学校要覧　2006年度　タイムス編　(大阪)タイムス　2006.7　106p　21cm

1800円　①4-88465-116-2

(目次)大学・短期大学，高等専門学校，高等学校，中等教育学校，盲・聾・養護学校，中学校，小学校，幼稚園，専門学校高等専修学校，各種学校，教育委員会

<ハンドブック>

インターネット 世界の学校アドレスブック　世界の学校・教育関連ホームページURL集　インタメッツォ編　中央経済社　1998.6　189p　26cm　〈付属資料：CD-ROM1〉　2800円　①4-502-41080-2

(目次)学校関連・国内，学校関連・海外，教育関連資源・国内，教育関連資源・海外，教育関連プログラム・国内，教育関連プログラム・海外

(内容)学校・教育関連分野のホームページURL集。61カ国8000を超えるURLを、学校関連、教育関連資源、教育関連プログラムの3つに大別し、さらに研究機関、大学院、幼稚園、教育団体、図書館、プラネタリウム、留学プログラム、生涯教育などに分類し、日本国内は都道府県別に、海外は国別に収録。

がっこう百科　岡崎勝編著　(熱海)ジャパンマシニスト社　2005.12　326p　21cm　1905円　①4-88049-125-X

(目次)いろんな友だち，学校のモノたち，先生という人たち，学校と教育の問題，学校ぐらし，からだのこと，お勉強

(内容)技ありの先生たち、だからこそ書けた「とことん使える」生活・学びのアドバイス。

教育システム情報ハンドブック　教育システム情報学会編　実教出版　2001.10　339p　26cm　3800円　①4-407-05118-3　Ⓝ375.036

(目次)第1編 基礎編，第2編 認知工学，第3編 グループ学習・協調学習，第4編 教育学習訓練システム，第5編 ネットワークと教育，第6編 情報教育，第7編 教育的背景

(内容)IT時代の教育の考え方、モデル化、技術、システム化などについて解説した実用便覧。

「授業」で選ぶ中高一貫校　中学受験　鈴木隆祐編著　学習研究社　2008.4　278p　21cm　2000円　①978-4-05-302676-7　Ⓝ376.31

(目次)1 トップエリートを育てる知性と心の磨き方(麻布中学校・麻布高等学校，灘中学校・灘高等学校 ほか)，2 教室に息づく文化が高い進学実績を生む(渋谷教育学園渋谷中学高等学校，暁星中学・高等学校 ほか)，3 学園のアイデンティティを育む大学附属校(早稲田大学系属早稲田実業学校中等部・高等部，法政大学中学高等学校 ほか)，4 伝統と改革—飛躍を支える授業(洗足学園中学校・高等学校，田園調布学園中等部・高等部 ほか)，5 急発進・公立中高一貫校のこれから

(内容)低下する一方の日本の子どもの学力—。有名中高一貫校の多くは、国際的に通用する人材を育てるべく、意欲的な指導法の試みに取り組んでいる。全国一流校の「授業」を実地に取材し、「わが子に受けさせたい授業」とは何かを探る。

スポーツ進学するならコノ高校！　首都圏版スポーツ強豪200校進学ガイド　手束仁，杉本徹著　駿台曜曜社　2002.8　239p　19cm　1300円　①4-89692-205-0　Ⓝ780.7

(目次)序章 現代の高校スポーツ事情，本論 スポーツ別強豪校環境ガイド(サッカー，ラグビー，男子バレーボール，女子バレーボール，男子バスケットボール，女子バスケットボール，その他のスポーツ)

(内容)首都圏のスポーツ強豪高校の進学ガイドブック。『甲子園出場を目指すならコノ高校！』の姉妹版。サッカー、ラグビー、男女バレーボール、男女バスケットボール等7つのスポーツに区分、都県別に配列した強豪高校200校について、スポーツ部の年間の動きや大会成績等のスポーツ環境、及び、入試の目安等の進学情報を掲載する。巻末にスポーツ別、五十音順索引を付す。

全国特色ある研究校便覧　平成12・13年度　全国連合小学校長会編　第一公報社　2000.5　175p　21cm　905円　①4-88484-114-X　Ⓝ376.21

(目次)1 学校経営，2 教育課程，3 教育活動，4 各教科等の指導，5 施設・設備・教育環境

(内容)全国47都道府県の特色ある教育研究実践校を紹介した研究校便覧。研究校は、ここ数年にわたり多くの貴重な実践的研究の成果をあげ、平成12年度以降においても研究交流、参観等に応ずることができる学校269校を収録。学校は学校経営、教育課程、教育活動、各教科等の指導、施設・設備・教育環境の5編に分類して排列。各校は学校名と校長名、学級数などのデータと研究のテーマ、解説を掲載。ほかに観点別ホームページ索引、全連小・都道府県小学校長会事務局の一覧を収録。巻末に都道府県別の校名索引を付す。

<法令集>

私学必携　第六次改訂版　文部省高等教育局私学部編　第一法規出版　1990.8　1590p　19cm　4800円　①4-474-04980-2

(目次)第1編 教育基本，第2編 学校教育，第3編

学校教育一般　　　　　　　　　学校教育

私立学校，第4編 学校法人会計，第5編 私学助成，第6編 私学関係の税制，第7編 日本私学振興財団，第8編 関係法令

私学必携　第七次改訂版　文部省高等教育局私学部編　第一法規出版　1992.5　1794p　19cm　4800円　ⓘ4-474-09073-X
〔目次〕第1編 教育基本，第2編 学校教育，第3編 私立学校，第4編 学校法人会計，第5編 私学助成，第6編 私学関係の税制，第7編 日本私学振興財団，第8編 関係法令

私学必携　第八次改訂　文部省高等教育局私学部編　第一法規出版　1995.3　1916p　19cm　5200円　ⓘ4-474-00468-X
〔目次〕第1編 教育基本，第2編 学校教育，第3編 私立学校，第4編 学校法人会計，第5編 私学助成，第6編 私学関係の税制，第7編 日本私学振興財団，第8編 関係法令
〔内容〕私立学校に関する法令・通達・通知等を収録した法令集。内容は1995年1月20日現在。学校教育・私学助成など8分野に分類して収録する。基本法である学校教育法及び私立学校法には，各条ごとに他の法令条文との関連を明らかにするための参照注記を付す。

私学必携　第九次改訂版　文部省私学法令研究会監修　第一法規出版　1998.7　2047p　19cm　5200円　ⓘ4-474-00823-5
〔目次〕第1編 教育基本，第2編 学校教育，第3編 私立学校，第4編 学校法人会計，第5編 私学助成，第6編 私学関係の税制，第7編 日本私立学校振興・共済事業団，第8編 関係法令
〔内容〕私学に関する法を集めた法令集。平成9年の大学の教員等の任期に関する法律等が公布・施行され，日本私学振興財団と私立学校教職員共済組合の統合，平成9年及び10年の，大学設置基準，短期大学設置基準，高等専門学校設置基準の一部改正，学校法人の寄付行為又は寄付行為変更の認可手続き等の改正に合わせて，内容を改めた第九次改訂版。

私学必携　第十次改訂版　私学法令研究会監修　第一法規出版　2000.8　2181p　19cm　5200円　ⓘ4-474-00960-6　Ⓝ373.2
〔目次〕第1編 教育基本，第2編 学校教育，第3編 私立学校，第4編 学校法人会計，第5編 私学助成，第6編 私学関係の税制，第7編 日本私立学校振興・共済事業団，第8編 関係法令
〔内容〕私立学校関係の法令・通達・通知等を収録した法令集。内容は平成12年4月現在。本編は8編で構成。第十次改訂では平成12年4月より地方分権の推進を図るための関係法律の整備等に関する法律に伴い改正される学校教育法，私立学校法などの改正について収録する。

私学必携　第十一次改訂版　私学法令研究会監修　第一法規出版　2002.1　2336p　19cm　5200円　ⓘ4-474-01616-5　Ⓝ373.22
〔目次〕第1編 教育基本，第2編 学校教育，第3編 私立学校，第4編 学校法人会計，第5編 私学助成，第6編 私学関係の税制，第7編 日本私立学校振興・共済事業団，第8編 関係法令
〔内容〕私学関連の法令集。平成13年9月までの，学校基本法，学校教育法，私立学校法ほかの私立学校関連の法令，通達・通知等を8編に分けて収録。各法令にはすべて項番号を付し，基本法である学校教育法および私立学校法とその他の法令条文の関連を明らかにするための参照注記を付す。第十一次改訂では，平成12年6月の第十次改訂以降，大学設置基準，短期大学設置基準，私立学校法施行規則などの改正を反映している。

私学必携　第十二次改訂版　私学法令研究会監修　第一法規　2004.4　2708p　19cm　5300円　ⓘ4-474-01799-4
〔目次〕第1編 教育基本，第2編 学校教育，第3編 私立学校，第4編 学校法人会計，第5編 私学助成，第6編 私学関係の税制，第7編 日本私立学校振興・共済事業団，第8編 関係法令
〔内容〕第十一次改訂（平成十三年十二月）以降，学校教育法，私立学校法の一部改正が行われ，大学設置基準等の各種設置基準や，学校法人の寄附行為及び寄附行為変更の認可に関する審査基準等についても改正が行われてきた。また，その他の関係法令についても改正が行われている。本書は内容を現行法令を反映させるとともに，一層の充実を図った。

私学必携　第十三次改訂　私学法令研究会監修　第一法規　2005.5　2674p　19cm　5300円　ⓘ4-474-01882-6
〔目次〕第1編 教育基本，第2編 学校教育，第3編 私立学校，第4編 学校法人会計，第5編 私学助成，第6編 私学関係の税制，第7編 日本私立学校振興・共済事業団，第8編 関係法令
〔内容〕本書には，原則として平成十六年十二月までの法令，通達・通知等を極力収録した。なお，「学校法人会計基準」については，平成十七年三月までの改正を収録した。

私学必携　第十四次改訂版　私学法令研究会監修　第一法規　2007.11　3438p　19cm　〈付属資料：別冊1〉　5600円　ⓘ978-4-474-02339-0
〔目次〕第1編 教育基本，第2編 学校教育，第3編 私立学校，第4編 学校法人会計，第5編 私学助成，第6編 私学関係の税制，第7編 日本私立学校振興・共済事業団，第8編 関係法令

私学必携　第十四次改訂第2版　私学法令研究

会監修　第一法規　2009.4　1冊　19cm
5600円　①978-4-474-02486-1　Ⓝ373.22
(内容)私立学校の設置・運営に関わる法令や関係通知、通達等を収録した実務便覧。平成20年12月までの私学に関係する法令、通達・通知等を収録。平成19年の学校教育法施行規則改正、平成20年の教育職員免許法施行規則や大学設置基準等の改正などに対応した第十四次改訂第2版。

＜カタログ＞

業種別 企業案内グラフィックス　会社案内＋コンセプトブック・学校案内の特集
　ピエ・ブックス　2006.7　255p　30cm
　15000円　①4-89444-526-3
(内容)就職活動や転職活動、企業を知るために必要な会社案内・入社案内のパンフレットをオールカラーで紹介。学校案内のパンフレットも収録。本文は情報・通信、金融・保険、製造・薬品など業種別に記載。巻末にINDEX付き。

入会・入学案内グラフィックス　ピエ・ブックス　2006.4　190p　31×23cm
　14000円　①4-89444-498-4
(目次)Service, Amenities & Food, Fashion & Other, School
(内容)「入会・入学」にテーマを絞り、勧誘時のプロモーション展開や、入会案内とカードなどのグラフィックツールを紹介。個性的な広告でブランドイメージを定着させたプロモーションや、ターゲットを絞って展開した入会キャンペーンなど「入会・入学」を導くグラフィックツールの役割を探る。

行きたい入りたい学校・施設グラフィックス　ピエ・ブックス　2008.3　218p　31cm　〈他言語標題：Attractive prospectus design : school and facility〉　14000円
　①978-4-89444-669-4　Ⓝ674.3
(目次)特集 INTERVIEW、学校（大学、専門学校、幼稚園〜小・中・高校、その他のスクール）、施設（ウェディング、宿泊施設・スパ、医療・介護施設、その他の施設）
(内容)大学から幼稚園まで、老若男女が学ぶさまざまな学校・教室と、その一生の節目節目をサポートする施設のパンフレットを中心に、施設案内のグラフィックスを紹介する。

New Company Brochure Design 2　会社・学校・施設案内カタログ＆WEBグラフィックス　ピエ・ブックス　2002.7　264p　31×23cm　〈本文：日英両文〉
　15000円　①4-89444-205-1　Ⓝ674.3
(目次)食品/フードサービス，流通/販売，ファッション，金融/保険，建築/住宅/不動産，電機/機械，医療/薬品，化学/エネルギー，情報・通信サービス/コンピューター，金属/部品〔ほか〕
(内容)企業や学校、施設の案内カタログと案内WEBを集めた目録。デザインや内容が優れたカタログ約150点とWEB約50点を収録し、業種別に紹介する。各カタログやWEBは、クライアント名、クライアント業種、制作年、制作会社、制作スタッフ、サイズ、目次、構成、コンセプト、各項目のキャッチコピーなどをページの写真とともに掲載する。五十音順のクライアント名索引を付す。

＜雑誌目次総覧＞

教育関係雑誌目次集成　第2期（学校教育編）第1巻　教育ジャーナリズム史研究会編　日本図書センター　1988.11　446,3p　27cm　①4-8205-5024-1　Ⓝ370.31
(目次)小学雑誌,小学雑誌,小学校（1巻1号〜23巻12号）

教育関係雑誌目次集成　第2期（学校教育編）第2巻　教育ジャーナリズム史研究会編　日本図書センター　1988.11　486,9p　27cm　①4-8205-5025-X　Ⓝ370.31
(目次)小学校（24巻1号〜51巻11号）

教育関係雑誌目次集成　第2期（学校教育編）第3巻　教育ジャーナリズム史研究会編　日本図書センター　1988.11　313,6p　27cm　①4-8205-5026-8　Ⓝ370.31
(目次)初等教育, 日本教育, 中等教育

教育関係雑誌目次集成　第2期（学校教育編）第4巻　教育ジャーナリズム史研究会編　日本図書センター　1988.11　372,3p　27cm　①4-8205-5027-6　Ⓝ370.31
(目次)補習教育/青年教育

教育関係雑誌目次集成　第2期（学校教育編）第5巻　教育ジャーナリズム史研究会編　日本図書センター　1988.11　503,9p　27cm　①4-8205-5028-4　Ⓝ370.31
(目次)産業と教育/実業教育, 大学評論, 大学及大学生, 帝国盲教育, 口話式聾教育/聾口話教育

教育関係雑誌目次集成　第2期（学校教育編）第6巻　教育ジャーナリズム史研究会編　日本図書センター　1988.11　521,8p　27cm　①4-8205-5029-2　Ⓝ370.31
(目次)学校衛生, 学童の保健

教育関係雑誌目次集成　第2期（学校教育編）第7巻　教育ジャーナリズム史研究会

〔目次〕日本之小学教師,教育研究 1号～185号

教育関係雑誌目次集成　第2期（学校教育編）第8巻　教育ジャーナリズム史研究会編　日本図書センター　1989.3　405,9p　27cm　①4-8205-5167-1　Ⓝ370.31

〔目次〕教育研究（186号～527号）

教育関係雑誌目次集成　第2期（学校教育編）第9巻　教育ジャーナリズム史研究会編　日本図書センター　1989.3　431,6p　27cm　①4-8205-5168-X　Ⓝ370.31

〔目次〕学校教育

教育関係雑誌目次集成　第2期（学校教育編）第10巻　教育ジャーナリズム史研究会編　日本図書センター　1989.3　451,8p　27cm　①4-8205-5169-8　Ⓝ370.31

〔目次〕学習研究（1巻1号～15巻12号）

教育関係雑誌目次集成　第2期（学校教育編）第11巻　教育ジャーナリズム史研究会編　日本図書センター　1989.3　445,10p　27cm　①4-8205-5170-1　Ⓝ370.31

〔目次〕学習研究 16巻1号～20巻3号,図画教育,手工研究/工作研究

教育関係雑誌目次集成　第2期（学校教育編）第12巻　教育ジャーナリズム史研究会編　日本図書センター　1989.3　228,4p　27cm　①4-8205-5171-X　Ⓝ370.31

〔目次〕地理教育/地理研究/地理学研究

教育関係雑誌目次集成　第2期（学校教育編）第13巻　教育ジャーナリズム史研究会編　日本図書センター　1989.3　342p　27cm　①4-8205-5172-8　Ⓝ370.31

〔目次〕国語教育（1巻1号～14巻12号）

教育関係雑誌目次集成　第2期（学校教育編）第14巻　教育ジャーナリズム史研究会編　日本図書センター　1989.3　329,6p　27cm　①4-8205-5173-6　Ⓝ370.31

〔目次〕国語教育 15巻1号～26巻3号,国語文化

教育関係雑誌目次集成　第2期（学校教育編）第15巻　教育ジャーナリズム史研究会編　日本図書センター　1989.9　269,4p　27cm　①4-8205-5175-2　Ⓝ370.31

〔目次〕算術教育/国民学校理数教育

教育関係雑誌目次集成　第2期（学校教育編）第16巻　教育ジャーナリズム史研究会編　日本図書センター　1989.9　357,4p　27cm　①4-8205-5176-0　Ⓝ370.31

〔目次〕家事及裁縫/家事裁縫,職業指導 1巻1号～6巻12号

教育関係雑誌目次集成　第2期（学校教育編）第17巻　教育ジャーナリズム史研究会編　日本図書センター　1989.9　365,8p　27cm　①4-8205-5177-9　Ⓝ370.31

〔目次〕職業指導 7巻1号～18巻2号,郷土/郷土科学/郷土教育,公民教育

教育関係雑誌目次集成　第2期（学校教育編）第18巻　教育ジャーナリズム史研究会編　日本図書センター　1989.9　310,6p　27cm　①4-8205-5178-7　Ⓝ370.31

〔目次〕修身教育,道徳教育,最新史観国史教育,語学教育

教育関係雑誌目次集成　第2期（学校教育編）第19巻　教育ジャーナリズム史研究会編　日本図書センター　1989.9　388,5p　27cm　①4-8205-5179-5　Ⓝ370.31

〔目次〕体育と競技/学校体錬/学徒体育

教育関係雑誌目次集成　第2期（学校教育編）第20巻　教育ジャーナリズム史研究会編　日本図書センター　1989.9　102,13,250p　27cm　①4-8205-5180-9　Ⓝ370.31

〔目次〕補遺・収録誌一覧・各誌解題・執筆者索引・所蔵機関一覧

＜年鑑・白書＞

学校基本調査報告書　初等中等教育機関・専修学校・各種学校編　平成元年度　文部省大臣官房調査統計企画課編　大蔵省印刷局　1989.12　769p　26cm　6700円　①4-17-153164-0　Ⓝ370.59

学校基本調査報告書　高等教育機関編　平成元年度　文部省大臣官房調査統計企画課編　大蔵省印刷局　1990.3　462p　26cm　〈発売：東京官書普及〉　4000円　①4-17-153264-7　Ⓝ370.59

〔内容〕学校数、在学者数、教員数、学校施設、学校経費等の状況を明らかにするため、文部省が毎年実施している学校基本調査の確定数を掲載。

学校基本調査報告書　初等中等教育機関・専修学校・各種学校編　平成2年度　文部省　大蔵省印刷局　1990.12　769p　26cm　6700円　①4-17-153165-9

〔目次〕学校調査，学校通信教育調査，卒業後の状況調査，不就学学齢児童生徒調査，学校施設調査

学校基本調査報告書　高等教育機関編　平

成2年度　文部省編　大蔵省印刷局　1991.3　464p　26cm　4150円　①4-17-153265-5

(目次)学校調査(大学・大学院，短期大学，高等専門学校，大学通信教育，大学・大学院・短期大学・高等専門学校)，卒業後の状況調査(大学，大学院，大学院・高等専門学校，短期大学，高等専門学校)，学校施設調査，学校経費調査(平成元会計年度)

学校基本調査報告書　初等中等教育機関　専修学校・各種学校編　平成3年度　文部省著　大蔵省印刷局　1991.12　773p　26cm　6700円　①4-17-153166-7

(目次)学校調査，学校通信教育調査，卒業後の状況調査，不就学学齢児童生徒調査，学校施設調査

(内容)平成3年度実施の学校基本調査のうち，初等中等教育機関，専修学校・各種学校の諸調査の結果をまとめたもの。

学校基本調査報告書　高等教育機関編　平成3年度　文部省大臣官房調査統計企画課著　大蔵省印刷局　1992.3　468p　20cm　《〈東京官書普及〉》　4078円　①4-17-153266-3

(内容)平成3年度に実施した学校基本調査のうち、高等教育機関の学校調査、卒業後の状況調査、学校施設調査、学校経費調査の結果をまとめた統計。

学校基本調査報告書　初等中等教育機関・専修学校・各種学校編　平成4年度　文部省編　大蔵省印刷局　1993.2　805p　26cm　6700円　①4-17-153167-5

(目次)学校調査，学校通信教育調査，卒業後の状況調査，不就学学齢児童生徒調査，学校施設調査

学校基本調査報告書　高等教育機関編　平成4年度　文部省著　大蔵省印刷局　1993.3　468p　26cm　4200円　①4-17-153267-1

(目次)学校調査(大学・大学院，短期大学，高等専門学校，大学通信教育，大学・大学院・短期大学・高等専門学校)，卒業後の状況調査(大学，大学院，大学院・高等専門学校，短期大学，高等専門学校)，学校施設調査，学校経費調査〈平成3会計年度〉

学校基本調査報告書　初等中等教育機関・専修学校・各種学校編　平成5年度　文部省著　大蔵省印刷局　1993.12　806p　26cm　6700円　①4-17-153168-3

(目次)学校調査，学校通信教育調査，卒業後の状況調査，不就学学齢児童生徒調査，学校施設調査

(内容)平成5年度に実施した学校基本調査のうち、初等中等教育機関、専修学校及び各種学校に関する学校調査、学校通信教育調査、卒業後の状況調査、不就学学齢児童生徒調査及び学校施設調査の結果をとりまとめたもの。

学校基本調査報告書　高等教育機関編　平成5年度　文部省著者　大蔵省印刷局　1994.3　468p　26cm　4200円　①4-17-153268-X

(目次)学校調査，卒業後の状況調査，学校施設調査，学校経費調査(平成4会計年度)

学校基本調査報告書　初等中等教育機関・専修学校・各種学校編　平成6年度　文部省編　大蔵省印刷局　1994.12　806p　26cm　6700円　①4-17-153169-1

(目次)学校調査，学校通信教育調査，卒業後の状況調査，不就学学齢児童生徒調査，学校施設調査

学校基本調査報告書　高等教育機関編　平成6年度　文部省著　大蔵省印刷局　1995.3　462p　26cm　4200円　①4-17-153269-8

(目次)学校調査，卒業後の状況調査，学校施設調査，学校経費調査(平成5会計年度)

学校基本調査報告書　初等中等教育機関・専修学校・各種学校編　平成7年度　文部省編　大蔵省印刷局　1995.12　795p　26cm　6700円　①4-17-153170-5

(目次)学校調査　学校通信教育調査(高等学校)，卒業後の状況調査，不就学学齢児童生徒調査，学校施設調査

学校基本調査報告書　高等教育機関編　平成7年度　文部省著者　大蔵省印刷局　1996.3　438p　26cm　4200円　①4-17-153270-1

(目次)学校調査，卒業後の状況調査，学校施設調査，学校経費調査(平成6会計年度)

学校基本調査報告書　初等中等教育機関・専修学校・各種学校編　平成8年度　文部省編　大蔵省印刷局　1996.12　787p　26cm　6700円　①4-17-153171-3

(目次)学校調査，学校通信教育調査─高等学校，卒業後の状況調査，不就学学齢児童生徒調査，学校施設調査

学校基本調査報告書　高等教育機関編　平成8年度　大蔵省印刷局　1997.3　476p　26cm　4078円　①4-17-153271-X

(目次)学校調査(大学・大学院，短期大学，高等専門学校，大学通信教育，大学・大学院・短期大学・高等専門学校)，卒業後の状況調査，学校施設調査，学校経費調査─平成7会計年度

学校基本調査報告書　初等中等教育機関　専修学校・各種学校編　平成9年度　大

学校教育一般　　　　　学校教育

蔵省印刷局　1997.12　27,789p　26cm
6520円　Ⓘ4-17-153172-1

学校基本調査報告書　高等教育機関編　平成9年度　文部省編　大蔵省印刷局　1998.3　476p　26cm　4080円　Ⓘ4-17-153272-8

(目次)学校調査(大学・大学院，短期大学，高等専門学校，大学通信教育)，卒業後の状況調査(大学，大学院)，学校施設調査，学校経費調査(平成8会計年度)

学校基本調査報告書　初等中等教育機関・専修学校・各種学校編　平成10年度　文部省編　大蔵省印刷局　1998.12　789p　26cm　6520円　Ⓘ4-17-153173-X

(目次)学校調査・学校通信教育調査(高学校)，卒業後の状況調査，不就学学齢児童生徒調査，学校施設調査

学校基本調査報告書　高等教育機関編　平成10年度　文部省著　大蔵省印刷局　1999.3　476p　26cm　4080円　Ⓘ4-17-153273-6

(目次)学校調査(大学・大学院，短期大学，高等専門学校，大学通信教育，大学・大学院・短期大学・高等専門学校)，卒業後の状況調査(大学，大学院・高等専門学校，短期大学，高等専門学校)，学校施設調査，学校経費調査(平成9会計年度)

(内容)平成10年度に実施した「学校基本調査」のうち，高等教育機関に関する学校調査，卒業後の状況調査，学校施設調査及び学校経費調査の結果をまとめたもの。

学校基本調査報告書　初等中等教育機関・専修学校・各種学校編　平成11年度　文部省著　大蔵省印刷局　1999.12　857p　26cm　6520円　Ⓘ4-17-153174-8

(目次)学校調査，学校通信教育調査，卒業後の状況調査，不就学学齢児童生徒調査，学校施設調査

学校基本調査報告書　高等教育機関編　平成11年度　文部省編　大蔵省印刷局　1999.12　496p　26cm　4080円　Ⓘ4-17-153274-4

(目次)学校調査，卒業後の状況調査，学校施設調査，学校経費調査(平成10会計年度)

学校基本調査報告書　初等中等教育機関・専修学校・各種学校編　平成12年度　文部省著　大蔵省印刷局　2000.12　979p　26cm　6520円　Ⓘ4-17-153175-6

(目次)学校調査・学校通信教育調査(高学校)，卒業後の状況調査，不就学学齢児童生徒調査，学校施設調査，参考資料

学校基本調査報告書　高等教育機関編　平成12年度　文部省著　大蔵省印刷局　2000.12　537p　26cm　4080円　Ⓘ4-17-153275-2

(目次)学校調査，卒業後の状況調査，学校施設調査，学校経費調査(平成11会計年度)

学校基本調査報告書　初等中等教育機関・専修学校・各種学校編　平成13年度　文部科学省生涯学習政策局調査企画課編　財務省印刷局　2001.12　28,1003p　26cm　6520円　Ⓘ4-17-153176-4　Ⓝ370.59

(目次)学校調査・学校通信教育調査(高学校)，卒業後の状況調査，不就学学齢児童生徒調査，学校施設調査，参考資料

(内容)平成12年度に実施した「学校基本調査」のうち，高等教育機関に関する学校調査，卒業後の状況調査，学校施設調査及び学校経費調査の結果をまとめたもの。

学校基本調査報告書　高等教育機関編　平成13年度　文部科学省生涯学習政策局調査企画課編　財務省印刷局　2001.12　24,542p　26cm　4080円　Ⓘ4-17-153276-0　Ⓝ370.59

(目次)学校調査，卒業後の状況調査，学校施設調査，学校経費調査(平成12会計年度)

(内容)平成12年度に実施した「学校基本調査」のうち，初等中等教育機関，専修学校・各種学校に関する学校調査，卒業後の状況調査，学校施設調査及び学校経費調査の結果をまとめたもの。

学校基本調査報告書　初等中等教育機関・専修学校・各種学校編　平成14年度　文部科学省編　財務省印刷局　2002.12　1003p　26cm　6520円　Ⓘ4-17-153177-2

(目次)学校調査，学校通信教育調査，卒業後の状況調査，不就学学齢児童生徒調査，学校施設調査

学校基本調査報告書　高等教育機関編　平成14年度　文部科学省著　財務省印刷局　2002.12　549p　26cm　4080円　Ⓘ4-17-153277-9

(目次)学校調査(大学・大学院，短期大学，高等専門学校 ほか)，卒業後の状況調査(大学，大学院，大学院・高等専門学校 ほか)，学校施設調査，学校経費調査(平成13会計年度)

(内容)平成14年度に実施した「学校基本調査」のうち，高等教育機関に関する学校調査，卒業後の状況調査，学校施設調査及び学校経費調査の結果をまとめたものである。

学校基本調査報告書　初等中等教育機関・専修学校・各種学校編　平成15年度　文

部科学省編　国立印刷局　2003.12　1031p
26cm　6520円　⓪4-17-153178-0

(目次)学校調査(小学校、中学校、高等学校(通信教育を含む)、中等教育学校、盲学校　ほか)、卒業後の状況調査(中学校、盲学校(中学部)、聾学校(中学部)、養護学校(中学部)、高等学校　ほか)、不就学学齢児童生徒調査、学校施設調査、参考資料、付属資料

学校基本調査報告書　高等教育機関編　平成15年度
文部科学省編　国立印刷局　2003.12　560p　26cm　4080円　⓪4-17-153278-7

(目次)学校調査(大学・大学院、短期大学、高等専門学校、大学通信教育、大学・大学院・短期大学・高等専門学校)、卒業後の状況調査(大学、大学院、大学院・高等専門学校、短期大学、高等専門学校)、学校施設調査、学校経費調査(平成14会計年度)

学校基本調査報告書　初等中等教育機関・専修学校・各種学校編　平成16年度
文部科学省著　国立印刷局　2004.12　28,1030p　26cm　6520円　⓪4-17-153179-9

学校基本調査報告書　高等教育機関編　平成16年度
文部科学省著　国立印刷局　2004.12　585p　26cm　4080円　⓪4-17-153279-5

(目次)学校調査(大学・大学院、短期大学、高等専門学校、大学通信教育、大学・大学院・短期大学・高等専門学校)、卒業後の状況調査(大学、大学院、大学院・高等専門学校、短期大学、高等専門学校)、学校施設調査、学校経費調査(平成15会計年度)

学校基本調査報告書　初等中等教育機関・専修学校・各種学校編　平成17年度
文部科学省著　国立印刷局　2005.12　1030p　26cm　6520円　⓪4-17-153180-2

(目次)学校調査・学校通信教育調査(高等学校)、卒業後の状況調査、不就学学齢児童生徒調査、学校施設調査、参考資料、付属資料

(内容)文部科学省において、学校数、在学者数、卒業者数、教員数、学校施設等の状況を明らかにするため、統計法による指定統計(第13号)として「学校基本調査」を毎年実施し、その結果を公表して関係方面の利用に供している。本書は、平成17年度に実施した「学校基本調査」のうち、初等中等教育機関、専修学校及び各種学校に関する学校調査、学校通信教育調査、卒業後の状況調査、不就学学齢児童生徒調査及び学校施設調査の結果をまとめた。

学校基本調査報告書　高等教育機関編　平成17年度
文部科学省著　国立印刷局　2005.12　599p　26cm　4080円　⓪4-17-153280-9

(目次)学校調査、卒業後の状況調査、学校施設調査、学校経費調査(平成16会計年度)、参考資料、付属資料

(内容)文部科学省において、学校数、在学者数、卒業者数、教員数、学校施設等の状況を明らかにするため、統計法による指定統計(第13号)として「学校基本調査」を毎年実施し、その結果を公表して関係方面の利用に供している。本書では、平成17年度に実施した「学校基本調査」のうち、高等教育機関に関する学校調査、卒業後の状況調査、学校施設調査及び学校経費調査の結果をまとめた。

学校基本調査報告書　初等中等教育機関・専修学校・各種学校編　平成18年度
文部科学省著　国立印刷局　2006.12　1045p　26cm　6520円　⓪4-17-153181-0

(目次)学校調査・学校通信教育調査(高等学校)、(小学校、中学校　ほか)、卒業後の状況調査(中学校、盲学校(中学部)　ほか)、不就学齢児童生徒調査(不就学学齢児童生徒数、都道府県別不就学学齢児童生徒数)、学校施設調査(用途別構造別学校建物面積、都道府県別用途別構造別学校建物面積　ほか)

(内容)文部科学省において、学校数、在学者数、卒業者数、教員数、学校施設等の状況を明らかにするため、統計法による指定統計として「学校基本調査」を毎年実施し、その結果を公表して関係方面の利用に供している。本書では、平成18年度に実施した「学校基本調査」のうち、初等中等教育機関、専修学校及び各種学校に関する学校調査、学校通信教育調査、卒業後の状況調査、下就学学齢児童生徒調査及び学校施設調査の結果をまとめた。

学校基本調査報告書　高等教育機関編　平成18年度
文部科学省著　国立印刷局　2006.12　627p　26cm　4080円　⓪4-17-153281-7

(目次)学校調査(大学・大学院、短期大学、高等専門学校、大学通信教育、大学・大学院・短期大学・高等専門学校)、卒業後の状況調査(大学、大学院、大学院・高等専門学校、短期大学、高等専門学校)、学校施設調査、学校経費調査(平成17会計年度)、参考資料 年次統計表(昭和23年～平成18年)、付属資料

学校基本調査報告書　初等中等教育機関・専修学校・各種学校編　平成19年度
文部科学省著　国立印刷局　2007.12　1009p　26cm　6520円　⓪978-4-17-153182-2

(目次)学校調査・学校通信教育調査(高等学校)、(小学校、中学校、幼稚園、専修学校、各種学

校)，卒業後の状況調査(中学校，盲学校(中学部)，聾学校(中学部)，養護学校(中学部)，高等学校，盲学校(高等部)，聾学校(高等部)，養護学校(高等部))，不就学学齢児童生徒調査(不就学学齢児童生徒数，都道府県別不就学学齢児童生徒数)，学校施設調査(用途別構造別学校建物面積，都道府県別用途別構造別学校建物面積，用途別学校土地面積，都道府県別用途別学校土地面積)

学校基本調査報告書　高等教育機関編　平成19年度　文部科学省著　国立印刷局　2007.12　663p　26cm　4080円　Ⓘ978-4-17-153282-9

(目次)学校調査(大学・大学院，短期大学 ほか)，卒業後の状況調査(大学，大学院 ほか)，学校施設調査(用途別学校土地面積，用途別学校建物面積 ほか)，学校経費調査(平成18会計年度)(使途別学校経費(国・公立大学)，使途別学校経費(国立の高等専門学校等) ほか)

学校基本調査報告書　初等中等教育機関専修学校・各種学校編　平成20年度　文部科学省編　日経印刷，全国官報販売協同組合(発売)　2008.12　981p　26cm　6520円　Ⓘ978-4-904260-11-1　Ⓝ370.59

(目次)学校調査・学校通信教育調査(高等学校)，卒業後の状況調査，不就学学齢児童生徒調査，学校施設調査，参考資料，付属資料

学校基本調査報告書　高等教育機関編　平成20年度　文部科学省編　日経印刷，全国官報販売協同組合(発売)　2008.12　697p　26cm　4080円　Ⓘ978-4-904260-10-4　Ⓝ370.59

(目次)学校調査，卒業後の状況調査，学校施設調査，学校経費調査(平成19会計年度)，参考資料 年次統計表(昭和23年～平成20年)，付属資料

学校基本調査報告書　初等中等教育機関・専修学校・各種学校編　平成21年度　文部科学省編　日経印刷，全国官報販売協同組合(発売)　2009.12　984p　21cm　6520円　Ⓘ978-4-904260-37-1　Ⓝ370.59

(目次)学校調査・学校通信教育調査(高等学校)，卒業後の状況調査，不就学学齢児童生徒調査，学校施設調査，参考資料，付属資料

学校基本調査報告書　高等教育機関編　平成21年度　文部科学省編　日経印刷，全国官報販売協同組合(発売)　2009.12　697p　26cm　4080円　Ⓘ978-4-904260-38-8　Ⓝ370.59

(目次)学校調査(大学・大学院，短期大学 ほか)，卒業後の状況調査(大学，大学院 ほか)，学校施設調査(用途別 学校土地面積，用途別学校建物面積 ほか)，学校経費調査(平成20会計年度)(使途別 学校経費(国・公立大学)，使途別 学校経費(国立の高等専門学校等) ほか)

学校基本調査報告書　初等中等教育機関専修学校・各種学校編　平成22年度　文部科学省編　日経印刷，全国官報販売協同組合(発売)　2010.12　984p　26cm　6520円　Ⓘ978-4-904260-73-9　Ⓝ370.59

(目次)学校調査，学校通信教育調査，卒業後の状況調査，不就学学齢児童生徒調査，学校施設調査

学校基本調査報告書　高等教育機関編　平成22年度　文部科学省編　日経印刷，全国官報販売協同組合(発売)　2010.12　696p　26cm　4080円　Ⓘ978-4-904260-74-6　Ⓝ370.59

(目次)学校調査，卒業後の状況調査，学校施設調査，学校経費調査

学校基本調査報告書　初等中等教育機関専修学校・各種学校編　平成23年度　文部科学省編　日経印刷　2012.2　976p　26cm　6520円　Ⓘ978-4-905427-04-9

(目次)学校調査，学校通信教育調査，卒業後の状況調査，不就学学齢児童生徒調査，学校施設調査

学校基本調査報告書　高等教育機関編　平成23年度　文部科学省編　日経印刷，全国官報販売協同組合〔発売〕　2012.2　697p　26cm　4080円　Ⓘ978-4-905427-05-6

(目次)学校調査，卒業後の状況調査，学校施設調査，学校経費調査

学校基本調査報告書　初等中等教育機関専修学校・各種学校編　平成24年度　文部科学省編　日経印刷，全国官報販売協同組合〔発売〕　2012.12　946p　26cm　6520円　Ⓘ978-4-905427-33-9

(目次)学校調査、学校通信教育調査(高等学校)(幼稚園，小学校，中学校，高等学校(通信教育を含む。)，中等教育学校，特別支援学校，専修学校，各種学校)，卒業後の状況調査，不就学学齢児童生徒調査(不就学学齢児童生徒数，都道府県別不就学学齢児童生徒数)，学校施設調査(用途別構造別学校建物面積，都道府県別用途別構造別学校建物面積，用途別学校土地面積，都道府県別用途別学校土地面積)

学校基本調査報告書　高等教育機関編　平成24年度　文部科学省編　日経印刷，全国官報販売協同組合〔発売〕　2012.12　597p　26cm　4080円　Ⓘ978-4-905427-34-6

(目次)学校調査(大学・大学院，短期大学，高

等専門学校,大学通信教育,大学・大学院・短期大学・高等専門学校),卒業後の状況調査,学校施設調査(用途別学校土地面積,用途別学校建物面積,構造別学校建物面積,学校建物の新築等増加の面積,学校建物の被害等減少の面積),学校経費調査(平成23会計年度)(使途別学校経費(国・公立大学),使途別学校経費(国・公立大学法人立の高等専門学校等),授業料等及び補助金収入)

<統計集>

戦後30年学校教育統計総覧 全国教育調査研究協会編集 ぎょうせい 1980.7 521p 26cm 〈監修:文部省大臣官房調査統計課〉 4500円 Ⓝ370.59

(目次)1 全国編(1 学校数・学級数,2 在学者数,3 教職員数,4 入学・卒業の状況,5 学校土地・建物面積,6 学校教育費),2 都道府県別編

(内容)新学校制度発足後の1948年から1979年までの学校教育に関する統計データを収録し、体系的にまとめた。

学校経営・学校運営

<書誌>

現代学校経営総合文献目録 1975-1985
永岡順,小島弘道編著 第一法規出版 1987.2 720p 27cm Ⓝ374.031

(目次)第1部 解説編(1 総論,2 各論),第2部 文献目録編(1.学校経営一般,2 学校の組織運営,3 学年・学級の運営,4 教職員,5 教育課程の経営,6 学校の施設・設備,7 学校経営と地域社会,8 教育法,9 教育行財政,10 教育制度,11 生涯教育と現代社会),人名索引

(内容)1975年4月から1985年3月までに発表された学校経営に関係する単行本・紀要・雑誌論文の目録。解説編と文献目録編で構成され、戦後40年の学校経営の実践と研究動向を概観している。

<事典>

学校経営重要用語300の基礎知識 岡東寿隆,林孝,曽余田浩史編 明治図書出版 2000.7 316p 21cm (重要用語300の基礎知識 16) 2660円 ①4-18-110409-5 Ⓝ374

(目次)1 学校経営の基本概念,2 学校制度,3 学校経営の理論,4 教職員,5 教育活動の経営,6 児童・生徒の管理,7 学校事務,8 施設・設備,9 開かれた学校経営—学校・家庭・地域社会の連携,10 社会変化の中の学校

(内容)本書は、学校経営の現状と展望を正確かつ体系的に把握するために有効なキー・コンセプトを整理することを目的としている。そこで編集にあたっては、中央教育審議会答申をはじめとする、新しい教育改革の提言・動向に対応した用語を積極的に取り入れた。これまで蓄積されてきた実践や研究に関する用語を精選して取り入れた。経営に関する基本概念や視点を、閉鎖性から開放性へ、他律から自律へ、硬直さから柔軟さ・緩やかさへという教育経営学の理論的展開を踏まえて体系的に整理した。教育の仕事は教師の役割で、経営の仕事は管理職の役割だという固定観念を払拭した。

学校事務事典 学事出版 1976 1273p 22cm 4250円 Ⓝ374.036

(内容)概論・実務・改善の3部からなる、学校事務に関する便覧。

現代学校経営用語辞典 高倉翔ほか編集 第一法規出版 1980.1 365p 22cm 2500円 Ⓝ374.033

(内容)学校経営の新用語・基本用語を収録した辞典。巻末に「学校経営体系基本図表」を収録。

現代小学校経営事典 牧昌見,下村哲夫,牧田章,家田哲夫編 ぎょうせい 1996.12 789,19p 26cm 13390円 ①4-324-04227-6

(目次)学校経営の内容,学校経営の組織と運営,学校経営の計画,学校教育目標,教育課程の編成・実施・評価,教育課程外の教育活動,学年・学級経営,児童の理解と指導,教職員の管理と指導,健康・安全教育,教職員の研究・研修,学校事務と施設・設備,教育情報の管理,PTA・家庭・地域,教育評価と学校評価,教育改革と学校経営の課題

現代中学校経営事典 下村哲夫,牧昌見,大久保了平編 ぎょうせい 1996.11 805,16p 26cm 13390円 ①4-324-04578-X

(目次)学校経営の内容,学校経営の組織と運営,学校経営の計画,学校教育目標,教育課程の編成・実施・評価,教育課程外の教育活動,進路指導,学年・学級経営,生徒の理解と指導,教職員の管理と指導,健康・安全教育,教職員の研究・研修,学校事務と施設・設備,教育情報の管理,PTA・家庭・地域,教育評価と学校評価,教育改革と学校経営の課題

斎藤喜博学校づくり小事典 可能性をひらく 笠原肇著 一茎書房 1998.9 202p 19cm 2500円 ①4-87074-104-0

(目次)時代のせいにする,授業は耕しが必要,具体的な授業の目標を,小さな声で授業を,教育における創造,教室の匂いをかぎ分ける,教室の不協和音に気づく,学校や教室にこもる,仲間づくり,職場づくりに貢献〔ほか〕

学校経営・学校運営　　　　　　　学校教育

21世紀学校事務事典　1　学校事務の理論と構造　清原正義編著　学事出版　2002.8　182p　21cm　2000円　Ⓘ4-7619-0843-2　Ⓝ374.5

(目次)第1章 学校と教育行財政，第2章 学校運営と学校事務，第3章 学校事務と情報管理，第4章 学校予算と学校財務，第5章 学校評価・教職員評価と学校事務，第6章 学校事務職員の研修，第7章 学校事務の共同実施，補論1 学校設置基準と自己評価，情報提供，補論2 "事務組織"についての自己点検・評価

(内容)学校実務の現状を概観し，実務について解説しつつ，今後の展望や課題について論じた実務資料。全6巻のうちの第1巻。「学校事務の理論と構造」をテーマに，学校と学校事務をめぐる問題状況，学校事務の分野とその機能，学校運営における学校事務職員の役割を論じ，情報管理や学校事務職員の評価，さらに共同実施の現状と課題について扱う。

21世紀学校事務事典　2　学習環境整備と学校事務　清原正義編著　学事出版　2003.1　199p　21cm　2000円　Ⓘ4-7619-0865-3

(目次)第8章 学習環境の整備(学校運営費標準と財務取扱要綱，学校運営費標準と内在する問題点，学校運営費標準と私費負担軽減，都道府県教育長協議会報告書に見る公費・私費 ほか)，第9章 学校施設の整備と管理(学びの革新に対応した校舎のあり方，子どもの居場所としての校舎，地域の核としての学校施設，校舎建設のプロセス ほか)

21世紀学校事務事典　3　情報の管理と教育振興事務　清原正義編著　学事出版　2003.7　191p　21cm　2000円　Ⓘ4-7619-0895-5

(目次)第10章 情報管理と説明責任(情報化社会における学校事務，情報管理システムの構築 ほか)，第11章 学校給食事務(学校給食事務の内容と課題)，第12章 就学援助(就学援助費の給与対象者，就学援助費目 ほか)，第13章 保健事務(養護教諭の役割と保健事務の関わり方，養護教諭の目標とは ほか)

21世紀学校事務事典　4　財務と給与・旅費・福利厚生　清原正義編著　学事出版　2003.12　191p　21cm　2000円　Ⓘ4-7619-1026-7

(目次)第14章 財務に関する事務(予算事務，新しい学校づくりと学校予算の管理運営，予算執行計画，学校運営と評価，契約，物品管理事務，監査事務)，第15章 給与・旅費・福利厚生に関する事務(給与・旅費に関する事務，福利厚生に関する事務)

21世紀学校事務事典　5　学校事務の将来像と研修　清原正義編著　学事出版　2004.8　191p　21cm　2000円　Ⓘ4-7619-1061-5

(目次)第16章 構造改革と教育，第17章 教育改革の展開，第18章 学校事務の共同実施，第19章 学校予算の改革課題，第20章 学校運営と事務部経営案，第21章 学校事務職員の専門的力量形成の特徴と今後の支援のあり方

21世紀学校事務事典　6　学校事務関係法令の解説　清原正義編著　学事出版　2004.12　175p　21cm　2000円　Ⓘ4-7619-1082-8

(目次)第22章 学校事務関係法令の解説(学校教育の基本法令，教育行政関係の法令，地方自治関係法令の解説，地方公務員関係の法令，その他の法令)

＜ハンドブック＞

学生部ハンドブック　文部省高等教育局学生課内厚生補導研究会編　第一法規出版　1991.6　966p　21cm　5000円　Ⓘ4-474-09046-2

(目次)学生生活について，教育基本，学校教育，厚生補導組織，学生の事故，就職指導，学園の秩序維持，奨学援護，学費，資料(高等教育の規模等の推移，学生の生活等の実態に関する調査結果の概要，昭和63年度学生生活調査報告)

学校運営便覧　花輪稔編　教育出版　1993.4　436p　21cm　4800円　Ⓘ4-316-38380-9

(目次)1 教育行政と学校関係目次，2 教職員関係目次，3 児童・生徒関係目次，4 保健・安全・事故・懲戒・体罰関係目次，5 教育課程関係目次，6 学習指導関係目次，7 生徒指導関係目次，8 指導要録，教育評価，研修・研究関係目次

学校運営便覧　新版　下村哲夫監修，花輪稔編　教育出版　2001.1　484p　21cm　5000円　Ⓘ4-316-38381-7　Ⓝ374

(目次)1 教育行政と学校，2 教職員，3 児童・生徒，4 教育課程，5 学習指導，6 保健・安全，7 生徒指導，8 指導要録・評価・研修，9 内容索引

(内容)学校の教育活動283項目について，必要事項を構造的に記述・図式化した便覧。地方分権，規制緩和，学校5日制，学習指導要領改訂，法改正，教育改革などに対応した改訂新版。

学校運営便覧　第3版　花輪稔著　教育出版　2010.11　534p　22cm　〈索引あり〉　5000円　Ⓘ978-4-316-80303-6　Ⓝ374

(目次)1 教育行政と学校，2 教職員，3 児童・生徒，4 教育課程，5 学習指導，6 保健・安全，7 生徒指導，8 指導要録・評価・研究，9 内容索引

(内容)教育基本法・学校教育法等の法改正、学習指導要領の改訂など最新の動向を踏まえ、好評の第二版(『新版』)を全面改訂した、第三版。学校の教育活動万般にわたり、330項目について、必要事項を構造的に記述・図式化。初任者から管理職まで必携の「ミニ学校百科」。

学校管理運営実務必携 第11次改訂版 文部省大臣官房総務課法令研究会編 第一法規出版 1991.10 1478p 19cm 4500円 ①4-474-09050-0 Ⓝ374.036

(目次)第1章 学校の設置・組織編制、第2章 児童・生徒、第3章 教育活動、第4章 体育・保健・安全・給食、第5章 就学援助・育英奨学、第6章 施設・設備

(内容)本書は、原則として、公立小・中・高等学校(特殊教育諸学校および幼稚園を除く。)の学校の管理、運営に関する重要な法令を事項別に6章に分類して収録した。

学校財務実務便覧 学校財務実務研究会編 ぎょうせい 1990.10 260p 26cm 2500円 ①4-324-02297-5 Ⓝ373.4

(目次)学校教育の現状と教育費、国の文教関係予算、地方教育費と地方交付税制度、公立学校施設の整備、教材・設備の充実、教育内容・方法の改善充実、児童生徒の健康増進等、就学奨励の実施、教科書の給付

(内容)文部省から市町村に対する学校教育に関する補助に的を絞って、その事前相談から申請、交付決定にいたるまでのスケジュール、補助金額の算定方法などの具体的な事務の取り進め方を説明した、市町村の事務担当者の実務用資料。

学校法人会計実務総覧 山口善久著 学校経理研究会 2006.4 378p 26cm 4500円 ①4-902255-16-2

(目次)学生生徒等納付金、授業料、入学金、実験実習料、施設設備資金、教材費・暖房費、入学検定料、試験料、証明手数料、寄付金〔ほか〕

学校法人会計実務総覧 改訂第2版 山口善久著 学校経理研究会 2007.6 505p 21cm 4500円 ①978-4-902255-29-4

(目次)学生生徒等納付金:kamoku0700、授業料:kamoku0701、入学金:kamoku0702、実験実習料:kamoku0703、施設設備資金:kamoku0704、教材費・暖房費:kamoku0705、入学検定料:kamoku0711、試験料:kamoku0712、証明手数料:kamoku0713、寄付金:kamoku0721〔ほか〕

学校法人会計ハンドブック 日本公認会計士協会東京会編 霞出版社 1991.12 353p 19cm 3200円 ①4-87602-828-1

(目次)第1章 学校法人会計基準、第2章 資金収入・消費収入、第3章 資金支出・消費支出、第4章 資産、第5章 負債、第6章 基本金・消費収支差額、第7章 内訳表・明細表(基本明細表を除く)、第8章 予算、第9章 収益事業及び税務、第10章 監査、第11章 知事所轄学校法人に関する取扱い

(内容)学校法人会計基準を基礎とした日常の学校法人の会計処理を、大学法人から幼稚園法人までを収録し、具体的・簡明直截に検索できるよう編集したハンドブック。

学校法人会計ハンドブック 平成10年版 日本公認会計士協会東京会編 霞出版社 1998.11 371p 19cm 3400円 ①4-87602-858-3 Ⓝ374.5

学校法人会計ハンドブック 平成13年版 日本公認会計士協会東京会編 霞出版社 2001.6 374p 19cm 3400円 ①4-87602-862-1 Ⓝ374.5

学校法人会計ハンドブック 平成17年版 日本公認会計士協会東京会編 (調印)霞出版社 2005.9 385p 10cm 3400円 ①4-87602-875-3 Ⓝ374.5

学校法人会計ハンドブック 平成20年版 日本公認会計士協会東京会編 霞出版社 2008.10 423p 19cm 3600円 ①978-4-87602-882-5 Ⓝ374.5

(目次)第1章 学校法人会計基準、第2章 資金収入・消費収入、第3章 資金支出・消費支出、第4章 資産、第5章 負債、第6章 基本金・消費収支差額、第7章 内訳表・明細表(基本金明細表を除く)、第8章 予算、第9章 学校法人の税務、第10章 監査

学校法人会計要覧 平成2年版 日本公認会計士協会編 霞出版社 1990.3 693p 21cm 4000円 ①4-87602-543-6

(目次)1 私立学校振興助成法第14条第3項の規定に基づく監査(学校法人会計基準、会計制度、学校法人会計基準の実施、私学振興助成法監査の取扱い、会計処理基準と監査上の取扱い、知事所轄学校法人)、2 大学等新増設認可申請の監査、3 参考法令

学校法人会計要覧 平成3年版 日本公認会計士協会編 霞出版社 1991.4 693p 21cm 4000円 ①4-87602-544-4

(目次)1 私立学校振興助成法第14条第3項の規定に基づく監査(学校法人会計基準、会計制度、学校法人会計基準の実施、私学振興助成法監査の取扱い、会計処理基準と監査上の取扱い、知事所轄学校法人)、2 大学等新増設認可申請の監査、3 参考法令、附録(学校法人監査報酬規定、利害関係関連諸法令、平成2年度知事所轄学

校法人等に関する監査事項指定状況について）

学校法人会計要覧　平成7年版　日本公認会計士協会編　霞出版社　1995.6　723p　22×16cm　4800円　Ⓘ4-87602-588-6

〔目次〕1 私立学校振興助成法第14条第3項の規定に基づく監査（学校法人会計基準，学校法人会計基準の実施，私学振興助成法監査の取扱い，会計処理基準と監査上の取扱い，知事所轄学校法人），2 大学等新増設認可申請の監査，3 参考法令

学校法人会計要覧　平成8年版　日本公認会計士協会編　霞出版社　1996.6　626p　21cm　4400円　Ⓘ4-87602-589-1

〔目次〕1 私立学校振興助成法第14条第3項の規定に基づく監査（学校法人会計基準，会計制度，学校法人会計基準の実施，私学振興助成法監査の取扱い，会計処理基準と監査上の取扱い，知事所轄学校法人），2 大学等新増設認可申請の監査，3 参考法令

学校法人会計要覧　平成9年版　日本公認会計士協会編　霞出版社　1997.6　632p　22cm　〈索引あり〉　4500円　Ⓘ4-87602-590-8　Ⓝ374.

学校法人会計要覧　平成10年版　日本公認会計士協会編　霞出版社　1998.4　643p　22cm　4500円　Ⓘ4-87602-591-6　Ⓝ374.5

学校法人会計要覧　平成11年版　日本公認会計士協会編　霞出版社　1999.4　657p　22cm　4500円　Ⓘ4-87602-592-4　Ⓝ374.5

学校法人会計要覧　平成12年版　日本公認会計士協会編　霞出版社　2000.4　672p　22cm　4500円　Ⓘ4-87602-593-2　Ⓝ374.5

学校法人会計要覧　平成13年版　日本公認会計士協会編　霞出版社　2001.4　692p　22cm　4500円　Ⓘ4-87602-594-0　Ⓝ374.5

学校法人会計要覧　平成14年版　日本公認会計士協会編　霞出版社　2002.4　703p　22cm　4500円　Ⓘ4-87602-595-9　Ⓝ374.5

学校法人会計要覧　平成15年版　日本公認会計士協会編　霞出版社　2003.4　717p　22cm　4500円　Ⓘ4-87602-596-7　Ⓝ374.5

学校法人会計要覧　平成16年版　日本公認会計士協会編　霞出版社　2004.4　743p　21cm　4500円　Ⓘ4-87602-597-5

〔目次〕1 私立学校振興助成法第14条第3項の規定に基づく監査（学校法人会計基準（文部省令第18号），会計制度，学校法人会計基準の実施ほか），2 寄附行為等認可申請の監査（学校法人の寄附行為等の認可申請に係る書類の様式等の告示に基づく財産目録監査の取扱い（平15.7 委員会第40号），学校法人の寄附行為等の認可申請に係る書類の様式等（平15.3 告示），学校法人の寄附行為及び寄附行為変更の認可に関する審査基準（平15.3 告示）），3 参考法令（監査基準，監査基準委員会報告書一覧表，学校教育法（抄）ほか

学校法人会計要覧　平成17年版　日本公認会計士協会編　（調布）霞出版社　2005.4　18,774p　22cm　4500円　Ⓘ4-87602-598-3　Ⓝ374.5

学校法人会計要覧　平成18年版　学校経理研究会編　（調布）学校経理研究会，霞出版社（発売）　2006.3　778p　22cm　4500円　Ⓘ4-87602-599-1　Ⓝ374.5

学校法人会計要覧　平成19年版　学校経理研究会　学校経理研究会，霞出版社（発売）　2007.3　808p　22cm　4500円　Ⓘ978-4-87602-600-5　Ⓝ374.5

学校法人会計要覧　平成20年版　学校経理研究会　学校経理研究会，霞出版社（発売）　2008.3　19,839p　22cm　4500円　Ⓘ978-4-87602-601-2　Ⓝ374.5

〔目次〕1 私立学校振興助成法第14条第3項の規定に基づく監査（学校法人会計基準，会計制度ほか），2 有価証券発行学校法人の財務諸表（私立学校法施行規則の一部改正及び有価証券発行学校法人の財務諸表の用語、様式及び作成方法に関する規則の制定等について（通知）），3 寄附行為等（変更）認可申請の監査（学校法人の寄附行為等の認可申請に係る書類の様式等の告示に基づく財産目録監査の取扱い，学校法人寄附行為作成例の改正について ほか），4 参考法令（監査基準，学校教育法（抄）ほか，附録（法定監査関係書類等提出規則（抄），法定監査関係書類等の様式に関する取扱規程（抄）ほか

学校法人会計要覧　平成21年版　学校経理研究会編　学校経理研究会，霞出版社（発売）　2009.3　904p　22cm　〈索引あり〉　4500円　Ⓘ978-4-87602-602-9　Ⓝ374.5

学校法人会計要覧　平成22年版　学校経理研究会編　学校経理研究会，霞出版社（発売）　2010.3　943p　22cm　〈付(8p)：追録　索引あり〉　4500円　Ⓘ978-4-87602-603-6　Ⓝ374.5

学校法人会計要覧　平成23年版　学校経理研究会，霞出版社〔発売〕　2011.3　1007p　21cm　4500円　Ⓘ978-4-87602-604-3

〔目次〕1 私立学校振興助成法第14条第3項の規定に基づく監査（学校法人会計基準（文部省令

第18号），会計制度，学校法人会計基準の実施，私立学校振興助成法監査の取扱い，会計処理基準と監査上の取扱い，知事所轄学校法人)，2 有価証券発行学校法人の財務諸表，3 寄附行為等（変更）認可申請の監査，4 財務情報の公開，5 参考法令

学校法人会計要覧 平成24年版 学校経理研究会編 学校経理研究会, 霞出版社（発売） 2012.3 21,1035p 22cm 4500円 ⓘ978-4-87602-605-0 Ⓝ374.5

学校法人ハンドブック 設立・会計・税務のすべて 実藤秀志著 税務経理協会 2001.9 135p 21cm 1400円 ⓘ4-419-03886-1
(目次)1 学校法人（学校法人とは，機関，設立)，2 学校法人会計（学校法人会計基準，会計上の個別問題の検討，監査)，3 学校法人の税務（概要，法人税，消費税，所得税の源泉徴収義務）
(内容)本書では，学校法人の設立から税務までを，必要なもののみ抽出し，コンパクトに，さらに分かり易く説明した。

学校法人ハンドブック 設立・会計・税務のすべて 改訂版 実藤秀志著 税務経理協会 2004.2 135p 21cm 1400円 ⓘ4-419-04348-2
(目次)1 学校法人（学校法人とは，機関，設立)，2 学校法人会計（学校法人会計基準，会計上の個別問題の検討，監査)，2 学校法人の税務（概要，法人税，消費税，所得税の源泉徴収義務）

学校法人ハンドブック 設立・会計・税務のすべて 三訂版 実藤秀志著 税務経理協会 2006.1 137p 21cm 1400円 ⓘ4-419-04654-6
(目次)1 学校法人（学校法人とは，機関，設立)，2 学校法人会計（学校法人会計基準，会計上の個別問題の検討，監査)，3 学校法人の税務（概要，法人税，消費税，所得税の源泉徴収義務）

学校法人ハンドブック 設立・会計・税務のすべて 4訂版 実藤秀志著 税務経理協会 2007.11 139p 21cm 1400円 ⓘ978-4-419-05048-1
(目次)1 学校法人（学校法人とは，機関，設立)，2 学校法人会計（学校法人会計基準，会計上の個別問題の検討，監査)，3 学校法人の税務（概要，法人税，消費税，申告）
(内容)学校法人の設立から税務までを，必要なもののみ抽出し，コンパクトに，さらに分かり易く説明。減価償却制度を大きく変更。法令の改正により，私立学校法と同施行規則も最新のものに改めた四訂版。

学校法人ハンドブック 設立・会計・税務

のすべて 5訂版 実藤秀志著 税務経理協会 2009.10 147p 21cm 〈文献あり〉 1400円 ⓘ978-4-419-05389-5 Ⓝ374.5
(目次)1 学校法人（学校法人とは，機関，設立)，2 学校法人会計（学校法人会計基準，会計上の個別問題の検討，監査)，3 学校法人の税務（概要，法人税，消費税，所得税の源泉徴収義務）

学校法人ハンドブック 設立・会計・税務のすべて 6訂版 実藤秀志著 税務経理協会 2012.10 141p 21cm 1400円 ⓘ978-4-419-05917-0
(目次)1 学校法人（学校法人とは，機関，設立)，2 学校法人会計（学校法人会計基準，会計上の個別問題の検討，監査)，3 学校法人の税務（概要，法人税，消費税，所得税の源泉徴収義務）

国立学校特別会計予算執務ハンドブック 平成2年度 文教予算事務研究会編 第一法規出版 1990.7 506p 21cm 2700円 ⓘ4-474-04975-6
(目次)第1章 平成2年度予算の概要，第2章 平成2年度国立学校特別会計予算事項別概要等，第3章 予算の推移等，第4章 国立学校関連の文部省所管一般会計予算事項，第5章 国立学校制度等，第6章 国立学校特別会計の特色等，参考資料（教育改革に関する当面の具体化方策にいて，臨時行政調査会答申抜粋，大学審議会の審議状況 ほか）

国立学校特別会計予算執務ハンドブック 平成3年度 文教予算事務研究会編 第一法規出版 1991.8 508p 21cm 2700円 ⓘ4-474-09026-8
(目次)第1章 予算制度等，第2章 国立学校特別会計の特色等，第3章 平成3年度予算の概要，第4章 予算の推移等，第5章 国立学校関連の文部省所管一般会計予算事項，第6章 平成3年度国立学校特別会計予算事項別概要等，参考資料 臨時行政調査会答申抜粋，臨時行政改革推進審議会〈旧行革審〉答申抜粋，公共投資基本計画〈抜粋〉 ほか

国立学校特別会計予算執務ハンドブック 平成7年度 文教予算事務研究会編著 第一法規出版 1995.8 480p 21cm 2700円 ⓘ4-474-00557-0 Ⓝ373.4

国立学校特別会計予算執務ハンドブック 平成8年度 文教予算事務研究会編著 第一法規出版 1996.8 481p 21cm 2700円 ⓘ4-474-00650-X Ⓝ373.4

国立学校特別会計予算執務ハンドブック 平成9年度 文教予算事務研究会編著 第一法規出版 1997.9 503p 21cm 2800円

学校経営・学校運営　　　　学校教育

Ⓘ4-474-00750-6　Ⓝ373.4

国立学校特別会計予算執務ハンドブック
平成10年度　文教予算事務研究会編著　第一法規出版　1998.8　482p　21cm　2800円
Ⓘ4-474-00842-1　Ⓝ373.4

国立学校特別会計予算執務ハンドブック
平成11年度　文教予算事務研究会編著　第一法規出版　1999.9　496p　21cm　2800円
Ⓘ4-474-00911-8　Ⓝ373.4

国立学校特別会計予算執務ハンドブック
平成12年度　文教予算事務研究会編著　第一法規出版　2000.9　526p　21cm　2800円
Ⓘ4-474-00951-7　Ⓝ373.4

国立学校特別会計予算執務ハンドブック
平成13年度　文教予算事務研究会編著　第一法規出版　2001.9　569p　21cm　3000円
Ⓘ4-474-01609-2　Ⓝ373.4

国立学校特別会計予算執務ハンドブック
平成14年度　文教予算事務研究会編著　第一法規出版　2002.10　625p　21cm　3000円　Ⓘ4-474-01670-X　Ⓝ373.4

私学事務ハンドブック　日本私学教育研究所学校事務研究会編　経理研究会，霞出版社〔発売〕　1992.7　482p　21cm　4800円
Ⓘ4-87602-834-6
(目次) 第1章 私学事務のあらまし，第2章 学校法人 (学校) と所轄庁，第3章 学校法人と登記所，第4章 学校法人 (学校) と官公署，第5章 学校会計の基礎知識，第6章 学校法人の税務，第7章 日本私学振興財団の融資制度と指定寄付金，第8章 私立学校諸規程例，第9章 知っておきたい学校事務のいろいろ，第10章 私学関係諸団体等一覧

詳解 学校運営必携　改訂版　文部省教務研究会編　ぎょうせい　1990.4　1218,48p　19cm　3000円　Ⓘ4-324-02197-X
(目次) 第1章 運営一般，第2章 人事運営，第3章 施設運営，第4章 教育運営，第5章 児童・生徒運営
(内容) 人事運営、施設運営、教育運営等学校運営を重点編集。学校運営に関する法令、例規、判例を執務に即して項目ごとに分類・整理。学校運営上の問題解決の判断基準を項目ごとに詳細に解説。

詳解 学校運営必携　第2次改訂版　文部省教務研究会編　ぎょうせい　1993.8　1240,48p　19cm　3200円　Ⓘ4-324-03696-9
(目次) 第1章 運営一般，第2章 人事運営，第3章 施設運営，第4章 教育運営，第5章 児童・生徒運営

(内容) 人事運営、施設運営、教育運営等の学校運営に関する法令、例規、判例を整理・掲載した実務資料集。執務に即して項目ごとに分類・整理し、学校運営上の問題解決の判断基準を項目ごとに解説する。

小学校 校務処理のマニュアル　寺師信之編　文教書院　1991.4　209p　21cm　2000円
Ⓘ4-8338-9105-0
(目次) 第1部 学校運営と校務処理 (これからの校務処理の課題，学校運営のための学校組織)，第2部 校務処理の実際 (一般校務，教務関係，保健・安全指導関係，庶務関係，年度初めの準備，学期末，学年末のしごと，翌年度の準備)

〈法令集〉

学校法人会計監査六法　平成22年版　日本公認会計士協会編　日本公認会計士協会出版局　2010.3　983p　27cm　〈平成21年版のタイトル：日本公認会計士協会学校法人会計監査六法　平成21年版の出版者：日本公認会計士協会出版局〉　4300円　Ⓘ978-4-904901-02-1　Ⓝ374.5
(目次) 委員会報告一覧 (監査基準委員会報告書一覧，学校法人委員会報告等一覧表)，監査編 (監査基準関係，私立学校振興助成法監査，寄附行為等変更認可申請監査，知事所轄法人監査，有価証券発行学校法人監査，その他)，法規編 (公認会計士法等，学校法人会計，学校法人監査，私学助成，学校法人，学校教育，設置，有価証券発行学校法人，税務関係，その他の参考法令等)
(内容) 文科省告示・学校法人会計・通知・基準・委員会報告・Q&Aなど最新の資料を収録。

学校法人会計監査六法　平成23年版　日本公認会計士協会編　日本公認会計士協会出版局　2011.3　1043p　26cm　4300円
Ⓘ978-4-904901-12-0
(目次) 監査編 (監査基準関係，私立学校振興助成法監査，寄附行為等変更認可申請監査，知事所轄法人監査，有価証券発行学校法人監査，その他)，法規編 (公認会計士法等，学校法人会計，学校法人監査，私学助成，学校法人，学校教育，設置，有価証券発行学校法人，税務関係，その他の参考法令等)
(内容) 委員会報告等一覧をはじめ、日本公認会計士協会が公表した報告を中心とした監査編と法令や通達・通知などを掲載した法規編に区分し、関係者に有用な資料を収録した。

学校法人会計監査六法　平成24年版　日本公認会計士協会編　日本公認会計士協会出版局　2012.3　1083p　26cm　4800円

①978-4-904901-21-2
〔目次〕監査編（監査基準関係，私立学校振興助成法監査，寄附行為等変更認可申請監査，知事所轄法人監査，有価証券発行学校法人監査，その他），法規編（公認会計士法等，学校法人会計，学校法人監査，私学助成，学校法人，学校教育，設置，有価証券発行学校法人，税務関係，その他の参考法令等）

学校法人会計小六法　平成18年版　日本公認会計士協会編　中央経済社　2006.3　917p　21cm　4500円　①4-502-88141-4

〔目次〕監査編（監査基準関係，私立学校振興助成法監査，寄附行為等変更認可申請監査，知事所轄法人監査，その他），法規編（公認会計士法等，学校法人会計，学校法人監査，私学助成，学校法人 ほか）
〔内容〕決算・監査実務に必携のこの一冊。法令・通知・委員会報告・Q&A等、学校法人の監査・会計に不可欠な重要資料を収録した決定版。

学校法人会計小六法　平成19年版　日本公認会計士協会編　中央経済社　2007.3　952p　21cm　4500円　①978-4-502-89141-0

〔目次〕委員会報告編（一覧），監査編（監査基準関係，私立学校振興助成法監査，寄附行為等変更認可申請監査，知事所轄法人監査，その他），法規編（公認会計士法等，学校法人会計，学校法人監査，私学助成，学校法人 ほか）
〔内容〕法令・通知・委員会報告・Q&A等学校法人の監査・会計に不可欠な最新の重要資料を収録。

学校法人会計小六法　平成20年版　日本公認会計士協会編　中央経済社　2008.3　1078p　22cm　4500円　①978-4-502-80141-9　Ⓝ374.5

〔目次〕委員会報告編（一覧），監査編（監査基準関係，私立学校振興助成法監査，寄附行為等変更認可申請監査，知事所轄法人監査 ほか），法規編（公認会計士法等，学校法人会計，学校法人監査，私学助成 ほか）
〔内容〕法令・通知・委員会報告・Q&A等、学校法人の経理・監査実務に不可欠な重要資料を収録。

日本公認会計士協会学校法人会計監査六法　平成21年版　日本公認会計士協会編　日本公認会計士協会出版局，清文社（発売）　2009.3　967p　27cm　〈索引あり〉　4300円　①978-4-433-37768-7　Ⓝ374.5

〔目次〕委員会報告一覧（監査基準委員会報告書一覧表，学校法人委員会報告等一覧表），監査編（監査基準関係，私立学校振興助成法監査，寄附行為等変更認可申請監査，知事所轄法人監査，有価証券発行学校法人監査，その他），法規編（公認会計士法等，学校法人会計，学校法人監査，私学助成，学校法人，学校教育，設置，有価証券発行学校法人，税務関係，その他の参考法令等）
〔内容〕原則として平成21年1月末日までに公表された資料につき、有用かつ重要と思われるものを収録。掲載資料には、公表した機関名、公表年月日又は最終改正年月日を掲載し、出版後の改正との関係を明確にした。文科省告示・学校法人会計・通知・基準・委員会報告・Q&Aなど最新の資料を収録。

＜統計集＞

今日の私学財政　高等学校・中学校・小学校編　平成16年度版　日本私立学校振興・共済事業団編　日本私立学校振興・共済事業団，学校経理研究会〔発売〕　2004.12　256p　30cm　2000円　①4-902255-04-9

〔目次〕1 調査の概要，2 集計・分析結果の概要，3 利用の手引き，4 集計結果（高等学校法人，中学校法人，小学校法人，高等学校部門，中学校部門，小学校部門）
〔内容〕全国の大学、短期大学、高等専門学校、高等学校、中学校及び小学校を設置する学校法人から提出された「学校法人基礎調査」のうち、財務関係について集計・分析し、その主要なものを各学校法人をはじめとする私学関係各位に提供。構成は「集計・分析結果の概要」で集計結果をグラフ化して概況の説明をし、「集計結果」では平成11年度～15年度までの5年間（中学校、小学校は15年度のみ）の貸借対照表等の集計データと財務比率を掲載。また、「利用の手引き」では各学校法人が財務分析を行うに当たり、集計結果をどのように利用したらよいか、いくつかの例を挙げた。

今日の私学財政　大学・短期大学編　平成16年度版　日本私立学校振興・共済事業団編　日本私立学校振興・共済事業団，学校経理研究会〔発売〕　2004.12　272p　30cm　3143円　①4-902255-05-7

〔目次〕1 調査の概要，2 集計・分析結果の概要，3 利用の手引き，4 集計結果（大学法人，短期大学法人，大学部門，短期大学部門）
〔内容〕全国の大学、短期大学、高等専門学校、高等学校、中学校及び小学校を設置する学校法人から提出された「学校法人基礎調査」のうち、財務関係について集計・分析し、その主要なものを各学校法人をはじめとする私学関係各位に提供。構成は「集計・分析結果の概要」で集計結果をグラフ化して概況の説明をし、「集計結果」では平成11年度～15年度までの5年間（中学校、小学校は15年度のみ）の貸借対照表

等の集計データと財務比率を掲載。また、「利用の手引き」では各学校法人が財務分析を行うに当たり、集計結果をどのように利用したらよいか、いくつかの例を挙げた。

今日の私学財政　高等学校・中学校・小学校編　平成17年度版　日本私立学校振興・共済事業団私学情報部情報サービス課編　日本私立学校振興・共済事業団,学校経理研究会〔発売〕　2005.12　251p　30cm　2000円　⓵4-902255-12-X

(目次)1 調査の概要(『今日の私学財政』とは,集計方法,利用上の留意点), 2 集計・分析結果の概要(高等学校法人の財政状態及び消費収支状況, 中学校法人の財政状態及び消費収支状況, 小学校法人の財政状況及び消費収支状況, 高等学校部門の消費収支状況, 中学校部門の消費収支状況, 小学校部門の消費収支状況), 3 利用の手引き(『今日の私学財政』と財務分析, 主要財務比率等の解説と度数分布), 4 集計結果(高等学校法人, 中学校法人, 小学校法人, 高等学校部門, 中学校部門, 小学校部門)

(内容)高等学校法人高等学校部門、中学校法人中学校部門、小学校法人小学校部門の財務集計・分析(平成12年度～平成16年度)。

今日の私学財政　大学・短期大学編　平成17年度版　日本私立学校振興・共済事業団私学情報部情報サービス課編　日本私立学校振興・共済事業団,学校経理研究会〔発売〕　2005.12　268p　30cm　3143円　⓵4-902255-11-1

(目次)1 調査の概要(『今日の私学財政』とは,集計方法,利用上の留意点), 2 集計・分析結果の概要(大学法人の財政状態及び消費収支状況, 短期大学法人の財政状態及び消費収支状況, 大学部門の消費収支状況, 短期大学部門の消費収支状況), 3 利用の手引き(『今日の私学財政』と財務分析, 主要財務比率等の解説と度数分布), 4 集計結果(大学法人, 短期大学法人, 大学部門, 短期大学部門)

(内容)大学法人大学部門、短期大学法人短期大学部門の財務集計・分析(平成12年度～平成16年度)。

今日の私学財政　高等学校・中学校・小学校編　平成18年度版　日本私立学校振興・共済事業団私学情報部情報サービス課編　日本私立学校振興・共済事業団,学校経理研究会〔発売〕　2006.12　258p　30cm　2000円　⓵4-902255-23-5

(目次)1 調査の概要(『今日の私学財政』とは,集計方法,利用上の留意点), 2 集計・分析結果の概要(高等学校法人の財政状態及び消費収支状況, 中学校法人の財政状態及び消費収支状況, 小学校法人の財政状態及び消費収支状況, 高等学校部門の消費収支状況, 中学校部門の消費収支状況, 小学校部門の消費収支状況), 3 利用の手引き(『今日の私学財政』と財務分析, 主要財務比率等の解説と度数分布), 4 集計結果(高等学校法人, 中学校法人, 小学校法人, 高等学校部門, 中学校部門, 小学校部門)

今日の私学財政　大学・短期大学編　平成18年度版　日本私立学校振興・共済事業団私学情報部情報サービス課編　日本私立学校振興・共済事業団,学校経理研究会〔発売〕　2006.12　270p　30cm　3143円　⓵4-902255-22-7

(目次)1 調査の概要(『今日の私学財政』とは,集計方法,利用上の留意点), 2 集計・分析結果の概要(大学法人の財政状態及び消費収支状況, 短期大学法人の財政状態及び消費収支状況, 大学部門の消費収支状況, 短期大学部門の消費収支状況), 3 利用の手引き(『今日の私学財政』と財務分析, 主要財務比率等の解説と度数分布), 4 集計結果(大学法人, 短期大学法人, 大学部門, 短期大学部門)

今日の私学財政　高等学校・中学校・小学校編　平成19年度版　日本私立学校振興・共済事業団私学情報部情報サービス課編　日本私立学校振興・共済事業団,学校経理研究会〔発売〕　2007.12　258p　30cm　2000円　⓵978-4-902255-33-1

(目次)1 調査の概要(『今日の私学財政』とは,集計方法,利用上の留意点), 2 集計・分析結果の概要(高等学校法人の財政状態及び消費収支状況, 中学校法人の財政状態及び消費収支状況, 小学校法人の財政状態及び消費収支状況, 高等学校部門の消費収支状況, 中学校部門の消費収支状況, 小学校部門の消費収支状況), 3 利用の手引き(『今日の私学財政』と財務分析, 主要財務比率等の解説と度数分布), 4 集計結果(高等学校法人, 中学校法人, 小学校法人, 高等学校部門, 中学校部門, 小学校部門)

今日の私学財政　大学・短期大学編　平成19年度版　日本私立学校振興・共済事業団私学情報部情報サービス課編　日本私立学校振興・共済事業団,学校経理研究会〔発売〕　2007.12　268p　30cm　3143円　⓵978-4-902255-32-4

(目次)1 調査の概要(『今日の私学財政』とは,集計方法,利用上の留意点), 2 集計・分析結果の概要(大学法人の財政状態及び消費収支状況, 短期大学法人の財政状態及び消費収支状況, 大学部門の消費収支状況, 短期大学部門の消費収支状況), 3 利用の手引き(『今日の私学財政』と財務分析, 主要財務比率等の解説と度

数分布)，4 集計結果(大学法人，短期大学法人，大学部門，短期大学部門)

今日の私学財政　高等学校・中学校・小学校編　平成20年度版　日本私立学校振興・共済事業団編　日本私立学校振興・共済事業団,学校経理研究会(発売)　2008.12　256p　30cm　2191円　Ⓘ978-4-902255-42-3　Ⓝ374.5

[目次]1 調査の概要(『今日の私学財政』とは，集計方法 ほか)，2 集計・分析結果の概要(高等学校法人の消費収支状況，高等学校法人の財政状態 ほか)，3 利用の手引き(『今日の私学財政』と財務分析，主要財務比率等の解説と度数分布)，4 集計結果(高等学校法人，中学校法人 ほか)

今日の私学財政　大学・短期大学編　平成20年度版　日本私立学校振興・共済事業団編　日本私立学校振興・共済事業団,学校経理研究会(発売)　2008.12　268p　30cm　3334円　Ⓘ978-4-902255-41-6　Ⓝ374.5

[目次]1 調査の概要(『今日の私学財政』とは，集計方法 ほか)，2 集計・分析結果の概要(大学法人の消費収支状況，大学法人の財政状態 ほか)，3 利用の手引き(『今日の私学財政』と財務分析，主要財務比率等の解説と度数分布)，4 集計結果(大学法人，短期大学法人 ほか)

今日の私学財政　幼稚園・特別支援学校編　平成21年度版　日本私立学校振興・共済事業団私学経営情報センター私学情報室編　日本私立学校振興・共済事業団私学経営情報センター私学情報室,学校経理研究会〔発売〕　2010.8　161p　30cm　1905円　Ⓘ978-4-902255-57-7

[目次]1 調査の概要(『今日の私学財政』とは，集計方法 ほか)，2 集計結果の概要(『今日の私学財政』を有効にお使いいただくために，集計結果の概要)，3 利用の手引き(『今日の私学財政』と財務分析，主要財務比率等の解説と度数分布)，4 集計結果(幼稚園法人，特別支援学校法人 ほか)

今日の私学財政　高等学校・中学校・小学校編　平成21年度版　日本私立学校振興・共済事業団編　日本私立学校振興・共済事業団,学校経理研究会(発売)　2009.12　244p　30cm　2191円　Ⓘ978-4-902255-53-9　Ⓝ374.5

[目次]1 調査の概要(『今日の私学財政』とは，集計方法 ほか)，2 集計・分析結果の概要(高等学校法人の消費収支状況，高等学校法人の財政状態 ほか)，3 利用の手引き(『今日の私学財政』と財務分析，主要財務比率等の解説と度数分布)，4 集計結果(高等学校法人，中学校法人 ほか)

今日の私学財政　大学・短期大学編　平成21年度版　日本私立学校振興・共済事業団編　日本私立学校振興・共済事業団,学校経理研究会(発売)　2009.12　282p　30cm　3334円　Ⓘ978-4-902255-52-2　Ⓝ374.5

[目次]1 調査の概要(『今日の私学財政』とは，集計方法 ほか)，2 集計・分析結果の概要(大学法人の消費収支状況，大学法人の財政状態 ほか)，3 利用の手引き(『今日の私学財政』と財務分析，主要財務比率等の解説と度数分布)，4 集計結果(大学法人，短期大学法人 ほか)

今日の私学財政　高等学校・中学校・小学校編　平成22年度版　日本私立学校振興・共済事業団編　日本私立学校振興・共済事業団,学校経理研究会(発売)　2010.12　243p　30cm　2191円　Ⓘ978-4-902255-64-5　Ⓝ374.5

[目次]1 調査の概要(『今日の私学財政』とは，集計方法 ほか)，2 集計・分析結果の概要(高等学校法人の消費収支状況，高等学校法人の財政状態 ほか)，3 利用の手引き(『今日の私学財政』と財務分析，主要財務比率等の解説と度数分布)，4 集計結果(高等学校法人，中学校法人 ほか)

[内容]高等学校法人、中学校法人、小学校法人、高等学校部門、中学校部門、小学校部門、財務集計・分析(平成17年度～平成21年度)。

今日の私学財政　大学・短期大学編　平成22年度版　日本私立学校振興・共済事業団編　日本私立学校振興・共済事業団,学校経理研究会(発売)　2010.12　282p　30cm　3334円　Ⓘ978-4-902255-63-8　Ⓝ374.5

[目次]1 調査の概要(『今日の私学財政』とは，集計方法 ほか)，2 集計・分析結果の概要(大学法人の消費収支状況，大学法人の財政状態 ほか)，3 利用の手引き(『今日の私学財政』と財務分析，主要財務比率等の解説と度数分布)，4 集計結果(大学法人，短期大学法人 ほか)

[内容]大学法人、短期大学法人、大学部門、短期大学部門、財務集計・分析(平成17年度～平成21年度)。

今日の私学財政　高等学校・中学校・小学校編　平成23年度版　日本私立学校振興・共済事業団私学経営情報センター私学情報室,学校経理研究会〔発売〕　2012.3　243p　30cm　2191円　Ⓘ978-4-902255-71-3

[目次]1 調査の概要(『今日の私学財政』とは，集計方法 ほか)，2 集計・分析結果の概要(高

等学校法人の消費収支状況,高等学校法人の財政状態 ほか), 3 利用の手引き (『今日の私学財政』と財務分析,主要財務比率等の解説と度数分布), 4 集計結果 (高等学校法人,中学校法人 ほか)

今日の私学財政 大学・短期大学編 平成23年度版 日本私立学校振興・共済事業団私学経営情報センター私学情報室編 日本私立学校振興・共済事業団私学経営情報センター私学情報室,学校経理研究会〔発売〕 2011.12 282p 30cm 3334円 ⓘ978-4-902255-70-6

(目次)1 調査の概要(『今日の私学財政』とは,集計方法 ほか), 2 集計・分析結果の概要(大学法人の消費収支状況,大学法人の財政状態 ほか), 3 利用の手引き(『今日の私学財政』と財務分析,主要財務比率等の解説と度数分布), 4 集計結果(大学法人,短期大学法人 ほか)

今日の私学財政 大学・短期大学編 平成24年度版 日本私立学校振興・共済事業団私学経営情報センター私学情報室編 学校経理研究会 2012.12 280p 30cm 〈付属資料:CD-ROM1〉 5000円 ⓘ978-4-902255-78-2

(目次)1 調査の概要(『今日の私学財政』とは,集計方法 ほか), 2 集計・分析結果の概要(大学法人の消費収支状況,大学法人の財政状態 ほか), 3 利用の手引き(『今日の私学財政』と財務分析,主要財務比率等の解説と度数分布), 4 集計結果(大学法人,短期大学法人 ほか)

学校施設

<事 典>

学校・図書館 空気調和・衛生工学会編 オーム社 2011.8 317p 26cm (建築設備集成)〈執筆:牛尾智秋ほか〉 10000円 ⓘ978-4-274-21070-9 Ⓝ528

(目次)第1章 学校・図書館の建築の特徴と動向,第2章 学校施設の建築環境計画,第3章 学校の設備計画・設備設計,第4章 図書館の設備計画・設備設計,設計例(K大学新築,武蔵野市立O小学校,荒川区立N小学校-学校エコ改修,O図書館)

<ハンドブック>

公立学校施設整備事務ハンドブック 平成19年 公立学校施設法令研究会編著 第一法規 2007.10 332p 26cm 2700円 ⓘ978-4-474-02344-4

(目次)第1章 概要編(最優先課題,国庫補助事業の概要,公立学校施設整備に係る地方財政措置),第2章 手続編(負担金に係る手続,交付金に係る手続,支出及び繰越に係る手続,財産処分について,国庫補助金の適正な執行について),第3章 用語編,第4章 資料編(国庫補助制度Q&A,安全・安心な学校づくり交付金Q&A,各種データ)

公立学校施設整備事務ハンドブック 平成20年 公立学校施設法令研究会編著 第一法規 2008.11 367p 26cm 2700円 ⓘ978-4-474-02444-1 Ⓝ374.7

(目次)第1章 概要編(最優先課題,国庫補助事業の概要,公立学校施設整備に係る地方財政措置),第2章 手続編(負担金に係る手続,交付金に係る手続,支出及び繰越しに係る手続,財産処分について,国庫補助金等の適正な執行について),第3章 用語編,第4章 資料編(国庫補助制度Q&A,安全・安心な学校づくり交付金Q&A,各種データ)

公立学校施設整備事務ハンドブック 平成21年 公立学校施設法令研究会編著 第一法規 2009.10 391p 26cm 2700円 ⓘ978-4-474-02521-9 Ⓝ374.7

(目次)第1章 概要編(最優先課題,国庫補助事業の概要,公立学校施設整備に係る地方財政措置),第2章 手続編(負担金に係る手続,交付金に係る手続,支出及び繰越しに係る手続,財産処分について,国庫補助金等の適正な執行について),第3章 用語編,第4章 資料編(国庫補助制度Q&A,安全・安心な学校づくり交付金Q&A,各種データ)

公立学校施設整備事務ハンドブック 平成22年 公立学校施設法令研究会編著 第一法規 2010.10 395p 26cm 2700円 ⓘ978-4-474-02617-9 Ⓝ374.7

(目次)第1章 概要編(最優先課題,国庫補助事業の概要,公立学校施設整備に係る地方財政措置),第2章 手続編(負担金に係る手続,交付金に係る手続,支出及び繰越しに係る手続 ほか),第3章 用語編,第4章 資料編(国庫補助制度Q&A,安全・安心な学校づくり交付金Q&A,各種データ)

公立学校施設整備事務ハンドブック 平成23年 公立学校施設法令研究会編著 第一法規 2011.10 385p 26cm 2700円 ⓘ978-4-474-02729-9

(目次)第1章 概要論(国庫補助事業の概要,公立学校施設整備に係る地方財政措置),第2章 手続編(負担金に係る手続,交付金に係る手続 ほか),第3章 用語編,第4章 資料編(国庫補助制度Q&A,学校施設環境改善交付金Q&A ほか)

公立学校施設整備事務ハンドブック 平成

24年 公立学校施設法令研究会編著 第一法規 2012.10 376p 26cm 2700円 ⓘ978-4-474-02818-0

(目次)第1章 概要編(国庫補助事業の概要,公立学校施設整備に係る地方財政措置),第2章 手続編(負担金に係る手続,交付金に係る手続,支出及び繰越しに係る手続,財産処分について),第3章 用語編,第4章 資料編(国庫補助制度Q&A,学校施設環境改善交付金Q&A,各種データ)

保育園・幼稚園 建築設計資料〈91〉 3 子育て支援の中核 建築思潮研究所編 建築資料研究社 2003.4 208p 30cm 〈建築設計資料 91〉 3800円 ⓘ4-87460-784-5

(目次)保育園・幼稚園の設計―子どもたちの全面的発達と保障し支援する場として(保育園・幼稚園の保育をめぐる現在,建築計画を始める前の準備,乳幼児の姿を知ろう,全体計画,各部設計),実作資料編(こぐま会やまばと保育園,東京YMCA保育園,立川町立狩川保育園,温知会プリスクール水輝,四街道市立中央保育所 ほか)

<法令集>

公立学校施設関係法令集 平成4年 公立学校施設法令研究会編 第一法規出版 1992.11 590,182p 21cm 3200円 ⓘ4-474-09093-4 Ⓝ374.7

公立学校施設関係法令集 平成7年 公立学校施設法令研究会編 第一法規出版 1995.12 1冊 21cm 3800円 ⓘ4-474-00591-0 Ⓝ374.7

公立学校施設関係法令集 平成8年 公立学校施設法令研究会編 第一法規出版 1996.12 1冊 21cm 3800円 ⓘ4-474-00684-4 Ⓝ374.7

公立学校施設関係法令集 平成9年 公立学校施設法令研究会編 第一法規出版 1998.1 642,211p 21cm 〈付属資料:1冊:補遺〉 3714円 ⓘ4-474-00780-8 Ⓝ374.7

公立学校施設関係法令集 平成10年 公立学校施設法令研究会編 第一法規出版 1999.1 646,208p 21cm 3714円 ⓘ4-474-00867-7 Ⓝ374.7

公立学校施設関係法令集 平成11年 公立学校施設法令研究会編 第一法規出版 2000.3 1冊 21cm 4000円 ⓘ4-474-00973-8 Ⓝ374.7

公立学校施設関係法令集 平成12年 公立学校施設法令研究会編 第一法規出版 2000.5 657,214p 21cm 4000円 ⓘ4-474-00988-6 Ⓝ374.7

公立学校施設関係法令集 平成13年 公立学校施設法令研究会編 第一法規出版 2001.8 653,237p 21cm 3600円 ⓘ4-474-01598-3 Ⓝ374.7

公立学校施設関係法令集 平成14年 公立学校施設法令研究会編 第一法規出版 2002.7 775,289p 21cm 3700円 ⓘ4-474-01663-7 Ⓝ374.7

公立学校施設関係法令集 平成15年 公立学校施設法令研究会編 第一法規 2003.11 1冊 21cm 3700円 ⓘ4-474-01745-5 Ⓝ374.7

公立学校施設関係法令集 平成16年 公立学校施設法令研究会編 第一法規 2004.11 875,306p 21cm 3700円 ⓘ4-474-01863-X Ⓝ374.7

公立学校施設関係法令集 平成17年 公立学校施設法令研究会編 第一法規 2005.11 891,316p 21cm 3700円 ⓘ4-474-01939-3 Ⓝ374.7

公立学校施設関係法令集 平成18年 公立学校施設法令研究会編 第一法規 2007.2 788,369p 19cm 4100円 ⓘ978-4-474-02250-8 Ⓝ374.7

公立学校施設関係法令集 平成19年 公立学校施設法令研究会編 第一法規 2007.10 903,395p 19cm 4100円 ⓘ978-4-474-02343-7

(目次)1 施設助成関係(義務教育諸学校等の施設費の国庫負担等に関する法律,義務教育諸学校等の施設費の国庫負担等に関する法律施行令 ほか),2 災害復旧・地震防災関係(公立学校施設災害復旧費国庫負担法,公立学校施設災害復旧費国庫負担法施行令 ほか),3 財政特別措置関係(地域振興関係,沖縄・奄美・小笠原関係 ほか),4 諸法関係(基準関係等,地方財政関係 ほか),5 運用細目補助要項等(安全・安心な学校づくり交付金交付要綱,公立学校施設費国庫負担金等に関する関係法令等の運用細目 ほか)

公立学校施設関係法令集 平成20年 公立学校施設法令研究会編 第一法規 2008.10 1冊 19cm 4100円 ⓘ978-4-474-02443-4 Ⓝ374.7

(目次)1 施設助成関係(義務教育諸学校等の施設費の国庫負担等に関する法律,義務教育諸学校等の施設費の国庫負担等に関する法律施行令 ほか),2 災害復旧・地震防災関係(公立学校施

設災害復旧費国庫負担法，公立学校施設災害復旧費国庫負担法施行令 ほか），3 財政特別措置関係（地域振興関係，沖縄・奄美・小笠原関係ほか），4 諸法関係（基準関係等，地方財政関係ほか），5 運用細目補助要項等（安全・安心な学校づくり交付金交付要綱，公立学校施設費国庫負担金等に関する関係法令等の運用細目 ほか）

(内容)公立学校施設整備の関係法令のうち助成根拠法及び負担割合の特例を定めたもの並びに必要な関係法令を収録。法令の公布形式は省略し，題名の次に公布年月日及び公布番号を掲げ，改正のある法令については，改正経過を「沿革」として掲げた。義務教育諸学校等の施設費の国庫負担等に関する法律，同法施行令，公立学校施設災害復旧費国庫負担法及び同法施行令に参照条文を附している。平成二十年七月二日現在における法令等を収録した。

公立学校施設関係法令集　平成21年　公立学校施設法令研究会編　第一法規　2009.10　1冊　19cm　4100円　Ⓘ978-4-474-02536-3　Ⓝ374.7

(目次)1 施設助成関係（義務教育諸学校等の施設費の国庫負担等に関する法律，義務教育諸学校等の施設費の国庫負担等に関する法律施行令ほか），2 災害復旧・地震防災関係（公立学校施設災害復旧費国庫負担法，公立学校施設災害復旧費国庫負担法施行令 ほか），3 財政特別措置関係（地域振興関係，沖縄・奄美・小笠原関係ほか），4 諸法関係（基準関係等，地方財政関係ほか），5 運用細目補助要項等（安全・安心な学校づくり交付金交付要綱，公立学校施設費国庫負担金等に関する関係法令等の運用細目 ほか）

(内容)公立学校施設整備の関係法令のうち助成根拠法及び負担割合の特例を定めたもの並びに必要な関係法令を収録。法令の公布形式は省略し，題名の次に公布年月日及び公布番号を掲げ，改正のある法令については，改正経過を「沿革」として掲げた。義務教育諸学校等の施設費の国庫負担等に関する法律，同法施行令，公立学校施設災害復旧費国庫負担法及び同法施行令に参照条文を附している。平成21年7月1日現在における法令等を収録。

公立学校施設関係法令集　平成22年　公立学校施設法令研究会編　第一法規　2010.10　903,415p　19cm　4100円　Ⓘ978-4-474-02616-2　Ⓝ374.7

(目次)1 施設助成関係，2 災害復旧・地震防災関係，3 財政特別措置関係（地域振興関係，沖縄・奄美・小笠原関係，特別財政措置関係，公害関係，バリアフリー関係），4 諸法関係（基準関係等，地方財政関係，その他），5 運用細目補助要項等

公立学校施設関係法令集　平成23年　公立学校施設法令研究会編　第一法規　2011.10　949,488p　19cm　4100円　Ⓘ978-4-474-02728-2　Ⓝ374.7

(目次)1 施設助成関係，2 災害復旧・地震防災関係，3 財政特別措置関係（地域振興関係，沖縄・奄美・小笠原関係，特別財政措置関係，公害関係，バリアフリー関係），4 諸法関係（基準関係等，地方財政関係，その他），5 運用細目補助要項等

公立学校施設関係法令集　平成24年　公立学校施設法令研究会編　第一法規　2012.10　927,527p　19cm　4100円　Ⓘ978-4-474-02817-3

(目次)1 施設助成関係（義務教育諸学校等の施設費の国庫負担等に関する法律，義務教育諸学校等の施設費の国庫負担等に関する法律施行令ほか），2 災害復旧・地震防災関係（公立学校施設災害復旧費国庫負担法，公立学校施設災害復旧費国庫負担法施行令 ほか），3 財政特別措置関係（地域振興関係，沖縄・奄美・小笠原関係ほか），4 諸法関係（基準関係等，地方財政関係ほか），5 運用細目補助要項等（学校施設環境改善交付金交付要綱，地域自主戦略交付金制度要綱（抄） ほか）

学校保健

<事 典>

学校健康相談・指導事典　小倉学ほか編　大修館書店　1980.7　936p　23cm　〈執筆：高石昌弘ほか〉　5900円　Ⓝ374.9

(目次)序章 保健指導・健康相談の意義と現状，第1編 基礎編（第1章 医学的・生理学的基礎，第2章 心理学的基礎，第3章 社会学的理解の枠組み，第4章 カウンセリングの理論と技法），第2編 健康相談・保健指導の進め方（第1章 健康相談の進め方，第2章 保健指導の進め方），第3編 問題領域編（第1章 児童・生徒期にみられる症候（主訴），第2章 疾病異常，第3章 脳・神経障害，第4章 心身症，第5章 精神障害，第6章 適応上の問題，第7章 性的問題），第4編 事例編，付録

(内容)保健指導・健康相談に欠かせない基本的な事項を網羅し，基礎編から問題領域（臨床）編・事例編へと体系的に構成された事典。

学校保健・健康教育用語辞典　大沢清二，田嶋八千代，磯辺啓二郎，田神一美，渡邉正樹編　大修館書店　2004.3　443p　21cm　3200円　Ⓘ4-469-26540-3

(内容)新学習指導要領の施行後における学校保健用語2600語についてわかりやすく解説した辞典。関連用語も収録。五十音順に排列。巻末に

五十音順索引、欧文アルファベット順索引を収載。

<ハンドブック>

学校医・学校保健ハンドブック 必要な知識と視点のすべて 衛藤隆, 中原俊隆編
文光堂 2006.3 542p 21cm 7600円 ①4-8306-4007-3
(目次)第1章 学校保健と学校医(学校保健の概念, 学校保健にかかわる法令と行政 ほか), 第2章 健康診断の実施と事後措置(健康診断, 健康相談 ほか), 第3章 個別課題への対応(感染症への対応, アレルギー疾患への対応 ほか), 第4章 学校における応急処置と事故対策(学校管理下における事故, 応急対策, 事後措置, 心肺蘇生法)

学校医・養護教諭のための学校心臓病検診ハンドブック 検診の進め方とマネージメント 川崎市医師会学校医部会, 川崎市心臓病判定委員会編 三輪書店 1995.8 95p 26cm 2500円 ①4-89590-040-1
(目次)第1章 学校心臓病集団検診の目的と必要性, 第2章 学校心臓病集団検診の方式, 第3章 学校心臓病集団検診の検査・情報, 第4章 学校心臓病集団検診の実施・運営の実際, 第5章 学校心臓病集団検診での判定・診断基準―川崎市の方式を中心に, 第6章 学校心臓病集団検診のフォロー体制―次年度以後の管理および定期健康診断について, 第7章 心臓病管理指導表の見方, 第8章 生活指導のポイント, 付録 学校心臓病集団検診における基礎知識

学校と学校薬剤師 2011 日本学校薬剤師会編 薬事日報社 2011.6 245p 30cm 3600円 ①978-4-8408-1187-3
(目次)第1章 学校制度, 第2章 学校保健安全, 第3章 学校薬剤師, 第4章 学校薬剤師と学校環境衛生, 第5章 学校薬剤師と学校教育, 第6章 学校薬剤師と医薬品等の管理, 第7章 学校薬剤師と健康の管理, 第8章 学校給食, 第9章 薬学生に対する実務研修, 資料編

学校保健実務必携 第2次改訂版 新訂版 学校保健・安全実務研究会編著 第一法規 2009.10 1543,370p 19cm 3800円 ①978-4-474-02476-2 ⓝ374.9
(目次)第1部 学校保健(学校保健の制度等, 学校における保健管理, 学校における保健教育, 学校保健に関する組織活動, 学校保健の評価), 第2部 学校安全(学校安全の制度, 学校における安全管理, 学校における安全教育, 学校安全に関する組織活動, 学校安全の評価, 独立行政法人日本スポーツ振興センター法による災害共済給付制度), 第3部 食育(食育基本法, 学習指導要領における食育, 学校給食, 栄養教諭), 付録 法令, 通知, 統計資料

学校保健ハンドブック 第5次改訂 教員養成大学保健協議会編 ぎょうせい 2009.10 306p 26cm 〈索引あり〉 3048円 ①978-4-324-08849-4 ⓝ374.9
(目次)学校保健, 保健学習, 保健指導, 学校における性教育, 喫煙, 飲酒, 薬物乱用防止教育, 児童・生徒の健康把握と評価, 児童・生徒の発育発達, 児童・生徒の健康障害とその指導, 精神の健康, 障害のある児童・生徒とその指導, 学校環境衛生, 学校安全, 応急手当, 食育の推進, 保健を専攻する学生のために

最新Q&A 教師のための救急百科 衛藤隆, 田中哲郎, 横田俊一郎, 渡辺博編 大修館書店 2006.6 465p 21cm 3800円 ①4-469-26603-5
(目次)第1章 知っておきたい救急の基礎知識(救急についてまず知っておくべきこと, 救急法実施にあたって), 第2章 事故と救急法の実際(止血法, 包帯法 ほか), 第3章 急病と救急法の実際(発熱と頭痛, 咳と呼吸困難 ほか), 第4章 学校行事の事故対策と救急法(部活動やスポーツ大会, 水泳指導 ほか), 第5章 保健管理と保健指導の実際(感染症予防と対策, 保健管理と保健指導 ほか)
(内容)健康や安全に関する諸問題のうち, 主として学校で緊急に問題となり得るテーマを選び, 「救急百科」としてまとめた.

養護教諭の健康相談ハンドブック 森田光子著 (京都)東山書房 2010.11 133p 21cm 1500円 ①978-4-8278-1496-5 ⓝ374.93
(目次)1 健康相談とは(健康相談をどう捉えるか, 養護教諭の行う健康相談の実際 ほか), 2 健康相談における見立て(なぜ見立てを行うか, 日常の保健室場面(救急処置場面)での見立て ほか), 3 健康相談の支援(見立てから支援へ, 支援の目標とプロセスごとの支援の実際 ほか), 4 健康相談の支援の技術(健康相談における支援方法の種類, カウンセリングとは ほか), 5 事例検討と事例研究(事例検討, 事例研究, 事例検討, 事例研究の目的と意義 ほか)

養護教諭のための保健・医療・福祉系実習ハンドブック 改訂版 中桐佐智子, 岡田加奈子編著 (京都)東山書房 2012.9 216p 26cm (養護教諭必携シリーズ No.5) 2300円 ①978-4-8278-1518-4
(目次)1 総論編(保健・医療・福祉系施設における実習, 保健・医療・福祉系施設における実習の目的 ほか), 2 各論編(医療系施設における実習, 保健系施設における実習 ほか), 3 実技

編（フィジカルアセスメントとバイタルサインのチェック，生活の援助），4 資料編（バイタルサインについて，検査の正常値一覧 ほか）

<統計集>

学校保健統計調査報告書　平成元年度　文部省著　大蔵省印刷局　1990.3　177p　26cm　1450円　Ⓘ4-17-153064-4
〔目次〕1 調査の概要，2 調査結果の概要，3 統計表（全国表，地域区分表，都道府県表），4 附属資料

学校保健統計調査報告書　平成2年度　文部省編　大蔵省印刷局　1991.3　185p　26cm　1500円　Ⓘ4-17-153065-2
〔目次〕1 調査の概要，2 調査結果の概要，3 統計表（全国表，地域区分表，都道府県表，年次統計），4 附属資料（調査票の様式，学校保健統計調査の手引〈抄〉）

学校保健統計調査報告書　平成3年度　文部省著　大蔵省印刷局　1992.3　191p　26cm　1500円　Ⓘ4-17-153066-0
〔目次〕統計表（年齢別 身長・体重・胸囲・座高の平均値及び標準偏差，身長の年齢別分布，体重の年齢別分布，胸囲の年齢別分布，座高の年齢別分布，身長と体重の相関表及び身長別体重の平均値，年齢別 疾病・異常被患率等，地域区別肥満傾向児の出現率，地域区分別瘦身傾向児の出現率，都道府県別身長・体重・胸囲・座高の平均値及び標準偏差，年齢別平均身長の推移，年齢不平均体重の推定，年齢別平均胸囲の推移，年齢別平均座高の推移），附属資料（調査票の様式，学校保健統計調査の手引〈抄〉）

学校保健統計調査報告書　平成4年度　文部省著　大蔵省印刷局　1993.3　191p　26cm　1600円　Ⓘ4-17-153067-9
〔目次〕1 調査の概要，2 調査結果の概要，3 統計表（年齢別身長・体重・胸囲・座高の平均値及び標準偏差，身長の年齢別分布，体重の年齢別分布，胸囲の年齢別分布，座高の年齢別分布，身長と体重の相関表及び身長別体重の平均値，年齢別疾病・異常被患率等，地域区分別肥満傾向児の出現率，地域区分別瘦身傾向児の出現率，都道府県別身長・体重・胸囲・座高の平均値及び標準偏差，年齢別平均身長の推移，年齢別平均体重の推移，年齢別平均胸囲の推移，年齢別平均座高の推移），4 附属資料

学校保健統計調査報告書　平成5年度　大蔵省印刷局　1994.3　193p　26cm　1650円　Ⓘ4-17-153068-7
〔目次〕1 調査の概要，2 調査結果の概要，3 統計表，4 附属資料

学校保健統計調査報告書　平成6年度　文部省著　大蔵省印刷局　1995.3　193p　26cm　1700円　Ⓘ4-17-153069-5
〔目次〕1 調査の概要，2 調査結果の概要，3 統計表（全国表，地域区分表、都道府県表，年次統計），4 附属資料

学校保健統計調査報告書　平成7年度　文部省著　大蔵省印刷局　1996.3　185p　26cm　1700円　Ⓘ4-17-153070-9
〔目次〕1 調査の概要，2 調査結果の概要，3 統計表（全国表，地域区分表，都道府県表，年次統計，参考）

学校保健統計調査報告書　平成8年度　大蔵省印刷局　1997.3　181p　26cm　1650円　Ⓘ4-17-153071-7
〔目次〕1 調査の概要，2 調査結果の概要，3 統計表（全国表，地域区分表，都道府県表，年次統計），4 附属資料

学校保健統計調査報告書　平成9年度　大蔵省印刷局　1998.3　167p　26cm　1660円　Ⓘ4-17-153072-5
〔目次〕1 調査の概要，2 調査結果の概要，3 統計表（全国表，地域区分表，都道府県表，年次統計），4 附属資料

学校保健統計調査報告書　平成10年度　文部省編　大蔵省印刷局　1999.3　167p　26cm　1660円　Ⓘ4-17-153073-3
〔目次〕1 調査の概要，2 調査結果の概要，3 統計表（全国表，地域区分表，都道府県表，年次統計），4 附属資料（調査票の様式，学校保健統計調査の手引〈抄〉）

学校保健統計調査報告書　平成11年度　文部省編　大蔵省印刷局　2000.3　168p　26cm　1660円　Ⓘ4-17-153074-1　Ⓝ374.9
〔目次〕1 調査の概要，2 調査結果の概要，3 統計表（全国表，地域区分表，都道府県表，年次統計），4 附属資料

学校保健統計調査報告書　平成12年度　文部科学省生涯学習政策局調査企画課著　財務省印刷局　2001.3　13,168p　26cm　〈平成11年度までの出版者：大蔵省印刷局〉　1660円　Ⓘ4-17-153075-X　Ⓝ374.9
〔目次〕1 調査の概要，2 調査結果の概要，3 統計表（全国表，地域区分表，都道府県表，年次統計），4 附属資料

学校保健統計調査報告書　平成13年度　文部科学省著　財務省印刷局　2002.3　168p　26cm　1660円　Ⓘ4-17-153076-8　Ⓝ374.9
〔目次〕1 調査の概要，2 調査結果の概要，3 統計

学校教育　　　　　　　　　　　学級経営

表(全国表，地域区分表，都道府県表，年次統計)，4 附属資料

学校保健統計調査報告書　平成14年度　文部科学省著　財務省印刷局　2003.3　164p　26cm　1660円　①4-17-153077-6

(目次)全国表(年齢別身長・体重・座高の平均値及び標準偏差，身長の年齢別分布，体重の年齢別分布，座高の年齢別分布，身長と体重の相関表及び身長別体重の平均値，年齢別 疾病・異常被患率等)，地域区分表，都道府県表(地域区分別肥満傾向児の出現率，地域区分別痩身傾向児の出現率，都道府県別身長・体重・座高の平均値及び標準偏差)，年次統計(年齢別平均身長の推移(昭和23年度～平成14年度)，年齢別平均体重の推移(昭和23年度～平成14年度)，年齢別平均座高の推移(昭和24年度～平成14年度))

学校保健統計調査報告書　平成15年度　文部科学省編　国立印刷局　2004.3　150p　30cm　1660円　①4-17-153078-4

(目次)1 調査の概要，2 調査結果の概要，3 統計表(全国表，地域区分表，都道府県表，年次統計)，4 附属資料(調査票の様式，学校保健統計調査の手引(抄))

学校保健統計調査報告書　平成16年度　文部科学省著　国立印刷局　2005.3　150p　30cm　1660円　①4-17-153079-2

(目次)1 調査の概要，2 調査結果の概要，3 統計表(全国表，地域区分表，都道府県表，年次統計)，4 附属資料(調査票の様式，学校保健統計調査の手引(抄))

学校保健統計調査報告書　平成17年度　文部科学省著　国立印刷局　2006.3　161p　30cm　1660円　①4-17-153080-6

(目次)1 調査の概要，2 調査結果の概要，3 統計表(全国表，地域区分表，都道府県表，年次統計)，4 附属資料(調査票の様式，学校保健統計調査の手引(抄))

(内容)この調査は，児童，生徒及び幼児の発育及び健康状態を明らかにすることを目的とする。

学校保健統計調査報告書　平成18年度　文部科学省著　国立印刷局　2007.3　209p　30cm　1760円　①978-4-17-153081-8

(目次)1 調査の概要，2 調査結果の概要，3 統計表(全国表，都道府県表，年次統計)，4 附属資料(調査票の様式，学校保健統計調査の手引(抄)，推定方法)

学校保健統計調査報告書　平成19年度　文部科学省著　国立印刷局　2008.3　209p　30cm　1760円　①978-4-17-153082-5

Ⓝ374.9

(目次)1 調査の概要，2 調査結果の概要，3 統計表(全国表，都道府県表，年次統計)，4 附属資料(調査票の様式，学校保健統計調査の手引(抄)，推定方法)

学校保健統計調査報告書　平成20年度　文部科学省著　日経印刷　2009.3　209p　30cm　1760円　①978-4-904260-14-2

Ⓝ374.9

(目次)1 調査の概要，2 調査結果の概要，3 統計表(全国表，都道府県表，年次統計)，4 附属資料

学校保健統計調査報告書　平成21年度　文部科学省著　日経印刷　2010.3　209p　30cm　1760円　①978-4-904260-47-0

Ⓝ374.9

(目次)1 調査の概要，2 調査結果の概要，3 統計表(全国表，都道府県表，年次統計)，4 附属資料

学校保健統計調査報告書　平成22年度　文部科学省編　日経印刷　2011.3　209p　30cm　1760円　①978-4-904260-80-7

(目次)1 調査の概要，2 調査結果の概要，3 統計表(全国表，都道府県表，年次統計)，4 附属資料

学校保健統計調査報告書　平成23年度　文部科学省編　日経印刷　2012.3　233p　30cm　1760円　①978-4-905427-08-7

(目次)1 調査の概要，2 調査結果の概要，3 統計表(全国表，都道府県表)，4 参考資料，5 附属資料

学級経営

<事 典>

学級経営重要用語300の基礎知識　高旗正人編　明治図書出版　2000.6　315p　21cm　(重要用語300の基礎知識　17巻)　2660円　①4-18-110503-2　Ⓝ374.1

(目次)1 学級経営をめぐる基本的知識(朝の会・帰りの会，新しい学力観 ほか)，2 学級経営をめぐる集団の基礎知識(いじめ，意志決定 ほか)，3 学級経営をめぐる心理学の基礎知識(思いやり，ガイダンス ほか)，4 小学校・学級経営の基礎基本(学級記念日，Xからの手紙 ほか)，5 中学校・学級経営の基礎基本(愛(あい)言葉，思い出をタイムカプセルに ほか)

(内容)教育学，心理学，社会学，教育実践の分野から学級経営に重要と思われる基礎的な用語300を抽出して解説を加えたもの。

<ハンドブック>

カウンセリング感覚のある学級経営ハンドブック 教師の自信と成長 有村久春著
金子書房 2011.9 174p 26cm 2300円
①978-4-7608-2363-5

(目次)序章 教師のカウンセリング感覚、第1章 学級経営の基本、第2章 子どもの学校・学級生活の援助、第3章 子どもの自己成長の援助、第4章 保護者とのかかわり、第5章 教育課題を学級経営に活かす、第6章 教師としての成長

学級づくりハンドブック 現代教育文化研究所編著 (名古屋)黎明書房 2005.2 199p 21cm 1800円 ①4-654-01747-X

(目次)開かれた学級づくり—21世紀型の学級像を求めて、1 学級の活動、2 授業の創造、3 規律と連帯、4 児童・生徒の理解、5 開かれた学級
(内容)子どもたち一人一人の個性を生かした、学び合う学級づくりの理論と実際が一体となった本格的なハンドブック。

学級担任ハンドブック 「たのしい授業」編
集委員会編 仮説社 2006.4 316p 19cm 1900円 ①4-7735-0191-X

(目次)子どもとイイ関係を築くための担任・教師のイロハ(「いいかげん」のすすめ、いい目標によって広がるイイ関係—学年主任のひそかな願い)、自己紹介の仕方から保護者とのつきあい方までひと工夫でクラスイキイキ!(自己紹介、どうしてますか?—ラクでいやがられない自己紹介のやり方、先生に親しみを感じるゲーム—学校の先生の「姓」「名前」「専門教科」で遊んじゃおう ほか)、授業がスキだと学校も好き!たのしい授業ガイダンス(たのしいじゅぎこ—たのしい授業の1年間、たのしい授業ガイダンス—小4にオススメの授業書・教科別プランを紹介! ほか)、学級崩壊・リンチ事件・学力低下 教室のトラブル解決ABC(ボクの忘れもの対策—子どもと教師の関係を良好に保つために、料理は冷めないうちに—小原式「給食配膳法」はやっぱりオススメ ほか)、子どもが先生に求めているものは? 子ども中心の学級経営(よく学びよく遊びの学級経営—崩壊しかかったクラスを立て直すための仮説実験的対応とその結果、いつも子どもの気持ちよさを中心に—定番メニューの研究と仮説実験授業 ほか)

子どもが光る学級づくり 学級担任ハンドブック 小学校低学年 教師の役割・責任をはたすために 中嶋公喜,菊地英編著
明治図書出版 2005.3 114p 26cm 2260円 ①4-18-265752-7

(目次)入学式・始業式までに、保護者とのかかわり、教室の環境整備、日直、当番への取り組み方、コンピュータを活用しよう、今の子ども

の生活と学習のしつけ、学力向上のためのアイデア、行事に参加してクラスの結束を高めよう、英語に親しもう、ゲストティーチャーを迎えて、ボランティア活動に参加しよう、こんな子どもをどう指導する?、障害のある子どもに、研究授業、授業参観、「心のノート」を活用しよう、セーフティ教室

子どもが光る学級づくり 学級担任ハンドブック 小学校中学年 教師の役割・責任をはたすために 中嶋公喜,菊地英編著
明治図書出版 2005.3 114p 26cm 2260円 ①4-18-265856-6

(目次)2学期制の実施、保護者とのかかわり、教室の環境整備、日直、係への取り組み、コンピュータを活用しよう、今の子どもの生活と学習のしつけ、学力向上のためのアイデア、行事に参加してクラスの結束を高める、英語に親しもう、ゲストティーチャーを迎えて、ボランティア活動に参加しよう、こんな子どもをどう表現する、障害のある子どもとともに、研究授業、授業参観、「心のノート」を活用しよう

子どもが光る学級づくり 学級担任ハンドブック 小学校高学年 教師の役割・責任を果たすために 中嶋公喜,菊地英編著
明治図書出版 2005.4 114p 26cm 2000円 ①4-18-265925-2

(目次)保護者とのかかわり、教室の環境整備、児童会活動、クラブ活動の取り組み方、コンピュータを活用しよう、今の子どもの生活と学習のしつけ、学力向上のためのアイデア、行事に参加してクラスの結束を高める、英語に親しもう、ゲストティーチャーを迎えて、ボランティア活動に参加しよう、こんな子どもをどう指導する?、障害のある子どもとともに、研究授業、公開授業、「心のノート」を活用しよう

図解学級経営 学級生活編 羽豆成二編著
東洋館出版社 2004.3 165p 21cm (教師力向上ハンドブック) 2000円 ①4-491-01964-9

(目次)序文「学級経営」への提言—学級を経営することへの自覚と意欲と自信を(学級経営とは、学級経営に取り組む教師の資質 ほか)、理論編—学級経営の在り方・豊かな心と確かな学力をはぐくむ学級経営(学級が楽しくなる教師の心づかい、授業が楽しくなるテクニック ほか)、学級経営・学級生活編—学級経営(学級生活)のポイント(子どもと教師の出会いの場を大切に!、わくわくドキドキ、子ども同志の出会いの場 ほか)、学級経営・学級生活第一学年編—学級経営(学級生活第一学年)のポイント(連絡帳の書き方・書かせ方(保護者との連絡の取り方)、初めての学年・学級便り ほか)、学級経営・学級生活第六学年編—学級経営(学

級生活第六学年）のポイント（未来を夢見る進路指導、問題が起きたときの保護者への対応は？ ほか）

図解学級経営　学習指導編　羽豆成二編著　東洋館出版社　2004.3　167p　21cm　（教師力向上ハンドブック）　2000円　①4-491-01965-7

〔目次〕序文「学級経営」への提言―学級を経営することへの自覚と意欲と自信を（学級経営とは、学級経営に取り組む教師の資質 ほか）、理論編―学級経営の在り方・豊かな心と確かな学力をはぐくむ学級経営（学級が楽しくなる教師の心づかい、授業が楽しくなるテクニック ほか）、学級経営・学習指導編―学級経営（学習指導）のポイント（学習をはじめる前に（教師と子どもの心構え）、教室環境を整えよう ほか）、学級経営・学習指導第一学年編―学級経営（学習指導第一学年編）のポイント（入学から一週間、学習意欲の継続のために ほか）、学級経営・学習指導第六学年編―学級経営（学習指導第六学年編）のポイント（卒業文集づくり、卒業作品づくり ほか）

すぐつかえる学級担任ハンドブック　小学校1年生　古関勝則著、家本芳郎監修　たんぽぽ出版　2004.4　142p　21cm　1800円　①4-901364-35-9

〔目次〕1 楽しい学級のスタート、2 1年生をよく理解するために、3 イベントで楽しい学級に、4 けじめのある1年生に、5「わかる」「できる」授業づくり、6 問題を抱えた子どもの指導、7 保護者と一緒に子育て

〔内容〕本書は、教師としての心構えと具体的な指導の方法をわかりやすく示した。「様々な問題を抱えた子どもをどうとらえ、どう接するか」といった子どもの見方をはじめ、「トイレの使い方」「ロッカー・靴置き場の使い方」など当たり前のことながら、1年生の担任に必要な指導の方法を示した。

すぐつかえる学級担任ハンドブック　小学校2年生　及川宣史著、家本芳郎監修　たんぽぽ出版　2004.4　142p　21cm　1800円　①4-901364-36-7

〔目次〕1 2年生の担任として、2 子どもが安心できる学級づくり、3 明るく豊かな教室環境をつくる、4 わかる・楽しい授業をつくる、5 楽しい学級行事・文化をつくる、6 トラブルを読み解く指導、7 保護者との関係づくり

〔内容〕進めてきた実践のなかから、できるだけ具体的な指導の方法と著者がこだわってきたことを記載。学級はその時・その場で出会った子どもと教師と保護者がつくりだすもの。当事者が生み出すオリジナルのめあてやルール・方法が一番だが、これならどの学級でも応用できそうだというアイデアもある。

すぐつかえる学級担任ハンドブック　小学校3年生　加藤恭子著、家本芳郎監修　たんぽぽ出版　2004.4　143p　21cm　1800円　①4-901364-37-5

〔目次〕1 一人ひとりを大事にする学級をめざして、2 子ども理解のために、3 楽しんでやりたい教室環境づくり、4 学級いきいき文化活動、5 教師の正念場！ 授業づくり、6 気になる子ども、トラブルの対処、7 保護者とのつながり

〔内容〕著者が何回か受け持った3年生の教室で、試行錯誤を重ねながら、実践したアイデアの数々。学級づくりは目の前の子どもと担任、保護者（地域）、学校の連携プレーによって行われる。

すぐつかえる学級担任ハンドブック　小学校4年生　沢野郁文,沢野尚子著、家本芳郎監修　たんぽぽ出版　2004.4　143p　21cm　1800円　①4-901364-38-3

〔目次〕1 学級びらきから1ヶ月、2 忘れちゃならない子どもとの対話、3 意外となる日常活動、4 今こそ文化活動を、5 4年生の学習はこれで燃えたい！、6 トラブルにまけるな！、7 保護者と楽しく手を取り合うために、8 明るく元気に高学年へ

〔内容〕小学4年生と向き合う教師のための本。

すぐつかえる学級担任ハンドブック　小学校5年生　松本順子著、家本芳郎監修　たんぽぽ出版　2004.4　143p　21cm　1800円　①4-901364-39-1

〔目次〕1 魅力のある学級づくり、2 子どもを理解する、3 明るく楽しい環境をつくる、4 文化活動を進める、5 授業づくりにとりくむ、6 トラブルを解決する、7 保護者と手をつなぐ

〔内容〕学級担任が子どもたちをどのように活動させ指導・助言し、子どもたちとの信頼関係をどのように結んでいくのかを具体的に記載。

すぐつかえる学級担任ハンドブック　小学校6年生　米沢久美子著、家本芳郎監修　たんぽぽ出版　2004.4　142p　21cm　1800円　①4-901364-40-5

〔目次〕1 6年生の子どもをどうとらえるか、2 文化活動を充実させる、3 意外に大切な日常活動、4 魅力ある授業を、5 思春期の子どもと共に、6 気になる子どもたち、7 保護者と共に歩む、8 卒業へのとりくみは、子どもたちの手で

〔内容〕著者が実践の中から、若い先生に特に伝えたいことを中心に書いた本。最も伝えたいことは、子どもをどう見るかという視点。

すぐつかえる学級担任ハンドブック　中学

校1年生　近藤賢司著，家本芳郎監修　たんぽぽ出版　2005.4　142p　21cm　1800円　Ⓘ4-901364-42-1

(目次)1 1年生の学級づくりで考えておきたいこと，2 学級指導の進め方，3 授業と進路指導，4 子どもとの信頼関係を深める，5 問題行動，トラブルの指導，6 保護者と手をつないで

すぐつかえる学級担任ハンドブック　中学校2年生
重水健介，重水祐子著，家本芳郎監修　たんぽぽ出版　2005.4　143p　21cm　1800円　Ⓘ4-901364-43-X

(目次)1 みんなが安心できる学級を，2 子どもの交わりをつくる，3 学級の動きをつくる活動を，4 明るい教室環境を，5 学習・進路への意欲を育てる，6 子どもを理解し，課題に迫る，7 保護者と手をつなぐ

すぐつかえる学級担任ハンドブック　中学校3年生
山口聡著，家本芳郎監修　たんぽぽ出版　2005.4　143p　21cm　1800円　Ⓘ4-901364-44-8

(目次)1 子どもも教師も楽しい学級づくり，2 楽しい活動を企画，3 楽しい授業，分かる授業をめざす，4 子どもとともに進路問題にとりくむ，5 子どもとのふれあいを楽しもう，6 子どもを信じて問題解決を，7 一緒に子育て―保護者とともに

ハンドブック　学級経営の悩み相談
小島宏著　教育出版　2005.4　193p　19cm　1700円　Ⓘ4-316-80167-8

(目次)1章 今，こんな教師が求められている(子どもに心から無条件に愛情を感じる教師―愛の力，子どもから慕われ，信頼される教師―魅力，学級経営・学年経営を大切にする教師―経営力ほか)，2章 教師の心の管理・危機管理(教師の心の管理，危機管理・危機予防のポイント)，3章 学級経営の悩み相談(学級経営，人間関係・教師の信頼，生活指導・心の教育 ほか)

ハンドブック　学級担任の基本
小島宏編　教育出版　2004.1　190p　19cm　1700円　Ⓘ4-316-80082-5

(目次)1章 「学力」を確実に定着させる―"授業"と"評価"のポイント，2章 学級を「崩壊」させない―"学級経営"のコツ，3章 学級が「荒れない」ために―"生活指導"の進め方，4章 保護者と「信頼関係」をつくる―"家庭との連携"をどう図るか，5章 「絶対評価」は難しくない―納得できる"評価"と"評定"とは，6章 「情報」を使いこなす―"情報活用"の工夫と留意点，7章 「危機」を乗り越える―"トラブル"への対応，8章 「力量」の向上―"研修"と"実務"の基本と工夫

(内容)「学力」を確実に定着させ，適切な「評価」のできる教師。学級を「崩壊」させない，学級が「荒れない」教師。保護者と「信頼関係」をつくれて，「危機」を乗り越えられる教師。「情報」を使いこなし，「力量」の向上に努める教師。そんな教師になるための、1冊。

教職員

<事典>

総合教職事典　村上俊亮等編　同文書院　1966　873p　19cm　2200円　Ⓝ370.33

(内容)教職者および教員志望者を対象に，約1800の基本的事項を収録している。

<名簿>

北海道教育関係職員録　2000年度版　北海道教職員組合編　(札幌)北海教育評論社　2000.7　714,12p　26cm　7000円　Ⓝ370.35

(目次)小学校・中学校，高等学校，障害児学校，大学・短期大学，高等専門学校，幼稚園，専修・各種学校，北海道・北海道教育委員会，市町村・市町村教育委員会，教育研究所・教育関係団体，北海道教職員組合

(内容)北海道の教育関係者の職員録。内容は2000年4月21日現在。小学校・中学校、高等学校などの各種学校および北海道・北海道教育委員会，教育研究所などの各教育関係機関データを掲載する。各機関は北教組の指示による支部単位により排列、教職員共済生活組合による学校分会番号と所在地、電話番号、FAX番号と職員の職種資格・担当教科、氏名を掲載。巻末に公私立小中学校の五十音順索引を付す。

<ハンドブック>

「教育支援人材」育成ハンドブック　日本教育大学協会編　(京都)書肆クラルテ，朱鷺書房(発売)　2010.10　304p　19cm　2600円　Ⓘ978-4-88602-641-5　Ⓝ374.6

(目次)第1部 教育支援人材というトレンド―理論編(背景―求められる「教育支援人材育成」という課題，原理―教育におけるコミュニティと他者の意義，定義―教育支援人材の概念と役割/類型，ボランティア概念との関係 ほか)，第2部 教育支援人材の育成と活用の方法―実践編(教員養成・学生教育の一環としての教育支援人材育成，大学における地域の教育支援人材育成，学校教育支援人材育成のためのカリキュラムとシステム ほか)，第3部 資料編(地域と連携した大学の取組み実践事例，ボランティア体験に関わる課題と現状)

(内容)社会総がかりで公教育の跳躍を。教育系大学・学部を発火点とする「教育を支援する地

域人材」の育成と活用について、理論と実践をまとめたハンドブック誕生。

教職員人事関係実務必携　第11次改訂版
文部省地方課法令研究会編　第一法規出版
1990.8　1530,32p　19cm　4200円　Ⓘ4-474-09000-4　Ⓝ374.3

目次 第1章 総則，第2章 設置，第3章 定数，第4章 職務，第5章 任用，第6章 派遣，第7章 分限，第8章 懲戒，第9章 服務，第10章 研修，第11章 職階制，第12章 勤務成績の評定，第13章 行政措置の要求，第14章 不利益処分の審査請求，第15章 職員団体，第16章 勤務時間，休日，休暇及び育児休業，第17章 単純労務職員

教職員の勤務時間　教職員の権利ハンドブックシリーズ〈1〉　2003年改訂版
日本教職員組合,日教組本部弁護団編　アドバンテージサーバー　2003.6　117p　21cm（教職員の権利ハンドブックシリーズ　1）800円　Ⓘ4-901927-01-9

目次 1 教職員の権利とゆとりの創造（学校5日制と教職員の勤務実態，教職員のゆとり創造にむけての課題 ほか），2 教職員の勤務時間（勤務時間法制の流れ，勤務時間制度とは ほか），3 給特法と時間外勤務について（教育職員の時間外・休日勤務，労働基準法の時間外・休日勤務と給特法の制定経過 ほか），4 休憩，休息時間をどう確保するか（休憩，休息時間の意義，休憩，休息時間についての労働基準法と条例等の定め ほか），5 交渉権の確立に向けて（交渉事項とされる労働条件，憲法28条と公務員 ほか）

内容 第一に勤務時間にかかわる基本理念や基本原則を明らかにするとともに，第二には可能な限り職場で日々生起している生々しい問題を取り上げ，それらに対して実践的な対処策，法律や条例の具体的適用に言及するように努めた。この両者を各職場で具体的事例に適用することにより，教職員の権利確立のとりくみが大きく発展することをねらいとしている。主に公立学校に働く教育職員の場合を対象に考え記述している。Q&Aを多用し実践的なものになるようにしている。

教職員の権利ハンドブック　村山晃，全日本教職員組合弁護団編　旬報社　2012.2　211p　21cm　1800円　Ⓘ978-4-8451-1253-1

目次 第1章 教職員の権利実現をめざして，第2章 教職員の長時間労働解消にむけて，第3章 健康で働きつづけるために，第4章 教育の自由と学校のあり方，第5章 教職員の自由と権利，第6章 教職員の労働基本権と労働組合活動，あとがき―全教弁護団の20年

教職員ハンドブック　東京都教職員研修センター監修　都政新報社　2003.5　329p　21cm　2400円　Ⓘ4-88614-104-8

目次 第1部 教育行政（教育委員会制度，地方公務員としての教員），第2部 学校の運営（学校の事務，学校運営の組織，学校と地域），第3部 教育活動の展開（学校における教育活動，児童・生徒，教育における課題と今後の展望）

内容 Q&Aで理解する教職員の基礎知識。108のキーワードに沿って解説。「これだけは知っておきたい重要判例」「豆知識」も収録。

教職員ハンドブック　第1次改訂版　東京都教職員研修センター監修　都政新報社　2005.2　361p　21cm　2400円　Ⓘ4-88614-126-9

目次 第1部 教育行政（教育委員会制度，地方公務員としての教員），第2部 学校の運営（学校の事務，学校運営の組織，学校と地域），第3部 教育活動の展開（学校における教育活動，児童・生徒，教育における課題と今後の展望），これだけは知っておきたい重要判例（条件附採用期間中の教員の免職は，ただちに違法か（条件附採用教師の免職処分），教研集会参加に伴う賃金カットは，裁量権の逸脱か（北海道白老町立白老小学校自主研修事件） ほか）

内容 Q&Aで理解する教職員の基礎知識。114のキーワードに沿って解説。

教職員ハンドブック　第2次改訂版　東京都教職員研修センター監修　都政新報社　2008.1　403p　21cm　2600円　Ⓘ978-4-88614-165-1　Ⓝ374.3

目次 第1部 教育行政（教育委員会制度，地方公務員としての教員），第2部 学校の運営（学校の事務，学校運営の組織，学校と地域），第3部 教育活動の展開（学校における教育活動，児童・生徒，教育における課題と今後の展望）

内容 Q&Aで理解する教職員の基礎知識。121のキーワードに沿って解説。「これだけは知っておきたい重要判例」「豆知識」も収録。

教職員ハンドブック　第3次改訂版　東京都教職員研修センター監修　都政新報社　2012.7　422p　21cm　2800円　Ⓘ978-4-88614-212-2

目次 第1部 教育行政（教育委員会制度，地方公務員としての教員），第2部 学校経営（組織経営の基礎知識，学校経営の組織と実践，学校と地域），第3部 教育活動の展開（学校における教育活動，児童・生徒，教育における課題と今後の展望）

内容 基礎的法令，行政知識などを踏まえた「実務必携」，校内研修，自己啓発の書として使える「研修必携」。学校運営，教育活動の基礎知識。123のキーワードに沿って解説。「これだけは知っておきたい重要判例」「豆知識」も収録。

教職員　学校教育

教職実務ハンドブック　教職実務研究会編
　学陽書房　1990.6　341p　21cm　2300円
　Ⓘ4-313-64065-7
　(目次)プロローグ これからの学校教育，4月 (学年始めの学校行事，教育の勤務と服務 ほか)，5月(児童・生徒の理解と掌握，勤務に関する願と届 ほか)，6月(授業の基本的条件と展開，公文書の取扱い ほか)，7月(学校と地域社会，評価と評定 ほか)，8月(教員の研修，教育の現代化 ほか)，9月(学校の防災計画と実施，教育相談―カウンセリング ほか)，10月(授業研究，学内研修の深め方 ほか)，11月(進路指導，学級事務 ほか)，12月(学校環境の整備，教育行政の組織と運営 ほか)，1月(新しい年を迎える，教職員の人事 ほか)，2月(教育課程の編成・届出，学習指導要領 ほか)，3月(学校制度，就学事務 ほか)

教務運営ハンドブック　東京都私立短期大学協会編　酒井書店　1994.3　573p　21cm　8500円　Ⓘ4-7822-0251-2
　(目次)第1編 短期大学制度関係編，第2編 認可，届出，短期大学設置基準関係編，第3編 短期大学・大学関係資料編

詳解 教務必携　第5次改訂版　文部省教務研究会編　ぎょうせい　1993.8　1476,117,55p　19cm　3200円　Ⓘ4-324-03704-3
　(目次)第1章 教育基本，第2章 義務教育，第3章 児童・生徒，第4章 校務管理，第5章 教育活動，第6章 生徒指導・進路指導，第7章 学校保健・学校安全・学校給食
　(内容)学校における執務に即した項目ごとに，法令，例規，判例を収録した実務便覧。対象分野は，義務教育，児童・生徒，校務管理，教育活動，生徒指導・進路指導等。

詳解 教務必携　第8次改訂版　学校教務研究会編集　ぎょうせい　2009.7　1704,120p　19cm　5000円　Ⓘ978-4-324-08717-6
　Ⓝ373.2
　(目次)第1章 教育基本，第2章 義務教育，第3章 児童生徒，第4章 校務管理，第5章 教育活動，第6章 生徒指導・進路指導，第7章 学校保健・学校安全・学校給食

新版 詳解教務必携　文部省教務研究会編
　ぎょうせい　1990.4　1374p　19cm　3000円　Ⓘ4-324-02196-1
　(目次)第1章 教育基本，第2章 義務教育，第3章 児童・生徒，第4章 校務管理，第5章 教育活動，第6章 生徒指導・進路指導，第7章 学校保健・学校安全・学校給食
　(内容)教育指導のルールブック。詳細な解説と時代に即応した最新の資料を収録。執務に即し

た項目ごとに，法令，例規，判例を編成。義務教育，児童・生徒，校務管理，教育活動，生徒指導・進路指導等教務について重点編集。

<統計集>

学校教員統計調査報告書　平成4年度　大蔵省印刷局　1994.3　512p　26cm　5200円
　Ⓘ4-17-152967-0
　(目次)第1部 高等学校以下の学校及び専修学校，各種学校の部，第2部 大学等の部

学校教員統計調査報告書　平成7年度　文部省著　大蔵省印刷局　1997.3　504p　26cm　5049円　Ⓘ4-17-152970-0
　(目次)第1部 高等学校以下の学校及び専修学校，各種学校の部(学校調査，教員個人調査，教員異動調査，教員個人調査)，第2部 大学等の部(教員個人調査，教員異動調査)

学校教員統計調査報告書　平成10年度　文部省著　大蔵省印刷局　1999.12　530p　26cm　〈「指定統計」第62号〉　5200円
　Ⓘ4-17-152971-9
　(目次)第1部 高等学校以下の学校及び専修学校，各種学校の部(学校調査，教員個人調査，教員異動調査，教員個人調査)，第2部 大学等の部(教員個人調査，教員異動調査)

学校教員統計調査報告書　平成13年度　文部科学省著　財務省印刷局　2002.12　527p　26cm　5200円　Ⓘ4-17-152972-7
　(目次)第1部 高等学校以下の学校及び専修学校，各種学校の部(学校調査，教員個人調査，教員異動調査)，第2部 大学等の部(教員個人調査，教員異動調査)
　(内容)本書は，平成13年度に実施した学校教員統計調査の調査結果をまとめたものである。

学校教員統計調査報告書　平成16年度　文部科学省著　国立印刷局　2005.12　618p　30cm　6000円　Ⓘ4-17-152973-5
　(目次)1 調査の概要，2 調査結果の概要，3 統計表(高等学校以下の学校及び専修学校，各種学校の部，大学等の部)，4 付録(調査票の様式及び記入事項の説明，学歴区分表 ほか)

学校教員統計調査報告書　平成19年度　文部科学省著　日経印刷　2009.3　619p　21cm　6000円　Ⓘ978-4-904260-13-5
　Ⓝ374.3
　(目次)1 調査の概要，2 調査結果の概要，3 統計表(高等学校以下の学校及び専修学校，各種学校の部(学校調査，教員個人調査，教員異動調査，教員個人調査)，大学等の部(教員個人調査，教員異動調査)，年次統計)，付録

学校教育　　　　　　　　　　　　　教職員

学校教員統計調査報告書　平成22年度　文部科学省編　日経印刷　2012.3　575p　30cm　6000円　⓪978-4-905427-07-0

(目次)第1部 高等学校以下の学校及び専修学校、各種学校の部(学校調査、教員個人調査、教員異動調査)、第2部 大学等の部、第3部 年次統計

◆教員養成

<事典>

教職基本用語辞典　柴田義松,宮坂琇子,森岡修一編　学文社　2004.4　308p　19cm　2500円　⓪4-7620-1301-3

(目次)1 教育学(教育の基本概念、教授-学習理論、教育工学 ほか)、2 教育心理学(教育心理学の歴史・人名、発達心理学、学習心理学 ほか)、3 教育史(西洋教育史、日本教育史)

(内容)教職教養諸科目の基本重要語を精選し、簡潔に解説した。用語を分野別に配列し、たんに引く辞典としてだけでなく、内容を連関させて順に読みすすめることができるよう配慮。教職課程を受講する学生、教員採用試験受験者、および教員研修・自主研修に励む現職の教師のための必携辞典。

教職用語辞典　原聡介編集代表　一芸社　2008.4　509p　20cm　2500円　⓪978-4-901253-14-7　Ⓝ370.33

(内容)教職の現職者(教育行政関係者を含む)、新しく教職を志す採用試験受験者、教職課程の学生のための学習・実践・研究の手引き。最新の「教育改革」の動きを的確にとらえた充実した内容。50音順の配列と充実した索引で、調べやすく使いやすいハンディタイプ。

◆教育実習

<ハンドブック>

「介護等の体験」ハンドブック　渡辺映子,中村勝二,宮本文雄,今中博章,朝木永,鎌田大輔著　おうふう　2009.4　77p　26cm　1800円　⓪978-4-273-03537-2　Ⓝ369.26

(目次)1 「介護等の体験」とは(趣旨、証明書の交付 ほか)、2 特別支援学校(特別支援学校とは、視覚障害者の教育 ほか)、3 社会福祉施設(社会福祉施設とは、児童福祉・障害児にかかわる施設 ほか)、4 「介護等の体験」にあたっての心構え(基本的な心構え、支援や接し方の基本的考え方 ほか)、5 「介護等の体験」の実施(「介護等の体験」のための手続き、留意事項(心得) ほか)

(内容)教職員免許取得のための「介護等の体験」を網羅。巻末には「教職免許にかかわる法律」

「社会福祉施設一覧」「全国の教育委員会・社会福祉協議会所在地一覧」「体験記録ノート」を収録。

教育実習安心ハンドブック　小山茂喜編著　学事出版　2010.4　175p　21cm　1800円　⓪978-4-7619-1756-2　Ⓝ373.7

(目次)第1章 教師の資質と教育実習の役割(教師に求められる資質と教職専門性、教育実習の目的 ほか)、第2章 介護等体験について(介護等体験の意義、介護等体験の内容 ほか)、第3章 教育実習ガイダンス(実習前にやっておくこと、実習中の心構え ほか)、第4章 教育実習の実際(観察実習(授業参観)のポイント、教育実習における授業設計 ほか)

教育実習ハンドブック　柴田義松,木内剛編著　学文社　2004.3　133p　21cm　1400円　⓪4-7620-1300-5

(目次)第1章 教育実習の意義と課題、第2章 学校の教育課程編成の工夫とその見方、第3章 最近の生徒の理解と指導、第4章 授業観察の着眼点と方法、第5章 教科指導への取り組み方、第6章 教科外指導の観察と参加、第7章 事後学習と研究レポートの作成、第8章 学校の運営・教職員と近年の動き

教育実習ハンドブック　改訂版　柴田義松,木内剛編著　学文社　2011.4　140p　21cm　1600円　⓪978-4-7620-2147-3

(目次)第1章 教育実習の意義と課題、第2章 学校の教育課程編成の工夫とその見方、第3章 最近の生徒の理解と指導、第4章 授業観察の視点と方法、第5章 授業づくりの方法と準備、第6章 教科外指導の観察と参加、第7章 事後学習と研究レポートの作成、第8章 学校の運営・教職員と近年の動き

教育実習ハンドブック　増補版　柴田義松,木内剛編著　学文社　2012.11　154p　21cm　1700円　⓪978-4-7620-2324-8

(目次)第1章 教育実習の意義と課題、第2章 学校の教育課程編成の工夫とその見方、第3章 最近の生徒の理解と指導、第4章 授業観察の視点と方法、第5章 授業づくりの方法と準備、第6章 教科外指導の観察と参加、第7章 事後学習と研究レポートの作成、第8章 学校の運営・教職員と近年の動き、第9章 教職実践演習

教育実習ハンドブック　幼稚園・保育園・養護　菊地明子著　明治図書出版　2005.1　111p　21cm　1660円　⓪4-18-930005-5

(目次)第1章 幼稚園教諭、保育士になりたい(保育者のイメージ、実習の中身 ほか)、第2章 乳幼児とのつき合い方、ABC(子どもとの初めてのおつき合い、初めての朝 ほか)、第3章 実

習の実際(指導方針のいろいろと指導計画、指導案をつくるということ ほか)、第4章 保育士資格取得のための実習(保育士の仕事とは、保育士資格に必要な実習 ほか)、第5章 実習を体験して(実習体験の感想、実習に当たって、心にとめることアラカルト)

教育職員免許状取得希望者のための「介護等の体験」実践ハンドブック 福祉心理研究会編、唐沢勇、鈴木克明、宮本文雄、渡辺映子著 ブレーン出版 1999.6 84p 26cm 940円 Ⓘ4-89242-914-7

(目次)1 「介護等の体験」への積極的な取り組みを!、2 「介護等の体験」のきまり、3 盲・聾・養護学校、4 社会福祉施設、5 「介護等の体験」にあたっての心構え、6 「介護等の体験」の実施

教師をめざす人の介護等体験ハンドブック 現代教師養成研究会編 大修館書店 1999.5 102p 26cm 1200円 Ⓘ4-469-26413-X

(目次)プロローグ「介護等体験」で、何を学ぶか(なぜ、教職をめざすのか、人間としての尊厳、教師としての資質)、第1部「教職志向と介護等体験」(21世紀の教育、21世紀に求められる教師の力量・資質、介護等体験の意義と課題、介護等体験にいかに臨むか)、第2部「介護の現場に立って」(介護体験の手順と方法、養護学校等での介護等体験、社会福祉施設での介護等体験、介護等体験の事後)、付録(「高齢社会・障害者などに関する資料」、「介護等体験を希望する人に参考となる本と映像」、福祉施設等で働く人のための資格、都道府県「社会福祉協議会」一覧、介護等体験に関する法律・要綱、介護等体験ノート、「介護等体験証明書」)

教師をめざす人の介護等体験ハンドブック 改訂版 現代教師養成研究会編 大修館書店 2003.10 117p 26cm 1200円 Ⓘ4-469-26534-9

(目次)プロローグ「介護等体験」で、何を学ぶか──教師としての資質向上をめざして(なぜ、教職をめざすのか、人間としての尊厳 ほか)、第1部「教職志向と介護等体験」(21世紀の教育、21世紀に求められる教師の力量・資質 ほか)、第2部「介護の現場に立って」──新たな自己の発見(介護体験の手順と方法、養護学校等での介護等体験 ほか)、付録(「高齢社会・障害者などに関する資料」、「介護等体験を希望する人に参考となる本と映像」ほか)

実践「介護等の体験」ハンドブック 渡辺映子、中村勝二、宮本文雄、今中博章、朝木永、鎌田大輔著 ブレーン出版 2008.5 77p 26cm 1800円 Ⓘ978-4-89242-933-0 Ⓝ369.26

(目次)1 「介護等の体験」とは(趣旨、証明書の交付 ほか)、2 特別支援学校(特別支援学校とは、視覚障害者の教育 ほか)、3 社会福祉施設(社会福祉施設とは、児童福祉・障害児にかかわる施設 ほか)、4 「介護等の体験」にあたっての心構え(基本的な心構え、支援や接し方の基本的考え方 ほか)、5 「介護等の体験」の実施(「介護等の体験」のための手続き、留意事項(心得))

(内容)小学校・中学校の教員を志す人へ、教職員免許取得のための「介護等の体験」を網羅。

大学生のための福祉教育入門 介護体験ハンドブック 斎藤友介、坂野純子、矢嶋裕樹編 (京都)ナカニシヤ出版 2009.3 118p 26cm 2000円 Ⓘ978-4-7795-0352-8 Ⓝ373.7

(目次)第1部 現代社会と人間理解(現代社会の諸相、障害観のパラダイムシフト)、第2部 福祉ニーズを有する人々の理解(身体障害、知的障害児、発達障害児、精神障害者、援護を要する高齢者、保護を要する児童)、第3部 体験フィールドの理解(特別支援教育のシステム、特別支援学校、社会福祉サービス制度とシステム、社会福祉施設、体験生の声)

◆教員研修

<事典>

教育時事用語の基礎知識 変動の時代の教育時事用語を徹底解説 野原明編 教育開発研究所 2010.10 193p 21cm (教職研修総合特集 ザ・特集 no.29) 2400円 Ⓘ978-4-87380-563-4 Ⓝ370.36

(内容)変動する教育状況のもとで新しく生まれたキーワードを中心に、現代の教育界に生きるうえで不可欠の最新教育時事用語を200用語収録。それぞれの分野の専門家が明快に解説する。

教職研修事典 市川昭午ほか編集 教育開発研究所 1983.6 499p 22cm 5500円 Ⓝ373.7

(目次)1 教職と研修、2 研修事業の企画と運営、3 研修の種類と内容、4 国の研修事業、5 地方の研修事業、6 研究団体の研究活動、7 校内研修・研究授業の進め方、8 教師の研修と参加、9 諸外国における教職研修

(内容)教職研修に関わる全ての事項を網羅し、それらを体系的に位置づけた事典。

<ハンドブック>

教員免許更新制ハンドブック 更新講習の受講、申請手続きの流れ ジアース教育新社編 ジアース教育新社 2009.7 107p 21cm 〈平成21年3月31日までに教員免許状

を授与された先生向け〉　1000円　①978-4-86371-113-6　Ⓝ373.7

(目次)更新講習の受講，免許管理者に対する手続，職に応じた更新講習の受講，申請手続の流れ，幼稚園の方の更新講習の受講，申請手続の流れ，非常勤・臨時的任用の方の更新講習の受講，申請手続の流れ，実習助手・寄宿舎指導員・学校栄養職員の方の更新講習の受講，申請手続の流れ，免許状の効力と失効，更新講習の受講免除の認定申請の流れ，修了確認期限の延期，複数の免許状を所持している場合の扱い，更新講習の内容，受講のしかた〔ほか〕

(内容)職に応じた免許状更新講習の受講，申請手続きの流れ。免許状更新講習の受講免除の認定申請。免許管理者に対する手続き。平成21年3月31日までに教員免許状を授与された先生向け。

＜年鑑・白書＞

教育課題便覧　校長教頭試験対応　窪田真二監修，学校教育課題研究会編著　学陽書房　2003.8　241p　21cm　2800円　①4-313-64033-9

(目次)第1編 最近の教育課題と管理職試験(最近の管理職試験の出題傾向に見る教育の重要課題，管理職に必要な学校改革の判断基準となる答申・報告)，第2編 データで読む教育課題の背景と現状・実態(学校制度改革に関するもの，学校運営に関するもの ほか)，第3編 学校改革のための重要課題への具体的な対応(教育観・学校観に関するもの，新しい学校経営・学校管理に関するもの ほか)，第4編 教育改革・学校改革と関係法規等の改正及び通知(小学校及び中学校の教諭の普通免許状の授与に係る教育職員免許法の特例等に関する法律，構造改革特別区域について ほか)

(内容)今日の教育課題が一目でわかる。審議会答申，行政通知，教育調査結果等の要点を見やすいレイアウトでコンパクトに整理。管理職試験の準備，学校運営の実務に最適。

教育課題便覧　校長教頭試験対応　平成17年版　窪田真二監修，学校教育課題研究会編著　学陽書房　2004.6　260p　21cm　2800円　①4-313-64421-0

(目次)第1編 最近の教育課題と管理職試験(最近の管理職試験の出題傾向に見る教育の重要課題，管理職に必要な学校改革の判断基準となる答申・報告)，第2編 データで読む教育課題の背景と現状・実態(学校制度改革に関するもの，学校運営に関するもの，教育活動に関するもの，教職員に関するもの，幼児・児童・生徒に関するもの)，第3編 学校改革のための重要課題への具体的な対応(教育観・学校観に関するもの，新しい学校経営・学校管理に関するもの，教育課程の編成・実施と学習指導・評価に関するもの，教師の資質・能力や研修課題に関するもの)，第4編 教育改革・学校改革と関係法規等の改正及び通知

(内容)今日の教育課題が一目でわかる！ 中教審「教育課程の充実」答申，学習指導要領の一部改正，学校評価の現状と課題等新収録。

教育課題便覧　校長教頭試験対応　平成18年版　窪田真二監修，学校教育課題研究会編著　学陽書房　2005.6　283p　21cm　2800円　①4-313-64422-9

(目次)特集 数字で読む教育課題，第1編 最近の教育課題と管理職試験(最近の管理職試験の出題傾向に見る教育の重要課題，管理職に必要な学校改革の判断基準となる答申・報告)，第2編 データで読む教育課題の背景と現状・実態(学校制度改革に関するもの，学校運営に関するもの ほか)，第3編 学校改革のための重要課題への具体的な対応(新しい時代における学校づくりに関するもの，これからの学校管理・運営に関するもの ほか)，第4編 教育改革・学校改革と関係法規等の改正及び通知(学校制度改革に関するもの，学校運営に関するもの ほか)

(内容)教育の現状と課題が見えてくる。学校教育に関する法令・答申・通知・調査を分類整理し，わかりやすく解説。

教育課題便覧　平成19年版　窪田眞二監修，学校教育課題研究会編著　学陽書房　2006.6　299p　21cm　2800円　①4-313-64423-7

(目次)特集 数字で読む教育課題(「保護者の7割が，今の学校に満足している」という調査結果，子どもの安全を守る ほか)，第1編 教育改革に関する答申・報告と最近の教育課題(教職員に必要な学校改革の判断基準となる答申・報告，最近の教育課題と管理職選考)，第2編 データで読む教育課題の背景と現状・実態(学校制度改革に関するもの，学校運営に関するもの ほか)，第3編 学校改革のための重要課題への具体的な対応(新しい時代における学校づくりに関するもの，これからの学校管理・運営に関するもの ほか)，第4編 教育改革・学校改革と関係法規等の改正及び通知(学校制度改革に関するもの，学校運営に関するもの ほか)

(内容)膨大な教育に関する法令・答申・調査などを分類整理し，わかりやすく解説。

教育課題便覧　平成20年版　窪田眞二監修，学校教育課題研究会編著　学陽書房　2007.6　301p　21cm　2800円　①978-4-313-64424-3

(目次)特集 数字で読む教育課題(8年間，「いじめ自殺」ゼロ見直し，41件の事故を再調査，中学生は，5人に1人が朝食ぬき，3人が12時以降

学校・教育問題 レファレンスブック　139

の就寝，8割の子どもが保護者の目の届かないところでネット利用，体力低下，歯止めかからず），第1編 教育改革に関する答申・報告と最近の教育課題（教職員に必要な学校改革の判断基準となる答申・報告，最近の管理職試験の出題傾向に見る教育の重要課題），第2編 データで読む教育課題の背景と現状・実態（学校制度改革に関するもの，学校運営に関するもの，教育活動に関するもの，教職員に関するもの，幼児児童生徒に関するもの），第3編 学校改革のための重要課題への具体的な対応（新しい時代における学校づくりに関するもの，これからの学校管理・運営に関するもの，教育課程の編成・実施と学習指導・評価に関するもの，教師の資質・能力や研修課題に関するもの），第4編 教育改革・学校改革と関係法規等の改正及び通知（学校制度改革に関するもの，学校運営に関するもの，教育活動に関するもの，教職員に関するもの，幼児児童生徒に関するもの）

(内容)学校が抱えるいじめや不登校，学力問題などの諸問題を法令や統計調査を用いて解説。教育基本法の改正をはじめとする教育改革の動向を収録。

教育課題便覧 平成21年版 窪田真二監修，学校教育課題研究会編著 学陽書房 2008.7 311p 21cm 2900円 ①978-4-313-64425-0 Ⓝ374

(目次)特集 数字で読む教育課題，第1編 教育改革の流れと最近の教育課題（教育改革の方向や在り方を示す答申や報告書，最近の管理職試験の出題傾向に見る教育の重要課題），第2編 データで読む教育課題の背景と現状・実態（学校制度改革に関するもの，学校運営に関するもの，教育活動に関するもの，教職員に関するもの，幼児児童生徒に関するもの），第3編 学校改革のための重要課題（学習指導要領の改訂に関するもの，学校づくりに関するもの，学校の管理運営に関するもの，教師の資質・能力や研修課題に関するもの），第4編 教育改革・学校改革と関係法規等の改正及び通知（学校制度改革に関するもの，学校運営に関するもの，教育活動に関するもの，教職員に関するもの，幼児児童生徒に関するもの）

(内容)学校が抱える様々な課題について，背景・意義・対応，関係データをまとめた資料集。分類別に構成し，法令や統計データを多用して整理・解説する。学習指導要領の改訂，学校評価，教員の勤務実態などの課題を掲載。

教育課題便覧 平成22年版 学校教育課題研究会編著，窪田真二監修 学陽書房 2009.7 326p 21cm 〈索引あり〉 3000円 ①978-4-313-64426-7 Ⓝ374

(目次)特集 数字で読む教育課題，第1章 わが国の教育改革と課題，第2章 新学習指導要領（教育課程）に関する課題，第3章 学校の運営・管理（学校づくり）に関する課題，第4章 教職員に関する課題，第5章 幼児・児童・生徒に関する課題，第6章 教育活動に関する課題，第7章 家庭・地域社会に関する課題

(内容)学校が抱える様々な課題について，背景・意義・対応，関係データをまとめた資料集。分類別に構成し，法令や統計データを多用して整理・解説する。学校運営・管理，教職員，新学習指導要領，幼児・児童・生徒の課題などに分類・掲載。

教育課題便覧 平成23年版 学校教育課題研究会編著，窪田真二監修 学陽書房 2010.6 328p 21cm 〈索引あり〉 3100円 ①978-4-313-64427-4 Ⓝ374

(目次)特集 数字で読む教育課題，第1章 わが国の教育改革の系譜と課題，第2章 新学習指導要領（教育課程）に関する課題，第3章 学校の運営・管理（学校づくり）に関する課題，第4章 教職員に関する課題，第5章 幼児・児童・生徒に関する課題，第6章 教育活動に関する課題，第7章 家庭・地域社会に関する課題

(内容)学校が抱える様々な課題について，背景・意義・対応，関係データをまとめた資料集。分類別に構成し，法令や統計データを多用して整理・解説する。教育の現状と95の課題を掲載。

教育課題便覧 平成24年版 学校教育課題研究会編著，窪田眞二監修 学陽書房 2011.6 329p 21cm 〈索引あり〉 3100円 ①978-4-313-64428-1 Ⓝ372.107

(目次)特集 最近の緊急課題，第1章 新学習指導要領（教育課程）の実施に関する課題，第2章 学校の運営・管理（学校づくり）に関する課題，第3章 教育活動に関する課題，第4章 教職員に関する課題，第5章 幼児・児童・生徒に関する課題，第6章 家庭・地域社会に関する課題，第7章 わが国の教育改革の系譜と課題

(内容)学校が直面する100の課題を教育データを駆使し分かりやすく整理・解説。教育の現状と課題・解決策が一目瞭然。

◆教師

<事 典>

教師生活大百科 教師生活研究会編 ぎょうせい 1992.12 1069p 27cm 10680円 ①4-324-03579-2

(内容)教師の生活を28領域150章に分け，実務に即してビジュアルに編集。さまざまな悩みや疑問にこたえ，また必要な知識を現場の教師の立場から解説。

学校教育　　　　　　　　　　　　教育課程

<ハンドブック>

教師のコミュニケーション事典　国分康孝,
　国分久子監修　図書文化社　2005.7　583p
　21cm　5400円　④4-8100-5449-7
（目次）第1章 コミュニケーションの基礎, 第2章 子どもへの日常的な働きかけ, 第3章 一人一人の子どもへのかかわり, 第4章 子ども集団への対応, 第5章 保護者とのコミュニケーション, 第6章 同僚とのコミュニケーション, 第7章 管理職とのコミュニケーション, 第8章 地域とのコミュニケーション, 第9章 専門機関とのコミュニケーション
（内容）注意する、ほめる、理解させる、頼む、断る、納得してもらうテクニック。子どもを育て、保護者に協力を得るための、ズバリ効く「ものの言い方・伝え方」。

教師ハンドブック　全訂版　諸沢正道,熱海則夫編著　ぎょうせい　1990.9　547p
　21cm　3300円　④4-324-02181-3
（目次）第1編 教師（子ども・学校と教師, 授業担当者としての教師, 学級担任としての教師, 学校組織の一員としての教師, 専門職としての教師, 公務員としての教師）, 第2編 学校をめぐる諸制度（学校制度, 教育行政組織）, 第3編 資料（教育情報, 外国の教育事情）

図解 先生のためのコーチングハンドブック　学校が変わる・学級が変わる魔法の仕掛け　神谷和宏著　明治図書出版　2006.9
　182p　21cm　2360円　④4-18-232628-8
（目次）1 さあ、始めよう！ 教育コーチング（「生きる力！」それはコーチングにあった、なぜ、コーチングが必要とされているのか？ ほか）, 2 教師の自己イメージを高めよう（スタートは、個性を知る、自分自身を理解しよう ほか）, 3 生徒をコーチし、意欲的に変えよう（社会変化に対応できる生徒を育てる、コーチングが有効な場面 ほか）, 4 職員同士が、仲良くなろう（ストレスの一つは、職員室の人間関係、自己の価値観を知る ほか）, 5 保護者との関係も良くなります（コーチングというカードをもつ、欲求の5段階 ほか）

デジカメ徹底活用術　教師のための超便利ハンドブック　2　『おまかせ！ 教師のパソコン』編集部編　東京書籍　2004.12
　143p　26cm　〈付属資料：CD-ROM1〉
　2500円　④4-487-79990-2
（目次）第1章 デジカメってどんなもの？, 第2章 デジカメで撮ってみましょう, 第3章 「モノ」を撮ってみましょう, 第4章 デジカメを授業で使いましょう, 第5章 デジカメ画像をパソコンで整理しましょう, 第6章 デジカメの画像データを活用しましょう

（内容）一般向けのパソコン実用書では絶対に得ることができない、教育現場におけるデジカメとパソコンの活用法を、豊富なサンプルデータを使って親切かつ丁寧に解説。

教育課程

<書誌>

教育課程・教育方法に関する10年間の雑誌文献目録　昭和50年～昭和59年　1　総論　日外アソシエーツ編　日外アソシエーツ　1987.9　218p　27cm　〈発売：紀伊国屋書店〉　8200円　④4-8169-0710-6　Ⓝ375.031
（内容）本書は、日外アソシエーツ編・国立国会図書館監修「雑誌記事索引（人文・社会編）累積索引版」の第5期～第6期をもとに、テーマ別の文献目録として使い易いよう再編成したものの一部で、昭和50～59年（1975～1984）の10年間に発表された教育課程・教育方法一般に関係する雑誌文献6,582件を収録する。

教育課程・教育方法に関する10年間の雑誌文献目録　昭和50年～昭和59年　2　各科教育　日外アソシエーツ編　日外アソシエーツ　1987.9　215p　27cm　〈発売：紀伊国屋書店〉　8200円　④4-8169-0711-4　Ⓝ375.031
（内容）本書は、日外アソシエーツ編・国立国会図書館監修「雑誌記事索引（人文・社会編）累積索引版」の第5期～第6期をもとに、テーマ別の文献目録として使い易いよう再編成したものの一部で、昭和50～59年（1975～1984）の10年間に発表された社会科教育、国語教育、数学教育、道徳教育など各教科別教育に関係する雑誌文献5,611件を収録する。

<事 典>

教育課程事典　小学館　1983.12　2冊
　27cm　〈「総論編」「各論編」に分冊刊行　監修：岡津守彦〉　全18000円　④4-09-842001-5　Ⓝ375
（内容）諸外国の研究動向にも目を配りながら、日本における戦前・戦後の小・中・高校の教育課程研究を総括し、将来に向けて教育課程の新しい展望を切り拓くような研究案内書を目指している。1巻目は総論編で教育課程の歴史、諸外国の教育課程、教育課程編成論を、2巻目は各論編で教科教育、幼児教育、障害児教育などを扱う。各巻末に事項索引と人名索引を付す。

教育課程重要用語300の基礎知識　天野正輝編　明治図書出版　1999.5　313p　21cm
　（重要用語300の基礎知識　1巻）　2360円

学校・教育問題 レファレンスブック　141

学習指導　　　　　　　　　　　学校教育

①4-18-024011-4
[目次]1 教育課程の意義・編成、2 教育目標論、3 教科の領域、4 道徳・特別活動の領域、5 教育課程の展開、6 教育課程の評価、7 教育課程行政、8 教育課程改革、9 教育課程の歴史、10 現代の教育課題
[内容]教育課程の編成と実施に関わる約300語の重要事項を収録した用語集。各項目ごとに、語義、歴史、現行、課題などを付し用語を解説している。

現代カリキュラム事典　日本カリキュラム学会編　ぎょうせい　2001.2　552p　26cm　8000円　①4-324-06211-0　Ⓝ375
[目次]カリキュラム編成の基本問題、カリキュラム開発の実践的課題、我が国の教育課程の変遷と改革の動向、小・中・高等学校各教科の教育課程と研究動向、総合的な学習、道徳の教育課程と研究動向、特別活動の教育課程と研究動向、生徒指導の課題と研究動向、幼児教育の教育課程と研究動向、障害児教育の教育課程と研究動向、海外児童生徒教育とカリキュラム、高等教育のカリキュラム、教師教育のカリキュラム、生涯学習とカリキュラム、海外におけるカリキュラム、カリキュラム研究の新しい課題
[内容]カリキュラム=教育課程について、基本的概念を整理し、国内外の実体と研究成果を総括する事典。中項目主義を取り、16章に大別して体系的に排列。巻末に諸外国の研究団体、カリキュラム表などを付録として掲載するほか、索引を付す。

小学校新教育課程編成の基本用語辞典　中野重人編著　明治図書出版　2000.7　141p　19cm　（学習指導要領早わかり解説）　1500円　①4-18-063610-7　Ⓝ375
[目次]1部 基本用語選択の考え方と内容構成、2部 小学校新教育課程編成の基本用語解説（教育課程編成の一般方針の基本用語、内容等の取扱いに関する共通事項の基本用語、総合的な学習の時間の取扱いの基本用語、授業時数等の取扱いの基本用語、指導計画の作成に当たって配慮すべき事項の基本用語）
[内容]平成14年4月実施の新学習指導要領を前にした小学校新教育課程編成の重要用語を解説した事典。用語解説は5つのテーマ別に掲載する。巻末に付録として小学校学習指導要領総則全文を収録。

学習指導

<書誌>

オープン・エデュケーション文献目録　渡辺茂男,小盛真紀子,阪田蓉子編　教育メディア研究所　1976.6　126p　22cm　2500円　Ⓝ375.12
[目次]GENERAL, PRIMARY：ELEMENTARY SCHOOL, EARLY CHILDHOOD EDUCATION：INFANT SCHOOl, SECONDARY SCHOOl, INSTRUCTIONAL MATERIALS CENTER, MISCELLANEA, BIBLIOGRAPHIES, 著者名索引、書名索引、出版者リスト、雑誌リスト
[内容]1967年から1974年に発表されたアメリカ・イギリスの幼・小・中学校のオープン教育に関する欧文文献目録。

<事典>

学習指導用語事典　第3版　辰野千寿編　教育出版　2009.1　338p　20cm 〈索引あり〉　3200円　①978-4-316-80266-4　Ⓝ375.1
[目次]1 学習指導と教育目標、2 学習指導と発達、3 学習指導と学習過程、4 学習指導とその方法、5 学習指導と個人差、6 学習指導と評価、7 学習指導と教科教育、8 学習指導の今日的課題

学習指導要領用語辞典　徳山正人,奥田真丈編　帝国地方行政学会　1971　1015,27p　22cm　2800円　Ⓝ375
[内容]小・中学校の学習指導要領で使用されている主な用語を取り出し、その概念や指導上の取り扱い等について解説を行っている。

現代授業研究大事典　吉本均責任編集　明治図書出版　1987.3　634p　27cm　11000円　①4-18-276702-0　Ⓝ375.036
[目次]1 授業の歴史と理論、2 子どもの人格と発達、3 授業と学力形成、4 学級と学習集団、5 学習集団づくりの見とおしと技術、6 授業の目標と内容、7 授業の構想と設計、8 授業の展開、9 授業の分析と評価、10 授業研究と教師

最新 学習指導用語事典　辰野千寿編　教育出版　2005.8　329p　19cm　3200円　①4-316-80077-9
[目次]1 学習指導と教育目標、2 学習指導と発達、3 学習指導と学習過程、4 学習指導とその方法、5 学習指導と個人差、6 学習指導と評価、7 学習指導と教科教育、8 学習指導の今日的課題
[内容]学習指導に関する教育学、心理学、教科教育などの基本的必修用語312語を解説。巻末に人名索引、事項索引を収録。

授業研究大事典　広岡亮蔵責任編集　明治図書出版　1975.4　828p　22cm　7900円　Ⓝ375.03
[目次]1 教育の歴史・原理・社会的背景（1 教育史、2 教育原理、3 教育と社会）、2 教育の心理的背景（1 学習心理、2 発達心理、性格心理・

社会心理)、3 授業(1 教授・学習指導・授業の諸概念、2 教育計画・教育課程、3 教科・教材・系統、4 単元構成、5 授業目標―学力・能力・思考力等、6 授業の過程、7 授業の機械化、8 授業の形態、9 個人差とその指導、10 授業経営、11 授業研究、12 生活指導、13 教育評価)、4 教育行政制度・社会教育(1 教育行政・制度、2 社会教育)、5 教科教育等(1 国語科教育、2 社会科教育、3 算数・数学科教育、4 理科教育、5 音楽科教育、6 図工美術科教育、7 技術・家庭科教育、8 体育・保健科教育、9 英語科教育、10 道徳教育)、索引

(内容)「授業理論なくして授業実践はない」との見地に立ち、授業という事態を理論で裏打ちとする高度な教育技術として捉えようという方針のもと、授業研究の関連事項1032項目について解説した事典。

授業研究用語辞典 横須賀薫編 教育出版 1990.11 215p 19cm 2400円 ①4-316-32200-1 Ⓝ375.034

(目次)1 授業研究の基礎用語、2 子どもの変革と授業のあり方、3 授業の計画、4 授業の展開、5 教科と表現活動の指導、6 授業研究と教師教育

<ハンドブック>

あすの授業アイデア チョイ引き活用事典 東京学芸大学附属小金井小学校編著 学事出版 2006.3 239p 21cm 2500円 ①4-7619-1168-9

(目次)国語科、社会科、算数科、理科、生活科、音楽科、図画工作科、家庭科、体育科、道徳、学校保健、学校図書館

(内容)小学校の各教科(国語・社会・算数・理科・生活・音楽・図画工作・家庭・体育)、道徳、学校保健、学校図書館の実践事例を取り上げている。授業のポイントとなる活動場面等の写真を多用し、具体的なイメージを持つことができる。

学校管理職必携新学習指導要領ハンドブック 新教育課程の具体的運用を解説 野原明編 教育開発研究所 2008.10 221p 21cm (教職研修総合特集 ザ・特集 no.17) 2400円 ①978-4-87380-510-8 Ⓝ375.1

(内容)学習指導要領改訂について、学校管理職が理解・運用するポイントについて解説。

観点別評価ハンドブック 目標準拠評価の手順 小学校編 北尾倫彦, 金子守編 図書文化社 2003.6 181p 21cm 2000円 ①4-8100-3404-6

(目次)第1部 新しい評価の考え方(観点別評価の考え方、目標準拠評価について理解する)、第2部 評価計画、評価規準のつくり方(年間評価計画、単元の指導・評価計画をつくる、単元の評価規準をつくる)、第3部 単元における評価の実際(観点別評価の実際―評価資料の収集・解釈から観点別の総括まで)、第4部 評価結果のまとめと振り返り(観点別評価の総括から評定へ、評価結果のフィードバック―児童・保護者へ、カリキュラムへ、教師自身へ)

(内容)本書は、考え方をコンパクトに解説し、実施の手順をできるだけ具体的に解説している。単元の評価規(基)準の作成から、評価結果のフィードバックにいたるまでの手順が示されているので、教師にとって必要なところを適宜参考にすることができ、便利な手引きとなることであろう。

観点別評価ハンドブック 目標準拠評価の手順 中学校編 北尾倫彦, 金子守編 図書文化社 2003.6 185p 21cm 2000円 ①4-8100-3405-4

(目次)第1部 新しい評価の考え方(観点別評価の考え方、目標準拠評価について理解する)、第2部 評価計画、評価規準のつくり方(年間評価計画、単元の指導・評価計画をつくる、単元の評価規準をつくる)、第3部 単元における評価の実際(観点別評価の実際―評価資料の収集・解釈から観点別の総括まで)、第4部 評価結果のまとめと振り返り(観点別評価の総括から評定へ、評価結果のフィードバック―生徒・保護者へ、カリキュラムへ、教師自身へ)

(内容)本書は、考え方をコンパクトに解説し、実施の手順をできるだけ具体的に解説している。単元の評価規(基)準の作成から、評価結果のフィードバックにいたるまでの手順が示されているので、教師にとって必要なところを適宜参考にすることができ、便利な手引きとなることであろう。

教科心理学ハンドブック 教科教育学と教育心理学によるわかる授業の実証的探究 福沢周亮, 小野瀬雅人編著 図書文化社 2010.3 206p 21cm 2400円 ①978-4-8100-0559-2 Ⓝ375.1

(目次)総論編―教科心理学とは何か、各論編―各教科に見る教科心理学(国語、社会、算数、数学、理科、音楽、図画工作、美術、家庭、技術・家庭、体育、保健体育、生活、外国語(英語))

言語活動の充実に関する指導事例集 思考力、判断力、表現力等の育成に向けて 中学校版 文部科学省著 教育出版 2012.6 195p 30cm 560円 ①978-4-316-30059-7

(目次)第1章 言語活動の充実に関する基本的な考え方(学習指導要領における言語活動の充実、言語活動の充実に関する検討の経緯、各教科

における言語活動の充実の意義 ほか），第2章 言語の役割を踏まえた言語活動の充実（知的活動（論理や思考）に関すること，コミュニケーションや感性・情緒に関すること），第3章 言語活動を充実させる指導と事例（生徒の発達の段階に応じた指導の充実，教科等の特質を踏まえた指導の充実及び留意事項，指導事例）

個別の指導計画作成ハンドブック LD等，学習のつまずきへのハイクオリティーな支援 第2版 海津亜希子著 日本文化科学社 2012.1 117p 26cm 1400円 ①978-4-8210-7357-3

(目次)第1章 個別の指導計画とは，第2章 子どもを知るところからスタート―実態把握（アセスメント），第3章 指導・支援がめざす方向は―目標の設定，第4章 具体的な指導・支援のマップを描こう―指導計画の作成，第5章 個別の指導計画をもとに本番開始―指導の展開，第6章 次につながる評価を―総合評価，資料

これからの授業に役立つ新学習指導要領ハンドブック 中学校社会 2008年3月告示 澁澤文隆，佐野金吾，押谷由夫，山口満著 時事通信出版局，時事通信社〔発売〕 2008.6 90,28p 21cm 750円 ①978-4-7887-4608-4

(目次)第1章 ビジュアル要点整理，第2章 総則，第3章 道徳，第4章 総合的な学習の時間，第5章 特別活動，第6章 社会，資料 中央教育審議会答申「幼稚園，小学校，中学校，高等学校及び特別支援学校の学習指導要領等の改善について」（抜粋）

(内容)2008（平成20）年3月28日に告示された「中学校学習指導要領（社会）」をわかりやすくまとめたもの。今回の改訂のポイントと今後の授業展開について，具体的に解説。

新学習指導要領ハンドブック これからの授業に役立つ 2008（平成20）年3月告示 小学校 時事通信出版局編 時事通信局，時事通信社（発売） 2008.6 192,28p 21cm 〈執筆：寺崎千秋ほか〉 1200円 ①978-4-7887-4408-0 Ⓝ375.1

(目次)第1章 ビジュアル要点整理，第2章 総則，第3章 各教科，第4章 道徳，第5章 外国語活動，第6章 総合的な学習の時間，第7章 特別活動，資料 中央教育審議会答申「幼稚園，小学校，中学校，高等学校及び特別支援学校の学習指導要領等の改善について」（抜粋）

新学習指導要領ハンドブック これからの授業に役立つ 2008（平成20）年3月告示 中学校 国語 金子守，佐野金吾，押谷由夫，渋沢文隆，山口満著 時事通信出版局編 時事通信出版局，時事通信社（発売） 2008.6 74,28p 21cm 750円 ①978-4-7887-4508-7 Ⓝ375.1

(目次)第1章 ビジュアル要点整理，第2章 総則，第3章 道徳，第4章 総合的な学習の時間，第5章 特別活動，第6章 国語，資料 中央教育審議会答申「幼稚園，小学校，中学校，高等学校及び特別支援学校の学習指導要領等の改善について」（抜粋）

(内容)2008（平成20）年3月28日に告示された「中学校学習指導要領（国語）」をわかりやすくまとめたもの。今回の改訂のポイントと今後の授業展開について，具体的に解説。

新学習指導要領ハンドブック これからの授業に役立つ 2008（平成20）年3月告示 中学校 数学 根本博，佐野金吾，押谷由夫，渋沢文隆，山口満著 時事通信出版局編 時事通信出版局，時事通信社（発売） 2008.6 72,28p 21cm 750円 ①978-4-7887-4708-1 Ⓝ375.1

(目次)第1章 ビジュアル要点整理，第2章 総則，第3章 道徳，第4章 総合的な学習の時間，第5章 特別活動，第6章 数学，資料 中央教育審議会答申「幼稚園，小学校，中学校，高等学校及び特別支援学校の学習指導要領等の改善について」（抜粋）

新学習指導要領ハンドブック これからの授業に役立つ 2008（平成20）年3月告示 中学校 理科 榊原保志，佐野金吾，押谷由夫，渋沢文隆，山口満著，時事通信出版局編 時事通信出版局，時事通信社（発売） 2008.6 78,28p 21cm 750円 ①978-4-7887-4808-8 Ⓝ375.1

(目次)第1章 ビジュアル要点整理，第2章 総則，第3章 道徳，第4章 総合的な学習の時間，第5章 特別活動，第6章 理科，資料 中央教育審議会答申「幼稚園，小学校，中学校，高等学校及び特別支援学校の学習指導要領等の改善について」（抜粋）

新学習指導要領ハンドブック これからの授業に役立つ 2008（平成20）年3月告示 中学校 保健体育 小沢治夫，今村修，佐野金吾，押谷由夫，渋沢文隆，山口満著，時事通信出版局編 時事通信出版局，時事通信社（発売） 2008.6 76,28p 21cm 750円 ①978-4-7887-4908-5 Ⓝ375.1

(目次)第1章 ビジュアル要点整理，第2章 総則，第3章 道徳，第4章 総合的な学習の時間，第5章 特別活動，第6章 保健体育，資料 中央教育審議会答申「幼稚園，小学校，中学校，高等学校及び特別支援学校の学習指導要領等の改善につい

て」(抜粋)

新学習指導要領ハンドブック これからの授業に役立つ 2008(平成20)年3月告示 中学校 英語　新里真男, 佐野金吾, 押谷由夫, 渋沢文隆, 山口満著, 時事通信出版局編　時事通信出版局, 時事通信社(発売)　2008.6　68,28p　21cm　750円　①978-4-7887-5008-1　Ⓝ375.1

(目次)第1章 ビジュアル要点整理, 第2章 総則, 第3章 道徳, 第4章 総合的な学習の時間, 第5章 特別活動, 第6章 英語, 資料 中央教育審議会答申「幼稚園、小学校、中学校、高等学校及び特別支援学校の学習指導要領等の改善について」(抜粋)

新学習指導要領ハンドブック これからの授業に役立つ 2008(平成20)年3月告示 中学校 技術・家庭(家庭分野)　河野公子, 佐野金吾, 押谷由夫, 渋沢文隆, 山口満著, 時事通信出版局編　時事通信出版局, 時事通信社(発売)　2008.7　64,28p　21cm　750円　①978-4-7887-5108-8　Ⓝ375.1

(目次)第1章 ビジュアル要点整理, 第2章 総則, 第3章 道徳, 第4章 総合的な学習の時間, 第5章 特別活動, 第6章 技術・家庭(家庭分野), 資料 中央教育審議会答申「幼稚園、小学校、中学校、高等学校及び特別支援学校の学習指導要領等の改善について」(抜粋)

すぐつかえる授業ハンドブック　家本芳郎編著　たんぽぽ出版　2005.4　142p　21cm　1800円　①4-901364-45-6

(目次)1 授業の力量をあげる基礎技術, 2 授業におけるコミュニケーションの技術, 3 学習技術の指導, 4 授業のふしめをつくる, 5 授業をつくる子どもたちの活動, 6 授業の悩みを解決する

(内容)授業の力量を高めるためにこれだけは知っておきたい基礎技術をビジュアルに紹介。毎日の授業に活かせる楽しいアイデアと資料も満載。

ハンドブック 学ぶ意欲を高める100の方法　小島宏著　教育出版　2006.4　157p　19cm　1700円　①4-316-80194-5

(目次)1章 学ぶ意欲の意味と役割(学ぶ意欲の意味, 学ぶ意欲の役割), 2章 学ぶ意欲の実態(学ぶ意欲の実態, 学ぶ意欲のある子どもの特徴 ほか), 3章 学ぶ意欲を高めるポイント(学校のすること, 学級担任のすること ほか), 4章 学ぶ意欲を高める100の方法(教科の学習意欲を育てる, 内発的な動機づけをする ほか)

教科別教育

<書誌>

教科教育学に関する研究総目録　第11集　日本教育大学協会第二常置委員会編　第一法規出版　1992.3　243,24p　26cm 〈〈付・大学院(修士課程)修士論文題目一覧〉〉　5500円　①4-474-09063-2

(内容)日本教育大学協会に所属する会員大学の教官が行った教科教育学に関する研究総目録。

<事典>

音声言語指導大事典　高橋俊三編　明治図書出版　1999.4　419p　26cm　9200円　①4-18-478804-1

(目次)第1部 音声言語指導の諸相(国語科における音声言語指導(音声言語の教育目標, 音声言語の教育課程, 音声言語の教育内容, 音声言語の指導課程, 音声言語の教材開発, 音声言語の指導技術, 音声言語の教具・設備, 音声言語の評価, 音声言語の関連学習), 学校教育における音声言語指導(総合学習, 言語障害児教育, 音声言語指導と言語環境), 社会教育における音声言語指導(家庭における音声言語指導, 社会における音声言語指導, 話し方・聞き方教室, 放送教育), 第2部 音声言語指導の背景(音声学・言語学, 一般意味論・コミュニケーション論, 心理学, 議論の理論, 諸外国の音声言語教育), 第3部 音声言語指導の推移(音声言語指導の歴史, 学習指導要領の変遷, 音声言語教育史年表), 索引(項目索引, 作品索引)

(内容)音声言語指導に関する事典。20世紀わが国における音声言語教育の理論と実践との現状を整理しまとめるものであり、21世紀の音声言語教育のあり方に提言をするもの。項目索引, 作品索引付き。

小学校 授業の知恵・教科話題事典　栗岩英雄, 石川秀也, 北俊夫編著　ぎょうせい　1999.3　281p　21cm　3200円　①4-324-05608-0

(目次)1時間目 国語(「倶楽部」ってなんて読むの, あて字にもいろいろある ほか), 2時間目 算数(ないところはどうなっているの？, ゆかいな長さの単位の話 ほか), 3時間目 理科(種からの芽生えはみんな双葉か, 芽や根が出ていない球根は生きているか ほか), 4時間目 社会科(寝殿造りにトイレがないって本当か, 社会科という教科ができたのはいつ頃か ほか), 5時間目 生活科(ドングリって何の木の実か, 野菜は植物のどこをたべているのか ほか), 6時間目 家庭科(生活排水が環境に与える影響は, ジェンダー・フリーとは ほか), 7時間目 音楽(楽器によって音色は違う, ハーモニカはなぜ

吸っても音が出るのか ほか），8時間目 図画工作（人は何歳から絵を描くのか，クレヨンとパスの違いは？ ほか），9時間目 体育（基本の運動やゲームはなぜできたの，運動するとどうして胸がドキドキするの ほか），10時間目 特別活動（身の回りにはどんな「音」があるか，「江戸しぐさ」と現代の生活 ほか），11時間目 総合的な学習（国際理解教育って何だ？，だから旅は楽しい ほか）

(内容)小学校の教科学習の内容との関連が深く，教師が毎日の授業の中で生かせる資料であって，なおかつ，生活の周辺にあって子供たちの学習への興味を湧き立たせるのに役立つ知識・情報を紹介した事典。

＜ハンドブック＞

イラストでわかる小学校単元別教材・教具一覧 1 理科・社会・生活 学校教材研究会編 学事出版 1993.8 191p 26cm 3000円 ⓘ4-7619-0371-6

(内容)小学校教師・予算担当事務職員向けの教材要覧。新学習指導要領と採択率の高い教科書に基づき，各教科の単元ごとに目標・指導内容・使用教材を示し，教材の使用例等を図解する。教科書に示してある教材のほか文部省の「標準教材品目」や参考となる教材と指導例も示す。

イラストでわかる小学校単元別教材・教具一覧 2 図工・音楽・家庭 学校教材研究会編 学事出版 1994.4 191p 26cm 3000円 ⓘ4-7619-0385-6

(目次)第1編 図画・工作，第2編 音楽，第3章 家庭科

(内容)小学校教師・予算担当事務職員向けの教材要覧。新学習指導要領と採択率の高い教科書に基づき，各教科の単元ごとに目標・指導内容・使用教材を示し，教材の使用例等を図解する。教科書に示してある教材のほか文部省の「標準教材品目」や参考となる教材と指導例も示す。品名索引を付す。

イラストでわかる小学校単元別教材・教具一覧 3 体育・算数・国語・視聴覚 学校教材研究会編 学事出版 1994.12 191p 26cm 3000円 ⓘ4-7619-0418-6

(内容)小学校教師・予算担当事務職員向けの教材要覧。新学習指導要領と採択率の高い教科書に基づき，各教科の単元ごとに目標・指導内容・使用教材を示し，教材の使用例等を図解する。教科書に示してある教材のほか文部省の「標準教材品目」や参考となる教材と指導例も示す。

◆国語科

＜書誌＞

国語教育文献総合目録 1958（昭和33）年～2007（平成19）年 浜本純逸編 （広島）溪水社 2008.2 279p 31cm 3800円 ⓘ978-4-86327-008-4 Ⓝ375.8

(目次)国語教育文献総合目録，索引

(内容)1958（昭和33）年～2007（平成19）年のおよそ50年間の国語教育の理論と実践に関する文献を中心に関連領域（言語学・日本語教育学・教育学）文献を時系列で記載した総合目録。

子どもの本 国語・英語をまなぶ2000冊 日外アソシエーツ株式会社編 日外アソシエーツ，紀伊國屋書店（発売） 2011.8 305p 21cm 〈索引あり〉 7600円 ⓘ978-4-8169-2330-2 Ⓝ810.31

(目次)国語（辞書・辞典，国語教科全般，ことば・文字，読む・書く，話す・聞く），英語（英語の辞書・辞典，はじめてまなぶ英語，英語で読んでみよう），その他の外国語（世界のことばと文字，アジアのことばと文字，欧米のことばと文字）

(内容)国語・英語教育の場で「文字」「ことば」「文章」についてまなぶ小学生を対象に書かれた本2,679冊を収録。公立図書館・学校図書館での本の選定・紹介・購入に最適のガイド。最近20年の本を新しい順に一覧できる。便利な内容紹介つき。

文学教材の実践・研究文献目録 復刻合本 1（1955年―1976年9月） 関村亮一，金曜会編，浜本純逸監修 （広島）溪水社 1988.7 296,22p 21cm 〈索引あり〉 ⓘ4-87440-257-7 Ⓝ375.8

(内容)文学作品を教材にした文学教育に関する論文の書誌。人名索引を付す。

文学教材の実践・研究文献目録 1976年10月～1981年9月 浜本純逸,浜本宏子編 （広島）溪水社 1982.10 241p 21cm 1400円 Ⓝ375.82

(内容)文学作品を教材にした作品分析・教材研究・実践記録の文献目録。

＜年表＞

中学校国語教科書内容索引 昭和24～61年度 国立教育研究所附属教育図書館,教科書研究センター共編 教科書研究センター 1986.3 2冊 27cm 非売品 Ⓝ375.983

(内容)戦後の検定制度発足（昭和24年）以後昭和61年度までに発行された中学校国語教科書27社、610冊を対象に索引化したものであり、題

名索引、著者名索引、件名索引、人名索引、詩・漢詩・和歌(短歌)・俳句の各うたいだし索引等が盛り込まれている。

<事典>

高等学校 国語教育情報事典 大平浩哉, 鳴島甫編著 大修館書店 1992.11 418p 21cm 3090円 ①4-469-01234-3

(目次)第1部 気になる用語30, 第2部 授業に役立つ指導の工夫50, 第3部 情報ボックス

国語学大辞典 国語学会編 東京堂出版 1993.7 1253p 27cm 19570円 ①4-490-10133-3

(内容)国語学関係の事項を収録した事典。1600項目を五十音順に排列し、中項目主義で解説、各項目に参考文献を示す。巻末に60ページにわたる「国語年表」と140ページにわたる「国語学関係参考文献一覧」がある。参考文献は、国語学(単行本)、言語学(単行本)、国語教育(単行本)、講座・論文集・全集、影印本に分類掲載する。旧版は1955年刊、本版の初版は1981年。

国語科 重要用語300の基礎知識 大槻和夫編 明治図書出版 2001.5 323p 21cm (重要用語300の基礎知識 3巻) 2900円 ①4-18-346816-7 Ⓝ375.8

(目次)1 基礎編, 2 目標, 3 教育課程及び方法, 4 教材・教具, 5 読むことの指導, 6 書くことの指導, 7 聞くこと・話すことの指導, 8 言語事項の指導, 9 国語学力・評価, 10 代表的な戦後国語教育論争

(内容)これからの国語教育研究・実践にとって重要と思われる用語300語を解説したもの。

国語教育研究大辞典 [普及版] 国語教育研究所編 明治図書出版 1991.7 961p 26cm 9800円 ①4-18-397700-2 Ⓝ375.8

(内容)本書は、国語(科)教育の全貌が概観できるように全領域を「国語教育通論」「言語の部」「文学教材の部」「説明文教材の部」「作文教材の部」「話す・聞く教材の部」「書写教材の部」「学習指導の方法」「評価」「国語教育史」等に一応区分し、そうした領域的観点と各学校段階の発達的観点から必要かつ重要事項を選定した。

国語教育辞典 日本国語教育学会編 朝倉書店 2001.8 468p 21cm 15000円 ①4-254-51023-3 Ⓝ375.8

(目次)1 教育課程, 2 話すこと、聞くこと, 3 書くこと, 4 読むこと, 5 言語指導、書写, 6 学力, 指導と評価, 教材, 7 歴史, 思潮, 8 関連諸科学, 9 諸外国の言語教育

(内容)国語教育の理論と実践のための情報を編集した資料集。幼稚園・保育所・小学校・中学校・高等学校・大学の全領域から必要な項目を選定収録する。巻末には、教育基本法、幼稚園教育要領、学校教育法施行規則(抄)・学習指導要領、国語審議会の建議「国語の教育の振興について」、国語教育史略年表、五十音順索引を収録。

国語教育辞典 新装版 日本国語教育学会編 朝倉書店 2009.7 468p 26cm 〈年表あり 索引あり〉 15000円 ①978-4-254-51038-6 Ⓝ375

(目次)分野1 教育課程, 分野2 話すこと、聞くこと, 分野3 書くこと, 分野4 読むこと, 分野5 言語指導、書写, 分野6 学力, 指導と評価, 教材, 分野7 歴史, 思潮, 分野8 関連諸科学, 分野9 諸外国の言語教育

国語教育指導用語辞典 新訂版 田近洵一, 井上尚美編 教育出版 1993.1 372p 21cm (指導用語辞典シリーズ) 4800円 ①4-316-35231-8

(目次)1 言語事項, 2 読解・読書指導, 3 作文指導, 4 話しことば・書写指導, 5 教材研究, 6 授業組織, 7 学力と評価, 8 基礎理論・指導理論, 9 関連科学, 10 歴史の遺産

(内容)国語教育のテーマ別に用語の解明と指導の手引きを示す辞典。重要用語167項目を詳説し、関連する基本項目480を脚注で補説する。

国語教育指導用語辞典 第三版 田近洵一, 井上尚美編 教育出版 2004.6 383p 21cm 4000円 ①4-316-80046-9

(目次)1 言語事項, 2 読解・読書指導, 3 作文指導, 4 話し言葉, 5 教材研究, 6 授業組織, 7 学力と評価, 8 基礎理論・指導理論, 9 関連科学, 10 歴史の遺産, 付録 近代国語教育史年表

(内容)本書は、国語教育に関する基本用語の概念規定を図るとともに、併せて、小中学校の「国語」指導において必要な、指導内容や指導方法などの要点を示そうとしたものである。第三版では、立項すべき用語、および各項目の解説などの見直しを、21項目の補充と48項目にわたる修正を行った。

国語教育指導用語辞典 第4版 田近洵一, 井上尚美編 教育出版 2009.1 383p 22cm 〈年表あり 索引あり〉 4000円 ①978-4-316-80263-3 Ⓝ375.8

(目次)1 言語, 2 読解・読書指導, 3 作文指導, 4 話し言葉, 5 教材研究, 6 授業組織, 7 学力と評価, 8 基礎理論・指導理論, 9 関連科学, 10 歴史の遺産

(内容)基本用語の解説に加え、指導の要点を平易に解説した、好評ロングセラー辞典の最新版。

国語国文学資料図解大事典 上 全国教育

教科別教育　　　　　　　　　学校教育

図書　1962　471p　31cm　〈岡一男, 時枝誠記監修〉　Ⓝ375.8
内容　国語・国文学の学習・教育に必要な事項を図解形式で解説した資料事典。上巻は「国語・言語生活」「環境基礎」を収録。

国語国文学資料図解大事典　下　全国教育
図書　1963　480p　31cm　〈岡一男, 時枝誠記監修〉　Ⓝ375.8
内容　国語・国文学の学習・教育に必要な事項を図解形式で解説した資料事典。下巻は「文学史・文芸理論」「実践資料」を収録。

「作文技術」指導大事典　国語教育研究所編
明治図書出版　1996.9　376p　26cm　7300円　①4-18-369606-2
目次　第1章 総論（国語科作文指導の変遷, 作文技術とは何か, 作文技術の授業とは何か ほか）, 第2章 作文の基礎技術（表記の技術, 取材・選材・主題の技術, 構成の技術 ほか）, 第3章 ジャンル別表現の技術（「日記文」の作文技術,「手紙文」の作文技術,「生活文」の作文技術 ほか）
内容　小学校・中学校での系統的な作文技術指導法を解説した事典。「総論」「作文の基礎技術」「ジャンル別表現の技術」の3部で構成される。段落にまとめる技術・主語述語を照応させる技術などの項目ごと、小学校低学年・中学年などの学年ごとに指導事例・実践例を示しながら、計画的な作文指導のポイント等を箇条書きで解説する。

中学校新国語科授業の基本用語辞典　河野庸介著　明治図書出版　2000.6　135p　19cm　（学習指導要領早わかり解説）　1500円　①4-18-479401-7　Ⓝ375.83
目次　1章「第1・目標」の基本用語解説（国語を適切に表現し正確に理解する能力, 伝え合う力, 思考力や想像力 ほか）, 2章「第2・各学年の目標及び内容」の基本用語解説（自分の考え, 目的や場面, 様々な種類の文章 ほか）, 3章「第3・指導計画の作成と内容の取扱い」の基本用語解説（密接な関連, 意図的, 計画的, 言語活動例 ほか）
内容　中学校の国語科の授業に関する用語辞典。平成14年4月から実施される改訂学習指導要領に基づき、全3章で構成、67のキーワードを解説する。巻末に付録として「改訂中学校学習指導要領・国語」を収録。五十音順の用語索引を付す。

＜辞典＞

現代書写字典　教育漢字・ひらがな・カタカナ　第3版　加藤達成監修, 阿保直彦編著
木耳社　2005.2　1141p　21cm　6000円

①4-8393-2849-8
目次　書写教育について, 学年別漢字配当表, 平仮名・片仮名一覧表, 学年別漢字字典, ひらがなの字典, カタカナの字典, 文房四宝, 書写の姿勢と筆の持ち方, 指導資料
内容　本字典は、漢字・仮名文字における、文字構成の理解と、正しい表現力の向上を目指し、文字習得に興味と関心を抱かせ、漢字・仮名に親しみをもたせ、今日の課題を拭うべく、文字力、書写力の伸展を図った新機軸である。

国定読本用語総覧　1　第一期『尋常小学読本』明治三十七年度以降使用　あ～ん
国立国語研究所編　三省堂　1985.11　800p　27cm　（国立国語研究所国語辞典編集資料1）　25000円　①4-385-30617-6　Ⓝ375.98
内容　国立国語研究所は、その事業項目として国語辞典の編集を掲げている。その一つは歴史的辞典であるが、日本語の展開発達を記述する基礎をなすものとして、我々は日本大語誌とも名づけるべきものを構想した。文献の上にたどられる限りの日本語の足跡を、用例として収集し整理しようとするものである。ここに取りあげる6種の国定読本は、ちょうどこの時期に使用されたものであって、この時期の国語教育の基本教材であり、その用語は、それ自身発展しつつ、国民的な現代語の成立の基礎をなすということができる。本書は明治37年度から用いられた第1期国定読本『尋常小学読本』（いわゆるイエスシ読本。全8冊。）の全用語を50音順に排列し、その全用例を収めたものである。

国定読本用語総覧　2　第二期『尋常小学読本』明治四十三年度以降使用　あ～て
国立国語研究所編　三省堂　1987.5　882p　27cm　（国立国語研究所国語辞典編集資料2）　28000円　①4-385-30620-6　Ⓝ375.98
内容　国立国語研究所は、その事業項目として国語辞典の編集を掲げている。その一つは歴史的辞典であるが、日本語の展開発達を記述する基礎をなすものとして、我々は日本大語誌とも名づけるべきものを構想した。文献の上にたどられる限りの日本語の足跡を、用例として収集し整理しようとするものである。ここに取りあげる6種の国定読本は、ちょうどこの時期に使用されたものであって、この時期の国語教育の基本教材であり、その用語は、それ自身発展しつつ、国民的な現代語の成立の基礎をなすということができる。本書は、明治43年度から用いられた第2期国定読本『尋常小学読本』（いわゆるハタタコ読本。全12冊。）の全用語を50音順に排列し、その全用例のうちアからテの部までを収めたものである。

国定読本用語総覧　3　第二期『尋常小学読本』明治四十三年度以降使用　と～ん

国立国語研究所編　三省堂　1988.5　936p　27cm　（国立国語研究所国語辞典編集資料　3）　28000円　Ⓘ4-385-30622-2　Ⓝ375.98

⒤本書は、明治43年度から用いられた第2期国定読本『尋常小学読本』（いわゆるハタタコ読本。全12冊。）の全用語を50音順に排列し、その全用例のうちトからの部までを収めたものである。

国定読本用語総覧　4　第三期『尋常小学国語読本』大正七年度以降使用　あ〜て

国立国語研究所編　三省堂　1989.9　1131p　27cm　（国立国語研究所国語辞典編集資料　4）　29000円　Ⓘ4-385-30626-5　Ⓝ375.98

⒤本書は、大正7年度から用いられた第3期国定読本『尋常小学国語読本』（いわゆるハナハト読本。全12冊。）の全用語を50音順に排列し、その全用例のうちアからテの部までを収めたものである。

国定読本用語総覧　5　第三期『尋常小学国語読本』大正七年度以降使用　と〜ん

国立国語研究所編　三省堂　1990.6　952p　27cm　（国立国語研究所国語辞典編集資料　5）　29000円　Ⓘ4-385-30669-9　Ⓝ375.98

⒤本書は、大正7年度から用いられた第3期国定読本『尋常小学国語読本』（いわゆるハナハト読本。全12冊。）の全用語を50音順に排列し、その全用例のうちトからンの部までを収めたものである。

国定読本用語総覧　6　第4期『小学国語読本』昭和8年度以降使用　あ〜つ

国立国語研究所編　国立国語研究所　1991.8　1182p　27cm　（国立国語研究所国語辞典編集資料　6）　34000円　Ⓘ4-385-30670-2　Ⓝ375.98

⒤本書は、昭和8年度から用いられた第4期国定読本『小学国語読本』の全用語を五十音順に排列し、その全用例のうちアからツの部までを収めたものである。

国定読本用語総覧　7　第4期『小学国語読本』昭和8年度以降使用　て〜ん

国語研究所編　国立国語研究所　1992.7　1256p　27cm　（国立国語研究所国語辞典編集資料　7）　37000円　Ⓘ4-385-30671-0　Ⓝ375.98

⒤本書は、昭和8年度から用いられた第4期国定読本『小学国語読本』の全用語を五十音順に排列し、その全用例のうちテからンの部までを収めたものである。

国定読本用語総覧　8　第五期『ヨミカタ』『よみかた』昭和十六年度以降使用・『初等科国語』昭和十七年度以降使用　あ〜つ　国立国語研究所編　三省堂　1993.8　1008p　27cm　（国立国語研究所国語辞典編集資料　8）　37000円　Ⓘ4-385-30673-7　Ⓝ375.98

国定読本用語総覧　9　第五期『ヨミカタ』『よみかた』昭和十六年度以降使用・『初等科国語』昭和十七年度以降使用　て〜ん　国立国語研究所編　三省堂　1994.7　1038p　27cm　（国立国語研究所国語辞典編集資料　9）　39000円　Ⓘ4-385-30695-8　Ⓝ375.98

⒤国定読本（明37〜昭24）に使用された全語彙とその用例を集めて、六期十二冊として刊行。本書はその第九巻。明治から戦後に至る膨大な言語資料による現代語用例辞典の構想の一環をなす。現代日本語研究の基礎資料。

国定読本用語総覧　10　第6期『こくご』『国語』昭和22年度以降使用　あ〜つ

国立国語研究所編　国立国語研究所　1995.7　973p　27cm　（国立国語研究所国語辞典編集資料　10）　39000円　Ⓘ4-385-30696-6　Ⓝ375.98

⒤昭和22年度から使用された第6期国定読本（文部省著作の小学校用国語教科書）「こくご」「國語」（俗称みんないい読本）全15冊の総索引。底本のうち目録・本文・図版中の全用語を五十音順に排列し、用例文と所在巻号・頁・行を示す。本巻では全用語のうちアからツの部までを収録する。

国定読本用語総覧　11　第6期『こくご』『国語』昭和22年度以降使用　て〜ん

国立国語研究所編　国立国語研究所　1996.7　1000p　27cm　（国立国語研究所国語辞典編集資料　11）　39000円　Ⓘ4-385-30697-4　Ⓝ375.98

⒤昭和22年度から使用された第6期国定読本（文部省著作の小学校用国語教科書）「こくご」「國語」（俗称みんないい読本）全15冊の総索引。底本のうち目録・本文・図版中の全用語を五十音順に排列し、用例文と所在巻号・頁・行を示す。本巻では全用語のうちテからンの部までを収録する。

国定読本用語総覧　12　総集編 第一期-第六期全用語頻度表　国立国語研究所編　国立国語研究所　1997.7　783p　27cm　（国立国語研究所国語辞典編集資料　12）　33000円　Ⓘ4-385-30698-2　Ⓝ375.98

⒤本書は、これまで国定読本の各期ごとに五十音順にして刊行してきた『国定読本用語総覧』1〜11までの総まとめであり、1〜6期の全

新教育基本語彙 阪本一郎著 学芸図書
1984.1 279p 22cm 〈参考文献：p277～279〉 3500円 ⓘ4-7616-0085-3 Ⓝ375.8
内容 小学校から中学校にかけての義務教育期間に国語の単語をどのような範囲でどの順序で学習させるのがよいかについての基準を示した基本語彙集。小学校低学年段階に理解させるべき単語4,300語、小学校高学年段階に理解させるべき単語5,943語、中学校段階に理解させるべき単語9,028語、総計19,271語を収録。各単語末尾には、それを学習させることが望ましい学年段階とその重要度を付記した。

<索 引>

旧制中等教育国語科教科書内容索引 田坂文穂編 教科書研究センター 1984.2
437p 27cm 7000円 Ⓝ375.98
内容 明治・大正・昭和戦前期の旧制中学校及び高等女学校の国語読本約2000冊の内容索引。

国語教育条規体系 小・中・高「学習指導要領」系統対照語彙索引 丸山和雄、岩崎摂子編著 おうふう 2000.7 134p 26cm 2000円 ⓘ4-273-03148-5 Ⓝ375.8
目次 第1編 小学校・中学校・高等学校学習指導要領系統性体系化対照表欄・用語総覧（条規対照表覧 付/底本所載頁、構成表覧、教科目標、〔言語事項〕（小・中/学年 高/「国語総合」)、指導計画の作成と各学年にわたる内容の取扱い/各科目にわたる内容の取扱い)、第2編 小学校・中学校・高等学校学習指導要領国語主要語彙系統性体系化総索引（教育・学術語彙、共通漢字複合語・異義類似語・同義類似語、同一漢字接尾語彙、頻度数の高い語、とくに注目される語、一般語彙）
内容 国語教育分野の小学校・中学校・高等学校学習指導要領について体系表として示した資料集。ほかに用語総覧、国語主要語彙系統性体系化総索引を収録する。

<ハンドブック>

音読・群読・ことばあそびハンドブック 声に出すたのしさ・表現するよろこびを あゆみ出版編集部編 あゆみ出版 1998.9
271p 26cm 〈「別冊 子どもと教育」〉 1905円 ⓘ4-7519-0370-5
目次 論文 ことばあそびから音読・朗読・群読へ―子どもたち本来の表現意欲をよびさます、学年別 音読・朗読指導のポイント、実践集―ことばを感じる・味わう・表現する、エッセイ、ヴォイス・トレーニング、範読術入門、実践論文、インタビュー、実践集PART2―心をひとつに・ハーモニーを味わう〔ほか〕

西郷竹彦・教科書指導ハンドブック ものの見方・考え方を育てる小学校一学年・国語の授業 西郷竹彦監修、文芸教育研究協議会編 新読書社 2011.4 160p 21cm 1600円 ⓘ978-4-7880-1139-7
目次 1 低学年の国語でどんな力を育てるか（関連・系統指導でどんな力を育てるか、国語科で育てる力、自主編成の立場で ほか)、2 教材分析・指導にあたって（視点について、西郷文芸学における虚構とは、「伝統的な言語文化」の登場とその扱い ほか)、3 一年の国語で何を教えるか（入門期の国語指導、「おおきなかぶ」（ロシアのみんわ）"指導案例""板書例"、「いちねんせいのうた」（なかがわりえこ）ほか

西郷竹彦・教科書指導ハンドブック ものの見方・考え方を育てる小学校二学年・国語の授業 西郷竹彦監修、文芸教育研究協議会編 新読書社 2011.4 150p 21cm 1600円 ⓘ978-4-7880-1140-3
目次 1 低学年の国語でどんな力を育てるか（関連・系統指導でどんな力を育てるか、国語科で育てる力、自主編成の立場で ほか)、2 教材分析・指導にあたって（視点について、西郷文芸学における虚構とは、「伝統的な言語文化」の登場とその扱い ほか)、3 二年の国語で何を教えるか（「ふきのとう」（くどうなおこ)、今週のニュース、「たんぽぽのちえ」（うえむらとしお）"指導案例""板書例" ほか

西郷竹彦・教科書指導ハンドブック ものの見方・考え方を育てる小学校三学年・国語の授業 西郷竹彦監修、文芸教育研究協議会編 新読書社 2011.4 161p 21cm 1600円 ⓘ978-4-7880-1141-0
目次 1 中学年の国語でどんな力を育てるか（関連・系統指導でどんな力を育てるか、国語科で育てる力、自主編成の立場で ほか)、2 教材分析・指導にあたって（視点について、西郷文芸学における虚構とは、「伝統的な言語文化」の登場とその扱い ほか)、3 三年の国語で何を教えるか（「どきん」（谷川俊太郎)、「きつつきの商売」（林原玉枝）"指導案例"、国語辞典のつかい方 ほか

西郷竹彦・教科書指導ハンドブック ものの見方・考え方を育てる小学校四学年・国語の授業 西郷竹彦監修、文芸教育研究協議会編 新読書社 2011.4 166p 21cm 1600円 ⓘ978-4-7880-1142-7
目次 1 中学年の国語でどんな力を育てるか（関連・系統指導でどんな力を育てるか、国語科で

育てる力, 自主編成の立場で ほか), 2 教材分析・指導にあたって(視点について, 西郷文芸学における虚構とは, 「伝統的な言語文化」の登場とその扱い ほか), 3 四年の国語で何を教えるか(「春のうた」(草野心平)"指導案例""板書例", 「白いぼうし」(あまんきみこ)"指導案例""板書例", 漢字の組み立て ほか)

西郷竹彦・教科書指導ハンドブック ものの見方・考え方を育てる小学校五学年・国語の授業 西郷竹彦監修, 文芸教育研究協議会編 新読書社 2011.4 158p 21cm 1600円 ①978-4-7880-1143-4

(目次)1 高学年の国語でどんな力を育てるか(関連・系統指導でどんな力を育てるか, 国語科で育てる力, 自主編成の立場で ほか), 2 教材分析・指導にあたって(視点について, 西郷文芸学における虚構とは, 「伝統的な言語文化」の登場とその扱い ほか), 3 五年の国語で何を教えるか(「丘の上の学校で」(那須貞太郎), 「あめ玉」(新見南吉), 「のどがかわいた」(ウーリー=オルレブ作, 母袋夏生訳) ほか)

西郷竹彦・教科書指導ハンドブック ものの見方・考え方を育てる小学校六学年・国語の授業 西郷竹彦監修, 文芸教育研究協議会編 新読書社 2011.4 162p 21cm 1600円 ①978-4-7880-1144-1

(目次)1 高学年の国語でどんな力を育てるか(関連・系統指導でどんな力を育てるか, 国語科で育てる力, 自主編成の立場で ほか), 2 教材分析・指導にあたって(視点について, 西郷文芸学における虚構とは, 「伝統的な言語文化」の登場とその扱い ほか), 3 六年の国語で何を教えるか(「せんねんまんねん」(まど・みちお), 「カレーライス」(重松清), 「感情」(茂木健一郎) ほか)

最新版 西郷竹彦教科書指導ハンドブック 子どもの見方・考え方を育てる小学校低学年・国語の授業 西郷竹彦著 明治図書出版 2005.6 130p 21cm 1960円 ①4-18-316216-5

(目次)低学年の国語でどんな力を育てるか(関連・系統指導でどんな力を育てるか, 国語科で育てる力, 本講座のテキストについて ほか), 一年の国語で何を教えるか(入門期の指導, 「大きなかぶ」(ロシアのみんわ), 「じどう車くらべ」 ほか), 二年の国語で何を教えるか(「ふきのとう」(くどうなおこ), 「たんぽぽのちえ」(うえむらとしお), ともこさんはどこかな ほか)

(内容)文芸教育研究協議会は, 創立以来, 読解力と表現力を育てることだけを目標とする国語教育のあり方を批判し, 読解を超えて, 人間そのもの, 人間にとっての言語・文化やものごとの本質・法則・真実・価値・意味などをわかる力—認識力を育てることが国語科教育の目的であると主張してきた。そのために, 「ものの見方・考え方」(認識の方法)を, 発達段階に即して, 系統的に指導することを試みてきた。『学習指導要領』が, 言語事項を軸にして系統化を考えているのに対して, 認識の方法を軸にして系統化を考えている。つまり, 説明文教材も文芸教材も, 作文・読書・言語・文法などの領域もすべて認識の方法を軸にして, 互いに関連づけて指導するわけである。本書は, このような関連・系統指導の考え方に立って, どのような国語の授業を展開するか, 二〇〇五年度版の新教科書の教材を取り上げ, 解説した。

最新版 西郷竹彦教科書指導ハンドブック 子どもの見方・考え方を育てる小学校中学年・国語の授業 西郷竹彦著 明治図書出版 2005.6 122p 21cm 1860円 ①4-18-316310-2

(目次)中学年の国語でどんな力を育てるか(関連・系統指導でどんな力を育てるか, 国語科で育てる力, 本講座のテキストについて ほか), 三年の国語で何を教えるか(「きつつきの商売」(林原玉枝), 漢字の音と訓, 「ありの行列」(大滝哲也) ほか), 四年の国語で何を教えるか(「三つのお願い」(ルシール=クリフトン作/金原瑞人訳), 漢字の組み立て, 「『かむ』ことの力」(金田洌) ほか)

(内容)文芸教育研究協議会は, 創立以来, 読解力と表現力を育てることだけを目標とする国語教育のあり方を批判し, 読解を超えて, 人間そのもの, 人間にとっての言語・文化やものごとの本質・法則・真実・価値・意味などをわかる力—認識力を育てることが国語科教育の目的であると主張してきた。そのために, 「ものの見方・考え方」(認識の方法)を, 発達段階に即して, 系統的に指導することを試みてきた。『学習指導要領』が, 言語事項を軸にして系統化を考えているのに対して, 認識の方法を軸にして系統化を考えている。つまり, 説明文教材も文芸教材も, 作文・読書・言語・文法などの領域もすべて認識の方法を軸にして, 互いに関連づけて指導するわけである。本書は, このような関連・系統指導の考え方に立って, どのような国語の授業を展開するか, 二〇〇五年度版の新教科書の教材を取り上げ, 解説した。

最新版 西郷竹彦教科書指導ハンドブック 子どもの見方・考え方を育てる小学校高学年・国語の授業 西郷竹彦著 明治図書出版 2005.6 133p 21cm 1960円 ①4-18-316414-1

(目次)高学年の国語でどんな力を育てるか(関

連・系統指導でどんな力を育てるか，国語科で育てる力，本講座のテキストについて ほか），五年の国語で何を教えるか（「新しい友達」（石井睦美），「サクラソウとトラマルハナバチ」（鷲谷いづみ），「晴間」（三木露風）ほか），六年の国語で何を教えるか（「カレーライス」（重松清），「生き物はつながりの中に」（中村桂子），短歌・俳句の世界 ほか）

(内容)文芸教育研究協議会は，創立以来，読解力と表現力を育てることだけを目標とする国語教育のあり方を批判し，読解を超えて，人間そのもの，人間にとっての言語・文化やものごとの本質・法則・真実・価値・意味などをわかる力ー認識力を育てることが国語科教育の目的であると主張してきた。そのために，「ものの見方・考え方」（認識の方法）を，発達段階に即して，系統的に指導することを試みてきた。『学習指導要領』が，言語事項を軸にして系統化を考えているのに対して，認識の方法を軸にして系統化を考えている。つまり，説明文教材も文芸教材も，作文・読書・言語・文法などの領域もすべて認識の方法を軸にして，互いに関連づけて指導するわけである。本書は，このような関連・系統指導の考え方に立って，どのような国語の授業を展開するか，二〇〇五年度版の新教科書の教材を取り上げ，解説した。

授業ハンドブック 1 物語やまなし 全発問・全記録 雁坂明著 ルック 2004.4 127p 26cm 1400円 ①4-86121-012-7

(目次)第1次 題名読み（一時間），第2次「五月」の世界を読む（八時間）（青く暗く鋼のように見える五月の谷川の底。くり返しクラムボンは笑う。くり返し，あわが流れる。魚の登場。魚が頭上を過ぎてクラムボンが殺される。ほか），第3次「十二月」の世界を読む（五時間）（水の底まですき通り，波が青白い炎を燃やす。あわの大きさを競い合うかにの兄弟。落ちてきたやまなし。水の中がいいにおいでいっぱいになる。ほか），第4次 感想文を書く（三時間）

小学校 国語学習指導実践事典 大越和孝監修，藤田慶三，今村久二，井出一雄，邑上裕子編著 東洋館出版社 2006.4 377p 26cm 3800円 ①4-491-02160-0

(目次)第1章 話すこと・聞くこと（話すこと（主にスピーチ・発表に関すること），聞くこと（聞くこと全般及び対話やインタビューに関すること） ほか），第2章 書くこと（相手意識・目的意識/取材，相手意識・目的意識/記述 ほか），第3章 読むこと（読書的な読み，叙述に即した読み ほか），第4章 言語事項（「ゃ」「ゅ」「ょ」「っ」を使う言葉―促音・拗音（1年），文を作る（1年） ほか），第5章 基礎的な指導技術（入門期の指導のポイント（低学年），幼児音の指導（低学年） ほか），重要用語解説120

中学校国語科新学習指導要領詳解ハンドブック 田中洋一著 東洋館出版社 2009.5 183p 21cm 2200円 ①978-4-491-02459-2 Ⓝ375.83

(目次)1 国語科の改訂の方針と特色，2 「話すこと・聞くこと」の目標と内容，3 「書くこと」の目標と内容，4 「読むこと」の目標と内容，5 「伝統的な言語文化と国語の特質に関する事項」の内容，6 指導計画の作成，資料1 平成20年告示中学校学習指導要領「国語」，資料2 平成20年告示小学校学習指導要領「国語」，資料3 各学年の目標及び内容の系統表（小・中学校）

(内容)新学習指導要領の詳細な解説。指導事項の意味，小学校学習指導要領との関連，領域や学年を超えた構造や基本用語の解説，言語活動例の展開のアイデアなど実践的な情報が満載。

俳句の授業ができる本 創作指導ハンドブック 日本俳句教育研究会，三浦和尚，夏井いつき編著 三省堂 2011.1 111p 21cm 〈付属資料：CD1〉 2000円 ①978-4-385-36515-2

(目次)第1章 簡単俳句作りのコツ，第2章 句会ライブをやろう 基本編，第3章 句会ライブをやろう 応用編，第4章 句会ライブ導入のためにクイズ編，第5章 選句力をつけるためのノウハウ，第6章 年間を通した俳句指導の在り方

文学の授業づくりハンドブック 授業実践史をふまえて 第2巻 小学校・中学年編/詩編 浜本純逸監修 松崎正治編（広島）渓水社 2010.5 208p 21cm 〈索引あり〉 1800円 ①978-4-86327-077-0 ⓃN375.85

(目次)序章 文学の授業デザインのために―「雪わたり」（宮沢賢治），「蜂と神さま」（金子みすゞ），第1章 あまんきみこ「ちいちゃんのかげおくり」の授業実践史，第2章 斎藤隆介「モチモチの木」の授業実践史，第3章 長崎源之助「つり橋わたれ」の授業実践史，第4章 木村裕一「あらしのよるに」の授業実践史，第5章 あまんきみこ「白いぼうし」の授業実践史，第6章 今西祐行「一つの花」の授業実践史，第7章 新美南吉「ごんぎつね」の授業実践史，第8章 谷川俊太郎の詩教材の授業実践史，第9章 工藤直子の詩教材の授業実践史，第10章 まどみちおの詩教材の授業実践史

＜年鑑・白書＞

小中学校教育課程実施状況調査報告書 小学校国語 平成13年度 国立教育政策研究所教育課程研究センター編著 東洋館出版社 2003.6 144p 30cm 1600円 ①4-

491-01907-X
〔目次〕第1章 平成13年度小中学校教育課程実施状況調査の結果概要，第2章 小学校国語の調査結果の概要及び指導上の改善（調査の概要と集計結果，表現（音声言語）の調査結果と指導上の改善，表現（文字言語）の調査結果と指導上の改善，理解（文学的な文章）の調査結果と指導上の改善，理解（説明的な文章）の調査結果と指導上の改善，言語事項の調査結果と指導上の改善），第3章 質問紙調査を通してみた調査結果と考察（国語の勉強が「好きかどうか」からみた調査結果と考察，国語の授業が「分かるかどうか」からみた調査結果と考察，国語の勉強が「役立つかどうか」からみた調査結果と考察，指導法の工夫からみた調査結果と考察），第4章 ペーパーテスト調査の問題作成の工夫
〔内容〕国立教育政策研究所が，全国の都道府県教育委員会，市町村教育委員会及び都道府県私学主管部局並びに多くの国公私立の小中学校の協力を得て，平成14年1月24日並びに2月21日に実施した平成13年度小中学校教育課程実施状況調査の報告書。

小中学校教育課程実施状況調査報告書 中学校国語 平成13年度 国立教育政策研究所教育課程研究センター編 ぎょうせい 2003.6 131p 30cm 1524円 Ⓘ4-324-07174-8
〔目次〕第1章 平成13年度小中学校教育課程実施状況調査の結果概要，第2章 中学校国語科の調査結果の概要及び指導上の改善（調査の概要と集計結果，内容，領域別の概要，指導上の改善），第3章 問題作成の工夫（表現（音声言語）について，表現（文字言語）について，理解（文学的な文章）について，理解（説明的な文章）について，言語事項について），第4章 生徒・教師質問紙調査結果の分析（生徒・教師質問紙調査結果，指導上の改善）

◆英語科

<事 典>

英語教育現代キーワード事典 安藤昭一ほか編集 (大阪)増進堂 1991.3 668p 22cm 〈参考文献：p599〜645〉 5631円 Ⓘ4-424-52005-6 Ⓝ830.7
〔内容〕現代の英語教育のための基本的な情報・知識を体系的に構成した読む事典。教材論，教授論，評価・テストなど14章と，英語教授法の発達略史および諸外国の外国語教育や英語検定試験などを収めた付録からなる。巻末に参考文献と索引を付す。

英語教育指導法事典 米山朝二著 研究社 2003.3 415p 19cm 3200円 Ⓘ4-7674-3018-6
〔内容〕英語教育指導に関する理論的かつ具体的な情報を満載。現職教員のみならず，将来英語教師を目指す学部，大学院の学生にも有益。あらゆる角度から英語学習・指導を見つめなおした画期的な事典。

英語教育指導法事典 新編 改訂新版 米山朝二著 研究社 2011.8 453p 19cm 3500円 Ⓘ978-4-7674-9106-6
〔内容〕英語教育の現場が求める指導方法・技術を詳しく解説。図版・図表を多数収録して，具体的かつわかりやすく解説。英語教育の最新理論も紹介。外国語としての日本語教育指導にも対応。小中高の英語の授業の最新指導案も掲載。巻末の「和英対照表」で，日本語からの検索も可能。理論から実践まで，英語教育に関する情報を網羅。英語教育者・外国語教育者・英語学習者の必携事典。

「英語教育のための文学」案内事典 大学英語教育学会文学研究会編 彩流社 2000.1 349p 21cm 3800円 Ⓘ4-88202-634-1 Ⓝ830.7
〔目次〕第1部 文学を取り入れた英語教育のために（英米の批評書，文学を利用した語学教材，日本の研究者による著作），第2部 周辺分野（英米文学史，事典，文学の背景）
〔内容〕20世紀の批評理論から，教師用参考書，代表的な日本人研究者の著作，事典類まで英語の授業で生かせる文献60点を紹介・解説した事典。

英語教育用語辞典 白畑知彦，冨田祐一，村野井仁，若林茂則著 大修館書店 1999.12 361p 19cm 2500円 Ⓘ4-469-24447-3
〔内容〕英語教育学，外国語教育，第二言語習得に関連する用語800余を収録・解説した辞典。各項目は英語を見出し語とし，アルファベット順に配列した。英語の見出しの後に，それに対応する日本語での用語を記載。巻末には日本語索引がある。

英語教育用語辞典 改訂版 白畑知彦，冨田祐一，村野井仁，若林茂則著 大修館書店 2009.5 377p 20cm 〈他言語標題：A guide to English language teaching terminology 文献あり 索引あり〉 2500円 Ⓘ978-4-469-24539-4 Ⓝ830.7
〔内容〕日本の外国語教育に必要なキーワード930語を厳選し，コンパクトに解説。新たに150語を加えて新登場。

外国語教育学大辞典 K.ジョンソン,H.ジョンソン編，岡秀夫監訳，窪田三喜夫，鈴木広子，堂寺泉，中鉢恵一，山内豊，金沢洋子訳 大

修館書店　1999.9　502p　21cm　6600円
①4-469-04155-6

内容　外国語教育学に関する用語を収録した辞典。巻末に和文と欧文の索引がある。

教室英語活用事典　高梨庸雄，高橋正夫，カール・R.アダムズ編　研究社出版　1992.7　299p　21cm　3400円　①4-327-46118-0

目次　第1部 一般的指示，第2部 授業展開，第3部 教室英語歳時記

内容　本書は、注意、謝罪、激励、感謝などの一般的指示から、ウォームアップ、導入、練習、言語活動などの授業の具体的指示まで、教室の中で使われる英語表現（クラスルーム・イングリッシュ）を可能な限り集めて分類した事典である。

中学英語指導法事典　言語材料編　稲村松雄，納谷友一，鳥居次好共編　開隆堂出版，開隆館出版販売（発売）　1970　444p　22cm　1500円　Ⓝ375.89

内容　中学校の英語担当教師に必要な事柄を解説した事典。

中学英語指導法事典　指導法編　稲村松雄，納谷友一，鳥居次好共編　開隆堂出版　1969　330p　22cm　1200円　Ⓝ375.89

内容　中学校の英語担当教師に必要な事柄を解説した事典。

<辞典>

中学英語辞典　全教科書対応　瀬谷広一著　講談社　2002.3　229p　21cm　1900円
①4-06-211218-3　ⓃK833

目次　第1部 和英辞典，第2部 和英と語形変化辞典（グループ別ミニ和英辞典，動詞の活用変化一覧，形容詞の比較変化一覧，副詞の比較変化一覧，発音とつづり字，数の表しかた，ローマ字表）

内容　中学生向けの教科書6種類18冊に対応した英語辞典。新学習指導要領準拠。アルファベット順に単語・熟語を解説する英和辞典の部と、文法を解説する和英と語形変化辞典の部からなる。英和辞典の部では使用頻度の高い身近な口語表現による例文、熟語や慣用表現を記載した。

<ハンドブック>

英語音読指導ハンドブック　フォニックスからシャドーイングまで　鈴木寿一，門田修平編著　大修館書店　2012.10　408p　21cm　2900円　①978-4-469-24572-1

目次　「知っていること」から「できること」へ，第1部 導入編（音読指導自己診断テスト，音読指導Q&A），第2部 実践編（各種音読指導法，フォニックスと音声指導，教科書を用いた音読・シャドーイング指導（中学校）ほか），第3部 理論編（音読・シャドーイングデータの分析手法，音読・シャドーイングを支える理論的背景）

英語科教育法ハンドブック　東真須美編著　大修館書店　1992.11　288p　19cm　1854円　①4-469-24334-5

目次　日本における英語教育の歴史（戦前編，戦後編），欧米における言語教授理論・教授法の歴史，言語学習・言語習得・言語能力，日本におけるのぞましい英語教育，授業づくり—研修，中学校における授業実践・展開例，高等学校における授業実践・展開例，英語の授業における視聴覚教育の役割，評価—テスティング，Assistant English TeacherとのTeam Teching，よりよい授業を求めて，教育実習

内容　本書は、新学習指導要領の実施を前にし、その考えを実際の授業にどう生かし、どう指導してゆけばよいかを提言した、新しい英語科教育法のテキストである。

英語語彙指導ハンドブック　門田修平，池村大一郎編著　大修館書店　2006.12　327p　21cm　2500円　①4-469-24519-4

目次　効果的な語彙の導入，語彙の定着を図る指導，語彙を増やす指導，さまざまな語彙指導，入門期・再入門期の語彙指導，語彙のテスティング，語彙はいかに蓄えられているか，語彙習得のモデル，語彙と文法はいかに関連しているか，バイリンガルレキシコン，コンピュータの活用法，おわりに—課題と展望

英語リーディング指導ハンドブック　門田修平，野呂忠司，氏木道人編著　大修館書店　2010.5　415p　21cm　〈文献あり　索引あり〉　3000円　①978-4-469-24555-4　Ⓝ375.893

目次　第1部 実践編（教科書を用いたリーディング指導(1) pre‐reading活動，教科書を用いたリーディング指導(2) while‐reading活動，教科書を用いたリーディング指導(3) post‐reading活動，リーディング指導の具体的な流れ，多読・速読指導，リーディング指導の諸相），第2部 理論編（書かれた語や文はいかに処理されるか，第二言語読解研究の方法）

オーラル・コミュニケーションハンドブック　授業を変える98のアドバイス　岡秀夫監修，吉田健三，山岡憲史，萩野俊哉著　大修館書店　1999.4　238p　19cm　1800円　①4-469-24441-4

目次　教育環境・カリキュラム，教材面，生徒の問題：興味・関心，教師の問題，指導法（生徒のコミュニケーション能力を高める，技能

面，教授法），ALTとのTeam Teaching，評価（授業内，テスト）
〔内容〕オーラル・コミュニケーションの授業に関して，現場からの質問に答える形で実例をあげながら解説したハンドブック。

教師必携！　英語授業マネジメントハンドブック　目指せ！　英語授業の達人〈3〉
畑中豊著　明治図書出版　2007.12　166p　21cm　〈目指せ！　英語授業の達人　3〉1800円　Ⓒ978-4-18-714714-7
〔目次〕1 生徒をやる気にさせる教室環境づくり，2 生徒が進んで発言する雰囲気づくり，3 生徒をノセる教材・活動アラカルト，4 やる気を継続させる活動アラカルト，5 生徒がわかる文法指導アラカルト，6 英語指導課外編，7 若手教師のためのQ&A

子ども英語指導ハンドブック　メアリー・スラタリー，ジェーン・ウィリス著，外山節子監修，オックスフォード大学，旺文社編　オックスフォード大学出版局，旺文社　2003.11　239p　26×19cm　〈付属資料：CD1　原書名：English for Primary Teachers〉　3150円　Ⓒ4-01-064602-0
〔目次〕1 子どもに英語を教える，2 英語を聞いて行動する，3 英語を聞いて物を作る，4 スピーキングの初期段階，5 思い通りに英語を話す，6 リーディング，7 ライティング，8 物語を読むこととお話をすること，9 物語やお話を使ったアクティビティ，10 授業で英語を効果的に使うために
〔内容〕子ども英語を教える先生へのアドバイスや指導法を詳細に説明。教室でそのまま使える英語の指示表現，すぐに実践できるゲーム例が多数掲載。付属CDで実際の教室での授業が聞け，発音練習も収録されている。

子ども英語指導ハンドブック 英語ゲーム
92　アラン・メイリーシリーズ総監修，ゴードン・ルイス，グンター・ベッドソン著，外山節子日本語版監修，オックスフォード大学出版局，旺文社〔発売〕　2005.3　175p　26cm　〈付属資料：別冊1，絵カード　原書名：Games for Children〉　2500円　Ⓒ4-01-064604-7
〔目次〕1 家族・友だち・わたし，2 数，3 色，4 体と服装，5 動物，6 食べ物，7 外の世界へ，8 多目的ゲーム，9 定番ゲームを英語学習に応用する
〔内容〕世界中で使われているオックスフォードの児童英語のゲーム集。今までになかったビジュアル解説だから，わかりやすく，使いや

すい。

児童英語キーワードハンドブック　大久保洋子監修　ピアソン・エデュケーション　2003.12　102p　21×14cm　1400円　Ⓒ4-89471-931-2
〔内容〕本書はこれからの児童英語教育に欠かすことのできない指導用語を厳選し，わかりやすい解説を加えた児童英語用語集。教育現場での豊富な経験を積んだ執筆陣によって，単なる理論にとどまらない，実践の場を踏まえわかりやすく解説した。

大修館英語授業ハンドブック　中学校編
金谷憲，青野保，太田洋，馬場哲生，柳瀬陽介編　大修館書店　2009.4　372p　21cm　〈文献あり　索引あり〉　3600円　Ⓒ978-4-469-04173-6　Ⓝ375.893
〔目次〕第1章 入門期の指導，第2章 基本の授業パターン，第3章 指導技術，第4章 文法指導のアプローチ，第5章 評価，第6章 教材・教具，第7章 クラスルーム・マネージメント，第8章 自律的な学習者に育てるための工夫
〔内容〕中学校の英語授業のための必須要素を，経験豊富な執筆陣がコンパクトに解説。教科書を使った授業の展開方法から，4技能を伸ばす指導技術，家庭学習までをカバーする。付属DVDには，指導技術で取り上げた項目の一部をピックアップして収録。

大修館英語授業ハンドブック　高校編　金谷憲編集代表，阿野幸一，久保野雅史，高山芳樹編　大修館書店　2012.4　382p　21cm　〈付属資料：DVD1〉　4000円　Ⓒ978-4-469-04177-4
〔目次〕第1章 高校入学時の指導，第2章「英語で授業」の考え方，第3章 基本の授業パターン，第4章 指導技術，第5章 文法指導のアプローチ，第6章 評価，第7章 教材・教具の扱い，第8章 クラスルーム・マネージメント，第9章 自律的な学習者に育てるための工夫，付録 授業改善のためのQ&A
〔内容〕新学習指導要領に対応した高校の英語授業のために。教科書を使った授業の展開方法から，「英語で授業」の考え方，技能を統合する指導までカバーする。付属DVDにより，授業の実際も一目瞭然。

中学英語辞書の使い方ハンドブック　日台滋之著　明治図書出版　2009.2　136p　22cm　〈文献あり〉　1860円　Ⓒ978-4-18-713711-7　Ⓝ375.893
〔目次〕第1章 導入編―辞書の使い方を知る（辞書指導のスタート，辞書に慣れるためのトレーニング，辞書を使い込むための準備），第2章

実践編—辞書を使い込む（英和辞典を使い込むために，和英辞典を使い込むために），第3章最後に—学習者のニーズに合った辞書を求めて（現状の問題点，解決方法としての授業実践例，表現辞典作成への試み—日英パラレル・コーパスの構築，教室でどのように活用するか—EasyKWIC・2活用トレーニング

(内容)中学校でどのように辞書指導をすすめたらよいか，ノウハウをまとめたハンドブック。日々の授業ですぐ使える「教室で使えるワークシート」を掲載。本書の追求するuser-friendlyな辞書は，辞書編集者に辞書づくりへのヒントを提示する。

＜雑誌目次総覧＞

英語教育雑誌目次総覧　大空社　1992.1　4冊（セット）　26cm　75000円　①4-87236-204-7

(目次)「英語教授」，「英語の研究と教授」，「THE BULLETIN」，「英語教育」（英進社版・研究社・大修館版），「新英語教育」，「ELEC BULLETIN」，「英語展望」，「現代英語教育」，「英語教育評論」，「英語教育展望」，「英語教育ジャーナル」

(内容)明治期から戦前，戦後，現在までに発行された英語教育雑誌から厳選し，創刊号から終刊号までの全目次を集録。

英語教育雑誌目次総覧　著者名索引　大空社　1993.12　161p　27cm　13000円　①4-87236-936-X

(内容)明治から現在までの英語教育関係の雑誌12誌の目次を複刻収録した「英語教育雑誌目次総覧」（全4巻，英語関係雑誌目次総覧第1期）を対象とした著者名索引。

＜年鑑・白書＞

小中学校教育課程実施状況調査報告書　中学校英語　平成13年度　国立教育政策研究所教育課程研究センター編　ぎょうせい　2003.6　131p　30cm　1524円　①4-324-07178-0

(目次)第1章 平成13年度小中学校教育課程実施状況調査の結果概要，第2章 中学校英語の調査結果の概要及び指導上の改善（問題タイプの説明，内容・領域別にみた調査結果の概要及び指導上の改善，評価の観点別の概要及び指導上の改善），第3章 中学校1，2，3年を通しての調査結果の考察（設定通過率と通過率からみた概要，同一問題における前回調査との比較，評価の観点別の概要，質問紙調査の概要），第4章 問題作成の工夫（テスト・デザインの作成，問題タイプにおける工夫）

(内容)国立教育政策研究所が，全国の都道府県教育委員会，市町村教育委員会及び都道府県私学主管部局並びに多くの国公私立の小中学校の協力を得て，平成14年1月24日並びに2月21日に実施した平成13年度小中学校教育課程実施状況調査の報告書。

◆◆小学校英語

＜ハンドブック＞

「小学校英語」指導法ハンドブック　ジーン・ブルースター，ゲイル・エリス著，佐藤久美子編訳，大久保淑子，杉浦正好，八田玄二訳　（町田）玉川大学出版部　2005.12　371p　21cm　〈原書第2版　原書名：THE PRIMARY ENGLISH TEACHER'S GUIDE,Second edition〉　3600円　①4-472-40326-9

(目次)第1部 児童とことばの学習（小学校レベルにおける外国語学習，子どもはどのようにことばを獲得するか？ ほか），第2部 ことばと学習のためのスキル（子どもに英語をどのように教えるか？，「学び方」を学ぶ ほか），第3部 英語教育のためのリソース（教材の選定，歌，ライム，チャンツ ほか），第4部 教師のための授業管理スキル（教室の管理，授業計画 ほか），第5部 英語教育者としての自己開発（将来の計画）

(内容)世界の初等教育の実践現場を知りつくした著者が，小学校英語教師を目指す方，あるいは経験の浅い英語教師の方々を対象に，授業のデザインや教育現場で直面するさまざまな問題を取り上げ，具体的かつ豊富な実例により，明快に解説。

中学英語教師のための小学英語実践への対応ハンドブック　新教育課程に向けて新たな問題にどう取り組むか　高木浩志編著　明治図書出版　2010.8　104p　21cm　1600円　①978-4-18-711111-7　Ⓝ375.893

(目次)中学校で受け止める小学英語—基礎心得帳（小学校英語と中学校，新たな中学校での取り組みについて），小学英語に対応する実践ストラテジー（中学英語授業に慣れさせるメニュー，すっかり英語嫌いが仕上がっている生徒へのアプローチ，外国語活動における小・中学校との連携および教材開発）

(内容)小学英語が実践されるようになり，中学英語への要望は増えた。本も沢山あるのに，中学側の意見は少ない。どんどん多様な小学英語卒業生が中学に入る今後を考えると，しっかり先を見通した対応を樹立する時期。教材・学習形態・ICT活用のノウハウなど具体例で紹介。

156　学校・教育問題 レファレンスブック

◆算数・数学科

<年表>

現代数学教育史年表　佐々木元太郎著　聖文社　1985.3　181p　22cm　〈付・概説〉　2500円　Ⓝ375.41

[目次]概説（第0期・第1期の数学教育，第2期 小学校教科書国定化までの数学教育，第3期 全国中学校数学科教員協議会までの数学教育，第4期 軍国主義下への数学教育に向かって，第5期 軍国主義下の数学教育，第6期 敗戦直後の数学教育，第7期 系統的学習から現代化運動へ，第8期 現代化運動（日本の）を中心として，第9期 現代化運動の反省期），年表

[内容]明治期から1982年までの数学教育に関する年表。

<事典>

"疑問"に即座に答える算数数学学習小事（辞）典　仲田紀夫著　（名古屋）黎明書房　2010.3　145p　21cm　〈年表あり　索引あり〉　1800円　Ⓘ978-4-654-01838-3　Ⓝ410

[目次]数字・数・量，数式・文字式，比・比例，関数，基礎図形，色々な幾何学，論理，統計学，確率論，推計学と保険学，微分学・積分学，ベクトルと行列，カタカナ数字，数学略史，日本の数学

[内容]楽しく読める算数・数学小事（辞）典。著者が25年を費やして数学ルーツ探訪世界旅行を完了。その探訪旅行の成果と，60余年に渡る授業，講義，講演，研究で培われた知見を基に書き下ろされたもの。

高校数学解法事典　第九版　樋口禎一，森田康夫編　旺文社　2012.1　1287p　22×17cm　5700円　Ⓘ978-4-01-075200-5

[目次]数学1，数学A，数学2，数学B，数学3，融合問題，付録1 高校数学の発展，付録2 数学者と数学史年表

[内容]数学1，数学2，数学3，数学A，数学Bの高校数学の全分野から典型的な良問約3,600問を収録した，解法定石の集大成版。

算数教育指導用語辞典　新訂版　日本数学教育学会編著　新数社，教育出版〔発売〕　1992.7　319p　21cm　3800円　Ⓘ4-316-38767-7

[内容]新学習指導要領に準拠して精選した用語の基本概念の解説と実践指導の要点を網羅した用語辞典。

算数教育指導用語辞典　第三版　日本数学教育学会出版部編著　教育出版　2004.6　319p　21cm　3800円　Ⓘ4-316-80048-5

[目次]第1部（青表紙教科書，アルゴリズム，一般化・特殊化の考え，外延・内包，外延量・内包量，拡散的思考・集中的思考，拡張の考え，関数，計算機器の活用，気づき ほか），第2部（暗算，以上・未満，位置の考え方，円，円グラフ・帯グラフ，円周率，重さ，折れ線グラフ，概算，概数，概測 ほか）

[内容]第1部では1年から6年にまたがるような一般用語55項目を，第2部では学年ごとの指導内容に直結する用語75項目を解説。配列は第1部，第2部とも見出し語の五十音順で，項目番号，見出し語，見出し語の英訳，用語解説，学習指導要領に準拠した領域，どの学年での教材かわかるようになっている。巻末に用語索引が付く。

算数教育指導用語辞典　第四版　日本数学教育学会出版部編著　教育出版　2009.1　326p　22cm　〈文献あり　索引あり〉　3800円　Ⓘ978-4-316-80264-0　Ⓝ375.412

[目次]アルゴリズム，一般化・特殊化の考え，外延・内包，外延量・内包量，拡散の考え，関数，気づき，逆・裏・対偶，黒表紙教科書，計算機器の活用〔ほか〕

[内容]基本用語の解説に加え，指導の要点を平易に解説した，好評ロングセラー辞典の最新版。

小学校新算数科授業の基本用語辞典　吉川成夫著　明治図書出版　2001.8　182p　19cm　（学習指導要領早わかり解説）　1800円　Ⓘ4-18-575108-7　Ⓝ375.412

[目次]1章 学習指導要領改訂の基本的考え，2章「A 数と計算」の基本用語解説，3章「B 量と測定」の基本用語解説，4章「C 図形」の基本用語解説，5章「D 数量関係」の基本用語解説

[内容]改訂学習指導要領に示されている算数の基本的な用語の辞典。用語を「数と計算」「量と測定」「図形」「数量関係」に分類して解説。付録として，改訂小学校学習指導要領「算数」を収録。

中学校新数学科授業の基本用語辞典　根本博監修　明治図書出版　2000.6　148p　19cm　（学習指導要領早わかり解説）　1600円　Ⓘ4-18-575202-4　Ⓝ375.413

[目次]1章「目標」の基本用語解説（目標，各学年の目標），2章「各学年の内容及び内容の取扱い」の基本用語解説（数と式，図形，数量関係，内容の取扱い），3章「指導計画の作成と内容の取扱い」の基本用語解説（指導計画の作成上の配慮事項，課題学習，用語・記号，コンピュータや通信ネットワークなどの活用，選択教科としての数学），4章 数学教育のさらなる改善を目指して

[内容]中学校の数学科の授業に関する用語辞

典。平成14年4月から実施される改訂学習指導要領に基づき、全4章で構成、108の用語項目を解説する。巻末に付録として「中学校学習指導要領・数学」を収録する。

和英／英和 算数・数学用語活用辞典 日本数学教育学会編集 東洋館出版社 2000.8 524p 21cm 13000円 ⓘ4-491-01644-5 Ⓝ375.41

〈目次〉算数、数、代数、平面幾何、空間幾何、座標幾何、関数、微分・積分、確率・統計、集合・論理、コンピュータ

〈内容〉算数・数学教育の用語を収録した辞典。小学校、中学校、高等学校の授業で使われる言葉を基本に、新旧の学習指導要領、および内外の教科書・辞典・専門書・参考書などをもとに編集。用語は11の領域にわけ、316の見出し語を収録、1ページ単位で和文と英文を対置し、解説、用例、補説の各項目にくわえ脚注および図表を併載。また用語解説の間に資料としての特集記事、付録を掲載する。巻末に用語、よみかた、英語表記と掲載ページを記載した和英および英語の用語索引を付す。

<ハンドブック>

算数の授業 基礎・基本の徹底！ ハンドブック 1・2年編 志水廣編、一宮算数・数学教育研究会著 明治図書出版 2002.10 139p 21cm 2160円 ⓘ4-18-505411-4

〈目次〉第1章 基礎理論編 算数科の基礎学力向上のために：基礎・基本の意味と具体例（基礎・基本とは何か、計算技能は、基礎・基本！、子どもを鍛える基礎・基本、学び方（見方・考え方）を大切に）、第2章 基礎・基本の実践編（なんばんめ―だれのことかな？、いくつといくつ―ゲームや操作をしながら、数の合成・分解をしよう、たしざん(1)あわせるくんでたし算をしよう、ひきざん(1)お話づくりをしよう ほか)

算数の授業 基礎・基本の徹底！ ハンドブック 3・4年編 志水廣編、一宮算数・数学教育研究会著 明治図書出版 2003.2 153p 21cm 2400円 ⓘ4-18-505515-3

〈目次〉第1章 基礎理論編―算数科の基礎学力向上のために：基礎・基本の意味と具体例（基礎・基本とは何か、計算技能は、基礎・基本！、子どもを鍛える基礎・基本、見方・考え方を大切に ほか）、第2章 基礎・基本の実践編（3年・題材（わり算―同じ数ずつ分けよう、かさしらべ―たくさん入るのはどれ？、11マスを作って、かさあてゲームをしよう、たし算とひき算の筆算―3桁のたし算やひき算に挑戦しよう、計算のじゅんじょ―さあ背比べ！ 私は、あなたの何倍？ ほか)、4年・題材（大きな数―大きな数、どこまで読めるかな？、わり算―

操作的な活動を、筆算の仕方につなげよう、円と球―輪ゴムで円がかけるかな？、小数―どんな数で表したらいいの？ ほか))

算数の授業 基礎・基本の徹底！ ハンドブック 5・6年編 志水廣編、一宮算数・数学教育研究会著 明治図書出版 2002.10 139p 21cm 2060円 ⓘ4-18-505619-2

〈目次〉第1章 基礎理論編 算数科の基礎学力向上のために：基礎・基本の意味と具体例（基礎・基本とは何か、計算技能は、基礎・基本！、子どもを鍛える基礎・基本、問う力が学ぶ力であるほか）、第2章 基礎・基本の実践編（小数と整数―小数点移動シートを活用しよう、四角形―作業的活動で調べよう、変わり方のきまり―いくつになるかな？ 変わり方のきまりを見つけて、調べよう！、小数のかけ算とわり算―整数の計算と同じようにはできないのかな？ ほか）

数学教育学研究ハンドブック 日本数学教育学会編 東洋館出版社 2010.12 463p 26cm 4500円 ⓘ978-4-491-02626-8 Ⓝ375.41

〈目次〉第1章 数学教育学論・研究方法論、第2章 目的目標論・カリキュラム論、第3章 教材論、第4章 学習指導論、第5章 認知・理解・思考、第6章 学力・評価・調査研究、第7章 数学内容開発、第8章 数学教育史、第9章 学際の領域、第10章 数学教師論・教員養成論

<年鑑・白書>

小学校算数・中学校数学・高等学校数学指導資料 PISA2003数学的リテラシー及びTIMS2003算数・数学結果の分析と指導改善の方向 文部科学省編 東洋館出版社 2006.1 221p 26cm 2000円 ⓘ4-491-02137-6

〈目次〉第1章 PISA2003調査―数学的リテラシー（調査結果の概要、出題された問題、学習指導の改善に向けて）、第2章 TIMSS2003調査―算数・小学校第4学年（調査結果の概要、公表問題の考察、学習指導の改善に向けて）、第3章 TIMSS2003調査―数学・中学校第2学年（調査結果の概要、公表問題の考察、学習指導の改善に向けて）、参考資料

小中学校教育課程実施状況調査報告書 小学校算数 平成13年度 国立教育政策研究所教育課程研究センター編著 東洋館出版社 2003.6 160p 30cm 1600円 ⓘ4-491-01909-6

〈目次〉第1章 平成13年度小中学校教育課程実施状況調査の結果概要、第2章 小学校算数の調査結果の概要及び指導上の改善（小学校算数全体の概要、内容のまとまりごとの概要及び指導上

の改善（第5学年）」（「偶数と奇数」，「約数と倍数」，「整数や小数の表し方」，「小数の計算」，「分数の表し方（約分や通分）」ほか），内容のまとまりごとの概要及び指導上の改善（第6学年）（「分数の計算」，「およその計算（かけ算，わり算）」，「およその形とおよその面積」，「平均」，「立体図形の体積と表面積」ほか）」

(内容)国立教育政策研究所が，全国の都道府県教育委員会，市町村教育委員会及び都道府県私学主管部局並びに多くの国公私立の小中学校の協力を得て，平成14年1月24日並びに2月21日に実施した平成13年度小中学校教育課程実施状況調査の報告書。

小中学校教育課程実施状況調査報告書 中学校数学 平成13年度 国立教育政策研究所教育課程研究センター編 ぎょうせい 2003.6 269p 30cm 2000円 ①4-324-07176-4

(目次)第1章 平成13年度小中学校教育課程実施状況調査の結果概要，第2章 中学校数学科の調査結果の概要及び指導上の改善，第3章 各学年を通した調査結果の考察（内容領域からみて（「数と式」領域，「図形」領域，「数量関係」領域，課題学習），質問紙調査（意識調査）の結果からみて，まとめにかえて）

(内容)国立教育政策研究所が，全国の都道府県教育委員会，市町村教育委員会及び都道府県私学主管部局並びに多くの国公私立の小中学校の協力を得て，平成14年1月24日並びに2月21日に実施した平成13年度小中学校教育課程実施状況調査の報告書。

◆理科

<事典>

英和学習基本用語辞典生物 海外子女・留学生必携 津田稔用語解説，藤沢皖用語監修 アルク 2009.4 425p 21cm （留学応援シリーズ）〈他言語標題：English-Japanese the student's dictionary of biology 『英和生物学習基本用語辞典』（1994年刊）の新装版 索引あり〉 5800円 ①978-4-7574-1574-4 ⓃJ460.33

(内容)英米の教科書に登場する生物用語を選定。英米の統一テストでの必須用語をカバー。図やグラフを多用し，高校生レベルに合わせたわかりやすい解説。学部・大学院留学生の基礎学習にも活用可能。

英和 生物学習基本用語辞典 海外子女・留学生必携 アルク 1994.11 446p 21cm 6500円 ①4-87234-364-5

(内容)留学生・海外子女のための英和学習用語辞典。イギリスやアメリカの教科書で使用されている用語1549語をアルファベット順に排列。日本の生物の授業で使われている訳語を示し，一部の語には詳しい説明，関連用語への参照がある。巻末に図版208点をまとめて掲載，また生物教育の日米英比較，カリキュラムが参考資料としてある。和英索引を付す。

おもしろ実験・ものづくり事典 左巻健男，内村浩編著 東京書籍 2002.2 517p 21cm 3800円 ①4-487-79701-2 ⓃJ407.5

(目次)1 主に物理的な実験・ものづくり（力と動きをさぐる，空気をとらえる ほか），2 主に化学的な実験・ものづくり（冷やす・熱する，燃焼・爆発 ほか），3 生物の観察と実験（生きものの世界，ヒトのからだと感覚），4 地球についての観察と実験（水と大気，天体・岩石）

(内容)理科の実験・ものづくり実例マニュアルブック。学校の科学クラブ，理科等の選択授業や文化祭，科学館・児童館等での科学実験教室で取り組める実験・観察・ものづくりについて，物理，化学，生物，地学の4分野別に155例以上を紹介する。各実験・ものづくりについては，所要時間，特色，必要な材料や器具，過程・工程を順に追った実験・制作方法を，イラストを交えて紹介している。実験の豆知識等についてのコラムや実験事故例と対策についての説明もある。

サイエンスワールド 学習科学百科 アナベル・クレイグ，クリフ・ロズニー著，科学教育研究会訳 三省堂 1992.12 126p 26×21cm 〈原書名：THE USBORNE SCIENCE ENCYCLOPEDIA〉 3200円 ①4-385-15393-0

(目次)計算と数字，エネルギーって何？，熱と温度，惑星 地球，代替エネルギー，どうして物体は動くの？，簡単な機械，光の反射，音の伝わり方，物体は何からできているの？，加熱と冷却，身のまわりの電気，いろいろな電磁波，コンピューター技術〔ほか〕

(内容)身のまわりから宇宙まで，53のテーマを楽しいイラストでわかりやすく解説。小学校上級以上。

小学校新理科授業の基本用語辞典 学習指導要領早わかり解説 日置光久編著 明治図書出版 2000.4 127p 19cm 1600円 ①4-18-672902-6 ⓃJ375.422

(目次)1 改訂小学校理科の質的転換（目標の改善，内容の改善，新しい理科教育の創造），2 キーワードで理解する小学校理科 理論編（事象を比較する能力，変化と関係する要因を抽出する能力，計画的に観察，実験を行う能力 ほか），3 キーワードで理解する小学校理科 実践

編（生物とその環境，物質とエネルギー，地球と宇宙 ほか）

⓵内容⓶小学校の理科の授業に関する用語辞典。平成14年4月から実施される改訂学習指導要領に基づき，3部に分けて基本用語項目を立て，内容・意義・工夫を解説する。付録として「小学校学習指導要領・理科」を収録。

図解実験観察大事典　化学　新訂　東京書籍　1992.10　502p　31cm　12000円

⓵内容⓶小学校3年以上，中学校全学年，高等学校1年（「理科I」）の範囲内の実験・観察のための教師用手引書。1982-83年版の改訂版。

スーパー理科事典　改訂版〔カラー版〕　恩藤知典編著　（大阪）増進堂・受験研究社　1998.11　719p　26cm　6300円　Ⓘ4-424-63058-7

⓵目次⓶生物編（身近な生物，植物の世界，動物の世界，生物のからだと細胞，生物界のつながり），地学編（地球と太陽系，天気の変化，火山活動と地震，岩石と鉱物，大地の変化と地球の歴史），化学編（物質の性質，物質と原子・分子，化学変化のしくみ，化学変化とイオン，酸・アルカリ・塩とその化学反応），物理編（光・音・熱，力のはたらき，電流のはたらき，運動，仕事とエネルギー），科学技術の進歩と環境の保全，資料編

⓵内容⓶中学校理科の全学習内容を中心に，自然科学や科学技術を解説した学習理科事典。

たのしくわかる物理実験事典　左巻健男，滝川洋二編著　東京書籍　1998.9　464p　21cm　3800円　Ⓘ4-487-73118-0

⓵目次⓶物とは何か（物の基礎概念），力と道具，運動と力，圧力，波と音，光，温度と物，静電気，電流，磁場，電磁誘導，電子と原子，エネルギー，総説

中学理科用語集　旺文社編　旺文社　2010.9　239p　19cm　950円　Ⓘ978-4-01-021441-1　ⓃE400

⓵目次⓶物理編（身近な物理現象，電流とその利用，運動とエネルギー，科学技術と人間），化学編（身のまわりの物質，化学変化と原子・分子，化学変化とイオン），生物編（植物の生活と種類，動物の生活と生物の変遷，生命の連続性，自然と人間），地学編（大地の成り立ちと変化，気象とその変化，地球と宇宙，自然と人間），資料編（科学史上の人物，おもな実験器具 ほか）

⓵内容⓶物理・化学・生物・地学の4分野から約1100語を収録。ピンポイントで用語の意味を解説。関連用語のページを掲載。ジャンプ機能で理解がさらに深まる。過去5年分の入試分析にもとづく"でる度"つき。

理科教育事典　東洋，大橋秀雄，戸田盛和編　大日本図書　1991.3　2冊（セット）　26cm　28000円　Ⓘ4-477-00078-2　Ⓝ375.42

⓵目次⓶教育理論編（目標，教育課程，教授・学習，評価，コンピュータの教育利用，教科経営，わが国の理科教育の歴史，諸外国の理科教育），自然科学編（力と運動，電気と磁気，温度と熱，振動と波，物質の構造，水溶液とイオン，化学変化と環境，植物のつくりとはたらき，動物のつくりとはたらき，遺伝と進化，生態系，生物と自然環境，気象と海洋，星とそのひろがり，大地とその構造，実験・観察の事故防止）

理科教育指導用語辞典　新訂版　北沢弥吉郎，栗田一良，井出耕一郎編　教育出版　1993.1　310p　21cm　（指導用語辞典シリーズ）　4800円　Ⓘ4-316-31931-0

⓵目次⓶1 性格と目的，2 カリキュラム，3 学習指導と評価，4 教材・教具，5 探究の技法，6 環境教育，7 物理，8 化学，9 生物，10 地学

⓵内容⓶理科教育に関するさまざまな定義や概念規定を，見開き2〜4ページにわたって解説する辞典。授業研究・教材研究のための指導法の最新情報も提供する。約200点の図版も収録。

理科重要用語300の基礎知識　武村重和，秋山幹雄編　明治図書出版　2000.4　332p　21cm　（重要用語300の基礎知識　6）　2760円　Ⓘ4-18-626508-9　Ⓝ375.42

⓵目次⓶1 理科の教育原理と歴史，2 理科の目標と内容，3 理科の教育方法，4 理科の学習と認知，5 理科の学習評価，6 観察・実験と安全指導，7 理科の施設・設備，8 理科関連法令・その他

⓵内容⓶理科教育の用語事典，300語を収録。理科の教育原理と歴史，理科の目標と内容，理科の教育法法など理科教育の各領域および法令等8つの領域に分類して構成。用語は1頁1語で解説，さらに各項目に関連する用語を示す。巻末には五十音順の用語索引を付す。

<ハンドブック>

解剖・観察・飼育大事典　内山裕之，佐名川洋之編著　星の環会　2007.9　351p　26cm　3500円　Ⓘ978-4-89294-437-6

⓵目次⓶動物編（アカフジツボの解剖と観察，アサリの解剖，アサリの水浄化作用実験，アシナガバチの巣を観察しよう ほか），植物編（アルコール発酵の実験，オオカナダモの光合成実験，気孔の観察，茎の維管束の観察 ほか）

実験観察 自由研究ハンドブック　「たのしい授業」編集委員会編　仮説社　1997.7　314p　19cm　2000円　Ⓘ4-7735-0129-4

⓵目次⓶もう自由研究になやまない！，発見し

ちゃおう，実験ってなに？，身近なもので実験してみよう，みんなの研究物語，自然を実感！，実験観察 自由研究の楽しみ方

実験観察 自由研究ハンドブック 2 第2版 「たのしい授業」編集委員会編　仮説社　2004.8　317p　19cm　2000円　ⓘ4-7735-0180-4

(目次)ボクもわたしも研究が好き！，原子・分子の世界をのぞいてみよう，結晶を育てる，電気と友だちになる，観察しよう！ 植物・昆虫，地球の外にも目を向けよう，科学者の実験をやってみよう，研究は身近なところに…，行ってみよう！ 読んでみよう！，研究のための作法

(内容)本書には，「実験・観察してみると面白いテーマ」と，「それをどのように研究するとよいか」という方法をていねいに紹介してある。

小学校理科室経営ハンドブック　村山哲也，日置光久編著　東洋館出版社　2011.4　499p　21cm　4800円　ⓘ978-4-491-02677-0

(目次)新しい理科室経営，理科の観察，実験一覧，学年・単元別の観察，実験，観察，実験器具の種類や特徴，小学校で扱う主な生物，小学校で扱う主な薬品類とその性質，環境教育計画，メディアと情報機器の活用，施設・設備の活用，理科支援員(JST)の活用〔ほか〕

小学校 理科の学ばせ方・教え方事典　角屋重樹，林四郎，石井雅幸編　教育出版　2005.7　407p　26cm　5524円　ⓘ4-316-80049-3

(目次)理論編(小学校理科教育の特徴，自然科学の特徴 ほか)，授業編(1)授業の創り方(授業の創り方の構成，事象との出会い，推論・要因(演繹)タイプ ほか)，授業編(2)授業の技術(指導形態の工夫(1)ティームティーチング・少人数指導，指導形態の工夫(2)個に応じた指導形態の工夫 ほか)，授業編(3)指導計画と評価(年間指導計画，単元の指導計画，複式学級用指導計画，指導案作成，目標について，評価について)，観察・実験編(環境整備，校外施設ほか)，付録

小学校 理科の学ばせ方・教え方事典　改訂新装版　角屋重樹，林四郎，石井雅幸編　教育出版　2009.1　423p　21cm　〈索引あり〉　3400円　ⓘ978-4-316-80265-7　Ⓝ375.422

(目次)理論編，授業編(1)授業の創り方，授業編(2)授業の技術，授業編(3)指導計画と評価，観察・実験編，付録

(内容)新学習指導要領に対応した最新版。理科教育が直面するテーマを実践に生かせるよう総合的に解説。今日の授業，明日の指導の悩みをその場で解決して実践へ。豊富な図と写真，授業場面を網羅。他の項目と関連づけた立体的な構成。

新 観察・実験大事典 化学編　「新 観察・実験大事典」編集委員会編　東京書籍　2002.3　3冊(セット)　30cm　12000円　ⓘ4-487-73115-1　Ⓝ375.42

(目次)1 基礎化学(基礎操作，物質の状態，物質の溶解，物質の構造 ほか)，2 化学反応(化合と分解，イオン，酸とアルカリ，金属 ほか)，3 生活の化学/物づくり(環境，生活と化学)

(内容)小学・中学・高校生対象の化学の観察・実験ガイドブック。「新 観察・実験大事典」の化学編。「基礎化学」，「化学反応」，「生活の化学/物づくり」の全3巻で構成。第1巻は基礎操作・物質の状態・物質の溶解等の6項目，第2巻は化合と分解・イオン・酸とアルカリ等6項目，第3巻は環境・生活と化学の2項目に分けて，各テーマの観察・事件について，ねらい，対象学年，時間，必要器具と入手先を明記し，実験の手順をイラストと解説で詳しく紹介している。事故防止のための注意点，結果のまとめ方，考察のポイント，発展学習のヒント，関連知識のコラム等，指導者向けの情報も示す。各巻末に事項索引を付す。

新 観察・実験大事典 地学編　「新 観察・実験大事典」編集委員会編　東京書籍　2002.3　3冊(セット)　30cm　12000円　ⓘ4-487-73116-X　Ⓝ375.42

(目次)1 大地(流水のはたらき，地層・堆積岩・化石，火山と火成岩，地震・地殻変動)，2 気象/天体(気象現象，空気中の水蒸気，天気の変化，天体の位置 ほか)，3 環境/発展(基礎操作，環境とエネルギー，自作・発展)

(内容)小学・中学・高校生対象の地学の観察・実験ガイドブック。「新 観察・実験大事典」の地学編。「大地」，「気象/天体」，「環境/発展」の全3巻で構成。第1巻は流水・地層・火山・地震の4項目，第2巻は気象現象・水蒸気・天気・天体の4項目，第3巻は基礎操作・環境とエネルギー・ものづくりと発展の3項目に区分，各テーマの観察・実験について，ねらい，対象学年，時間，必要器具と入手先を明記し，実験の手順をイラストと解説で詳しく紹介している。事故防止のための注意点，結果のまとめ方，考察のポイント，発展学習のヒント，関連知識のコラム等，指導者向けの情報も示す。各巻末に事項索引を付す。

新 観察・実験大事典 物理編　「新 観察・実験大事典」編集委員会編　東京書籍　2002.3　3冊(セット)　30cm　12000円　ⓘ4-487-73117-8　Ⓝ375.42

(目次)1 力学/エネルギー(力と運動，仕事とエネルギー)，2 熱光音/波動/電磁気(熱，光，音と波動，電気と磁気 ほか)，3 生活の物理/物づくり(生活と物理，基礎操作，機器製作)

教科別教育　　　　　　　　学校教育

内容　小学・中学・高校生対象の物理の観察・実験ガイドブック。「新 観察・実験大事典」の物理編。「力学/エネルギー」、「熱光音/波動/電磁気」、「生活の物理/物づくり」の全3巻で構成。第1巻は力と運動・仕事とエネルギーの2項目、第2巻は熱・光・音と波動等の5項目、第3巻は生活と物理・基礎操作・機器製作の3項目に分けて、各テーマの観察・事件について、ねらい、対象学年、時間、必要器具と入手先を明記、実験の手順をイラストと解説で詳しく紹介している。事故防止のための注意点、結果のまとめ方、考察のポイント、発展学習のヒント、関連知識のコラム等、指導者向けの情報も示す。各巻末に事項索引を付す。

新 観察・実験大事典　生物編　「新 観察・実験大事典」編集委員会編　東京書籍　2002.3　3冊（セット）　30cm　12000円　ⓘ4-487-73118-6　Ⓝ375.42

目次　1 植物（植物、細胞、栽培、採集・標本）、2 動物（動物、ヒトのからだ、細胞・発生、遺伝・進化 ほか）、3 野外観察/環境（環境と生物、校外施設、基本操作）

内容　小学・中学・高校生対象の生物の観察・実験ガイドブック。「新 観察・実験大事典」の生物編。「植物」、「動物」、「野外観察/環境」の全3巻で構成。第1巻は植物・細胞・栽培・採集と標本の4項目、第2巻は動物・ヒトのからだ・細胞と発生、遺伝と進化等6項目、第3巻は環境と生物・校外施設・基本操作の3項目に分けて、各テーマの観察・事件について、ねらい、対象学年、時間、必要器具と入手先を明記、実験の手順をイラストと解説で詳しく紹介している。事故防止のための注意点、結果のまとめ方、考察のポイント、発展学習のヒント、関連知識のコラム等、指導者向けの情報も示す。各巻末に事項索引を付す。

新理科の"発展教材＆補充学習"活動づくり事典　日置光久編著　明治図書出版　2004.4　382p　26cm　4560円　ⓘ4-18-662217-5

目次　第3学年（第3学年（A領域）生物とその環境、第3学年（B領域）物質とエネルギー、第3学年（C領域）地球と宇宙）、第4学年（第4学年（A領域）生物とその環境、第4学年（B領域）物質とエネルギー、第4学年（C領域）地球と宇宙）、第5学年（第5学年（A領域）生物とその環境、第5学年（B領域）物質とエネルギー、第5学年（C領域）地球と宇宙）、第6学年（第6学年（A領域）生物とその環境、第6学年（B領域）物質とエネルギー、第6学年（C領域）地球と宇宙）

内容　発展、補充的な学習は、一人一人の子どもの姿を大切にした個に応じた指導の中でなされるものである。そのため、TTや少人数指導、個別指導、グループ指導等、多様な指導形態が工夫される必要がある。理科においては、伝統的に観察、実験、を中心にしたグループ別指導が多く行われてきたが、これからは目的に応じて柔軟に集団を組み替えるなどの工夫を行い、個に応じた指導をいっそう充実させることも考えられる。発展、補充的な学習は、あくまで個に応じた指導の一環であり、一人一人の子どもの学びを充実させるものなのである。

図解理科授業3・4年　日置光久編著　東洋館出版社　2004.6　165p　21cm　（教師力向上ハンドブック）　2100円　ⓘ4-491-01992-4

目次　3年（植物の育ちと体のつくり、昆虫の育ちと体のつくり、光の性質、乾電池と豆電球 ほか）、4年（季節と生き物、空気と水の性質、ものの温まり方、電気の働き ほか）

図解理科授業5・6年　日置光久編著　東洋館出版社　2004.6　221p　21cm　（教師力向上ハンドブック）　2500円　ⓘ4-491-01993-2

目次　5年（植物の発芽と成長、植物の結実、動物の誕生、ものの溶け方 ほか）、6年（人の体のつくりと働き、植物の養分・動物の食べ物、生物と環境、水溶液の性質 ほか）

中学校理科室ハンドブック　魅力ある理科授業を目指して　新学習指導要領対応　山口晃弘他編著　大日本図書　2009.5　135p　21cm　（DT books）　〈索引あり〉　940円　ⓘ978-4-477-02007-5　Ⓝ375.423

目次　第1章 生きている理科室（理科室づくり・理科準備室づくり、掲示板や展示コーナー、生きものの飼育（水槽の管理）、生物教材園、デジタル時代の百葉箱、生物教材の入手のしかた、常備する試薬及びその調整、ガラス細工、使いやすい便利な観察・実験器具）、第2章 理科好きを育てる授業（新任教諭が最初にする授業づくり、観察・実験の基礎操作、ICTを活用した授業づくり、要点をつかみ思いを伝える指導案の書き方）、第3章 安全な観察・実験のために（安全な観察・実験を行うための考え方と注意、理科室の危機管理、理科室のきまり、薬品の管理、これだけは気を付けたい、事故につながりやすい観察・実験）

理科実験に役立つ道具のつかい方事典　石井雅幸監修　岩崎書店　2001.4　175p　30cm　5000円　ⓘ4-265-05951-1　ⓃK407

目次　第1章 観察につかう道具（虫めがね（ルーペ）、顕微鏡、解剖顕微鏡、双眼実体顕微鏡 ほか）、第2章 測定につかう道具（体温計、気体検知管、温度計、ストップウォッチ ほか）、第3章 実験につかう道具（注射器、鏡・ハーフミラー、磁石、乾電池 ほか）

内容　ビーカー、アルコールランプ、顕微鏡な

ど、理科の実験道具の特徴や扱い方を写真やイラストで解説した道具事典。小学校教科書に登場するものを網羅。

<年鑑・白書>

小学校理科・中学校理科・高等学校理科指導資料 PISA2003科学的リテラシー及びTIMS2003理科結果の分析と指導改善の方向 文部科学省編 東洋館出版 2006.1 221p 26cm 2000円 Ⓘ4-491-02138-4

(目次)第1章 SPISA2003調査—科学的リテラシー(調査結果の概要、公表問題の考察、学習指導の改善に向けて)、第2章 TIMSS2003調査—理科・小学校第4学年、第3章 TIMSS2003調査—理科・中学校第2学年、参考資料

小中学校教育課程実施状況調査報告書 小学校理科 平成13年度 国立教育政策研究所教育課程研究センター編著 東洋館出版社 2003.6 156p 30cm 1600円 Ⓘ4-491-01910-X

(目次)第1章 平成13年度小中学校教育課程実施状況調査の結果概要、第2章 小学校理科の調査結果の概要及び指導上の改善(調査結果の概要、学年ごとの調査結果の概要及び指導上の改善(分析対象問題、個々の問題の概要及び通過率、調査問題の結果・考察)、小学校理科の調査結果の考察(見通しをもった計画的な実験、観察の推進、模型やモデルなどの積極的な導入、比較する実験、観察の重視))

(内容)国立教育政策研究所が、全国の都道府県教育委員会、市町村教育委員会及び都道府県私学主管部局並びに多くの国公私立の小中学校の協力を得て、平成14年1月24日並びに2月21日に実施した平成13年度小中学校教育課程実施状況調査の報告書。

小中学校教育課程実施状況調査報告書 中学校理科 平成13年度 国立教育政策研究所教育課程研究センター編 ぎょうせい 2003.6 157p 30cm 1524円 Ⓘ4-324-07177-2

(目次)第1章 平成13年度小中学校教育課程実施状況調査の結果概要、第2章 中学校理科の調査結果の概要及び指導上の改善

(内容)国立教育政策研究所が、全国の都道府県教育委員会、市町村教育委員会及び都道府県私学主管部局並びに多くの国公私立の小中学校の協力を得て、平成14年1月24日並びに2月21日に実施した平成13年度小中学校教育課程実施状況調査の報告書。

◆社会科

<書 誌>

先生と司書が選んだ調べるための本 小学校社会科で活用できる学校図書館コレクション 鎌田和宏、中山美由紀編著 少年写真新聞社 2008.8 159p 30cm 2200円 Ⓘ978-4-87981-261-2 Ⓝ375.3

(目次)第1部 小学校社会科で活用できる調べるための本(学校のまわり・町の様子を調べよう、人びとのしごとを調べよう(地域の生産)、くらしをまもるはたらきを調べよう、健康なくらしとまちづくりを調べよう ほか)、第2部 小学校社会科授業の質を高める情報リテラシーの育成と学校図書館(社会科でなぜ学校図書館を利用すべきなのか、社会科授業で育てる情報リテラシー—社会科学習で学校図書館をどう利用していくのか、社会科の授業に対応した学校図書館をどうつくっていくのか、学校図書館を活用し情報リテラシーを育て展開する社会科授業)

<事 典>

絵でわかる社会科事典 1 都道府県 鎌田和宏監修 学研教育出版,学研マーケティング〔発売〕 2011.2 175p 30cm 5500円 Ⓘ978-4-05-500811-2

(目次)都道府県ページ、用語ページ

絵でわかる社会科事典 2 歴史人物 鎌田和宏監修 学研教育出版,学研マーケティング〔発売〕 2011.2 175p 30cm 5500円 Ⓘ978-4-05-500812-9

(目次)歴史人物ページ、用語ページ

社会科教育事典 新版 日本社会科教育学会編 ぎょうせい 2012.6 435p 21cm 4762円 Ⓘ978-4-324-09483-9

(目次)第1部 社会科の基礎論(社会科の性格、社会科の成立と展開、地理教育論、歴史教育論、公民教育論)、第2部 社会科の実践論(社会科の授業論、社会科の実践)、第3部 現代社会からの発信(新しい時代の学校像と社会科、諸外国の社会科の動向、社会科と関連諸科学)

社会科教育指導用語辞典 新訂版 大森照夫、佐島群巳、次山信男、藤岡信勝、谷川彰英編 教育出版 1993.1 354p 21cm 4800円 (指導用語辞典シリーズ) Ⓘ4-316-31941-8

(目次)1 社会科のめざすもの(社会科の性格、社会認識と学力)、2 社会科の指導内容(カリキュラム・教材、地理的内容、歴史的内容、公民的内容)、3 社会科の学習指導(授業の方法、学習活動、指導のポイント、授業研究)

(内容)社会科教育の基本用語160項目を選定し、

各項とも見開き2ページで解説する辞典。用語の概念を説明し、学習指導上の実際的な知識・技能の要点を示す。

社会科重要用語300の基礎知識　森分孝治，片上宗二編　明治図書出版　2000.4　317p　21cm　〈重要用語300の基礎知識　4〉　2660円　Ⓘ4-18-450004-8　Ⓝ375.3

〈目次〉1 社会科の性格，2 社会科の歴史，3 社会科の基底，4 社会科の目標，5 社会科の課程編成，6 社会科の単元・授業構成，7 地理教育，8 歴史教育，9 公民教育，10 総合学習，11 社会科の学習方法，12 社会科の教材・教具，13 社会科の評価

〈内容〉社会科教育学の用語事典，300語を収録。用語は社会科の性格，社会科の歴史など社会科教育研究の各領域にまとめ五十音順に排列。用語は1頁1項目で解説，さらに各項目に関連する用語を示した。

社会科 間違いやすい・紛らわしい用語指導辞典　岩田一彦，片上宗二，池野範男編　明治図書出版　2007.11　313p　19×26cm　3700円　Ⓘ978-4-18-489012-1

〈目次〉地理（IT産業/IC工場，アマゾン川/ナイル川，アングロアメリカ/ラテンアメリカ ほか），歴史（飛鳥文化/白鳳文化，熱い戦争/冷たい戦争，アテネ/スパルタ ほか），公民（悪徳商法/キャッチセールス，ASEAN/APEC，安楽死/尊厳死 ほか）

社会科読み物資料活用小事典　向山洋一編　明治図書出版　1998.9　146p　21cm　〈法則化小事典シリーズ〉　1800円　Ⓘ4-18-448006-3

〈目次〉歴史的分野（三内丸山遺跡，土器，銅鐸，はにわ，前方後円墳 ほか），地理的分野（雪，流氷，米，みかんとりんご，カレーライス ほか），公民的分野（ごみ，自動車，電気，セブンイレブン，一万円札 ほか）

小学社会科学習事典　3訂版　益田宗，倉富崇人著　文英堂　2002.3　575p　21cm　〈シグマベスト〉　〈付属資料：別冊1〉　2380円　Ⓘ4-578-13083-5　Ⓝ K290

〈目次〉さまざまな地域，食料生産と生活，工業生産と生活，運輸・貿易と通信，日本の国土とくらし，日本の各地の生活，歴史を考える，国のはじめと貴族の世の中，武士の世の中，新しい世の中，国民生活と政治，日本と世界，日本と関係の深い国々

〈内容〉小学生の社会科について自習向けに解説した学習参考書。新学習指導要領に基づく内容を学習順序にそって排列し，重要事項のほか研究問題と解答を記載する。巻末に研究問題一覧と五十音順の索引がある。別冊付録は歴史年表。

小学社会科事典　3訂版　有田和正編著，旺文社編　旺文社　2002.2　534p　21cm　2500円　Ⓘ4-01-010428-7　Ⓝ K290

〈目次〉わたしたちのくらし，日本の産業，日本の国土，日本の歴史，世界の中の日本，わたしたちのくらしと政治

〈内容〉小学校3年生から6年生向けに編集された社会科の参考書。実際に使用されている5社の教科書をもとにした内容構成。6分野以下230単元に分類し，要点，重要語，関連記事などで解説する。巻末付録は県庁と県庁所在地，西暦と年号の対象年表，日本史年表など。五十音順の索引あり。

小学校新社会科授業の基本用語辞典　学習指導要領早わかり解説　小原友行著　明治図書出版　1999.12　154p　19cm　1700円　Ⓘ4-18-462819-2

〈目次〉1部 基本用語選択の考え方と内容構成，2部 基本用語指定付新小学校学習指導要領社会科，3部 小学校新社会科授業の基本用語解説（教科目標の基本用語，3・4年の目標・内容・内容の取扱いの基本用語，5年の目標・内容・内容の取扱いの基本用語，6年の目標・内容・内容の取扱いの基本用語，指導計画作成・各学年にわたる内容取扱いの基本用語）

〈内容〉新小学校学習指導要領社会科編の特色や良さを理解するために必要な用語や，その授業論を理解するために必要な用語，教師が学習指導を行う際に考慮するべき事項を理解するために必要な用語に限定して掲載した辞典。

地理教育用語技能事典　日本地理教育学会編　帝国書院　2006.11　247p　21cm　3619円　Ⓘ4-8071-5614-4

〈目次〉1 地理教育用語編（地理教育の目標，地理の基本概念，地理教育の歴史，諸外国の地理教育，地理のカリキュラム，系統地理の学習，地誌の学習，地理教育と現代的教育課題，地理の学習指導論，地理の学力・評価），2 地理教育技能編（地図，情報活用に関する技能，フィールドワーク）

歴史教育学事典　尾鍋輝彦ほか編著　ぎょうせい　1980.3　910p　27cm　〈参考文献・歴史年表：p833～897〉　8000円　Ⓝ375.32

〈目次〉第1章 歴史教育学理論，第2章 歴史学習指導事例，第3章 歴史基本的事項，第4章 歴史家と歴史思想，第5章 各国の歴史教育の現状，第6章 歴史教育基礎資料，総索引

〈内容〉小・中学校，高等学校の社会科教師が歴史の授業を展開する際に実際に役立つことを念頭に，日本史及び世界史の基本的事項，指導計画，学習指導，評価事例を解説した。

＜ハンドブック＞

社会科教育実践ハンドブック　全国社会科教育学会編　明治図書出版　2011.10　236p　21cm　2100円　①978-4-18-011530-3

(目次)社会科教育の基盤，社会科の指導計画，社会科の授業づくりと評価，小学校社会科授業，中学校社会科地理授業，中学校社会科歴史授業，中学校社会科公民授業，高校の新しい社会系授業，社会科関連授業，世界の社会科授業づくり，社会科の評価，社会科の授業研究，教師の授業力向上

(内容)現場は「理想論を押付けられても―」といい，大学人は「何のためにこういう授業が必要か」を考えていない，お互いの不満・不信は平行線。そんな現状を変えようと，教師の目標見直しや指導計画づくりの基礎をおさえ，グローバル社会への新しい方向を第一線研究者が提言。

小学校社会科地域学習指導ハンドブック　沖縄から北海道まで活かせる　間森誉司著　(大阪)フォーラム・A　2012.4　158p　21cm　〈付属資料：CD・ROM1〉　2300円　①978-4-89428-711-2

(目次)地域学習全般，学習方法，校区・市町学習，消防・水道学習，都道府県，日本地理，日本の産業学習，日本の歴史学習，世界地理

(内容)新学習指導要領対応。実物資料の持ち込み方，ゲストティーチャーの活かし方，地域教材の作り方，ほか，小学3～6年生まで，地域の特徴を活かした授業ができる70のヒントとアイデア。

＜地図帳＞

調べ学習に役立つ世界の地図　江波戸昭監修　成美堂出版　2007.8　81p　26cm　980円　①978-4-415-30269-0

(目次)宇宙から見た世界，アジア，アフリカ，ヨーロッパ，ロシアとその周辺地域，北・中央アメリカ，南アメリカ，オセアニア，北極，南極

(内容)世界を7つの地域に分け，地域ごとに「地形」，「ようす」，「知るページ」のページを設けた。「地形」のページには地形図とともに写真でその地域を紹介，「ようす」のページには行政地図とともに国旗を記載。「知るページ」については，歴史や政治など幅広い分野から，地域のトピックをとりあげ，写真やイラストを使って説明。巻末には調べ学習に役立つように，最新の資料と地域さくいんも収録。

調べ学習に役立つ日本の地図　江波戸昭監修　成美堂出版　2003.8　81p　26cm　980円　①4-415-02407-6

(目次)宇宙から見た日本，九州，中国・四国，近畿，中部，関東，東北，北海道

(内容)詳しい地図，美しい衛星写真に加え，名所などの観光写真，楽しいイラストを使って日本のさまざまな姿を紹介。まるで本当に旅をしている気分で，日本を知ることができる新しい地図帳。

調べ学習に役立つ日本の地図　教科書対応　新学習指導要領対応　江波戸昭監修　成美堂出版　2006.5　81p　26cm　980円　①4-415-03164-1

(目次)宇宙から見た日本，九州，中国・四国，近畿，中部，関東，東北，北海道

(内容)詳しい地図，美しい衛星写真に加え，名所などの観光写真，楽しいイラストを使って日本のさまざまな姿を紹介。本当に旅をしている気分で，日本を知ることができる新しい地図帳。

＜年鑑・白書＞

小中学校教育課程実施状況調査報告書　小学校社会　平成13年度　国立教育政策研究所教育課程研究センター編著　東洋館出版社　2003.6　140p　30cm　1600円　①4-491-01908-8

(目次)第1章 平成13年度小中学校教育課程実施状況調査の結果概要，第2章 小学校社会の調査結果の概要及び指導上の改善(全体の概要，第5学年の概要，第6学年の概要，第5学年の結果の考察及び指導上の改善，第6学年の結果の考察及び指導上の改善)，第3章 質問紙調査の結果の概要

(内容)国立教育政策研究所が，全国の都道府県教育委員会，市町村教育委員会及び都道府県私学主管部局並びに多くの国公私立の小中学校の協力を得て，平成14年1月24日並びに2月21日に実施した平成13年度小中学校教育課程実施状況調査の報告書。

小中学校教育課程実施状況調査報告書　中学校社会　平成13年度　国立教育政策研究所教育課程研究センター編　ぎょうせい　2003.6　229p　30cm　2000円　①4-324-07175-6

(目次)第1章 平成13年度小中学校教育課程実施状況調査の結果概要，第2章 中学校社会の調査結果の概要及び指導上の改善，第3章 中学校社会科全体を通しての調査結果の考察と指導の改善(社会科全体の問題結果から見た傾向，分野別に見た社会科全体の傾向，観点別に見た社会科全体の傾向，記述式の問題の社会科全体の概要，同一問題の社会科全体の傾向，社会科の指導の改善)，第4章 問題作成の工夫(地理的分野の問題作成の工夫，歴史的分野の問題作成の工夫，公民的分野の問題作成の工夫)

(内容)国立教育政策研究所が、全国の都道府県教育委員会、市町村教育委員会及び都道府県私学主管部局並びに多くの国公私立の小中学校の協力を得て、平成14年1月24日並びに2月21日に実施した平成13年度小中学校教育課程実施状況調査の報告書。

歴史教育・社会科教育年報　1991年版
歴史教育と世界認識　歴史教育者協議会編　三省堂　1991.8　253p　21cm　2100円　①4-385-40780-0

(目次)1 現代と世界認識(現代世界の歴史的把握への模索―戦後史をのりこえるために、平和教育と世界認識、戦争遺跡の掘りおこしと保存運動、高校生が掘りおこすビキニ被災事件、天皇〈制〉をどう教えてきたか、地域からみた即位礼・大嘗祭、地域の古文書は、民衆史の宝庫―市民とともに地域の歴史を掘りおこす、民族の歴史を授業に、同和教育の新しい展開、父母市民の歴史学習に学ぶ、恵那の教育から何を学ぶか)、2 新指導要領と社会科・歴史教育の創造(「こむぎこ」で作ろう―「生活科」実践を考える、地域で共同する中学年の社会科教育へ、歴史教育と人物学習―何を教えさせようとしているか、地域に学ぶ歴史の授業―安井俊夫実践の新展開、社会科解体で「公民」科の仕上げへ、生徒を平和の主体に育てる15年戦争の授業、高校社会科解体と「現代社会」実践の意義、大学における社会科教育法―宮城教育大学の「授業見学旅行」、「高校社会科の解体」と大学の教育養成、中国の教育改革と歴史教育の動向)、1990年の歴史教育・社会科教育の動向、資料―子どもの近現代認識の現状―近現代アンケートを実施して

歴史教育・社会科教育年報　1992年版
現代世界と社会認識　歴史教育者協議会編　三省堂　1992.8　243p　21cm　2100円　①4-385-40781-9

(目次)1 社会科教育の今日的課題をさぐる(今日の子ども・学校と社会科、小学校生活科実践の整理とこれからの課題、小学校中学年社会科の課題と実践、たのしくわかる5年の農業学習、村から武士がいなくなって―小中高で学ぶ「中世から近世へ」、赤紙が来た！―地域における15年戦争、中学校世界地理実践の方向―1980年代の実践から学ぶもの、「概説史学習」から「単元史学習」へ―中学・高校での「社会科歴史」創造のために、「現代社会」風高校地理の実践―社会科地理をめざして、「社会科教材研究」でのレポート作成指導、市民とともに学ぶ歴史)、2 これからの世界・日本と社会科(湾岸戦争と子どもたち―そして、これからの課題、現代資本主義世界をどうみるか―アメリカと日本を中心に、「20世紀的社会主義」とその崩壊の世界史的位相、第3世界の動向と南北問題・民族問題、戦争責任・戦後補償の問題にどうとりくむか、戦後天皇制論に学ぶ)、韓国の教育と歴史教育の動向、1991年の歴史教育・社会科教育の動向、子どもの近現代史認識の現状

歴史教育・社会科教育年報　1993年版
近現代史と社会科　歴史教育者協議会編　三省堂　1993.8　260p　21cm　2800円　①4-385-40782-7

(目次)1 民衆の歴史と現代(近代の民衆運動をどうとらえ直すか、戦後史学習の実践、十五年戦争における抵抗と弾圧の学習、アイヌの歴史・文化をいかに学ぶか―先住民の国際年に思うほか)、2 新学習指導要領と学力の問題(歴教協〈社会科学力〉論の展開と特質、中学社会科の学力と授業、小学校の産業学習の課題と実践―運輸・通信業の授業実践から、生産と生活を重点にした小学校歴史の授業 ほか)、「日中歴史教育セミナー」と日中交流の課題、一九九二年の歴史教育・社会科教育の動向、最近の中世史研究と歴史教育―村井章介著『アジアのなかの中世日本』にふれて、子どもの近現化認識の現状

歴史教育・社会科教育年報　1994年版
歴史教育の課題と現代　歴史教育者協議会編　三省堂　1994.8　201p　21cm　2400円　①4-385-40783-5

(目次)1 歴史教育の課題と社会(低学年社会科・生活科の到達点と課題、地域、子ども、教材をキーワードに―小学校歴史学習の課題、社会科地理は存在しうるのか―中学社会科地理の展望を通して教える、中学校選択社会科の現状と課題、二つの高校の授業から―共通の教材を違う授業方法で、一般教育改革と歴史教育―岐阜大学の場合、職人歌合・職人尽絵を読む―絵画史料による歴史教育、歴史学習のありかたを問う―加藤・安井論争をどう読むか、移行期を重視した歴史教育)、2 今日の課題と近現代史(国連とこれからの日本、戦争責任と「平和祈念館」問題、教育の戦争責任、関東大震災研究の成果と課題―70周年の運動・研究活動から、航空機工場における教員学徒の実像―中島飛行機半田製作所の学徒たち、地域の歴史を研究し、記録しつづけて)、1993年の歴史教育・社会科教育の動向、「部落史」と歴史教育、日中歴史教育交流の新展開、子どもの近現代史認識の現状

歴史教育・社会科教育年報　1995年版
戦後50年と歴史認識　歴史教育者協議会編　三省堂　1995.8　203p　21cm　2400円　①4-385-40784-3

(目次)1 戦後50年と今日の課題、2「新学力観」と教育実践

歴史教育・社会科教育年報　1996年版
戦後世界と歴史教育　歴史教育者協議会編

三省堂　1996.8　203p　21cm　2400円
①4-385-40785-1
⓪目次⓪1 戦後世界と日米安保体制（戦後世界のなかの日米安保体制，アメリカの世界戦略と日米安保体制のゆくえ，九五年の沖縄─基地をめぐる運動の歴史的位置，日米地位協定と思いやり予算─その実態とそれをどう教えるかほか），2 教育「改革」のなかの歴史教育（財界・中教審の教育「改革」の意味するもの，子どもと創る社会科学習を─「新学力観」でいま小学校は，中学校「公民」分野学習の動向と課題，前近代史学習とアジア─「蒙古国牒状」拒否をめぐって ほか）

歴史教育・社会科教育年報　1997年版
憲法50年・社会科50年　歴史教育者協議会編　三省堂　1997.8　211p　21cm　2330円　①4-385-40786-X
⓪目次⓪1 憲法50年と沖縄・アジア（子どもの人権と日本国憲法，歴教協の憲法学習50年─今こそ新たな歴教協運動の創造を！，日本国憲法の下での地方自治の発展─憲法・地方自治法の50年とわれわれの課題 ほか），2 社会科50年と今日の教育課題（これからの中学校社会科─新制中学50年，社会科50年をむかえて，中教審と規制緩和政策─経済・社会システムの全体的見直しの中で，社会科の変質 ほか）

歴史教育・社会科教育年報　1998年版
教課審答申と社会科　歴史教育者協議会編
三省堂　1998.8　201p　21cm　2330円
①4-385-40787-8
⓪目次⓪1 教課審批判とこれからの社会科（「心の教育」で教育困難の解決を投げ捨てた「教課審」，「総合的な学習」について，中学校選択制の拡大と選択社会科実践をめぐる課題（世界近代史は「侵略の歴史」だったのか，「もの」の歴史・「新しい歴史」・世界システム─新しい歴史学の潮流をどう考えるか，「世界史B」の授業構成を考える─東アジアの歴史をどうとりあげるか ほか），1997年の歴史教育・社会科教育の動向，東アジア地域における新しい歴史表象をめざして，子どもの近現代史認識の現状─近現代史アンケートを実施して

歴史教育・社会科教育年報　1999年版
21世紀への歴史教育と学校　歴史教育者協議会編　三省堂　1999.8　219p　21cm　2330円　①4-385-40788-6
⓪目次⓪1 21世紀への歴史教育の視点（20世紀をどう見るか，21世紀に問われる日本の国際的役割─歴史的検証と課題の析出，転機を迎えた沖縄のたたかい─県政交代は基地容認の兆候か，戦争責任をどう継承するか─平和学習セミナーの報告 ほか），2 私たちのめざす学校像と社会科教育（教育政策の描く21世紀の学校像─分析

と批判，中学校における「少人数学習」の総合性と可能性，小さな学校の大きな可能性─地域にねざす，少人数学級・小規模校の可能性を考える（高校），学習における学力と認識 ほか）
⓪内容⓪21世紀初めから使用される新しい社会科の「学習指導要領」の2002年版の内容が，新しい学習内容として，学校の授業に使われる。そこでは学習の時間数が大きく削減，全体の展開も内容を圧縮せざるをえないものとなっている。このような簡素化のなかで歴史教育をどう実現していくか。歴史教育のこれからを考察する。

歴史教育・社会科教育年報　2000年版
平和を創る社会科　歴史教育者協議会編
三省堂　2000.8　202p　21cm　2330円
①4-385-40789-4
⓪目次⓪1 21世紀へむけて─平和と核廃絶の課題（戦争違法化はどこまで進んだか─戦争を非合法化した憲法第九条からの考察，核兵器廃絶の戦後史，核兵器と廃絶運動の現在，現代の戦争─NATOの新戦略概念とその背景，戦後天皇制を考える ほか），2 魅力ある教育課程づくり（特色ある学校づくりと総合学習─「学びの共同体」としての学校改革と教育課程の自主編成，地域論・子ども論─小学校の地域学習を見直す，ジャガイモと北アイルランド─子どもたちは世界とどう取り組んだか，中学校の憲法学習と人権・平和意識─中学校公民分科会から，中学社会科地理をどうするか─中学社会科の「基礎」「基本」，「教え」と「学び」の統一のしかたにかかわって ほか）
⓪内容⓪20世紀から21世紀へとまたがる時点の，20世紀「世紀末」の現況をまとめた年報。

歴史教育・社会科教育年報　2001年版
二一世紀の課題と歴史教育　歴史教育者協議会編　三省堂　2001.8　199p　21cm　2330円　①4-385-40797-5
⓪目次⓪1 二一世紀の憲法と教育（危機のなかの日本国憲法─国会憲法調査会の活動とあらたな改憲論の台頭，アジアの平和をどう築きあげるか，多国籍企業の経済活動と第一次産業─農産物輸入自由化を中心として ほか），2 魅力ある教育課程づくり（小学校の歴史学習をどうつくるか，中学校歴史プランをめぐって，高校教育はいま─高校生の社会認識をどう深めていくのか ほか）

歴史教育・社会科教育年報　2002年版
新たな「戦争」と社会科教育　歴史教育者協議会編　三省堂　2002.8　197p　21cm　2330円　①4-385-40798-3
⓪目次⓪1 新たな「戦争」と教科書問題（アフガニスタン攻撃から有事法へ─有事立法が予定する日本の戦争とアメリカの戦争，戦争を拒否で

きない日本の新聞，教育基本法とは何か—その今日的意義，歴史教科書問題をめぐる歴史学会の活動からあきらかになったこと—中国・韓国からの批判に対する政府見解にもふれて ほか），2 魅力的な教育課程づくり（戦後地理教育のあゆみから見た新学習指導要領，中学歴史学習のなかの世界史を考える，地域学習の歴史と現在の課題—二つの流れを検証する，あらためて総合学習を考える—歴史的な展開のなかに可能性を見る ほか）

歴史教育・社会科教育年報　2003年版　教育の危機と社会科教育の課題　歴史教育者協議会編　三省堂　2003.8　205p　21cm　2330円　ⓘ4-385-40799-1

目次 1 現代と歴史認識（中東から見る現代の戦争，地域から見る有事法制，日韓歴史教育者交流の成果と課題，見えない貧困—転落の構造，グローバリゼーションと国際経済 ほか），2 新教育課程と教育実践（教育改革をめぐる綱引き—「二〇〇二年四月問題」の波紋，「心の教育」の危険性，小学校の総合学習と社会科学習，新学習指導要領と中学校社会科地理，教育課程づくりの到達点と課題 ほか）

歴史教育・社会科教育年報　2004年版　教育の危機をどうのりきるか　歴史教育者協議会編　三省堂　2005.1　209p　21cm　2330円　ⓘ4-385-40830-0

目次 1 現代の課題，2 教育実践，3 歴史学研究・社会科教育，二〇〇三・四年度歴史教育・社会科教育の動向，中学生・高校生の近代史認識の現状について，文献目録

歴史教育・社会科教育年報　2005年版　戦後60年と社会科教育　歴史教育者協議会編　三省堂　2006.1　4,207p　21cm　2330円　ⓘ4-385-40831-9

目次 1 戦後60年 問われる日本人の戦争認識，2 社会認識を深める社会科教育

歴史教育・社会科教育年報　2006年版　日本国憲法 国境を越えて　歴史教育者協議会編　三省堂　2006.12　4,203p　21cm　2381円　ⓘ4-385-40832-7

目次 1 日本国憲法公布60年と世界，2 憲法の価値を子どもたちに，3 歴史教育・社会科教育の動向

歴史教育・社会科教育年報　2007年版　世界に問われる日本の歴史教育　歴史教育者協議会編　三省堂　2007.12　4,219p　21cm　2381円　ⓘ4-385-40833-0

目次 1 世界に逆行する「日本の常識」，2 今こそ憲法の理念を教室に，3 歴史教育・社会科教育の動向

歴史教育・社会科教育年報　2008年版　日本から発信する平和と民主主義　歴史教育者協議会編　三省堂　2008.12　231p　21cm　2381円　ⓘ978-4-385-40834-7　Ⓝ375.3

目次 第1部 平和・自由・平等を求め連帯する世界・日本（「生きにくさ」は人権確立の出発点—日米の女性参政権運動から学ぶ，イラク自衛隊派遣違憲判決まで—判決の意義と裁判闘争の経過，「重慶・東京大空襲裁判」 ほか），第2部 歴教協六〇年と社会科教育（新学習指導要領と歴教協カリキュラムデザイン，中学生の地域学習で働く人の何をどのように教えてきたか—子どもの問いから授業を見直す，歴教協六〇年の成果と課題—中学地理 ほか），第3部 歴史教育・社会科教育の動向（近世身分論の展開，南京事件70周年国際シンポジウム—その意義と今後の課題，日本と韓国での歴史共通認識を求めて ほか）

歴史教育・社会科教育年報　2009年版　変革の時代に応える社会科教育　歴史教育者協議会編　三省堂　2009.12　234p　21cm　2381円　ⓘ978-4-385-40835-4　Ⓝ375.3

目次 第1部 変化する世界（オバマ政権と核政策，市民力が世界を動かす—クラスター爆弾禁止条約の広がり，アフガン戦争は何だったのか—戦火のアフガン取材日記 ほか），第2部 「競争主義教育」と社会科教育（貧困・格差社会のなかで—共に生きる学びの創造—「生きる力」という学力概念の検討を通して，環境教育の現段階と課題，キャリア教育，職場体験学習と子どもの未来 ほか），第3部 歴史教育・社会科教育の動向（「持続可能」な日韓歴史教育者交流をめざして—第八回日韓歴史教育シンポジウム報告，近代史の苦しみのなかから—スペイン「歴史の記憶に関する法律」制定の経緯と現状，社会科・歴史教育の動向 ほか）

歴史教育・社会科教育年報　2010年版　東アジアの平和構築に向けて　歴史教育者協議会編　三省堂　2010.12　219p　21cm　2381円　ⓘ978-4-385-40836-1

目次 第1部 東アジア歴史認識の共有と平和（「韓国併合」と日本，「韓国併合」と『坂の上の雲』，「大逆事件」から一〇〇年—「内への過去の克服」を考える ほか），第2部 「平和の担い手」をつくる実践（日中戦争の実相—日本軍の治安戦，近現代史の授業を考える—近現代分科会で何が議論されてきたか，中国帰国生徒を励ます歴史学習—生きていてくれてありがとう ほか），第3部 歴史教育・社会科教育の動向（満州移民・義勇軍問題に取り組んで，共同研究『日韓で考える歴史教育—教科書比較

とともに』を作成して、歴史教育・社会科教育の動向 ほか）

歴史教育・社会科教育年報　2011年版　東日本大震災と民主主義の課題　歴史教育者協議会編　三省堂　2012.3　186p　21cm　2381円　①978-4-385-40837-8

〈目次〉第1部 東日本大震災と世界・アジアとの連帯（東日本大地震と社会科教育の課題、東日本大震災・福島原発事故を戦後史の中でとらえる、東日本大震災と三陸地域―気仙沼と陸前高田の現状、東日本大震災・福島原発事故と子どもと学校、三・一一大震災から歴史資料を守る―宮城資料ネットの活動、満州事変八〇年、アジア太平洋戦争開戦七〇年と日本の戦争認識、中東の革命状況―その歴史的意義、大江・岩波沖縄戦裁判の勝訴判決と今後の課題）、第2部 中学校教科書採択と新指導要領（二〇一一年の中学社会科教科書採択の結果と課題、育鵬社版歴史教科書批判、日本国憲法を否定し、国家主義と改憲に子どもたちを誘導する教科書―自由社・育鵬社の中学公民教科書を批判する、歴史教育者協議会「社会科の学力と教育課程分科会」における社会科の学力論、産業学習―小学校五年分科会の成果と課題）、辛亥革命百年 中国と日本、ひとりの実践者として一九年の日韓実践交流を考える、歴史教育・社会科教育の動向、中学生・高校生の近現代史認識の現状について―近現代史アンケートを実施して

◆生活科

〈事典〉

生活科事典　中野重人,谷川彰英,無藤隆編　東京書籍　1996.10　518p　21cm　5000円　①4-487-73271-9

〈目次〉1 生活科の性格、2 生活科と学力、3 生活科のカリキュラム、4 生活科の学習材編成、5 生活科の活動、6 生活科の授業、7 学習環境、8 支援のあり方、9 評価、10 生活科と学校経営、11 生活科と教師、12 生活科と生涯学習、13 海外における生活科

〈内容〉生活科の理論と実践のポイントとなる「生きる力」「新しい学力観」「共生」「異文化理解」など192項目を収録。各項目末にキーワードを示してあるため巻末のキーワード索引から関連する項目も検索できる。

◆図画工作・美術科

〈書誌〉

子どもの本 美術・音楽にふれる2000冊　日外アソシエーツ株式会社編集　日外アソシエーツ,紀伊國屋書店（発売）　2012.7　306p　21cm　〈索引あり〉　7600円　①978-4-8169-2370-8　Ⓝ703.1

〈目次〉美術（美術を学ぼう、絵をかこう、色がわかる、形がわかる、デザインしてみよう、物を作ろう、伝統工芸を知ろう）、音楽（音楽を学ぼう、楽器を演奏しよう、歌）

〈内容〉「美術」「音楽」について小学生を対象に書かれた本2,419冊を収録。公立図書館・学校図書館での本の選定・紹介・購入に最適のガイド。最近20年の本を新しい順に一覧できる。便利な内容紹介つき。

〈事典〉

小学校新図画工作科授業の基本用語辞典　学習指導要領早わかり解説　藤沢英昭著　明治図書出版　1999.12　113p　15cm　1460円　①4-18-798212-4

〈目次〉1部 基本用語選択の考え方と内容構成（改訂の基本方針、改訂と学習指導要領の方向、図画工作科学習指導の展開のために）、2部 基本用語指定付新学習指導要領図画工作科、3部 小学校新図画工作科授業の基本用語解説（目標の基本用語解説、表現の基本用語解説、鑑賞の基本用語解説、取扱いの基本用語解説）

新美術教育基本用語辞典　大阪児童美術研究会編　明治図書出版　1982.3　352p　21cm　3200円　①4-18-706203-3　Ⓝ375.72

〈目次〉1 美術教育の進歩変遷、2 美術教育、3 日本美術史、4 西洋美術史

〈内容〉美術教育原理、指導計画、指導法、用具・材料、評価、幼児・児童・生徒の作品等において使用される美術教育基本用語について解説した辞典。

中学校新美術科授業の基本用語辞典　遠藤友麗編著　明治図書出版　2000.10　133p　19cm　（学習指導要領早わかり解説）　1300円　①4-18-798712-6　Ⓝ375.72

〈目次〉全体に関する基本用語（生きる力を育てる美術、学校教育としての美術、美術の三つの教科性、図画工作との関連・系統性 ほか）、表現に関する基本用語（表現の基礎・基本、絵や彫刻など…デザインや工芸など、…ができるよう指導する、多様な表現方法と個性 ほか）、鑑賞に関する基本用語（鑑賞の基礎・基本、作者の意図と表現、批評し合う、よさや美しさを味わう ほか）

〈内容〉中学校の美術科の授業に関する用語辞典。平成14年4月から実施される改訂学習指導要領に基づき、3つの側面から基本用語項目の内容・意義・工夫を解説する。付録として「新中学校学習指導要領 美術科」を収載。

デザイン教育大事典　鳳山社　1989.8　2冊

（別冊とも）　22cm　〈監修：高山正喜久　別冊(246p)：資料編〉　全18540円　ⓣ4-8316-0091-1　Ⓝ375.72

目次　第1部 デザイン教育の基礎，第2部 デザイン教育指導，第3部 デザイン教育の材料・用具，第4部 デザイン教育の環境，第5部 デザイン教育研究法，デザイン教育研究資料（デザイン教育文献，デザイン教育研究機関）

内容　文部省調査官，指導要領作成協力者16名を含む造形教育界の重鎮83名が，デザイン教育の基礎理論から応用・実践に至る全てを責任執筆。デザイン教育用語674項目と詳細な解説，過去10年間に発表された書籍と雑誌記事などの関連参考文献2266点のほか最新データを収録。

日本美術教育総鑑　戦後編　日本美術教育連合編　（大阪）日本文教出版　1966　493p（図版共）　26cm　3800円　Ⓝ375.7

目次　美術教育年表 1945年～1965年，第1章 戦後の美術教育概観，第2章 第17回国際美術教育会議，第3章 美術教育制度の変遷，第4章 学習指導要領，第5章 図画工作科及び美術科の教科書，第6章 美術教育の現状，第7章 研究集会，第8章 海外交流，第9章 美術教育研究一覧，第10章 論文ダイジェスト，第11章 美術教育運動，第12章 日本美術教育連合沿革，第13章 日本美術教育連合加盟団体一覧，第14章 出版物，第15章 映画・スライド・放送，第16章 コンクール，第17章 人名録，第18章 美術教育関係業界

内容　1945年から1965年までの国内の美術教育界の各年の主要事項及び美術教育にとって必要と思われる事柄を集成。

◆体育科

＜年表＞

近代体育スポーツ年表　1800 - 1997　三訂版　岸野雄三,成田十次郎,大場一義,稲垣正浩編　大修館書店　1999.4　369p　26cm　2800円　ⓣ4-469-26408-3

内容　1800（寛政12）年から1997（平成9）年までの近代体育スポーツに関する事柄を掲載した年表。年表の掲載項目は「社会一般」「社会の体育・スポーツ」「学校の体育・スポーツ」「外国の体育・スポーツ」の4つ。表音式50音順の索引付き。

＜事典＞

現代学校体育大事典　新版　松田岩男,宇土正彦編集　大修館書店　1981.5　902p　27cm　〈執筆：浅見高明ほか　学校体育年表：p890～894〉　7500円　Ⓝ375.49

目次　用語編，一般指導編（1 教科体育の構造，2 指導計画，3 学習指導の基本問題，4 学習指導の進め方，5 体育の学習指導の評価，6 体育測定，7 運動傷害とその処置，8 特別な問題を持つ児童生徒の体育指導，9 授業研究），領域別指導編，体育経営編（1 体育経営，2 施設用具，3 運動クラブ，4 運動行事，5 野外活動，6 保健・給食と体育科，7 社会体育と学校体育），付録

内容　小・中・高等学校の学校体育に関する事典。5編で構成されており，「用語編」345項目を解説。

集会・行事・運動会のための体育あそび大事典　三宅邦夫著　（名古屋）黎明書房　2011.9　325p　26cm　〈『みんなで楽しむ体育あそび・ゲーム事典』新装・改題書〉　5800円　ⓣ978-4-654-07626-0

目次　準備のいらないゲーム，ボールを使って，ピンポン玉を使って，新聞紙を使って，紙を使って，紙テープを使って，紙袋を使って，タイヤ・チューブを使って，ふとんを使って，いすを使って〔ほか〕

内容　"遊びは「知恵」の伝承であり「文化」の伝承である"と考え，60年の永きにわたり，遊びの創作と普及に努めている著者オリジナルの体育あそびを収録。準備のいらないゲーム，ボール・あきカン・あきビン・ふうせん等を使ったゲーム，指遊び・手遊び・リズム遊び，異年齢児の集団ゲーム，運動会のゲーム等，631種を収録。時・場所・人数・ねらいに応じて，自由に活用できる大事典。

小学校新体育科授業の基本用語辞典　池田延司,戸田芳雄著　明治図書出版　2000.7　115p　19cm　（学習指導要領早わかり解説）　1460円　ⓣ4-18-798514-X　Ⓝ375.492

目次　第1部 運動領域編（「学習指導要領」に示された用語，「学習指導要領解説」に示された用語，「学習指導要領の全体」にかかわる用語，「体育の授業づくり」にかかわる用語），第2部 保健領域編（「学習指導要領」に示された用語，「学習指導要領解説」に示された用語，「学習指導要領の全体」にかかわる用語，「保健の授業づくり」にかかわる用語）

内容　小学校の体育科の授業に関する用語辞典。平成14年4月から実施される改訂学習指導要領に基づき，2部に分けて基本用語項目を立て，内容・意義・工夫を解説する。巻末に付録として「小学校学習指導要領・体育」を収録。

小学校体育運動・用語活用事典　小学校体育指導者研究会編　東洋館出版社　2003.7　105p　21cm　1600円　ⓣ4-491-01905-3

内容　運動編，用語編，資料編の3部で構成。運動編では全学年の運動領域の内容の例示を網羅。用語編では最近使われだした用語や外来カ

タカナ語などもとりあげて解説。資料編では昭和24年の学習指導要領試案からその変遷を理解できるように目標や改訂の要旨を掲載。巻末に運動編索引、用語編索引が付く。

みんなで楽しむ体育あそび・ゲーム事典
三宅邦夫著　(名古屋)黎明書房　1999.11
325p　26cm　〈『つどいと仲間づくりの体育あそび・ゲーム事典』改題書〉　5700円
Ⓣ4-654-07590-9
(目次)準備のいらないゲーム、ボールを使って、ピンポン玉を使って、新聞紙を使って、紙を使って、紙テープを使って、紙袋を使って、タイヤ・チューブを使って、ふとんを使って、いすを使って〔ほか〕
(内容)遊びを通じて子どもたちが心をふれあわせ、仲間づくりができ、精神的、身体的にきたえられる遊びとゲームなど631種収録した事典。掲載項目は、ゲーム名、用意するもの、遊び方、ねらいなど。巻末にねらい別さくいんがある。

<ハンドブック>

最新 学校体育経営ハンドブック　体育の実務と運営　宇土正彦著　大修館書店
1994.11　623p　23×17cm　5871円　Ⓣ4-469-06234-0
(目次)序章 体育経営の基礎理論と学校体育経営、1章 体育経営の目標・方針と体育計画、2章 学校の体育経営組織、3章 教科体育の計画と運営、4章 特別活動の計画と運営、5章 課外活動の計画と運営、6章 体育施設・用具の管理、7章 体育財務・体育事務、8章 体育経営の諸問題、付録
(内容)小学校から大学までの体育科経営の知識を体系的にまとめた事典。全8章で構成し、巻末付録には学習指導要領、標準教材品目など7点の資料を収録する。学習指導要領の改定を機に旧版を改訂したもので、重要性を増した社会体育との関連も示した、としている。

図解体育授業 低学年　藤崎敬編著　東洋館出版社　2004.4　119p　21cm　(教師力向上ハンドブック)　1800円　Ⓣ4-491-01973-8
(目次)1章 基本的事項の解説(体育の授業力、体育科の目標と評価規準、指導計画の作成と各学年にわたる内容の取扱い、1・2学年の目標と評価規準、1・2学年の内容の取扱い)、2章 運動の内容と授業の進め方(基本の運動、ゲーム)

図解体育授業 中学年　藤崎敬編著　東洋館出版社　2004.4　184p　21cm　(教師力向上ハンドブック)　2300円　Ⓣ4-491-01974-6
(目次)1章 基本的事項の解説(体育の授業力、体育科の目標と評価規準、指導計画の作成と各学年にわたる内容の取扱い、3・4学年の目標と評価規準、3・4学年の内容の取扱い)、2章 運動の内容と授業の進め方(基本の運動、ゲーム、器械運動、水泳、表現運動)

図解体育授業 高学年　藤崎敬編著　東洋館出版社　2004.4　215p　21cm　(教師力向上ハンドブック)　2500円　Ⓣ4-491-01975-4
(目次)1章 基本的事項の解説(体育の授業力、体育科の目標と評価規準、指導計画の作成と各学年にわたる内容の取扱い、5・6学年の目標と評価規準、5・6学年の内容の取扱い)、2章 運動の内容と授業の進め方(体つくり運動、器械運動、陸上運動、水泳、ボール運動、表現運動)

スポーツ指導・実務ハンドブック　スポーツ指導・実務ハンドブック編集委員会編、日本スポーツ学会監修　(〔出版地不明〕)スポーツ指導・実務ハンドブック編集委員会　2010.4　477p　22cm　〈発行所：道和書院　年表あり　索引あり〉　3619円　Ⓣ978-4-8105-2114-6　Ⓝ780.21
(目次)第1編 現代スポーツの動向、第2編 スポーツを支える理念と法、第3編 スポーツ振興と健康づくりの基本政策、第4編 学校における体育・スポーツ、第5編 スポーツの裁判と法的手続き、第6編 スポーツの事故防止と安全管理、第7編 スポーツ関係組織・団体、資料編

スポーツ指導・実務ハンドブック　法、政策、行政、文化　第2版　日本スポーツ学会監修、スポーツ指導・実務ハンドブック編集委員会編　道和書院　2012.6　461p　21cm　3619円　Ⓣ978-4-8105-2118-4
(目次)第1編 現代スポーツの動向、第2編 スポーツを支える理念と法、第3編 スポーツ振興と健康づくりの基本政策、第4編 学校における体育・スポーツ、第5編 スポーツの裁判と法的手続き、第6編 スポーツの事故防止と安全管理、第7編 スポーツ関係組織・団体、資料編

体育・スポーツ指導実務必携　平成2年版　文部省体育局監修　ぎょうせい　1990.4　2101p　19cm　3200円　Ⓣ4-324-02235-6
(目次)法令・例規編(基本、行政組織、学校体育、社会体育、補助金、公益法人、関係法令)、団体規程等編、統計・資料編
(内容)本書は、体育・スポーツ関係諸法令、通知等のほか、補助金交付要綱、関係団体規程等、統計資料などを収録し、学校体育、社会体育の全般にわたる理解に役立て、関係者の執務のためのハンディな参考書として利用されることを念願して編集した。

体育・スポーツ指導実務必携　平成3年版　文部省体育局監修　ぎょうせい　1991.4

2122p 19cm 3400円 ①4-324-02598-3

〔目次〕法令・例規編(基本, 行政組織, 学校体育, 社会体育, 補助金, 公益法人, 関係法令), 団体規程等編, 統計・資料編

〔内容〕本書は, 体育・スポーツ関係諸法令, 通知等のほか, 主な補助金交付要綱, 関係団体規程等, 統計資料などを収録した。収録内容は, 平成3年2月15日現在における法令66件, 通知, 要綱等81件, 団体規程等8件及び統計・資料33件である。

体育・スポーツ指導実務必携　平成4年版
文部省体育局監修　ぎょうせい　1992.4
2122p 19cm 3400円 ①4-324-03257-2

〔目次〕法令・例規編(基本, 行政組織, 学校体育, 社会体育, 補助金, 公益法人関係法令), 団体規程等編, 統計・資料編(学校体育, 社会体育, 答申・報告書等)

〔内容〕本書は, 体育・スポーツ関係諸法令, 通知等のほか, 主な補助金交付要綱, 関係団体規程等, 統計資料などを収録した。

体育・スポーツ指導実務必携　平成15年版
体育・スポーツ指導実務研究会監修　ぎょうせい　2003.4　1630p 21cm 3800円
①4-324-07075-X

〔目次〕法令・例規編(基本, 行政組織, 学校体育ほか), 団体規程等編(国民体育大会開催基準要項, 国民体育大会参加資格及び年齢基準等(抄)(国民体育大会開催基準要項細則第三項)), 統計・資料編(学校体育, 社会体育, 答申・年表)

〔内容〕本書は, 体育・スポーツ関係諸法令, 通知等のほか, 主な補助金交付要綱, 関係団体規程等, 統計資料などを収録し, 学校体育, 社会体育の全般にわたる理解に役立て, 関係者の執務のためのハンディな参考書として利用されることを念願して編集している。

プロスポーツ界のかっこいい指示・用語事典　きびきびした体育授業をつくる　根本正雄編　明治図書出版　2006.12 123p
21cm　1860円　①4-18-704712-3

〔目次〕1 ボール運動, 2 陸上運動, 3 器械運動, 4 表現運動, 5 水泳, 6 体つくり

〔内容〕プロスポーツ界のかっこいい指示・用語を取り上げ, 授業でどのように活用したか紹介。子どもが聞いて強い影響力のある指示・用語を収集。

◆保健科

<事　典>

体と心保健総合大百科　小学校編　2008年
少年写真新聞社編　少年写真新聞社　2008.3

191p 30cm 〈小学保健ニュース・心の健康ニュース縮刷活用版〉 3771円 ①978-4-87981-256-8 Ⓝ374.7

〔目次〕みんな言えますか体の部分の名前―体の名前を知ることの必要性と指導の実際, 覚えておきたいよい姿勢づくりのポイント―健康に欠かせないよい姿勢, コンピュータゲームをしても「ゲーム脳」にならないための方法―脳科学の知見を生かす小学校の実践・学校における『ゲーム脳』の予防, 「きずが早く治る手当」ってどうするの？―痛みがなくきれいに, 早く治す・傷の閉鎖療法, 女子に多い, ばい菌が原因で起こるぼうこう炎―子どもの病気と学校検尿, 6月4日～10日は歯の衛生週間 みがき残しの"くせ"チェック―自分にあったブラッシング法の指導・みがき残しをなくすために, 梅雨の時季を元気にすごすには？―小学生からの貧血予防, 野山での学習で注意したい皮ふ炎―野外活動で注意が必要な虫や植物, 紫外線を受けすぎると, 皮ふはどうなるの？―子どもの皮膚と紫外線, 夏にかかりやすい皮ふの病気の予防―こまめな対応で夏にかかりやすい皮膚の病気を予防〔ほか〕

〔内容〕2006年度(平成18年度)に発行した「小学保健ニュース」の掲示用カラー紙面, B3判特別紙面, 指導者用解説紙面, ほけん通信等と「心の健康ニュース」の掲示用カラー紙面, B3判教材用特別紙面, 指導者用解説紙面を縮刷して, 保存・活用版として一冊にまとめたもの。テレビゲーム, パソコン, ビデオなどのメディアによる健康問題を掲示用カラー紙面と指導者用解説紙面で特集。緊急特集では, 夏に流行した「咽頭結膜熱」を取り上げ, 教材用特別紙面「心と体元気シリーズ」ではストレスケアを, 指導者用解説紙面では「自作教具を使った保健指導の実践シリーズ」, 「小学生からの性教育」など, 保健指導に直接役立つテーマで連載を組んだ。

体と心保健総合大百科　中・高校編　2008年　少年写真新聞社編　少年写真新聞社
2008.3　231p 30cm 3771円 ①978-4-87981-255-1 Ⓝ374.7

〔目次〕立つ, 座る, よい姿勢にかかせない筋力―背筋を伸ばして健康に, ITが招く, 脳の運動不足―脳の運動不足, 傷が早くきれいに治る「潤い療法」―痛みがなくきれいに, 早く治す・傷の閉鎖療法, 女子に多い, 細菌が原因の膀胱炎―学校検尿の意義, プールの前に治しておきたい病気―プールの前での感染症とその予防, むし歯リスクを調べる実験―永久歯をむし歯から守る日常の管理, 薬物乱用防止指導用 脳細胞を破壊する脱法ドラッグ！―若年層に拡がる脱法ドラッグ, ショックを起こすハチ刺され！―ハチ刺されとアナフィラキシー, 紫外線で起きる皮膚のトラブル―紫外線で起きる皮

のトラブル,制汗剤によるかぶれに注意—制汗剤による皮膚のかぶれに注意〔ほか〕

(内容)2006年度(平成18年度)に発行した「保健ニュース-1」と「保健ニュース-2」の掲示用カラー紙面,B3判特別紙面,指導者用解説紙面,ほけん通信等と「心の健康ニュース」の掲示用カラー紙面,B3判教材用特別紙面,指導者用解説紙面を縮刷し,保存・活用版として一冊にまとめたもの。「HIV」や「性感染症」など,卒業後にも自分の健康管理を意識させるための健康問題をとりあげ,教材用特別紙面「タバコ・アルコール・ドラッグ乱用防止指導シリーズ」や,様々な健康問題の解説記事を連載した。

中学校新保健体育科授業の基本用語辞典

本村清人,戸田芳雄編著　明治図書出版　2000.10　154p　19cm　(学習指導要領早わかり解説)　1560円　④4-18-798816-5　Ⓝ375.493

(目次)第1章 基本用語選択の考え方と内容構成(基本用語選択の考え方,内容構成),第2章 新中学校学習指導要領保健体育科—基本用語選択指定付(目標,各分野の目標及び内容,指導計画の作成と内容の取り扱い),第3章 新中学校学習指導要領保健体育科の基本用語(教科目標に関する基本用語,体育分野の目標及び内容に関する基本用語,保健分野の目標及び内容に関する基本用語,指導計画の作成と内容の取り扱いに関する基本用語,授業づくりに関する基本用語)

(内容)中学校の保健体育科の授業に関する用語辞典。平成14年4月から実施される改訂学習指導要領に基づき,4つの側面から68の基本用語項目を立てて,内容・意義・工夫を解説する。巻頭に「基本用語選択の考え方と内容構成」「新中学校学習指導要領保健体育科」を収載。

保健体育科・スポーツ教育重要用語300の基礎知識

松岡重信編　明治図書出版　1999.8　316p　21cm　(重要用語300の基礎知識　11巻)　2500円　④4-18-718107-5

(目次)1 体育・スポーツの基礎,2 体育科教育における授業構成,3 運動学習のバックグラウンド,4 健康学・体育学と指導内容,5 運動学とスポーツ活動,6 スポーツと生活

(内容)保健体育科・スポーツ教育に関わる重要語を300語収録し解説した事典。分野ごとに6章に分け,各章ごとに50音順に配列。関連する用語欄も掲載している。

<ハンドブック>

小学保健ニュース・心の健康ニュース縮刷活用版 体と心 保健総合大百科 小学校編

2006年　少年写真新聞社編　少年写真新聞社　2006.2　159p　30×21cm　3771円　④4-87981-206-4

(目次)小学保健ニュース縮刷(身体測定を受ける時のポイントを覚えておこう,指導用資料最新医学映像で見る心臓,じん臓,脳の血管,10歳過ぎに多く見つかる骨の病気"側わん症",紫外線から皮ふの健康を守るには,職員室常掲 最近増加中!呼吸が苦しくなる"タバコ病"ほか),心の健康ニュース縮刷(摂食障害(上)心理—「やせ」は心の安全地帯?,摂食障害(下)対処—「やせる」より大切なこと,ごろりと横になってストレッチ,テレビを消してスローライフ,薬物乱用(上)心理—苦しみと薬物,暑さとクーラー ほか)

保健ニュース・心の健康ニュース縮刷活用版 体と心 保健総合大百科 中・高校編

2006年　少年写真新聞社編　少年写真新聞社　2006.2　159p　30×21cm　3771円　④4-87981-205-6

(目次)保健ニュース縮刷(生活習慣の乱れでおこる心臓と血管の病気予防,病気の早期発見に役立つ尿検査,最新の医学映像で見る脳,心臓,腎臓の血管,紫外線から目を守る,職員室常掲用 増加中!呼吸が苦しくなるタバコ病 ほか),心の健康ニュース縮刷(摂食障害(上)心理—「やせ」は心の安全地帯?,摂食障害(下)対処—「やせる」より大切なこと,ごろりと横になってストレッチ,テレビを消してスローライフ,薬物乱用(上)心理—苦しみと薬物,暑さとクーラー ほか)

◆◆性教育

<書誌>

性と生を考える

全国学校図書館協議会ブック・リスト委員会編　全国学校図書館協議会　1992.9　79p　21cm　(未来を生きるためのブック・リスト 2)　800円　④4-7933-2231-X

(目次)人間らしく豊かな性を考えるために,1 あなたはどこからきたの,2 男女のからだ・成長,発達の違いを知る,3 人と人とのつながりの大切さを学ぶ,4 正しい性知識を培うために:5 文学作品から性と生を考える,性教育のためのビデオ

<事典>

現代性科学・性教育事典

小学館　1995.9　565p　21cm　5800円　④4-09-837291-6

(内容)性に関する用語を解説した事典。署名入り。性科学,性教育,ヒューマン・セクシャリティなどの分野から500項目を収録する。財団法人日本性教育協会の機関誌『現代性教育研究

『月報』の1989年9月号〜91年10月号に連載された「用語解説」をもとに、さらに200項目を追加した。排列は項目名の五十音順。巻末に事項索引がある。

性の指導総合事典 武田敏ほか編　ぎょうせい　1992.1　865p　27cm　〈監修：江口篤寿　付：引用・参考文献〉　8000円　①4-324-02754-4　Ⓝ375.49

(目次)第1章 原理，第2章 心身の発達と性，第3章 性の生理，第4章 性と社会面，第5章 性カリキュラムの構成，第6章 性教育の指導の方法，第7章 性の授業研究，第8章 性教育の教材・資料，第9章 男女の人間関係，第10章 性感染症とエイズ，第11章 性の指導(Q&A)，第12章 障害児の性の指導，第13章 性・性教育の調査・研究法，第14章 性教育の評価，第15章 海外情報，第16章 保護者の啓発資料，資料 性教育の教材・資料の紹介，索引

(内容)学校及び社会教育の中で正しい性情報を子どもたちに提供する必要性が高まる中で，性の指導に関する総合的な情報源となるよう作られた事典。

わたしたちの「女の子」レッスン　はじめての生理ハンドブック 女子力UP！ 委員会　WILLこども知育研究所編著，池下育子監修　金の星社　2010.8　143p　19cm　〈文献あり〉　1100円　①978-4-323-05741-5　ⓃE495

(目次)1 なるほど生理まるわかり(これってまさか，生理ってめんどうくさい!?，なんだ！そうすればいいのか，生理前も生理の日も快適快適)，2 かわいい「体」と「心」(恋をするのは大人のあかし？，やせていればかわいいの？，ツルツルしすぎは危険!?)

(内容)かわいいマンガとイラストで体のことがよくわかる。こまったときに役に立つ，アイデアがいっぱい。気になるダイエットやお肌，むだ毛の不安も解消。体のことがわかると不安な気持ちも消えて自分のことがもっと好きになる。

＜ハンドブック＞

性と心の教育ハンドブック 性と心の教育刊行会編　群書，続群書類従完成会〔発売〕　1999.4　311,13p　19cm　4000円　①4-7971-1510-6

(目次)科学編(生命の科学，性差の科学，男女の性差 ほか)，教育編(学校での性教育)，文化編(性文化，性愛と宗教，売春 ほか)，資料編(「心」の教育，風土と教育，性教育 ほか)

(内容)「性差」や「性行為」など「性」に関する正しい知識や理解への筋道を提供したハンドブック。巻末に，科学編・教育編・文化編・資料編各編ごとの索引を付す。

セクシコン　愛と性について デンマークの性教育事典 オーエ・ブラント著，近藤千穂訳　新評論　2008.8　321p　21cm　〈文献あり〉　原書名：Sexikon.　3800円　①978-4-7948-0773-1　Ⓝ367.99

(目次)第1部 事典項目（アイウエオ順），第2部 あなたと，あなたの愛を守るためにさらに詳しく（愛から子どもへ，子どもから大人へ，愛‐性愛‐セックス，大小の問題，避妊―あなたの愛を守って下さい，中絶―緊急時の解決方法，STD―性感染症，愛の少数派，愛を踏みにじること，アドバイスと指導），日本に関する情報（訳者による補記）

(内容)第1部では，各項目をアイウエオ順に整理し，説明。第2部は，相互に関連性のある詳しい記述から成り，恋愛や性生活に関する事柄を，生物学，人間の感情，法律学の面から見たり，お互いに影響し合う要素という面から見たりしながらていねいに紹介。

◆道徳科

＜事典＞

新道徳教育事典 青木孝頼ほか編　第一法規出版　1980.9　328p　27cm　4000円　Ⓝ371.6

(目次)1 道徳教育の基本原理，2 道徳教育の変遷，3 諸外国の道徳教育，4 道徳性の構造とその発達，5 教育課程と道徳教育，6 学校・学級経営と道徳教育，7 道徳教育の目標と内容，8 道徳教育の計画，9 道徳指導における主題の構成，10 道徳指導の諸方法，11 道徳指導の資料の活用，12 道徳の指導過程，13 指導案の作成，14 道徳教育における評価，15 道徳教育の現代的課題，16 道徳指導内容の解説，17 資料，索引

(内容)道徳教育の考察及び実践に必要な原理論・方法論を提示。

中学校新道徳授業の基本用語辞典　学習指導要領早わかり解説 金井肇編著　明治図書出版　2000.5　167p　21cm　1660円　①4-18-869809-8　Ⓝ375.353

(目次)1 改訂中学校道徳教育の質的転換（改訂点の意味するもの，指導上の課題），2 中学校道徳教育を構想するために（生徒にとって道徳教育がなぜ必要か，道徳授業の構想のために），3 キーワードで理解する中学校道徳教育（生き方についての自覚，生きる力，課題や目標の発見 ほか）

(内容)中学校の道徳教育の授業に関する用語辞典。平成14年4月から実施される改訂学習指導要領に基づき編集。全3章で構成し，第1章で新

学習指導要領の道徳教育の主旨を明確にし、第2章で道徳教育を構想するために必要なキーワードを解説、さらに第3章では中学校道徳教育の基本的なキーワードについて解説する。

◆技術・家庭科

<事 典>

家庭科教育事典 日本家庭科教育学会編 実教出版 1992.4 581,332p 22cm 12000円 Ⓘ4-407-05100-0 Ⓝ375.5

(内容)本文、資料編、統計資料編、用語編、故事・ことわざ・名言編から構成される。本文は7分野に分けており、それぞれ家庭科教育において重要なテーマを分野の体系によって配列し、見開き2ページで解説する。

家庭・技術科重要用語300の基礎知識 福田公子, 間田泰弘編 明治図書出版 2000.9 319p 21cm (重要用語300の基礎知識10) 2760円 Ⓘ4-18-718003-6 Ⓝ375.5

(目次)家庭科重要用語150の基礎知識(家庭科教育、家族・人間発達、生活システム・家庭経営、生活の科学と文化)、技術科重要用語150の基礎知識(技術科教育、加工、資源・材料、システム・エネルギー変換、作物生産、情報処理、技術一般)

(内容)本書では、今日の教育をめぐる状況を捉え、教育研究の水準の向上と理論的なフレームワーク、教育の実践的な課題と解決方法、新しい学習指導要領に基づく実践の基礎を具体的に明らかにし、21世紀の教育研究と実践の進展のために、さらには混迷する教育の問題解決の一助とした。

技術科教育辞典 馬場信雄ほか編集 東京書籍 1983.6 489p 22cm 6800円 Ⓝ375.53

(目次)教育、製図、木材加工、金属加工、機械、電気、栽培

(内容)中学校の技術科系列の学習指導用の事典。各項目では、歴史・原理・実際の事物・指導の要点などが解説され、学習指導の動機付け、指導目標の設定または指導方法の策定にも直接役立てるように記述している。

コスモ「実践」家政・生活系教育用語辞典 飯島朝子, 尾上孝一編 ブレーン出版 1997.1 173p 21cm 1553円 Ⓘ4-89242-561-3

(目次)1 衣生活とファッション, 2 食生活と健康, 3 住生活とデザイン, 4 子供の生活と保育, 5 高齢者の生活と介護, 6 家庭の生活経済, 7 生活・経営一般, 8 生活情報

小学校新家庭科授業の基本用語辞典 建守紀子編著 明治図書出版 2000.6 121p 19cm (学習指導要領早わかり解説) 1360円 Ⓘ4-18-798410-0 Ⓝ375.52

(目次)第1章 小学校家庭科の質的転換を図る, 第2章 小学校家庭科授業の基本用語解説(実践的・体験的な活動を通して、家庭生活に関心をもつ、基礎的・基本的知識・技能を育てる、人との豊かなかかわりを通して、物とのかかわりを通して、生活を工夫する、暮らしと地域を見つめて、総合的な扱いと総合的な学習), 第3章 家庭科の授業を支える諸条件

(内容)小学校の家庭科の授業に関する用語辞典。平成14年4月から実施される改訂学習指導要領に基づき、3部に分けて基本用語項目を立て、内容・意義・工夫を解説する。付録として「小学校学習指導要領・家庭科」を収録。

中学校新技術・家庭科授業の基本用語辞典 安東茂樹編著 明治図書出版 2000.7 146p 19cm (学習指導要領早わかり解説) 1500円 Ⓘ4-18-798910-2 Ⓝ375.53

(目次)第1部 これからの技術・家庭科教育の仕り方, 第2部 重要用語で授業づくりのヒント(技術・家庭科全般編, 技術とものづくり編, 情報とコンピュータ編, 生活の自立と衣食住編, 家族と家庭生活編)

(内容)中学校の技術・家庭科の授業に関する用語辞典。平成14年4月から実施される改訂学習指導要領に基づき、2部に分けて基本用語項目を立て、内容・意義・工夫を解説する。付録として「小学校学習指導要領・技術・家庭科」を収録。

◆音楽科

<書 誌>

音楽教科書掲載作品10000 歌い継がれる名曲案内 日外アソシエーツ株式会社編 日外アソシエーツ, 紀伊國屋書店(発売) 2011.1 1052p 21cm 〈索引あり〉 12300円 Ⓘ978-4-8169-2291-8 Ⓝ760.31

(内容)1949～2009年刊の小・中学校・高校の音楽教科書から唱歌、器楽曲、鑑賞曲(小・中学校のみ対象)などの作品をすべて掲載。作曲者、作詞者ごとに掲載作品を一覧できる。図書館のレファレンス業務にも役立つ一冊。

子どもの本 美術・音楽にふれる2000冊 日外アソシエーツ株式会社編集 日外アソシエーツ, 紀伊國屋書店(発売) 2012.7 306p 21cm 〈索引あり〉 7600円 Ⓘ978-4-8169-2370-8 Ⓝ703.1

(目次)美術(美術を学ぼう、絵をかこう、色が

わかる，形がわかる，デザインしてみよう，物を作ろう，伝統工芸を知ろう），音楽（音楽を学ぼう，楽器を演奏しよう，歌）

〔内容〕「美術」「音楽」について小学生を対象に書かれた本2,419冊を収録。公立図書館・学校図書館での本の選定・紹介・購入に最適のガイド。最近20年の本を新しい順に一覧できる。便利な内容紹介つき。

<事 典>

教育用音楽用語 〔最新版〕 文部省編 教科書研究センター，日本教育新聞社〔発売〕 1994.11 176p 26cm 1800円 ①4-89055-144-7

〔目次〕第1章 一般編，第2章 日本の音楽編，第3章 諸外国の民族音楽編，第4章 外国の作曲家編

小学校音楽教育講座 第10巻 音楽教育用語事典 音楽之友社 1983.5 231p 27cm 〈付：基本図書〉 3000円 ①4-276-02110-3 Ⓝ375.762

〔内容〕本文編と資料編からなり、本文編は「音楽教育用語」として小学校音楽教育を中心とした84項目及び関連事項について定義・解説している。資料編は「楽器資料」「教育用音楽用語」を収録し、巻末には「項目索引」を付す。各項目には基本図書及び参考文献を付す。

<ハンドブック>

音楽科授業の指導と評価 評価が変わると授業も変わる 福井昭史著 音楽之友社 2004.8 151p 21cm 〈音楽指導ハンドブック 25〉 1600円 ①4-276-32125-5

〔目次〕1 事例で理解する評価の理論（評価とは何か—評価の目的や機能，何を評価するのか—評価の内容，指導と評価の一体化—指導計画と評価計画の作成，どのように評価するのか—評価の方法，評価のまとめ—評価の活用と授業の改善），2 指導と評価の実際（音楽科の学力—教科の目標と内容，音楽科の多彩な活動—内容のまとまり，指導と評価の計画と実際—指導計画と評価計画，評価結果の活用）

〔内容〕音楽科授業の評価を正しく理解し、授業を改善するための本。

幼児音楽教育ハンドブック 付 幼稚園教育要領・保育所保育指針 新訂版 全国大学音楽教育学会編 音楽之友社 2012.4 164，28p 19cm 1800円 ①978-4-276-00183-1

〔目次〕幼児音楽教育用語，わかりやすい図解音楽理論—楽典（音符一覧，休符一覧，音部記号，音名，変化記号，音程，転回音程，複音程 ほか），付録（幼稚園教育要領，保育所保育指針）

〔内容〕指導法，教育法，音楽の基礎知識，理論，

歴史，楽器，演奏法など，保育者の"知る""調べる""確認する"に役立つ項目を網羅した事典。

◆情報科

<事 典>

情報教育 重要用語300の基礎知識 西之園晴夫編 明治図書出版 2001.5 313p 21cm 〈重要用語300の基礎知識 13〉 2760円 ①4-18-024219-2 Ⓝ375.199

〔目次〕1 基礎概念・用語，2 教育課程と情報活用能力，3 学習指導と学習理論，4 情報手段の活用，5 情報の科学的理解，6 情報技術の理解と応用，7 情報社会への参画と国策と海外事情

〔内容〕情報教育関連の用語集。教師にとっても児童生徒にとっても最低限の知識理解のための用語300語を集め、研究者、教育者が1語につき1ページを執筆。

21世紀コンピュータ教育事典 山口栄一編集代表，高橋正視，太田順子，渡辺幸重，グラハム・バーン・ヒル編集委員 旬報社 1998.12 646p 26cm 20000円 ①4-8451-0564-0

〔目次〕第1部 コンピュータ教育の基礎知識（コンピュータと教育，コンピュータの基礎知識，ソフトウェアの基礎知識 ほか），第2部 コンピュータ教育の実践事例（データを作成し、利用する，コンピュータの操作でしくみを知る，授業で生かすコンピュータ ほか），第3部 コンピュータ教育の理論と歴史（ティーチングマシンと教育革命，考えるままに，学習の科学と新しい教授法 ほか）

<ハンドブック>

学びとコンピュータハンドブック 佐伯胖監修，CIEC編 東京電機大学出版局 2008.8 399p 22cm 〈他言語標題：Learning and ICT handbook 文献あり〉 6300円 ①978-4-501-54420-1 Ⓝ375.199

〔目次〕1 学習観・教育観，2 コンピュータ、ネットワークの技術的・社会的展開，3 コンピュータ利用教育，4「情報」教育，5 小・中・高での「情報」教育，6 大学における「情報」教育環境，7 外国語教育・学習におけるコンピュータ利用，8 各分野におけるコンピュータ利用，9 社会人教育における授業法，10 社会とコンピュータ利用教育

〔内容〕キーワードで読み解くICT教育の世界。「教える」から「学び合い」へ。学習教育観・情報教育・専門教育・社会人教育・インターネット・モバイル・メディア・ウェブサービス…学習・教育を取り巻くトピックを整理し体系化。

現場教育者の実践に役立つガイドブック。

その他の教育

<書誌>

新・どの本で調べるか "調べたい本がかならず探せる" 図書館流通センター編 リブリオ出版 2003.1 663p 30cm 〈付属資料：CD-ROM1〉 5900円 ①4-86057-065-0

内容「どの本で調べるか」の全面改定版。子どもが自分で問題を解くために必要な参考図書が探せる本。調べる項目を五十音順で排列、項目別に書名とその項にふれているページを記載。書名は分類番号順に排列。

新・どの本で調べるか "調べたい本がかならず探せる" 2006年版 図書館流通センター編 リブリオ出版 2006.5 1111p 30cm 〈付属資料：CD-ROM1〉 6200円 ①4-86057-270-X

内容 2005年の1年間に刊行された児童書を主題別に探すことができる図書目録。2005年以前の情報は付録のCD-ROMに収録。

どの本で調べるか "調べたい本がかならず探せる" 小学校版 増補改訂版 図書館資料研究会編 リブリオ出版 1997.5 10冊（セット） 26cm 37000円 ①4-89784-520-3

内容 1975年から1996年12月までに出版された19414冊を調べたいことがらで探せる件名図書目録。書名、著社名、発行所、定価、分類記号、対象学年等を記載。

どの本で調べるか "調べたい本がかならず探せる" 中学校版 増補改訂版 図書館資料研究会編 リブリオ出版 1997.5 8冊（セット） 26cm 29600円 ①4-89784-531-9

内容 1975年から1996年12月までに出版された13175冊を調べたいことがらから探せる件名図書目録。書名、著者名、発行所、定価、分類番号等記載。

<ハンドブック>

小中学生からとれる資格と検定大事典！ オバタカズユキ，斎藤哲也編 学習研究社 2005.12 273p 21cm 1500円 ①4-05-302124-3

目次 1 国語にトライ！，2 数学にトライ！，3 外国語にトライ！，4 理科・自然にトライ！，5 歴史・地理にトライ！，6 食べ物・ファッションにトライ！，7 パソコンにトライ！，8 福祉・医療にトライ！，9 スポーツにトライ！

内容「学校の勉強」にも，「進路発見」にも役立つ。小中学生が今すぐトライできる50資格＆検定を徹底紹介。

情報読解力を育てるNIEハンドブック newspaper in education 日本NIE学会編 明治図書出版 2008.12 392p 21cm 〈文献あり 年表あり〉 3860円 ①978-4-18-007412-9 Ⓝ375.1

目次 第1章 NIEの意義とアイデンティティ，第2章 NIEの歴史と展開，第3章 NIEの目標，第4章 NIEのカリキュラムと授業，第5章 学習材としての新聞紙面の活用，第6章 新しいNIEの学習活動と評価

内容 NIE（エヌ・アイ・イー）とは、Newspaper in Education（教育に新聞を）の略称で、全紙面を学習材として活用する教育活動のこと。本書は、20年近くの歴史をもつわが国のNIEの理論と実践を集大成したものである。

調べ学習ガイドブック なにをどこで調べるか 2000‐2001 神林照道監修 ポプラ社 2000.4 231p 30cm 5800円 ①4-591-99322-1 ⓃK375

目次 どうやって調べるか（調べ学習のテーマを見つけよう，まずは図書館へ行こう，博物館や科学館で調べよう，市役所や町村役場で調べよう ほか），どこで調べるか（自然と環境，暮らしと地方行政，国のしくみと経済，日本の産業 ほか）

内容 調べ学習のためのガイドブック。調べ学習でよく取り上げられるテーマごとに調べ先を紹介。図書館の利用法、ホームページの検索方法、問い合わせの電話のかけ方、答えてもらいやすい問い合わせ方など調べ学習のノウハウを解説。どうやって調べるか、どこで調べるか、イエローページの3部で構成。イエローページは問い合わせ先リスト、参考図書リスト、博物館リストを収録。巻末にさくいんを付す。

調べ学習ガイドブック なにをどこで調べるか 2004‐2005 神林照道監修，こどもくらぶ編 ポプラ社 2004.4 287p 29×22cm 5800円 ①4-591-07983-X

目次 特集調べ学習実践例－どうすれば国際交流ができるか、調べてみよう！（国際交流のテーマを決めよう－長崎県時津東小学校の実践例、国際交流の方法を決めよう、国際交流の場所を考えよう ほか），どうやって調べるか（調べ学習のテーマをみつけよう、まずは図書館へ行こう！、博物館や科学館で調べよう ほか），どこで調べるか（自然と環境，暮らしと地方行政，国のしくみと経済 ほか）

内容 調べ学習でよくとりあげられるテーマご

その他の教育　　　　　　　　学校教育

とに調べ先を紹介したガイドブック。全国の主な博物館、図書館の利用方法、ホームページの検索方法、問い合わせの電話のかけ方、答えてもらいやすい問い合わせ方など、調べ学習のノウハウをていねいに解説。テーマ選びのヒントになるチャートをつけ調べ学習の可能性を広げている。

ものづくりハンドブック　　「たのしい授業」
編集委員会編　仮説社　1988.6　378p
19cm　1400円

(目次)サソリの標本とライトスコープ、プラ板と小物たち、折り染めと紙工作、べっこうあめ、電気パン、みんなで競う、タコ、コマ、ブーメラン、吹いて鳴らす、「不思議」を味わう、圧電気と静電気、原子・分子とつきあう、「自由研究」のテーマ教えます、ものづくり再挑戦

ものづくりハンドブック　2　　「たのしい授業」
編集委員会編　仮説社　1990.7　431p
19cm　1880円

(目次)動きにワクワク！、ミクロの世界をのぞいたら、明るくだまそう、パズル・カルタ、種をまいたら、飛ぶからステキ、マジメに実験、ゲージュツの香り・版画・折り染め、たのしい授業フェスティバル、オイシーものづくり、いつでも人気、かわいい小物、超簡単！、なのにバカウケ！、うれしい発見・たのしい研究

ものづくりハンドブック　3　　「たのしい授業」
編集委員会編　仮説社　1994.8　376p
19cm　2000円　①4-7735-0111-1

(目次)1 びっくり変身!?、2 動きで遊ぶ、3 お部屋は美術館、4 陽気なフィルムケースたち、5 かわいい分子模型・結晶模型、6 たのしいおもちゃ、7 不思議なおもちゃ、8 ひんやりドライアイス、9 おいしいものづくり、10 あってよかったイイものイイお店、11 たのしいから研究、12 あたらしい発見・もういちど実験

ものづくりハンドブック　4　　「たのしい授業」
編集委員会編　仮説社　1996.7　379p
19cm　2000円　①4-7735-0124-3

(目次)動きやかたちをたのしもう、のぞいてみようフシギな世界、ドライアイス・水ロケットであそぼう、オイシーものづくり、アッと爆発・ショルッとプラバン、かわい〜ものづくり、実験・研究ものがたり、季節のものづくり、パズル・ふしぎなオモチャ、育ててみよう、分子模型・結晶をつくろう、ものづくりを楽しむために

ものづくりハンドブック　5　　「たのしい授業」
編集委員会編　仮説社　2000.7　383p
19cm　2000円　①4-7735-0150-2

(目次)転がす・廻す・ひっくりかえす-動きがた

のしい！ものづくり、なぜ？ぎょっ！ほんと？-ビックリものづくり、折り染め・切り紙・万華鏡-「きれい」にうっとり、圧電素子・ボトルウェーブ・スライム-「バチバチッ」も「トロ〜ン」も好き！、花火・ポッカイロ・クリスマス-季節のものづくり、お手軽あり、本格派あり-おいしい！おいしい〜ものづくり、ポップアップカード＆スタンプ-創造力は想像力だ！、教室でのものづくりに-「ものづくり」の環境設定、ふしぎなおもちゃ、便利な道具-おもしろもの大集合！

ものづくりハンドブック　6　　「たのしい授業」編集委員会編　仮説社　2003.3　349p
19cm　〈付属資料：カタログ1〉　2000円
①4-7735-0168-5

(目次)動きや触感で遊ぶ、かわいい系、芸術系、料理＆リサイクル工作、プレゼント・カード、お笑い系、季節もの、ものづくり再挑戦・新発見、私のものづくりの楽しみ方、わくわくグッズ

ものづくりハンドブック　7　第2版　「たのしい授業」編集委員会編　仮説社　2009.2
312p　19cm　2000円　①978-4-7735-0211-4
⑩375.04

(目次)飛ぶ！走る！回る！動きが楽しいものづくり、ちょっぴり芸術家気分 きれいなものづくり、美味しいって嬉しい！食べられるものづくり、これは科学かマジックか!?不思議なものづくり、いつもどこかに ものづくりのある楽しい生活、暑い時はコレ！ドライアイスで遊ぼう！、のぞけばそこは別世界 万華鏡を作ろう

(内容)実際に学校で行われ、子どもたちに喜ばれたものづくりのガイドブック。誰にでもできて、特別な技術を必要としないものを集めている。

〈年鑑・白書〉

学校における製品安全教育のすすめ方 家電製品・スポーツ用品編　製品安全教育事業等に関する調査報告書　経済企画庁国民生活局消費者行政第一課編　大蔵省印刷局　1997.3　108p　30cm　1165円　①4-17-154002-X

(目次)第1部 総論（わが国における製品安全のシステム、学校における家電製品の安全教育の在り方、学校におけるスポーツ用具の安全教育の在り方、製造物責任法の理念と家電製品・スポーツ用具の安全教育）、第2部 各論（家電製品等の安全教育の現状、平成7年度作成教材（ビデオ）について）、第3部 参考資料（国内ヒアリング調査報告、すごろく「安全パトロール」授業実践例紹介、警告表示、製品安全教育に関する指針）

◆総合的な学習

<ハンドブック>

総合的な学習 授業づくりハンドブック
田村学監修, 東京都小学校生活科・総合的な学習教育研究会編　東洋館出版社　2012.11　141p　26cm　2400円　Ⓘ978-4-491-02849-1

(目次)第1章 これからの「総合的な学習の時間」をつくる（新学習指導要領における「総合的な学習の時間」,「総合的な学習の時間」をつくる8つのポイント）, 第2章「総合的な学習の時間」を読む（児童が主体的に課題を設定し, 学んでいく実践, 実践から学ぶこと）, 第3章 総合的な学習の時間の実践アイディア（年間指導計画作成のポイント, 準備の段階ですること, 授業づくりのポイント, 学習活動場面での留意点, 教師のかかわるポイント, 子どもの成長と活躍につながる評価の仕方）

定本 総合的な学習ハンドブック　児島邦宏編集代表, 浅沼茂, 佐藤真, 高瀬雄二編　ぎょうせい　2003.10　466p　26cm　3800円　Ⓘ4-324-07108-X

(目次)第1部 総合的な学習の基礎・基本, 第2部 総合的な学習のカリキュラムづくりに向けて, 第3部 小学校における総合的な学習の実践, 第4部 中学校における総合的な学習の実践, 第5部 高等学校における総合的な学習の実践, 第6部 総合的な学習の評価, 第7部 総合的な学習の運営, 資料編

◆平和教育

<事　典>

平和教育実践事典　広島平和教育研究所編　労働旬報社　1981.8　614p　22cm　9000円　Ⓝ375.31

(内容)平和教育の実践に必要な知識209項目について解説した事典。「戦争（原爆）体験の継承」「戦争の科学的認識」「原水爆の威力と被害」「核・軍事状況」「平和（反戦）運動」「戦後日本と国際関係」の6章に分かれている。

<ハンドブック>

平和教育ハンドブック　戦争のない世界・平和の文化をきずくために　日本高等学校教職員組合, 高校教育研究委員会, 森田俊男, 渡辺賢二, 鈴木敏則編　平和文化　2006.3　191p　21cm　2000円　Ⓘ4-89488-030-X

(目次)二一世紀の国際社会を生きる一八歳市民像を一憲法, 国連憲章・国際法と法の支配の原則を理解し, 尊重するものへ, 序「平和の構想力」を育てる平和学習—平和を価値として継承する平和教育の方法の検討, 第1部 この一五年, 切り開かれてきた平和教育—より創造的な継承のために（教科外における平和教育, 教科における平和教育, 平和のための"学習・調査・意見表明"を—あらゆるレベルの公共的生活への積極的参加を）, 第2部 新しい学習課題を切り開こう—二一世紀を生きる世界市民の形成へ（あらためて過去の「記憶」と歴史の責任の自覚化を, 平和と民主主義を求めてのたたかいの伝統を, 子どもの権利条約・同議定書の原則, 法規の学習を ほか）

◆国際理解教育

<事　典>

国際教育事典　西村俊一ほか編　アルク　1991.1　800p　26cm　35000円　Ⓘ4-87234-054-X　Ⓝ370.33

(内容)本事典は, 近年顕著になった「国際化」の進展への的確な対応を可能にするため, 諸事象をその国際的次元に着目して捉え直し, 関連用語を再定義しようとする野心的な試みによる成果である。

国際理解教育のキーワード　基本概念・用語の解説 240ポイント　原田種雄, 赤堀侃司編　有斐閣　1992.3　262,6p　21cm　2400円　Ⓘ4-641-07555-7

(目次)1 国際理解教育, 2 教育文化交流, 3 海外子女教育, 4 言語教育, 5 文化とコミュニケーション

(内容)国際交流, 海外移住, 海外子女教育, バイリンガル教育, 異文化接触と適応など, 教育の国際化が広まり, それに関する知識の整理が必要となった。本書は, その要望に応えて, 重要な用語241を厳選し平易に解説した。

多文化教育事典　カール・A.グラント, グロリア・ラドソン=ビリング編著, 中島智子, 太田晴雄, 倉石一郎監訳　明石書店　2002.2　389p　19cm　〈原書名：Dictionary of multicultural education〉　5000円　Ⓘ4-7503-1546-X　Ⓝ371.5

(内容)多文化教育についてさまざまな考え方からまとめた事典。アルファベット順で構成。多様な見出し語から成っていることを特色とし, 見出し語には寄稿者のイニシャルをつけ, どれだけの多くの人が貢献したか, 読者が文献検索のために同定できるようにしている。巻末に五十音順見出し語での和英索引を付す。

<ハンドブック>

異文化コミュニケーション・ハンドブック　基礎知識から応用・実践まで　石井敏, 久

米昭元, 遠山淳, 平井一弘, 松本茂, 御堂岡潔編　有斐閣　1997.1　310p　19cm　〈有斐閣選書〉　1900円　Ⓘ4-641-18270-1

(目次)第1部 入門編 異文化コミュニケーションとは何か, 第2部 基礎編 異文化コミュニケーションをどう学ぶか, 第3部 応用編 異文化コミュニケーションをどう実践するか, 第4部 重要キーワードの解説, 第5部 異文化コミュニケーション関連図書

(内容)異文化コミュニケーションに関する基礎概念から基礎知識, 研究へのアプローチ, 教育・実践にいたるまでの重要キーワードの解説と関連図書を付したハンドブック。

◆環境教育

<事典>

環境教育事典　環境教育事典編集委員会編　労働旬報社　1992.6　676p　26cm　17000円　Ⓘ4-8451-0248-X

(内容)身近にある環境から地球規模の問題まで。次代を担う子どもたちに, 何を語り, 何を教えるか。明日からの授業のヒントと基礎的な知識が満載。

環境教育辞典　東京学芸大学野外教育実習施設編　東京堂出版　1992.7　283p　21cm　4500円　Ⓘ4-490-10318-2

(目次)1 学校教育心理, 2 社会教育・野外活動, 3 自然環境, 4 暮らしと生活環境・住民運動, 5 国際関係, 6 環境経済・環境行政, 7 環境倫理・文化・歴史

(内容)教育の視点に立って, 環境に関する用語550を選び, 専門家106名が解説した辞典。学校教育・社会教育に携わる人々や, 環境問題にかかわる機関に必備の辞典。

環境教育指導事典　佐島群巳, 鈴木善次, 木谷要治, 木俣美樹男, 小沢紀美子, 高橋明子編　国土社　1996.9　333p　21cm　4120円　Ⓘ4-337-65205-1

(目次)1 環境教育の目的・目標(成立と歴史, 目標, 環境倫理), 2 環境教育のカリキュラム(指導計画, 生活環境, 地域環境 ほか), 3 環境教育の方法・評価(探検・観察・調査, 実験操作, メディア, 評価)

(内容)環境に関する用語を教育現場でどのように取り扱うかを言及した専門事典。冒頭で環境教育の目的・目標を述べ, 次にカリキュラムや指導計画, 続いて教育の方法・評価の順に章立てし各事項を解説する体系書の形をとる。第2章の「環境教育のカリキュラム」では身近な生活環境から国土・地球まで教育と関連させて解説。巻末に五十音順の事項索引・人名索引を付す。

子どものための環境用語事典　環境用語編集委員会編　汐文社　2009.4　77p　27cm　〈年表あり 索引あり〉　3200円　Ⓘ978-4-8113-8564-8　Ⓝ519.033

(目次)アースデイ, IPCC, 青潮, 赤潮, 悪臭, アスベスト, 硫黄酸化物, 異常気象, イタイイタイ病, 一酸化炭素〔ほか〕

(内容)現在大きな問題となっている環境に関する学習のために, 必要な用語を集めて解説。

新版 環境教育事典　環境教育事典編集委員会編　旬報社　1999.5　701p　26cm　20000円　Ⓘ4-8451-0573-X

(目次)第1部 環境教育用語解説, 第2部 環境教育実践のすすめかた, 環境教育関係資料, 索引

(内容)環境教育について解説した事典。第1部「環境教育用語解説」, 第2部「環境教育実践のすすめかた」の2部構成。第1部は環境教育にかかわる基礎的な概念, 用語, 人名, 生物名が約1600項目掲載されている。第2部は小学校および中学, 高校における環境教育の展開の具体例あるいはヒントを95テーマ紹介した。5000項目を立項した索引付き。

生物による環境調査事典　内山裕之, 栃本武良編著　東京書籍　2003.8　291p　21cm　2600円　Ⓘ4-487-79852-3

(目次)第1章 動物による環境調査・観察(環境ホルモンの影響を調べる, 水辺を調べる, 海岸の自然度を調べる ほか), 第2章 植物による環境調査・観察(水辺を調べる, 海岸の自然度を調べる, 人里の自然度を調べる ほか), 第3章 ビオトープづくり(ビオトープとは, ビオトープ池をつくろう, トカゲのビオトープをつくろう ほか)

(内容)環境教育に携わる全ての人へ。環境ホルモン調査, 自然度調査, ビオトープづくりなど, 生物に関わる実験・実践を満載。

<ハンドブック>

環境教育ガイドブック　学校の総合学習・企業研修用　芦沢宏生編著, 熊谷真理子資料協力　高文堂出版社　2003.4　465p　26cm　〈付属資料：CD-ROM1〉　3333円　Ⓘ4-7707-0698-7

(内容)どうして, みんな, だれでも, 環境を汚染するのか。どうやって, 環境を汚染しないように学習したらいいのか。幼いうちに, 小さい頃から環境教育を行ったら, 汚染は少なくなるのではないか。本書は, みんなが環境教育をどうやって始めたらよいのかを考えるために刊行した。

180　学校・教育問題レファレンスブック

環境教育がわかる事典　世界のうごき・日本のうごき　日本生態系協会編著　柏書房　2001.4　429p　21cm　3800円　①4-7601-1927-2　Ⓝ375

(目次)環境問題とこれからの社会，環境教育が目指すもの，わが国の環境教育に必要な視点，環境教育の体制を海外に学ぶ，先進的なカリキュラムを海外に学ぶ，環境教育を進めるポイントから実践する，市民として行動する，指導者に求められるもの，まとめ展望

(内容)環境教育の基本的なとらえ方から，わが国の現状，海外の進んだ環境教育の体制やカリキュラム，環境教育の実践ガイド，市民としての行動例や指導者のあり方，将来への展望までを解説したもの。

◆消費者教育

＜事典＞

消費者教育事典　消費者教育支援センター編，加藤一郎，宇野政雄監修　有斐閣　1998.6　15,372p　21cm　3800円　①4-641-07603-0

(目次)1 教育一般・学習方法，2 消費者の意思決定，3 広告・表示，4 市場における消費者，5 金融・保険，6 消費者信用，7 税金・社会保障，8 消費者保護，9 政治・行政，10 社会福祉，11 消費者問題，12 消費者の行動，13 食生活，14 衣生活，15 住生活，16 資金管理，17 環境

(内容)消費者教育を理解したり，指導を行うに際して必要となる用語を収録した事典。消費者教育で対象となる領域を17に分け，500のキーワードを五十音順に排列し解説。索引付き。

◆人権教育

＜ハンドブック＞

新 生涯学習・人権教育基本資料集　金泰泳，白石正明，中島智枝子，三原容子編　(京都)阿吽社　2003.5　366p　21cm　2380円　①4-900590-75-4

(目次)第1部 生涯学習，第2部 人権問題(人権擁護・啓発，部落問題，民族・外国人問題，性をめぐる問題，子どもをめぐる問題，障害者問題，ハンセン病問題，エイズ問題，さまざまな問題)，第3部 国際人権問題

(内容)"平和・人権・環境の世紀"と期待された21世紀，凄惨な戦争で幕をあけた。弱者が痛めつけられ，多くの人命が奪われつつある今，私たちはどのように生きるのか―94点収録。

＜年鑑・白書＞

人権教育・啓発白書　平成14年版　法務省，文部科学省編　財務省印刷局　2003.3　181p　30cm　1500円　①4-17-218150-3

(目次)第1章 人権教育及び人権啓発をめぐる状況(国連10年国内行動計画，人権擁護推進審議会の答申，人権教育及び人権啓発の推進に関する法律の制定，人権教育・啓発に関する基本計画の策定，人権擁護法案の国会への提出)，第2章 平成13年度に講じた人権教育・啓発に関する施策(人権一般の普遍的な視点からの取組，各人権課題に対する取組，人権にかかわりの深い特定の職業に従事する者に対する研修等，総合的かつ効果的な推進体制等)

人権教育・啓発白書　平成15年版　法務省，文部科学省編　国立印刷局　2004.3　214p　30cm　(付属資料：CD-ROM1)　2000円　①4-17-218151-1

(目次)第1章 人権教育及び人権啓発をめぐる国民の意識，第2章 平成14年度に講じた人権教育・啓発に関する施策(人権一般の普遍的な視点からの取組，各人権課題に対する取組，人権にかかわりの深い特定の職業に従事する者に対する研修等，総合的かつ効果的な推進体制等)，第3章 施策の推進

(内容)「人権教育及び人権啓発の推進に関する法律」に基づく年次報告であり，具体的な内容としては，先般，内閣府から公表された「人権擁護に関する世論調査」を基に人権教育及び人権啓発をめぐる国民の意識を概観するとともに，政府が平成14年度に講じた人権教育及び人権啓発に関する施策について取りまとめている。

人権教育・啓発白書　平成16年版　法務省，文部科学省編　国立印刷局　2004.12　219p　30cm　(付属資料：CD-ROM1)　2477円　①4-17-218152-X

(目次)第1章 平成15年度に講じた人権教育・啓発に関する施策(人権一般の普遍的な視点からの取組，人権課題に対する取組，人権にかかわりの深い特定の職業に従事する者に対する研修等，総合的かつ効果的な推進体制等)，第2章 施策の推進

人権教育・啓発白書　平成17年版　法務省，文部科学省編　国立印刷局　2005.8　213p　30cm　(付属資料：CD-ROM1)　2477円　①4-17-218153-8

(目次)平成16年度に講じた人権教育・啓発に関する施策，施策の推進〔ほか〕

(内容)政府は，平成14年3月に策定された「人権教育・啓発に関する基本計画」に基づき，学校，地域，家庭，職域その他の様々な場を通じて，国民が，人権に関する正しい知識と日常生活の中で生かされるような人権感覚を十分身に付けられるよう，人権教育及び人権啓発に関

する施策に取り組んできた。本白書は、「人権教育及び人権啓発の推進に関する法律」に基づく年次報告であり、政府が平成16年度に講じた人権教育及び人権啓発に関する施策について取りまとめている。

人権教育・啓発白書　平成18年版　法務省,
　　文部科学省編　国立印刷局　2006.6　225p
　　30cm　〈付属資料：CD-ROM1〉　2477円
　　Ⓘ4-17-218154-6

(目次)第1章 平成17年度に講じた人権教育・啓発に関する施策(人権一般の普遍的な視点からの取組, 人権課題に対する取組, 人権にかかわりの深い特定の職業に従事する者に対する研修等, 総合的かつ効果的な推進体制等), 第2章 施策の推進(人権教育・啓発基本計画の推進, 様々な人権課題への対応)

人権教育・啓発白書　平成19年版　法務省,
　　文部科学省編　佐伯印刷　2007.7　227p
　　30cm　2477円　Ⓘ4-903729-12-5

(目次)第1章 平成18年度に講じた人権教育・啓発に関する施策(人権一般の普遍的な視点からの取組, 人権課題に対する取組, 人権にかかわりの深い特定の職業に従事する者に対する研修等, 総合的かつ効果的な推進体制等), 第2章 施策の推進(人権教育・啓発基本計画の推進, 様々な人権課題への対応)

人権教育・啓発白書　平成20年版　法務省,
　　文部科学省編　佐伯印刷　2008.6　173p
　　30cm　2477円　Ⓘ978-4-903729-34-3
　　Ⓝ316.1

(目次)第1章 人権教育及び人権啓発をめぐる国民の意識, 第2章 平成19年度に講じた人権教育・啓発に関する施策(人権一般の普遍的な視点からの取組, 人権課題に対する取組, 人権にかかわりの深い特定の職業に従事する者に対する研修等, 総合的かつ効果的な推進体制等), 第3章 施策の推進

人権教育・啓発白書　平成21年版　法務省,
　　文部科学省編　日経印刷　2009.6　57p
　　30cm　953円　Ⓘ978-4-904260-22-7
　　Ⓝ316.1

(目次)第1章 平成20年度に講じた人権教育・啓発に関する施策(人権一般の普遍的な視点からの取組, 人権課題に対する取組, 人権にかかわりの深い特定の職業に従事する者に対する研修等, 総合的かつ効果的な推進体制等), 第2章 施策の推進

人権教育・啓発白書　平成22年版　法務省,
　　文部科学省編　日経印刷　2010.6　60p
　　30cm　953円　Ⓘ978-4-904260-54-8
　　Ⓝ316.1

(目次)第1章 平成21年度に講じた人権教育・啓発に関する施策(人権一般の普遍的な視点からの取組, 人権課題に対する取組, 人権にかかわりの深い特定の職業に従事する者に対する研修等, 総合的かつ効果的な推進体制等), 第2章 施策の推進

人権教育・啓発白書　平成23年版　法務省,
　　文部科学省編　日経印刷　2011.6　92p
　　30cm　953円　Ⓘ978-4-904260-86-9

(目次)第1章 平成22年度に講じた人権教育・啓発に関する施策(人権一般の普遍的な視点からの取組, 人権課題に対する取組, 人権にかかわりの深い特定の職業に従事する者に対する研修等, 総合的かつ効果的な推進体制等), 第2章 施策の推進

人権教育・啓発白書　平成24年版　法務省編　勝美印刷　2012.6　98p　30cm　953円　Ⓘ978-4-9902721-9-7

(目次)第1章 平成23年度に講じた人権教育・啓発に関する施策(人権一般の普遍的な視点からの取組, 人権課題に対する取組, 人権に関わりの深い特定の職業に従事する者に対する研修等, 総合的かつ効果的な推進体制等), 第2章 人権教育・啓発基本計画の推進

◆◆子どもの人権

<事 典>

子どもの人権大辞典　普及版　市川昭午, 永井憲一監修　エムティ出版　2001.11　949p　19cm　4700円　Ⓘ4-89614-891-6　Ⓝ367.6

(内容)「子ども」を取り巻くあらゆる環境と出来事を人権の視点からとりあげる事典。学校, 教育, 文化, 社会, 生活, 心理, 福祉, 健康, 犯罪, 人権, 法律, 司法, 人物などの各方面から重要事項を抽出, 約2000の見出し項目を選定収録, 五十音順に排列し, 解説を加える。制度や法律の名称と内容は1997年6月現在。総合索引, 人名項目索引を付す。普及版。

<名 簿>

子どもの権利ネットワーキング '97　子どもの権利に関わるグループ・団体ガイド　クレヨンハウス『子どもの権利ネットワーキング』事務局制作　クレヨンハウス　1996.11　432p　21×14cm　2800円　Ⓘ4-906379-68-0

(目次)地域別グループ紹介(北海道・東北, 関東, 東京, 北陸・信越・東海, 近畿, 中国・四国, 九州・沖縄), 不登校・いじめホームページ, 子どもの権利条約ホームページ

学校教育　　　　　　　　　　その他の教育

<ハンドブック>
子どもの権利ガイドブック　日本弁護士連合会編著　明石書店　2006.6　666p　21cm　3600円　Ⓘ4-7503-2346-2

㊁総論 子どもの権利に関する基本的な考え方，各論（いじめ，教師の体罰・暴力等，校則，学校における懲戒処分，原級留置（いわゆる「落第」），不登校，学校事故（学校災害），教育情報の公開・開示，障害のある子どもの権利―学校生活をめぐって ほか），資料

「こどもの権利条約」絵事典　木附千晶,福田雅章文,森野さかな絵　PHP研究所　2005.4　79p　29×22cm　2800円　Ⓘ4-569-68537-4

㊁愛される権利―こどもの基本的権利（"自分らしく思いやりのあるおとな"になる権利（成長発達権6条），呼びかけ向き合ってもらう権利（意見表明権12条）ほか），自分らしく元気に大きくなる権利―成長発達するためのいろいろな権利（遊んだりのんびりしたりする権利（休息・遊び・文化的活動の権利31条），自分の力をのばす権利（教育への権利28条・29条）ほか），社会の中で大きくなる権利―市民的自由（秘密を持つ権利（プライバシーの権利16条），自由に考えたり行動したりする権利（思想・信条・表現の自由13条～15条））, 特別な助けを求める権利―特別な二ーズを必要としているこどもの権利（障害を持ったこどもの権利（障害を持ったこどもの権利23条），悪いことをしてしまったこどもの権利（少年司法37条・39条・40条）ほか），こどもの権利をいかすために（助けを求める権利（自分の権利を使おう！ とくに12条・19条・39条），おとながやらなければならないこと（おとなの役割と責務とくに5条・12条・18条）ほか）

◆福祉・ボランティア教育

<事　典>
ジュニアボランティア学習小事典　向山洋一編　明治図書出版　1999.5　148p　21cm　（法則化小事典シリーズ）　2000円　Ⓘ4-18-023414-9

㊁第1章 目の不自由な人への理解を深める学習，第2章 耳の不自由な人への理解を深める学習，第3章 車椅子体験の学習，第4章 お年寄りの介護，お年寄りとの交流の学習，第5章 人命救助，応急処置の方法を知る学習，第6章 環境ボランティアの学習，第7章 集会やクラブ，校外でもできるボランティア活動

㊁ジュニアボランティア学習の授業実践をまとめたもの。

Newボランティア用語事典　体験学習に役立つ！　日比野正己監修・指導，長崎純心大学ボランティア研究会編著　学習研究社　2005.3　127p　29cm　4800円　Ⓘ4-05-202077-4　Ⓝ369.14

㊁アールマーク，アイバンク，アイマスク体験，アニマルセラピー，エイズ問題，エコマネー，NGO，NPO，ODA，音楽ボランティア〔ほか〕

㊁初の子ども向けボランティア用語事典。ボランティアの全体像が「見てわかる」。ボランティア活動の具体例がいっぱい。豊富な写真やイラストで楽しく学べる。ユニークな発想と視点を学べるコラム。団体紹介や参考文献など貴重な情報源。

福祉教育資料集　一番ケ瀬康子,大橋謙策編　光生館　1993.3　403p　21cm　（シリーズ福祉教育　7）　5150円　Ⓘ4-332-70068-6

㊁1 福祉教育に関する総論的資料，2 学校における福祉教育関係資料，3 学校外における福祉教育関係資料，4 社会教育の福祉教育関係資料，5 専門社会福祉教育関係資料，6 関係法規・宣言

ボランティア・NPO用語事典　大阪ボランティア協会編，岡本栄一編集代表，筒井のり子,早瀬昇,牧口明,妻鹿ふみ子,巡静一編集委員　中央法規出版　2004.4　193p　21cm　2200円　Ⓘ4-8058-2427-1

㊁主要コンセプト編（基本用語解説，歴史―ボランティア・市民活動の歴史，理念―ボランティア・市民活動の鍵理念，制度―市民活動と法制度，経営・方法―個人支援・運動展開・組織運営の方法，支援システム―ボランティア・NPOの支援システム，担い手―ボランティア・NPOの担い手，分野・対象・領域―ボランティア・NPOの領域，諸外国），用語編

㊁ボランティア活動，NPOの活動に関連した用語とコンセプトを完全網羅。主要コンセプト編でボランティア活動，NPOの活動を包括的に理解するための重要な46のコンセプトを選出し，詳しく解説。用語編でボランティア活動，NPOの活動と特に関連深い269の用語を抽出し整理して，わかりやすいかたちで説明。

<名　簿>
ボランティアブック　これから始めるあなたへ　ボランティア・ワークショップ編　ブロンズ新社　1994.2　317p　19cm　1900円　Ⓘ4-89309-081-X

㊁これから始めるあなたへ，植物，自然，動物，スポーツ，コミュニケーション，子ども，アート，家事・料理，手芸，地域，リサイクル，手話，点訳，音訳，老人，在日外国人，

学校・教育問題 レファレンスブック　183

海外,カウンセリング,病院,エイズ,街の点検,募金・寄付・登録
内容 全国425のボランティアグループの活動を紹介する資料集。

<ハンドブック>

ボランティア入門ハンドブック ボランティアとは意思する人である 鏑木孝昭著 オーエス出版 1999.5 239p 19cm 1300円 ①4-87190-832-1

目次 第1章 ボランティアとはなにか,第2章 さまざまなボランティア,第3章 ボランティアに参加してみよう,第4章 ボランティアの共鳴,第5章 ボランタリーなものの結晶,第6章「つながる」ボランティア・ネットワーク

内容 ボランティアの事例,さまざまな活動分野の紹介,いかにしてボランティア活動に飛び込むかというきっかけ,ボランティアと社会的要請を橋渡しするNPO,ボランティアやNPOが社会を変えていく力となるための工夫などを掲載したハンドブック。

ボランティア・ハンドブック 学校とボランティア活動 東京ボランティア・センター編 東京都社会福祉協議会 1992.5 211p 21cm 1030円

目次 第1部 考え方・進め方(学校とボランティア活動,学校でボランティア活動をどう進めるか,ボランティア活動ア・ラ・カ・ル・ト,利用できる資源,ボランティア活動Q&A),第2部 どう進めたか――活動事例(小学校の事例,中学校の事例,高等学校の事例,盲・ろう・養護学校の事例,施設での事例,地域での事例,調査・研究)

<年鑑・白書>

ボランティア白書 1992年版 社会奉仕から社会創造へ ボランティア白書編集委員会編 日本青年奉仕協会 1993.6 255p 26cm 3000円 ①4-931308-01-5

目次 日本人にとって「ボランティア」とは何か,ボランタリーアクションから見た社会への提言,ライフステージにおけるオリエンテーションとしてのボランティア活動,広がりゆくボランティアの実態と動向,ボランティア活動推進機関・援助機関の動向,海外におけるボランティア活動の潮流と課題,ネットワーカー・キーパーソン・ファイル,ボランティア活動便利帳・アラカルト,ボランティア推進機関リスト

ボランティア白書 1995年版 日本青年奉仕協会 1995.3 248p 26cm 3000円 ①4-931308-03-1

目次「ボランティアライフ」新時代

ボランティア白書 1999 わたしたちがつくる新しい「公共」『ボランティア白書1999』編集委員会編 日本青年奉仕協会 1999.8 273p 26cm 2858円 ①4-931308-05-8

目次 1 総論,2 証言でつづる日本のボランティア活動の半世紀,3 日本の今日的社会課題とボランティア活動,4 市民社会とボランティア活動の推進,5 特別寄稿ボランティア活動の国際的なトピック,6 ボランティア関係機関リスト

ボランティア白書 2001 責任を共にする未来社会へのデザイン「ボランティア白書2001」編集委員会編 (JYVA)日本青年奉仕協会 2001.3 287p 26cm 2858円 Ⓝ369.7

目次 1 特集「世紀をまたぐ論点」,2 データからみる日本のボランティア,3 社会課題別ボランティア活動の現状,4 ボランティア活動をめぐる今日的課題,5 未来社会をデザインする新たな動き,付録

ボランティア白書 2003 個がおりなすボランタリー社会「ボランティア白書2003」編集委員会編 日本青年奉仕協会 2003.4 231p 26cm 2858円 ①4-931308-07-4

目次 総論 個がおりなすボランタリー社会の構築を目指して,1 特集「奉仕活動の推進」時代における青少年のボランティア活動(若者は何を求めているのか,奉仕活動の推進施策がめざすもの―若者のボランティア活動を取り巻く環境 ほか),2 ボランティア活動を推進するための課題別考察(ボランティアコーディネーターの現状と課題,ボランティアセンターとボランティア活動推進機能としてのNPOセンター ほか),3 未来社会を創り出すボランタリーな取り組みの多様性と可能性(「ひろば型」子育て,アボジとおやじの地域交流 ほか),4 データ編「青少年」「ボランティア」に関するデータ集(ボランティア活動をめぐる歩み―青少年に関する施策を中心に,教育とボランティア活動に関する答申・法律等の骨子 ほか)

ボランティア白書 2005 ボランティアのシチズンシップ再考「ボランティア白書2005」編集委員会編 日本青年奉仕協会 2005.3 224p 26cm 2858円 ①4-931308-08-2

目次 総論 ボランティアのシチズンシップを再考する,1 ボランティアのシチズンシップとは何か(ボランティアのシチズンシップについての歴史的検証,政策づくりにおけるボランティ

アの位置づけ，地縁と知縁をつなぐ信頼のマネジメント ほか)，2 シチズンシップを育む教育の課題と取り組み (参加する人々を育成するために，教育におけるボランティア活動の推進，積極的シチズンシップの実現に向けて一欧州における若者政策 ほか)，3 今日的社会課題とボランティア (社会福祉協議会によるボランティア・市民活動推進の展望，市民参加の国際交流・協力の現状と課題，公共の市民によるマネジメントの現状と展望 ほか)，4 資料編

ボランティア白書 2007 社会をかえる営みの価値
日本青年奉仕協会 2007.10 134p 26cm 2381円 ①4-931308-09-0

(目次)第1章 社会をかえるお金の仕組み (持続可能な社会をデザインするツールとしての地域通貨の可能性，「地域をつくる市民を応援するファンド」に変わる共同募金，市民活動団体にたいする資金支援制度の多様化と団体に求められる戦略性)，第2章 社会をかえる営みの価値 (ソーシャルキャピタルの視点から見たボランティア活動の意義，ボランティア活動の経済的価値を示すことの意味)，第3章 ボランティア活動の論点 (「奉仕活動」と教育改革の視座，大学等におけるボランティア活動支援の実態と課題，生涯学習によるシニア世代のボランティア活動推進，地域福祉推進におけるフォーマルとインフォーマルサポートの連携のあり方，日本におけるボランティアコーディネーターの現状と課題，「新しい公共を創り出す」協議・協働を促進する中間支援組織の役割，持続可能な地域環境のための環境ボランティア活動，多文化共生社会の形成とボランティアの役割)

ボランティア白書 2009
日本青年奉仕協会 2009.3 146p 26cm 2381円 ①978-4-931308-10-7 Ⓝ369.7

(目次)第1章 特集 今後の地域社会とボランティア (今後の地域福祉の推進とボランティア実践のあり方，市民活動の特性を生かした地域福祉展開のあり方―民間市民活動推進機関の視点から，コミュニティソーシャルワークとボランティアコーディネート ほか)，第2章 統計データで見るボランティア活動の現状と課題 (統計データで見るボランティア活動の現状と課題)，第3章 ボランティア活動の論点 (社協ボランティアセンターの今後のあり方―『社協における第3次ボランティア・市民活動推進5ヵ年プラン』の目指すもの，災害ボランティアセンターの役割と近年の課題，地域における教育コミュニティの創造と市民活動・ボランティア―東京都下における「地域教育プラットフォーム」づくりの取り組みを通じて ほか)，第4章 付録 ボランティア活動相談窓口

ボランティア白書 2012 寄付文化の日本における可能性
「広がれボランティアの輪」連絡会議編 筒井書房 2012.3 193p 26cm 2300円 ①978-4-86479-003-1

(目次)第1章 特集 (寄付を増やす―もっと日本人の寄付は増やせる，寄付の現状を知る―日本の寄付データの多角的検証と寄付文化についての考察，共同募金の現状を知る―日本における共同募金の現状と課題 ほか)，第2章 動向 (2つの円卓会議から―『新しい公共』宣言」「私たちの社会的責任宣言」をどう読むか，社協の取り組み―社協ボランティア・市民活動センターの動向，協働を広げ，地域を元気に―新しい公共の担い手としてのNPOの現状と課題)，第3章 事例 (小地域福祉活動への支援―1万を超える小地域福祉ネットワーク活動から新たな住民主体の福祉活動へ，今日的なボランティア・市民活動事例―教育分野：JRCの取り組み 自立と共生を目指した学びの創造，今日的なボランティア・市民活動事例―岩手県立大学大学ボランティアセンターの取り組み ほか)，参考資料

緑のふるさと協力隊 どこにもない学校 農山村再生・若者白書2010
『農山村再生・若者白書2010』編集委員会編 農山漁村文化協会 2010.3 210p 26cm 1900円 ①978-4-540-10138-0 Ⓝ611.75

(目次)1部 そこは，どこにもない学校 (緑のふるさと協力隊の16年と現在，緑のふるさと協力隊員を受け入れて ほか)，2部 むらに残った若者たちも，むらを去った若者たちも (むらに残った若者たち，むらを去った若者たち ほか)，3部 緑のふるさと協力隊へ―思いと期待 (生きることの意味について問いかける，「足るを知る心」で結ぶ力 ほか)，4部 若者を農山村へ―広がる学びと支援の輪 (農村活性化人材育成派遣支援モデル事業『田舎で働き隊！』，「集落支援員」について ほか)

(内容)行ってみませんか？ 受け入れてみませんか？ 16年で465人が巣立った1年間の農山村体験。

緑のふるさと協力隊 響き合う！ 集落と若者 農山村再生・若者白書 2011
『農山村再生・若者白書2011』編集委員会編 農山漁村文化協会 2011.3 196p 26cm 1900円 ①978-4-540-10309-4

(目次)第1部 集落再生と若者たち (集落と若者をつなぐ，響き合う，集落と若者たち，ぼくらの「集落再生」)，第2部 「かけ橋」組織の役割―農山村と若者を結ぶ「かけ橋」組織 (増加する地域コーディネート組織，農山漁村型コーディネート組織の特徴，地域コーディネート組織が直面する課題と展望 ほか)，第3部 どこにもない学校―「緑のふるさと協力隊」の2010年 (1年間，地域に溶け込む活動，17期は54人が

45市町村に，山梨・上野原市で事前研修 ほか）
(内容)地域おこし協力隊、集落支援員（総務省）や田舎で働き隊！（農水省）、大学の地域貢献のさきがけとなった、17年、520人の実績。

緑のふるさと協力隊 若者たちの震災復興 農山村再生・若者白書 2012
『農山村再生・若者白書2012』編集委員会編　農山漁村文化協会　2012.3　200p　26cm　1900円　①978-4-540-11289-8

(目次)第1部 特集 震災復興と若者たち（コミュニティの再生に向けて、「緑のふるさと協力隊」の震災復旧支援、若者たちによる震災復旧支援）、第2部 若者たちと「緑のふるさと協力隊」（変動する社会のなかで若者たちは、都市と農山村を結ぶ支援組織、国や自治体の進める地域支援、「緑のふるさと協力隊」の活動、協力隊経験者（OB・OG）たちの活動）、第3部 どこにもない学校（「緑のふるさと協力隊」の2011年）

進路指導

<事 典>

新進路指導事典
阿部憲司ほか編　第一法規出版　1982.9　530p　27cm　〈付：文献〉6200円　Ⓝ375.2

(目次)第1部 歴史と展望（1 進路指導の歴史、2 進路指導の理論、3 進路指導の意義と機能、4 諸外国における進路指導、5 進路指導の関係組織、6 進路指導の課題と展望）、第2部 計画と方法（7 進路指導の組織と運営、8 進路指導主事の役割と機能、9 進路指導の方法と技術）、第3部 実践と評価（10 小学校における進路指導、11 中学校における進路指導、12 高等学校における進路指導、13 高校教師の評価、14 大学・短期大学・高等専門学校・教育訓練機関における進路指導、15 職業安定機関における職業指導、16 産業界における進路指導）、第4部 情報と資料（17 産業・職業に関する情報・資料、18 雇用労働市場に関する情報・資料、19 上級学校等に関する情報・資料、20 職業観形成に関する情報・資料、21 進路の選択決定に関する情報・資料、22 進路先の適応に関する情報・資料)、索引

(内容)進路指導に関する基本的事項を取りあげ、進路指導の意義や必要性・在り方等を具体的に解説。

<ハンドブック>

全国高等学校便覧 1993年版
雇用問題研究会　1992.9　468,75p　26cm　〈〈監修：労働省職業安定局〉〉　3107円

(内容)前年3月卒業者数と就職者の全貌（県内・県外就職者の内訳）を学校別、学科別にとらえ、さらに次年3月卒業予定者数を男女別に示す。

全国高等学校便覧 1997
労働省職業安定局監修　雇用問題研究会　1996.9　400,96p　30cm　3400円　①4-87563-140-5

(内容)日本全国の高等学校の要覧と各公共職業安定所の資料に基づく学校別就職者数を表形式で収録したもの。高等学校の所在地を都道府県別に分類した後、国立・都道府県立・市町村立・組合立・私立別に学校名の五十音順に排列し、課程・学科別に卒業者数・就職者数を記す。内容は1996年4月1日現在。巻末に学校名の五十音順索引がある。

全国高等学校便覧 1999
労働省職業安定局監修　雇用問題研究会　1998.9　496p　30cm　3400円　①4-87563-162-6

(目次)北海道、青森県、岩手県、宮城県、秋田県、山形県、福島県、茨城県、栃木県、群馬県、埼玉県、千葉県、東京都、神奈川県、新潟県、富山県、石川県、福井県、山梨県、長野県、岐阜県、静岡県、愛知県、三重県、滋賀県、京都府、大阪府、兵庫県、奈良県、和歌山県、鳥取県、島根県、岡山県、広島県、山口県、徳島県、香川県、愛媛県、高知県、福岡県、佐賀県、長崎県、熊本県、大分県、宮崎県、鹿児島県、沖縄県

全国高等学校便覧 2001
雇用問題研究会　2000.9　398,97p　30cm　3500円　①4-87563-191-X　Ⓝ376.4

(目次)札幌公共職業安定所、札幌東公共職業安定所、札幌北公共職業安定所、函館公共職業安定所、旭川公共職業安定所、帯広公共職業安定所、北見公共職業安定所、紋別公共職業安定所、小樽公共職業安定所、滝川公共職業安定所〔ほか〕

(内容)全国の高等学校の課程別に求人・就職に関するデータをまとめた資料集。高校課程の設置状況、卒業・就職の状況、来年の卒業予定者・就職希望者数などのデータを、所轄の公共職業安定所ごとに掲載する。各校は設立区分と学校名、課程、学科と平成12年3月卒業者数、平成12年3月就職者数、平成13年3月卒業予定者数を男女別に記載。データの内容は平成12年4月1日現在。

全国高等学校便覧 2003
雇用問題研究会編　雇用問題研究会　2002.9　396,98p　30cm　3600円　①4-87563-210-X　Ⓝ376.4

(目次)北海道、青森県、岩手県、宮城県、秋田県、山形県、福島県、茨城県、栃木県、群馬県〔ほか〕

(内容)全国の高等学校の課程別に求人・就職に関するデータをまとめた資料集。高校課程の設置状況、卒業・就職の状況、来年の卒業予定

者・就職希望者数などのデータを、所轄の公共職業安定所ごとに掲載する。各校は設立区分と学校名、課程、学科と平成14年3月卒業者数、平成14年3月就職者数、平成15年3月卒業予定者数を男女別に記載。データの内容は平成14年4月1日現在。五十音順の学校名索引を付す。

全国高等学校便覧 2004 雇用問題研究会
2003.9 396,98p 30cm 3600円 ⓘ4-87563-219-3
(内容)それぞれの高等学校の特徴に見合った的確な求人の申込みや、求人の連絡を行い、企業の求める人材が容易に得られるよう、日頃労働力の確保にいろいろ苦労している人事担当者のために、実務手引として作成。

◆キャリア教育

<書誌>

キャリア教育文献資料集 学校から職業への移行 別冊 解説・解題 小杉礼子、藤田晃之監修 日本図書センター 2010.4
103p 21cm ⓘ978-4-284-30321-7,978-4-284-30310-1 Ⓝ375.6
(内容)現在におけるキャリア教育の行方を考察する際に重要となる、戦後から1980年までの重要文献・資料を複刻刊行する「キャリア教育文献資料集」の解説・解題集。第1期全10巻、第2期全10巻の収録文献を対象に、監修者の小杉礼子・藤田晃之による解説と解題を掲載する。

<ハンドブック>

Q&A高等学校産業教育ハンドブック 産業教育・職業教育の充実と理解のために 産業教育振興中央会編 実教出版 2009.5
358p 26cm 2381円 ⓘ978-4-407-31658-2 Ⓝ377
(目次)高校学校教育制度等の概要、専門学科(農業分野)、専門学科(工業分野)、専門学科(商業分野)、専門学科(水産分野)、専門学科(家庭分野)、専門学科(看護分野)、専門学科(情報分野)、専門学科(福祉分野)、総合学科、進路指導
(内容)教育現場等で必要とされる高等学校の教育制度、各専門分野の事項・資料を取りまとめた一冊。各教科、進路指導等各専門分野ごとにQ&A形式で構成。

教職員のための職場体験学習ハンドブック 先進的モデル「町田っ子の未来さがし」より 山田智之著 実業之日本社 2006.12
194p 21cm 1600円 ⓘ4-408-41657-6
(目次)第1章 5日間の職場体験学習が生徒を変える、第2章 キャリア教育から捉えた職場体験学習、第3章 職場体験学習前の準備・学習、第4章 職場体験学習当日の準備・学習、第5章 職場体験学習後の準備・学習、第6章 こんなとき、どうする?

高等学校キャリア教育の手引き 文部科学省編 教育出版 2012.2 239p 30cm 940円 ⓘ978-4-316-30058-0
(目次)第1章 キャリア教育とは何か(キャリア教育の必要性と意義、キャリア教育と職業教育、キャリア教育と進路指導 ほか)、第2章 高等学校におけるキャリア教育の推進のために(設置形態、学科の特質に応じたキャリア教育の推進、校内組織の整備の推進、全体計画の作成 ほか)、第3章 高等学校におけるキャリア教育の実践(高等学校におけるキャリア発達、高校生期のキャリア発達課題、入学から卒業までを見通した系統的なキャリア教育の取組 ほか)

将来の仕事なり方完全ガイド 中学生の進路さがし最強Book 学研編 学習研究社 2000.4 239p 21cm 1400円 ⓘ4-05-300846-8 ⓃK366
(目次)将来さがしサポート特集、教える仕事をしたい!、人を守る仕事をしたい!、人の役に立ちたい!、法律・金融・政治の仕事、国際的に活躍したい!、乗り物・機械に興味あり!、コンピューターの仕事、あこがれは芸術界!、「オシャレ」を仕事にしたい!、創造的な才能を伸ばしたい!、生活を演出する仕事、動物や自然が好き!、業界ストーリー&業界クイズ 他、きみ知ってる? 高校生のための
(内容)中学生のための職業ガイドブック。教える仕事、人を守る仕事などの12の分野から120種の職業を紹介。各職業は高校を卒業してからの進学および資格試験等の就職するまでのチャート、なるためのポイント、仕事内容と展望、収入、休暇などの待遇・勤務条件などを掲載。ほかに将来探しサポート特集と業界ストーリー&業界クイズで構成。巻末に仕事の基礎知識Q&A、進路で考える資格一覧を収録。掲載職業五十音順索引を付す。

中学生・高校生の仕事ガイド 進路情報研究会編 桐書房 2007.6 324p 21cm 2500円 ⓘ978-4-87647-705-0
(目次)学校教育・社会教育、保育・福祉、医療・医療事務、法律・公務員・事務、金融・経済・経理、ジャーナリズム・文芸、IT・コンピュータ、放送・映像、芸能・舞踊、音楽・音響・楽器、スポーツ、広告・宣伝・デザイン・写真、語学・旅行・ホテル、美容・理容、食品・栄養・調理、販売・接客・サービス、ファッション・洋裁・和裁、工芸・手芸・装飾品、インテリア・フラワー・照明、環境・バイオ・自然、農林水産・酪農・動物、建築・土木・不動産

教育相談・学校カウンセリング　　学校教育

自動車・鉄道、航空・船舶、電子・電気・機械・工業、通信・記録、安全・衛生・施設管理
(内容)仕事の内容、必要な資格、関連職種をわかりやすく紹介したガイド。

中学生・高校生のための仕事ガイド　新版
進路・就職研究会編　桐書房　1997.3
351p　21cm　2600円　④4-87647-362-5
(目次)コンピュータの関連、金融・保険・経営・経理の関連、衣服アパレルの関連、服飾の関連―アクセサリー類、食品・嗜好品の関連、開発・企画・設計製図の関連、土木・建築労働の関連、金属・機械の関連、自動車・バイクの関連、電気・電子の関連、写真・カメラの関連、セラミック・木material加工・工芸の関連、交通・運輸の関連、広告・宣伝・商業デザインの関連、医療・コメディカルの関連、環境衛生・施設管理・危険防止の関連、理美容・化粧品の関連、司法・社会的保安の関連、旅行・観光・ホテルの関連、貿易・海外交流の関連、不動産の関連、特許・特殊情報の関連、放送・映画・演劇の関連、演技者・タレントの関連、スポーツ・健康の関連、音楽・楽器の関連、新聞・出版・印刷の関連、通信・情報伝達の関連、教育・文化・芸術の関連、動物の関連、農林水産業・鉱業の関連、インテリア・装飾の関連、趣味・レジャー・イベントの関連、市場調査・営業・消費の関連、事務・税務・公務の関連、社会福祉の関連

天職事典　好きな仕事が見つかる本　造事務所編著　PHP研究所　2000.12　382p　20×14cm　1500円　④4-569-61411-6
(目次)マスコミ・文学のしごと、アート・デザインのしごと、ファッションのしごと、芸能・音楽のしごと、映像のしごと、スポーツ・趣味のしごと、公務員のしごと、医療のしごと、福祉のしごと、教えるしごと、コンピュータのしごと、サービスのしごと、フード・ドリンクのしごと、旅行・運輸などのしごと、販売・流通のしごと、住宅・建築のしごと、お金関係のしごと、コンサルティングのしごと、職人のしごと、自然相手のしごと、自営のしごと、その他のしごと
(内容)あなたの「適職」が、この中にきっとある。労働時間、やりがい、ライフスタイル…ユニークな分類で紹介する仕事362。

天職事典　Ver.2　好きな仕事が見つかる本　造事務所編著　PHP研究所　2005.11　414p　19cm　1500円　④4-569-64604-2
(目次)マスコミ・文学のしごと、アート・デザインのしごと、ファッションのしごと、芸能・音楽のしごと、映像のしごと、スポーツ・趣味のしごと、公務員のしごと、医療のしごと、福祉のしごと、教えるしごと、コンピュータのし

ごと、サービスのしごと、フード・ドリンクのしごと、旅行・運輸などのしごと、販売・流通のしごと、住宅・建築のしごと、お金関係のしごと、コンサルティングのしごと、職人のしごと、自然相手のしごと、自営のしごと、その他のしごと
(内容)この中からきっと見つかる、あなたの「適職」。「海外で働ける仕事」「休みの多い仕事」など、ユニークな分類であらゆる職種を紹介。

教育相談・学校カウンセリング

＜事典＞

教育相談重要用語300の基礎知識　鑪幹八郎、一丸藤太郎、鈴木康之編　明治図書出版　1999.8　333p　21cm　(重要用語300の基礎知識　20巻)　2700円　④4-18-026611-3
(目次)1 教育相談にかかわる学校教育の機関・分野、2 教育相談の形態・運営、3 教育相談にかかわる心理学的基礎、4 教育相談にかかわる精神医学・心身医学、5 保健・福祉・矯正にかかわる問題、6 教育相談にかかわる行動場の問題、7 カウンセリングの理論と技法
(内容)教育相談に関わる重要語を300語収録し解説した事典。分野ごとに7章に分け、各章ごとに50音順に配列している。

心のケアのためのカウンセリング大事典
松原達哉、楡木満生、澤田富雄、宮城まり子共編　培風館　2005.9　838p　21cm　9500円　④4-563-05694-4
(目次)第1部 カウンセリング総論、第2部 カウンセリング・心理療法の各種理論、第3部 発達カウンセリング、第4部 学校カウンセリング、第5部 産業カウンセリング、第6部 家族カウンセリング、第7部 臨床心理学的地域援助、第8部 心理アセスメント、付録

スクールカウンセリング事典　国分康孝監修、石隈利紀、井上勝也、茨木俊夫、上地安昭、金沢吉展、木村周、田上不二夫、福島脩美編　東京書籍　1997.9　573p　21cm　6800円　④4-487-73322-7
(目次)第1部 基礎編(スクールカウンセリングの基礎学、スクールカウンセリングの隣接領域、スクールカウンセリングの基礎理論、スクールカウンセリングの方法、スクールカウンセリングの技法)、第2部 実践編(気になる子ども、予防・開発、いじめ、不登校への援助、教育指導に生かすカウンセリング、進路と生き方、保護者への援助、教師への援助、他機関との連携、子ども理解、援助ニーズの大きい子ども)、第3部 条件編(スクールカウンセリングの諸問題、スクールカウンセリングとマネジメン

ト，リサーチ，スクールカウンセリングの研修)，資料編

⟨内容⟩現実の問題解決に役立つ，カウンセリングの理論・技法の基礎についての448項目を基礎編，実践編，条件編に分けて解説。

＜ハンドブック＞

学校教育相談学ハンドブック　日本学校教育相談学会企画，日本学校教育相談会刊行図書編集委員会編著　(立川)ほんの森出版　2006.8　245p　21cm　2300円　Ⓘ4-938874-56-3

⟨目次⟩第1部 学校教育相談とは何か(学校教育相談の変遷，学校教育相談とは，学業的発達と学校教育相談 ほか)，第2部 学校教育相談の理論と実践(学校教育相談の機能を生かした教育活動，学校教育相談の実践事例と理論)，第3部 学校教育相談の組織と運営(学校教育相談の組織，学校教育相談活動の推進，学校教育相談活動における連携 ほか)，第4部 日本学校教育相談学会の役割と課題

学校心理学ハンドブック　「学校の力」の発見　福沢周亮,石隈利紀,小野瀬雅人責任編集,日本学校心理学会編　教育出版　2004.5　259p　21cm　1900円　Ⓘ4-316-80060-4

⟨目次⟩第1章 学校心理学とは何か(学校心理学の意義，学校心理学の内容 ほか)，第2章 学校心理学の扱う領域―学校教育をめぐる課題を理解する(子どもをめぐる課題，家庭をめぐる課題 ほか)，第3章 学校心理学に基づく実践―心理教育的援助サービスの方法を知る(心理教育的アセスメント―子どもと子どもをとりまく環境の理解，カウンセリング―直接的な援助サービスとして ほか)，第4章 学校心理学を支える心理学・行動科学的基盤―関連の深い学問領域の理解(育つこと―発達心理学的基盤，学ぶこと・教えること―教育心理学的基盤 ほか)，第5章 学校心理学を支える学校教育学的基盤(教育学，学校組織・教育制度 ほか)

⟨内容⟩子どもの学校生活を豊かにするために，子どもの成長を促進するために，「心理教育的援助サービス」の理論と実践の体系，学校心理学のコンセプト・キーワードをわかりやすく解説。

学力問題

＜ハンドブック＞

戦後日本学力調査資料集　第1巻　全国学力調査報告書　昭和31年度　山内乾史,原清治監修　文部省編　日本図書センター　2011.6　351p　27cm　⟨文部省昭和32年刊の複製⟩　Ⓘ978-4-284-30529-7,978-4-284-30528-0　Ⓝ375.17

⟨内容⟩学力を広く考察するための基本資料として，戦後日本で行われた主要な学力調査関係の文献を集成。

戦後日本学力調査資料集　第2巻　全国学力調査報告書　昭和32年度　山内乾史,原清治監修　文部省編　日本図書センター　2011.6　398p　27cm　⟨文部省昭和33年刊の複製⟩　Ⓘ978-4-284-30530-3,978-4-284-30528-0　Ⓝ375.17

戦後日本学力調査資料集　第3巻　全国学力調査報告書　昭和33年度　山内乾史,原清治監修　文部省編　日本図書センター　2011.6　299p　27cm　⟨文部省昭和34年刊の複製⟩　Ⓘ978-4-284-30531-0,978-4-284-30528-0　Ⓝ375.17

戦後日本学力調査資料集　第4巻　全国学力調査報告書　昭和34年度　山内乾史,原清治監修　文部省編　日本図書センター　2011.6　352p　27cm　⟨文部省昭和35年刊の複製⟩　Ⓘ978-4-284-30532-7,978-4-284-30528-0　Ⓝ375.17

戦後日本学力調査資料集　第5巻　全国学力調査報告書　昭和35年度　山内乾史,原清治監修　文部省編　日本図書センター　2011.6　347p　27cm　⟨文部省昭和36年刊の複製⟩　Ⓘ978-4-284-30533-4,978-4-284-30528-0　Ⓝ375.17

どうなる、どうする。世界の学力、日本の学力　長尾彰夫監修,日本教職員組合編　アドバンテージサーバー　2003.7　87p　26cm　800円　Ⓘ4-901927-02-7

⟨目次⟩第1章 記念講演―「OECD加盟国における生徒の学習到達度について」，第2章 シンポジストの提案，第3章 コーディネーターのまとめ，第4章 「講演とシンポジウム」をどう受けとめたか

⟨内容⟩本書は「学力問題」をどうとらえるべきかについての特別分科会での講演とシンポジウムをまとめ，収録したものである。

◆OECD生徒の学習到達度調査（PISA）

＜年鑑・白書＞

生きるための知識と技能　OECD生徒の学習到達度調査2000年調査国際結果報告書　国立教育政策研究所編　ぎょうせい　2002.2　263p　26cm　2857円　Ⓘ4-324-

06749-X Ⓝ370.59

⊞(目次)1 PISA調査の概要，2 読解力，3 数学的リテラシー，4 科学的リテラシー，5 学習の背景

(内容)国立教育政策研究所がOECD（経済協力開発機構）の教育インディケータ事業として進める「生徒の学習到達度調査」（PISA）の2000年調査結果を基にまとめた報告書。文部科学省、東京工業大学教育工学開発センターとの連携により調査が行われている。付録5点、資料2点がある。巻末に図表一覧あり。

生きるための知識と技能　OECD生徒の学習到達度調査PISA2003年調査国際結果報告書　2　国立教育政策研究所編
ぎょうせい　2004.12　375p　26cm　3800円　Ⓘ4-324-07571-9

(目次)第1章 PISA調査の概要，第2章 数学的リテラシー，第3章 読解力，第4章 科学的リテラシー，第5章 問題解決能力，第6章 学習の背景，付録

(内容)2003年に実施されたOECD（経済協力開発機構）「生徒の学習到達度調査」（PISA：Programme for International Student Assessment）の国際結果を基に、わが国にとって特に示唆のあるデータを中心に整理・分析。2003年調査の中心分野である数学的リテラシーを中心に国際結果を報告するとともに、前回2000年調査との比較によって明らかになった点についても紹介。

生きるための知識と技能　3　OECD生徒の学習到達度調査2006年調査国際結果報告書　国立教育政策研究所編　ぎょうせい　2007.12　308p　30×21cm　3800円　Ⓘ978-4-324-90001-7

(目次)第1章 PISA調査の概要（調査の概観，調査の枠組み ほか），第2章 科学的リテラシー（科学的リテラシーの枠組み，科学的リテラシーの習熟度レベル別国際比較 ほか），第3章 読解力（読解力の枠組み，読解力の習熟度レベル別国際比較 ほか），第4章 数学的リテラシー（数学的リテラシーの枠組み，数学的リテラシーの習熟度レベル別国際比較 ほか），第5章 学習の背景（学校の学習環境，学校外の学習環境 ほか），付録，資料

(内容)2006年に実施されたOECD（経済協力開発機構）「生徒の学習到達度調査」（PISA（ピザ））：Programme for International Student Assessment）の国際結果を基に、わが国にとって示唆のあるデータを中心に整理・分析。PISA調査の国際報告書としては、読解力を中心とする2000年版、数学的リテラシーを中心とする2003年版に続く刊行で、科学的リテラシーが中心分野となる初めての成果。

PISA2006年調査 評価の枠組み　OECD生徒の学習到達度調査　国立教育政策研究所監訳　ぎょうせい　2007.7　177p　30cm　〈原書名：Assessing Scientific,Reading and Mathematical Literacy—A Framework for PISA 2006〉　2381円　Ⓘ978-4-324-08142-6

(目次)OECD-PISA2006年調査の序文，第1章 科学的リテラシー，第2章 読解力（読解リテラシー），第3章 数学的リテラシー，付録A 科学的リテラシー問題例，付録B PISA2006年調査分野別国際専門委員会

評価

<事典>

教育評価事典　鈴木清等編　第一法規出版　1975　320p　27cm　3500円　Ⓝ371.8

(内容)一般の教職員を対象に小中高校における教育評価の諸問題を体系的に解説した便覧。

教育評価事典　辰野千壽，石田恒好，北尾倫彦監修　図書文化社　2006.6　622p　21cm　6000円　Ⓘ4-8100-6471-9

(目次)教育評価の意義・歴史，教育評価の理論，資料収集のための評価技法，知能・創造性の評価，パーソナリティ，行動，道徳性の評価，適性，興味，意欲，態度の評価，学習の評価・学力の評価，各教科・領域の学習の評価，特別支援教育の評価，カリキュラム評価・学校評価，教育制度と評価・諸外国の評価，評価結果の記録と通知，教育統計の基礎とテスト理論

(内容)教育改革で直面する教育評価の理論的、実践的課題の解決に役立つ事典。本文は13章で構成されている。付録資料として「教育に関する年表」「指導要領の様式」を収録。巻末に事項名索引・人名索引を収録。

教育評価小辞典　辰見敏夫編　協同出版　1979.6　270p　19cm　〈編集委員：八野正男，石田恒好〉　1500円　Ⓝ371.8

(内容)教育評価の関連語797を収録した事典。付録として統計編、和文索引・欧文索引を付す。

現代教育評価事典　東洋ほか編　金子書房　1988.3　645p　27cm　20000円　Ⓘ4-7608-2256-9　Ⓝ375.17

(目次)1 教育評価〈理論的領域〉（教育評価、教育評価史 日本，教育活動と評価，教育評価のモデル，教育目標，教授・学習過程，教育工学，意志決定と評価，形成的評価），2 教育評価〈実践的領域〉（学力，知能，創造性，能力，技能，発達検査，性格と学力，自己概念，認知型，適応性，適性，関心・態度の評価，学校評価，入学者選抜制度），3 教育測定（教育測定，

データ，実験計画法，標本調査法，標準検査，テスト理論，信頼性，妥当性，評定，質問紙法，投影法，制作技法，ケーススタディ），4 教育統計（教育統計，尺度，度数分布，代表値，散布度，確率，統計的推定，統計的検定）

実践教育評価事典 改訂 梶田叡一,加藤明監修・著 文溪堂 2010.8 264p 26cm 2400円 ⓘ978-4-89423-701-8 Ⓝ375.17

(目次)第1部 対談 新学習指導要領のねらいを実現するこれからの教育評価―『実践教育評価事典』改訂に当たって（指導要録が変わったことにより，学習指導要領が変わったことがポイント，学習活動と新しい評価の観点 ほか），第2部 授業づくりと教育評価の基礎・基本（教育評価の基礎・基本，学力の向上と成長を保障する授業づくりと評価―授業づくりを支える考え方と授業づくりの方法），第3部 各教科の授業づくりと評価（国語科の授業づくりと評価，社会科の授業づくりと評価，理科の授業づくりと評価，生活科の授業づくりと評価，画異国後活動の授業づくりと評価），第4部 教育評価の基礎知識（教育評価史（日本），教育評価史（西洋）ほか）

(内容)教育評価の基礎理論を解き明かし，各教科の「授業づくりにどう生かすか」を詳説。絶対評価（目標準拠評価）の時代に，評価の目を大切にした教育実践を目指す教師必携の一冊。

教科書

<書誌>

往来物解題辞典 石川松太郎監修，小泉吉永編著 大空社 2001.3 2冊 27cm 45000円 ⓘ4-7568-0231-1 Ⓝ375.9

(目次)解題編，図版編

(内容)平安時代から明治時代初期まで用いられた初等教科書（往来物）を集大成する事典。解題編と図版編の2分冊で構成する。3570項目収録。

教科書関係文献目録 1970年～1992年 中村紀久二編 学校教育研究所 1993.12 397p 27cm 〈発売：学校図書〉 19000円 ⓘ4-7625-0509-9 Ⓝ375.9

(内容)1970年1月から1992年12月末までに日本文で刊行された教科書に関する単行本・単行本の一部として掲載された論文・パンフレット・紀要雑誌掲載の論文記事7600点を収録。

教科書掲載作品 読んでおきたい名著案内 小・中学校編 日外アソシエーツ株式会社編 日外アソシエーツ 2008.12 690p 21cm 9333円 ⓘ978-4-8169-2152-0

Ⓝ375.98

(内容)1949～2006年刊の教科書から小説・戯曲・評論・随筆・詩・古文などの作品をすべて掲載。高校国語教科書を対象にした「読んでおきたい名著案内教科書掲載作品13000」とあわせ，小学校から高校までの作品が通覧可能に。図書館のレファレンス業務，読書指導にも役立つ一冊。

教科書掲載作品13000 読んでおきたい名著案内 阿武泉監修 日外アソシエーツ 2008.4 905p 21cm 9333円 ⓘ978-4-8169-2097-4 Ⓝ375.984

(内容)高校国語教科書に載った作品を網羅。1949～2006年刊の教科書から小説・戯曲・評論・随筆・詩・短歌・俳句・古文・漢文などの作品をすべて掲載。国語教育の潮流を一望。図書館のレファレンス業務にも役立つ一冊。

教科書図書館蔵書目録 教育関係図書・一般図書 昭和54年9月1日現在 教科書研究センター付属図書館編 教科書研究センター付属図書館 1980.2 152p 26cm Ⓝ370.31

教科書図書館蔵書目録 昭和60年3月現在 教科書研究センター附属教科書図書館 1986.3-5 2冊 27cm 〈「日本の教科書・教師用指導書」「外国の教科書・教師用指導書」に分冊刊行〉 Ⓝ370.31

(内容)戦後～昭和60年までの蔵書27000冊を収録。

近代日本教科書総説 海後宗臣,仲新編 講談社 1969 2冊 23cm 〈『日本教科書大系 近代編』の近代教科書総説と各教科の教科書総解説および総目録を集大成したもの 解説篇,目録篇〉 各4800円 Ⓝ375.9

(内容)明治初めから戦後の検定教科書制度発足までに初等教育機関で用いられた教科書の目録。

女子用往来刊本総目録 小泉吉永編，吉海直人校訂 大空社 1996.2 16,226p 27cm 10000円 ⓘ4-7568-0117-X Ⓝ375.9

(内容)女子教育に供された女子用往来と小倉百人一首の江戸期・明治期刊本を中心に収録した総目録で，所蔵機関を付す。

東書文庫所蔵教科用図書目録 第1集 1 東書文庫編 大空社 1999.1 351p 27cm （国書目録叢書 37）〈昭和54年刊の複製〉 8000円 ⓘ4-283-00006-X Ⓝ375.9

東書文庫所蔵教科用図書目録 第1集 2 東書文庫編 大空社 1999.1 p352-804 27cm （国書目録叢書 38）〈昭和54年刊の複製〉 9000円 ⓘ4-283-00007-8

東書文庫所蔵教科用図書目録　第2集　1
東書文庫編　大空社　1999.1　285p　27cm　（国書目録叢書　39）〈昭和60年刊の複製〉　7000円　Ⓘ4-283-00008-6　Ⓝ375.9

東書文庫所蔵教科用図書目録　第2集　2
東書文庫編　大空社　1999.1　p286-753　27cm　（国書目録叢書　40）〈昭和60年刊の複製〉　10000円　Ⓘ4-283-00009-4　Ⓝ375.9

＜年　表＞

教科書年表　1871（明治4）-1992（平成4）
教科書研究センター　1993.2　27p　30cm　Ⓝ375.8
内容「社会・教育の動向」「教育課程の基準」「教科書制度」「教科書発行状況・教科書問題」の4つに大別し、明治以降の初等・中等教科書に係わる主要事項を収めた。

＜索　引＞

国定教科書内容索引　国定教科書内容の変遷　尋常科修身・国語・唱歌篇
国立教育研究所附属教育図書館編　(柏)広池学園出版部　1966　150p　図版　27cm　1800円　Ⓝ375.9
内容明治37年から昭和20年までに使用された国定教科書尋常小学校の修身・国語・唱歌の内容索引。

世界商売往来用語索引
飛田良文、村山昌俊著　武蔵野書院　2000.9　373,226p　21cm　15000円　Ⓘ4-8386-0188-3　Ⓝ375.9
目次本文編、索引編（国語索引、英語索引）、研究編（伝記、著作目録、書誌、異版の資料、国語索引校注、英語索引校注、英語正誤表）
内容明治6年（1873）の小学校創設時に教科書に指定された『世界商売往来』の語彙索引。『世界商売往来』は初等教育の語彙を知るうえで重要な文献であり、また、開化期の言語の実態や訳語を知るという観点から興味深い資料。『世界商売往来』(正編)、『続世界商売往来』(続編)、『続々世界商売往来』(続々編)、『世界商売往来補遺』(補遺編)、『世界商売往来追加』(追加編)の五冊を対象として調査・編集している。

＜ハンドブック＞

小學讀本便覧　第8巻
古田東朔編　武蔵野書院　2007.8　586p　26cm　13000円　Ⓘ978-4-8386-0225-4
内容国定四期（昭和八年度から使用）小學國語讀本（文部省編）巻一から巻十二までと、小學

國語讀本尋常科用編纂趣意書（第四次国定）巻一編から巻十二編までを収録。

日本教科書大系　往来編　別巻　往来物系譜
石川謙、石川松太郎編　講談社　1970　543p　23cm　9800円　Ⓝ375.9

日本教科書大系　往来編　別巻2　続往来物系譜
石川謙、石川松太郎編　講談社　1977.3　574p　23cm　9800円　Ⓝ375.9

ハワイ日本語学校教科書集成　編集復刻版
不二出版　2011.11　3冊（セット）　31×22cm　84000円　Ⓘ978-4-8350-7031-5
内容戦前期、ハワイの日本語学校で使われた教科書を収集し、解説を付して復刻。

障害者教育

＜書　誌＞

障害児教育図書総目録　No.12（1990年版）
教育図書総目録刊行会　1990.2　224p　21cm　388円　Ⓝ378.031
内容障害児教育関係の図書を刊行している出版社の総合目録。教育原理・実践記録などテーマ別に排列。

障害児教育図書総目録　No.13（1991年版）
教育図書総目録刊行会　1991.3　222p　21cm　400円
目次事典・辞典・総記、医療、発達、心理、治療法、教育原理、教育課程・教育方法、社会・福祉、実践記録・エッセイ、視覚障害、聴覚・言語障害、知能障害、肢体不自由、病弱・身体虚弱、自閉症、情緒障害、重度・重複障害、精神保健、児童・ビデオ、障害児教育関係雑誌一覧

障害児教育図書総目録　2001年版
教育図書総目録刊行会　2001.3　174p　21cm　381円　Ⓝ378.031

わが国における心身障害教育文献集成
伊藤隆二ほか共編　風間書房　1978.4　814,2p　22cm　18800円　Ⓝ378.031
内容1975年12月までに発表された心身障害教育文献を収録。1部には雑誌・論文集・学会発表論文等を、2部には図書を収める。事項索引・人名索引を付す。

＜事　典＞

障害児教育大事典
茂木俊彦、荒川智、佐藤久夫、杉山登志郎、高橋智ほか編　旬報社　1997.12　922p　26cm　30000円　Ⓘ4-

8451-0507-1

(内容)障害児教育用語を解説、五十音順に配列した用語事典。巻頭にはジャンル別の項目案内(現代社会と障害者問題、障害児教育の原理、障害児教育の歴史、教育制度および財政、教育内容・方法、心理学、医療・保健、社会保障・社会福祉、雇用・就労、障害者の生活の質の充実、人物)がつき概観できるようになっている。総索引、人名索引、欧文索引がつく。

障害児教育用語辞典　英・仏・西・露・(独)-日　改訂版　ユネスコ原著、中野善達訳編　(藤沢)湘南出版社　1990.3　253p　22cm　〈原書名：Terminology of special education. rev. ed./の翻訳〉　3500円　①4-88209-010-4　Ⓝ378.033

(内容)異なる国々で障害児教育に関わる人々の間のコミュニケーションを促進するための用語ハンドブック。1977年にパリでユネスコから刊行された「特殊教育用語集」の改訂版。

障害児発達支援基礎用語事典　特別なニーズ教育に応えるためのキーワード110　小宮三弥、末岡一伯、今塩屋隼男、安藤隆男編　川島書店　2002.5　290p　21cm　3400円　①4-7610-0761-3　Ⓝ378.033

(目次)ITPA/言語学習能力診断検査，アイデンティティ，アタッチメント/愛着行動，1事例研究計画，イデオ・サバン，遺伝子障害，インリアル，運動能発達検査，運動療法，応用行動分析〔ほか〕

(内容)障害児教育にとって最小限基本となる用語を解説した事典。全110項目を五十音順に排列し、英語表記、関連項目、参考文献、解説文を記載する。実践に関わる用語には適宜事例を付す。巻末にアルファベット順の人名索引、和文事項索引、欧文事項索引がつく。

心身障害教育と福祉の情報事典　心身障害教育・福祉研究会編　同文書院　1989.11　820p　20cm　5800円　①4-8103-0015-3　Ⓝ378.033

(内容)心身障害教育・福祉に関する重要かつ広範囲の術語について、包括的・系統的・具体的にわかりやすく解説した。視野を国際的に広げるために、わが国だけの情報ではなく、諸外国の最新の情報も可能な限り網羅した。心身障害教育・福祉の現状が把握できるだけでなく、新世紀に向けての有益な指針が得られるようにした。平成元年9月発表の新学習指導要領の改訂等の概要も収載。

心身障害児教育・福祉・医療総合事典　大川原潔等編　第一法規出版　1977.9　805p　22cm　5500円　Ⓝ378

(内容)心身障害児に関する教育・福祉・医療等各分野にわたる内容・方法を相互の関連性を重視しながら体系化した事典。

心身障害辞典　石部元雄ほか編集　福村出版　1983.6　387p　27cm　〈机上版〉　15000円　Ⓝ378.033

(内容)心身障害児教育を中心に、福祉等関連領域を含む心身障害に関する重要かつ基本的な用語3000語を収録。

身体障害事典　小池文英, 林邦雄編集　岩崎学術出版社　1978.6　505p　22cm　〈監修：内山喜久雄〉　12000円　Ⓝ378.033

(内容)身体障害関係の重要項目432を収録。人名索引・和文索引・欧文索引を付す。

ハンディキャップ教育・福祉事典　1巻　発達と教育・指導・生涯学習　石部元雄, 伊藤隆二、中野善達、水野悌一編　福村出版　1994.9　1007p　21cm　18000円　①4-571-12584-4

(目次)序章 ハンディキャップとはなにか，第1章 生涯発達の理解とハンディキャップ，第2章 視覚ハンディキャップと教育・指導・生涯学習，第3章 聴覚ハンディキャップと教育・指導・生涯学習，第4章 言語ハンディキャップと教育・指導・生涯学習，第5章 知能ハンディキャップと教育・指導・生涯学習，第6章 学習ハンディキャップと教育・指導・生涯学習，第7章 運動ハンディキャップと教育・指導・生涯学習，第6章 行動ハンディキャップ・自閉症と教育・指導・生涯学習，第9章 病弱・身体虚弱と教育・指導・生涯学習，第10章 てんかんと教育・指導・生涯学習，第11章 ハンディキャップと教育・指導・生涯学習の評価

(内容)乳児期から老年期までのハンディキャップを展望し、それらに対して何をどのように配慮し、教育ないしは福祉実践をしていくことが望ましいかを記述する事典。第1巻ではハンディキャップを「視覚」「聴覚」等の9種類に分類して記述。巻末に人名索引、事項索引を付す。―障害からハンディキャップへ、社会的自立のための大型事典。

ハンディキャップ教育・福祉事典　2巻　自立と生活・福祉・文化　石部元雄, 伊藤隆二、中野善達、水野悌一編　福村出版　1994.9　959p　21cm　18000円　①4-571-12585-2

(目次)序章 ハンディキャップと自立・生きがい，第1章 ハンディキャップと自立・生活・福祉・文化，第2章 ハンディキャップと医療サービス，第3章 ハンディキャップと福祉サービス，第4章 ハンディキャップと心理療法・生活相談，第5章 ハンディキャップと運動・スポーツ・レクリエーション，第6章 ハンディキャッ

プと進路・生活，第7章 ハンディキャップと工学，第8章 ハンディキャップと法律，第9章 ハンディキャップと社会

(内容)ハンディキャップを受けている人たちの社会的自立のために必要となる知見や情報，また関連する多くの支援事項を記述する事典。自立・生活・福祉・文化，医療サービス，福祉サービスなどのテーマ別に全9章で構成する。巻末に人名索引，事項索引を付す。—障害からハンディキャップへ，社会的自立のための大型事典。

盲、聾、養護学校教育の基本用語辞典　学習指導要領早わかり解説　大南英明著
明治図書出版　2000.5　160p　19cm　1700円　①4-18-099807-6　Ⓝ378

(目次)1部 基本用語選択の考え方と内容の構成，2部 盲学校，聾学校及び養護学校小学部・中学部学習指導要領の基本用語早わかり解説(総則の基本用語，各教科の基本用語，道徳及び特別活動の基本用語，自立活動の基本用語)，3部 盲学校、聾学校及び養護学校高等部学習指導要領の基本用語早わかり解説(総則の基本用語，各教科・科目の基本用語)

(内容)盲学校・聾学校・養護学校の教育の基本用語辞典。学習指導要領を理解する上で関係者が共通理解を図っておく必要があるものと改訂により新たに使われている用語について収録。内容は基本用語選択の考え方と内容の構成，盲学校、聾学校及び養護学校小学部・中学部学習指導要領の基本用語早わかり解説，盲学校・聾学校及び養護学校高等部学習指導要領の基本用語早わかり解説の3部で構成し各用語を解説。巻末に付録として教育課程に関わる法令等を収録。

<ハンドブック>

子育てに活かすABAハンドブック　応用行動分析学の基礎からサポート・ネットワークづくりまで　三田地真実，岡村章司著，井上雅彦監修　日本文化科学社　2009.1　146p　26cm　2200円　①978-4-8210-7342-9　Ⓝ378

(目次)第1部 ABAをベースにした指導ステップ—「やりとり上手」への道（ミニレクチャー—ABAの基礎の基礎，ABAの原理をもとにした指導プロセス—ステップ・バイ・ステップで進めよう！），第2部 ペアレント・トレーニングの勧め—ファシリテーションを応用して（ペアレント・トレーニングで目指すもの（その1）—仲間と共にABAの理解・実践を行う，ペアレント・トレーニングで目指すもの（その2）—仲間同士のサポート・ネットワークをつくる ほか），第3部 ABAを学ぶためのペアレント・ト

レーニングの実際—リアル追体験してみよう！（第3部のはじめに—実際のペアレント・トレーニングの場面から，具体的なケース集 ほか），付録 記録フォーム集（プチステップの一覧チェック表，ABCフレーム ほか）

障害児教育実践ハンドブック　大久保哲夫，纐纈建史，三島敏男，茂木俊彦編著　労働旬報社　1991.12　527p　21cm　4000円　①4-8451-0226-9

(目次)1 教育実践をすすめるにあたって（障害児教育のめざすもの，教育実践にどうとりくむか，子どもの理解の基本的視点，学習指導要領をどうみるか，教育課程の自主的・民主的編成，教育実践をどう組織するか，教育実践の記録と評価，教職員集団づくり・学校づくり），2 教育実践をどう展開するか（生きる力の基礎を培う，コミュニケーションの力を育てる，障害の軽減・克服をめざして，遊びの指導，表現する力を育てる，教科の指導，働く力を育てる，集団的自治活動，行事へのとりくみ，性の指導，平和教育，寄宿舎での指導，教材・教具，教育環境，交流・共同教育），3 教育実践の発展のために（乳幼児の療育・保育，学校外の教育，青年期教育としての後期中等教育，進路保障，障害のない子どもたちへのとりくみ，父母との連携，教職員の権利）

(内容)具体的な実践事例からわかりやすい基礎理論までの障害児教育のガイド。

しょうがい児支援ハンドブック　学齢期の地域生活をゆたかなものに　名古屋市学童保育連絡協議会しょうがい児部会，あした編（京都）かもがわ出版　2009.7　63p　19cm　700円　①978-4-7803-0290-5　Ⓝ369.49

(目次)障害をもつ子どもの地域での暮らしと支援制度，学齢障害児の地域生活—乳幼児期から学齢期へ，学齢児のショートスティ，学齢児の移動支援，行動援護支援，学童保育で育つしょうがいのある子どもたち，「第三の生活の場」として—児童デイサービス，「グループ支援」とノーマライゼーション，特別支援教育における「個別支援」，全国放課後連の調査から見えてきたこと，将来の制度設計を展望して

特殊教育必携　第3次改訂　文部省特殊教育課特殊教育研究会編　第一法規出版　1993.3　1冊　19cm　4500円　①4-474-04987-X　Ⓝ378

(内容)特殊教育関係諸法令，心身障害児についての学校教育・児童福祉・職業指導に関連した法令・通達・資料を収録。

特別なニーズ教育ハンドブック　マイケル・ファレル著，犬塚健次訳　田研出版　2001.6　315p　21cm　〈原書名：The

Special Education Handbook〉　3600円
　Ⓘ4-924339-82-2　Ⓝ378.0233
内容 特別な教育ニーズ（SEN）に関する用語集。項目はアルファベット順に排列。付表として、法律、頭文字と省略語、A～Z領域別・題材別用語索引を掲載。巻末に英語と日本語の用語索引と、Webサイト資料がある。

仲間の中で育ちあう　知的障害児の「特別なニーズ」と教育　越野和之，全障研八日市養護学校サークル編著　（京都）クリエイツかもがわ，（京都）かもがわ出版〔発売〕　2004.11　103p　21cm　（寄宿舎教育実践ハンドブック）　1000円　Ⓘ4-902244-29-2
目次 1 生活教育の実践（くつろぎのある生活―「第一の世界」をゆたかに，育ちあいのある生活―「第二の世界」をゆたかに，つながりのある生活―「第三の世界」をゆたかに），2 よくあるQ&A（寄宿舎の実践にかかわって，寄宿舎のあり方にかかわって），3 寄宿舎教育のこれまでとこれから―特別支援教育の動向の中で（「特別支援教育」と寄宿舎「適正化」の論理，「生活教育」論を生み出してきた寄宿舎教職員の運動，「生活教育」を支える教育条件整備の到達と寄宿舎の今後）

はじめての料理ハンドブック　ハンディキャップをサポートする指導と実習　改訂版　鈴木文子，福田美恵子著　大活字　2007.7　142p　26cm　2000円　Ⓘ978-4-86055-379-1
目次 指導編（お子さんは次のことをどのくらい知っていますか？，今，日常生活のなかでどんなことができますか？，お手伝い／調理への参加，調理の基本，包丁操作，まな板の扱い，熱源の扱い，調理器具・用具），実習編（火を使わないで作る料理，電子レンジを使った料理，炊飯器でご飯を炊く，オーブントースターを使った料理）

盲学校、聾学校及び養護学校学習指導要領　平成11年3月告示　大南英明監修　時事通信社　1999.5　311p　21cm　952円　Ⓘ4-7887-9916-2
目次 盲学校、聾学校及び養護学校幼稚部教育要領，盲学校、聾学校及び養護学校小学部・中学部学習指導要領，盲学校、聾学校及び養護学校高等部学習指導要領，解説「盲学校、聾学校及び養護学校学習指導要領」

盲学校，聾学校及び養護学校　教育要領・学習指導要領　文部省告示　大蔵省印刷局編　大蔵省印刷局　1999.4　141p　21cm　360円　Ⓘ4-17-153620-0
目次 第1章 総則（幼稚部における教育の基本，幼稚部における教育の目標，教育課程の編成），第2章 ねらい及び内容（健康、人間関係，環境，言葉及び表現，自立活動），第3章 指導計画作成上の留意事項

<雑誌目次総覧>
障害者教育福祉リハビリテーション目次総覧　第1巻　盲・弱視関係　大空社　1990.6　1冊（頁付なし）　22cm　〈監修：津曲裕次〉　Ⓘ4-87236-137-7　Ⓝ378.031
目次 むつぼしのひかり 第1号～第473号，内外盲人教育 第1巻春号～第9巻秋号，帝国盲教育 第1号～第8巻第1号，盲教育 第1巻第1号～第6巻第2号，帝国盲教育 第7巻第1号～第13巻第1号

障害者教育福祉リハビリテーション目次総覧　第2巻　盲・弱視関係　大空社　1990.6　1冊（頁付なし）　22cm　〈監修：津曲裕次〉　Ⓘ4-87236-137-7　Ⓝ378.031
目次 内容：盲教育の友 第1巻第1号～第4巻第8号，きのえね 第1号～第10号，盲教育評論 第1号～第51号，盲心理論文集 第1巻～第5巻，盲心理研究 第6巻～第19巻，視覚障害教育・心理研究 第1巻第1号～第6巻第1号，盲教育研究 第1号，盲教育 第1号～第68号，弱視教育 第1巻第1号～第27巻第3号，新時代 第1号～第30号，視覚障害 第31号～第104号

障害者教育福祉リハビリテーション目次総覧　第3巻　聾・難聴関係　大空社　1990.6　1冊（頁付なし）　22cm　〈監修：津曲裕次〉　Ⓘ4-87236-137-7　Ⓝ378.031
目次 口なしの花 第1号～第11号，殿坂の友 第12号～第46号，聾唖界 第1号～第97号，聾唖教育 第1号～第68号，聾唖の光 第1号～第3巻第5号，口話式聾唖教育 第1集～第7巻第3号，聾口話教育 第7巻第4号～第17巻第3号

障害者教育福祉リハビリテーション目次総覧　第4巻　聾・難聴関係　大空社　1990.6　1冊（頁付なし）　22cm　〈監修：津曲裕次〉　Ⓘ4-87236-137-7　Ⓝ378.031
目次 内容：聾教育 第1号～第2号，特殊教育 第3号～第106号，ろう教育 第107号～第229号，聾教育 第229号～第240号，聴覚障害 第241号～第465号

障害者教育福祉リハビリテーション目次総覧　第5巻　聾・難聴関係　大空社　1990.6　1冊（頁付なし）　22cm　〈監修：津曲裕次〉　Ⓘ4-87236-137-7　Ⓝ378.031
目次 内容：みみより 第1号～第363号

障害者教育福祉リハビリテーション目次総覧　第6巻　聾・難聴関係　大空社

障害者教育　　　　　　学校教育

1990.6　1冊（頁付なし）　22cm　〈監修：津曲裕次〉　①4-87236-137-7　⑩378.031
[目次]内容：ろう教育科学 第1巻第1号〜第31巻第3号, 言語障害研究 第1号〜第105号, 聴覚言語障害 第1号〜第18巻第1号, 海聴研通信 第5号〜第12号, 季刊ろうあ運動 第1号〜第46号

障害者教育福祉リハビリテーション目次総覧　第7巻　知能・情緒関係　大空社
1991.3　1冊（頁付なし）　22cm　〈監修：津曲裕次〉　①4-87236-164-4　⑩378.031
[目次]内容：愛護 第31号〜第388号

障害者教育福祉リハビリテーション目次総覧　第8巻　知能・情緒関係　大空社
1991.3　1冊（頁付なし）　22cm　〈監修：津曲裕次〉　①4-87236-164-4　⑩378.031
[目次]内容：児童心理と精神衛生 第1巻1号〜第5巻6号, 精神薄弱児研究 発達の遅れと教育

障害者教育福祉リハビリテーション目次総覧　第9巻　知能・情緒関係　大空社
1991.3　1冊（頁付なし）　22cm　〈監修：津曲裕次〉　①4-87236-164-4　⑩378.031
[目次]内容：特殊教育 第9号〜第13・14号, 精薄教育 第15・16号〜第23・24号, 現場のための雑誌精薄教育 第25号〜第27号, 現場のための精薄教育 第28号〜第352号, 精神薄弱問題史研究紀要 第1号〜第30号, 障害問題史研究紀要 第31号〜第32号, 精神薄弱児教育研究論文集 第1集〜第9集, 発達教育 第1巻第1号〜第9巻第1号, セガン研究 第1号〜第4号, 療育研究ノート 第1号〜第29号, 自閉児教育研究 第1巻〜第12号, 精神薄弱者施設史研究 第1号〜第3号, 発達障害研究 第1号〜第43号, スペシャルオリンピック 第1号〜第7号

障害者教育福祉リハビリテーション目次総覧　第10巻　重度関係　大空社　1991.3
1冊（頁付なし）　22cm　〈監修：津曲裕次〉　①4-87236-164-4　⑩378.031
[目次]内容：両親の集い 第1号〜第403号, 重障児とその教育 第1号〜第9号, 重症心身障害研究会誌 創刊号〜第14巻第2号

障害者教育福祉リハビリテーション目次総覧　第11巻　運動関係　大空社　1991.3
1冊（頁付なし）　22cm　〈監修：津曲裕次〉　①4-87236-164-4　⑩378.031
[目次]内容：光明学校紀要 第1輯〜第7輯, 肢体不自由児の療育 第1号〜第4号, 療育 第5号〜第34号, はげみ 第1号〜第209号

障害者教育福祉リハビリテーション目次総覧　第12巻　運動関係　大空社　1991.3
1冊（頁付なし）　22cm　〈監修：津曲裕次〉

①4-87236-164-4　⑩378.031
[目次]内容：理学療法と作業療法 第1巻第1号〜第22巻12号, 脳性マヒ児の教育 第1号〜第74号, 肢体不自由教育 第1号〜第93号, 運動・知能障害研究 第1号〜第5巻, われら人間 第1号〜第51号, 戸山サンライズ情報 第1号〜第54号

障害者教育福祉リハビリテーション目次総覧　第13巻　リハビリテーション関係
大空社　1991.3　1冊（頁付なし）　22cm　〈監修：津曲裕次〉　①4-87236-164-4　⑩378.031
[目次]リハビリテーション 第1号〜第319号, リハビリテーション医学 第1号〜第123号, リハビリテーション研究 第1号〜第61号, 日本義肢装具研究会会報 第1号〜第27巻, 日本義肢装具学会誌 第28巻〜第49号, リハビリテーションギャゼット 第1号〜第8号, リハビリ手帖 第1号〜第11号, 職業リハビリテーション 第1号〜第2号, 季刊職リハネットワーク 第1号〜第6号, 理学療法ジャーナル 第23巻第1号〜第23巻第12号, 作業療法ジャーナル 第23巻第1号〜第23巻第12号

障害者教育福祉リハビリテーション目次総覧　第14巻　共通　大空社　1991.3　1冊
（頁付なし）　22cm　〈監修：津曲裕次〉　①4-87236-164-4　⑩378.031
[目次]内容：みんなのねがい 第1号〜第254号

障害者教育福祉リハビリテーション目次総覧　第15巻　共通　大空社　1991.3　1冊
（頁付なし）　22cm　〈監修：津曲裕次〉　①4-87236-164-4　⑩378.031
[目次]内容：心身障害学研究 第1巻〜第14巻第1号, 日本児童協会時報 第1巻第1号〜第4巻第12号, 育児雑誌 第5巻第1号〜第9巻第12号, 特殊教育学研究 第1巻〜第27巻第3号, 特殊教育教材研究 創刊号〜第19号, 療育の窓 第1号〜第71号, 障害問題研究 第1号〜第59号, 障害者の福祉 第1号〜第101号, 働く広場―障害者と雇用 創刊号〜第76号, 障害者教育研究 第1号〜第13号, 福祉機器情報 創刊号〜第12号

障害者教育福祉リハビリテーション目次総覧　第16巻　共通　〔3〕　大空社
1991.3　1冊　22cm　〈監修：津曲裕次　発売：柳原書店〉　⑩378.031
[目次]月刊障害児教育 第55号〜第90号, 月刊実践障害教育 第91号〜第198号, 福祉労働 創刊号〜第24号, 季刊福祉労働 第25号〜第45号, IYDP情報 第1号〜第111号, 障害児体育 第1巻第2・3号, 障害者体育 第2巻第1号〜第5巻第1・2号, 教材教具 創刊号〜第5号, 障害児の診断と指導 第1号〜第56号, 月刊障害者問題情報 第1号〜第81号, ネットわあーく

第0号~第6号, 養護・訓練研究 第1巻~第2巻

障害者教育福祉リハビリテーション目次総覧 別巻
大空社　1990.6　146,161p　22cm　〈監修：津曲裕次〉　⓵4-87236-137-7　Ⓝ378.031

障害者教育福祉リハビリテーション目次総覧 第2期別巻
大空社　1991.3　239,452p　22cm　〈監修：津曲裕次〉　⓵4-87236-164-4　Ⓝ378.031

障害者教育福祉リハビリテーション目次総覧 続 第1巻 視覚関係
大空社　1993.2　396p　22cm　〈監修：津曲裕次〉

(目次) 弱視教育研究 第1輯, 盲教育研究 第1輯・第2輯, 視覚障害児教育研究 第1巻~第8巻, 視覚障害研究 第1号~第34号, 感覚代行シンポジウム 第1回~第17回, 視覚障害歩行研究会発表抄録集 第1回~第14回, 歩行者指導員養成講習会フォローアップ研修会論文集 第4回・第5回, 歩行訓練研究 第1号~第6号, 視覚障害者のつどい 第1号~第17号, 視覚障害 第105号~第123号, 日本視覚障害リハビリテーション研究会論文集 第2回, かけはし 第25号~第34号・第1号~第243号

(内容) 昭和30年代から現在までの障害者教育・福祉・リハビリテーションに関する定期刊行物約80種の目次を複刻集成したもの。全6巻・別巻1で構成。

障害者教育福祉リハビリテーション目次総覧 続 第2巻 聴覚関係
大空社　1993.2　266p　22cm　〈監修：津曲裕次〉

(目次) 吃音研究 第1号~第11・12号, ことばのりずむ 創刊号~第9・10号, 国立聴力言語障害センター紀要 昭和45年度~52年度, 東京教育大学附属聾学校紀要 第1巻~第5巻, 筑波大学附属聾学校紀要 第1巻~第14巻, 福祉「真」時代 第76号~第80号, 失語症研究 第1巻第1号~第4巻第2号, 手話通訳問題研究 第20号~第35号, いくおーる 創刊号~第5号, 季刊ろうあ運動 第47号, Mimi季刊みみ 第48号~第58号, 聴覚障害 第466号~第499号, ろう教育科学 第31巻第4号~第34巻第3号, 聴覚言語障害 第19巻第1号~第20巻第3号, みみより 第364号~第393号 Better hearing journal 創刊号~第135号

障害者教育福祉リハビリテーション目次総覧 続 第3巻 知能関係
大空社　1993.2　604p　22cm　〈監修：津曲裕次〉

(目次) 手をつなぐ親たち 第1号~第442号, いとしご 第2号~第23号, 大阪府精神薄弱者更生相談所紀要 第1号~第9号, 情緒障害教育研究紀要 第1号~第11号, 感覚統合研究 第1集~第7集, 季刊自閉症研究 第1巻第1号~第1巻第4号, 愛

護 第389号~第427号

(内容) 昭和30年代から現在までの障害者教育・福祉・リハビリテーションに関する定期刊行物約80種の目次を複刻集成したもの。全6巻・別巻1で構成。

障害者教育福祉リハビリテーション目次総覧 続 第4巻 運動関係
大空社　1993.2　324p　22cm　〈監修：津曲裕次〉

(目次) 青い芝 第1周年特別記念号~第4周年記念号, リハビリテイション心理学研究 第1巻~第17・18・19巻合併号, 季刊ありのまま 創刊号~第27号, 神奈川県立ゆうかり園・神奈川県立ゆうかり養護学校紀要 第1巻~第13巻, 芦屋市立浜風小学校みどり学級紀要 第1号~第8号, 両親の集い 第404号~第435号, 肢体不自由教育 第94号~第104号, 月刊波 第1号・第14号~第224号

障害者教育福祉リハビリテーション目次総覧 続 第5巻 リハビリテーション関係
大空社　1993.2　364p　22cm　〈監修：津曲裕次〉

(目次) リハビリテーションニュース 第1号~第28号, 京都理学療法士会々誌 第1号~第20号, 神奈川県総合リハビリテーションセンター紀要 第1号~第12号, リハビリテーション交流セミナー報告書 '77~第7回, 国立身体障害者リハビリテーションセンター研究紀要 第1号~第12号, 職業リハビリテーション研究 第1号~第6号, リハ工学カンハァレンスプログラム 第1回~第6回, リハビリテーション・エンジニアリング 第1号~第8号, テクノエイド通信 第1巻~第9巻, テクニカルエイド 第1号~第6号, リハビリテーション研究 第62号~第72号, 職業リハビリテーション 第3号~第5号, 季刊職リハネットワーク 第7号~第19号, リハビリテーション医学 第124号~第155号, 理学療法ジャーナル 第24巻1号~第26巻12号, 作業療法ジャーナル 第24巻1号~第27巻1号, リハビリテーション 第320号~第339号

障害者教育福祉リハビリテーション目次総覧 続 第6巻 共通
大空社　1993.2　468p　22cm　〈監修：津曲裕次〉

(目次) 東京学芸大学特殊教育研究施設研究紀要 第1号~第4号, 特殊教育研究施設報告 第1号~第41号, 国立特殊教育総合研究所研究紀要 第1巻~第19巻, 横浜市養護教育総合センター研究紀要 第1集~第3集, 心身障害児教育論文集 第1集~第16巻, 発達科学研究所報 第1号~第3号, 季刊障害者と生活 第1号~第9号, 障害教育かながわ 創刊号~第20号, 障害者教育科学 創刊号~第21号, ソビエト欠陥学の研究 第1号~第22号, ソビエト欠陥学の研究シリーズ 第1号・第2号, 特殊教育教材教具開発 第1集・第10集

～第16集，ひとりからみんなへあいのわ　第7号～第68号，あくしょん　創刊号～第14号，月刊実践障害児教育　第199号～第235号，季刊福祉労働　第50号～第57号，月刊障害者問題情報　第82・83号～第112号，戸山サンライズ情報　第55号～第90号，IYDP情報　第112号～第145号

障害者教育福祉リハビリテーション目次総覧　続　別巻　解説　大空社　1993.2　238p　21cm　〈監修：津曲裕次〉

〔目次〕収録雑誌解題(津曲裕次)，収録雑誌発行年月一覧，著者名索引

◆視覚障害

＜事典＞

子どものための点字事典　黒崎恵津子著，福田行宏イラスト　汐文社　2009.3　109p　27cm　〈文献あり　索引あり〉　3200円　Ⓘ978-4-8113-8540-2　Ⓝ378.18

〔目次〕1　点字って何？(身のまわりの点字をさがしてみよう，音も，さわってわかる工夫，はっきりと見やすい表示も)，2　点字の文字(あいうえお…，点字でどう書く？，点字の50音　ほか)，3　点字の書き方(ふつうの文字の書き方とどこがちがう？，ポイント1　発音どおりに書くほか)，4　視覚障害に関する用語集(視覚障害とは？，視覚障害者と生活　ほか)，5　点字の歴史(世界で最初の盲学校，点字以前の文字，凸字　ほか)，資料編

図説盲教育史事典　鈴木力二編著　日本図書センター　1985.6　189p　27cm　〈盲教育文献：p167～178〉　5800円　Ⓝ378.1

〔内容〕1970年代までの日本の視覚障害教育の歴史を解説した事典。人名索引・事項名索引を付す。

◆聴覚障害

＜事典＞

イラスト手話辞典　2　丸山浩路著　ダイナミックセラーズ出版　1998.4　925,138p　19cm　3800円　Ⓘ4-88493-273-0

五十音で引ける手話単語集　見やすい・わかりやすい　南瑠霞著　日本文芸社　2006.8　527p　24×19cm　2100円　Ⓘ4-537-20473-7

〔目次〕五十音手話単語集，巻末資料

〔内容〕基本的な手話単語2500語を収録。本文は見出し語の五十音順に排列。本文だけでは分かりにくい手話の動作600については，携帯電話で動画を確認することができる。資料として「数」「1月から12月」「国名」などの表し方が掲載。巻末にテーマ別索引と五十音順索引を収録。

こども手話じてんセット　谷千春監修　ポプラ社　2004.4　2冊(セット)　29×22cm　〈付属資料：ビデオ1〉　9900円　Ⓘ4-591-99556-9

〔目次〕手話ソングブック(大きな古時計，故郷，ありがとうさようなら，翼をください，ぼくらの未来　ほか)，こども手話じてん(手話の基本を覚えよう(基本編)，「見る言葉」を覚えよう(じてん編)，都道府県，いろいろな地域・国)

〔内容〕五十音順に約1400単語の手話を紹介。

子どものための手話事典　全日本ろうあ連盟監修，イケガメシノ絵　汐文社　2008.4　182p　27cm　3000円　Ⓘ978-4-8113-8199-2　Ⓝ378.28

〔目次〕指文字，数，あいさつ，動き，人，スポーツ，食べ物，疑問詞，量，時〔ほか〕

写真　手話辞典　天理教手話研究室編　(天理)天理教道友社　1996.5　653p　21cm　3800円　Ⓘ4-8073-0383-X

〔内容〕日常語の手話表現を連続写真を用いて解説したもの。2758語(同義語を含む)を五十音順に収録する。ただし五十音，半濁音，濁音，長音などの指文字と数字の手話表現は末尾にまとめて掲載。巻末に五十音の総合索引がある。―連続写真で一目瞭然。手話を学ぶ人必携の辞典。

写真と絵でわかる　手話単語・用語辞典　田中清監修　西東社　2002.8　318p　19cm　1500円　Ⓘ4-7916-1115-2　Ⓝ378.28

〔目次〕プロローグ　基本会話(あいさつ，お礼，イエス，ノー，お詫び，あいづち　ほか)，基本用語集(人・家族，数詞，日時・行事，程度，場所　ほか)

〔内容〕日常生活に欠かせない手話表現を集めた実用書。写真や絵を中心に，表現する際の動きをやさしく解説する。分野別の基本用語集では，パソコン関連や病院・症状・病名などの項目も収載。巻頭に五十音とアルファベットの指文字一覧，巻末に五十音順の項目索引がある。

写真と絵でわかる手話単語・用語辞典　カラー版　田中清監修　西東社　2010.6　319p　19cm　〈索引あり〉　1500円　Ⓘ978-4-7916-1777-7　Ⓝ378

〔目次〕プロローグ　基本会話(あいさつ，お礼，イエス，ノー，お詫び，あいづち，自己紹介，質問する)，基本用語集(人・家族，数詞，日時・行事，程度，場所，地名・方角・国名，乗り物・道案内　ほか)

〔内容〕日常生活に欠かせない表現を厳選し，カ

ラー写真と絵でわかりやすく解説。会話が広がり、コミュニケーションが深まる！手話を学ぶ人の必携の一冊。

手話きほん単語集　絵でみてカンタン　竹内書店新社編集部編　竹内書店新社　2000.5　223p　19cm　1000円　ⓘ4-8035-0096-7　Ⓝ378.28

〔目次〕あいさつ、天気・自然、人物、仕事、スクール、地名、県名、時間、食べる、遊ぶ、スポーツ、ファッション、気持ち、健康、買いもの、生活、恋愛、乗りもの、色、様子、トラブル、動き、固有名詞、新しい言葉

〔内容〕手話の基本単語集。「癒し」「介護保険」などの新しい言葉から「ピカチュウ」「無印良品」などの固有名詞まで、身近な言葉約700語をイラストで解説。単語はあいさつ、天気・自然、人物から動き、固有名詞、新しい言葉までさまざまな単語を収録。ほかに指文字と五十音順の索引を収録する。

手話・日本語辞典　手の形から手話がわかる　竹村茂著　広済堂出版　1995.1　282p　18cm　（KOSAIDO BOOKS）　800円　ⓘ4-331-00669-7

〔目次〕手話の特徴とこの本の使い方、手話検索のフローチャート、手話検索表の使い方、手形の図、凡例・本書の見方〔ほか〕

〔内容〕手の形から意味を調べる手話辞典。片手で表す手話、両手で同じ形で表す手話、両手が違う形の3章で構成し、形の似た手話をまとめて排列する。約1000点のイラストを掲載。巻末に単語索引を付す。付録として、数詞や指文字等の「その他の手話」がある。

手話・日本語大辞典　竹村茂著　広済堂出版　1999.5　815p　21cm　3800円　ⓘ4-331-50680-0

〔目次〕手話の特徴とその使い方、手話の分類について、手形表、指詞五十音表、数詞表、手話検索のフローチャート、検索表、片手の手話、両手同形の手話、両手異形の手話、日本語索引の使い方、索引

〔内容〕手話単語を手の形から探して、その手話単語の意味を知ることができる手話辞典。手の形、位置、動きから2951語の手話を検索でき、単純手話6191語、複合手話6619語、合わせて12810語から、その対応する手話を検索することができる。

新・手話辞典　手話コミュニケーション研究会編　中央法規出版　1992.1　814p　21cm　4300円　ⓘ4-8058-0873-X

〔内容〕これからの学校教育や社会生活の必要性に応じられるように20000語を手話化。日本語を正しく、豊かに表現することが可能な手話の在り方を示す。

新・手話辞典　第2版　手話コミュニケーション研究会編　中央法規出版　2005.5　823p　21cm　〈付属資料：CD-ROM1〉　4800円　ⓘ4-8058-2566-9

〔内容〕これからの学校教育や社会生活の必要性に応じられるよう約20000語を手話化。日本語対応の手話―日本語を正しく、豊かに表現することが可能な手話の在り方を示す。検索ソフトCD-ROM付―スピーディーな検索を実現し、手話学習をさらにサポート。

すぐに引けるやさしい手話の辞典1700語　もっとも初歩的な単語から日常で使う言葉まで　田中のり子著　成美堂出版　2002.1　239p　21cm　1200円　ⓘ4-415-01594-8　Ⓝ378.28

〔内容〕初歩的な表現から日常に使う言葉まで、実用的な手話をわかりやすくまとめたもの。約1700語を五十音順に排列し、仮名・漢字表記、動きを解説するイラスト、同義語、注意点などを記載。手話による会話のポイントや数詞・指文字の手話も併載している。巻末に索引あり。

日本語‐手話辞典　全日本聾唖連盟日本手話研究所編　米川明彦監修　全日本聾唖連盟出版局　1997.6　2206p　21cm　17619円　ⓘ4-915675-51-3

〔内容〕日本語から引く手話辞典。見出し語の総数8320語（例文）。1ページに4見出し語で、それぞれに例文がつき、1例文2イラストが原則。見出し語の表記は、和語・漢語はひらがなで、外来語はカタカナとなっている。

ひと目でわかる実用手話辞典　NPO手話技能検定協会監修　新星出版社　2002.9　591p　21cm　2000円　ⓘ4-405-05087-2　Ⓝ378.28

〔内容〕実用的な手話表現をイラスト入りで示したもの。手話技能検定試験2級出題範囲の2000語を中心に、約3000項目を五十音順に排列。指文字、表現方法、例文、別形、応用、同類語、同形語、語源、ASL（アメリカ手話）を記載。巻頭に表現法例文20、指文字、アルファベット、日本式アルファベット、数詞一覧、巻末にASL索引、五十音順索引がある。

わかりやすい手話辞典　日常会話でよく使う約2000語の日本手話を収録　米内山明宏監修、緒方英秋著　ナツメ社　2000.8　543p　21cm　2000円　ⓘ4-8163-2844-0　Ⓝ378.28

〔内容〕手話の辞典。日常的に使われる単語にくわえ、最近流行している事柄やニュースの言葉、コンピュータ用語などを実際にろう者が

使っている手話表現によって約2000語を収録。単語は五十音順に排列、手話表現のイラストとその単語の形と動きの説明と手話表現の由来、それぞれの単語を使って表現できる熟語や例文を掲載。ほかに手話表現による県名、月日の表し方、新しい言葉、パソコン用語、アルファベットの特別な使い方を掲載。テーマ別索引、五十音順索引を付す。

わたしたちの手話学習辞典　全日本ろうあ連盟出版局編　全日本ろうあ連盟出版局
2010.11　559p　21cm　〈手話監修：全国手話研修センター日本手話研究所　手話イラスト：アトム　索引あり〉　2600円　Ⓘ978-4-904639-02-3　Ⓝ369.276

(内容)1つの手話に豊富な日本語！ 手話やろう者に関する豆知識入り！ 手の形からも学習できる親切なレイアウト！ 全ての単語に全国手話検定試験の対応級を記載！ 社会福祉法人全国手話研修センター主催の全国手話検定試験や手話通訳者全国統一試験の学習にも最適な書。

<ハンドブック>

コンパクト手話辞典　日常生活で役立つ
谷千春監修　池田書店　2005.11　383p　18cm　1200円　Ⓘ4-262-14715-0

(内容)50音順だから使いやすい。掲載手話はすべて写真。手話技能検定試験での出題クラス（2～6級）がわかる。

実用手話ハンドブック　谷千春監修　新星出版社　2003.8　287p　18cm　1200円　Ⓘ4-405-05088-0

(目次)基本単語(あいさつ, 応対, 自己紹介 ほか), 生活(暮らし・社会, 恋愛・人間関係, 学校・勉強 ほか), 話題(名前, 自然・季節, 人・ペット ほか)

(内容)基本の手話約500+派生語で日常会話がどんどん話せる。ひと目でわかるイラスト。手話を語源から解説。

手話のハンドブック　篠田三郎, 全日本ろうあ連盟共著　三省堂　1993.6　238p　21×14cm　1500円　Ⓘ4-385-15810-X

(目次)私と手話との出会い, 第1部 手話概論, 第2部 手話への理解, 第3部 基本用語編, 第4部 日常会話編(挨拶, 紹介, サークル, 家庭生活, 買い物, 郵便局 など), 全日本ろうあ連盟の事業・出版物

新手話ハンドブック　全日本ろうあ連盟著　三省堂　2007.12　201p　21cm　1500円　Ⓘ978-4-385-41056-2

(目次)第1部 ファイト！ 手話を学ぶみなさんへ (手話とろう者, ろう教育 ほか), 第2部 ここ

がポイント！ 手話の仕組み(手話の特徴, 手話単語の成り立ち ほか), 第3部 ゲット！ 基本単語二〇〇(自己紹介・挨拶, 人間関係 ほか), 第4部 マスター！ 基本会話五〇(挨拶, 紹介 ほか)

(内容)広く一般の人々に対して、ろう者や手話への理解を深める初心者向け手話事典として、ろう者の現状や手話の歴史などを概説するとともに、手話の基本となる単語や簡単な日常会話などを、わかりやすい例文と豊富なイラストとともに解説。

すぐ使える手話ハンドブック　野沢久美子監修　(新宿区)池田書店　1997.7　238p　17cm　950円　Ⓘ4-262-15669-9

(目次)プロローグ 手話とは, 1 基本用語編, 2 フリートーク自由自在編, 3 ケース別困らない基本用語集, エピローグ 指文字・数詞

(内容)日常の生活に即した基本用語を掲載。

すぐに使える手話辞典6000　米内山明宏監修, 緒方英秋著　ナツメ社　2004.11　607p　21cm　〈付属資料：指文字ポスター1〉　2200円　Ⓘ4-8163-3816-0

(目次)会話に役立つ表現集(向きによって意味が変わる表現, 数の表現法, 数の活用法 ほか), 手話のポイントを覚えておきましょう, あいうえお順手話辞典, 固有名詞・基本単語 (県名, 地域名, いろいろな地名 ほか)

(内容)実際にろう者が使っている日本手話を紹介しているので、日常の会話にすぐ活かせる。表現の幅が広がる熟語や、掲載した単語を組み合わせて表現できる例文も併せて解説。見出しの表現だけでなく、使い方例, 反意語, 同義語などのページも載せているので調べやすい。

大学生のための手話ハンドブック　心をつたえるコミュニケーション　柴田すみ子編著, 加登田恵子著, 中村浩樹絵　(岡山)ふくろう出版　2008.4　80p　26cm　1429円　Ⓘ978-4-86186-337-0　Ⓝ369.276

(目次)第1章 聴覚障がいとは(聴覚障がい者とは, 聴覚障がいの原因, 聴覚障がいの種類), 第2章 聴覚障がい者の生活と支援—当事者に聞く(中途失聴者の生活と支援者の役割, 盲ろう者の生活と支援者の役割, 要約筆記による支援者の役割), 第3章 聴覚障がい者とのコミュニケーション技術(手話とトータル・コミュニケーション, コミュニケーションのための技術), 第4章 手話で自己紹介(身振りで表してみよう, 自己紹介をしてみよう1—挨拶, 自己紹介をしてみよう2—趣味, 自己紹介をしてみよう3—仕事, 自己紹介をしてみよう4—家族, 自己紹介をしてみよう5—その他, 生活に関する手話を表してみよう1, 生活に関する手話を表

してみよう2，生活に関する手話を表してみよう3，大学で使う手話を表してみよう）

DVDで覚える手話辞典　谷千春監修　池田書店　2005.6　479p　21×19cm　〈付属資料：DVD1〉　2300円　ⓘ4-262-14714-2
⦅内容⦆本とDVDで完全理解。DVDは収録時間3時間の充実・納得版。手話単語の標準速度や表現方法がよくわかる。手話技能検定試験での出題単語をすべて掲載。

早引き 手話ハンドブック 知りたいことがよくわかる　米内山明宏監修　ナツメ社　2007.4　383p　15cm　1000円　ⓘ978-4-8163-4307-0
⦅内容⦆よく使う手話単語を写真で見やすく解説。ポイント、使い方例、同義語、反意語も掲載。

わたしたちの手話 総さくいん　2002年版　改訂版　全日本聾唖連盟出版局　2002.5　110p　18cm　550円　ⓘ4-915675-72-6　Ⓝ378.28
⦅内容⦆「わたしたちの手話」シリーズの書籍に収録されている手話単語の総さくいん。「わたしたちの手話」1～10、続1、スポーツ用語、新しい手話1～4に収録されている手話単語を五十音順に排列、単語別に収録巻、及び収録ページを表示する。読みが同じで意味が異なる単語（同音異義語）は、掲載書籍の古い順に示し、1つの単語に手話表現が複数ある場合は掲載書籍の古い順にA・B・C…の記号を付して収録している。

◆発達障害

<書 誌>

「自閉」の本九十九冊　増補　阿部秀雄編　学苑社　1990.6　308,10p　19cm　〈「自閉」の本リスト：p287～308〉　2233円　ⓘ4-7614-9005-5　Ⓝ493.937
⦅内容⦆障害児について語るにあまりに饒舌過ぎてはならないという柔らかい視点にたって編集。様々な理論を洗い直し、他の理論とつき合わせて多面的に検討する。

<事 典>

LD・ADHD等関連用語集　第3版　日本LD学会編　日本文化科学社　2011.1　195p　19cm　1190円　ⓘ978-4-8210-7351-1
⦅内容⦆教育学、心理学、医学、福祉学、リハビリテーション学など関連する領域から主として発達障害に関する416用語を収録した日本LD学会公式用語集第3版。新たに行動問題、障害者権利条約、などを73用語を追加、アセスメント、自閉症スペクトラム障害、注意欠陥多動性障害

など61用語を修正。巻末に見出し語と本文中の重要語を五十音順に配列した和文索引と見出し語と重要外国語をアルファベット順に配列した欧文事項索引が付く。

LD・学習障害事典　キャロル・ターキントン，ジョセフ・R.ハリス著，竹田契一監修，小野次朗，太田信子，西園有香監訳　明石書店　2006.7　365p　21cm　〈原書名：The Encyclopedia of Learning Disabilities〉　7500円　ⓘ4-7503-2360-8
⦅内容⦆LDに関する広範囲の用語や概念を収録した事典。配列はアルファベット順で各項目には欧文表記と日本語訳を併記。本編の他に略語一覧、参考資料、用語解説、参考文献、和文索引、欧文索引が付く。

自閉症教育基本用語事典　小林重雄監修　学苑社　2012.7　276p　19cm　3400円　ⓘ978-4-7614-0748-3
⦅内容⦆現場でよく使われる用語や直面する課題への対応方法、そして社会自立に向けた項目を厳選、235項目を収録。1項目につき、1ページまたは2ページで紹介。最前線の現場で活躍する実践家による困った時にすぐに役立つハンディな事典。

自閉症スペクトラム辞典　日本自閉症スペクトラム学会編　教育出版　2012.3　233p　22cm　3800円　ⓘ978-4-316-80190-2　Ⓝ493.76
⦅内容⦆自閉症スペクトラムに関する医療・教育・福祉・心理・アセスメント各領域の基本用語564項目を収載。

自閉症百科事典　ジョンT.ネイスワース，パメラS.ウルフ編，小川真弓，徳永優子，吉田美樹訳，萩原拓監修　明石書店　2010.10　271p　22cm　〈文献あり 索引あり　原書名：The autism encyclopedia.〉　5500円　ⓘ978-4-7503-3293-2　Ⓝ378.033
⦅内容⦆自閉症・自閉症スペクトラムとその他の広汎性発達障害の研究、治療関連の用語約800語を収録。配列は原語（英語）見出しのアルファベット順、見出し語、見出し語の見本語、解説からなり、巻末に日本語項目リストが付く。

日本LD学会LD・ADHD等関連用語集　日本LD学会編　日本文化科学社　2004.8　132p　19cm　1190円　ⓘ4-8210-7323-4
⦅内容⦆教育学、心理学、医学、福祉学、リハビリテーション学など関連する領域から主として発達障害に関する用語を収録した用語集。配列は見出し語の五十音順、見出し語、見出し語の英語、解説文を記載、巻末に見出し語と本文中の重要語を五十音順に配列した索引が付く。

日本LD学会LD・ADHD等関連用語集
第2版　日本LD学会編　日本文化科学社　2006.9　149p　19cm　1190円　①4-8210-7333-1

(内容)教育学、心理学、医学、福祉学、リハビリテーション学など関連する領域における、主に発達障害に関する用語を選定し、解説した。本文は五十音順に排列。巻末に事項索引、欧文事項索引を収録。2004年刊に次ぐ第2版。

発達障害基本用語事典
日本発達障害学会監修　金子書房　2008.8　275p　18×11cm　2700円　①978-4-7608-3241-5　Ⓝ369.49

(目次)医学(概論、診断・評価、治療、疾患と障害)、心理(発達領域とアセスメント、理論、研究法、支援アプローチ(療法)、検査法、その他)、福祉(理念、法律・制度、サービス・計画)、教育(特別支援教育の理念と制度、特別支援学校、小中学校等における特別支援教育、教育の内容と方法)、労働

発達障害事典
パスカル・J.アカルド、バーバラ・Y.ホイットマン編、上林靖子、加我牧子監修、森田由美、古賀祥子、加藤多佳子訳　明石書店　2011.1　584p　21cm　〈原書第2版　原書名：DICTIONARY OF DEVELOPMENTAL DISABILITIES TERMINOLOGY (2nd edition)〉　9800円　①978-4-7503-3327-4

(内容)医学、心理学、教育、社会福祉、法律の分野から神経発達障害に関連する用語約3500項目を収録。

発達障害指導事典
小出進編　学習研究社　1996.8　717p　26cm　15000円　①4-05-400244-7

(目次)教育の制度・展開、指導の計画・展開、発達障害の種類・状態、発達障害の心理・指導技法等、発達障害の生理・治療、福祉の制度・展開、職業の制度・展開、人物・団体

(内容)知的障害(知的発達障害)・自閉症、脳性まひなど、発達障害の分野における用語・事項等を解説した事典。見出し項目は「教育の制度・展開」「指導の計画・展開」「発達障害の種類・状態」「発達障害の心理・指導技法等」「発達障害の生理・治療」「福祉の制度・展開」「職業の制度・展開」「人物・団体」に関わる用語・事項等850項目。排列は五十音順で、人名と団体については用語・事項項目の後にそれぞれ収録する。解説は署名入り。巻末に欧文と五十音順の事項索引がある。——発達にハンディがある子たちの保育・教育・療育にかかわるすべての人のために、これからの時代を反映したわが国初の本格的辞典。

発達障害指導事典
第二版　小出進編　学習研究社　2000.3　717p　26cm　15000円　①4-05-401096-2　Ⓝ378.6

(目次)1 教育の制度・展開、2 指導の計画・展開、3 発達障害の種類・状態、4 発達障害の心理・指導技法等、5 発達障害の生理・治療、6 福祉の制度・展開、7 職業の制度・展開、8 人物・団体

(内容)発達障害の分野の教育、福祉、職業などに関する事典。項目は指導ないしは対応に関する用語、事項等について数多く選定。また、ここでは知的障害を中心にそれと密接に関連し、類似の対応を要する自閉症、脳性マヒなどの障害を総括して発達障害とし、身体面のものは含めていない。改訂では教育、福祉、労働法規等の修正と統計資料等の差し替えを行った。見出し項目は排列を五十音順として約850項目を収録。約3500の用語・事項を索引に収めた。

＜ハンドブック＞

自閉症児のためのTEACCHハンドブック
佐々木正美著　学習研究社　2008.4　206p　21cm　(学研のヒューマンケアブックス)　〈「講座・自閉症療育ハンドブック」の改訂新版　文献あり〉　2200円　①978-4-05-403153-1　Ⓝ378

(目次)第1章 TEACCHの基本理念と哲学、第2章 コミュニケーションへの指導と援助、第3章 学習指導の方法・構造化のアイディア、第4章 就労と職場での支援、第5章 余暇活動・社会活動の指導と援助、第6章 高機能自閉症・アスペルガー症候群とTEACCH、第7章 不適応行動への対応

(内容)日本で最初にTEACCHプログラムを紹介した『講座 自閉症療育ハンドブック』をもとに大幅加筆・修正したハンドブック。TEACCHとは、自閉症の子どもの療育や成人の生活・就労支援に大きな成果を上げているプログラム。新版では高機能自閉症・アスペルガー症候群とTEACCH、就労、職場での支援など最新のテーマを加え、日本国内でのTEACCHの実践事例を紹介している。

発達障害がある子どもの進路選択ハンドブック
月森久江監修　講談社　2010.8　98p　21cm　(健康ライブラリーイラスト版)　〈文献あり〉　1200円　①978-4-06-259447-9　Ⓝ378

(目次)1 子どもの将来をみすえた進学先を考える(進路を考える——適切な教育が子どもの能力を伸ばす、進路を考える——進路選びは子どもまかせにしない ほか)、2 幼少時代から子どもを療育する(幼少時——健診で発達障害があるとわかったら、幼少時——早期療育機関に相談する

ほか), 3 小・中学校への進学は親が道筋を示す(小学校―小学校選びにも幅が出てきている, 小学校―通常学級, 特別支援学級, 通級指導教育から選べる ほか), 4 高校への進学がもっとも重要(中学校―思春期の三年間は将来に大きな影響力をもつ, 中学校―中学校での進路面談を上手に活用する ほか), 5 就労につながる生活習慣を身につける(大学―自由度があがり, 困惑する子どももいる, 大学―就労のために, より専門的な内容を学ぶ ほか)

(内容)就学から就労まで将来への不安を解消。納得できる進路の選び方がわかる決定版。子どもの能力を伸ばすためのポイント満載。就学相談や特例申請の活用法, 入試に利用できるシステム, 新しいタイプの高校, 大学や職場での支援態勢など徹底解説。

発達障害支援ハンドブック 医療, 療育・教育, 心理, 福祉, 労働からのアプローチ 日本発達障害学会監修 金子書房 2012.8 318p 26cm 3800円 ①978-4-7608-3250-7

(目次)医学領域(アセスメント, 治療法), 心理領域(アセスメント, 指導法), 福祉領域(ソーシャルワーク系項目, 社会福祉計画・調査系項目, ケアマネジメント系項目, その他), 教育領域(教育の方法と内容, 特別支援教育), 労働領域(就労支援の過程, 就労支援の手法, 就労支援の制度と事業)

発達障害児者の防災ハンドブック いのちと生活を守る福祉避難所を 新井英靖, 金丸隆太, 松坂晃, 鈴木栄子編著 (京都)クリエイツかもがわ 2012.7 157p 21cm 1800円 ①978-4-86342-090-8

(目次)第1章 避難所に入れない障害児者の苦悩と福祉避難所の開設, 第2章 大規模災害時における発達障害児家族のニーズ, 第3章 発達障害児家族の避難の実際と避難所に対する要望, 第4章 大震災後に避難所となった特別支援学校の状況, 第5章 在校・入所していた障害児者はどのように避難したのか, 第6章 要援護者支援マニュアルと福祉避難所設置の手順, 第7章 福祉避難所となるにはどのような備えが必要か, 第8章 大災害を想定した福祉避難所設置の防災訓練, 第9章 東日本大震災からの教訓―私たちにできること

(内容)東日本大震災で避難所を利用した人は40万人。多くの発達障害児者とその家族の避難状況, 生の声, 実態調査から見えてきた教訓と福祉避難所のあり方, 運営システムを提言。

発達障害の人の就労支援ハンドブック 自閉症スペクトラムを中心に 梅永雄二編著 金剛出版 2010.9 195p 21cm 1900円 ①978-4-7724-1164-6 ⑩366.28

(目次)1 発達障害者のための就労支援―総論, 2 発達障害者に対する就労支援(サービス)の実際(重度知的障がいを伴う発達障がい者の就労支援―ジョブコーチの方法論での就労前訓練を中心として, 長く働き続けるために, 大阪発!事業協同組合による就労支援モデル―就労訓練職場定着支援のプロセス, 就職に向けて―訓練の必要性と, 支援機関が連携して支援する重要性, 決め手はジョブマッチング―高部さん(仮名)の職場開拓をとおして ほか), 3 まとめと就労支援のこれから

(内容)国内トップクラスの援助者たちが, TEACCH, ジョブコーチ, グループモデルなどの, 発達障害の人に対する効果的支援技法をわかりやすく解説し, それらを実地に応用するためのノウハウを紹介。

やさしい健康へのアドバイス 日本知的障害福祉連盟編 (武蔵野)フィリア, 星雲社〔発売〕 2002.6 187p 21cm (発達障害療育訓練ハンドブック 第2集) 1714円 ①4-7952-6539-9

(目次)第1部 健康の面で配慮しなければならない事柄(精神遅滞の原因, とくに治療可能な原因のチェックと治療への取り組み, 精神遅滞児者に(高頻度に)併発する病気の治療(死亡原因を含む), てんかんのタイプと治療(発作への対応を含む), 精神遅滞児者の視覚・聴覚障害のチェックと治療, 整形外科的治療 ほか), 第2部 いろいろな行動への対応(人のいうことがわからない子ども, 言葉が話せない子ども, 話し方のおかしい子ども, 人前で話をしない子ども, 人の干渉を極端に嫌う子ども ほか), 第3部 用語解説(五十音順)

やさしい指導法・療育技法 日本知的障害福祉連盟編 (武蔵野)フィリア, 星雲社〔発売〕 2002.6 172p 21cm (発達障害療育訓練ハンドブック 第4集) 1714円 ①4-7952-6540-2

(目次)第1部 指導法・療育技法の概説(作業療法, 理学療法, 感覚統合療法とは, 動作訓練/動作法, 行動分析 ほか), 第2部 具体的なプログラム(筋力の測定, 関節可動域の測定, 聴力・視力の測定, 聴覚障害児の訓練, 歩行の訓練 ほか), 第3部 用語解説(五十音順)

やさしい日常生活の基礎知識 日本精神薄弱者福祉連盟編 (武蔵野)フィリア, 星雲社〔発売〕 1997.5 170p 21cm (発達障害療育訓練ハンドブック 第1集) 1400円 ①4-7952-7691-9

(目次)第1部 日常生活の中で常に配慮しなければならない事柄, 第2部 いろいろな問題行動へ

障害者教育　　　　　　　学校教育

の対応，第3部 用語解説（五十音順）

やさしい予防と対応　発達障害療育訓練ハンドブック〈第3集〉　日本知的障害福祉連盟編　（武蔵野）フィリア，星雲社〔発売〕　2004.4　166p　21cm　（発達障害療育訓練ハンドブック　第3集）　1714円　①4-7952-3025-0

目次 第1部 日常生活における予防と対応（皮膚疾患，呼吸器疾患，心臓疾患，感染症 ほか），第2部 いろいろな行動への対応（水や砂でばかり遊ぶ子ども，じっとして動かない子ども，人に依存しがちな子ども，人見知りの強い子ども ほか），第3部 用語解説（五十音順）

やさしい療育Q&A　日本知的障害福祉連盟編　（武蔵野）フィリア，星雲社〔発売〕　2002.6　143p　21cm　（発達障害療育訓練ハンドブック　第5集）　1714円　①4-7952-3023-4

目次 1 発達障害の定義と分類，2 アセスメント，3 家族援護，4 作業関連活動，5 自立生活援助，6 アジアにおける専門家の養成，7 生涯サービスの保障

〈年鑑・白書〉

発達障害年鑑　日本発達障害ネットワーク年報　VOL.3　日本発達障害ネットワーク（JDDネット）編　明石書店　2011.4　166p　26cm　2300円　①978-4-7503-3402-8

目次 第1部 発達障害を取り巻く状況（発達障害の概念の流れ，関連法規の推移と関連審議会等の動向），第2部 発達障害を巡る2009年の動向（発達障害の2009年（2009年1月〜2010年3月を中心とした動き），厚生労働省の取り組み ほか），第3部 発達障害支援とネットワーク（医学分野での発達障害の現状，心理学領域での発達障害の研究と展望 ほか），第4部 JDDネットの歩みと年次大会報告（JDDネットの歩み，第5回年次大会報告 ほか），資料編—関係法令・年表・名簿（発達障害者支援法，発達障害者支援法施行令 ほか）

発達障害年鑑　日本発達障害ネットワーク年報　VOL.4　日本発達障害ネットワーク（JDDネット）編　明石書店　2012.11　184p　26cm　2300円　①978-4-7503-3726-5

目次 第1部 発達障害とはなにか（発達障害について分かってきたこと—生物学的背景を中心に），第2部 発達障害をめぐる2010〜2011年の動向（発達障害の2010〜11年，厚生労働省の取り組み ほか），第3部 災害時の発達障害児・者の支援（災害時・災害後の発達障害児・者の支援，東日本大震災から考えること，震災1ヶ月後の現地調査から ほか），第4部 年次大会報告（日本発達障害ネットワークの歩み，第6回年次大会報告 ほか），資料編—関係法令・年表・名簿（障害者自立支援法，障害者基本法 ほか）

発達障害白書　2000年版　日本知的障害福祉連盟編　日本文化科学社　1999.10　397p　21cm　4000円　①4-8210-7302-1

目次 流れを変える，保健・医療，早期対応，教育，施設ケアサービス，職業，生活支援，文化・スポーツ活動，経済保障，国際交流，時の話題，資料

発達障害白書　2001年版　メインテーマ・21世紀への展望　日本知的障害福祉連盟編　日本文化科学社　2000.10　365p　21cm　4000円　①4-8210-7307-2　Ⓝ378.6

目次 第1部 21世紀への展望，第2部 保健・医療，第3部 早期対応，第4部 教育，第5部 施設ケアサービス，第6部 職業，第7部 生活支援，第8部 文化・スポーツ活動，第9部 経済保障，第10部 国際交流，第11部 時の話題，第12部 資料

内容 知的障害を中心とする発達障害に関する1999年度の施策・制度、統計、社会動向をまとめたもの。医療・教育・福祉・労働の各分野にわたり、制度の改訂、各種サービスの内容などを述べている。

発達障害白書　2002年版　メインテーマ「主体性の確立」　日本知的障害福祉連盟編　日本文化科学社　2001.10　356p　21cm　4000円　①4-8210-7308-0　Ⓝ369.49

目次 主体性の確立，保健・医療，早期対応，教育，施設ケアサービス，職業，生活支援，文化・スポーツ活動，経済保障，国際交流，時の話題，資料

内容 知的障害に重点を置いて、その年の制度の変化、教育、福祉、保健のサービス等の社会の動き、各種の統計資料などを紹介する白書の2002年版。

発達障害白書　2003年版　メインテーマ・完全参加を現実に　アジア知的障害会議に向けて　日本知的障害福祉連盟編　日本文化科学社　2002.10　357p　21cm　4200円　①4-8210-7309-9　Ⓝ369.49

目次 完全参加を現実に—アジア知的障害会議に向けて，保健・医療，早期対応，教育，施設ケアサービス，職業，生活支援，文化・スポーツ活動，経済保障，国際交流，時の話題，資料

内容 知的障害に重点を置いて、その年の制度の変化、教育、福祉、保健のサービス等の社会の動き、各種の統計資料、関係団体などを紹介する白書の2003年版。

発達障害白書　本人主体を支える　2004　メインテーマ・変革の鼓動　日本知的障

害福祉連盟編　日本文化科学社　2003.10
381p　21cm　4200円　①4-8210-7310-2

(目次)第1部 変革の鼓動―本人主体を支える，第2部 保健・医療，第3部 早期対応，第4部 教育，第5部 施設ケアサービス，第6部 職業，第7部 生活支援，第8部 文化・スポーツ活動，第9部 経済保障，第10部 国際交流，第11部 時の話題，第12部 資料

(内容)「変革の鼓動―本人主体を支える」がメインテーマ。本人主体の基本には、自分の意志で生活の内容を選択できるメニューの存在が問われている。それには、現在の社会一般にあるメニューへの平等な参加と、さまざまな個性と制約をもつ障害者にとって便利な具体的なメニューの創造とが必要である。これらは、利用者と提供者双方の経験によって培われる共同作業によって発展するのであろう。

発達障害白書　確かな理念と道筋と　2005 メインテーマ「変革」の検証　日本知的障害福祉連盟編　日本文化科学社　2004.11　363p　21cm　4200円　①4-8210-7905-4

(目次)第1部「変革」の検証―確かな理念と道筋と（総論，保健・医療，早期対応 ほか），第2部 2003年度の動向（時の話題，年表），第3部 資料（統計，関係法規・通達・答申等，関係団体名簿 ほか）

発達障害白書　2006　メインテーマ 確かな羅針盤を求めて　日本知的障害福祉連盟編　日本文化科学社　2005.12　357p　21cm　4200円　①4-8210-7906-2

(目次)第1部 確かな羅針盤を求めて（総論，保健・医療，早期対応 ほか），第2部 2004年度の動向（時の話題，年表），第3部 資料（統計，関係法規・通達・答申等，関係団体名簿 ほか）

発達障害白書　2007年版　日本発達障害福祉連盟編　日本文化科学社　2006.12　209p　26cm　〈付属資料：CD-ROM1〉　2800円　①4-8210-7907-0

(目次)第1部 特集/岐路に立つ日本―制度改革の行方，第2部 各分野における2005年度の動向（障害概念（診断・評価），医療，幼児期/家族支援，教育，日中活動，住まい，地域生活支援，職業，権利擁護/本人活動，文化・社会活動，国際動向），第3部 資料

(内容)改革の時代の「白書」の改革。障害のある人を巡る状況の劇的変化を踏まえ、全面リニューアル。

発達障害白書　2008年版　特集 改めてインクルージョンの質を問う　日本発達障害福祉連盟編　日本文化科学社　2007.11　218p　26cm　〈付属資料：CD-ROM1〉

2800円　①978-4-8210-7908-7

(目次)第1部 特集：改めてインクルージョンの質を問う，第2部 各分野における2006年度の動向（障害概念（診断・評価），医療，幼児期/家族支援，教育，日中活動，住まい，地域生活支援，職業，権利擁護/本人活動，文化・社会活動，国際動向），第3部 資料

発達障害白書　2009年版　特集 発達障害の25年を検証する　日本発達障害福祉連盟編　日本文化科学社　2008.9　207p　26cm　〈付属資料：CD-ROM1〉　2800円　①978-4-8210-7909-4　Ⓝ369.49

(目次)第1部 特集 発達障害の25年を検証する，第2部 各分野における2007年度の動向（障害概念，医療，幼児期/家族支援，教育，日中活動，住まい，地域生活支援，職業，権利擁護/本人活動，文化・社会活動，国際動向），第3部 資料（年表，統計，関係団体名簿，日本発達障害福祉連盟と構成団体名簿）

発達障害白書　その実態と理由、新たなニーズを探る　2010年版　特集 いま、発達障害は増えているのか　日本発達障害福祉連盟編　日本文化科学社　2009.9　209p　26cm　〈付属資料：CD-ROM1〉　3000円　①978-4-8210-7910-0　Ⓝ369.49

(目次)第1部 特集 いま、発達障害が増えているのか―その実態と理由、新たなニーズを探る，第2部 各分野における2008年度の動向（障害概念，医療，幼児期/家族支援，教育，日中活動，住まい，地域生活支援，職業，権利擁護/本人活動，文化・社会活動，国際動向），第3部 資料（年表，統計，関係団体名簿，日本発達障害福祉連盟と構成団体名簿）

発達障害白書　いま、必要な心のケアは何か？　2011年版　特集 子ども・親・家族のメンタルヘルス　日本発達障害福祉連盟編　日本文化科学社　2010.9　207p　26cm　〈付属資料：CD-ROM1〉　3000円　①978-4-8210-7911-7　Ⓝ369.49

(目次)第1部 特集 子ども・親・家族のメンタルヘルス―いま、必要な心のケアは何か？，第2部 各分野における2009年度の動向（障害概念，医療，幼児期/家族支援，教育：特別支援学校の教育，教育：小・中学校での特別支援教育，日中活動，住まい，地域生活支援，職業，権利擁護/本人活動，文化・社会活動，国際動向），第3部 資料

(内容)揺れ動く制度の中で、時代を映すこの1冊。医療・教育・福祉・労働・時の動きなど、知るべきことを、わかりやすく解説。

発達障害白書　2012年版　日本発達障害福

祉連盟編　日本文化科学社　2011.9　231p　26cm　〈付属資料：CD‐ROM1〉　3400円　Ⓝ978-4-8210-7912-4

目次　第1部 特集 障害者制度改革の論点とこれから―医療、教育、福祉、労働の何が議論され、改革されようとしているのか、第2部 各分野における2010年度の動向（障害概念、医療、幼児期／家族支援、教育：特別支援学校の教育、教育：小・中学校等での特別支援教育、日中活動、住まい、地域生活支援、職業、権利擁護／本人活動、文化・社会活動、国際動向）、第3部 資料

内容　発達障害に関する医療・教育・福祉・労働・時の話題など、押さえるべきことを、わかりやすく解説。

発達障害白書　2013年版　日本発達障害福祉連盟編　明石書店　2012.9　208p　26cm　〈付属資料：CD‐ROM1〉　3000円　Ⓝ978-4-7503-3660-2

目次　第1部 特集（東日本大震災での支援活動と災害への対応策、ボーダーレス化する「発達障害」）、第2部 各分野における2011年度の動向（障害概念、医療、幼児期／家族支援、教育：特別支援学校の教育、教育：小・中学校等での特別支援教育、日中活動、住まい、地域生活支援、職業、権利擁護／本人活動、文化・社会活動、国際動向）、第3部 資料

◆特別支援教育

＜事典＞

特殊教育用語辞典　新訂　大川原潔ほか編　第一法規出版　1982.1　446p　19cm　2800円　Ⓝ378.033

内容　教育学・心理学・医学・社会福祉などの各分野から障害児教育に関わる基本用語1800を選んで解説。人名索引・欧文索引・障害別分類索引を付す。

特別支援教育大事典　茂木俊彦ほか編　旬報社　2010.3　1043p　27cm　〈他言語標題：Encyclopedia of special needs education〉　索引あり　30000円　Ⓝ978-4-8451-1150-3　Ⓝ378.033

内容　諸科学の最新の研究成果と歴史的視点を重視した正確でわかりやすい解説。生きいきとした子ども観、教育実践の指標＝11分野2000項目を収録。最新の障害児医学の研究成果をふまえた記述。引きやすく、読みやすい工夫と編集。総索引数5000、人名索引、欧文索引付。

特別支援コーディネーターに必要な基本スキル小事典　甲本卓司編、TOSS岡山サークルMAK著　明治図書出版　2008.9　135p　21cm　1860円　Ⓝ978-4-18-030719-7

Ⓝ378

目次　第1章 特別支援を要する子の障害別特性と、効果のある指導（ADHDの子の特性と、効果のある指導、アスペルガー症候群の子の特性と、効果のある指導 ほか）、第2章 特別支援を要する子への有効な指導法QA 学習指導編（授業中、後ろで遊んでしまう子がいます。どのようにしたらいいですか？、字がていねいに書けない子がいます。どのように指導しますか？　ほか）、第3章 特別支援を要する子への有効な指導法QA 生活指導編（休み時間になるといつも教師のそばに来て、ひっつく子がいます。ADHDの子に、リタリンを飲ませることになりました。どのようなことに配慮すると良いでしょうか？　ほか）、第4章 特別支援を要する子への、各教科、領域での有効な指導（国語での有効な指導は何ですか？、算数での有効な指導は何ですか？　ほか）

内容　あなたが、特別支援教育のコーディネーターになったら、何をどうする？　おさえておかなければならない問題をQAの形でわかりやすく解説。「こう聞かれたら、こう答えよう」という的確なアドバイスができるヒント集。

＜ハンドブック＞

教員志望学生のための特別支援教育ハンドブック　京都教育大学附属教育実践センター機構特別支援教育臨床実践センター監修、相澤雅文、牛山道雄、田中道治、藤岡秀樹、丸山啓史編　（京都）クリエイツかもがわ　2012.3　117p　21cm　1200円　Ⓝ978-4-86342-080-9

目次　特殊教育から特別支援教育へ、特別支援教育の概要、幼児期・児童期・青年期の特別支援教育、特別な支援が必要な子どもたち、「気になる」子どものアセスメント、子どもをサポートする、授業づくりのポイント、保護者とのコミュニケーション、個別の支援、子どもたちの放課後の活動、障害のある生徒のキャリア教育と進路保障、特別支援教育の実際

内容　すべての教員志望の学生に向けた、特別支援教育の理解に役立つハンドブック。一人ひとりの児童・生徒の教育ニーズ、発達ニーズをふまえた教育指導のあり方を現役教員・保護者の具体的な実践で紹介・解説。

こうすればできる高校の特別支援教育　実践事例にもとづく必携ハンドブック　成山治彦、有本昌剛編著　明治図書出版　2012.3　178p　21cm　2000円　Ⓝ978-4-18-003925-8

目次　1章 なぜ高校で"特別支援教育"なのか、2章 障がいのある高校生・教員から見た高校教育って何だ？、3章 大阪の高校における特別支

援教育の実践事例，4章 高校における障がいのある生徒への指導と支援の実際，5章 高校における特別支援教育のバックボーン，6章 障がいのある生徒が問う"あなたの教育観"―社会的排除から社会的包摂の時代へ

(内容)適格者主義の高校教育制度と特別支援教育はなじまない？ しかし中学の特別支援学級の生徒の23%が高校に進学している実態がある。今こそ「障がい者とともに学び，ともに生きる」これが求められている―これからの高校教育の課題と方向を明示。

自立・社会参加を促す寄宿舎教育ハンドブック 東京都立青鳥養護学校寄宿舎教育プロジェクトチーム編著 ジアース教育新社 2008.2 237p 26cm 2800円 ⓘ978-4-921124-89-2 Ⓝ378.6

(目次)第1章 寄宿舎教育，第2章 寄宿舎で指導する内容（Q&A形式），第3章 組織の組立とその運営，第4章 これからの寄宿舎教育―保護者からの，教師からの，指導員からの視点，第5章 全国寄宿舎アンケート集約結果，第6章 資料編

「特別支援学級」と「通級による指導」ハンドブック 全国特別支援学級設置学校長協会編 東洋館出版社 2012.2 284p 21cm 2800円 ⓘ978-4-491-02756-2

(目次)第1部 特別支援学級（特別支援学級の教育課程の編成，特別支援学級の指導計画の作成，特別支援学級の指導の実際，交流及び共同学習），第2部 通級による指導（通級による指導の教育課程の編成，通級による指導の指導計画の作成，通級による指導の実際），第3部 特別支援学級及び通級による指導と学校経営（学校経営上の位置付け，専門性を高めるための研修，就学相談，進路指導及びキャリア教育，安全指導，保護者との連携，関係機関との連携）

特別支援教育支援員ハンドブック 庭野賀津子編 日本文化科学社 2010.7 152p 21cm 〈索引あり〉 2000円 ⓘ978-4-8210-7350-4 Ⓝ378

(目次)第1章 特別支援教育支援員とは（特別支援教育支援員の役割，特別支援教育支援員としての心構え，特別支援教育支援員になるには），第2章 学校現場の理解（特別支援教育の制度・理念，学校の組織・体制，主な学校行事，交流及び共同学習，学校における緊急対応），第3章 各障害の基礎知識（発達障害，知的障害，肢体不自由，病弱・身体虚弱，視覚障害，聴覚障害，言語障害，情緒障害），第4章 特別支援教育支援員の実際（小学校における特別支援教育支援員，中学校における特別支援教育支援員），第5章 特別支援教育にかかわる専門職・専門機関（専門職，専門機関）

(内容)特別支援教育支援員に必要な事項をわかりやすく解説。特別支援教育や障害児の療育にかかわるすべての人に役立つ実践的入門書。

特別支援コーディネーター必携ハンドブック 相澤雅文，清水貞夫，二通諭，三浦光哉編著 （京都）クリエイツかもがわ，（京都）かもがわ出版〔発売〕 2011.5 206p 26cm 〈付属資料：CD-ROM1〉 2800円 ⓘ978-4-86342-066-3

(目次)第1章 特別支援教育時代のコーディネーターの役割，第2章 特別支援教育コーディネーターの実際，第3章 保護者との連携・保護者への支援に向けて，第4章 教育相談・発達相談，第5章 個別の教育支援計画・個別の指導計画，第6章 特別支援教員に必要なマネジメント，第7章 地域の中でのコーディネーター，第8章 教育行政や研究会等が支え育てる特別支援教育コーディネーター

(内容)保・幼・小・中・高・特別支援学校の先駆的な取り組み，アセスメント・個別の指導計画・教育支援計画の具体的な内容を紹介。家族支援，支援員やスクールカウンセラー，学校ボランティア，通級や外部との連携，地域コーディネーターのあり方，養成・研修―具体例をあげて紹介。

外国人子女・帰国子女教育

<書 誌>

華僑教育関係文献資料目録 杉村美紀編 （小金井）東京学芸大学海外子女教育センター 1988.3 251p 26cm Ⓝ376.9

(内容)和文・中文・英文の華僑教育関係文献1100点を収録し，日本国内の図書館8館の所蔵を記載している。

<事 典>

多文化共生キーワード事典 多文化共生キーワード事典編集委員会編 明石書店 2004.6 174p 21cm 1800円 ⓘ4-7503-1908-2

(目次)第1章 多文化社会のマイノリティ，第2章 移民と日本人，第3章 在日外国人，第4章 教育，第5章 政府・自治体，第6章 市民運動・NPO，資料編，「多文化共生」関係法令一覧

(内容)本書の第1章，第2章では国際的な人の流れによって生みだされる新しい社会のあり方，いわば多文化社会や移民に焦点を合わせている。第3章，第4章では，日本国内における「国際化」に関連する用語を集めた。中でも，教育の問題は，もっとも重要な分野だという理解から1つの章すべてをこれにあてている。第5章では，そうした社会の変化に対する，自治体の在

特別活動　　　　　　　　　　学校教育

日外国人施策など行政側からの対応をまとめ，第6章では，私たち市民活動の立場からの取り組みや，その課題と展望に関わる用語を集めた。

<ハンドブック>

海外・帰国・中国引揚者子女教育ガイドブック　名古屋市教育委員会指導室編　（名古屋）名古屋市教育委員会　1990.3　157p　21cm

(内容)海外へ出る人，帰国した人，引き揚げた人の3項目に分けて，それぞれQ&A形式で，入学手続きその他の必要な事項を解説したもの。

帰国子女受入れ大学全調査　付短期大学　2001年版　エイ・アイ・ケイ教育情報部編著　エイ・アイ・ケイ出版部　2000.9　191p　26cm　2000円　Ⓝ376.8

(目次)都道府県別帰国子女受入れ大学一覧，都道府県別帰国子女受入れ短期大学一覧

帰国子女のための学校便覧　2013　海外子女教育振興財団　2012.11　628p　21cm　3238円　Ⓘ978-4-902799-21-7

(目次)小学校・中学校・中等教育学校編，高等学校編（帰国子女に対し，特別の受け入れ枠や受け入れ体制を持っている高等学校，帰国子女の受け入れを主たる目的として設置された高等学校，帰国子女の受け入れ枠を設けている高等学校ならびに特別な受け入れ体制を持つ高等学校，帰国子女の受け入れに際し，特別な配慮をする私立の高等学校），大学編，短期大学編，その他の学校

特別活動

<事典>

いつでも大人気「係り活動」小事典　向山洋一編　明治図書出版　1998.9　149p　21cm　（法則化小事典シリーズ）　1800円　Ⓘ4-18-194303-8

(目次)低学年・係りアラカルト，低学年・係り指導のポイント集，中学生・係りアラカルト，中学生・係り指導のポイント集，高学年・係りアラカルト，高学年・係り指導のポイント集

特別活動指導法事典　宇留田敬一編集　明治図書出版　1984.3　618p　27cm　12000円　Ⓘ4-18-896108-2　Ⓝ375.18

(内容)10部に大別し，小中学校の特別活動における指導法の理論と実践について解説した事典。

<ハンドブック>

小学校　特別活動指導法ハンドブック　1巻　学級活動　低学年　成田国英編　明治図書出版　1992.5　175p　21cm　1960円　Ⓘ4-18-488108-4

(目次)学級活動のねらい・特質と新設の意義，学級活動の新指導法研究，学級活動の組織・運営と指導上の留意点，指導計画の作成と評価

小学校　特別活動指導法ハンドブック　2巻　学級活動　中学年　成田国英編　明治図書出版　1992.5　178p　21cm　1960円　Ⓘ4-18-488202-1

(目次)学級活動のねらい・特質と新設の意義，学級活動の新指導法研究，学級活動の組織・運営と指導上の留意点，指導計画の作成と評価

小学校　特別活動指導法ハンドブック　3巻　学級活動　高学年　成田国英編　明治図書出版　1992.5　175p　21cm　1960円　Ⓘ4-18-488306-0

(目次)学級活動のねらい・特質と新設の意義，学級活動の新指導法研究，学級活動の組織・運営と指導上の留意点，指導計画の作成と評価

小学校　特別活動指導法ハンドブック　4巻　児童会活動・クラブ活動　成田国英編　明治図書出版　1992.5　155p　21cm　1760円　Ⓘ4-18-488400-8

(目次)第1部　児童会活動（児童会活動の特質，代表委員会の指導，委員会活動の指導，児童会集会活動の指導），第2部　クラブ活動（クラブ活動の特質，クラブ活動の運営，クラブ活動の指導，クラブ活動の実践事例）

中学校特別活動指導法ハンドブック　1　学級活動　高橋哲夫，井上裕吉編　明治図書出版　1992.3　175p　21cm　1860円　Ⓘ4-18-488608-6

(目次)学級活動の基本的問題，学級活動の時間の運営，学級活動の指導研究（自主的活動をどう育てるか，健全な生き方を求める指導，適切な進路の選択に関する指導），学級活動の評価

中学校特別活動指導法ハンドブック　2　生徒会活動・クラブ活動　高橋哲夫，白井三恵編　明治図書出版　1992.3　169p　21cm　1860円　Ⓘ4-18-488702-3

(目次)第1章　生徒会活動の運営，第2章　生徒会活動の指導法研究，第3章　クラブ活動の運営，第4章　クラブ活動の指導法研究

みんなが参加したくなる生徒会活動ハンドブック　生徒会活動研究会編　学事出版　2007.7　191p　21cm　2200円　Ⓘ978-4-7619-1332-8

(目次)第1部　生徒会（生徒会の現状と課題，中学校の生徒会と高校の生徒会　ほか），第2部　生徒会活動の実際（生徒会づくりをしよう，週休

二日の活動を作ろう ほか),第3部 台本と進行表(新入生歓迎会台本,生徒総会進行表 ほか),第4部 舞台行事のプログラム例とアイディア(新入生歓迎会,文化祭オープニング ほか)

◆学校行事
<事典>
新しい小学校学校行事 実践活用事典 第1巻 儀式的行事編 全国小学校学校行事研究会編 東洋館出版社 1991.5 309p 26cm 5500円 ①4-491-00801-9

(目次)第1章 新しい小学校学校行事の特質と役割,第2章 新しい小学校学校行事の指導計画と指導体制,第3章 儀式的行事の実践のために,第4章 儀式的行事の実践活用編

(内容)新学習指導要領の内容をふまえ,各巻とも学校行事の基本的な考え方及び指導内容・方法等について,実践事例を収録し,どの地域,規模でもすぐ使えるノウハウを豊富に示す。さらに,時代の変化に対応して21世紀に向けて,これからの望ましい在り方について示唆する資料も取り入れている。

新しい小学校学校行事 実践活用事典 第2巻 学芸的行事編 全国小学校学校行事研究会編 東洋館出版社 1991.5 269p 26cm 5000円 ①4-491-00802-7

(目次)第1章 新しい小学校学校行事の特質と役割,第2章 新しい小学校学校行事の指導計画と指導体制,第3章 学芸的行事の実践のために,第4章 学芸的行事の実践活用編

新しい小学校学校行事 実践活用事典 第3巻 健康安全・体育的行事編 全国小学校学校行事研究会編 東洋館出版社 1991.5 315p 26cm 5500円 ①4-491-00803-5

(目次)第1章 新しい小学校学校行事の特質と役割,第2章 新しい小学校学校行事の指導計画と指導体制,第3章 健康安全・体育的行事の実践のために,第4章 健康安全・体育的行事の実践活用編

新しい小学校学校行事 実践活用事典 第4巻 遠足・集団宿泊的行事編 全国小学校学校行事研究会編 東洋館出版社 1991.5 317p 26cm 6000円 ①4-491-00804-3

(目次)第1章 新しい小学校学校行事の特質と役割,第2章 新しい小学校学校行事の指導計画と指導体制,第3章 遠足・集団宿泊的行事の実践のために,第4章 遠足・集団宿泊的行事の実践活用編

新しい小学校学校行事 実践活用事典 第5巻 勤労生産・奉仕的行事編 全国小学校学校行事研究会編 東洋館出版社 1991.5 341p 26cm 6000円 ①4-491-00805-1

(目次)第1章 新しい小学校学校行事の特質と役割,第2章 新しい小学校学校行事の指導計画と指導体制,第3章 勤労生産・奉仕的行事の実践のために,第4章 勤労生産・奉仕的行事の実践活用編

小学校 講話あいさつ事典 薩日内信一,西村佐二,村越正則編著 ぎょうせい 1998.5 404p 21cm 3600円 ①4-324-05411-8

(目次)序章 これからの教育の方向と講話・あいさつ,第1章 学校行事での講話,第2章 朝会での講話,第3章 地域・保護者とのつながりを深めるための話,第4章 親睦・慶弔に当たっての話,第5章 話材

(内容)小学校の校長先生が朝礼,入学式,職員会議などの学校行事において,あいさつや講話の具体例や話題を収録した事典。行事やテーマの具体例のほかに,名言語録,故事ことわざ,人物抄録などを掲載し,文中で取り上げられた偉人の人名索引付き。

小学校 図説学校行事アイデア事典 中川健二,有村久春編 教育出版 1992.9 307p 26cm 4800円 ①4-316-38560-7

(目次)学校行事の計画と指導,1 儀式的行事,2 学芸的行事,3 健康安全・体育的行事,4 遠足・集団宿泊的行事,5 勤労生産・奉仕的行事

(内容)学校行事のPlan‐Do‐Seeが一目でわかるよう完全図説化。その学校行事のねらいや特質に迫る指導のポイントを明示。子どもの体験的な活動を援助するアイデアを豊富に掲載。各学校が学校行事を精選する際の参考事例を提供。楽しく夢のある学校行事を展開していくための学校必備図書。

中学校 講話あいさつ事典 早川昌秀,渡辺弘,加藤一俊編 ぎょうせい 1998.6 412p 21cm 3600円 ①4-324-05412-6

(目次)第1章 学校行事での講話,第2章 朝会での講話,第3章 地域・保護者とのつながりを深めるための話,第4章 親睦・慶弔に当たっての話,第5章 話材

(内容)中学校の校長先生向けの,朝礼,入学式,職員会議などの学校行事において,あいさつや講話の具体例や話題を収録した事典。行事やテーマの具体例のほかに,名言語録,故事ことわざ,人物抄録などを掲載し,文中で取り上げられた偉人の人名索引付き。

保護者会が成功する話題小事典 向山洋一編 明治図書出版 1998.8 218p 21cm (法則化小事典シリーズ) 2200円 ①4-18-

209910-9
(目次)低学年保護者会の話題(楽しんで学習させる，親子の話し合い，意欲を育てる，いじめをしない，子どもの躾)，中学年保護者会の話題(長所を伸ばす，いじめをなくす，美しく躾ける，学習意欲を盛り上げる)，高学年保護者会の話題(成功する保護者会，友だち作り，意欲付ける，親子の絆を深める)

<ハンドブック>

子どもがよろこぶ楽しい行事ハンドブック 校内編 小菅知三著，こどもくらぶ編 学事出版 2004.12 127p 21cm 1400円 ①4-7619-1072-0
(目次)1 校内行事をどうとらえるか(特別活動と校内行事，「総合的な学習の時間」と校内行事 ほか)，2 行事の実践例-ねらいから成果のチェックポイントまで(新入生歓迎会，学級発会式 ほか)，3 行事に使えるゲーム例(みんなで一緒に，タイムあて ほか)，行事に使える楽譜(はじめの一歩，一年中の歌，歩いていこう，負けないで)

子どもがよろこぶ楽しい行事ハンドブック 校外編 小菅知三著，こどもくらぶ編 学事出版 2004.12 127p 21cm 1400円 ①4-7619-1073-9
(目次)1 校外行事をどうとらえるか(特別活動と校外行事，「総合的な学習の時間」と校外行事，校外行事の進め方，事故対策と応急手当)，2 行事の実践例-ねらいから成果のチェックポイントまで(遠足，追跡ハイキング ほか)，3 行事に使えるゲーム例(ジャンケンおんぶ，しっぽ取り ほか)，行事に使える楽譜(さんぽ，今日の日はさようなら，幸せなら手をたたこう，手のひらを太陽に)

小学校 特別活動指導法ハンドブック 5巻 学校行事 成田国英編 明治図書出版 1992.5 151p 21cm 1760円 ①4-18-488504-7
(目次)第1章 新教育課程における学校行事，第2章 学校行事指導計画，第3章 儀式的行事の指導研究，第4章 学芸的行事の指導研究，第5章 健康安全・体育的行事の指導研究，第6章 遠足・集団宿泊的行事の指導研究，第7章 勤労生産・奉仕的行事の指導研究

中学校特別活動指導法ハンドブック 3 学校行事 高橋哲夫，横常三編 明治図書出版 1992.3 163p 21cm 1860円 ①4-18-488806-2
(目次)第1章 学校行事の基本的問題，第2章 学校行事の運営，第3章 学校行事種類別の指導研究，第4章 学校行事の評価

<統計集>

全国公私立高等学校海外修学旅行・海外研修(修学旅行外)実施状況調査報告 平成15年度 全国修学旅行研究協会調査研究部 2004.11 45,52p 30cm 〈他言語標題：National public and private high school overseas excursions overseas study tours (excluding school excursions) operational situation research report 英語併記 付：平成16年度全国都道府県・政令指定都市修学旅行実施基準概要〉 Ⓝ374.46

全国公私立高等学校海外修学旅行・海外研修(修学旅行外)実施状況調査報告 平成16年度 全国修学旅行研究協会 2005.12 53,57p 30cm 〈英語併記 付：平成17年度全国都道府県・政令指定都市修学旅行実施基準概要〉 Ⓝ374.46

全国公私立高等学校海外修学旅行・海外研修(修学旅行外)実施状況調査報告 平成17年度 全国修学旅行研究協会 2006.12 52p 30cm 〈付：平成17年度公立高等学校修学旅行方面別参加生徒数，平成18年度全国都道府県・政令指定都市修学旅行実施基準概要〉 Ⓝ374.46

全国公私立高等学校海外修学旅行・海外研修(修学旅行外)実施状況調査報告 平成18年度 全国修学旅行研究協会 2007.11 65p 30cm 〈付：平成18年度公立高等学校修学旅行方面別実施状況，平成18年度公立中学校修学旅行方面別実施状況，平成19年度全国都道府県・政令指定都市修学旅行実施基準概要〉 Ⓝ374.46

全国公私立高等学校海外修学旅行・海外研修(修学旅行外)実施状況調査報告 平成19年度 全国修学旅行研究協会 2008.11 65p 30cm 〈付：平成19年度公立高等学校修学旅行方面別実施状況，平成19年度公立中学校修学旅行方面別実施状況，平成20年度全国都道府県・政令指定都市修学旅行実施基準概要〉 Ⓝ374.46

全国公私立高等学校海外修学旅行・海外研修(修学旅行外)実施状況調査報告 平成20年度 全国修学旅行研究協会 2009.11 72p 30cm 〈付：平成20年度公立高等学校修学旅行方面別実施状況，平成20年度公立中学校修学旅行方面別実施状況，平成21年度全国都道府県・政令指定都市修学旅行実施基準概要〉 Ⓝ374.46

全国公私立高等学校海外修学旅行・海外研

修(修学旅行外)実施状況調査報告　平成21年度　全国修学旅行研究協会
2010.11　73p　30cm　〈付：平成21年度公立高等学校修学旅行方面別実施状況,平成21年度公立中学校修学旅行方面別実施状況,平成22年度全国都道府県・政令指定都市修学旅行実施基準概要〉　Ⓝ374.46

全国公私立高等学校海外修学旅行・海外研修(修学旅行外)実施状況調査報告　平成22年度　全国修学旅行研究協会
2011.11　73p　30cm　〈付：平成22年度公立高等学校修学旅行方面別実施状況,平成22年度公立中学校修学旅行方面別実施状況,平成23年度全国都道府県・政令指定都市修学旅行(海外・国内)実施基準概要〉　Ⓝ374.46

全国公私立高等学校海外修学旅行・海外研修(修学旅行外)実施状況調査報告　平成23年度　全国修学旅行研究協会
2012.11　75p　30cm　〈付：平成23年度公立高等学校修学旅行方面別実施状況,平成23年度公立中学校修学旅行方面別実施状況,平成24年度全国都道府県・政令指定都市修学旅行(海外・国内)実施基準概要〉　Ⓝ374.46

◆部活動

<ハンドブック>

高等学校スポーツ・文化データブック　2004年度版　真珠書院編集部編　真珠書院　2004.3　193p　26cm　1500円　Ⓘ4-88009-219-3
(目次)陸上, 体操, 水泳, バスケットボール, バレーボール, 卓球, ソフトテニス, ハンドボール, サッカー, ラグビー〔ほか〕
(内容)最近3～5年間の全国大会3位以内(準決勝まで)の学校名・個人名を掲載。スポーツ編48種目・文化編15種目を掲載。最近5年間の全国大会3位以内の入賞回数学校ランキングを種目ごとに掲載。定時制通信制大会・高専大会も掲載。

高等学校データブック　スポーツ・文化編　真珠書院編集部編　真珠書院　2003.4　189p　26cm　1000円　Ⓘ4-88009-214-2
(目次)陸上, 体操, 水泳, バスケットボール, バレーボール, 卓球, ソフトテニス, ハンドボール, サッカー, ラグビー〔ほか〕
(内容)最近3～5年間の全国大会3位以内(準決勝まで)の学校名・個人名を掲載。スポーツ編46種目・文化編15種目を掲載。最近5年間の全国大会3位以内の入賞回数学校ランキングを種目ごとに掲載。定時制通信制大会・高専大会も掲載。

学校生活

<ハンドブック>

学校園おもしろ栽培ハンドブック　農文協編　農山漁村文化協会　2010.3　16,143p　26cm　1500円　Ⓘ978-4-540-09308-1　Ⓝ374.7
(目次)1 ゴールがあるから燃える！ 私の学校園(学級園のマイ野菜でみそしるパーティーを開くぞ！, カレー・シチュー・トン汁畑を子どもたちがプロデュース ほか), 2 学校空間を活かす, スキマ栽培術！(部活動の息抜きにおいでよ！ 校庭のスキマでミニ循環農園, 農業オタクと給食委員が大活躍！ プール横の空き地で食材づくり ほか), 3 かんたん・あんしん栽培の基礎とモデル(ゼロからわかる栽培の基本作業, 知っておきたい土壌改良の基礎 ほか), 4 まるわかり！ 学校園のポピュラー作物(トマト一先生と子どもがおもしろ栽培法を次々と開発！, キュウリ一夏休みにジャンジャン実がなる！…でも, 子どもがいなかった ほか)
(内容)身近な容器・資源, 学校のスキマも徹底活用。すぐできるワクワクおもしろ栽培の知恵・アイデア満載。

生徒の権利　学校生活の自由と権利のためのハンドブック　アメリカ自由人権協会著, THE RIGHTS OF STUDENTS和訳会訳, 青木宏治, 川口彰義監訳　教育史料出版会　1990.11　230p　21×14cm　1751円　Ⓘ4-87652-191-3
(目次)第1章 無償で公教育を受ける権利, 第2章 修正第1条の諸権利, 第3章 個人の外見, 第4章 懲戒と適正手続, 第5章 法の執行と捜索活動, 第6章 体罰, 第7章 能力別クラス編成と能力テスト, 第8章 障害をもつ生徒, 第9章 性による差別, 第10章 結婚, 妊娠, 子どもをもつこと, 第11章 生徒記録, 第12章 成績と卒業認定, 第13章 私立学校
(内容)本書は, アメリカの生徒が現行法のもとでもつ権利とその保護の方策とについて述べたハンドブックであり, アメリカ自由人権協会(ACLU)との協力のもとで出版されているハンドブック・シリーズの一冊である。

◆児童の指導・理解

<事典>

新生徒指導事典　飯田芳郎ほか編　第一法規出版　1980.11　519p　27cm　〈各章末：参

学校生活　　　　　　　　　　学校教育

考文献〉　5200円　Ⓝ375

〖内容〗学校での児童・生徒指導に関する事項を解説。各章は、理論的な解説と実践例の紹介から構成される。巻末に事項索引を付す。

<ハンドブック>

詳解 生徒指導必携　文部省教務研究会編
　　ぎょうせい　1991.9　1214,111p　19cm
　　2800円　Ⓒ4-324-02730-7

〖目次〗第1章 生徒指導一般、第2章 校則・懲戒、第3章 問題行動等、第4章 政治・宗教的活動、第5章 少年非行、第6章 健全育成、第7章 進路指導

〖内容〗校則・懲戒、問題行動、政治・宗教的活動、少年非行、健全育成、進路指導等、生徒指導の実践上の課題について重点編集。執務に即した項目ごとに、法令、例規、判例等を分類・整理。項目ごとに詳細な解説を付し、時代に即応した最新の資料を掲載。

詳解 生徒指導必携　改訂版　生徒指導研究会編　ぎょうせい　2006.8　1208,14p
　　19cm　4571円　Ⓒ4-324-07900-5

〖目次〗第1章 生徒指導一般、第2章 校則・懲戒、第3章 問題行動等、第4章 政治・宗教的活動、第5章 少年非行、第6章 健全育成、第7章 進路指導、第8章 学校安全

〖内容〗本書は、生徒指導に関する諸問題の対処に必要な法律的・行政的な知識に重点を置き、関係法令・諸例規等を分類整理するとともに、各節ごとに、詳細な解説を付し、日常の生徒指導全般にわたる理解に役立つよう、また、関係者の執務・研修・会議等に利用されるよう編集したものである。

生活指導研究　NO.24（2007）　日本生活指導学会編　エイデル研究所　2007.10
　　133p　21cm　2667円　Ⓒ978-4-87168-429-3

〖目次〗特集1 子どもの安全・安心・安定と社会的セーフティネットの構築（子どもの人権擁護を担う地域のコーディネーター—スクールソーシャルワーカーの実践から）、特集2 生活指導におけるニート・フリーター・若者問題とは何か（不安定化する若者と生活指導の課題—不安定・危機の共通性と多様性、主体形成としてのキャリア教育の可能性—若者の個人化されたニートの問題をどう社会に開いていくか）、特集3 生活指導におけるケアと自己決定（「自己決定」の深さについての考察、児童養護施設におけるケアと自己決定、ケアの思想と自己決定の思想—その相補性と相剋性）、研究論文（投稿）（スコットランドにおける「学校からの排除」問題に対する政策上の争点と実践的格闘）、書評、図書紹介

◆**給食指導**

<事 典>

給食経営管理用語辞典　日本給食経営管理学会監修　第一出版　2011.11　165p　19cm
　　2500円　Ⓒ978-4-8041-1251-0

〖目次〗1 給食、2 経営管理、3 栄養管理、4 生産管理、5 危機管理、6 施設・設備管理、7 特定給食施設、8 その他

給食用語辞典　第3版　鈴木久乃、太田和枝、原正俊、中村丁次編　第一出版　2006.9
　　196p　19cm　1900円　Ⓒ4-8041-1154-9

〖内容〗給食で用いられる基本用語の概念を規定し、新しい用語の解説をすることにより、給食管理の講義及び実習を補完し、同時に給食現場の実際に役立てる目的で編集された用語辞典。用語・相当する英語・解説文を収録。

子どもの栄養と食育がわかる事典　正しい食習慣で、体も心も元気に育つ！　足立己幸著　成美堂出版　2007.10　223p
　　21cm　1200円　Ⓒ978-4-415-30155-6

〖目次〗序章 食育のねらい—よりよく食べてよい人生、1 食事のバランスと適量—元気な子どもに育つために、2 成長期の適量の基礎知識—自分で過food不足を防ぐために、3 心身の健全発達と食習慣—楽しくて健康的な食卓へ、4 病気にならない食事—健康のための食事対策、5 体の中で変身！ 食べ物のゆくえ—グングン育つ栄養のしくみ、6 食品・台所・食卓の安全対策—子どもの「食」の危機管理、7 地球・地域・食卓のトライアングル—暮らしの真ん中で食育を！、栄養素早わかりガイド—栄養素の働きと食事摂取基準

〖内容〗子どもに必要な栄養や食育の知識がひと目でわかる。肥満や病気を防ぐポイントを症状別にガイド。

集団給食用語辞典　鈴木久乃、太田和枝、原正俊、中村丁次編　第一出版　2000.4　188p
　　19cm　1900円　Ⓒ4-8041-0892-0　Ⓝ498.59

〖内容〗給食管理関係の用語集。現在使用されている給食管理の教科書をもとに、外食関連の書物や辞典などから集団給食および給食管理に関係する用語をあげ、その中から活用頻度の高いものを選出し、解説を加えたもの。巻末に付表として調理機器の名称と分類、細菌性食中毒、関連法規一覧を収録。

強く賢い子に育てる食と健康大事典　小板橋靖、岡崎光子監修　学習研究社　2003.4
　　319p　26×21cm　2800円　Ⓒ4-05-301382-8

〖内容〗子どもの健康な体をつくる献立とレシ

ピ, 身体にいい食材の知識, 正しい食べ方など「食事と栄養に関する最新情報」を満載。病気や気になる症状と, それを改善する料理がひと目でわかるよう, 小児科医と栄養学者がくふうした, 便利なチャートを記載。

バランスよく食べよう! 栄養がわかる絵事典 食べ物の成分から体のしくみまで
金田雅代監修　PHP研究所　2008.12　79p　29×22cm　2800円　Ⓘ978-4-569-68759-9　Ⓝ498.5

〔目次〕序章 まんがぼくたち内臓はグロッキー——こんな食生活はもうゴメン!!, 第1章 体に必要な栄養素はこれ!（栄養素はなぜ必要なのかな？, たんぱく質, 炭水化物, 脂質, 水溶性ビタミン, 脂溶性ビタミン, ミネラル, 食物せんい, ここが気になる小中学生の健康, 肥満, ダイエット), すぐつかれる, すぐキレる, 小児生活習慣病), 第2章 栄養をとりこむ消化器官（消化活動は共同作業, 口の中, 食道, 胃, 肝臓, 胆のう, すい臓, 小腸, 十二指腸, 大腸, 直腸, 肛門), 第3章 じょうぶな体をつくる食生活の工夫（+1で健康朝食, 残さず食べよう！昼の学校給食, 間食はいつ, 何を, どれくらいがいいの？, 給食を見本にした夕食こんだて, サプリメントの役割, 食生活の基本10か条)

〔内容〕食べ物の栄養, 消化吸収, どんな食べ方をしたらよいかなどの疑問や, 食に関する学習で興味・関心が深まり, もっともっと知りたいと思ったとき, すぐ役立つように, 具体的な絵にしてわかりやすく解説。

<ハンドブック>

学校給食要覧　平成2年版　日本体育・学校健康センター学校給食部編　第一法規出版　1990.10　297p　19cm　1750円　Ⓘ4-474-09018-7

〔目次〕第1部 学校給食の現状と推移（学校給食の意義ならびに課題, 学校給食の現状, 学校給食用物質と需給状況, 学校給食の活動, 学校給食に対する国の助成), 第2部 日本体育・学校健康センターの活動（事業概要, 事業状況)

給食経営管理実務ガイドブック　改訂新版
富岡和夫編著, 君羅満, 吉田和子, 市川陽子, 間瀬智子, 佐藤玲子ほか著　同文書院　2003.6　284p　26cm　2700円　Ⓘ4-8103-1295-X

〔目次〕関係法令, 特定給食, 経営管理, 栄養管理, 栄養教育, 食環境, 食材料管理, 衛生・安全管理, 施設・設備管理, 作業管理, 病院給食, 学校給食, 社会福祉施設給食, 児童福祉施設給食, 事業所給食, 災害時給食, 大量調理管理

食育実践ハンドブック　明日の授業で生かせるアイディア70　篠田信司, 原美津子,長島和子編　三省堂　2007.2　159p　26cm　2300円　Ⓘ978-4-385-36292-2

〔目次〕第1章 食育の基本的な考え方（健康づくりと食育,「食育基本法」制定の背景, 学校・家庭・地域社会・行政に求められていること), 第2章 実践アイディア70（食の指導体制をつくろう, 食に関する知識をもたせよう, 食を選択する能力を育てよう, 健全な食生活を送ろう, 食にかかわる問題を考えよう, 地域社会との連携を深めよう, 食にかかわる人々への感謝と理解, 家庭と子どもに発信しよう), 第3章 資料——食育基本法

〔内容〕学校の教育活動は法律で定められた「教育課程の基準（=学習指導要領)」に基づいて展開されている。本書では, これまでの家庭科・保健体育科・理科等の教科での「食育」にかかわる内容を中心に据えながら, さらにどのような場面で, どのような食育推進活動ができるか, 様々なアイディアを集めて編集した。各学校が今後「食育」に取り組んでいくためのヒントとなるアイディアを精選している。

食育実践ハンドブック　明日の授業で生かせるアイディア70　第2版　篠田信司, 原美津子, 長島和子編　三省堂　2009.3　159p　26cm　(Sanseido educational library)　〈索引あり〉　2300円　Ⓘ978-4-385-36293-9　Ⓝ374.97

〔目次〕第1章 食育の基本的な考え方（健康作りと食育,「食育基本法」の背景とその後の展開, 学校・家庭・地域社会・行政に求められていること), 第2章 実践アイディア70（食の指導体制をつくろう, 食に関する知識をもたせよう, 食を選択する能力を育てよう, 健全な食生活を送ろう, 食にかかわる問題を考えよう, 地域社会との連携を深めよう, 食にかかわる自然や人々への感謝, 家庭と子どもに発信しよう), 第3章 資料（食育基本法)

〔内容〕新学習指導要領対応。平成20年告示の新学習指導要領に基づいた「食育」の実践指導を提案。豊富な事例・資料で学校での取り組みをサポート。

<法令集>

学校給食必携　第7次改訂版　学校健康教育法令研究会監修　ぎょうせい　2009.9　1冊　19cm　〈年表あり〉　4095円　Ⓘ978-4-324-08843-2　Ⓝ374.94

〔内容〕学校給食の管理運営や指導に関する法令, 基準, 通知等のほか, 主な補助金交付要綱, 統計資料などを網羅し, 分野別に掲載する。平成21年6月5日現在の内容を収録。

Q&A早わかり食育基本法　食育基本法研究

学校生活　　　　　　　　　学校教育

会編著　大成出版社　2005.12　126p　21cm　1143円　①4-8028-0502-0

(目次)第1編 Q&A(本法を制定した理由は何ですか。食育に関する推進法ではなく基本法とした理由は何ですか。ほか)，第2編 関係法令(食育基本法(平成17年6月17日法律第63号)，食育基本法の施行期日を定める政令(平成17年7月8日政令第235号)ほか)，第3編 内閣府食育推進室関係(食育の推進に向けて―食育基本法が制定されました，食育推進会議構成員名簿ほか)，第4編 食育に関する官庁窓口(中央官庁，都道府県・指定都市)

<年鑑・白書>

食育白書　平成18年版　内閣府編　時事画報社　2006.12　147p　30cm　1000円　①4-915208-13-3

(目次)食育推進にいたる背景と取組の本格化―年次報告書の第1回作成に当たって(「今なぜ食育なのか」，食育基本法の制定と食育推進基本計画の策定)，食育推進施策の実施状況(家庭における食育の推進，学校，保育所等における食育の推進，地域における食生活の改善のための取組の推進，食育推進運動の展開，生産者と消費者との交流の促進，環境と調和のとれた農林漁業の活性化等，食文化の継承のための活動への支援等，食品の安全性，栄養その他の食生活に関する調査，研究，情報の提供及び国際交流の推進)

食育白書　平成19年版　内閣府編　時事画報社　2007.11　103p　30cm　1000円　①978-4-915208-23-2

(目次)第1章 国民運動としての食育の推進，第2章 学校，保育所等における食育の推進，第3章 地域における食生活の改善等のための取組の推進，第4章 生産者と消費者との交流の促進，環境と調和のとれた農林漁業の活性化等，第5章 食品の安全性に関する情報提供の推進，第6章 調査，研究その他の施策の推進，資料編

食育白書　平成20年版　内閣府編　佐伯印刷　2008.12　129p　30cm　1000円　①978-4-903729-42-8　Ⓝ498.5

(目次)第1章 国民運動としての食育の推進，第2章 家庭における食育の推進，第3章 学校，保育所等における食育の推進，第4章 地域における食生活の改善等のための取組の推進，第5章 生産者と消費者との交流の促進，環境と調和のとれた農林漁業の活性化等，第6章 食品の安全性に関する情報提供の推進，第7章 調査，研究その他の施策の推進，資料編

食育白書　平成21年版　内閣府編　日経印刷　2009.6　166p　30cm　1500円　①978-4-904260-17-3　Ⓝ498.5

(目次)第1章 国民運動としての食育の推進，第2章 家庭における食育の推進，第3章 学校，保育所等における食育の推進，第4章 地域における食生活の改善等のための取組の推進，第5章 生産者と消費者との交流の促進，環境と調和のとれた農林漁業の活性化等，第6章 食品の安全性に関する情報提供の推進，第7章 調査，研究その他の施策の推進，資料編

食育白書　平成22年版　内閣府編　日経印刷　2010.6　150p　30cm　1500円　①978-4-904260-58-6　Ⓝ498.5

(目次)第1部 食育推進施策の現状と課題(食育推進施策等の現状，食育推進施策の課題と取組)，第2部 食育推進施策の具体的取組(家庭における食育の推進，学校，保育所等における食育の推進，地域における食生活の改善等のための取組の推進，生産者と消費者との交流の促進，環境と調和のとれた農林漁業の活性化等，食品の安全性に関する情報提供の推進，調査，研究その他の施策の推進)，資料編

食育白書　平成23年版　内閣府編　佐伯印刷　2011.7　147p　30cm　1500円　①978-4-905428-02-2

(目次)第1部 食育推進施策の現状と課題(食育推進施策等の現状，第2次食育推進基本計画の概要)，第2部 食育推進施策の具体的取組(家庭における食育の推進，学校，保育所等における食育の推進，地域における食生活の改善等のための取組の推進，生産者と消費者との交流の促進，環境と調和のとれた農林漁業の活性化等，食品の安全性に関する情報提供の推進，調査，研究その他の施策の推進)，資料編

食育白書　平成24年版　内閣府編　勝美印刷　2012.7　181p　30cm　1500円　①978-4-906955-00-8

(目次)第1部 食育推進施策の現状と課題(食育推進施策等の現状，食育推進施策の課題と取組特集「みんなで食べたらおいしいね」，東日本大震災における食育に関連した取組)，第2部 食育推進施策の具体的取組(食育推進施策の動向，家庭における食育の推進，学校，保育所等における食育の推進，地域における食育の推進，生産者と消費者との交流の促進，環境と調和のとれた農林漁業の活性化等，食文化の継承のための活動，食品の安全性等に関する情報提供の推進，調査，研究その他の施策の推進)，資料編

◆学校安全

<事典>

安全教育事典　柏茂夫等編　第一法規出版　1968　445p　27cm　〈参考文献：434-

435p〉 2000円 Ⓝ374

〖内容〗児童・生徒の生命と身体の安全確保・健全育成を図り、生命の尊重を教える安全教育について記述した事典。各項目が26の大項目に分類されている。

学校安全事典 宮田丈夫, 宇留野藤雄, 吉田瑩一郎編 第一法規出版 1974 575p 37cm 〈付：参考文献〉 4000円 Ⓝ374.9

〖内容〗幼稚園・小中高校・特殊教育諸学校の教師を主対象とし、安全教育と安全管理の基礎理論と実践指針について解説。

「事例解説」事典 学校の危機管理 下村哲夫編 教育出版 1997.5 688p 21cm 9500円 Ⓘ4-316-32380-6

〖目次〗1 学校の組織と運営, 2 教育課程と教育活動, 3 児童・生徒の指導, 4 児童・生徒の問題行動, 5 学校事故と危機管理, 6 教職員の勤務, 7 PTA・家庭・地域社会, 8 非常災害への対応

<ハンドブック>

学校安全ハンドブック 喜多明人, 堀井雅道著 草土文化 2010.4 213p 21cm 1800円 Ⓘ978-4-7945-1021-1 Ⓝ374

〖目次〗序章 "人権としての学校安全"のために, 第1章 子どもに事故が起きたとき―学校災害の救済としくみ（子どもが事故にあったら, 学校災害がなぜ社会問題に, 戦後日本の学校災害と救済・防止の60年）, 第2章 子どもの事故を防ぐには―学校災害の予防と安全指針（教師の教育専門的な安全配慮とは, 学校体育・スポーツ事故の防止と安全指針, 学校環境・施設と安全基準, 学校防犯・防災と教職員の役割, 「学校安全」の組織）, 終章 解説 学校保健安全法―その制定意義と安全規定の活用方法, 資料編（学校安全に関する法令・指針等, 学校安全に関わる日本教育学会の提案）

Q&A 学校災害対応ハンドブック 学校災害対応ハンドブック編集委員会編 ぎょうせい 2011.5 173p 26cm 2190円 Ⓘ978-4-324-09327-6

〖目次〗第1章 学校としての災害対応―阪神・淡路大震災のケースより, 第2章 メンタルケアのための処方箋, 第3章 教育委員会・学校間の対応課題, 第4章 平常時のリスクマネジメント, 第5章 法規でみる学校災害対応, 第6章 資料

教師のための防災教育ハンドブック 山田兼尚編 学文社 2007.3 157p 21cm 1600円 Ⓘ978-4-7620-1641-7

〖目次〗第1部 防災教育を始めよう（防災を学ぶということ, 命を守れる子どもたちと社会をつくるために）, 第2部 防災教育のプログラム（小・中・高における防災教育の現状と取り組みやすい事例の紹介, 家庭で学ぶ防災の知恵, 小学校の防災教育：アースシステム教育における防災教育の事例, 「生きる力」に結びつく総合学習：ゲーミングを活用した実践的な防災学習, 中学校の防災教育, 世界とつながる高校の防災教育, 防災学習と災害に強い地域づくり）, 第3部 防災教育の実態と課題（学校防災の教育の現状と課題：和歌山県の学校の防災教育の実態調査より, 防災学習を支援するメディア, 防災教育の動向と課題）

子どもの安全ハンドブック 森健, 岩崎大輔, 子川智著 山と渓谷社 2006.3 159p 19cm 980円 Ⓘ4-635-50029-2

〖目次〗第1章 子どもの事件簿（子どもの安全管理とは, 自宅周辺の安全マップ ほか）, 第2章 子どもの心の問題への対応（子どもの気持ちを理解する, 気分が落ち込んでいるようだ ほか）, 第3章 家庭内での子どもの事故（家庭内での事故とは, 家庭内に潜む危険マップ ほか）, 第4章 家庭外での子どもの事故（学校での事故, 学校と周辺の危険マップ ほか）, 第5章 応急処置マニュアル（骨折したら, 突き指・ねんざ・肘内障 ほか）

〖内容〗近年の事件・事故を徹底検証。いますぐ安全対策を。

災害共済給付ハンドブック 児童生徒等の学校の管理下の災害のために 日本スポーツ振興センター編 ぎょうせい 2012.10 171p 30cm 2381円 Ⓘ978-4-324-09543-0

〖目次〗日本スポーツ振興センターと災害共済給付, 災害共済給付制度への加入・契約, 名簿の更新及び共済掛金, センターに対する国の補助, 給付金の支払の請求, 給付金の支払とその受給者, 「災害」の範囲―どのようなけがや病気などが給付対象となるか, 「学校の管理下」の範囲―どのような場合が給付対象となるか, センターの給付対象とする災害共済給付の範囲, 災害共済給付の行われる期間〔ほか〕

小学校における安全教育ハンドブック 大阪教育大学編著 ぎょうせい 2007.3 200p 21cm 〈付属資料：DVD1〉 2286円 Ⓘ978-4-324-08138-9

〖目次〗第1章 学校と安全, 第2章 子どもを取り巻く危険, 第3章 小学校における安全管理と安全教育, 第4章 学校危機発生に対する指導, 第5章 学習における安全管理と教育, 第6章 学校における安全教育

事例解説 事典 学校の危機管理 第2版 下村哲夫監修 教育出版 2006.11 732p 22

学校生活　　　　　　　　　学校教育

×16cm　9500円　④4-316-80101-5
目次 1 学校の組織と運営，2 教育課程と教育活動，3 児童・生徒の指導，4 児童・生徒の問題行動，5 学校事故と危機管理，6 教職員の勤務，7 PTA・家庭・地域社会，8 非常災害・犯罪被害への対応，附録 危機管理の手引き—学校・学区の防犯，事故防止の具体策
内容 本事典は，学校をめぐって起きる危機を，トラブルの次元から組織の崩壊をもたらしかねない重大な危機に至るまで総合的に集成し，これを系統的に分類・整理した。各項目は「危機の所在」と「学校としての対応」に区分し，項目ごとに具体的な対応を示した。

犯罪から子どもを守る！ハンドブック
あおば出版　2006.4　112p　19cm　（あおば新書）　667円　④4-87317-748-0
目次 第1章 子どもが被害者となる犯罪別分析とその回避方法（誘拐，性犯罪 ほか），第2章 犯罪が起きやすい場所の検証と場所別キケン回避法（キケンな場所再検証，地域安全マップ），第3章 地域で行う防犯活動（子どもを狙った犯罪を防止する地域の活動，都道府県警察署で実施している犯罪被害者防止活動を知ろう！ ほか），第4章 防犯グッズ（形状もタイプも異なる防犯ブザーを使いこなそう，防犯機能搭載の携帯電話で子どもを守る！ ほか），第5章 もしも，我が子が被害に遭ってしまったら（もしも我が子が被害に遭ってしまったら，我が子が被害に遭ってしまった場合の対処法）
内容 子どもが被害に遭いやすい犯罪パターンとその回避方法。場所別キケン回避術。地域安全マップの作り方。万が一，被害に遭ってしまった場合の対処法。今すぐ実践できるノウハウが満載。

<法令集>

学校保健・学校安全法令必携　新訂版　文部省体育局学校健康教育課監修　ぎょうせい　1991.3　868p　21cm　3600円　④4-324-02525-8
目次 第1章 学校保健，第2章 学校安全，第3章 学校教育，第4章 行政組織・教職員，第5章 関係法規，第6章 補助金等，第7章 その他
内容 指導・管理，計画立案，研修・会議等，学校保健・学校安全について，日常執務に必要な事項を収める。

学校保健・学校安全法令必携　第3次改訂版　文部省体育局学校健康教育課監修　ぎょうせい　1994.4　920p　21cm　3800円　④4-324-03965-8
目次 第1章 学校保健，第2章 学校安全，第3章 学校教育，第4章 行政組織・教職員，第5章 関係法規，第6章 補助金等，第7章 その他，附 統計資料

学校保健学校安全法令必携　第4次改訂版　文部省体育局学校健康教育課監修　ぎょうせい　1998.3　1054p　21cm　4200円　④4-324-05347-2
目次 第1章 学校保健，第2章 学校安全，第3章 学校教育，第4章 行政組織・教職員，第5章 関係法規，第6章 補助金等，第7章 保健体育審議会答申

学校保健・学校安全法令必携　第5次改訂版　学校健康教育法令研究会監修　ぎょうせい　2004.9　1098p　21cm　4400円　④4-324-07420-8
目次 第1章 学校保健，第2章 学校安全，第3章 学校教育，第4章 行政組織・教職員，第5章 関係法規，第6章 補助金等，第7章 審議会答申

学校保健・学校安全法令必携　第6次改訂版　学校健康教育法令研究会監修　ぎょうせい　2009.9　1164p　21cm　4400円　④978-4-324-08842-5　Ⓝ374.9
内容 学校保健及び学校安全に関する法令や基準，通知，資料等を収録した法令集。平成20年6月の学校保健法改正と，それに伴う施行令・施行規則，学校環境衛生基準の改正に準拠。

学校保健学校安全法令必携　第7次改訂　ぎょうせい編　ぎょうせい　2012.10　1188p　21cm　4400円　④978-4-324-09568-3
目次 総説，第1章 学校保健，第2章 学校安全，第3章 学校教育，第4章 行政組織・教職員，第5章 関係法規，第6章 補助金等，第7章 審議会答申

◆いじめ

<ハンドブック>

いじめ問題ハンドブック　学校に子どもの人権を　日本弁護士連合会編著　こうち書房，桐書房〔発売〕　1995.6　174p　21cm　1000円　④4-87647-284-X
目次 「いじめ」とは，子どもたちの「いじめ」観，弁護士の活動事例から見た「いじめ」，弁護士などが相談を担当するときの具体的注意，親が「いじめ」に関して弁護士に依頼できる内容，「いじめ」と法，子どもの権利条約・国際準則と「いじめ」，「いじめ」解決への道すじ

いじめ問題ハンドブック　分析・資料・年表　高徳忍著　柘植書房新社　1999.2　342p　21cm　2800円　④4-8068-0417-7
目次 1 いじめ問題の分析，2 いじめ事件年表

1978～1998, 3 いじめ事件の概абр, 4 文部省のいじめ対策, 5 いじめ問題データベース
(内容)いじめ問題に関する基本資料集成。著者が, 1997年12月に提出した学位論文(論題,「いじめ研究―臨床教育学の視点から―」)の資料編と本文の一部を「いじめ問題の分析」として, 新たに書き直したもの。いじめ問題インターネットURL集, いじめに関する著作一覧, いじめ問題に関する論文一覧付き。

◆不登校・ひきこもり

<名 簿>

全国ひきこもり・不登校援助団体レポート 宿泊型施設編 プラットフォームプロジェクト編 ポット出版 2003.2 283p 21cm 2200円 ⓘ4-939015-47-5
(目次)座談会・このレポートの読み方, 援助団体レポート(北海道・東北, 関東, 北陸・中部, 近畿, 中国・四国・九州)
(内容)全国32カ所を実地調査。写真・レポート, インタビューデータの詳細な調査報告。

登校拒否関係団体全国リスト '97・'98年版 不登校情報センター編 あゆみ出版 1997.5 350p 21cm 〈別冊こみゅんと〉 2500円 ⓘ4-7519-7000-3
(目次)第1部 対応する団体・施設(親の会, 通所施設・宿泊施設, 学習塾・フリースクール, 大検と大検予備校 ほか), 第2部 各団体・機関自己紹介(北海道, 青森, 岩手, 宮城 ほか), 第3部 高等学校・高等専修学校

不登校・中退生のためのスクール・ガイド 不登校情報センター編 東京学参 1996.11 186p 21cm 1300円 ⓘ4-8080-0029-6
(目次)第1章 MY SCHOOL GUIDE(北海道, 青森県, 岩手県, 福島県, 茨城県, 栃木県, 群馬県, 埼玉県 ほか), 第2章 集団教育から個別教育へ

<ハンドブック>

学校に行けない子どもたちへの対応ハンドブック 小柳憲司著 新興医学出版社 2009.7 100p 21cm 1800円 ⓘ978-4-88002-804-0 Ⓝ371.42
(目次)1 不登校について考える, 2 不登校の始まりと経過, 3 不登校のタイプ分類, 4 不登校への対応(基礎編), 5 不登校への対応(時期に応じて), 6 不登校への対応(タイプに応じて), 7 不登校と施設入院療法, 8 不登校, その後
(内容)不登校に伴う問題のうち, いかに社会参加をすすめるかという点に注目し, その対応をできるだけ実践的に記載。

不登校・中退生のための高校・同等学校ガイド 不登校情報センター編 東京学参 1997.11 167p 21cm 1300円 ⓘ4-8080-0050-4
(目次)第1章 高卒・同等資格へのルート, 第2章 学校ガイド, 第3章 不登校・中退生の受け入れ状況

不登校・引きこもり・ニート支援団体ガイド 不登校情報センター編 子どもの未来社 2005.11 226p 21cm 1900円 ⓘ4-901330-66-7
(目次)序に代えて 引きこもりの理由, どう抜け出していくのか(引きこもりと不登校, ニート, 引きこもりのさまざまな原因・理由, 五感が敏感な人たち ほか), 1 支援団体・機関の情報(解説 本格的な対応が求められるときがきた!, 海外, 北海道 ほか), 2 教育機関の情報(校種別)(解説 「大検」が「高卒認定」に変わったことの意味, 不登校・中退生を受け入れている全日制高校(私立), 通信制高校(公立・私立) ほか)
(内容)NPO「不登校情報センター」が収集した, 不登校, 引きこもり, 登校拒否, ニートなどに対応・支援している団体・機関についての情報を, 都道府県別に収録。収録団体・機関は全日制高校, 通信制高校, 専修学校高等課程・技能連携校, 養護学校など。

学校図書館

<書 誌>

学校図書館基本図書目録 1990年版 全国学校図書館協議会基本図書目録編集委員会編 全国学校図書館協議会 1990.3 921p 22cm 4806円 ⓘ4-7933-4022-9 Ⓝ028.09
(内容)小・中・高等学校図書館の選書のための「基本図書」の年刊目録。全国学校図書館協議会(SLA)の選定に合格し, 入手可能な図書を収録。小・中・高校の3部門に大別しその中をNDC分類順に排列。書誌事項および内容紹介を記載する。書名索引, 著者名索引を付す。

学校図書館基本図書目録 1991年版 全国学校図書館協議会基本図書目録編集委員会編 全国学校図書館協議会 1991.3 901p 22cm 4806円 ⓘ4-7933-4026-1 Ⓝ028.09
(内容)小・中・高等学校図書館の選書のための「基本図書」の年刊目録。全国学校図書館協議会(SLA)の選定に合格し, 各年で入手可能な図書を収録。小・中・高校の3部門に大別しその中をNDC分類順に排列。書誌事項および内容紹介を記載する。書名索引, 著者名索引を付す。

学校図書館基本図書目録　1992年版　全国学校図書館協議会基本図書目録編集委員会編　全国学校図書館協議会　1992.3　909p　22cm　4806円　Ⓘ4-7933-4029-6　Ⓝ028.09
内容　小・中・高等学校図書館の選書のための「基本図書」の年刊目録。全国学校図書館協議会（SLA）の選定に合格し、入手可能な図書を収録。小・中・高校の3部門に大別しその中をNDC分類順に排列。書誌事項および内容紹介を記載する。書名索引、著者名索引を付す。

学校図書館基本図書目録　1993年版　全国学校図書館協議会基本図書目録編集委員会編　全国学校図書館協議会　1993.3　898p　22cm　4806円　Ⓘ4-7933-4031-8　Ⓝ028.09
内容　小・中・高等学校図書館の選書のための「基本図書」の年刊目録。全国学校図書館協議会（SLA）の選定に合格し、入手可能な図書を収録。小・中・高校の3部門に大別しその中をNDC分類順に排列。書誌事項および内容紹介を記載する。書名索引、著者名索引を付す。

学校図書館基本図書目録　1994年版　全国学校図書館協議会基本図書目録編集委員会編　全国学校図書館協議会　1994.3　892p　22cm　5243円　Ⓘ4-7933-4034-2　Ⓝ028.09
内容　小・中・高等学校図書館の選書のための「基本図書」の年刊目録。全国学校図書館協議会（SLA）の選定に合格し、入手可能な図書を収録。小・中・高校の3部門に大別しその中をNDC分類順に排列。書誌事項および内容紹介を記載する。書名索引、著者名索引を付す。

学校図書館基本図書目録　1995年版　基本図書目録編集委員会編　全国学校図書館協議会　1995.3　886p　21cm　5400円　Ⓘ4-7933-4035-0
内容　小・中・高等学校図書館の蔵書構築の基準となる「基本図書」の目録。小・中・高校の3部門に分け、それぞれNDC（日本十進分類法）に基づいて排列。小学校の部には低学年用の図書を別にまとめて排列してある。小学校2270冊、中学校2082冊、高校3866冊を収録する。タイトル・著者・出版社名・価格などの書誌事項と共に解説を記載。巻末に五十音順の書名・著者名両索引を付す。

学校図書館基本図書目録　1996年版　全国学校図書館協議会　1996.3　897p　21cm　5400円　Ⓘ4-7933-4037-7
目次　基本図書目録 小学校の部、基本図書目録 中学校の部、基本図書目録 高等学校の部、基本図書目録 全国SLAの本
内容　全国学校図書館協議会が選定した「基本図書」のうち、現在入手可能なものだけを集めた図書目録。小学校の部1120点、中学校の部942点、高等学校の部1369点を収録する。図書の排列はNDC（日本十進分類法）8版に準拠。全点に内容紹介を付す。内容は1995年9月現在。巻末に書名索引、著者名索引がある。

学校図書館基本図書目録　1997年版　全国学校図書館協議会　1997.3　954p　21cm　5631円　Ⓘ4-7933-4038-5
目次　基本図書目録 小学校の部、基本図書目録 中学校の部、基本図書目録 高等学校の部、基本図書目録 全国SLAの本、資料の部
内容　全国学校図書館協議会が選定した基本図書のうち、現在入手可能なものだけを集めた図書目録。図書の排列はNDC（日本十進分類法）9版に準拠。内容は1996年9月現在。巻末に書名索引、著者名索引がある。

学校図書館基本図書目録　1998年版　全国学校図書館協議会基本図書目録編集委員会編　全国学校図書館協議会　1998.3　970p　22cm　5700円　Ⓘ4-7933-4041-5　Ⓝ028.09
内容　小・中・高等学校図書館の選書のための「基本図書」の年刊目録。全国学校図書館協議会（SLA）の選定に合格し、各年で入手可能な図書を収録。小・中・高校の3部門に大別しその中をNDC分類順に排列。書誌事項および内容紹介を記載する。書名索引、著者名索引を付す。

学校図書館基本図書目録　1999年版　全国学校図書館協議会基本図書目録編集委員会編　全国学校図書館協議会　1999.3　979p　21cm　5700円　Ⓘ4-7933-4043-1
目次　基本図書目録 小学校の部、基本図書目録 中学校の部、基本図書目録 高等学校の部、基本図書目録 全国SLAの本
内容　小・中・高等学校図書館の蔵書構築の基準となる「基本図書」の目録。小・中・高校の3部門に分け、それぞれNDC（日本十進分類法）に基づいて排列。書名・著者名・出版社名・出版年・価格・ISBNなどの書誌事項と共に解説を記載。五十音順の書名索引、著者名索引付き。

学校図書館基本図書目録　2000年版　全国学校図書館協議会　2000.3　987p　21cm　5700円　Ⓘ4-7933-4045-8　Ⓝ028.09
目次　基本図書目録（小学校の部、中学校の部、高等学校の部、全国SLAの本）、資料の部（全国学校図書館協議会図書選定基準、全国学校図書館協議会コンピュータ・ソフトウェア選定基準、学校図書館数量基準、SCP学校図書館資料費計上方式、学校図書館図書標準、学校図書廃棄基準）、優良図書案内、用品・取次会社案内、掲載出版社一覧
内容　小・中・高等学校図書館の選書のための

学校教育　　　　　　　　　　　　　　　　学校図書館

「基本図書」の目録。1999年9月までに全国学校図書館競技会の選定に合格し、現在入手可能なものを収録。全体を小・中・高校の3部門に大別し、そのなかをNDCの分類番号順に排列。書誌事項および内容紹介を記載する。ほかに全国SLAの図書目録を収録。巻末に資料と優良図書案内、用品・取次会社案内、掲載出版社一覧を掲載。書名索引、著者名索引を付す。

学校図書館基本図書目録　2001年版　全国学校図書館協議会基本図書目録編集委員会編　全国学校図書館協議会　2001.3　973p　21cm　5700円　①4-7933-4046-6　⑩028.09
(目次)小学校の部, 中学校の部, 高等学校の部, 全国SLAの本, 資料の部
(内容)学校図書館向けの書籍を紹介した図書目録。小・中・高校の3部門に分けてNDC順に排列。1999年9月までに全国学校図書館協議会の選定に合格した図書のうち、入手可能なものを収録し、書誌事項と内容紹介を掲載する。資料の部には「全国学校図書館協議会図書選定基準」などの基準や「優良図書案内」「用品・取次会社案内」がある。巻末に五十音順書名索引、著者名索引を付す。

学校図書館基本図書目録　2002年版　全国学校図書館協議会基本図書目録編集委員会編　全国学校図書館協議会　2002.3　970p　21cm　5700円　①4-7933-4049-0　⑩028.09
(目次)基本図書目録 小学校の部, 基本図書目録 中学校の部, 基本図書目録 高等学校の部, 基本図書目録 全国SLAの本, 資料の部, 優良図書案内, 用品・取次会社案内, 掲載出版社一覧
(内容)全国学校図書館協議会の選定に合格した図書を対象とした図書目録。小・中・高校の3部門に分けてNDC順に排列。2001年9月までに全国学校図書館協議会の選定に合格した図書のうち、入手可能なものを収録し、書誌事項と内容紹介を掲載する。NDC1次区分の冒頭には解説がある。資料の部には「全国学校図書館協議会図書選定基準」などの基準や「優良図書案内」「用品・取次会社案内」がある。巻末に五十音順の書名索引、著者名索引を付す。

学校図書館基本図書目録　2003年版　全国学校図書館協議会基本図書目録編集委員会編　全国学校図書館協議会　2003.3　970p　22cm　5700円　①4-7933-4050-4　⑩028.09
(内容)小・中・高等学校図書館の選書のための「基本図書」の年刊目録。全国学校図書館協議会(SLA)の選定に合格し、各年で入手可能な図書を収録。小・中・高校の3部門に大別しその中をNDC分類順に排列。書誌事項および内容紹介を記載する。書名索引、著者名索引を付す。

学校図書館基本図書目録　2004年版　全

国学校図書館協議会基本図書目録編集委員会編　全国学校図書館協議会　2004.3　964p　21cm　5700円　①4-7933-4053-9
(目次)基本図書目録 小学校の部（総記, 哲学, 歴史, 社会科学, 自然科学, 技術, 産業, 芸術, 言語, 文学）, 基本図書目録 中学校の部, 基本図書目録 高等学校の部, 基本図書目録 全国SLAの本, 資料の部, 優良図書案内, 用品・取次会社案内, 掲載出版社一覧

学校図書館基本図書目録　2005年版　全国学校図書館協議会基本図書目録編集委員会編　全国学校図書館協議会　2005.3　982p　22cm　5700円　①4-7933-4054-7　⑩028.09
(内容)小・中・高等学校図書館の選書のための「基本図書」の年刊目録。全国学校図書館協議会(SLA)の選定に合格し、各年で入手可能な図書を収録。小・中・高校の3部門に大別しその中をNDC分類順に排列。書誌事項および内容紹介を記載する。書名索引、著者名索引を付す。

学校図書館基本図書目録　2006年版　全国学校図書館協議会基本図書目録編集委員会編　全国学校図書館協議会　2006.3　101p　21cm　5700円　①4-7933-4056-3
(目次)基本図書目録 小学校の部（総記, 哲学, 歴史, 社会科学, 自然科学, 技術, 産業, 芸術, 言語, 文学）, 基本図書目録 中学校の部（総記, 哲学, 歴史, 社会科学, 自然科学, 技術, 産業, 芸術, 言語, 文学）, 基本図書目録 高等学校の部（総記, 哲学, 歴史, 社会科学, 自然科学, 技術, 産業, 芸術, 言語, 文学）, 基本図書目録 全国SLAの本, 資料の部
(内容)2005年9月までに全国学校図書館協議会の選定に合格した図書を対象に、小学校、中学校、高等学校の3部門にわけ、NDCの分類番号順に配列した図書目録。巻末に書目索引、著者名索引が付く。

学校図書館基本図書目録　2007年版　全国学校図書館協議会基本図書目録編集委員会編　全国学校図書館協議会　2007.3　977p　21cm　5700円　①978-4-7933-4057-4
(目次)基本図書目録 小学校の部（総記, 哲学, 歴史, 社会科学, 自然科学, 技術, 産業, 芸術, 言語, 文学, 小学校低学年）, 基本図書目録 中学校の部（総記, 哲学, 歴史, 社会科学, 自然科学, 技術, 産業, 芸術, 言語, 文学）, 基本図書目録 高等学校の部（総記, 哲学, 歴史, 社会科学, 自然科学, 技術, 産業, 芸術, 言語, 文学）, 基本図書目録 全国SLAの本（図書館 学校図書館, 読書指導 利用指導, 集団読書テキスト 小学校向, 集団テキスト 中学・高校向）, 資料の部（全国学校図書館協議会図書選定基準, 全国学校図書館協議会コンピュータ・ソフト

学校・教育問題 レファレンスブック　219

学校図書館　　　　　　　　　学校教育

ウェア選定基準，学校図書館メディア基準，学校図書館図書標準，学区図書館図書廃棄基準），優良図書案内，用品・取次会社案内
(内容)全体を小・中・高校の3部門に分け，NDC分類番号順に配列した図書目録。巻末に五十音順の書名索引、著者名索引が付く。

学校図書館基本図書目録　2008年版　全国学校図書館協議会基本図書目録編集委員会編　全国学校図書館協議会　2008.3　964p　22cm　5700円　①4-7933-4058-1　⑩028.09
(内容)小・中・高等学校図書館の選書のための「基本図書」の年刊目録。全国学校図書館協議会(SLA)の選定に合格し、各年で入手可能な図書を収録。小・中・高校の3部門に大別しその中をNDC分類順に排列。書誌事項および内容紹介を記載する。書名索引、著者名索引を付す。

学校図書館基本図書目録　2009年版　全国学校図書館協議会基本図書目録編集委員会編　全国学校図書館協議会　2009.3　947p　22cm　5700円　①4-7933-4060-4　⑩028.09
(内容)小・中・高等学校図書館の選書のための「基本図書」の年刊目録。全国学校図書館協議会(SLA)の選定に合格し、各年で入手可能な図書を収録。小・中・高校の3部門に大別しその中をNDC分類順に排列。書誌事項および内容紹介を記載する。書名索引、著者名索引を付す。

学校図書館基本図書目録　2010年版　全国学校図書館協議会基本図書目録編集委員会編　全国学校図書館協議会　2010.3　934p　22cm　5700円　①4-7933-4061-1　⑩028.09
(内容)小・中・高等学校図書館の選書のための「基本図書」の年刊目録。全国学校図書館協議会(SLA)の選定に合格し、各年で入手可能な図書を収録。小・中・高校の3部門に大別しその中をNDC分類順に排列。書誌事項および内容紹介を記載する。書名索引、著者名索引を付す。

学校図書館基本図書目録　2011年版　全国学校図書館協議会基本図書目録編集委員会編　全国学校図書館協議会　2011.3　889p　22cm　5700円　①978-4-7933-4063-5　⑩028.09
(内容)小・中・高等学校図書館の選書のための「基本図書」の年刊目録。全国学校図書館協議会(SLA)の選定に合格し、各年で入手可能な図書を収録。小・中・高校の3部門に大別しその中をNDC分類順に排列。書誌事項および内容紹介を記載する。書名索引、著者名索引を付す。

学校図書館基本図書目録　2012年版　全国学校図書館協議会基本図書目録編集委員会編　全国学校図書館協議会　2012.4　271p　26cm　1600円　①978-4-7933-4064-2　⑩028.09
(内容)小・中・高等学校図書館の選書のための「基本図書」の年刊目録。全国学校図書館協議会(SLA)の選定に合格し、各年で入手可能な図書を収録。小・中・高校の3部門に大別しその中をNDC分類順に排列。書誌事項および内容紹介を記載する。書名索引、著者名索引を付す。

兵庫県内公立高等学校郷土資料総合目録　平成元年1月末現在　兵庫県立図書館編（明石）兵庫県立図書館　1990.12　97p　26cm　〈背の書名：郷土資料総合目録〉　⑩025.8164
(内容)平成元年1月末現在の県内公立高等学校229校が所蔵する資料約2,400点を収録している。

＜年　表＞

学校図書館50年史年表　全国学校図書館協議会『学校図書館50年史年表』編集委員会編　全国学校図書館協議会　2001.3　197p　26cm　4000円　①4-7933-0055-3　⑩017.021
(目次)学校図書館50年史年表，参考文献，学校図書館50年史年表付録(資料)(全国学校図書館協議会創立時の記録，アピール・憲章・定款等，機関誌『学校図書館』の特集主題一覧，研究活動の記録，選定活動の記録　ほか)
(内容)学校図書館に関する1945年から1999年までの、活動や法制度、研究に関する事項などをまとめた年表。全国SLAの活動、全国学校図書館活動および学校図書館に関わる法政上・行政上の措置に関する事項、学校図書館に関する研究、学校図書館に影響を及ぼした図書館界ないし出版界の動向、教育社会一般についての事項を採録、原則1年を見開き2ページにまとめる。付録として学校図書館に関連する資料を多数収録する。

＜ハンドブック＞

こうすれば子どもが育つ学校が変わる　学校図書館活用教育ハンドブック　山形県鶴岡市立朝暘第一小学校編著，高鷲忠美解説　国土社　2003.10　199p　26cm　〈付属資料：CD-ROM1〉　2500円　①4-337-45034-3
(目次)はじめに　学校の風が変わった―図書館活用教育をすすめる「風」が吹いた，第1章 本が好き、図書館が大好き、第2章 読書をすすめる図書館づくり―魅力ある図書館に、第3章 気軽に「調べ学習」できる図書館づくり―子どもの学びたい気持ちに応える図書館に、第4章 読書を生かして、心を育てる授業づくり、第5章 調べ学習を通して、考える子どもを育てる授業づくり、第6章 地域・保護者との連携を生かした図書館づくり、第7章 経営の基盤に「学校図書館」をおいたとき、学校が変わった、第8章 司

書教諭・学校司書・図書主任の役割分担と連携，終章 明日の「致道図書館」に向けて，おわりに うれしい成果が，全国発進への勇気を生んだ，朝暘第一小学校 図書館活用教育これまでのあゆみ

(内容)「学校図書館」を学校経営の中核に据え。「第33回・学校図書館賞」大賞受賞校の図書館活用教育のすべてを公開。

小学校件名標目表 第2版 全国学校図書館協議会件名標目表委員会編 全国学校図書館協議会 2004.11 303p 27cm 5400円 ①4-7933-0071-5 Ⓝ014.49

(内容)図書を，ことばを手がかりにして検索するための件名標目を収録した小学校図書館用の件名標目表。「音順件名標目表」「分類順件名標目表」の，2種の標目表で構成。小学校で必要とする件名の範囲を具体的に示す。巻末には「国名標目表」を付ける。1985年刊の第2版。

中学・高校件名標目表 第3版 全国学校図書館協議会件名標目表委員会編 全国学校図書館協議会 1999.10 337p 21cm 4800円 ①4-7933-0050-2

(目次)音順件名標目表，分類順件名標目表，国名対照表，変更・削除標目対照表

(内容)図書を，ことばを手がかりにして検索するための件名標目を収録した中学・高校図書館用の件名標目表。中学校・高等学校において使用されている教科書などから件名標目を収集し構成する。「音順」と「分類順」の2部構成。

<年鑑・白書>

データに見る今日の学校図書館 学校図書館白書 3 全国学校図書館協議会編 全国学校図書館協議会 1998.11 111p 26cm 2200円 ①4-7933-4042-3

(目次)第1章 学校図書館の施設，第2章 学校図書館の資料，第3章 学校図書館の予算，第4章 学校図書館の職員，第5章 学校図書館の運営，第6章 学校図書館の利用，第7章 児童生徒の読書状況，第8章 読書指導，第9章 学校図書館の利用指導，第10章 学校図書館とコンピュータ，第11章 学校図書館への期待

(内容)学校図書館と子どもの読書の実態を把握し，課題を明らかにする目的でまとめられたもの。

留学

<事典>

アメリカ留学日常語事典 これがなければ1日も過ごせない！ 東照二著 講談社インターナショナル 1999.12 183p 19cm （講談社パワー・イングリッシュ） 1180円 ①4-7700-2470-3

(内容)学校探しから卒業までアメリカ留学に必要な用語と，キャンパス情報をまとめ解説した事典。配列はアルファベット順。巻末資料として，大学入学許可書，履歴書，学生寮申込書，英語学校願書，専攻一覧，分野別大学院ランキング，科目登録用紙，開講クラススケジュール表，社会保障番号申請書がある。

イギリス留学事典 国際交流委員会編 白馬出版 1992.8 275p 21cm 1650円 ①4-8266-0282-0

(目次)イギリス留学の実際，出国の準備からブリテン入国まで，これだけは知っておきたい滞在の知識，主要都市の生活便利情報，英語学校ガイド

海外留学快適生活マニュアル 学部入学、短期留学からホームステイまで アメリカ・カナダ・イギリス・オーストラリア・ニュージーランド編 ICS国際文化教育センター編 SSコミュニケーションズ 1992.9 222p 18cm 1200円 ①4-8275-1354-6

(目次)1 留学する前に〈準備編〉，2 成田空港から現地到着まで〈出国・到着編〉，3 今日から留学生〈生活編〉，4 留学生のご家族のために〈留学生家族編〉

海外留学生・帰国子女のための進学ガイド アルク 1992.11 323p 26cm 2500円 ①4-87234-161-9

(目次)高校編 帰国子女高校入試の現状と特徴，大学編（大学入試における帰国子女特別枠，海外留学生と帰国生入試，TOEFL，SATのスコアからみた有名大学の合格ライン），帰国生入試体験レポート，帰国生高校入試データ，帰国生大学入試データ，帰国生入試実例問題集，帰国後の生活（大学入学後の帰国生）

カナダ留学事典 八木慶男著 白馬出版 1992.7 257p 21×14cm 1650円 ①4-8266-0283-9

(目次)第1章 カナダの教育制度，第2章 若年留学とその準備，第3章 高校・短大卒の若者の留学，第4章 ワーキング・ホリデイ，第5章 ホームステイの素顔，第6章 海外留学の落とし穴，第7章 カナダの生活ガイド，第8章 カナダ留学手続き，附録（学位が取得できる大学の所在地の一覧表，州立コミュニティ・カレッジ一覧表，バンクーバー地区ESL専門校リスト，カナディアン・インデペンデント・スクール協会加盟私立学校一覧）

留学英語キーワード辞典 山口百々男監修，辻本信義，藤原五百子，松尾英俊著 三修社

1999.12 249p 19cm 2400円 ①4-384-00358-7

(内容)単位取得，成績評価，カリキュラム，寮生活の規則など，英文の大学案内・便覧を読み，留学生活に必要な情報を得るためのキーワードを収録・解説した辞典。

<辞 典>

海外留学英語辞典 Keywords of "Campus English" 山口百々男，藤原五百子共編 秀文インターナショナル 1996.11 207p 21cm 1648円 ①4-87963-513-8

(目次)1部 キャンパス英語，2部 学部別，専門科目用語（基本用語，会計学，農学/動物学・植物学，人類学，芸術，生物学/動物・植物科学，商学/経営学，化学〔ほか〕）

留学生必携英和辞典 ハイブリッド 山口百々男監修，辻本信義，藤原五百子，松尾英俊著 三修社 2002.5 249p 19cm 〈付属資料：CD‐ROM〉 2600円 ①4-384-01945-9 Ⓝ377.6

(内容)海外の大学に留学する学生のための「キャンパス英語」辞典。大学要覧に書かれているキーワードに慣れ，自分自身で希望大学の情報内容を読みとることができるための入門書として編纂されたもの。英語キーワードをアルファベット順に排列し，和訳語，説明文，大学の英文カタログから抜粋した例文等を記載。CD-ROMの単語帳付き。

留学生必携和英辞典 山口百々男監修，辻本信義，藤原五百子，松尾英俊著 三修社 2003.6 249p 19cm 〈付属資料：CD-ROM1〉 2600円 ①4-384-05043-7

(内容)海外の大学の英文カタログに書かれている内容を把握し，理解するための「キャンパス英語のキーワード」を，「教育方針」を中心に収録した和英辞典。普通の辞書に載っていない語句や，実際に役立つ例文も多数。本文はアルファベット順に排列。CD-ROM付き。

ROM単 留学生必携英和辞典 山口百々男監修，辻本信義，藤原五百子，松尾英俊著 三修社 2001.10 249p 19cm 〈付属資料：CD‐ROM1〉 2400円 ①4-384-00764-7 Ⓝ377.6

(内容)外国の大学への海外留学生向けの英和辞典。大学の英文カタログに書かれている「キャンパス英語のキーワード」に慣れ，自分自身で希望大学の情報内容を読みとることができるための入門書。CD-ROM1枚を付す。

<名 簿>

音楽家のための留学ガイド ヨーロッパの音楽学校156校の紹介 ロナルド・カヴァイェ著，姥沢愛水訳 芸術現代社 1991.7 250p 19cm 2600円 ①4-87463-100-2

(目次)1 ヨーロッパ留学のすすめ，2 入学試験，3 費用，4 旅，5 住居，6 語学，7 生活，8 プライベートな留学，9 ヨーロッパの音楽大学，10 イギリスの音楽学校（7，8才から18才まで）3校，11 イギリスの主なUniversities 36校，12 ヨーロッパのサマーコース 61，13 世界の音楽コンクール 182

(内容)ヨーロッパのすべての音楽大学に問い合わせて調査。わが国初めての音楽留学生の完璧なガイドブック。

留学生のためのカレッジ・ハンドブック The College Handbook Foreign Student Supplement日本版 アルク 1990.7 244p 28×21cm 2000円 ①4-87234-036-1

(目次)1 アメリカの大学に留学する（アメリカ留学を思い立つ，アメリカの高等教育システム，目指す大学を選び出す，大学留学に必要な費用，大学を比較する必須項目，出願に必要な書類，入学の許可がおりたら，留学に必要なテスト情報），2 アメリカ短大・大学・大学院留学情報（留学情報の活用法，短大・大学留学情報，大学院留学情報，条件付き入学を認める大学）

(内容)アメリカのもっとも信頼できる教育団体The College Boardがまとめた TOEFL要求点，締切，学費，生活費，奨学金，サマーセッション，留学生数，条件付き入学を認める大学，連絡先など留学に必要な基本データすべて掲載。545の専攻分野，授業料，TOEFLスコア等の希望項目をもとに全米短大・大学・大学院2000校の中から希望に合う学校が選べるようになっている。

<ハンドブック>

アメリカ医学留学ガイド 改訂第2版 吉岡宏晃著 南江堂 1998.8 401p 21cm 4200円 ①4-524-21422-4

(目次)1 アメリカの医学教育，2 アメリカでの臨床研修の現状，3 アメリカ医学研修に必要な資格と試験，4 レジデンシィ・ポジションの獲得方法，5 基礎医学研究・医療行政・経営等を目的とする留学，6 渡航準備とアメリカ生活のコツ，7 アメリカでのレジデントとしての生活，8 レジデンシィ・プログラムと施設の紹介，9 アメリカで医師開業する方法，10 アメリカ以外の国への留学，付録（ビザの取得方法，医学関係留学プログラムと留学助成金の紹介，アメリ

カ医学留学に関連する各種施設の住所)，索引
(内容)アメリカの医学大学を卒業し現地で臨床研修を受け開業した著者による、アメリカ医学留学の案内書。USMLE等の資格試験の概要と受験対策，英文の願書，推薦状や履歴書の書き方，アメリカ医学関係のホームページ情報の収録，医療制度・ビザの変更に伴う留学事情の推移などを加えた改訂版。

アメリカ高校留学ガイド 栄陽子編 日本交通公社出版事業局 1992.8 229p 22×14cm (フリーダム 107) 1680円 Ⓘ4-533-01922-6
(目次)留学の基礎知識，交換留学の知識，交換留学の生活，ディプロマ留学の知識，ディプロマ留学の生活，体験記，留学を考えるご両親へ

アメリカ2年制大学留学ガイド 新版 留学ジャーナル編 三修社 2005.12 183p 21cm 2200円 Ⓘ4-384-06528-0
(目次)1 留学ガイダンス(留学生にメリットいっぱいの2年制大学，さらに知りたい2年制大学の魅力，留学への近道とその方法，すべての留学に欠かせない体験談，生活情報編)，2 学校紹介(専攻科目の内容，Pacific States, Mountain States, Great Plains, Great Lakes ほか)

アメリカ有名英語学校・英語講座 九鬼博著 三修社 2002.7 244p 21cm 〈付属資料：CD-ROM2〉 2300円 Ⓘ4-384-01988-2 Ⓝ377.6
(目次)1 大学集中英語講座連盟，2 アメリカ集中英語講座連盟，3 その他の集中英語講座，4 カリフォルニア大学英語講座，5 カリフォルニア州立大学集中英語講座，6 カプラン/LCP講座，7 ELSランゲージ・センター，8 アメリカ語学留学の手順，9 出願の手順，10 渡航手続き
(内容)留学生のためのアメリカ有名英語学校・英語講座ガイドブック。大学集中英語講座連盟(UCIEP)の全65校，アメリカ集中英語講座連盟(AAIEP)の主な加盟校とその他の有名英語学校・英語講座について，アルファベット順に排列した州ごとに，各学校の所在地，開講日，クラスレベル，出願方法等の情報を掲載。さらにカリフォルニア大学(UC)成人教育学部英語講座，カプラン/LCP講座等有名な英語講座についても紹介。アメリカ留学の概要・手順についての解説も付す。緊急時の対処情報を紹介したエマージェンシーナビ，及び英語・ドイツ語・フランス語・中国語単語集を収録したWindows対応ROMカードを添付する。

アメリカ有名短大・大学留学 九鬼博著 三修社 2002.7 234p 21cm (付属資料：CD-ROM2) 2300円 Ⓘ4-384-01989-0

Ⓝ377.6
(目次)1 アメリカ有名短大・大学案内(西部，東部，中西部 ほか)，2 アメリカの大学留学の手順(留学の種類，アメリカの大学の特徴，アメリカの大学の入学基準 ほか)，3「お勧め」の英語学校・英語講座(アメリカ語学留学の勧め，ELSランゲージ・センター)
(内容)アメリカ有名短大・大学の留学ガイドブック。日本人を含む外国人学生が500人以上いて，構内に英語学校・英語講座があるアメリカの有名短大・大学を中心に109校を収録。アメリカを西部・東部・中西部・南部に区分，アルファベット順に排列した州ごとに，各大学の種類，所在地，学生数，入学学期，TOEFL点数等の入学基準ほかの情報を紹介する。また，アメリカ留学の手順について解説，英語学校・英語講座の情報を紹介する。緊急時の対処情報を紹介したエマージェンシーナビ，及び英語・ドイツ語・フランス語・中国語単語集を収録したWindows対応ROMカードを添付した。

アメリカ留学公式ガイドブック 2010 日米教育委員会編著 アルク 2009.4 395p 19cm 〈他言語標題：Study in the U.S.A. the official guide〉 1600円 Ⓘ978-4-7574-1581-2 Ⓝ377.6
(目次)1 アメリカにおける留学生の動向，2 アメリカの高等教育制度，3 留学準備 Step by Step，4 渡米前の準備，5 アメリカ入国後の案内，6 ビザ(入国査証)と留学生の法的義務，7 アメリカでの学業，8 同伴家族への案内，9 アメリカ生活への適応，10 日米学生気質比較

アメリカ留学公式ガイドブック 2013 日米教育委員会編著 アルク 2012.4 335p 21cm 1600円 Ⓘ978-4-7574-2075-5
(目次)1 アメリカにおける留学生の動向，2 アメリカの高等教育制度，3 留学準備Step by Step，4 渡米前の準備，5 アメリカ入国後の案内，6 ビザ(入国査証)と留学生の法的義務，7 アメリカでの学業，8 同伴家族への案内，9 アメリカ生活への適応

アメリカ留学マニュアル ICS国際文化教育センター編 三修社 1999.4 197p 21cm (留学シリーズ) 2200円 Ⓘ4-384-06341-5
(目次)アメリカの大学の特色，授業のしくみ，専攻カリキュラム，留学生のオリエンテーション，日米の違い，留学費用，健康管理，治安，留学準備のHOW TO STEP，留学生体験記(アメリカ大学進学ストーリー)，留学に役に立つ情報，大学紹介，付 大学留学用語集

アメリカわくわくスペシャリスト留学 専門技術・資格を取得する REF留学教育フォーラム編，松岡昌幸著 三修社 2002.8

302p 21cm〈付属資料：CD‐ROM1〉
2800円　①4-384-01991-2　Ⓝ377.6
⦅目次⦆1 アメリカへの留学，2 アメリカへのスペシャリスト留学，3 スペシャリスト留学のための学校紹介，4 スペシャリスト留学のための留学ビザ事情と取得のコツ，5 スペシャリスト留学の出発準備から出国・入国および学校生活まで，6 留学を成功させよう
⦅内容⦆専門技術・資格を取得するためのスペシャリスト留学のガイドブック。アメリカへのスペシャリスト留学について，学校紹介，ビザの取得等6章で紹介。巻末に留学関係一覧，REF留学教育フォーラム紹介がある。

英国人による英国留学生活ハンドブック 留学生および外国人のためのガイドブック　改訂新版　ブリティッシュ・カウンシル日本語版監修　勉誠出版　1999.10　253p 19cm　1800円　①4-585-05040-X
⦅目次⦆英国留学におけるコースの種類，英国留学の準備，英国に入国する際の諸条件，英国到着後にやるべきこと，英国における住居，英国留学における経済的・法律的な事柄について，英国留学中の健康管理，英国留学における学生生活（勉強について，余暇について），英国の生活，帰国の準備
⦅内容⦆本書は，英国の教育制度および職業訓練コースについての全般的なガイドブックではなく，英国留学に関する事柄を大きく分けて，どのような機会が与えられているのか，どこで詳しい情報を得られるのか，英国留学の実際について説明したもの。

英語テストなしのアメリカ大学留学　九鬼博著　三修社　2002.8　424p 21cm〈付属資料：CD‐ROM1〉　4000円　①4-384-01987-4　Ⓝ377.6
⦅目次⦆1 英語テストなしのアメリカの大学・大学院（東部，西部，中西部，南部），2 「お勧め」の英語学校（ELSランゲージ・センターの集中英語講座，ELSランゲージ・センターの所在地と説明），3 アメリカ留学の手順（アメリカ合衆国：国と言語と大学，留学相談先と検索方法 ほか），4 事項索引（高校の成績平均（GPA）が，3以下でも入れるアメリカの短大，高校の成績平均（GPA）が，4以下でも入れるアメリカの4年制大学 ほか）
⦅内容⦆アメリカ留学のガイドブック。英語テストのないアメリカの大学・大学院を地域別に紹介し，また英語学校や留学手続きを紹介する。事項索引では日本の高校の成績平均（GPA）が3以下でも入れるアメリカの短大，高校の成績平均が4以下でも入れるアメリカの4年制大学等を紹介している。

海外進学時代のアメリカ150大学ガイド 日本初の本格ガイド　アリス・インスティテュート訳　アリス・インスティテュート，星雲社〔発売〕　2005.9　198p 26cm 1800円　①4-434-06704-4
⦅目次⦆1 INTRODUCTION（アメリカの大学，5つの誤解，今求められる海外大卒人材 ほか），2 150 COLLEGES（150大学の説明），3 LISTS（州別大学リスト，マーク別大学リスト，留学生にSAT受験を要求する大学100）
⦅内容⦆10万人の学生と教育プロフェッショナル厳選の150校。大学ランキング・難易度・合格率などのデータ。大学担当者と受験エキスパートによる貴重なアドバイス。アメリカ高等教育の仕組みをわかりやすく解説。

海外進学時代のアメリカ150大学ガイド 日本初の本格ガイド　アリス・インスティテュート訳　アリス・インスティテュート，星雲社〔発売〕　2006.11　198p 26cm 1800円　①4-434-08583-2
⦅目次⦆1 INTRODUCTION（アメリカの大学概要と特徴，選択と受験，就職支援，5つの誤解，今求められる海外大卒人材 ほか），2 150 COLLEGES，3 LISTS（州別大学リスト，マーク別大学リスト，留学生にSAT受験を要求する大学100）
⦅内容⦆10万人の学生と教育プロフェッショナル厳選の150校。大学ランキング・難易度・合格率などのデータ。大学担当者と受験エキスパートによる貴重なアドバイス。

カナダ留学ガイドブック　八木慶男著　三修社　1993.3　169p 21cm　1500円　①4-384-06277-X
⦅目次⦆1章 海外留学を成功させるために，2章 各州で異なるカナダの教育制度，3章 高校留学とその準備，4章 カレッジ・大学をねらうカナダ留学，5章 ワーキング・ホリデーと英語留学，6章 ホームステイ・プログラム，7章 カナダ生活ミニ情報

高校留学の手引　文部省著　ぎょうせい 1993.6　156p 26cm　1030円　①4-324-03734-5
⦅目次⦆第1章 高等学校における留学の趣旨と意義，第2章 留学等の円滑な実施のための配慮事項，第3章 留学生の円滑な受入れのための配慮事項，参考資料（関係法令，通知，全国高校生留学・交流団体連絡協議会について，留学生交流に関する統計データ，非営利の国際教育交流団体の高校生留学プログラムの仕組み，各国の学校系統図と学校統計）

これだ!!留学必携ハンドブック　テツマロ・

ハヤシ, 高村博正著　（岡山）西日本法規出版, 星雲社〔発売〕　1999.4　230p　21cm　2200円　Ⓘ4-7952-1898-6

⟨目次⟩1 Essays（私の英語修行—効果的な英語力のつけかた, 英語のレポート・論文を書くコツ）, 2 Vocabulary（American English and British English, Ancient Greek and Roman Gods and Goddesses, Animals and Their Young Collection ほか）

⟨内容⟩英文科の学生や英語を学ぶ学生のために書かれたハンドブック。

新 中国留学ガイドブック　中国・香港・台湾・シンガポール　秦佳朗著　三修社　1992.3　459p　21cm　4000円　Ⓘ4-384-06269-9

⟨目次⟩第1章 中国と中国の大学, 第2章 中国留学とは, 第3章 中国留学の制度, 第4章 渡航の方法, 第5章 到着後の入校手続き, 第6章 中国の大学紹介, 第7章 中国留学生活への助言, 第8章 留学生活, 第9章 香港・台湾・シンガポール留学について

中国留学ガイドブック　秦佳朗著　三修社　2000.5　607p　21cm　5000円　Ⓘ4-384-06348-2　Ⓝ377.6

⟨目次⟩中国概況と中国の教育制度, 中国留学とは, 中国留学の制度, 奨学金留学について, 中国留学を自分で手続きする, 中国留学生活の準備, 中国への渡航と到着, 到着後の入校手続き, 留学生活と現地での勉強方法, 中国の大学紹介, 中国生活の予備知識, 中国留学の心得, 留学に必須の実用的中国語

⟨内容⟩中国留学を考えている人のためのガイドブック。中国の概況や留学の制度, 生活, 入校手続, 心得などの留学に関する情報を掲載。中国の大学紹介では, 大学名, 寸評, 受入れ状況, 学校規模, 連絡先, 費用, 申請・入試・入学条件, 授業, 学校生活, 参考情報, 学校の長所短所, 大学からあるいは大学への主な交通ルート, 大学の概況などを掲載。

手に職をつける海外資格留学　やりたいことがすぐ見つかる即役立つ　ロム・インターナショナル編　東洋経済新報社　1996.10　175p　21cm　1500円　Ⓘ4-492-04095-1

⟨目次⟩1 分野別留学プログラム（語学研修プログラム, ビジネスマン・ステップアップ・プログラム, アーティスト・プログラム ほか）, 2 留学を成功させるために（情報を収集する, 留学プランの立て方, 留学費用の見積り ほか）, 3 各国別留学ガイド（ここがポイント留学先選び, アメリカ, イギリス ほか）

⟨内容⟩資格や技術を身につけるための留学ガイド。ミュージシャンやソムリエ, スポーツ選手など資格や技術の分野別に留学先の学校名・住所（連絡先）・留学期間・学費・語学力・内容を掲載。第3章の「各国別留学ガイド」ではアメリカ・イギリス・カナダなどへの留学を紹介するほか留学用語集・略地図付きの留学取扱会社一覧を収録する。

ドイツ留学案内 大学篇　山本浩司, 小篠直美著　三修社　2002.8　298p　21cm　2600円　Ⓘ4-384-01866-5　Ⓝ377.6

⟨目次⟩1 ドイツ留学の目的は?, 2 ドイツの大学で学ぶ, 3 入学条件と学籍登録, 4 出発の準備をする, 5 ドイツで生活する, 6 キャンパスライフ, 7 芸術系大学への留学, 8 大学コースデータ

⟨内容⟩ドイツの大学への留学ガイド。ドイツ留学の目的、ドイツの大学で学び方などを紹介。付録にゲルマニスティク関連学科一覧がある。

◆留学生

＜ハンドブック＞

外国人留学生のための奨学金案内　2005-2006年版　アジア学生文化協会編　同文舘出版　2005.9　198p　26cm　〈本文：日英両文〉　2500円　Ⓘ4-495-97449-1

⟨目次⟩1 国費の奨学金, 2 授業料減免と学校独自の奨学金（国・公立大学における授業料減免, 私立大学における授業料減免, 学校独自の留学生奨学金）, 3 国際連合大学私費留学生育英資金貸与事業, 4 地方公共団体による奨学金・留学生支援事業, 5 民間団体の奨学金

⟨内容⟩主に私費外国人留学生に、日本の奨学金制度についての情報を提供することを目的に作成した。

Q&A外国人・留学生支援「よろず相談」ハンドブック　永井弘行著　セルバ出版, 創英社（発売）　2010.10　367p　21cm　〈文献あり〉　3400円　Ⓘ978-4-86367-035-8　Ⓝ329.9

⟨目次⟩外国人や留学生の入国・出国Q&A, 外国人や留学生の在留資格Q&A, 外国人や留学生の住まいQ&A, 外国人や留学生の生活・暮らしQ&A, 外国人や留学生の健康保険・年金Q&A, 外国人や留学生の就職活動Q&A, 外国人や留学生の採用・労働条件Q&A, 外国人や留学生の職場・人事Q&A, 外国人や留学生の子女教育Q&A, 外国人や留学生の婚姻・国籍Q&A, 外国人や留学生の必要手続・相談先一覧

⟨内容⟩外国人や留学生をサポートする関係者や支援者（外国人にアドバイスする立場の人）が、知っておくとよい知識をまとめた実務手引書。

留学生受入れの手引き　増補改訂版
　JAFSA「増補改訂版留学生受入れの手引き」プロジェクト,JAFSA(国際教育交流協議会)著編集　(大阪)かんぽう　2012.2　247p　21cm　〈文献あり〉　3000円　①978-4-904021-31-6　Ⓝ377.6
　目次　留学生受入れの概念と現状、外国人留学生とは、留学生担当者とは、入学資格、留学生の募集から入学まで、留学生のためのオリエンテーション、学籍業務、学習支援、就職支援と卒業後のフォロー、短期受入れのプログラム、生活面の支援、精神的な支援・危機管理、入国管理・在留資格、国費外国人留学生制度、各国の教育制度、JAFSAについて

留学生担当者の手引　受け入れ編(1990年)　外国人留学生問題研究会編著　凡人社　1990.5　252p　26cm　2900円　①4-89358-083-3
　目次　第1章 外国人留学生と担当者、第2章 留学生受入れ現状、第3章 大学入学資格と各国(地域)の教育事情、第4章 募集と入学審査、第5章 オリエンテーション、第6章 教学上の諸問題、第7章 生活上の諸問題、第8章 入国と在留、第9章 国費外国人留学生制度、付録(留学生関係機関・団体一覧、在日外国公館、在外日本公館、参考文献)、JAFSAについて
　内容　カウンセリングから実務まで—外国人留学生の関係者のための実用書。平成2年6月より新入管法施行。

留学生担当者の手引　送り出し編　外国人留学生問題研究会編　凡人社　1991.3　174p　26cm　2800円　①4-89358-121-X
　目次　外国留学業務担当者の役割、外国留学の種類、交換留学制度、短期語学研修制度、カリキュラムとしての留学制度、公募奨学金留学、私費留学、各大学の協定書及び諸規程、協定大学一覧、外国留学案内、奨学金案内

通信教育

<年鑑・白書>

eラーニング白書　2001/2002年版　先進学習基盤協議会(ALIC)編著　オーム社　2001.5　318p　24×19cm　2500円　①4-274-06419-0　Ⓝ379.7
　目次　第1章 概要、第2章 ネットワークによる遠隔教育の利用動向、第3章 WBTの動向、第4章 WBTマーケット規模の算定、第5章 WBT以外に想定されるネットワークによる遠隔教育、第6章 ネットワークを利用した遠隔教育の効果、第7章 関連制度の動向、第8章 まとめ
　内容　ネットワークを利用した遠隔教育の動向、WBTの現状や将来展望を調査データをもとに分析する報告書。

eラーニング白書　2002/2003年版　先進学習基盤協議会編著　オーム社　2002.7　375p　24×19cm　2800円　①4-274-06480-8　Ⓝ379.7
　目次　第1章 概要、第2章 教育現場ごとのeラーニングの利用状況、第3章 WBTの動向、第4章 WBTマーケット規模、第5章 WBT以外に想定される代表的なeラーニング、第6章 eラーニングを支えるインフラ・セキュリティ、第7章 eラーニングの効果、第8章 eラーニングの関連法制度
　内容　eラーニングに関する白書。eラーニンの現状や市場の将来性から、「e・Japan戦略」に基づくeラーニング政策や法制度まで、図表を多用し解説。巻末に五十音順索引を付す。

eラーニング白書　2003/2004年版　先進学習基盤協議会編著　オーム社　2003.7　391p　24×19cm　2800円　①4-274-06528-6
　目次　第1章 概要、第2章 教育現場ごとのeラーニングの利用状況、第3章 eラーニング関連事業者の動向、第4章 教育現場別eラーニングマーケットの予測・分析、第5章 WBT以外のeラーニング、第6章 eラーニングを支えるインフラ・セキュリティ、第7章 eラーニングの効果、第8章 eラーニングの関連政策
　内容　eラーニングのすべてをここに集約。経済産業省「アジアe-Learningの推進」報告書をベース編纂された国内唯一の白書。

eラーニング白書　2004/2005年版　経済産業省商務情報政策局情報処理振興課編　オーム社　2004.8　402p　24×19cm　3200円　①4-274-06577-4
　目次　第1章 総論、第2章 eラーニングビジネスの動向、第3章 ユーザの動向、第4章 eラーニングを支えるシステム・技術・規格、第5章 eラーニングにおける効果の測定、第6章 eラーニング市場の分析・予測、第7章 eラーニング関連政策
　内容　eラーニングのすべてをここに集約。国内唯一のeラーニングに関する白書。経済産業省「平成15年度情報経済基盤整備(アジアeラーニングの推進)」の報告書をもとに作成。

eラーニング白書　2005/2006年版　経済産業省商務情報政策局情報処理振興課編　オーム社　2005.7　324p　24×19cm　3200円　①4-274-06608-8
　目次　第1部 総論、第2部 各論(eラーニング活用の動向、eラーニングの効果的活用と導入事例、eラーニングビジネスの動向、eラーニング

を支えるシステム・技術および人材育成，eラーニングに関する政策と法律），付録
内容 eラーニングの最新動向をここに集約。豊富な活用事例（企業・大学関連）を紹介。経済産業省「平成16年度情報経済基盤整備（アジアeラーニングの推進（eラーニングの普及及び相互運用性確保等に向けた基盤整備事業））」の報告書をもとに作成。

eラーニング白書　2006/2007年版　経済産業省商務情報政策局情報処理振興課監修，日本イーラーニングコンソシアム編　東京電機大学出版局　2006.7　443p　24×19cm　3500円　①4-501-54150-4
目次 第1部 総論，第2部 各論（企業におけるeラーニングの動向，高等教育におけるeラーニングの動向，eラーニングビジネスの動向，eラーニングを支えるシステム・技術および人材育成，eラーニングに関する政策と法律），第3部 事例編（企業事例，大学事例，ビジネス事例），付録
内容 eラーニングの最新事情を集約。ブレンディッド・ラーニング，モバイルラーニングなど発展するeラーニングの現状。多様化する教育研修ニーズに対応した40件にのぼる実践事例。

eラーニング白書　2007/2008年版　経済産業省商務情報政策局情報処理振興課編　東京電機大学出版局　2007.8　440p　24×19cm　3800円　①978-4-501-54340-2
目次 第1部 本編（企業におけるeラーニングの動向，教育機関におけるeラーニングの動向，eラーニングビジネスの動向，eラーニングを支えるシステム・技術および人材育成，eラーニングに関する政策と法律），第2部 事例編（企業事例，教育事例，ビジネス事例），付録
内容 発展期を迎えたeラーニング『eラーニング白書』7年間の集大成。浸透が進むeラーニングの最新事情。効果の上がる活用法を提言する事例研究。

eラーニング白書　2008/2009年版　日本イーラーニングコンソシアム編　東京電機大学出版局　2008.8　176p　24×19cm　3200円　①978-4-501-54410-2　Ⓝ379.7
目次 序章 本書の特徴とeラーニングの定義，第1章 企業，個人におけるeラーニングの活用状況，第2章 教育機関におけるeラーニングの活用状況，第3章 eラーニングビジネスの動向，第4章 アジア主要国の状況，第5章 SCORM規格の普及，付録 アンケート調査の概要
内容 ナレッジ・ワーク，コミュニケーション活用，DS，Wii，PSP，iPod…企業・高等教育機関・個人・eラーニングベンダ調査をもとに新たな進化系を読み解く。発展期から活用期へ…拡がるeラーニング最新トレンドの重点項目を精選して集約。

インターナショナルスクール

＜名　簿＞

インターナショナルスクールガイド　ザー・イースト・パブリケイション編　ザー・イースト・パブリケイション，洋販〔発売〕　1999.12　227p　21cm　〈本文：日英両文〉　1800円　①4-915645-18-5
目次 北海道インターナショナルスクール，東北インターナショナルスクール，アメリカンスクールインジャパン，西町インターナショナルスクール，聖心インターナショナルスクール，ブリティッシュスクールイン東京，セントメリーズインターナショナルスクール，清泉インターナショナルスクール，青葉ジャパンインターナショナルスクール，ジャパンインターナショナルスクール〔ほか〕

＜ハンドブック＞

全国版インターナショナルスクール活用ガイド　第2版　増田ユリヤ著　オクムラ書店　2003.8　306p　21cm　2000円　①4-86053-015-2
目次 第1章 インターナショナルスクールとは？（注目されるインターナショナルスクール，インターナショナルスクールとは ほか），第2章 インターナショナルスクールの実際（横浜インターナショナルスクール，西町インターナショナルスクール ほか），第3章 スクールガイド（インターナショナル山の手幼稚園，北海道インターナショナルスクール ほか），第4章 実際の手引き（入学に関して，卒業後の進路に関して），第5章 インターナショナルスクール情報
内容 各インターナショナルスクールの最新詳細情報を掲載。

大学教育

大学

<書誌>

熊本洋学校（1871-1876）旧蔵書の書誌と伝来　大島明秀著　（福岡）花書院　2012.11　129p 図版 17p　27cm　3810円　①978-4-905324-41-6　⑩377.3
〔内容〕熊本県立大学が所蔵する「熊本洋学校資料」の書誌をはじめて網羅的に採取した上で、その成立経緯について分析している。

戦後大学・学生問題文献目録―1945〜1967　大学・学生問題文献目録―改訂・増補 1965〜1971　江上芳郎,喜多村和之編　図書館科学会監修　日本図書センター　1997.9　186,253p　22cm　〈社会科学書誌書目集成　第40巻〉〈複製〉　15000円　①4-8205-4207-9,4-8205-4197-8　⑩377.1

「大学教育」関係図書目録1989-2005　"学問の府"はいま　日外アソシエーツ編　日外アソシエーツ,紀伊國屋書店〔発売〕　2006.9　684p　21cm　28500円　①4-8169-2003-X
〔目次〕教育と研究、学生生活、組織と制度
〔内容〕大学教育に関する図書を網羅的に集め、主題別に排列した図書目録。1989年（平成元年）から2005年（平成17年）までの17年間に日本国内で刊行された、商業出版物、政府刊行物、私家版など7645点を収録した。巻末に便利な「著者名索引」「人名索引」「機関・団体名索引」「事項名索引」付き。

大学教育・大学問題に関する10年間の雑誌文献目録　昭和50年―昭和59年　日外アソシエーツ編　日外アソシエーツ　1987.6　253p　27cm　〈発売：紀伊國屋書店〉　9400円　①4-8169-0671-1　⑩377.031
〔内容〕本書は、日外アソシエーツ編・国立国会図書館監修「雑誌記事索引（人文・社会編）累積索引版」の第5期〜第6期をもとに、テーマ別の文献目録として使い易いよう再編成したものの一部で、昭和50〜59年（1975〜1984）の10年間に発表された大学教育一般、大学問題、大学生に関係する雑誌文献7,278件を収録する。

大学教育に関する比較研究　中間資料1（和文文献の部）　国立教育研究所編　図書館科学会監修　日本図書センター　1997.9　129p　22cm　〈社会科学書誌書目集成　第36巻〉〈昭和43年刊の複製〉　4000円　①4-8205-4203-6,4-8205-4197-8　⑩377.031

大学の自由に関する文献目録　国立国会図書館編　図書館科学会監修　日本図書センター　1997.9　144p　22cm　〈社会科学書誌書目集成　第34巻〉〈国立国会図書館昭和27年刊の複製〉　5000円　①4-8205-4201-X,4-8205-4197-8　⑩377.1

早稲田大学教務部調査課・大学問題研究資料室大学問題論説記事文献目録　昭和62年1月〜62年12月現在収集分　早稲田大学教務部編　早稲田大学教務部　1988.3　211p　26cm　〈大学制度の創造的改革のために〉　⑩377.031

<名簿>

最辛大学ガイド 一番新しく、どこよりも辛口！　2013　石渡嶺司,山内太地著　中央公論新社　2012.4　974p　21cm　1900円　①978-4-12-004370-3
〔目次〕マスコミ、公務員、司法、教師・教育、福祉・心理、観光・航空・鉄道、金融、エンジニア、医師・歯科医師、看護・医療・薬学、動物・環境、IT・情報、栄養・料理、ファッション・美容、芸術・芸能・音楽、建築・インテリア、アニメ・マンガ・ゲーム、スポーツ、国際、なりたい職業がわからない（進路未定）、お金がなくても大丈夫（報奨金・特待生）
〔内容〕受験生の「なりたい」「わからない」を徹底サポート。

大学図鑑！　親子で読む！ 有名大学79校のすべて　2013　オバタカズユキ監修,しりあがり寿,和田ラヂヲ絵　ダイヤモンド社　2012.4　521p　19cm　1800円　①978-4-478-02049-4
〔目次〕関東私大Aグループ、関東私大Bグループ、関東私大Cグループ、関東私大Dグループ、関東私大Eグループ、関東女子大グループ、関西私大グループ、国公立大学グループ（東日本編）、国公立大学グループ（西日本編）

〔内容〕気になる大学の"今"がわかる！後悔しない大学選びのための必携バイブル、2013年度版。全国有名大学79校を収録。

大学の実力　2013　読売新聞教育取材班著
中央公論新社　2012.9　120p　30cm　（暮しの設計）　933円　①978-4-12-800110-1　Ⓝ377.21

〔内容〕日本全国642大学1995学部を調査し、退学率・卒業率・就職状況を公開。

大学ランキング　2013年版　朝日新聞出版
2012.4　948p　21cm　（週刊朝日進学MOOK）　〈索引あり〉　2100円　①978-4-02-274579-8

〔目次〕第1部 日本の大学を徹底評価（入試, 総合, 教育, 就職, 研究, 財政, 社会）, 第2部 日本の大学756全ガイド（大学校, 新設大学ほか）（大学ガイドの見方, 大学用語の基礎知識, 都道府県別大学ガイド, 政府系大学校, 通信制大学ガイド, 新設大学ガイド, 大学ガイドINDEX）

〔内容〕日本の大学756校を徹底ガイド。

本邦大学・高等教育機関沿革史総覧　自・昭和22年至・平成2年　増補改訂　中村博男編　〔松本〕中村博男　1993.8　292p　21cm　〈発売：日本図書館協会（東京）〉　5000円　Ⓝ377.031

＜ハンドブック＞

科学研究費補助金交付・執行等事務の手引　平成3年度版　科学研究費研究会編　キタムラ書房　1991.9　231p　26cm　Ⓝ377.7

科学研究費補助金交付・執行等事務の手引　平成6年度版　科学研究費研究会編　キタムラ書房　1994.9　243p　26cm　Ⓝ377.7

科学研究費補助金交付・執行等事務の手引　平成13年度版　日本学術振興会編　日本学術振興会　2001.9　424p　26cm　〈東京 丸善出版事業部（発売）〉　1334円　①4-8181-9511-1　Ⓝ377.7

科学研究費補助金交付・執行等事務の手引　平成14年度版　日本学術振興会編　日本学術振興会, 丸善〔発売〕　2002.9　504p　26cm　1334円　①4-8181-9513-8　Ⓝ377.7

〔目次〕1 科学研究費補助金の概要, 2 交付関係通知（科学研究費の取扱い, 交付内定, 交付決定, 実績報告書, 研究者名簿）, 3 公募関係通知, 4 関係法令・規程等, 5 科学研究費Q&A

〔内容〕科学研究費補助金の交付、執行に関する法令、通知、規定などをまとめたもの。平成14年6月（平成14年9月2日一部改正を含む）に発出された「科学研究費補助金（科学研究費）の取扱いについて」の通知をはじめ、「交付内定」、「交付決定」、「実績報告書の提出」等の各種通知、「補助金に係る予算の執行の適正化に関する法律（昭和30年法律第179号）」、「科学研究費補助金取扱規程（昭和40年文部省告示第110号）」等を収録する。

科学研究費補助金交付・執行等事務の手引　平成15年度版　日本学術振興会編　日本学術振興会, 丸善〔発売〕　2003.9　514p　26cm　1334円　①4-8181-9516-2

〔目次〕1 科学研究費補助金の概要, 2 交付関係通知―科学研究費等の取扱い（科学研究費補助金（科学研究費及び学術創成研究費）の取扱いについて（平成15年5月23日文部科学省研究振興局長通知）, 研究経費の不正行為防止について（平成15年4月8日文部科学省科学技術・学術政策局長, 研究振興局長, 大臣官房会計課長通知）ほか）, 3 公募関係通知（平成16年度科学研究費補助金の公募について（平成15年9月1日文部科学省研究振興局長通知）, 平成16年度科学研究費補助金の公募について（平成15年9月1日日本学術振興会長通知）（抜粋）ほか）, 4 関係法令・規程等（関係法令・規程等, 関係通知）, 科学研究費Q&A

〔内容〕平成15年5月に発出された「科学研究費補助金（科学研究費及び学術創成研究費）の取扱いについて」の通知をはじめ、「交付内定」、「交付決定」、「実績報告書の提出」等の各種通知、「補助金に係る予算の執行の適正化に関する法律」等を収録し、科学研究費補助金の執行等事務処理の参考となり得るよう刊行。

研究計画書の点検と進化の実際　"基金化"/審査のポイント/チェックリストと改善例/Q&A　小山内優, 小澤芳明共著　地域科学研究会　2011.10　234p　26cm　（高等教育ハンドブック　7）　5905円　①978-4-925069-36-6

〔目次〕1 科研費の動向と大学における対応の留意点―"基金化"/審査の仕組みとルール/Q&A（小山内優）（科研費のあらまし, 科研費の基金化, 基金化以外の動向 ほか）, 2 採択増を目指す研究計画調書の点検と改善の実際―勝ちパターン/チェックポイント/ロジック/改善例/Q&A（小澤芳明）（科研費の採択を大幅に増やす方策, 科研費採択大幅増を目指す具体的施策, 科研費審査のポイント ほか）, 3 資料編（平成24年度科研費公募要領（抄）, 平成24年度基盤研究（C）（一般）研究計画調書（様式）, 科学研究費補助金（基盤研究等）における審査及び評価に関する規程（目次））

事典日本の大学ブランド商品　開発商品からキャラクターグッズまで　日外アソシエーツ株式会社編　日外アソシエーツ

2010.4 355p 21cm 〈文献あり 索引あり〉 12000円 ①978-4-8169-2241-1 Ⓝ377.21

(目次)北海道, 東北, 関東, 北陸甲信越, 東海, 近畿, 中国, 四国, 九州・沖縄

(内容)大学が独自に開発し商品, 産学官連携で共同開発した商品, 大学に関するグッズ類など約900点を収録。巻末には, キャラクターグッズ・食品・菓子・飲料・美容・機械・文房具・スポーツなどの種別から引ける「種別索引」, 大学名の五十音順から探せる「大学名索引」付き。

全国大学の研究活性度　2003年度科学研究費補助金の採択研究課題数に関する調査

野村浩康,前田正史,光田好孝,前橋至著　トランスアート　2006.2　198p　26cm　（科学研究費調査研究シリーズ　No.2）　2800円　①4-88752-197-9

(目次)1 大学の研究活性度の調査研究について (2003年度「系・分野・分科・細目表」の変更に伴う採択研究課題数の移行状況, 調査・分析に利用したデータベース, 調査研究における具体的な整理集計方針について), 2 個別課題研究費篇（人文社会系, 理工系, 生物系ほか）, 3 大型研究費篇（大型研究費（特定領域研究, 特別推進研究等）の特徴, 研究種目別）

(内容)今, 各大学ではどの分野の研究が活発に行われているのか。科学研究費補助金の採択状況という, 新しい視点から見る研究活性度の実態。この本で分野・分科ごとに大学の得意分野がはっきりと。大学や研究・教育機関の関係者, 教育行政・マスコミ関係者必読。

全国大学の研究活性度　2004　科学研究費補助金の採択研究課題数に関する調査

野村浩康,前田正史,光田好孝,前橋至著　トランスアート　2006.12　206p　26cm　（科学研究費調査研究シリーズ　No.3）　2800円　①4-88752-198-7

(目次)1 大学の研究活性度の調査研究について (2004年度の包括的な状況, 調査研究に利用したデータベース, 調査研究の具体的な分析方針), 2 個別課題研究費篇（人文社会系, 理工系, 生物系, 総合・新領域系, 特別研究員奨励費）, 3 大型研究費篇（概要, 大型研究費の特徴, 研究種目別）

(内容)これが大学の研究力！偏差値, 知名度ではわからない, 研究力から見る大学の実力。科学研究費補助金の採択状況により, 学術的研究の集中度が明確に。各大学・機関が力を入れている分野・分科が一目瞭然。

全国大学の研究活性度　科学研究費調査研究シリーズ〈No.4〉　2005　科学研究費補助金の採択研究課題数に関する調査

野村浩康,前田正史,光田好孝,前橋至著　トランスアート　2007.12　238p　26cm　（科学研究費調査研究シリーズ　No.4）　3200円　①978-4-88752-304-3

(目次)1 大学の研究活性度の調査研究について（調査研究に利用したデータベース, 2005年度の包括的な状況, 調査研究の具体的な分析方針）, 2 個別課題研究費篇（人文社会系, 理工系, 生物系, 総合・新領域系, 特別研究員奨励費）, 3 大型研究費篇（概要, 大型研究費の特徴, 研究種目別）, 付録 2003〜2005年度合計の「細目」別採択研究課題数上位10位（人文社会系, 理工系, 生物系, 総合・新領域系）

(内容)偏差値, 知名度ではわからない, 研究活性度から見る大学の実力を, 今回新たに細目別のランキングも加え, より詳細に解説。今, 各大学・機関がどのような学問分野に力を入れているのか, 一目瞭然。

全国大学の研究活性度　科学研究費補助金の採択研究課題数に関する調査　2006

野村浩康,前田正史,光田好孝,前橋至著　DNPアートコミュニケーションズ　2009.3　206p　26cm　（科学研究費調査研究シリーズ　no.5）　〈他言語標題：Evaluation of Japanese universities' research activity〉　3200円　①978-4-88752-311-1　Ⓝ377.7

(目次)1 大学の研究活性度の調査研究について（調査研究に利用したデータベース, 2006年度の包括的な状況, 調査研究の具体的な分析方針）, 2 個別課題研究費篇（人文社会系, 理工系, 生物系, 総合・新領域系, 特別研究員奨励費）, 3 大型研究費篇（概要, 大型研究費の特徴, 研究種目別（特定領域研究, 特別推進研究, 学術創成研究費, 特別研究促進費））

(内容)「研究活性度」から見えてくる大学の実力と得意分野。データの比較とランキングで, 分野・分科ごとに, どの大学が重点を置いているのか, どの大学が伸びているのかが一目瞭然。

全国大学の研究活性度　科学研究費補助金の採択研究課題数に関する調査　2007

野村浩康,前田正史,光田好孝,前橋至著　DNPアートコミュニケーションズ　2010.4　374p　26cm　（科学研究費調査研究シリーズ　no.6）　〈文献あり〉　5100円　①978-4-88752-317-3　Ⓝ377.7

(目次)1 わが国の科学技術関係予算と科学研究費補助金制度（科学技術関係予算の流れと現状, 科学研究費補助金制度の変遷と現状）, 2 本調査研究の基本方針について（調査研究に利用したデータベース, 年度推移, 2007年度および2003〜2007年度の包括的な状況, 研究種目全体の採択研究課題数による機関別順位, 調査研究の具

体的な分析方針), 3 個別課題研究費篇(人文社会系, 理工系, 生物系, 総合・新領域系, 特別研究員奨励費), 4 大型研究費篇(概要, 大型研究費の推移, 研究種目), 5 研究成果公開促進費篇(概要, 学術図書), 付録 2003～2007年度合計の「細目」別採択研究課題数上位10位(人文社会系, 理工系, 生物系, 総合・新領域系)

内容 大学の研究力がわかる決定版。10年間のデータに基づく研究活性度による大学ランキング。研究力が高いのはこの大学。10年間の総集編。データの推移から大学の研究力がみえる。今回新たに, 各「分野」の採択研究課題数上位50位のランキングでは1998～2007年度の10年間の推移に加え, 国・公・私立大学別の上位50位の推移も掲載。巻末には付録として2003～2007年度の5年間合計の「細目」別上位10位も加え, さまざまな角度から大学をランキング。これまでよりさらに多くの大学の研究活性度が明らかになる。

大学転部・編入ガイド 第3版　中央ゼミナール編　東京図書　1995.11　195p　21cm　2000円　④ 489 00495-8

目次 第1部 転部編入の現状(編入試験を受験する方へ, 転部試験の現状と対策), 第2部 資料編, 第3部 合格体験記

大学における社会貢献・連携ハンドブック 新しい学びの広がりと心理学的支援活動の実際　福田憲明, 黒岩誠編　文憲堂　2008.1　241p　30cm　〈文献あり〉　2800円　① 978-4-938355-19-7　Ⓝ 377.1

目次 第1部 大学の地域貢献と, 学部学生・大学院生の支援活動への参画の実際―実践研究報告(ヒューマン・サービス分野での連携のあり方と基盤整備―2つの自治体での地域貢献, 学生派遣による学校教育への支援活動―特別支援教育への支援の方法論, 心理相談センターの自治体教育相談事業への支援―学生の支援とスクーリング・サポート・ネットワーク事業, 大学研究室の教育相談行政への支援―スクーリング・サポート・ネットワーク事業整備を通して, 大学心理相談センターと大学教育の新しい枠組み, 学生の相談支援活動と新しい学びの形態―サービスラーニングの実際, 適応指導教室を支援した学生からの報告), 第2部 大学と地域社会との関わり―地域からの評価(地域連携・地域貢献プロジェクトの評価, アンケート調査の概要, アンケート調査の結果, 評価のまとめ―調査から見た大学の地域連携・地域貢献)

リフレッシュ教育　社会人に開かれた大学ガイド　学部編　改訂版　文部省編　ぎょうせい　1997.9　405p　30cm　4300円　④ 4-324-05187-9

目次 1 リフレッシュ教育とは(リフレッシュ教育の意味と必要性, リフレッシュ教育のための大学の制度, リフレッシュ教育推進のための文部省の施策), 2 リフレッシュ教育関連データ集(社会人特別選抜, 社会人入学者数 ほか), 3 リフレッシュ教育に取り組む大学と学生(大学の取り組み, 学生の体験記), 4 リフレッシュ教育を実施する大学学部一覧(学部1年次への入学, 3年次への編入学)

〈法令集〉

大学関係六法　早田幸政編　エイデル研究所　2010.9　1311p　22cm　〈索引あり〉　8095円　① 978-4-87168-479-8　Ⓝ 377.1

目次 基本, 学校, 高等教育, 学生支援, 評価基準等, 審議会, 職員, 高等教育行財政, 情報公開・個人情報保護等, 規制改革等, 生涯学習, 科学技術, その他関係法令等

〈年鑑・白書〉

大学技術移転サーベイ　大学知的財産年報 2006年版　大学技術移転協議会編著　発明協会　2007.8　150p　21cm　1905円　① 978-4-8271-0884-2

目次 第1章 ライセンス活動から生じた新製品と新技術(東芝ギガビット(製品名), 立体動作型深筋トレーニングマシン, カーボンリングライト(製品名)), 第2章 大学技術移転サーベイの実施について(データの収集, 回答機関), 第3章 TLOと大学知的財産本部の現状(組織体制及び運営の現状, 研究費の現状, 発明開示と特許, ライセンス等の業務実績), 第4章 大学発ベンチャーの活動(ベンチャーの起業の業績, TLO等による株式保有), 第5章 参考データ(承認・認定TLO(技術移転機関)一覧, 大学知的財産本部整備事業, 大学知的財産本部整備事業 採択一覧, 承認TLOとは, 認定TLOとは)

大学技術移転サーベイ　大学知的財産年報 2007年度版　大学技術移転協議会編著　発明協会　2008.6　254p　21cm　1905円　① 978-4-8271-0904-7

目次 第1章 大学技術移転サーベイの実施について, 第2章 TLOと大学知的財産本部の現状, 第3章 大学発ベンチャーの活動, 第4章 ライセンスから生じた新製品と新技術, 第5章 2007年度調査報告書簡略版, 第6章 参考データ

大学技術移転サーベイ　大学知的財産年報 2008年度版　大学技術移転協議会編著　発明協会　2009.5　257p　21cm　1905円　① 978-4-8271-0927-6　Ⓝ 377.21

目次 第1章 大学技術移転サーベイの実施について, 第2章 TLOと大学知的財産本部の現状, 第3章 大学発ベンチャーの活動, 第4章 ライセ

ンスから生じた新製品と新技術,第5章 2008年度調査報告書簡略版,第6章 UNITT2008紹介,第7章 参考データ

大学技術移転サーベイ 大学知的財産年報 2009年度版 大学技術移転協議会編著 発明協会 2010.5 255p 21cm 2096円 ①978-4-8271-0965-8

(目次)第1章 大学技術移転サーベイの実施について,第2章 TLOと大学産学連携部門の現状,第3章 大学発ベンチャーの活動,第4章 ライセンスから生じた新製品と新技術,第5章 注目論文,第6章 UNITT2009紹介,第7章 英語版要約,第8章 参考データ

大学技術移転サーベイ 大学知的財産年報 2010年度版 大学技術移転協議会編著 発明協会 2011.5 279p 21cm 2096円 ①978-4-8271-0996-2

(目次)巻頭言 2010年版「大学技術移転サーベイ」の発刊に際して,第1章 大学技術移転サーベイの実施について,第2章 大学産学連携部門とTLOの現状,第3章 大学発ベンチャー企業の実績,第4章 ライセンス活動から生じた新製品と新技術,第5章 2010年度調査報告書簡略版,第6章 UNITT2010紹介,第7章 英語版要約,第8章 参考データ

大学行政の現状と課題 大学の質的充実をめざして 平成7年8月 総務庁行政監察局編 大蔵省印刷局 1995.8 277p 30cm 2400円 ①4-17-259101-9

(目次)第1 監察の目的等,第2 監察結果(高等教育改革への取組,大学の設置に関する規制の緩和,国立大学の管理・運営,私学助成及び学校法人の運営,育英奨学事業の運営)

◆大学経営

<名簿>

大学・カレッジ自己点検ハンドブック ニューイングランド地区『基準認定の手引』より 喜多村和之,早田幸政,前田早苗,工藤潤訳 紀伊國屋書店 1992.5 156p 21cm 〈原書名:Accreditation handbook 1983 Edition: Commission on Institutions of Higher Education〉 2100円 ①4-314-10067-2

(目次)1 序論(大学の基準認定の役割とその存在価値,ニューイングランド地区基準協会の概要,高等教育機関判定委員会の機構と任務,全米高等教育機関基準認定協議会の活動,連邦教育省による認定),2 基準認定の過程(基準認定の審査のための基準,基準認定過程の要約,大学の自己点検,実地観察団の評価活動,判定委員会の決定,判定委員会決定以後の大学の権利と責任,判定委員会による加盟大学の情報の公開,大幅な変更,相談サービス,判定委員会の評価を受けるために要する費用,年会費,判定委員会への連絡先),3 自己点検実施ガイド(自己点検の方式の選び方,自己点検実施体制の確立とその指針,自己点検報告書の様式,報告書の郵送,「基準認定用基準」と自己点検のガイドライン,「加盟前提要件」の解説,大学の概要,自己検点報告書の補足資料一覧表,包括評価のためのデータフォーム)

(内容)米国における大学自己点検活動の実例の訳出。大学、短大などで、自己点検・評価に関する努力義務の実現に役立つ手引書。

<ハンドブック>

大学教育のエクセレンスとガバナンス 絹川学長の教学経営ハンドブック 絹川正吉著,高等教育情報センター編 地域科学研究会 2006.12 233p 26cm (高等教育ハンドブック 4) 3333円 ①4-925069-31-4

(目次)1 大学教育のエクセレンス―知識基盤社会の要求VSユニバーサル化(課題の認識―知識基盤社会の矛盾構造,大学教育のエクセレンス―矛盾する両相の克服),2 学士課程教育のコンセプトと質的保証―日本的リベラルアーツの模索と実践(学士課程教育のコンセプト,学士課程教育の実践),3 大学教育のガバナンス―教員評価・人事の基本と学長の本質機能(大学教員評価の視点,大学教育のガバナンス,討論)

◆国公立大学

<ハンドブック>

国立大学法人の労働関係ハンドブック 和田肇,野田進,中窪裕也著 商事法務 2004.3 298p 21cm 2800円 ①4-7857-1126-4

(目次)総説 公務員法から労働法の世界へ,第1章 労働条件の規制システム,第2章 採用,労働契約の締結,第3章 労働基本権,第4章 賃金・退職金,第5章 労働時間,第6章 休暇・休職・休業,第7章 安全衛生,第8章 服務規律,第9章 契約関係の変更と終了,第10章 その他の処遇,第11章 紛争解決

国立大学法人法コンメンタール 国立大学法人法制研究会編著 ジアース教育新社 2012.3 689p 21cm 4700円 ①978-4-86371-184-6

(目次)序章,第1章 総則,第2章 組織及び業務,第3章 中期目標等,第4章 財務及び会計,第5章 雑則,第6章 罰則,附則,法制定後の改正の概要,国立大学法人法に基づく政省令の概要,国立大学法人法等の施行に伴う関係法律の整備等

に関する法律，関連法の概要

<年鑑・白書>

東京大学法学部白書　1997・1998　法学協会,東京大学出版会〔発売〕　1999.11　310p　21cm　（研究・教育年報　15）　3800円　①4-13-001074-3
(目次)1 学部・大学院概況, 2 学部の講義・演習, 3 大学院の講義・演習, 4 研究施設, 5 研究発表誌, 6 共同研究, 7 海外との交流, 8 教授・助教授個人の活動, 9 研究室構成員の動向, 10 教授の研究結果報告書

東京大学法学部白書　1999・2000　法学協会編　法学協会,東京大学出版会〔発売〕　2001.11　280p　21cm　（研究・教育年報　16）　3800円　①4-13-001075-1　Ⓝ377.28
(目次)1 学部・大学院概況, 2 学部の講義・演習, 3 大学院の講義・演習, 4 研究施設, 5 研究発表誌, 6 共同研究, 7 海外との交流, 8 教授・助教授個人の活動, 9 研究室構成員の動向, 10 教授の研究結果報告書
(内容)1999年4月から2001年3月までの、東京大学法学部および大学院法学政治研究科の記録をまとめた資料集。

東京大学法学部白書　2001・2002　東京大学法学部編　法学協会　2003.10　302p　21cm　（研究・教育年報　17）　4000円　①4-13-001076-X

東京大学法学部白書　2003・2004　東京大学出版会　2005.11　347p　21cm　（研究・教育年報　18）　5000円　①4-13-001077-8
(目次)1 学部・大学院概況, 2 学部の講義・演習, 3 大学院の講義・演習, 4 研究施設, 5 研究発表誌, 6 共同研究, 7 海外との交流, 8 教授・助教授個人の活動, 9 研究室構成員の動向, 10 教授の研究結果報告書
(内容)私どもの法学政治学研究科・法学部は、この2年間に大きく変貌した。2004年4月からいわゆる法科大学院および経済学研究科と協同で設立した公共政策大学院が、活動を開始したからである。ともに専門職大学院と呼ばれる新しい大学院である。また、大学全体も国立大学法人となった。本号は、この変革の時期の法学政治学研究科・法学部の研究・教育活動の記録である。

東京大学法学部白書　2005・2006　東京大学法学部編　東京大学法学部,東京大学出版会〔発売〕　2007.10　360p　21cm　（研究・教育年報　19）　5000円　①978-4-13-001078-8
(目次)1 学部・大学院概況, 2 学部の講義・演習, 3 大学院の講義・演習, 4 研究施設, 5 研究発表誌, 6 共同研究, 7 海外との交流, 8 教授・助教授個人の活動, 9 研究室構成員の動向, 10 教授の研究結果報告書

東京大学法学部白書　2007・2008　東京大学法学部編　東京大学法学部,東京大学出版会〔発売〕　2009.10　385p　21cm　（研究・教育年報　20）　5000円　①978-4-13-001079-5　Ⓝ377.28
(目次)1 学部・大学院概況, 2 学部の講義・演習, 3 大学院の講義・演習, 4 研究施設, 5 研究発表誌, 6 共同研究, 7 海外との交流, 8 教授・准教授個人の活動, 9 研究室構成員の動向, 10 教授の研究結果報告書

東京大学法学部白書　2009・2010　東京大学法学部編　東京大学法学部,東京大学出版会〔発売〕　2011.10　287p　21cm　（研究・教育年報　21）　5000円　①978-4-13-001080-1
(目次)1 学部・大学院概況, 2 学部の講義・演習, 3 大学院の講義・演習, 4 研究施設, 5 研究発表誌, 6 共同研究, 7 海外との交流, 8 教授・准教授個人の活動, 9 研究室構成員の動向, 10 教授の研究結果報告書

東大は主張する　東京大学新聞年鑑　2001　東京大学新聞社企画・編　シーズ・プランニング,星雲社〔発売〕　2002.3　201p　26cm　1500円　①4-434-01825-6
(目次)第1章 21世紀を語る東京大学（地球環境、情報通信 ほか）、第2章 動く東京大学（佐々木新体制スタート、駒場寮を振り返る）、第3章 大学院紹介2001（人文社会系研究科、教育学研究科 ほか）、第4章 主張する東京大学（日本酒―いま日本酒が一番おいしい、感染症―『危ない』感染症はなぜ危ないか ほか）、第5章 データで読み解く東京大学（学部・大学院学生数、卒業後の進路、研究者交流状況、特許保有件数等、学生生活実態調査（大学院） ほか）

東大は主張する　東京大学新聞年鑑　2003‐04　東京大学新聞社編　シーズ・プランニング,星雲社〔発売〕　2004.8　209p　26cm　1500円　①4-434-04697-7
(目次)第1章 東大は変われるか（巻頭インタビュー「東大生よキャンパスを飛び出せ」（インタビュー・江副浩正（リクルート創業者））、「東大はどこへ行くのか」（対談・小宮山宏（副学長）・池上久雄（理事）） ほか）、第2章 東大は未来を創る（東大ポストゲノム戦略、都市空間の変容 ほか）、第3章 研究者紹介2004 研究室を解剖する―「研究の鉄人」研究者紹介

2004,「研究室散歩」,「院生」ホープ2004(人文社会系研究科,教育学研究科 ほか),第4章 データで読み解く東京大学(学部・大学院生数,卒業後の進路,研究者交流状況,特許保有件数,等,スポーツで見る2003年 ほか)

(内容)本書は、03〜04年度の東京大学新聞の報道を基に、1年間の東京大学の動きや最先端の学術研究についてまとめたものである。

東大は主張する 東京大学新聞年鑑 2004-05
東京大学新聞社編 シーズ・プランニング,星雲社〔発売〕 2005.9 192p 26cm 1500円 ⓘ4-434-06781-8

(目次)第1章 法人化元年(巻頭インタビュー「新時代の求める総長像をつくりだす」—インタビュー小宮山宏(総長),「大学のあるべき経営とは」(対談 石堂正信(副理事),清水至(新日本監査法人)) ほか),第2章 東大を取り巻く環境(宇宙をビジネスにせよ,国会への情報発信を考える ほか),第3章 研究者紹介2005研究室を解剖する(人文社会系研究科,教育学研究科 ほか),第4章 データで読み解く東京大学(学部・大学院生数,卒業後の進路,研究者交流状況,特許保有件数等,スポーツで見る2004年 ほか)

東大は主張する 東京大学新聞年鑑 2005-06
東京大学新聞社企画・編 シーズ・プランニング,星雲社 2006.9 184p 26cm 1500円 ⓘ4-434-08320-1

(目次)第1章 東大と研究の今(巻頭企画 社会に向けたアピール狙う大学の広報戦略,シンポジウム「起業に東大をどう生かすか」,誌上インタビュー「東大girlたち」,次の一手,東大の国際化,東大の課題,東大の「知」,知識の構造化,科学技術と倫理),第2章 東大の人々の今と昔(誇り高き一高に集うエリートたち,ひと,箱根へ日帰り2人旅,進路)

東大は主張する 東京大学新聞年鑑 2006-07
東京大学新聞社編 シーズ・プランニング,星雲社〔発売〕 2007.11 200p 26cm 1500円 ⓘ978-4-434-11129-7

(目次)第1章 動く東京大学(ニュースで振り返る2006年東大1年史,全学横断「ヨコ軸」強化に向けて ほか),第2章 東大生の未来(金融系が大幅に増加,新司法試験東大120人合格 ほか),第3章 研究する東京大学(勉強で身体を「鍛える」—「スポ身」5コマが身体運動科学の実習に,日本こそ研究の旗手―進む環境破壊,及ばぬ対策 ほか),第4章 主張する東京大学新聞(排閥,東京大学新聞戦後史 ほか)

(内容)06年度の東大の変化のダイジェスト。巻末には、社史を掲載。

東大は主張する 東京大学新聞年鑑 2007-08
東京大学新聞社編 シーズ・プランニング,星雲社〔発売〕 2008.9 198p 26cm 1500円 ⓘ978-4-434-12242-2

(目次)第1章 躍動する東大生,第2章 ポスト法人化 東大の戦略,第3章 変わる学びの構造,第4章『東大生』のその先へ,第5章 東大の常識,第6章 東京大学新聞戦後史2 忘れえぬ取材忘れえぬ人―60年安保から東大紛争まで

東大は主張する 東京大学新聞年鑑 2008-09
東京大学新聞社編 シーズ・プランニング,星雲社〔発売〕 2009.10 195p 26cm 1500円 ⓘ978-4-434-13787-7

(目次)第1章 重大ニュース,第2章 変革される東大,第3章 活躍する東大生,第4章 東大発のオピニオン,第5章 東大の研究紹介,第6章 東大新聞戦後史3

(内容)現役東大生編集。大学生、社会人のための時代を映すハンドブック。

東大は主張する 2009-10
東京大学新聞社編 シーズ・プランニング,星雲社(発売) 2010.9 193p 26cm 〈2009-10のサブタイトル:東京大学新聞年鑑〉 1500円 ⓘ978-4-434-14900-9 Ⓝ377.21

(目次)第1章 重大ニュース,第2章 東大生今を生きる,第3章 研究紹介,第4章 東大生未来へ,第5章 東大から東大に向けて,第6章 東大新聞が見た戦後史―総長南原繁とその時代

(内容)現役東大生編集。大学生、社会人のための時代を映すハンドブック。

東大は主張する 東京大学新聞年鑑 2011-12
東京大学新聞社編 シーズ・プランニング,星雲社〔発売〕 2012.9 203p 26cm 1500円 ⓘ978-4-434-17122-2

(目次)第1章 重大ニュース,第2章 躍進する東大生,第3章 スポーツ東大,第4章 研究紹介,第5章 未来に向かって,第6章 インタビュー,第7章 東大と東日本大震災

◆私立大学

<事典>

関西学院事典
関西学院事典編集委員会編 (西宮)関西学院,(西宮)関西学院大学出版会〔発売〕 2001.9 443p 21cm 5000円 ⓘ4-907654-31-6 Ⓝ377.28

(内容)関西学院に関する重要な事項、出来事、人物、建物などあらゆることがらを解説する事典。1889年の創立から2000年の111年間を扱う。本文、年表、現況、〔付〕、索引(人名索引・事項索引)から構成され、本文は五十音順に排列。学院創立111周年記念事業の一環として企

てられた。

<ハンドブック>

慶応義塾史事典　慶応義塾史事典編集委員会編　慶応義塾,慶応義塾大学出版会(制作・発売)　2008.11　906,38p　22cm　(慶応義塾150年史資料集　別巻1)　〈他言語標題: The Keio encyclopedia　年表あり〉　17000円　⓪978-4-7664-1572-8　Ⓝ377.21

(目次) 1 慶応義塾の一五〇年, 2 大学・大学院・研究所, 3 一貫教育校, 4 教育・研究の支援, 5 塾生と塾員の絆, 6 キャンパス, 7 社中の人びと, 付録 慶応義塾史資料, 年表 慶応義塾年表

◆大学附属機関

<事典>

大学博物館事典　市民に開かれた知とアートのミュージアム　伊能秀明監修　日外アソシエーツ,紀伊國屋書店〔発売〕　2007.8　590p　21cm　9333円　⓪978-4-8169-2057-8

(目次) 札幌国際大学博物館, 札幌大学埋蔵文化財展示室, 東京大学大学院人文社会系研究科附属北海文化研究常呂資料陳列館, 北海道医療大学薬学部付属薬用植物園・北方系生態観察園, 北海道大学総合博物館, 北海道大学総合博物館水産科学館, 北海道大学北方生物圏フィールド科学センター厚岸臨海実験所附属アイカップ自然史博物館, 北海道大学北方生物圏フィールド科学センター植物園, 北海道薬科大学薬用植物園, 岩手大学農学部附属農業教育資料館〔ほか〕

(内容) 全国の130大学、162の大学博物館を収録。全館にアンケート調査を行い、沿革・概要、収蔵品・展示概要、利用条件などの最新情報を掲載。総合、歴史、美術、自然史、服飾、楽器、工業科学、植物園、水族館など多彩な博物館を収録。外観・館内写真、展示品写真、案内地図を多数掲載。巻末に大学名から引ける「設置者名索引」、キーワードから引ける「事項名索引」付き。

<名簿>

大学研究所要覧　1990年版　日本学術振興会編　日本学術振興会　1990.3　1039p　27cm　〈発売:丸善〉　12360円　Ⓝ061

(内容) 国公私立大学に附属する約1,000の研究所の組織と研究活動を紹介。

大学研究所要覧　1992年版　日本学術振興会編　日本学術振興会,丸善〔発売〕　1992.3　1086p　26cm　13390円　⓪4-8181-9205-8

(内容) 大学共同利用機関、国立大学の附置研究所・研究センター・学部附属研究施設、文部省の所轄研究所及び文化庁の研究所、並びに公立大学及び私立大学の附属研究所等に関する最新の情報が収録されている。1992年版は、1,000を超えるこれらの研究機関等の所在地、沿革、設置目的、組織、予算及び研究内容等を網羅し、また、巻末には、研究者名索引も加え、利用の便を図っている。

大学研究所要覧　1994年版　日本学術振興会編　日本学術振興会　1994.3　1136p　27cm　〈発売:丸善〉　14420円　⓪4-8181-9401-8　Ⓝ061

大学研究所要覧　1997年版　日本学術振興会編　日本学術振興会　1997.3　1182p　27cm　〈発売:丸善出版事業部〉　17510円　⓪4-8181-9505-7　Ⓝ061

大学研究所要覧　1999　日本学術振興会編　日本学術振興会,丸善〔発売〕　1999.3　1239p　26cm　17000円　⓪4-8181-9508-1

(目次) 国立大学編(大学共同利用機関, 国立大学附置研究所, 国立大学の研究センター等・学部等附属研究施設, 文部省所轄及び文化庁附属研究所, センター), 公立大学編, 私立大学編

(内容) 大学共同利用機関、国立大学の附置研究所・研究センター・学部附属研究施設、文部省の所轄研究所及び文化庁の研究所、並びに公立大学及び私立大学の附属研究所等に関する情報を収録した要覧。約1200の研究機関を収録。掲載項目は、所在地、設置年月日、ホームページ、沿革、設置目的、定員、研究部門数、附属施設等数、経費、蔵書数、定期刊行物、研究室ごとの研究目的・研究課題など。五十音順・アルファベット順の研究者名索引付き。内容は、1998年7月1日現在。

大学研究所要覧　2001　日本学術振興会編　日本学術振興会,丸善〔発売〕　2001.3　1283p　27×19cm　17000円　⓪4-8181-9510-3　Ⓝ061

(目次) 国立大学編(大学共同利用機関, 国立大学付置研究所, 国立大学の研究センター等・学部等付属研究施設, 文部科学省所轄及び文化庁付属研究所, センター), 公立大学編, 私立大学編

(内容) 大学附属研究所をはじめとする各種国内研究機関約1200施設の名簿。記載データは平成12年7月1日現在。公立・私立大学に関しては、管理運営に要する人件費以外の経費の規模が100万円を越え1名以上の専任教員を配する研究所を収録対象とする。設置母体を地域により排列し、各機関の所在地、沿革、設置目的、組織、予算及び研究内容等を記載。巻末に五十音順の研究者名索引を付す。

大学研究所要覧　2003年版　日本学術振興

会編 日本学術振興会, 丸善〔発売〕 2003.3 18,1252p 26cm 17000円 Ⓘ4-8181-9514-6

(目次)国立大学編(大学共同利用機関, 国立大学附置研究所, 国立大学の研究センター等・学部等附属研究施設, その他国立学校設置法上の研究機関), 公立大学編, 私立大学編

(内容)大学共同利用機関, 国立大学の附置研究所・研究センター・学部等附属研究施設, その他国立学校設置法上の研究機関, 並びに公立大学及び私立大学の附属研究所等に関する最新の情報を収録。2003年版では, 約1200の研究機関等の所在地, 沿革, 設置目的, 組織, 予算及び研究内容等を網羅, 巻末には, 研究者名索引が付く。

<ハンドブック>

図書館利用教育ハンドブック 大学図書館版 日本図書館協会図書館利用教育委員会編 日本図書館協会 2003.3 209p 26cm 2200円 Ⓘ4-8204-0230-7

(目次)第1部 図書館利用教育ガイドライン—図書館における情報リテラシー支援サービスの全体像, 第2部 理論編—図書館利用教育の基本概念を理解するために, 第3部 準備編—組織の取り組みのために, 第4部 実施編—方法・手段の企画のポイントを確認するために, 第5部 ワークシート集—そのまま使える実用書式, 第6部 資料編—本書のよりいっそうの理解と活用のために

◆海外の大学

<名 簿>

韓国大学全覧 駐日本国大韓民国大使館教育官室監修, 遠藤誉, 鄭仁豪編著 厚有出版 1997.7 360p 26cm 15000円 Ⓘ4-906618-07-3

(目次)第1編 解説—韓国高等教育制度の現状(韓国教育制度の概観, 高等教育以前の教育制度の概要, 高等教育制度の解説), 第2編 韓国高等教育機関—4年制大学一覧(一般大学校, 教育大学, 特殊大学, 産業大学校, 各種学校—4年制大学学力認定校), 第3編 資料(設置学科名総目録—日・韓・英対照表, 大学名(英・日・韓)一覧, 外国人留学生在籍校一覧)

(内容)韓国の高等教育制度の概観とともに, その高等教育機関における4年制大学を中心とした各大学の内容を紹介する。

台湾地区大学総覧 台北駐日経済文化代表処文化組監修, 遠藤誉編著 厚有出版 1997.7 110p 26cm 4000円 Ⓘ4-906618-08-1

(目次)第1編 解説—台湾地区教育制度の現状(学校教育制度, 幼稚園教育, 義務教育, 中等教育, 高等教育, 社会教育, 海外留学状況), 第2編 台湾地区高等教育機関総覧(国・公・私立大学, 国立放送大学, 学位授与の軍警学校, 技術学院及び看護学院), 第3編 資料(設置学科名日中(繁体字)対照表, 日本の大学等との協定校一覧, 高等教育機関名英中一覧)

中国大学全覧 遠藤誉編著, 中華人民共和国国家教育委員会計画建設司監修 厚有出版 1996.7 1280p 26cm 30000円 Ⓘ4-906618-02-2

(目次)第1編 解説—中国高等教育制度の現状, 第2編 中国高等教育機関総覧(全日制普通高等教育機関, 成人高等教育機関, 中国の大学に設置された専業総目録の日中対表), 第3編 資料

中国大学全覧 2007 新訂版 中華人民共和国教育部発展規画司原著・監修, 遠藤誉訳・編 厚有出版 2006.12 1848p 26cm 32000円 Ⓘ4-906618-52-9

(目次)第1編 中国高等教育機関一覧(全日制普通高等教育機関一覧, 成人高等教育機関一覧 ほか), 第2編 高等教育専業日中対訳表(高等教育専業日中対訳表について, 2006年本科専業日中対訳一覧 ほか), 第3編 解説(中国国家教育部直属大学, 「211工程」国家重点大学 ほか), 第4編 中国高等教育機関総覧(全日制普通高等教育機関, 成人高等教育機関)

中国大学総覧 遠藤誉編著, 中華人民共和国国家教育委員会高等教育出版社監修 第一法規出版 1991.5 697p 26cm 13000円 Ⓘ4-474-09021-7 Ⓝ377.222

(目次)第1編 解説—中国高等教育制度の現状, 第2編 中国高等教育機関総覧(全日制本科4年制以上の大学, 全日制専科学校・短期職業大学, 成人高等教育機関), 第3編 資料(修士・博士学位授与権を持つ科学研究機構, 中国簡体字表, 1988年12月から1990年9月の間に国家教育委員会によって新たに認定を受けた高等教育機関及び名称変更あるいは合併した高等教育機関)

日本で学べるアメリカ大学通信教育ガイド 全米大学生涯教育協会編, カレン・レビン, 笠木恵司訳 ダイヤモンド社 1995.9 580p 21cm (DIAMOND DATABOOK 2) 3200円 Ⓘ4-478-73091-1

(目次)通信教育入門, 本書の使い方, 大学と通信教育コースガイド

(内容)社会人向けの通信教育コースを設置している米国内の認可カレッジおよび大学100校の概要と設置コースを紹介するガイド。排列は教

＜ハンドブック＞

アフリカの高等教育　鶴田義男著　近代文藝社　2010.3　374p　20cm　〈文献あり〉　2200円　①978-4-7733-7690-6　Ⓝ377.24

内容 アフリカ各国における高等教育機関の概略についてまとめた本。

アメリカ北中部地区基準協会の大学・カレッジ評価ハンドブック　早島幸政訳　紀伊國屋書店　1995.1　270p　21cm　2100円　①4-314-10112-1

目次 第1部 基準認定の仕組みとプロセス、第2部 大学の自己点検と判定委員会の評価基準、第3部 実地視察の方法と判定委員会の内部審査、第4部 大学基礎データ調書と年次報告書のフォーム

ゴーマンレポート　アメリカの大学および世界の主要大学格付け　ジャック・ゴーマン著、佐々木一芳訳　アイ・エル・エス出版、星雲社〔発売〕　1998.8　327p　26cm　〈原書名：THE GOURMAN REPORT〉　3500円　①4-7952-8739-2

目次 1 アメリカの大学TOP100、2 全米大学総合格付け（州別）、3 全米TOP100大学のプログラム別の格付け、4 全米大学工学部格付け、5 全米大学経営学部格付け、6 アメリカの大学専門職教育進学課程格付け、7 アメリカの大学関連部門の格付け、8 カナダの4年制大学の格付け、9 カナダの大学工学部総合および教科プログラム格付け、10 世界主要大学格付け（旧ソビエト連邦諸国を除く）、11 付録

◆ノーベル賞

＜名　簿＞

ノーベル賞受賞者業績事典　ノーベル賞人名事典編集委員会編　日外アソシエーツ、紀伊国屋書店〔発売〕　1994.7　644p　21cm　8000円　①4-8169-1245-2

目次 目次、本文、分野別受賞者一覧、事項索引

内容 1901年に創設されたノーベル賞（平和賞、文学賞、物理学賞、化学賞、生理学医学賞、経済学賞（1969年～）の6部門）について、その創設から1993年に至るまでの全部門の受賞者、受賞団体を収録した人物事典。

ノーベル賞受賞者業績事典　新訂版　ノーベル賞人名事典編集委員会編　日外アソシエーツ、紀伊國屋書店〔発売〕　2003.7　713p　21cm　6800円　①4-8169-1795-0

内容 1901年の創設から2002年までの、ノーベル賞各部門（平和賞・文学賞・物理学賞・化学賞・生理学医学賞・経済学賞）の全受賞者の業績を詳しく紹介した人名事典。724人・16団体の経歴・受賞理由・著作・参考文献を掲載。「分野別受賞者一覧」「事項索引」付き。『ノーベル賞受賞者業績事典』（1994年刊）の新訂版。

ノーベル賞受賞者人物事典　物理学賞・化学賞　東京書籍編集部編　東京書籍　2010.12　445p　22cm　〈他言語標題：Nobelpriset i fysik och kemi　文献あり　索引あり〉　5700円　①978-4-487-79677-9　Ⓝ377.7

目次 第1部 物理学賞、第2部 化学賞

内容 ノーベル賞110年にわたる物理学賞・化学賞全受賞者の詳細な「生涯」と「業績」。人類の知的遺産の全貌をあますところなくとらえ、受賞者の人間像と学問的業績をわかりやすくまとめた一冊。

ノーベル賞受賞者総覧　生いたち・栄光のプロフィール　〔最新版〕　（東村山）教育社　1990.3　100p　18cm　（Newton DATABASE）　2000円　①4-315-51108-0

目次 物理学賞、化学賞、生理学・医学賞、文学賞、平和賞、経済学賞

ノーベル賞受賞者総覧　生いたち・栄光のプロフィール　92年版　ノーベル賞受賞者総覧編集委員会編　（東村山）教育社　1992.6　1050p　18cm　（Newton DATABASE）　2000円　①4-315-51261-3

内容 1901年の第1回に始まった世界最高名誉とされる賞。1991年度までの90年間の受賞者は620にもなる。これらの全受賞者を物理学、化学、生理学・医学、文学、平和、経済学の6つの分野ごとに、人物概要、業績、経歴、著書・論文等を含め受賞年代順に網羅した画期的な総覧事典。付録、フィールズ賞（数学界のノーベル賞）受賞者一覧、ノーベル賞国別受賞者一覧。

大学院

＜書　誌＞

博士論文目録　国立国会図書館所蔵　昭和59～63年　国立国会図書館支部上野図書館編　国立国会図書館　1989.12　2冊　26cm　①4-87582-237-5　Ⓝ377.5

目次 内容：第1分冊 学術・文学・教育学・神学・社会学・法学・政治学・経済学・商学・経

博士論文目録　国立国会図書館所蔵　平成元年～2年　国立国会図書館支部上野図書館編　国立国会図書館　1991.8　1067p　27cm　〈奥付の編者(誤植)：国立国会図書館専門資料部　発売：紀伊国屋書店〉　22700円　①4-87582-274-X　Ⓝ377.5

(目次)学術・文学・教育学・神学・社会学・法学・政治学・経済学・商学・経営学・理学・医学・歯学・薬学・保健学・工学・農学・林学・水産学・獣医学博士

＜索引＞

日本博士学位論文索引　人文科学・社会科学篇　(京都)日本プランニング・サービス・センター　1978.6　80p　27cm　2200円　Ⓝ025.1

(目次)内容：文学　教育学　社会学　神学　法学　政治学　経済学　経営学　商学

日本博士学位論文索引　工学篇　(京都)日本プランニング・サービス・センター　1978.6　342p　27cm　6000円　Ⓝ503.1

(目次)内容：工業基礎学　土木・建築工学　機械工学　原子核工学　金属工学　化学工学　電気工学　人間工学

日本博士学位論文索引　歯学・保健学・薬学篇　(京都)松籟社　1980.4　202p　27cm　〈発売：紀伊国屋書店(東京)〉　5000円　Ⓝ377.5

日本博士学位論文索引　農学・獣医学・水産学篇　(京都)日本プランニング・サービス・センター　1977.12　192p　27cm　4500円　Ⓝ603.1

日本博士学位論文索引　理学篇　(京都)松籟社　1981.10　238p　27cm　8000円　Ⓝ377.5

＜名簿＞

大日本博士録　第5巻　工学博士之部　復刻版　アテネ書房　2004.11　1冊　26cm　20000円　①4-87152-233-4

(内容)発展社出版社昭和5年刊の復刻版。文部省に登録している工学博士520名全員を収録。本文は文部省登録の学位録順に排列。巻末に五十音順の人名総合索引付き。英文収録あり。

＜ハンドブック＞

博士号のとり方　学生と指導教官のための実践ハンドブック　エステール・M.フィリップス,デレック・S.ピュー著,角谷快彦訳　(新潟)出版サポート大樹舎　2010.1　310p　21cm　〈文献あり　原書名：How to get a PhD. 4th edition〉　2600円　①978-4-9904555-0-7　Ⓝ377.233

(目次)博士課程の学生になる，博士課程に入る，博士学位の本質，博士号をとらない方法，研究の仕方，博士論文の型，博士課程のプロセス，指導教官との付き合い方，英国系，白人，男性，フルタイム，異性愛者が圧倒的多数を占めるアカデミック環境で生き残る方法，審査制度，指導と審査の仕方，研究機関の責務

(内容)博士号の要件とは何か。そして審査はどうするか。指導教官と学生との関係：指導教官は学生に何を期待し，学生は指導教官に何を期待するか。研究の孤独，キャンパスにおけるハラスメントへの対処法増え続ける留学生，社会人学生へのサポートの仕方…答えはすべてここに一。

リフレッシュ教育　社会人に開かれた大学ガイド　大学院編　改訂版　文部省編　ぎょうせい　1997.9　440p　30cm　4400円　①4-324-05188-7

(目次)1 リフレッシュ教育とは(リフレッシュ教育の意味と必要性，リフレッシュ教育のための大学の制度，リフレッシュ教育推進のための文部省の施策)，2 リフレッシュ教育関連データ集(社会人特別選抜，社会人入学者数 ほか)，3 リフレッシュ教育に取り組む大学と学生(大学の取り組み，学生の体験記)，4 リフレッシュ教育を実施する大学院一覧(博士後期課程，修士課程一博士前期課程)

＜統計集＞

博士課程修了者の進路実態に関する調査研究報告書　日本総合研究所　2011.3　11,94,10p　30cm　〈文部科学省高等教育局平成22年度先導的大学改革推進委託事業　委託元：文部科学省高等教育局大学振興課大学改革推進室　受託：日本総合研究所総合研究部門〉　Ⓝ377.9

大学教育

＜ハンドブック＞

医学教育ハンドブック　Ken Cox,Christine E.Ewan編,医学教育ハンドブック刊行会訳　篠原出版　1991.4　262p　26cm　〈原書名：The Medical Teacher〉　7004円　①4-87949-111-X

(目次)第1部 現状と将来，第2部 教育的アプローチについて，第3部 教育の専門的諸技能に

学費免除・奨学金で行く大学・大学院　進学休学・留学ガイド　笠木恵司著　ダイヤモンド社　2007.3　551p　21cm　2500円
①978-4-478-97073-7

〔目次〕1 奨学金の概要と利用法（まず、学費不要の「授業料免除」から考えてみよう、スポーツだけではない「特待生」制度、最もポピュラーで規模の大きい「日本学生支援機構」の奨学金、教育費不足なら「あしなが育英会」も利用可能、交通事故で保護者死亡・後遺障害なら「交通遺児育英会」、返済不要の奨学金と給料が得られる「新聞奨学生」ほか）、2 大学別データページ―大学独自の学費免除・奨学金、留学奨学金、休学制度

〔内容〕「格差社会」で学費が不安でも、大学・大学院に行ける、奨学金＆学費免除の全ガイド。留学だって奨学金で実現可能。いざとなったら休学して資金を貯める方法も。受験生とその親、中学・高校教員、現役大学生、社会人で大学・大学院を目指す人も必読。

授業評価活用ハンドブック　山地弘起編著　（町田）玉川大学出版部　2007.4　213p　21cm　〈高等教育シリーズ〉　3400円
①978-4-472-40337-8

〔目次〕第1部 基礎編（授業評価の発想と歴史、授業評価の諸機能、授業評価と学習促進、授業評価とアカウンタビリティ）、第2部 実践編（授業評価アンケートの作成、授業評価アンケートの整理、授業評価アンケート項目の特徴を探る、授業比較で授業評価、授業力の向上に向けて）、Q&A

〔内容〕授業改善のためのフィードバック情報として、また、教育効果を示すアカウンタビリティのツールとしてほとんどの大学で行われている学生による授業評価。その歴史と役割・機能や、アンケート・質問票の作り方、評価を授業に生かす方法など、授業評価のすべてを概観するのに最適な手引き書。導入・実施に当たってのQ&A付。

初年次教育ハンドブック　学生を「成功」に導くために　リー・アップクラフト、ジョン・ガードナー、Betsy O.Barefoot著、山田礼子監訳　丸善　2007.7　307p　21cm　〈原書名：Challenging and Supporting the First-Year Student : A Handbook for Improving the First Year of College〉　4800円　①978-4-621-07870-9

〔目次〕序章 再検討される大学の初年次、第1章 今日の初年次生、第2章 大学初年次における学生の参画、第3章 教学担当部門と学生担当部門の協同的パートナーシップ、第4章 FD（ファカルティ・ディベロップメント）と初年次教育、第5章 初年次セミナー、第6章 学習アドバイス、第7章 サービス・ラーニングと初年次生、第8章 ラーニング・コミュニティ、第9章 オリエンテーション・プログラムの設計、第10章 評価方法の選択と使用

〔内容〕本書は初年次生が大学に円滑に適応し、教育上や個人的な目標を達成することを手助けするようなプログラム、サービス、関連科目やその他の取り組みのヒントとなるような概念を提供している。教室内外で初年次生が自ら進んで学業に挑戦するよう導くにはどうすればよいのかということが中心的な論点。日本でも普及しつつある「初年次教育」を取り入れるため、見直すために大学教職員、関係者必読の書。

成績評価の厳格化とGPA活用の深化　絶対的相対評価/教員間調整/functional GPA　半田智久著　地域科学研究会　2011.3　212p　26cm　〈高等教育ハンドブック 6〉　6095円　①978-4-925069-35-9

〔目次〕1 成績評価の厳格化とGPA活用の深化―GPA算定方式の革新/絶対的相対評価（厳格な成績評価―教育の質保証とその約束、諸大学におけるGPAを中心とした成績評価制度の運用と課題、堅牢にして柔軟かつ継承性のある成績評価システム―ソリューションと効果発現に向けて）、2 機能するGPA―functional Grade Point Average（fGPA）（なぜ、いまGPAなのか―GPA制度導入の背景、GPAに対する批判的見解や誤解含みの解説を超えて、GPA制度導入にあたり留意すべき問題とその解決、functional GPAの効能、機能するGPAの効能発揮を側面から支える付帯的な整備課題）、3 資料編―GPA制度の運用と活用（北海道大学、北海道工業大学、青森公立大学、共愛学園前橋国際大学、桜美林大学、国際基督教大学、上智大学、同志社女子大学、徳島大学工学部、西南女学院大学・短期大学部、宮崎大学）

大学教職員

〈事典〉

職員による職員のための―大学用語集　大学行政管理学会学事研究会編　学校経理研究会　2010.10　274p　21cm　〈年表あり　索引あり〉　2858円　①978-4-902255-61-4
Ⓝ377.1

〔目次〕教育、研究、社会、団体、学生生活、人事、法規、管財、会計、政策、大学史、その他

〔内容〕大学に関連する用語を教育、研究、人事などに分類し、まとめた用語集。収録語数は約1500語、配列は分類ごとに見出し語の五十音順

に配列。見出し語、見出し語の英語、解説文からなり巻末に五十音順の索引が付く。

<名簿>

全国大学職員録　平成2年版　大学職員録刊行会編　広潤社　1990.12　2冊(セット)　21cm　23690円　Ⓘ4-87508-013-1　Ⓝ377.035

(目次)国公立大学編、私立大学編、国立大学附置研究所、大学共同利用機関、文部省所管外の大学校、大学院要覧・人名索引

(内容)平成2年6月末日現在における全国の大学(国立96校、公立39校、私立372校)ならびに国立大学附置研究所、大学共同利用機関、文部省所管外の大学校(8校)、ほかに特殊法人立の放送大学の在職者について、国公立大学編、私立大学編の2分冊1組として収録し、その機構と人的構成を示したもの。学長・理事長・理事・教授の人名索引を巻末に収録。

全国大学職員録　平成3年版　大学職員録刊行会編　広潤社　1991.12　2冊(セット)　21cm　25750円　Ⓘ4-87508-018-2　Ⓝ377.035

(目次)国公立大学編、私立大学編、国立大学附置研究所、大学共同利用機関、文部省所管外の大学校、大学院要覧・人名索引収録

(内容)平成3年6月末日現在における全国の大学(国立96校、公立39校、私立378校)ならびに国立大学附置研究所、大学共同利用機関、文部省所管外の大学校(8校)、ほかに特殊法人立の放送大学の在職者について、主としてその機関において調査作成した資料を基に、国公立大学編、私立大学編の2分冊1組として収録し、その機構と人的構成を示したもの。学長・理事長・理事・教授の人名索引を巻末に収録。

全国大学職員録　平成4年版　大学職員録刊行会編　広潤社　1992.12　2冊(セット)　21cm　26780円　Ⓘ4-87508-023-9

(目次)国公立大学編、私立大学編

全国大学職員録　平成5年版　広潤社編集編　広潤社　1993.12　2冊(セット)　21cm　27810円　Ⓘ4-87508-028-X

(目次)国公立大学編、私立大学編、国立大学附置研究所、大学共同利用機関、文部省所管外の大学校、大学院要覧・人名索引収録

(内容)全国の大学(平成5年6月末日現在における国立98校・公立46校・私立390校)および国立大学附置研究所、大学共同利用機関、文部省所管外の大学校(8校)、放送大学の機構と人的構成をまとめた職員録。国公立大学編・私立大学編の2分冊。それぞれ、北から南への順に排列、学長・理事長・理事・教授を収めた人名索引を

付そ。姉妹編に全国短大・高専職員録がある。

全国大学職員録　国公立大学編・私立大学編　1994年版　広潤社　1994.12　2冊　21cm　28800円　Ⓘ4-87508-033-6

(内容)全国の大学(国立98校・公立48校・私立406校)および国立大学附置研究所、大学共同利用機関、文部省所管外の大学校、放送大学の機構と人的構成をまとめた職員録。内容は平成6年末日現在。国公立大学編・私立大学編の2分冊。それぞれ、北から南への順に排列、学長・理事長・理事・教授を収めた人名索引を付そ。姉妹編に全国短大・高専職員録がある。

全国大学職員録　国公立大学編・私立大学編　平成7年版　広潤社　1995.12　2冊(セット)　21cm　29600円　Ⓘ4-87508-038-7

(内容)全国の大学・大学院の職員録。「国公立大学編」「私立大学編」の2分冊で構成され、前者には国立大学、公立大学と国公立大学大学院のほか文部省所管外の大学校、大学共同利用機関、放送大学を含む。役職員については氏名、住所、電話番号等を、教育職員(教授、助教授、講師、助手)は学位称号、氏名、生年、最終学歴、担当学科目等を記載する。大学名の排列は北海道から沖縄までの地域順。各編末に人名索引がある。

全国大学職員録　1996　広潤社　1996.11　2冊(セット)　26cm　32960円　Ⓘ4-87508-041-7

(目次)国立大学編(国立大学、公立大学、大学共同利用機関等、特殊法人立大学、文部省所管外の大学校)、私立大学編

全国大学職員録　国公立大学編・私立大学編　1997　広潤社編集部編　広潤社　1997.11　2冊(セット)　26cm　32600円　Ⓘ4-87508-044-1

(内容)平成9年6月末現在における全国の大学(国立98校、公立57校、私立431校)、及び特殊法人立の放送大学、国立大学附置研究所、大学協同利用機関、文部省所轄外の大学校の在職者を国公立大学編と私立大学編に分けて収録した職員名簿。

全国大学職員録　平成10年版　広潤社編集部編　広潤社　1998.11　2冊(セット)　26cm　33000円　Ⓘ4-87508-047-6

(目次)国立大学編(国立大学、公立大学、大学共同利用機関等、特殊法人立大学、文部省所管外の大学校)、私立大学編

(内容)平成10年6月末現在における全国の大学(国立98校、公立61校、私立444校)、及び特殊法人立の放送大学、ならびに国立大学附置研究

所、大学協同利用機関、文部省所轄外の大学校(8校)の在職者について、その機構と人的構成を明らかにした職員名簿。役職員については氏名、住所、電話番号等を、教育職員(教授、助教授、講師、助手)は学位称号、氏名、生年、最終学歴、担当学科目等を記載する。「国公立大学編」と「私立大学編」の2分冊で構成。大学名の排列は北海道から沖縄までの地域順。各編末に人名索引がある。

全国大学職員録　国公立大学編・私立大学編　平成11年版　広潤社編集部編　広潤社　1999.11　2冊(セット)　26cm　33200円　Ⓣ4-87508-050-6

⦅目次⦆国公立大学編(北海道大学, 北海道教育大学, 室蘭工業大学, 小樽商科大学 ほか), 私立大学編(旭川大学, 札幌大学, 札幌学院大学, 札幌国際大学 ほか)

⦅内容⦆全国の大学(国立99校、公立66校、私立457校)、及び特殊法人の放送大学、国立大学附置研究所、大学協同利用機関、文部省所轄外の大学校の在職者を国公立大学編と私立大学編に分けて収録した職員名簿。内容は平成11年6月末現在。巻末には各機関の所属長(代表者)・理事、教授・助教授・講師の人名索引がある。

全国大学職員録　平成12年版　国公立大学編,私立大学編　広潤社編集部編　広潤社　2000.11　2冊　27cm　〈索引あり〉　33500円　Ⓝ377.035

⦅目次⦆国公立大学編(国立大学, 公立大学, 平成12年度新設大学, 特殊法人大学, 大学共同利用機関等, 文部省所管外の大学校, 国公立大学大学院要覧, 国公立大学等索引), 私立大学編(私立大学, 私立大学大学院要覧, 私立大学索引, 学校法人索引)

⦅内容⦆全国の大学(国立99校・公立72校・私立479校)、特殊法人立の放送大学、大学共同利用機関、文部省所管外の大学校(15校)の教職員名簿。平成12年4月末現在における在職者を収録する。国公立大学編と私立大学編の2冊で構成し、大学・学部・学科ごとに掲載する。巻末の人名索引には各機関の所属長(代表者)・理事、教授・助教授・講師を収録する。

全国大学職員録　国公立大学編・私立大学編　平成13年版　広潤社編集部編　広潤社　2001.11　2冊(セット)　26cm　33500円　Ⓣ4-87508-056-5　Ⓝ377.035

⦅目次⦆国公立大学編(北海道大学, 北海道教育大学, 室蘭工業大学, 小樽商科大学 ほか), 私立大学編(旭川大学, 札幌大学, 札幌学院大学, 札幌国際大学 ほか)

⦅内容⦆全国の大学(国立99校・公立74校・私立497校)、特殊法人立の放送大学、大学共同利用機関、文部省所管外の大学校(18校)の教職員名簿。平成13年4月末現在における在職者を収録する。国公立大学編と私立大学編の2分冊で構成し、北から南へ大学・学部・学科ごとの各職員の職位、連絡先、学歴を記載する。巻頭には都道府県別大学・短期大学・高等専門学校数一覧と大学教員数・職員数一覧、巻末には私立大学大学院要覧、私立大学索引、学校法人索引、各機関の所属長(代表者)・理事ならびに教授・助教授・講師を収録する人名索引がある。

全国大学職員録　国公立大学編・私立大学編　平成14年版　広潤社編集部編　広潤社　2002.11　2冊(セット)　26cm　33800円　Ⓣ4-87508-059-X　Ⓝ377.035

⦅目次⦆国公立大学編(北海道大学, 北海道教育大学, 室蘭工業大学, 小樽商科大学, 帯広畜産大学 ほか), 私立大学編(旭川大学, 札幌大学, 札幌学院大学, 札幌国際大学, 千歳科学技術大学 ほか)

⦅内容⦆全国の大学(国立99校・公立75校・私立512校)、特殊法人立の放送大学、大学共同利用機関、文部省所管外の大学校(8校)の教職員名簿。平成14年4月末現在における在職者を収録する。国公立大学編と私立大学編の2分冊で構成し、北から南へ大学・学部・学科ごとの各職員の職位、連絡先、学歴を記載する。巻頭には都道府県別大学・短期大学・高等専門学校数一覧と大学教員数・職員数一覧、巻末には私立大学大学院要覧、私立大学索引、学校法人索引、各機関の所属長(代表者)・理事ならびに教授・助教授・講師を収録する人名索引がある。

全国大学職員録　国公立大学編・私立大学編　平成15年版　広潤社編集部編　広潤社　2003.11　2冊(セット)　26cm　33800円　Ⓣ4-87508-062-X

⦅目次⦆国公立大学編(北海道大学, 北海道教育大学, 室蘭工業大学, 小樽商科大学 ほか), 私立大学編(旭川大学, 札幌大学, 札幌学院大学, 札幌国際大学 ほか)

⦅内容⦆全国の大学(国立100校・公立76校・私立526校)、及び放送大学、ならびに大学共同利用機関等、文部科学省所管外の大学校(9校)について、平成15年4月末現在における在職者について、主としてその機関において調査・作成した資料を基に、「国公立大学編」、「私立大学編」の2分冊1組として収録し、各機関での所属長(代表者)・理事ならびに教授・助教授・講師の人名索引を巻末に収録して、その機構と人的構成を明らかにしたものである。

全国大学職員録　国公立大学編・私立大学編　平成16年版　広潤社編集部編　広潤社　2004.11　2冊(セット)　26cm　33800

大学教職員　　　　　大学教育

円　①4-87508-065-4
(目次)国公立大学編(北海道大学，北海道教育大学，室蘭工業大学，小樽商科大学，帯広畜産大学 ほか)，私立大学編(旭川大学，札幌大学，札幌学院大学，札幌国際大学，千歳科学技術大学 ほか)
(内容)全国の大学(国立87校・公立80校・私立542校)，及び放送大学，ならびに大学共同利用機関法人等，文部科学省所管外の大学校(9校)について，平成16年4月末現在における在職者について，主としてその機関において調査・作成した資料を基に，「国公立大学編」，「私立大学編」の2分冊1組として収録。各機関の所属長(代表者)・理事・監事ならびに教授・助教授・講師の人名索引が巻末に付く。

全国大学職員録　平成17年版　廣潤社編集部編　廣潤社　2005.12　2冊(セット)　26cm　33800円　①4-87508-068-9
(目次)国公立大学編(北海道大学，北海道教育大学，室蘭工業大学，小樽商科大学 ほか)，私立大学編(旭川大学，札幌大学，札幌学院大学，札幌国際大学 ほか)
(内容)全国の大学(国立87校・公立73校・私立555校)及び放送大学，ならびに大学共同利用機関法人等，文部科学省所管外の大学校(9校)について，平成17年4月末現在における在職者について，主としてその機関において調査・作成した資料を基に，「国公立大学編」，「私立大学編」の2分冊1組として収録し，各機関の所属長(代表者)・理事・監事ならびに教授・助教授・講師の人名索引を巻末に収録して，その機構と人的構成を明らかにした。編集中の異動は出来得るかぎり訂正を加え，最新のものとした。

全国大学職員録　国公立大学編・私立大学編　平成18年版　廣潤社編集部編　廣潤社　2006.11　2冊(セット)　26cm　33800円　①4-87508-071-9
(目次)国公立大学編(北海道大学，北海道教育大学，室蘭工業大学，小樽商科大学，帯広畜産大学 ほか)，私立大学編(浅井学園大学，旭川大学，札幌大学，札幌学院大学，札幌国際大学 ほか)
(内容)全国の大学(国立87校・公立76校・私立570校)，及び放送大学，ならびに大学共同利用機関法人等，文部科学省所管外の大学校(9校)について，平成18年4月末現在における在職者について，主としてその機関において調査・作成した資料を基に，「国公立大学編」，「私立大学編」の2分冊1組として収録し，各機関の所属長(代表者)・理事・監事ならびに教授・助教授・講師の人名索引を巻末に収録して，その機構と人的構成を明らかにした。

全国短大高専職員録　平成2年版　大学職員録刊行会編　廣潤社　1990.10　1210,66p　21cm　12360円　①4-87508-012-3　Ⓝ377.3
(内容)平成2年6月末日現在における全国の短期大学(国立41校・公立54校・私立498校)高等専門学校(国立54校・公立4校・私立4校)の在職者について，主としてその機関において，調査・作成した資料に基づき編集し，その機構と人的構成を明らかにしたもの。

全国短大高専職員録　平成3年版　大学職員録刊行会編　廣潤社　1991.10　1220,68p　21cm　13390円　①4-87508-017-4　Ⓝ377.3
(内容)平成3年6月末日現在における全国の短期大学(国立41校・公立54校・私立497校)高等専門学校(国立54校・公立5校・私立3校)の在職者について，主としてその機関において，調査・作成した資料に基づき編集し，その機構と人的構成を明らかにした職員録。

全国短大高専職員録　平成4年版　大学職員録刊行会編　廣潤社　1992.10　1246,69p　21cm　14420円　①4-87508-022-0
(内容)この職員録は，平成4年6月末日現在における全国の短期大学，高等専門学校の在職者について，主としてその機関において，調査・作成した資料に基づき編集し，その機構と人的構成を明らかにしたもの。編集中の異動は，できる限り訂正を加え，最新のものとした。

全国短大・高専職員録　平成5年版　廣潤社編集部編　廣潤社　1993.10　1248,70p　21cm　15450円　①4-87508-027-1
(目次)国立短期大学，公立短期大学，私立短期大学，平成五年度新設短期大学，文部省所管外の短期大学校，国立高等専門学校，公立高等専門学校，私立高等専門学校

全国短大・高専職員録　平成6年版　廣潤社　1994.10　1260,70p　21cm　16300円　①4-87508-032-8
(目次)凡例，全国都道府県別大学・短期大学・高等専門学校数一覧，短期大学教員数・職員数一覧，国立短期大学，公立短期大学，私立短期大学，平成六年度新設私立短期大学，文部省所管外の短期大学校，公立高等専門学校，私立高等専門学校，学校法人索引，短期大学・高等専門学校索引
(内容)平成6年6月末日現在の短大・高等専門学校の教員・職員録。短期大学は国立36校，公立56校，私立501校，高専は国立54校，公立5校，私立3校を分類掲載，教員・職員の職位・学位称号・氏名・生年・最終学歴・担当学科目(等)を記載する。巻末に五十音順の人名索引を付す。昭和38年の発刊以来30冊目にあたる。

全国短大・高専職員録　1995　廣潤社

1995.10 1,264,68p 21cm 17000円 Ⓘ4-87508-037-9

⦅内容⦆全国の短期大学(国立36校、公立60校、私立500校)、高等専門学校(国立54校、公立5校、私立3校)の職員名簿。役職員については氏名、住所、電話番号を、教育職員(教授、助教授、講師)は学位称号、氏名、生年、最終学歴、担当学科目を記載する。排列は短期大学、専門学校別に北から南へ地域順。内容は1995年6月30日現在。巻末に学校法人索引、短期大学・高等専門学校索引がある。

全国短大・高専職員録　1996　広潤社編集部編　広潤社　1996.10　834,91p　26cm　19570円　Ⓘ4-87508-040-9

⦅目次⦆国立短期大学、私立短期大学、平成8年度新設短期大学、学生の募集を停止している短期大学、国立高等専門学校、公立高等専門学校、私立高等専門学校

全国短大・高専職員録　1997　広潤社編集部編　広潤社　1997.10　819,89p　26cm　19400円　Ⓘ4-87508-043-3

⦅目次⦆国立短期大学、公立短期大学、私立短期大学、平成9年度新設短期大学、学生の募集を停止している短期大学、文部省所管外の短期大学、国立高等専門学校、公立高等専門学校、私立高等専門学校

⦅内容⦆平成9年6月末日現在における全国の短期大学(国立29校、公立62校、私立504校)と高等専門学校(国立54校、公立5校、私立3校)の在職者を収録した職員録。短大・高専を五十音別に北から順に配列、学校の名称、所在地、課長以上の役職者の職位、氏名、最終学歴を記載、巻末に学校名索引、人名索引が付く。

全国短大・高専職員録　平成10年版　広潤社編集部編　広潤社　1998.10　796,86p　26cm　19600円　Ⓘ4-87508-046-8

⦅目次⦆国立短期大学、公立短期大学、私立短期大学、平成10年度新設短期大学、学生の募集を停止している短期大学、文部省所管外の短期大学、国立高等専門学校、公立高等専門学校、私立高等専門学校

⦅内容⦆全国の短期大学(国立25校、公立60校、私立503校)、高等専門学校(国立54校、公立5校、私立3校)の職員名簿。役職員については氏名、住所、電話番号を、教育職員(教授、助教授、講師)は学位称号、氏名、生年、最終学歴、担当学科目を記載する。排列は短期大学、専門学校別に北から南へ地域順。内容は1998年6月末現在。学校法人索引、短期大学・高等専門学校索引付き。

全国短大・高専職員録　1999　広潤社編集部編　広潤社　1999.10　770,82p　26cm　19800円　Ⓘ4-87508-049-2

⦅目次⦆国立短期大学、公立短期大学、私立短期大学、平成11年度新設短期大学、学生の募集を停止している短期大学、文部省所管外の短期大学、国立高等専門学校、公立高等専門学校、私立高等専門学校

⦅内容⦆全国の短期大学(国立23校、公立59校、私立503校)、高等専門学校(国立54校、公立5校、私立3校)の職員名簿。役職員については氏名、住所、電話番号を、教育職員(教授、助教授、講師)は学位称号、氏名、生年、最終学歴、担当学科目を記載する。排列は短期大学、専門学校別に北から南へ地域順。内容は1999年6月末現在。短期大学・高等専門学校索引、学校法人索引付き。

全国短大・高専職員録　平成12年版　広潤社編集部編　広潤社　2000.10　733,78p　26cm　19600円　Ⓘ4-87508-052-2　Ⓝ377.3

⦅目次⦆国立短期大学、公立短期大学、私立短期大学、平成12年度新設短期大学、学生の募集を停止している短期大学、文部省所管外の短期大学、国立高等専門学校、公立高等専門学校、私立高等専門学校、短期大学・高等専門学校索引、学校法人索引

⦅内容⦆全国の短期大学(国立20校・公立55校・私立497校)、高等専門学校(国立54校・公立5校・私立3校)、文部省所管外の短期大学校(19校)の教職員名簿。内容は平成12年4月末現在。役職員については氏名、住所、電話番号を、教育職員(教授、助教授、講師)は学位称号、氏名、生年、最終学歴、担当学科目を記載。排列は短期大学、専門学校別に北から南へ地域順。巻末に短期大学・高等専門学校索引、学校法人索引付き。

全国短大・高専職員録　平成13年版　広潤社編集部編　広潤社　2001.10　837,75p　26cm　19600円　Ⓘ4-87508-055-7　Ⓝ377.3

⦅目次⦆国立短期大学、公立短期大学、私立短期大学、学生の募集を停止している短期大学、文部科学省所管外の短期大学校、国立高等専門学校、公立高等専門学校、私立高等専門学校

⦅内容⦆全国の短期大学(国立19校・公立51校・私立489校)、高等専門学校(国立54校・公立5校・私立3校)、文部省所管外の短期大学校(16校)の教職員名簿。内容は平成13年4月末現在。各校を学校種別により分類し、北から南へ排列する。各機関の代表者については学歴、出身地、連絡先などを、役職員については連絡先のみを記載。教育職員(教授、助教授、講師)は学位称号など学歴、生年、担当科目を記載する。本文中に五十音順の人名索引がある。巻頭に全国都道府県別大学・短期大学・高等専門学校数一覧と短期大学教員数・職員数一覧、巻末に短期大

全国短大・高専職員録　平成14年版　広潤社編集部編　広潤社　2002.10　785,71p　26cm　19600円　④4-87508-058-1　Ⓝ377.3

〔内容〕全国の短期大学（国立16校・公立50校・私立475校）、高等専門学校（国立54校・公立5校・私立3校）、文部省所管外の短期大学校（14校）の教職員名簿。内容は平成14年4月末現在。各校を学校種別により分類し、北から南へ排列する。各機関の代表者については学歴、出身地、連絡先などを、役職員については連絡先のみを記載。教育員（教授、助教授、講師）は学位称号など学歴、生年、担当科目を記載する。五十音順の人名索引が付く。巻頭に全国都道府県別大学・短期大学・高等専門学校数一覧と短期大学教員数、職員数一覧、巻末に短期大学・高等専門学校索引、学校法人索引を付す。

全国短大・高専職員録　2003　広潤社編集部編　広潤社　2003.10　837,67p　26cm　19600円　④4-87508-061-1

〔目次〕国立短期大学、公立短期大学、私立短期大学、学生の募集を停止している短期大学、文部科学省所管外の短期大学校、国立高等専門学校、公立高等専門学校、私立高等専門学校

〔内容〕全国の短期大学（国立13校・公立49校・私立463校）、高等専門学校（国立55校・公立5校・私立3校）、文部科学省所管外の短期大学校（14校）の職員名簿。平成15年4月末現在における在職者について、その機関で調査・作成した資料にもとづき、各機関の所属長（代表者）・理事ならびに教授・助教授・講師を掲載。巻末に人名索引がつく。

全国短大・高専職員録　平成16年版　広潤社編集部編　広潤社　2004.10　767,65p　26cm　19600円　④4-87508-064-6

〔目次〕国立短期大学、公立短期大学、私立短期大学、平成16年度新設短期大学、学生の募集を停止している短期大学、文部科学省所管外の短期大学校、国立高等専門学校、公立高等専門学校、私立高等専門学校

〔内容〕全国の短期大学（国立12校・公立45校・私立451校）、高等専門学校（国立55校・公立5校・私立3校）、文部科学省所管外の短期大学校（14校）について、平成16年4月末現在における在職者について、主としてその機関において調査・作成した資料に基づき、各機関の所属長（代表者）・理事・監事ならびに教授・助教授・講師の人名索引を巻末に収録して、その機構と人的構成を明らかにしたものである。

全国短大・高専職員録　平成17年版　廣潤社編集部編　廣潤社　2005.10　671,59p　26cm　19600円　④4-87508-067-0

〔目次〕国立短期大学、公立短期大学、私立短期大学、平成17年度新設短期大学、学生の募集を停止している短期大学、文部科学省所管外の短期大学校、国立高等専門学校、公立高等専門学校、私立高等専門学校

〔内容〕全国の短期大学（国立12校・公立45校・私立451校）、高等専門学校（国立55校・公立5校・私立3校）、文部科学省所管外の短期大学校（14校）について、平成16年4月末現在における在職者について、主としてその機関において調査・作成した資料に基づき、各機関の所属長（代表者）・理事・監事ならびに教授・助教授・講師の人名索引を巻末に収録して、その機構と人的構成を明らかにした。

全国短大・高専職員録　平成18年版　廣潤社編集部編　廣潤社　2006.10　635,55p　26cm　19600円　④4-87508-070-0

〔目次〕国立短期大学、公立短期大学、私立短期大学、平成18年度新設短期大学、学生の募集を停止している短期大学、文部科学省所管外の短期大学校、国立高等専門学校、公立高等専門学校、私立高等専門学校

全国土木系教員名簿　大学・短大・高専　2006年版　土木学会出版委員会編　土木学会,丸善〔発売〕　2006.9　219p　30cm　2000円　④4-8106-0542-6

〔目次〕国立大学法人（秋田大学、茨城大学 ほか）、公立大学（岩手県立大学、大阪市立大学 ほか）、私立大学（愛知工業大学、足利工業大学 ほか）、短期大学（攻玉社工科短期大学、大阪工業大学短期大学部 ほか）、高等専門学校（明石工業高等専門学校、秋田工業高等専門学校 ほか）

〔内容〕全国土木系大学・短期大学・工業高等専門学校の各学科・研究所等に所属する教員を網羅した名簿。各機関は、国立大学法人・公立大学・私立大学・短期大学・工業高等専門学校毎に、50音順に掲載。データは2006年6月時点のもの。

全国土木系教員名簿　大学・短大・高専　2007年版　土木学会出版委員会編　土木学会,丸善〔発売〕　2007.9　217p　30cm　2000円　④978-4-8106-0577-8

〔目次〕国立大学法人（秋田大学、茨城大学 ほか）、公立大学（岩手県立大学、大阪市立大学 ほか）、私立大学（愛知工業大学、足利工業大学 ほか）、短期大学（攻玉社工科短期大学、札幌大学女子短期大学部 ほか）、高等専門学校（明石工業高等専門学校、秋田工業高等専門学校 ほか）

全国土木系教官・教員名簿　大学・短大・

高専　1995年版　土木学会,丸善〔発売〕
1995.9　246p　21cm　3000円　Ⓓ4-8106-0178-1

Ⓝ内容 全国の大学・短期大学・工業高等専門学校の土木系学科・研究所等の教官・教員名簿。内容は1995年6月現在。巻末に五十音順の人名索引がある。

全国土木系教官・教員名簿　2001年版
土木学会出版委員会編　土木学会,丸善〔発売〕　2001.9　236p　30cm　2000円　Ⓓ4-8106-0293-1　Ⓝ377.035

Ⓝ目次 国立大学(秋田大学工学資源学部土木環境工学科, 茨城大学工学部都市システム工学科 ほか), 公立大学(会津大学コンピュータ理工学部,大学院コンピュータ理工学研究科, 岩手県立大学総合政策学部 ほか), 私立大学(愛知工業大学工学部土木工学科, 足利工業大学工学部土木工学科 ほか), 短期大学(大阪工業大学短期大学部土木工学科, 攻玉社工科短期大学環境建設学科 ほか), 高等専門学校(明石工業高等専門学校都市システム工学科, 秋田工業高等専門学校環境都市工学科 ほか)

Ⓝ内容 全国の土木系大学・短期大学・工業高等専門学校に所属する教官の名簿。記載データは2001年6月現在。各教官は所属機関ごとに排列。所属機関の所在地・連絡先とともに、教官の職名・学位、専門、学歴、E-mailなどの連絡先を記載する。巻末に和文または英文の人名索引がある。

全国土木系教官・教員名簿　大学・短大・高専　2002年版　土木学会出版委員会編 土木学会,丸善〔発売〕　2002.9　217p　30cm　2000円　Ⓓ4-8106-0430-6　Ⓝ377.035

Ⓝ内容 全国の土木系大学・短期大学・工業高等専門学校の各学科・研究所等に所属する教官を収録した教員名簿。各機関は、国立大学・公立大学・私立大学・短期大学・工業高等専門学校毎に、五十音順に掲載。名簿は原則として、2002年6月時点でのデータに基づいて作成されている。

全国土木系教官・教員名簿　2003年版
土木学会出版委員会編　土木学会,丸善〔発売〕　2003.9　219p　30cm　〈本文：日英両文〉　2000円　Ⓓ4-8106-0446-2

Ⓝ内容 全国土木系大学・短期大学・工業高等専門学校の各学科・研究所等に所属している教官を網羅した教官名簿。国立大学・公立大学・私立大学・短期大学・工業高等専門学校毎に、50音順に掲載。巻末に人名索引が付く。データは2003年6月時点のもの。

<ハンドブック>

大学における教員養成　国立大学協会教員養成制度特別委員会報告書　山田昇監修・解説　大空社　1998.10　3冊(セット)　26cm　〈付属資料：別冊1〉　37000円　Ⓓ4-7568-0841-7

Ⓝ目次 教員養成制度に関する調査研究報告書―教員養成制度の現状と問題点, 教育系大学・学部における大学院の問題, 大学における教員養成―その基準のための基礎的検討, 新教育大学創設に関する国会審議国会議事録, 大学における教員養成――般大学・学部と大学院の現状と問題点, 大学における教員養成―教員養成制度充実のための課題, 大学における教員養成―教員の養成・免許および採用・研修(中間報告), 「大学における教員養成」に関する調査(第一次報告), 「大学における教員養成」に関する調査(第二次報告), 「大学における教員養成」に関する調査(第三次報告), 大学における教員養成―教員養成の現状と将来(中間まとめ), 大学における教員養成―教員養成の現状と将来, 教育大学・教育学部学生の教職への意識と意見―全国調査から(中間報告), 大学における教員養成―教員需給の変化に対応する教員養成のあり方, 大学における教員養成への提言―教員の需給関係の変化に伴う教員養成のあり方について(報告書提言要約), 大学における教員養成　国立大学付属学校の在り方・役割

Ⓝ内容 「大学における教員養成」の確立に向け行ってきた活動の報告書(国立大学協会発行, 1972年11月〜1997年11月)を編年順に収録したもの。別冊解説書として「国立大学協会教員養成制度特別委員会小史」を付す。

◆**大学教員**

<名 簿>

研究者・研究課題総覧　自然科学編　1990年版　日本学術振興会編　日本学術振興会　1990.4　5冊　27cm　〈監修：文部省学術国際局　発売：丸善　「理学」「工学」「農学」「医学」「複合領域・索引」に分冊刊行〉　全123600円　Ⓓ4-8181-9007-1　Ⓝ377.13

Ⓝ内容 文部省による「昭和63年度学術研究活動に関する調査」を基に前版(1984)のデータを全面的に追加・更新。収録者数130,118人。専門分野の排列は文部省科学研究費補助金の分類に従う。第5分冊の巻末に氏名索引・研究機関別索引・収録研究一覧・収録研究者数を付す。

研究者・研究課題総覧　人文・社会科学編　1990年版　日本学術振興会編　日本学術振興会　1990.4　2冊　27cm　〈監修：文部省学術国際局　発売：丸善　「人文科学」「社会科

学・索引」に分冊刊行〉 全46350円 Ⓣ4-8181-9006-3 Ⓝ377.13
Ⓒ内容 大学・短大・高専・大学共同利用機関・民間学術研究機関に所属する研究者の氏名・所属機関・職名・学歴・学位・所属学会・研究課題・主要著書または論文名を記載。

研究者・研究課題総覧　1996年版 第1分冊（人文科学）　電気・電子情報学術振興財団編　紀伊国屋書店　1997.2　885p　31cm　〈監修：文部省学術情報センター〉　Ⓣ4-314-10124-5　Ⓝ377.13

研究者・研究課題総覧　1996年版 第2分冊（文学）　電気・電子情報学術振興財団編　紀伊国屋書店　1997.2　650p　31cm　〈監修：文部省学術情報センター〉　Ⓣ4-314-10124-5　Ⓝ377.13

研究者・研究課題総覧　1996年版 第3分冊（法学・経済学）　電気・電子情報学術振興財団編　紀伊国屋書店　1997.2　550p　31cm　〈監修：文部省学術情報センター〉　Ⓣ4-314-10124-5　Ⓝ377.13

研究者・研究課題総覧　1996年版 第4分冊（理学・農学）　電気・電子情報学術振興財団編　紀伊国屋書店　1997.2　1268p　31cm　〈監修：文部省学術情報センター〉　Ⓣ4-314-10124-5　Ⓝ377.13

研究者・研究課題総覧　1996年版 第5分冊（工学）　電気・電子情報学術振興財団編　紀伊国屋書店　1997.2　1245p　31cm　〈監修：文部省学術情報センター〉　Ⓣ4-314-10124-5　Ⓝ377.13

研究者・研究課題総覧　1996年版 第6分冊（医学 上）　電気・電子情報学術振興財団編　紀伊国屋書店　1997.2　907p　31cm　〈監修：文部省学術情報センター〉　Ⓣ4-314-10124-5　Ⓝ377.13
Ⓜ目次 内容：生理, 病理, 社会医学, 内科

研究者・研究課題総覧　1996年版 第7分冊（医学 下）　電気・電子情報学術振興財団編　紀伊国屋書店　1997.2　p909～1795　31cm　〈監修：文部省学術情報センター〉　Ⓣ4-314-10124-5　Ⓝ377.13
Ⓜ目次 内容：外科, 歯学, 薬学, 医学一般

研究者・研究課題総覧　1996年版 第8分冊（複合領域）　電気・電子情報学術振興財団編　紀伊国屋書店　1997.2　1108p　31cm　〈監修：文部省学術情報センター〉

Ⓣ4-314-10124-5　Ⓝ377.13

研究者・研究課題総覧　1996年版 第9分冊（総合索引）　電気・電子情報学術振興財団編　紀伊国屋書店　1997.2　1冊　31cm　〈監修：文部省学術情報センター〉　Ⓣ4-314-10124-5　Ⓝ377.13

<統計集>

諸外国の大学教授職の資格制度に関する実態調査　〔〔仙台〕〕東北大学高等教育開発推進センター　2011.6　264p　30cm　〈文部科学省先導的大学改革推進委託事業（平成22年度）報告書　文献あり〉　Ⓝ377.13

大学生

<ハンドブック>

学生がとりたい!!資格ベスト・ガイド　理科系　大栄出版編集部編　大栄出版　1993.12　256p　21cm　（ライセンス・ライブラリー オムニバス版）　1500円　Ⓣ4-88682-247-9
Ⓒ内容 理科系・技術系学生向きの資格50種類を選んで紹介する資格ガイド。資格の世界の説明、それぞれの資格そのものの紹介、資格取得後の仕事へのアクセス方法までをガイドする。

基礎演習ハンドブック　演習であなたは何を学ぶのか？　関西学院大学総合政策学部編　（西宮）関西学院大学出版会　2009.2　131,5p　21cm　（K.G.りぶれっと　no.23）　〈並列シリーズ名：K.G.libretto　文献あり〉　840円　Ⓣ978-4-86283-037-1　Ⓝ377.9
Ⓜ目次 第1章 演習（ゼミナール）で何が求められているか？, 第2章 文献にもとづいたプレゼンテーション, 第3章 自分でテーマを決め、レポートを書こう, 第4章 リサーチの方法と結果の処理、そして解釈―できるだけスマートに, 第5章 スキルとしての統計, 第6章「総合政策」を学ぶための気軽な読書案内, 最後に, Appendix 文献および文献表の作り方

基礎演習ハンドブック　さぁ、大学での学びをはじめよう！　改訂新版　関西学院大学総合政策学部編　（西宮）関西学院大学出版会　2012.5　153,8p　21cm　（K.G.りぶれっと）　1100円　Ⓣ978-4-86283-117-0
Ⓜ目次 第1章 基礎演習・ゼミナールとは何か, 第2章 レポート・論文の書き方入門, 第3章 文章スキルを磨く―文献の読み方入門, 第4章 リサーチの方法と結果の処理、そして解釈―できるだけスマートに, 第5章 プレゼンテーションの技法, 第6章 ディベート入門, 第7章 スキル

としての統計

大学生の英語学習ハンドブック　研究社出版編集部編　研究社出版　1999.3　389p　21cm　2600円　Ⓘ4-327-42147-2

(目次)1　大学でどんな英語を学ぶか，2　英語4技能の習得，3　どんな道具が必要か，4　各種英語資格認定テストに挑戦―英検，TOEIC，TOEFLなど，その傾向と対策，5　海外留学の心得―国内での準備と海外での生活，6　専門分野の研究法，7　経済および理科系の英語，8　レポート・論文（卒業論文）の書き方，9　卒業後の職業選択と対策，10　大学院への進学―どのくらいの英語力と知識が必要か，資料1　20世紀英語・英米文化（文学）略年表，資料2　語学関係雑誌・新聞紹介／関係団体一覧

(内容)大学での英語学習に関するハンドブック。大学院の英語学習について。英語力のつけ方，辞書や教材の選び方，各種資格認定テスト，留学，卒業後の進路など，大学生が入学から卒業までぶつかると思われる様々な問題に答えたもの。

大学生学びのハンドブック　勉強法がよくわかる！　世界思想社編集部編　（京都）世界思想社　2008.11　126p　21cm　1300円　Ⓘ978-4-7907-1374-6　Ⓝ377.9

(目次)第1部　大学生のスタディ・スキルズ（はじめての大学生活，ノートのとり方，テキストの読み方 ほか），第2部　大学生のパソコン・スキルズ（Wordでレポートを作ろう，Excelで表やグラフを作ろう，PowerPointで発表資料を作ろう ほか），第3部　大学生の基礎知識（大学生活Q&A，大学用語集）

(内容)大学の仕組みや勉強の仕方について「高校までとどう違うのか」という観点から紹介。

就職

＜ハンドブック＞

現代「手に職」ガイド　Web系から伝統的職業まで　上田信一郎著　実業之日本社　2001.11　318p　21cm　（実日ビジネス）　1900円　Ⓘ4-408-10475-2　Ⓝ366.29

(目次)1章　今，「手に職」をつける眼のつけどころ，2章　デジタル先端技術で時流に乗る，3章　健康に貢献する医療技術の専門職，4章　美しさとデザインを追求する，5章　機械から通信までの技術を生かす，6章　美味しさを提供する食の専門家，7章　手づくり作品の専門家，8章　住まいづくりに腕を振るう，9章　リペア・リサイクルでモノを大事にする，10章　好きなことを追求する

(内容)数年で習得可能な102職種を収録した職業のガイドブック。デジタル先端技術や医療技術，美しさとデザインなどの9つの分野で，仕事の内容，将来性，年齢や適性などの条件，学習・実務コース，教育投資の目安，独立の可能性などとポイントなどを記載。

資格でハローワーク　17歳からの「やりたい仕事に直結する」資格選び　梧桐書院編集部編　梧桐書院　2004.11　328p　19cm　1500円　Ⓘ4-340-50116-6

(目次)プロローグ　「ハローワーク」の壁を突き破ろう，第1部　資格選びの基本を知っておこう（資格って，どこがくれるもの？―資格の種類，時代が変われば，有望資格も変わる―役に立つ資格，役に立たない資格），第2部　ハローワークに役立つ資格厳選210（やっぱり，これからはITでしょ！，「手に職」で，この道一筋！，脱都会，第一次産業で働きたい！，空，海，大地を舞台に働きたい！　ほか）

(内容)フリーターなんてもう古い。やりたい，なりたい，仕事への近道を探そう。ハローワークに役立つ資格を厳選。

職業レファレンスブック　労働政策研究・研修機構編　労働政策研究・研修機構　2004.8　356p　26cm　1429円　Ⓘ4-538-33005-1

(目次)A　専門的・技術的職業，B　管理的職業，C　事務的職業，D　販売の職業，E　サービスの職業，F　保安の職業，G　農林漁業の職業，H　運輸・通信の職業，I　生産工程・労務の職業，追補22職業

(内容)平成11年改訂版労働省（当時）編職業分類および職業ハンドブック（平成9年版，日本労働研究機構編）から1000職業名を選び出し，それぞれ400字前後でその職務内容を解説。公共職業安定機関等における職業相談・指導のみならず，学校教育におけるキャリアガイダンスおよび進路指導，民間の職業紹介機関におけるキャリアカウンセリングなど，様々な場面で幅広い目的に活用できる。

スーパー情報源　就職・起業・独立編　古田陽久，古田真美編　（広島）シンクタンクせとうち総合研究機構　1998.8　126p　21cm　（情報源シリーズ）　1500円　Ⓘ4-916208-16-1

(目次)公共職業安定所（ハローワーク），人材銀行，学生職業センター・学生職業相談室，高齢期雇用就業支援センター，レディス・ハローワーク，労働関係事項の相談窓口，パートバンク・パートサテライト，女性就業援助センター，農業就業支援窓口，林業就業支援窓口，漁業就業支援窓口，その他の起業支援窓口，UJIターン相談窓口，海外移住相談窓口，参考資料（全国都道府県　就職・起業関係口，全国

都道府県の出先機関)

(内容)これから新たな仕事に就こうとする人、また、将来的に転身を考えている人の立場に立って、就職・起業・独立の手掛かりとなる全国の就職・起業・独立の為の情報源を収録したデータブック。

全国職業能力開発施設ガイドブック 全国公共職業能力開発施設及び認定職業能力開発施設ガイド 中央職業能力開発協会編

中央職業能力開発協会 2003.3 684p 26cm 3400円 ①4-88769-186-6

(目次)1 公共職業能力開発施設, 2 認定職業能力開発施設(事業所・団体), 3 ビジネス・キャリア制度認定講座実施施設, 4 コンピュータサービス技能評価試験実施認定施設, 5 CADトレース技能審査試験実施協力施設, 6 参考資料, 7 索引(訓練科目別・公共職業能力開発施設)

(内容)本書は、公共(国、都道府県、雇用・能力開発機構)の職業能力開発施設、職業能力開発促進法に基づき認定職業訓練を実施している事業所・団体及び厚生労働大臣が指定または認定している各種の職業訓練を実施している教育訓練機関を中心に収録したものである。また、中央職業能力開発協会が実施するコンピュータサービス技能評価試験の認定施設とCADトレース技能審査試験の実施協力施設も加えた。

全国職業能力開発施設ガイドブック 全国公共職業能力開発施設及び認定職業能力開発施設ガイド 中央職業能力開発協会編

中央職業能力開発協会 2004.3 564p 26cm 3400円 ①4-88769-187-4

(目次)1 公共職業能力開発施設(職業能力開発施設(都道府県), 職業能力開発施設(独立行政法人雇用・能力開発機構), 障害者職業能力開発施設), 2 認定職業能力開発施設(事業所・団体), 3 ビジネス・キャリア制度認定講座実施施設, 4 参考資料, 5 索引(訓練科目別・公共職業能力開発施設)

全国職業能力開発施設ガイドブック 平成17年度 全国公共職業能力開発施設及び認定職業能力開発施設ガイド 中央職業能力開発協会編

中央職業能力開発協会 2005.3 553p 26cm 3400円 ①4-88769-188-2

(目次)1 公共職業能力開発施設(職業能力開発施設(都道府県), 職業能力開発施設(独立行政法人雇用・能力開発機構)ほか), 2 認定職業能力開発施設(事業所・団体), 3 ビジネス・キャリア制度認定講座実施施設, 4 参考資料(各都道府県職業能力開発主管課所在地一覧, 各都道府県職業能力開発協会(サービスセンター)所在地一覧 ほか), 5 索引(訓練科目別・公共職業能力開発施設)

全国職業能力開発施設ガイドブック 全国公共職業能力開発施設及び認定職業能力開発施設ガイド 平成19年度 中央職業能力開発協会編

中央職業能力開発協会 2007.3 518p 26cm 3400円 ①978-4-88769-190-2

(目次)1 公共職業能力開発施設(職業能力開発施設(都道府県), 職業能力開発施設(独立行政法人雇用・能力開発機構), 障害者職業能力開発施設), 2 認定職業能力開発施設(事業所・団体), 3 参考資料(各都道府県職業能力開発主管課所在地一覧, 各都道府県職業能力開発協会(サービスセンター)所在地一覧, (独)雇用・能力開発機構都道府県センター(キャリア形成支援コーナー)所在地一覧, キャリア形成支援ツール(CADS&CADI)紹介, キャリア形成促進助成金について, 教育訓練給付制度について), 4 索引(訓練科目別・公共職業能力開発施設)

全国職業能力開発施設ガイドブック 全国公共職業能力開発施設及び認定職業能力開発施設ガイド 平成20年度 中央職業能力開発協会編

中央職業能力開発協会 2008.3 487p 26cm 3400円 ①978-4-88769-191-9 Ⓝ366.29

(目次)1 公共職業能力開発施設(職業能力開発施設(都道府県), 職業能力開発施設(独立行政法人雇用・能力開発機構), 障害者職業能力開発施設), 2 認定職業能力開発施設(事業所・団体), 3 参考資料(各都道府県職業能力開発主管課所在地一覧, 各都道府県職業能力開発協会(サービスセンター)所在地一覧, (独)雇用・能力開発機構都道府県センター(キャリア形成支援コーナー)所在地一覧), 4 索引(訓練科目別・公共職業能力開発施設)

全国職業能力開発施設ガイドブック 全国公共職業能力開発施設及び認定職業能力開発施設ガイド 中央職業能力開発協会編

中央職業能力開発協会 2009.3 466p 26cm 3800円 ①978-4-88769-192-6 Ⓝ366.29

(目次)1 公共職業能力開発施設(職業能力開発施設(都道府県), 職業能力開発施設(独立行政法人雇用・能力開発機構), 障害者職業能力開発施設), 2 認定職業能力開発施設(事業所・団体), 3 参考資料(各都道府県職業能力開発主管課所在地一覧, 各都道府県職業能力開発協会(サービスセンター)所在地一覧, (独)雇用・能力開発機構都道府県センター(キャリア形成支援コーナー)所在地一覧), 4 索引(訓練科目別・公共職業能力開発施設)

福祉系学生のための就職ハンドブック 大

学1年からはじめる　川村匡由著　中央法規出版　2004.3　182p　21cm　1600円　①4-8058-2439-5

(目次) 1 大学1年生のとき (スタートが肝心、大学生活の土台をつくろう、夏以降、さらにフィールドを広げよう ほか), 2 大学2年生のとき (専門科目を深める、ゼミの意義と選び方 ほか), 3 大学3年生のとき (専門科目・実習・ゼミの大切さ、実習、卒論を就職へ生かすほか), 4 大学4年生のとき (就職活動のラストスパート、卒業式までにすべきこと)

(内容) 現在、福祉系の大学に在学している学生を中心に、どのように就職活動に取り組めば内定をもらうことができるのか、入学して卒業する4年次までの4年間の学生生活における就職活動のあり方について、図表や写真、資料をふんだんに取り入れて紹介。

<年鑑・白書>

国民生活白書　平成18年版　多様な可能性に挑める社会に向けて　内閣府編　時事画報社　2006.6　297p　30cm　(「暮らしと社会」シリーズ)　1400円　①4-915208-10-9

(目次) 序章 多様な可能性に挑める社会とは (生活における様々な挑戦、仕事についての挑戦のしやすさ), 第1章 若年者の適職探し (適職探しへの再挑戦、若年者の適職探しをめぐる壁), 第2章 女性のライフサイクルと就業 (女性のライフコースに関する希望と現実、女性の継続就業を妨げる壁 ほか), 第3章 高齢者の人生の再設計 (変わる高齢者像、高齢者の就業:意識と現実 ほか), むすび 多様な可能性に挑める社会の構築に向けて

採活・就活最前線　新社会人白書　2012年　日本生産性本部就職力センター編　労働調査会　2010.10　204p　21cm　1600円　①978-4-86319-152-5

(目次) 提言 これから採用・就職活動に臨む人へ, 第1章 就職戦線に見る企業と学生 (2011年採用活動を総括する、2011年の採用トレンド), 第2章 就職戦線を読み解く (座談会 試行錯誤から未来をつかむ—2011年春の就職をめざして、分析:就職難時代の学生の意識と動向), 第3章 大学におけるこれからのキャリア教育 (政策とキャリア教育、各大学の取り組みについて ほか), 第4章 新入社員「働くことの意識調査」から考える (調査データに見る新入社員の意識の変化、生産性を低下させる職場の世代間ギャップ ほか)

就活最前線　新社会人白書　2013年　日本生産性本部就職力センター編　労働調査会　2012.2　123p　21cm　1000円　①978-4-86319-241-6

(目次) 序章 これから就職活動に臨む人へ, 第1章 どうなる2013年就活, 第2章 就職ブランドランキングにみる人気企業の動向, 第3章 本当に効くキャリア支援とは何か—ゲーム化する就活、そして就職の中で, 第4章 就職力・社会人基礎力育成の現状と課題, 巻末資料 平成23年度新入社員「働くことの意識」調査結果

(内容) ソー活、インターンシップ、グローバル人材…猛烈に変化を続ける就活環境の中にあって就活・キャリア支援を成功させるために。

就職四季報 総合版　2014年版　東洋経済新報社編　東洋経済新報社　2012.11　1086p　19cm　1886円　①978-4-492-97128-4

(目次) 注目企業82社、マスコミ・メディア、コンサルタント・シンクタンク・リサーチ、情報・通信・同ேソフト、商社・卸売業、金融、メーカー(電機・自動車・機械)、メーカー(素材・身の回り品)、建設・不動産、エネルギー、小売、サービス

新社会人白書　採用・就職事情最前線　森清、夏目孝吉、斎藤幸江、岩間夏樹著　社会経済生産性本部生産性労働情報センター　2006.3　139p　26cm　1800円　①4-88372-254-6

(目次) 巻頭言「採用・就職の新展開」, 第1章「企業の採用はどう変わったか」—採用戦線05の総括と今後の展望 (採用ブームが本格化、採用スケジュール ほか), 第2章「若者の就職ゴコロを読む」—その特徴にみる対応策 (今どきの学生の就職ゴコロは?、若者の就職ゴコロに向き合う—採用側の心得 ほか), 第3章「新入社員はこう考える」—「働くことの意識」調査と日本的雇用慣行の行方 ("就職活動"から"シューカツ"へ—「就社」から「就職」への流れ、新入社員の就労意識—売り手市場の意識と買い手市場の意識 ほか), 巻末データ資料 (平成17年度活用新卒採用統計—若者の未来のキャリアを育むために)

新社会人白書　採用・就職事情最前線 07/08　森清、夏目孝吉、斎藤幸江、岩間夏樹、住友光男ほか著　社会経済生産性本部生産性労働情報センター　2007.3　129p　26cm　1800円　①978-4-88372-283-9

(目次) 巻頭言 眼を閉じ、耳を澄まそう, 第1章 企業の採用はどう変わったか—採用戦線06の総括と今後の展望, 第2章 しなやかで強い人材の育成を目指して—就職活動の現場からの提言, 第3章 大学のキャリア教育再考—キャリア教育の新たな視点, 第4章 ナナロク世代と就労アノミー—恋愛・美容・仕事, 第5章 新人教育はこう変わった—4MATシステム活用を中心に, 巻末データ資料 07/08活用新卒採用統計—若者の

未来のキャリアを育むために
**新社会人白書 採用・就職事情最前線
2009** 日本生産性本部「職業のあり方研究会」・「履歴書を考える会」編 労働調査会 2009.4 235p 21cm 〈07/08までの出版者：社会経済生産性本部生産性労働情報センター〉 1800円 Ⓘ978-4-86319-070-2 Ⓝ336.42
(目次) 巻頭言 厳しい時代を生き抜くために，第1章 2008年度のバブル採用を総括する（採用環境・動向，08年採用スケジュールは，このように進行したほか），第2章 採用側・就職側双方にメリットある新卒採用を考える（採用・就職市場で何が起きているのか―現状と課題，変化する社会の中での人材力 ほか），第3章 若者には"人間力"が足りないのか？―新入社員意識調査から見た早期退職傾向（新入社員の意識の変化，新入社員の現在 ほか），第4章 最近の若者雇用政策（はじめに キャリアコンサルティングの基盤整備，雇用政策の背景「若者自立・挑戦プラン」ほか）

<統計集>

女子大生・OLの職業意識　日中比較　川久保美智子著　（大阪）かんぽう　2004.7　266p　26cm　1800円　Ⓘ4-900277-48-7
(目次) 1 女子学生の職業意識（女性の職業意識，過去の研究，調査方法，日本人女子学生の職業意識，日本人女子学生の将来設計，中国人女子学生の職業意識，中国人女子学生の将来設計，女子学生の職業意識―日中比較，女子学生の将来設計―日中比較），2 社会人女性の職業意識（日本の社会人女性の職業意識，中国人女性の職業意識，女性の職業意識―日中比較）

大学生の進路意識に関する調査研究報告書　大学生の就職意識研究会（早稲田大学教育総合研究所B-10研究部会）編　大学生の就職意識研究会　2011.1　193p　30cm　〈研究代表者：吉田文　文献あり〉　Ⓝ377.9

◆アルバイト・フリーター

<ハンドブック>

フリーター労組の生存ハンドブック　つながる、変える、世界をつくる　清水直子，園良太編著　大月書店　2009.7　212p　19cm　1450円　Ⓘ978-4-272-33060-7　Ⓝ366.621
(目次) 1章 働く（いきなりクビ！と言われたら―解雇・雇い止めのとき、まずやるべきこと、「売り上げが落ちたから解雇」ってアリ？―経営悪化の責任を労働者にとらせるな！ ほか），2章 生きのびる（生活を立てなおす（生活保護ってこんな制度，生活保護申請から支給開始まで），生きのびるために使ってみよう―生活保護以外の諸制度 ほか），3章 仲間とつながる（労働組合という武器の使い方―団結する、団体交渉する、団体行動する（基礎編），立ちあがれば勝てる！―団結する、団体交渉する、団体行動する（応用編）ほか），4章 ステップアップ（万国の労働者，休め！―メーデーをはじめよう，共同妄想で分断を超える―正規・非正規、世代、性、国籍etc.を越えて ほか）
(内容) 労働がキツイ，生活がヤバイ，孤立がツライ，世の中オカシイ。クビ切り・生活保護からサウンドデモまで。

<年鑑・白書>

国民生活白書　若年フリーターの現在　平成15年版　デフレと生活　内閣府編　ぎょうせい　2003.6　274p　30cm　〈付属資料：CD-ROM1〉　1900円　Ⓘ4-324-07155-1
(目次) 第1章 デフレ下の国民生活（デフレってほんとに問題なの？，デフレと内外価格差の縮小，デフレと失業の増加，所得の減少 ほか），第2章 デフレ下で厳しさを増す若年雇用（増加する新卒フリーター，若年の失業や就業状況，転職行動の変化，フリーターの意識と実態 ほか），第3章 デフレ下で変わる若年の家庭生活（多様化する若年の暮らし，経済が低迷する中で進む未婚化、晩婚化，経済が低迷する中で進む少子化）

<統計集>

大都市の若者の就業行動と意識　広がるフリーター経験と共感　日本労働研究機構研究所編　日本労働研究機構　2001.10　230p　26cm　（調査研究報告書　No.146）　1500円　Ⓘ4-538-89146-0　Ⓝ366.29
(目次) 第1部 概要（調査研究の概要，結果の概要），第2部 調査結果の分析（現代若者の仕事と職業意識，フリーター析出の背景とフリーター経験に対する評価，フリーターからの離脱，高校から仕事への移行形態の多様化―1990年代における高校の職業紹介によらない就職増加傾向の分析，フリーターと社会階層，ジェンダーと労働形態―若年者下位グループ間の比較分析），第3部 付属資料
(内容) 東京都内（島嶼を除く）の18～29歳の、自称「フリーター」の若者1000人、「フリーター」以外の若者1000人を対象に実施した、大都市における若年者の就業行動の実態と背景の調査報告書。調査の概要，調査結果の分析，付属資料の3部で構成。

フリーターの意識と実態　97人へのヒアリング結果より　日本労働研究機構　2000.7　672p　26cm　（調査研究報告書　No.136（2000））　3000円　④4-538-89136-3　Ⓝ366.8

(目次)調査結果の概要，調査結果（研究の概要と調査結果の分析，ヒアリング結果）

(内容)若者の就業行動に関する報告書。フリーターへのヒアリング調査からかれらの就業行動の実態と意識、その背景を探る。調査結果は研究の概要と調査結果の分析、ヒアリング結果で構成。研究の概要と調査結果の分析は問題意識と課題の設定、調査の対象と方法、フリーターの類型化、数量的分析結果、フリーターの働き方、キャリア形成・職業能力形成などについてグラフを併用してフリーターの傾向を報告。ヒアリング結果では離学モラトリアム型、離職モラトリアム型などフリーターの各タイプからヒアリング結果を掲載。ほかに付属資料としてヒアリング対象者一覧、ヒアリングシートを収録する。

社会と教育

社会教育一般

<書誌>

社会教育・生涯教育関係文献目録集 国立教育会館社会教育研修所編集 日常出版 1990.4 570p 27cm 14563円 Ⓝ379.031

(内容)同研修所が昭和53年以来毎年編集・刊行している「社会教育・生涯教育関係文献目録」の中、最近5カ年分約7,000タイトル(昭和59年1月から昭和63年12月までに発行された社会教育・生涯教育に関する論文や官庁資料を含めた文献)を再編集したもの。

社会教育・障害者教育・家庭教育に関する10年間の雑誌文献目録 昭和50年―昭和59年 日外アソシエーツ編 日外アソシエーツ 1987.6 255p 27cm 〈発売:紀伊国屋書店〉 9600円 ①4-8169-0672-X Ⓝ378.031

(内容)本書は、日外アソシエーツ編・国立国会図書館監修「雑誌記事索引(人文・社会)累積索引版」の第5期〜第6期をもとに、テーマ別の文献目録として使いよう再編成したものの一部で、昭和50〜59年(1975〜1984)の10年間に発表された障害者教育、家庭教育、社会教育に関係する雑誌文献7,580件を収録する。

<事典>

新社会教育事典 伊藤俊夫ほか編 第一法規出版 1983.12 618p 27cm 〈付:参考文献〉 7500円 ①379.033

(内容)社会教育の理論と実践的諸課題の2部に分け、社会教育のあり方の構造的・体系的解明を試みた専門事典。

<名簿>

社会教育者事典 増補版 成田久四郎編著 日本図書センター 1989.9 592p 22cm 〈各章末:参考文献 社会教育年表:p499〜584〉 5974円 ①4-8205-5284-8 Ⓝ379.028

(内容)江戸末期から現代までに活躍した社会教育者120名の生涯と業績をまとめた事典。

<ハンドブック>

社会教育計画ハンドブック 今西幸蔵著 八千代出版 2004.10 204p 21cm 2100円 ①4-8429-1342-8

(目次)生涯学習社会と人間、生涯学習と社会教育、地域社会と社会教育、社会教育調査とデータの活用、社会教育事業計画、社会教育の対象の理解と組織化、グループワークと学習集団の形成、学習情報の収集と提供、学習情報提供システムの構築と運用、学習相談の方法と実際、社会教育の広報・広聴、社会教育施設の経営、社会教育の評価

社会教育・生涯学習ハンドブック 増補版 社会教育推進全国協議会編 エイデル研究所 1992.5 673p 19cm 3500円 ①4-87168-154-8

(目次)第1編 時代をひらく社会教育・生涯学習、第2編 社会教育・生涯学習の制度と課題、第3編 生涯学習時代の社会教育実践と運動、第4編 社会教育基本統計団体一覧社会教育年表

社会教育・生涯学習ハンドブック 第6版 社会教育推進全国協議会編 エイデル研究所 2000.8 751p 21cm 4286円 ①4-87168-309-5 Ⓝ379.036

(目次)第1編 21世紀をひらく学びの復権と創造、第2編 社会教育・生涯学習の関連法令と国際文書、第3編 社会教育・生涯学習を支援する施設・職員・システム、第4編 学びの主体と実践、第5編 社会教育・生涯学習のフィールドと実践、第6編 社会教育基本統計・団体一覧・社会教育年表

(内容)社会教育・生涯学習の資料集。国の基本法令・通達、地方自治体の条例・規則・要綱等、具体的な実践事例、歴史的な展開過程において重要な資料などを紹介・解説する。本編は全体の構成を基本法令、施設・職員とシステム、学びの主体、フィールドと実践といった学習主体に構成。資料として社会教育基本統計、団体一覧、社会教育年報を収録。巻末に事項索引と英数索引を付す。

社会教育・生涯学習ハンドブック 第7版 社会教育推進全国協議会編 エイデル研究所 2005.5 751p 21cm 4476円 ①4-87168-

389-3

[目次] 第1編 変革の時代を切り拓く学びと自治の創造, 第2編 社会教育・生涯学習の関連法令と国際文書・条約, 第3編 社会教育・生涯学習を支える理念と制度, 第4編 学びの主体と実践, 第5編 社会教育・生涯学習のフィールドと実践, 第6編 資料
[内容] この一冊で, 可能な限り社会教育・生涯学習の全分野の基本動向や新資料をカバーするように努力し, 各分野間の関連や文献情報の詳細を出来る限り表示した。

社会教育・生涯学習ハンドブック　第8版
社会教育推進全国協議会編　エイデル研究所　2011.7　847p　22cm　〈年表あり 索引あり〉　4286円　①978-4-87168-481-1
Ⓝ379.036
[目次] 第1編 平和・環境・持続可能な社会と人間らしい生き方への協働と学びを支援する社会教育・生涯学習の創造を, 第2編 社会教育・生涯学習の関連法令と国際文書・条約, 第3編 理念・思想・行財政, 第4編 学びの施設(社会教育・生涯学習施設)と職員, 第5編 学びの主体と実践, 第6編 学びのフィールドと方法, 第7編 年表

社会教育調査ハンドブック　土屋隆裕執筆
文憲堂　2005.3　167p　21cm　1600円
①4-938355-03-5
[目次] 第1部 社会教育調査とは, 第2部 調査計画の立て方, 第3部 調査対象の選び方, 第4部 調査票の作り方, 第5部 調査実施の方法, 第6部 調査結果のまとめ方, 第7部 資料

女性学教育・学習ハンドブック　ジェンダー・フリーな社会をめざして　新版
国立婦人教育会館女性学・ジェンダー研究会編著　有斐閣　1999.3　276p　21cm　2100円　①4-641-07616-2
[目次] 1 社会教育における女性学教育・学習の内容(性別役割分業の見直し, 多様な家族・ライフスタイルへ, セクシュアリティ), 2 社会教育における女性学教育・学習の方法(社会教育における女性学教育・学習の方法論, 対象別学習課題とプログラム例)
[内容] 女性学を学ぶ人々, 教える人々のための実践的なハンドブック。キーワード解説, 女性学関連年表, 婦人会館・女性センターリスト, 事項索引付き。

新版 社会教育・生涯学習ハンドブック
社会教育推進全国協議会編　エイデル研究所　1995.11　720p　19cm　3800円　①4-87168-215-3
[目次] 第1編 生涯学習をきずく社会教育, 第2編 社会教育・生涯学習の制度と課題, 第3編 生涯学習時代の社会教育実践と運動, 第4編 社会教育基本統計・団体一覧・社会教育年表
[内容] 社会教育・生涯学習に関する資料をまとめたもの。概説, 関連法令・通達・条例・規則, 実践事例, 統計, 年表等を掲載する。巻末に事項索引がある。

<年鑑・白書>

社会教育調査報告書　平成2年度　文部省著　大蔵省印刷局　1992.9　361p　26cm　3300円　①4-17-214005-X
[目次] 1 調査の概要, 2 調査結果の概要, 3 統計表(社会教育行政調査, 公民館調査, 図書館調査, 博物館調査, 青少年教育施設調査, 婦人教育施設調査, 文化会館調査, 都道府県知事部局・市町村長部局における生涯学習関連事業調査, 生涯学習・社会教育関係公益法人調査, 民間における生涯学習関連事業所)

社会教育調査報告書　平成5年度　文部省著　大蔵省印刷局　1995.4　431p　26cm　3600円　①4-17-214006-8
[目次] 社会教育行政調査, 公民館調査, 図書館調査, 博物館調査, 青少年教育施設調査, 婦人教育施設調査, 社会体育施設調査, 民間体育施設調査, 文化会館調査, 都道府県知事部局・市町村長部局における生涯学習関連事業調査, 生涯学習・社会教育関係公益法人調査, (参考)カルチャーセンター調査

社会教育調査報告書　平成8年度　文部省著　大蔵省印刷局　1998.3　339p　26cm　3500円　①4-17-214007-6
[目次] 社会教育行政調査, 公民館調査, 図書館調査, 博物館調査, 青少年教育施設調査, 婦人教育施設調査, 社会体育施設調査, 民間体育施設調査, 文化会館調査, 都道府県知事部局・市町村長部局における生涯学習関連事業調査, 生涯学習・社会教育関係法人調査, カルチャーセンター調査

社会教育調査報告書　平成11年度　文部科学省著　財務省印刷局　2001.3　431p　26cm　3500円　①4-17-214008-4
[目次] 社会教育行政調査, 公民館調査, 図書館調査, 博物館調査, 青少年教育施設調査, 婦人教育施設調査, 社会体育施設調査, 民間体育施設調査, 文化会館調査, 都道府県知事部局・市長村長部局における生涯関連事業調査, 生涯学習・社会教育関係法人調査, カルチャーセンター調査

社会教育調査報告書　平成14年度　文部科学省編　国立印刷局　2004.3　365p　30cm

3500円 ⓘ4-17-214009-2

[目次]社会教育行政調査,公民館調査(公民館,公民館類似施設),図書館調査,博物館調査(博物館,博物館類似施設),青少年教育施設調査,女性教育施設調査,社会体育施設調査,民間体育施設調査,文化会館調査,都道府県知事部局・市町村長部局における生涯学習関連事業等調査,参考(「カルチャーセンター調査」(抄),「公益法人概況調査」(抄))

社会教育調査報告書 平成17年度 文部科学省著 国立印刷局 2006.10 439p 30cm 3500円 ⓘ4-17-214010-6

[目次]1 調査の概要,2 調査結果の概要,3 総括表,4 年次統計,5 統計表,6 附属資料

社会教育調査報告書 平成20年度 文部科学省著 日経印刷 2010.4 636p 30cm 4200円 ⓘ978-4-904260-49-4 Ⓝ379

[目次]1 調査の概要,2 調査結果の概要,3 総括表,4 年次統計,5 統計表,6 附属資料

少子化

<年鑑・白書>

国民生活白書 平成4年版 経済企画庁編 大蔵省印刷局 1992.12 459p 21cm 1400円 ⓘ4-17-190467-6

[目次]少子社会の到来,その影響と対応 第1部 少子化と家族・子供(最近の出生率の動向と少子化の背景,結婚と若者の意識,女性の職場進出と家族の変容,子供への期待と教育,少子化を巡る世界の動き,少子化の進展,その影響と課題),第2部 景気減速下の家計の動向と最近の子供を巡る消費動向(景気減速下の家計の動向,子供を取り巻く消費の動向)

ジェンダー白書 ムーブ叢書 4 女性と少子化 北九州市立男女共同参画センター"ムーブ"編 明石書店 2006.6 352p 21cm(ムーブ叢書) 2000円 ⓘ4-7503-2313-6

[目次]総論 少子化と男女共同参画,家族主義政策の帰結としての超低出生率―家族サポート・ネットワーク再編成の失敗,少子化時代における父親の子育て参加促進の方向性,少子化時代の子育て支援の現状と課題―北九州市の保育・子育て支援の現場から,インタビュー 多様な生き方の選択肢「シングル・ファーザー」,「少子化対策」の変遷―九〇年代の少子化対策を検証すること,少子化問題と政策―社会保障・税制・労働力供給,少子・高齢社会を主体的に生きる,両立支援と企業の役割―子育て支援から両立支援へ,少子化社会における企業の役割―男女がきらめく企業をめざしたTOTOグループ

の事例をもとに,忘れられた若者たち―「出産予備軍」無視で進む少子化対策,フロム『カティング・エッジ』少子化社会克服と男女共同参画,女性と科学・技術―二一世紀少子時代における女性科学・技術者への期待と可能性,インタビュー 仕事と恋愛/仕事と子ども,少子化と男女共同参画センターの役割

少子化社会白書 平成16年版 内閣府編 ぎょうせい 2004.12 187p 30cm 1524円 ⓘ4-324-07567-0

[目次]第1部 少子社会の到来とその影響(少子化の現状はどのようになっているのか,なぜ少子化が進行しているのか,少子化はどのような社会的・経済的影響を及ぼすか,少子化の行方はどうなるのか,少子化社会対策はどのように進展してきたか,少子化の国際比較),第2部 少子化社会対策の具体的実施状況(すべての働きながら子どもを育てている人のために,子育てをしているすべての家庭のために,次世代を育む親となるために)

少子化社会白書 平成17年版 少子化対策の現状と課題 内閣府編 ぎょうせい 2005.12 225p 30cm 1619円 ⓘ4-324-07820-3

[目次]第1部 少子化対策の現状と課題(少子化の状況,少子化対策に関するこれまでの取組,地方自治体における取組,海外の少子化対策,少子化対策の今後の方向),第2部 少子化社会対策の具体的実施状況(若者の自立とたくましい子どもの育ち,仕事と家庭の両立支援と働き方の見直し,生命の大切さ,家庭の役割等についての理解,子育ての新たな支え合いと連帯)

少子化社会白書 平成18年版 新しい少子化対策の推進 内閣府編 ぎょうせい 2006.12 228p 30cm 1619円 ⓘ4-324-08105-0

[目次]第1部 新しい少子化対策の推進(少子化の現状,新しい少子化対策の決定,子どもの成長に応じた子育て支援策,働き方の改革,社会全体の意識改革,海外の少子化の動向),第2部 少子化社会対策の具体的実施状況(若者の自立とたくましい子どもの育ち,仕事と家庭の両立支援と働き方の見直し,生命の大切さ,家庭の役割等についての理解,子育ての新たな支え合いと連帯),参考,付録

[内容]最近の少子化の現状について解説し,「新しい少子化対策について」の内容や海外における少子化の動向について紹介するとともに,平成17年度に政府が講じた施策の概況について記述。

少子化社会白書 平成19年版 内閣府編 日経印刷,全国官報販売協同組合〔発売〕

2007.11　206p　30cm　1810円　ⓘ978-4-
9903697-4-3

(目次)第1部 少子化対策の現状と課題(少子化の現状,少子化対策の取組,働き方や子育て支援サービスをめぐる課題,海外の少子化の動向),第2部 平成18年度における少子化社会対策の具体的実施状況(若者の自立とたくましい子どもの育ち,仕事と家庭の両立支援と働き方の見直し,生命の大切さ,家庭の役割等についての理解,子育ての新たな支え合いと連帯)

少子化社会白書　平成20年版　内閣府編
佐伯印刷　2008.4　250p　30cm　1800円
ⓘ978-4-903729-29-9　Ⓝ334.31

(目次)第1部 少子化対策の現状と課題(少子化の現状,少子化対策の取組,仕事と生活の調和の推進),第2部 平成19年度における少子化社会対策の具体的実施状況(若者の自立とたくましい子どもの育ち,仕事と家庭の両立支援と働き方の見直し,生命の大切さ,家庭の役割等についての理解,子育ての新たな支え合いと連帯),参考,付録

少子化社会白書　平成21年版　内閣府編
佐伯印刷　2009.4　283p　30cm　1800円
ⓘ978-4-903729-51-0　Ⓝ334.31

(目次)第1部 少子化対策の現状と課題(少子化の現状,少子化対策の取組,仕事と生活の調和の推進),第2部 平成20年度における少子化社会対策の具体的実施状況(若者の自立とたくましい子どもの育ち,仕事と家庭の両立支援と働き方の見直し,生命の大切さ,家庭の役割等についての理解,子育ての新たな支え合いと連帯),参考,付録

<統計集>

少子高齢社会総合統計年報　2002年版
食品流通情報センター編　食品流通情報センター　2001.11　539p　26cm　14800円
ⓘ4-915776-57-3　Ⓝ358.1

(目次)第1章 人口と世帯に関するデータ,第2章 就業と雇用に関するデータ,第3章 少子・子育てに関するデータ,第4章 消費生活に関するデータ,第5章 高齢期の生活意識に関するデータ,第6章 高齢者福祉に関するデータ

(内容)少子化の影響,子どもを産まない理由,育児支援策への要望,仕事上での女性の悩みなど,「少子高齢社会」に関する最新データを収録した統計集。

少子高齢社会総合統計年報　2003年版
生活情報センター編　生活情報センター
2003.4　602p　26cm　14800円　ⓘ4-915776-92-1

(目次)第1章 人口と世帯に関するデータ,第2章 就業と雇用に関するデータ,第3章 少子・子育てに関するデータ,第4章 消費生活に関するデータ,第5章 高齢期の暮らし意識に関するデータ,第6章 年金生活設計に関するデータ,第7章 高齢者福祉に関するデータ

(内容)「少子高齢社会」に関する最新データを豊富に収録。調査研究・ビジネスに必携の資料集。

少子高齢社会総合統計年報　2004　生活情報センター編集部編　生活情報センター
2004.10　346p　30cm　14800円　ⓘ4-86126-138-4

(目次)第1章 官庁統計によるデータ,第2章 就業と雇用に関するデータ,第3章 出産・子育てに関するデータ,第4章 子どもの教育に関するデータ,第5章 高齢期の暮らし意識に関するデータ,第6章 福祉・介護に関するデータ

(内容)「少子高齢者社会」に関する最新データを豊富に収録。調査研究・ビジネスに必携の資料集。

少子高齢社会総合統計年報　2006　生活情報センター編集部編　生活情報センター
2006.1　337p　30cm　14800円　ⓘ4-86126-224-0

(目次)第1章 官庁統計によるデータ(人口動態―厚生労働省「人口動態統計」,余命―厚生労働省「平成16年簡易生命表」ほか),第2章 就業と雇用に関するデータ(高齢者雇用―内閣府「高齢者の社会参画に関する政策研究報告書(企業調査編)」,高齢者の就業―厚生労働省「平成16年高年齢者就業実態調査結果の概況」ほか),第3章 出産・子育て等に関するデータ(女性の少子化意識―内閣府「少子化社会対策に関する子育て女性の意識調査」,育児環境―厚生労働省「第3回21世紀出生児縦断調査結果の概況」ほか),第4章 高齢期の暮らし意識に関するデータ(社会意識―内閣府「社会意識に関する世論調査」(平成17年2月),高齢者の地域参加―内閣府「高齢者の地域社会への参加に関する意識調査」ほか),第5章 福祉・介護に関するデータ(地域保健・老人保健事業―厚生労働省「平成15年度地域保健・老人保健事業報告」,介護サービス施設・事業所―厚生労働省「平成15年介護サービス施設・事業所調査」ほか)

(内容)「少子高齢社会」に関する最新データを豊富に収録。調査研究・ビジネスに必携の資料集。

少子高齢社会総合統計年報　2008　アーカイブス出版編集部編　アーカイブス出版
2007.8　324p　30cm　14800円　ⓘ978-4-903870-26-7

(目次)第1章 官公庁統計によるデータ(国勢―総務省「平成17年国勢調査(抽出速報集計及び第1次基本集計結果)」,人口動態―厚生労働省

「平成17年人口動態統計」及び「平成18年人口動態統計月報年計(概数)の概要」ほか)、第2章 就業と雇用に関するデータ(賃金—厚生労働省「平成18年賃金構造基本統計調査(全国)結果の概況」、働く女性—厚生労働省「平成18年版働く女性の実情」ほか)、第3章 出産・子育て等に関するデータ(企業の育児支援—内閣府「企業における子育て支援とその導入効果に関する調査研究報告書概要」、子どもの防犯—内閣府政府広報室「子どもの防犯に関する特別世論調査」ほか)、第4章 高齢期の暮らし意識に関するデータ(社会意識—内閣府「社会意識調査に関する世論調査(平成18年2月)」、高齢者の社会参画—内閣府「高齢者の社会参画に関する政策研究報告(NPO調査編)」ほか)、第5章 福祉・介護に関するデータ(介護保険—厚生労働省「平成17年度介護保険事業状況報告(年報)」、介護サービス施設・事業所—厚生労働省「平成17年介護サービス施設・事業所調査結果の概要」ほか)
(内容)少子高齢社会に関する官庁データをはじめ、自治体・企業・民間団体等によるアンケート調査を豊富に収録したデータ集。

少子高齢社会総合統計年報 2011 - 2012
　　　三冬社　2010.8　349p　30cm　14800円
　　　①978-4-904022-63-4　Ⓝ365.5
(目次)第1章 官庁統計にみる少子高齢化、第2章 国際比較、第3章 少子化に関する意識調査、第4章 就業と雇用に関する意識調査、第5章 高齢期の生活に関する意識調査、第6章 高齢者を調査対象とした意識調査
(内容)使えるデータ満載。少子高齢社会に関する官庁データーをはじめ、自治体/企業/民間団体等によるアンケート調査を豊富に収録したデータ集。

少子高齢社会総合統計年報 2012 - 2013
　　　三冬社　2011.12　338p　30cm　14800円
　　　①978-4-904022-76-4
(目次)第1章 官庁統計にみる少子高齢化、第2章 税と社会保障、第3章 若年者と高齢者の生活、第4章 少子化対策、第5章 高齢化対策、第6章 国際比較
(内容)税と社会保障の一体改革が最重要テーマとなったニッポン！　財政や生活意識調査までを豊富に収録したデータ集。

少子高齢社会総合統計年報 2013　三冬社
　　　2012.12　334p　30cm　14800円　①978-4-904022-84-9
(目次)第1章 官庁統計にみる少子高齢化(人口推計、世界の人口動態と推計 ほか)、第2章 持続可能な社会(日本の財政、地方の財政 ほか)、第3章 若年者の生活(学生支援、キャリア教育・就職対策 ほか)、第4章 少子化対策(子ども・子育て支援、子ども・子育てビジョン ほか)、第5章 高齢化対策(高齢者の人口、高齢者の就業 ほか)
(内容)持続可能な社会！　世界が注目する日本の政策とグランド・デザインを考えるための豊富な統計データを収録。

超少子化時代の家族意識　第1回人口・家族・世代世論調査報告書　毎日新聞社人口問題調査会編　毎日新聞社　2005.1　426, 136p　21cm　5714円　①4-620-90654-9
(目次)超少子化時代の家族観、家族観の変化と超少子化、現代女性の結婚・家族形成の実態と意識、日本における同棲の現状、女性の就業と子育て支援策に関する分析—育児休業取得と保育サービス利用の視点から、女性の就業と子育てコスト—ヨーロッパ4カ国との比較で見た日本の特徴、「妊娠先行型結婚」の周辺、現代女性の性と妊娠・出産の行動および伝承について、ジェンダーに関する意識と実態、女性の就労と夫婦の勢力関係、少子化の背景にある家庭内性別役割分業—ジェンダー格差の存続、老親扶養をめぐって—人口転換の先駆と国際的貢献、世論調査による女性の結婚と出産に関する意識、概要報告、調査の方法と結果、第25回全国家族計画世論調査の結果
(内容)全国の女性4000人を対象に行われた「人口・家族・世代に関する世論調査」(2004年)の結果報告と、その結果をもとにした研究者による分析結果をまとめた。英文を併記している。

青少年文化

<書　誌>
日本児童図書研究文献目次総覧 1945-1999　佐藤苑生, 杉山きく子, 西田美奈子編　遊子館　2006.3　2冊(セット)　26cm　〈付属資料：CD-ROM1〉　47600円　①4-946525-73-4
(目次)上巻(文学史・文学論、作家・作品論・創作法・エッセイ、絵本史・絵本論・挿絵・童画、絵本作家・作品論・創作法・エッセイ、科学読み物・伝記・ノンフィクション、民話・昔話・再話、詩・童謡・わらべうた・ことば、雑誌・新聞)、下巻(子ども論、児童文化(紙芝居・児童演劇・人形劇・ペープサート・パネルシアター等)、アニメ・漫画、読書論・読書運動・親子読書、児童図書館・児童図書館員・学校図書館・文庫、おはなし会・読み聞かせ・ブックトーク・ストーリーテリング、書店・出版社、書誌・出版社、その他)
(内容)昭和21(1946)年から平成11(1999)年までに出版された、児童文学、絵本、昔話、詩・童謡・わらべうた、児童文化、子どもと読書、

児童図書館、児童書出版・書店等に関する研究書を収録の対象とした。

<年表>

近代子ども史年表 明治・大正編 1868-1926 下川耿史編 河出書房新社 2002.1 430p 21cm 3800円 ⓘ4-309-22376-1 Ⓝ367.61

(目次)戊辰戦争で12、13歳の少年が相次ぎ戦死，京都、沼津に日本初の小学校が開校，12歳以上の女子に紡績・機織り指導，首斬り役人・山田浅右衛門は17歳，肉を食べる時は鼻の穴にセンをして…，太陽暦が採用され、1日が24時間に，たこを電線にひっかけた子どもが裁判に，東京の女学校で初の卒業記念写真撮影，「刀はダメ」の法律にスリコギが流行，西郷隆盛の反乱，西南の役が起こる〔ほか〕

(内容)1868年から1926年までの子どもの生活の記録をまとめた年表。主な出来事を家庭・健康、学校・教育、文化・レジャー、社会の4つのジャンルに分けて採録する。巻末に五十音順索引を付す。

近代子ども史年表 昭和・平成編 1926-2000 下川耿史編 河出書房新社 2002.4 342p 21cm 3800円 ⓘ4-309-22383-4 Ⓝ367.61

(目次)昭和元年―大正天皇死去、48歳，昭和と改元，昭和2年―女工の外出の自由が初めて認められる，昭和3年―「殴るな」と丁稚たちのスト，昭和4年―大学にようやく男女平等が実現，昭和5年―路上の野球に道具没収、罰金！のおとがめ，昭和6年―マンガ「のらくろ二等兵」開始、大人気，昭和7年―内務省から料理まで「肉弾三勇士」ブーム，昭和8年―大人から子どもまでヨーヨーの大流行，昭和9年―天才子役シャーリー・テンプルがデビュー，昭和10年―小説の芥川賞、直木賞が始まる〔ほか〕

(内容)1926年から2000年までの子どもの生活の記録をまとめた年表。主な出来事を家庭・健康、学校・教育、文化・レジャー、社会の4つのジャンルに分けて採録する。巻末に五十音順索引を付す。

<事典>

愛知児童文化事典 中京大学文化科学研究所編 (名古屋)KTC中央出版 2000.6 351p 21cm 2600円 ⓘ4-87758-184-7 Ⓝ379.3

(内容)愛知県の児童文化に関する事典。愛知県の作家、詩人、文学団体、劇団、事項、施設など子どもの学校外での文化活動と周辺事情について掲載。個人240項目、団体67項目、児童文化に関する重要な事項88項目と児童文化に関する施設118項目の計513項目を収録。五十音順

に排列。巻末に個人・団体・事項の分野別索引と関連項目を含めた五十音順索引を付す。

現代子ども大百科 平山宗宏ほか編 中央法規出版 1988.5 1471p 27cm 22000円 ⓘ4-8058-0517-X Ⓝ371.45

(目次)第1部 保健，第2部 医療，第3部 安全，第4部 心理・発達，第5部 児童文化・文学，第6部 遊び，第7部 環境・地域・社会，第8部 家庭，第9部 学校教育，第10部 保育，第11部 障害児，第12部 臨床心理，第13部 福祉，第14部 世界の子ども，第15部 子どもの歴史

(内容)続発する校内・家庭内暴力、非行の低年齢化、いじめ、登校拒否等、現代の子どもに関する問題は様々な様相を示している。このように複雑化する子どもの問題を、これまでのように一つの分野の中から答えを見出すのではなく、より幅広い見方にたって解決していくことがいま必要とされている。本書は、医療から福祉に至る子どもに関するすべてを1冊にまとめ、わかりやすく解説を施した子育てのための総合事典である。

子ども心理辞典 谷田貝公昭，原裕視編 一藝社 2011.5 478p 19cm 〈索引あり〉 2800円 ⓘ978-4-86359-030-4 Ⓝ371.45

(内容)本辞典では、心理学研究者だけではなく、現場に携わっている保育・教育研究者も多数執筆しているので、より実践に即した実際的な力を身につけることができる。充実した索引および各項目末尾に掲げた「見よ項目」「参考文献」を活用すれば、子ども理解のためのさらに深い知識を得ることができる。乳幼児・児童の保育・教育に携わる人たち、および子育て中の父母にとっての必携書。

子どもと自然大事典 子どもと自然学会大事典編集委員会編著 ルック 2011.2 542p 21cm 5000円 ⓘ978-4-86121-088-4

(目次)子どもと自然、その支える人たち，第1部 子どもと生きもの(子どもと昆虫，子どもとほ乳類，子どもといろいろな動物，子どもと植物，子どもと生きもの)，第2部 子どもとモノ(子どもと道具，子どもと地球，子どもと宇宙，子どもと自然)，第3部 子どもとは(子どもの生活，子どものからだ)，第4部 子どもと学校(小学生と自然の学習，中・高・大学生・障害児と自然の学習，自然・自然科学の学習)，第5部 子どもと自然、社会(子どもとおとな，子どもと都市・農村、地域活動と子ども，自然，子どもと動物園・博物館など，子どもと科学・文化)，子どもと自然学会顧問との対談「子どもと自然、明日に向けて」

(内容)子どもたちが自然とどのように触れ合うべきか…、自然と教育に関わった多くの書き手が、自然、生き物、もの、学校、自然、社会を

児童学事典　松村康平,浅見千鶴子編　光生館
1972　488p　26cm　〈参考図書：p.393-417〉　4000円　Ⓝ371.45
［内容］新しい児童学の体系化と総合的な児童理解のために編まれた事典。人間・社会・思想など12章で構成され、1800項目を収録する。

児童の賞事典　日外アソシエーツ株式会社編
日外アソシエーツ　2009.7　739p　22cm　〈索引あり〉　15000円　Ⓘ978-4-8169-2197-1　Ⓝ371.45
［目次］文学,文化,美術,科学,音楽・芸能,世界の賞
［内容］国内外の児童の賞284賞を収録。中学生までの児童及び児童文化に貢献した人物に与えられる賞の概要と第1回以来の全受賞情報を掲載。赤い鳥文学賞、東レ理科教育賞、小学館漫画賞、日本学生科学賞、全日本吹奏楽コンクール、国際アンデルセン賞など様々な分野の賞を収録。個人の受賞歴がわかる「受賞者名索引」付き。

図解 子ども事典　林邦雄監修,谷田貝公昭責任編集　一藝社　2004.1　463p　21cm　9524円　Ⓘ4-901253-38-7
［目次］第1章 生活,第2章 文化,第3章 環境,第4章 福祉,第5章 教育,第6章 中国の事例,第7章 韓国の事例
［内容］すぐ切れる子・親離れできない子・陰湿ないじめをする子・学校に行けない子・引きこもりの子・虐待される子——このような子どもの存在は、これまでの"子ども像"では問題の解決は見出せない。"図表"に"ワンポイント解説"を加えた特色ある編集で、子どもの"現実"をそのまま映し出した問題解決の一書。

図解 子ども事典　普及版　林邦雄監修,谷田貝公昭責任編集　一藝社　2005.6　400p　21cm　4800円　Ⓘ4-901253-60-3
［目次］第1章 生活（発達,生活時間,生活習慣,親子・きょうだい関係,社会生活）,第2章 文化（玩具・映像,読書,メディア,児童文化財,児童文化施設,遊び）,第3章 環境（子どもと人口,保育,地域活動,社会活動,社会問題）,第4章 福祉（制度,子どもの福祉 ほか）,第5章 教育（教育制度,教科・授業 ほか）
［内容］子どもの置かれている状況や諸相を視覚で捉える事典。生活、文化、環境、福祉、教育に分けて、図表化し解説を付けた。

＜雑誌目次総覧＞

明治新聞雑誌文庫所蔵雑誌目次総覧　第6巻（73-78）　子供・青年編　大空社
1995.9　6冊（セット）　26cm　100000円　Ⓘ4-7568-0085-8
［内容］東京大学法学部附属明治新聞雑誌文庫が所蔵する子供・青年関係の雑誌の目次ページを発行年月日順に復刻収録したもの。原則、原寸で収録する。各雑誌とも原誌表紙写真一葉を付す。各巻末に雑誌別著者名索引、雑誌別発行月日一覧がある。

＜年鑑・白書＞

子ども白書　1990年版　日本子どもを守る会編　草土文化　1990.7　425p　21cm　2060円　Ⓘ4-7945-0382-2
［目次］子どもとして育ち、人間として生きる権利（子どもの権利条件〈批准運動〉、その歴史的意義,子どもの権利—その確立・保障のために,子どもの人権の国際的保障について,子どもの人権侵害と少年司法・少年法,「日の丸・君が代」の押しつけと即位礼、大嘗祭）,子どもの発達と権利保障（子どものいのちと健康、その実態と運動,子どもの福祉、その実態と運動,子どもと家庭、その実態と運動,子どもと地域、その実態と運動,子どもの教育、その実態と運動,子どもの文化、その実態と運動,子どもと環境、その実態と運動）,資料・年表（児童憲章,子どもの権利条約,子どもの生活関係略年表）

子ども白書　1991年版　日本子どもを守る会編　草土文化　1991.8　493p　21cm　2200円　Ⓘ4-7945-0423-3
［目次］1「子どもの権利条約」と子どもの生存・発達（児童憲章40周年と子どもの人権,「子どもの権利条約」批准運動の今日的課題,「日の丸・君が代」の強行導入と天皇即位「祝意」の強制,湾岸戦争と子ども）,2 子どもの発達と権利保障（子どものいのちと健康、その実態と運動,子どもの福祉、その実態と運動,子どもと家庭、その実態と運動,子どもと地域、その実態と運動,子どもの教育、その実態と運動,子どもの文化、その実態と運動,子どもと環境、その実態と運動）,3 資料・年表（児童の権利に関する条約,子どもの生存、保護および発達に関する世界宣言,子ども生活関係略年表,子どもに最善の利益を）

子ども白書　1992年版　地球社会と子どもの権利　日本子どもを守る会編　草土文化　1992.8　309p　21cm　2200円　Ⓘ4-7945-0449-7
［目次］1 子どもの権利と現代的課題（地球環境と子どもの人権,学校五日制と子どもの生活）,2 今年の"子ども最前線"（地球社会と子ども,子どもの環境,子どもの意見表明,児童虐待,学校制度と教育課程）,3 子どもの発達と権利保障—データでみるこの一年（子どものいのちと健康,子どもと家庭,子どもと文化,子ども

子ども白書　1993年版　子ども参加と子どもの権利条約　日本子どもを守る会編
　草土文化　1993.8　309p　21cm　2200円
　①4-7945-0586-8
(目次)1 子どもの権利と現代的課題(子ども参加の意義と課題，学校づくりと子ども・生徒の参加，座談会・いまの社会・学校で子ども・青年はどのような役割をはたせるか)，2 今年の"子ども最前線"(少数者，先住民の子どもの権利，子どもとエイズ問題，日本社会と少子化の問題，日本における子どもへの虐待，不登校問題)，3 子どもの発達と権利保障—データでみるこの一年(子どものいのちと健康，子どもと家庭，子どもと学校，子どもと地域，子どもと文化，子どもと福祉，子どもと警察・裁判所・施設，子どもと地球環境)，4 基本資料

子ども白書　1994年版　家族と子どもの権利　日本子どもを守る会編　草土文化
　1994.8　309p　21cm　2200円　①4-7945-0645-7
(目次)1 子どもの権利と現代的課題，2 ことしの"子ども最前線"，3 子どもの発達と権利保障—データでみるこの一年，4 基本資料

子ども白書　いじめ社会を読み解く　子どもにとって戦後50年は何だったのか　1995年版　日本子どもを守る会編　草土文化　1995.7　341p　21cm　2400円　①4-7945-0675-9
(目次)1 戦後50年と日本の子ども・子育て，2「いじめ社会」と子ども—解明へのアプローチ，3 子どもの発達と権利保障—データと資料でみるこの一年，4 緊急特集(阪神・淡路大震災と子ども，オウムの子どもたちの状況と救済にむけての論点)，5 資料(ユネスコ第四回国際教育会議宣言，寛容に関する宣言案 ほか)

子ども白書　「自分づくり」の危機　奪われる子ども期　1996年版　日本子どもを守る会編　草土文化　1996.8　341p　21cm　2400円　①4-7945-0698-8
(目次)1「自分づくり」の危機—奪われる子ども期，2 子どもの発達と権利保障—データと資料でみるこの一年，3 ことしの"子ども最前線"，4 特論

子ども白書　子どもの自由と民主主義　1997年版　子ども政策の現在と未来　日本子どもを守る会編　草土文化　1997.9　343p　21cm　2400円　①4-7945-0725-9
(目次)1 子ども政策の現在と未来—子どもの自由と民主主義，2 子どもの発達と権利保障—データと資料でみるこの一年，3 ことしの"子ども最前線"，4 特論

子ども白書　1998年版　「揺れる社会」と「子どもの事件」からの問いかけ　日本子どもを守る会編　草土文社　1998.7　345p　21cm　2400円　①4-7945-0752-6
(目次)1「揺れる社会」と「子どもの事件」からの問いかけ(「授業崩壊」と子どもの「衝動的暴力」，インターネット時代と子どもの世界)，2 子どもの発達と権利保障—データと資料でみるこの一年(子どものいのちと健康，子どもと家庭，子どもと福祉，子どもと学校，子どもと地域，子どもと文化，子どもと司法，子どもと地球環境)，3 ことしの"子ども最前線"，4 特論

子ども白書　1999年版　"性"と子どもの人権　日本子どもを守る会編　草土文社　1999.8　337p　21cm　2400円　①4-7945-0784-4
(目次)1"性"と子どもの人権，2 子どもの発達と権利保障—データと資料でみるこの一年(子どものいのちと健康，子どもと家庭，子どもと福祉，子どもと学校，子どもと地域，子どもと文化，子どもと司法，子どもと地球環境)，3 ことしの"子ども最前線"(乳幼児教育，水俣病から環境ホルモンへ，子ども虐待の救済システムづくり，社会教育法改正をめぐって-50年目の節目の「改悪」，心の教育，子どもとメディアリテラシー-メディアを通して，子どもたちをどう育てるか，今日における幼稚園教育の問題-私立幼稚園の現場からの発言)，4 特論(30人以下学級の実現に向けて，児童福祉は市場原理で成り立つか-社会福祉基礎構造改革と措置制度のゆくえ，国連報告書審査と「国連勧告」)

子ども白書　2000年版　子どもの権利実現と市民的共同　日本子どもを守る会編　草土文化　2000.7　347p　21cm　2400円　①4-7945-0801-8　Ⓝ367.6
(目次)1 特集「子どもの権利実現と市民的共同」(地域における市民的共同の展望，市民的共同の実践の展開)，2 ことしの"子ども最前線"(東海村の臨界事故—高校生の何を感じたか，なんのための総合か—「総合学習」を生きる力に ほか)，3 特論 子ども研究のこれから(感情リテラシー——ジョハリの窓ともうひとつの公共圏，武器? 凶器?—メディアの発達と子どもの発達 ほか)，4 子どもの発達と権利保障—データと資料でみるこの一年(子どものいのちと健康，子どもと家庭 ほか)
(内容)子どもの権利実現の視点から子どもの現状をまとめた資料集。子どもの権利条約における「公」のあり方と公と民，NGO・NPOとの共同を視野に入れ，子どもの権利実現を検討す

る。内容は、ことしの"子ども最前線"などの概説と資料で構成。資料は、いのちと健康、家庭、福祉、学校、地域、文化、メディア、司法、地球環境についてデータを収録。ほかに川崎市子どもの権利に関する条例(骨子案)、児童虐待の防止に関する法律などの資料を収録する。

子ども白書 子ども市民と創る21世紀 2001年版 日本子どもを守る会編 草土文化 2001.7 349p 21cm 2500円 ①4-7945-0825-5 Ⓝ367.6

(目次)1 特集 子ども市民と創る21世紀(子ども市民と創る21世紀、子ども参加の現場から実践的課題を探る)、2 ことしの子ども最前線(O-157問題のその後と子ども、教育改革国民会議・教育基本法「改正」の問題、新学習指導要領と「学力低下」の問題、今日の福祉政策「健やか親子21」、ポスト「改正少年法」のとりくみ)、3 特論 子ども研究のこれから(教員人事管理制度と子ども、厳罰処分主義社会のゆくえ、21世紀の証言)、4 子どもの発達と権利保障―データと資料でみるこの一年(子どものいのちと健康、子どもと家庭、子どもと福祉、子どもと学校、子どもと地域、子どもと文化、子どもとメディア、子どもと司法、子どもと地球環境)

(内容)子どもの権利実現の視点から子どもの現状をまとめた資料集。

子ども白書 人間回復のための"つながり・ぬくもり" 2002年版 日本子どもを守る会編 草土文化 2002.7 349p 21cm 2500円 ①4-7945-0846-8 Ⓝ367.6

(目次)1 特集 人間回復のための"つながり・ぬくもり"(「つながり」と「ぬくもり」、平和の文化・非暴力の文化を脅かすものほか)、2 ことしの子ども最前線(環境と心身の健康、薬物と若者 ほか)、3 特論 子ども研究のこれから(アジアから見た日本のメディア―情報のグローバル化と文化のアイデンティティ、学力問題の新段階 ほか)、4 子どもの発達と権利保障―データと資料でみるこの一年(子どものいのちと健康、子どもと家庭 ほか)

(内容)日本の子どもと子育てをめぐる問題をとりまとめた資料集。問題を総合的にとらえ、問題の本質を分析し、解決の方向をさぐり、取り組みの指針を提起することを目的とする。2002年版は特集として、人間回復のための"つながり・ぬくもり"をとりあげる。

子ども白書 新たな公共性と子どもの自己決定 2003 日本子どもを守る会編 草土文化 2003.7 268p 26cm 2500円 ①4-7945-0876-X

(目次)1 特集 新たな公共性と子どもの自己決定(「公共・公共性」をめぐる争点、子どもNPOが切り拓く新しい公共性)、2 ことしの子ども最前線、3 特論・20世紀の証言(特論・高校生は戦争を許さない、20世紀の証言 第4回 教育・憲法をも危うくする教育基本法「改正」)、4 子どもの発達と権利保障―データと資料で見るこの1年(子どものいのちと健康、子どもと家庭 ほか)、5 資料

(内容)特集の論文をはじめ、それぞれの項目の報告に「キーワード」をつけ、課題や問題をひと目でつかめるようにした。キーワードは、なるべく重ならないように配慮するとともに、時代・世相を反映するような用語を付している。また、「子どもの発達と権利保障―データと資料で見るこの1年」は、「子どもと地球環境」の領域を「子どもと環境」「子どもと世界」の二つに分け、従来の9領域から10領域へと発展させた。

子ども白書 2004 日本子どもを守る会編 草土文化 2004.8 271p 26cm 2500円 ①4-7945-0898-0

(目次)1 特集「安心・安全」と希望のゆくえ(若者の「生きている実感」は薄れているか?、就職に希望がもてない若者たち ほか)、2 ことしの子ども最前線(次世代育成支援対策推進法と「行動計画」策定、児童虐待をめぐる状況の変化と法改正 ほか)、3 特論・20世紀の証言(特論 石原都政の暴挙、20世紀の証言 第5回司法少年司法(法)と子どもの権利)、4 子どもの発達と権利保障―データーと資料で見るこの1年(子どものいのちと健康、子どもと家庭 ほか)、5 資料

子ども白書 戦後60年・日本の子どもたちの今 2005 子どもを大切にする国・しない国 日本子どもを守る会編 草土文化 2005.8 270p 26cm 2500円 ①4-7945-0915-4

(目次)1 特集『子どもを大切にする国・しない国』―戦後60年・日本の子どもたちの今(戦後60年、子どもの「いのち」と「健康」は今、子育てにかかわる政策の動き―諸外国との比較を踏まえた日本の課題 ほか)、2 ことしの子ども最前線(眠れない・眠らない日本の子どもたち、ひろがる子どもの犯罪被害 ほか)、3 特論・20世紀の証言(憲法・教育基本法「改正」―教育の基本理念の危機と教育の未来、地球と人間が共に生き続けるために―平和を勝ちとったベトナムから学ぶ)、4 子どもの発達と権利保障―データと資料で見るこの1年(子どものいのちと健康―戦後60年を総括し、「証拠」に基づく"いきいき"実践を!、子どもと医療―子どもを大切にする医療とは何か 子どもと医療をめぐるこの1年 ほか)、5 資料(少子化の現状、若年失業率・フリーターの増加、子どもの売買、子ども買春および子どもポルノグラフィーに関する子どもの権利条約の選択議定書 ほか)

⓪内容 本年度版は「子どもを大切にする国」にするにはどうすればよいのか、その点を見つめて編集。「子どもと医療」の領域を新しく設定し、より総合的な視野から問題をとらえた。

子ども白書 人口減少時代の未来をひらく想像力 2006 子どもを大切にする国・しない国Part.2 日本子どもを守る会編
草土文化 2006.8 262p 26cm 2500円
①4-7945-0940-5
⓪目次 1 座談会 教育基本法が「改正」されたらどうなるか―息苦しい国にしないために、2 ことしの子ども最前線（若者の就労支援―ニート、フリーターからの脱出、公立高校の統廃合と再編―東京都を中心に ほか）、3 特論・20世紀の証言（特論 国連子どもの権利条約をめぐる新動向―クラップマン夫妻来日と国連子どもの権利委員会「一般的注釈7号」、20世紀の証言 子どもの現実と遊びの変化）、4 子どもの発達と権利保障―データと資料で見るこの1年（子どものいのちと健康―子どもの"いのち"と"健康"をめぐる国民的議論を！、子どもと医療―子どもを大切にする医療へ ほか）、5 資料（教育基本法・教育基本法改正案・(民主党)日本国教育基本法案対照表、国連・子どもの権利委員会「一般的意見8号」 ほか）

子ども白書 "美しい国"の悲惨の中で 2007 子どもの希望を育むアイデアの結晶 日本子どもを守る会編 草土文化 2007.7 238p 26cm 2500円 ①978-4-7945-0969-7
⓪目次 1 特集（アイデアの結晶―なぜこのような取り組みを紹介するか、「いたずら」がはじけて「夢」が広がる ほか）、2 ことしの子ども最前線（教育再生会議は、日本の教育のなにを「再生」しようとするのか、激化する「選択と集中」―姿みせた新自由主義 ほか）、3 特論・20世紀の証言（特論 少年司法政策・立法から見えてくる「子ども像」、20世紀の証言 家庭・家族はどう変わったか）、4 子どもの発達と権利保障―データと資料で見るこの1年（子どものいのちと健康、子どもと医療 ほか）、5 資料（教育再生会議第二次報告概要、障害者権利条約（仮称） ほか）

子ども白書 "いのちの格差"がひろがる中で 2008 子どもの希望を育むアイデアの結晶Part.2 日本子どもを守る会編 草土文化 2008.7 238p 26cm 2500円 ①978-4-7945-0996-3 Ⓝ367.6
⓪目次 1 特集 子どもの希望を育むアイデアの結晶Part.2―"いのちの格差"がひろがる中で（主権者は主催者から、児童自立支援施設「愛知学園」での取り組み、社会的養護の「その後」、メディアの適切な関係づくりと啓発の取り組み

ほか）、3 子どもの発達と権利保障―データと資料で見るこの1年（子どものいのちと健康、子どもと医療、子どもと家庭、子どもと福祉 ほか）〔ほか〕

子ども白書 子どもの権利条約採択20周年・批准15周年のいま 2009 子ども破壊か子どものしあわせ平等か 日本子どもを守る会編 草土文化 2009.8 226p 26cm 2500円 ①978-4-7945-1011-2 Ⓝ367.6
⓪目次 1 特集・子ども破壊か子どものしあわせ平等か―子どもの権利条約採択20周年・批准15周年のいま（子どもの権利条約の20年と日本の子ども―国連採択20周年・日本批准15周年、子ども観転換の時代を生きる、フィンランドから学ぶ、日本型学力競争の限界とその理由 ほか）、2 ことしの子ども最前線（経済危機の中の子どもたち、子どもとケータイ・「青少年ネット規制法」成立の背景とその軌跡、いじめ対応施策の新たな展開―法・条例の中のいじめ被害の位置 ほか）、3 子どもの発達と権利保障―データと資料で見るこの1年（子どものいのちと健康、子どもと医療、子どもと家庭 ほか）

子ども白書 「子ども政策」づくりへの総合的提案 2010 日本子どもを守る会編 草土文化 2010.8 238p 26cm 2500円 ①978-4-7945-1052-5 Ⓝ367.6
⓪目次 1 子どものいのちと健康、2 子どもと医療、3 子どもと家庭、4 子どもと福祉、5 子どもと司法、6 子どもと学校、7 子どもと地域、8 子どもと文化、9 子どもとメディア、10 子どもと環境

子ども白書 2011 日本子どもを守る会編 草土文化 2011.9 207p 26cm 2000円 ①978-4-7945-1053-2
⓪目次 特集1 東日本大震災から未来へ―子どもが指し示す希望とともに（東日本大震災から未来へ―子どもたちの活躍の姿に想う、ドキュメント・震災、震災と学校・教育、震災被害から子どもを守る ほか）、特集2 "無縁社会"を克服するために（「無縁社会」を克服するために―子ども・若者のつながり（縁）を紡ぐ、子どものいのちと健康、子どもと医療、子どもと家庭 ほか）

子ども白書 2012 日本子どもを守る会編 草土文化 2012.8 207p 26cm 2000円 ①978-4-7945-1060-0
⓪目次 1部 特集 東日本大震災後を生きる子どもたち（被災地の子どもからの発信、震災後の子どもの生活と課題、放射能汚染のひろがりと子どもの未来、「震災」からの学びを生かす）、2部 子どもをめぐるこの1年（子どものいのちと健康この1年、子どもと医療この1年、子どもと

家庭この1年，子どもと福祉この1年，子どもと司法この1年，子どもと学校この1年，子どもと地域この1年，子どもと文化この1年，子どもとメディアこの1年，子どもと環境この1年）

子ども・若者白書　平成22年版　内閣府編
中和印刷　2010.12　258p　30cm　1900円
Ⓘ978-4-924447-93-6　Ⓝ367.6
目次　第1部 子ども・若者の現状（子ども・若者の成育環境，子ども・若者の社会生活 ほか），特集 「子ども・若者ビジョン」―先進的な取組事例の紹介（すべての子ども・若者の健やかな成長を支援する取組，困難を有する子ども・若者やその家族を支援する取組），第2部 子ども・若者に関する国の施策（子ども・若者育成支援施策の総合的・計画的な推進，すべての子ども・若者の健やかな成長の支援 ほか），参考資料（子ども・若者育成支援推進法，子ども・若者関係統計資料 ほか）

子ども・若者白書　平成23年版　内閣府編
佐伯印刷　2011.7　275p　30cm　1900円
Ⓘ978-4-905428-00-8
目次　第1部 子ども・若者の現状（子ども・若者の成育環境，子ども・若者の社会生活 ほか），特集 高等学校中途退学者の意識と求められる支援，第2部 子ども・若者に関する国の施策（子ども・若者育成支援施策の総合的・計画的な推進，すべての子ども・若者の健やかな成長の支援 ほか），参考資料（子ども・若者育成支援推進法，子ども・若者関係統計資料 ほか）

子ども・若者白書　平成24年版　内閣府編
勝美印刷，全国官報販売協同組合〔発売〕　2012.9　284p　30cm　1900円　Ⓘ978-4-906955-03-9
目次　第1部 子ども・若者の現状（子ども・若者の成育環境，子ども・若者の社会生活，子ども・若者の安全と問題行動），特集 若者の仕事観や将来像と職業的自立，就労等支援の現状と課題，第2部 子ども・若者に関する国の施策（子ども・若者育成支援施策の総合的・計画的な推進，すべての子ども・若者の健やかな成長の支援，困難を有する子ども・若者やその家族の支援，子ども・若者の健やかな成長を社会全体で支えるための環境整備，今後の施策の推進体制など），参考資料

青少年白書　平成元年版　総務庁青少年対策本部編　大蔵省印刷局　1990.1　574p　21cm　2270円　Ⓘ4-17-233064-9
目次　第1部 活力に満ちた青少年の育成をめぐる今日的課題（今日の青少年問題，今日の青少年問題の背景，社会の各分野で求められる対応，活力に満ちた青少年の育成を目指した行政の基本的な対応方向），第2部 青少年の現状（青少年の人口，青少年の健康と安全，青少年の教育，青少年の労働，青少年の非行とその他の問題行動），第3部 青少年に関する国の施策（総合的な施策の推進，青少年健全育成事業，家庭に関する施策，学校教育に関する施策，職場に関する施策，社会環境の整備に関する施策，少年の非行防止及び非行少年の処遇，国際交流に関する施策）

青少年白書　青少年問題の現状と対策　平成2年版　総務庁編　大蔵省印刷局　1991　596p　21cm　2233円　Ⓝ367.6
内容　平成2年版では，青少年の人間形成にとって友人関係が大きな影響力を持つことを踏まえ，豊かな友人関係形成の対応策を考察する。

青少年白書　青少年問題の現状と対策　平成3年版　総務庁青少年対策本部編　大蔵省印刷局　1992.1　580p　21cm　2400円
Ⓘ4-17-233066-5　Ⓝ367.6

青少年白書　平成4年版　青少年問題の現状と対策　総務庁青少年対策本部編　大蔵省印刷局　1993.1　599p　21cm　2500円
Ⓘ4-17-233067-3
目次　第1部 豊かさ，ゆとりと青少年（経済的な豊かさと青少年，青少年の時間の「ゆとり」と余暇活動，青少年の教育，青少年の労働，経済・社会の変化と青少年，「ゆとり」のある青少年の育成），第2部 青少年の現状（青少年の人口，青少年の健康と安全，青少年の非行その他の問題行動），第3部 青少年に関する国の施策（総合的な施策の推進，学校週5日制，青少年健全育成事業，家庭に関する施策，学校教育に関する施策 ほか）

青少年白書　青少年問題の現状と対策　平成5年度版　総務庁青少年対策本部編　大蔵省印刷局　1994.2　595p　21cm　2500円
Ⓘ4-17-233068-1
目次　第1部 青少年と家庭・家族（近年における家庭・家族の変化，青少年の家庭での行動と家庭・家族に関する意識，青少年をめぐる家庭・家族の現状及び問題点 ほか），第2部 青少年の現状（青少年の人口，青少年の健康と安全，青少年の教育，青少年の労働，青少年の非行その他の問題行動），第3部 青少年に関する国の施策（総合的な施策の推進，学校週5日制，青少年健全育成事業 ほか）
内容　青少年の現状とその関連施策についての白書。本年度版では，「国際家族年」を踏まえ，青少年育成の場としての家庭・家族をめぐる問題点を提示するとともに，家庭・家族が青少年の健全育成に対し十分な役割を果たしていくために必要な社会全体からの支援の在り方等について考察している。

青少年白書　青少年問題の現状と対策　平成6年度版　総務庁青少年対策本部編　大蔵省印刷局　1995.1　593p　21cm　2500円　⑪4-17-233069-X
(目次)第1部 ボランティア活動と青少年，第2部 青少年の現状，第3部 青少年に関する国の施策
(内容)青少年の現状とその関連施策についての白書。本年度版では，従来の内容に加え，青少年のボランティア活動について1章を割いて述べている。参考資料として，青少年関連機関・施設一覧や諸統計表を付す。

青少年白書　青少年問題の現状と対策　平成7年度版　総務庁青少年対策本部編　大蔵省印刷局　1996.1　524p　21cm　2300円　⑪4-17-233070-3
(目次)第1部 我が国の未来と青少年の意識(青少年の家庭に関する意識，青少年の友人に関する意識 ほか)，第2部 青少年の現状(青少年の人口，青少年の健康と安全 ほか)，第3部 青少年に関する国の施策(総合的な施策の推進，学校週5日制 ほか)

青少年白書　平成8年度版　総務庁青少年対策本部編　大蔵省印刷局　1997.1　487p　21cm　2233円　⑪4-17-233071-1
(目次)第1部 青少年健全育成の30年の経緯と青少年をめぐる環境の変化(青少年育成国民運動と政府の健全育成施策の歩み，青少年をめぐる環境の変化，健全な青少年の育成のこれから)，第2部 青少年の現状(青少年の人口，青少年の健康と安全，青少年の教育，青少年の労働，青少年の非行その他の問題行動)，第3部 青少年に関する国の施策(総合的な施策の推進，青少年健全育成事業，家庭に関する施策，学校教育に関する施策，職場に関する施策，社会環境の整備に関する施策，少年の非行防止と非行少年の処遇，国際交流に関する施策)

青少年白書　青少年問題の現状と対策　平成9年度版　総務庁青少年対策本部編　大蔵省印刷局　1998.1　481p　21cm　2200円　⑪4-17-233072-X
(目次)第1部 高度情報通信社会と青少年(情報通信をめぐる現状，青少年と情報通信，高度情報通信社会に向けた行政の取組，今後の施策の方向性)，第2部 青少年の現状(青少年の人口，青少年の健康と安全，青少年の教育，青少年の労働，青少年の非行その他の問題行動)，第3部 青少年に関する国の施策(総合的な施策の推進，青少年健全育成事業，家庭に関する施策，学校教育に関する施策，職場に関する施策，社かい環境の整備に関する施策，少年の非行防止と非行少年の処遇，国際交流に関する施策)

青少年白書　青少年問題の現状と対策　平成10年度版　総務庁青少年対策本部編　大蔵省印刷局　1999.2　580p　21cm　2300円　⑪4-17-233073-8
(目次)第1部 青少年をめぐる問題の現状と対応の基本的方向(青少年の非行等問題行動の現状，青少年の非行等問題行動の背景，求められる対応の基本的方向)，第2部 青少年の現状(青少年の人口，青少年の健康と安全，青少年の教育，青少年の労働，青少年の非行その他の問題行動)，第3部 青少年に関する国の施策(総合的な施策の推進，青少年健全育成事業，家庭に関する施策，学校教育に関する施策，職場に関する施策，社会環境の設備に関する施策，少年非行防止と非行少年の処遇，国際交流に関する施策)
(内容)青少年の現状とその関連施策についての白書。

青少年白書　青少年問題の現状と対策　平成11年度版　総務庁青少年対策本部編　大蔵省印刷局　2000.1　618p　21cm　2300円　⑪4-17-233074-6　Ⓝ367.61
(目次)第1部 青少年行政のあゆみと21世紀への展望(青少年行政のあゆみ，日本の青少年の意識 諸外国の青少年との比較を通して，青少年行政の21世紀への展望)，第2部 青少年の現状(青少年の人口，青少年の健康と安全，青少年の教育，青少年の労働，青少年の非行等問題行動)，第3部 青少年に関する国の施策(総合的な施策の推進，青少年健全育成事業，家庭に関する施策，学校教育に関する施策，職場に関する施策，社会環境の整備に関する施策，少年の非行防止と非行少年の処遇，国際交流に関する施策)
(内容)青少年の現状と青少年に関する施策をまとめた白書。1956年以来刊行され，今版が42回目となる。平成11年度版の特集では青少年行政に関わるトピックと戦後50年余の青少年行政について概観している。

青少年白書　21世紀を迎えての青少年健全育成の新たな取組　平成13年度版　内閣府編　財務省印刷局　2001.8　543p　21cm　1900円　⑪4-17-233075-4　Ⓝ367.61
(目次)第1部 21世紀を迎えての青少年健全育成の新たな取組(青少年行政の現在(いま)，青少年施策の展開と展望，21世紀の幕開けに当たって)，第2部 青少年の現状(青少年の人口，青少年の健康と安全，青少年の教育，青少年の労働，青少年の非行等問題行動)，第3部 青少年に関する国の施策(青少年行政の総合的かつ計画的な推進，青少年健全育成事業，家庭に関する施策，学校教育に関する施策，職場に関する施策，社会環境の整備に関する施策，少年の非行防止と非行少年の処遇，国際交流に関する施策)，参考資料
(内容)青少年をめぐる情況と関連施策をまとめ

青少年白書　青少年の現状と施策　平成14年版　内閣府編　財務省印刷局　2002.8　415p　21cm　2000円　①4-17-233076-2　Ⓝ367.61

〈目次〉第1部 青少年の現状（青少年の人口，青少年の健康と安全，青少年の教育，青少年の労働，青少年の非行等問題行動），第2部 青少年に関する国の施策（青少年行政の総合的かつ計画的な推進，青少年健全育成事業，家庭に関する施策，学校教育に関する施策，職場に関する施策 ほか）

青少年白書　平成15年版　内閣府編　国立印刷局　2003.7　265p　30cm　（「暮らしと社会」シリーズ）〈付属資料：CD-ROM1〉2800円　①4-17-233077-0

〈目次〉第1部 青少年の現状（青少年の人口，青少年の健康と安全，青少年の教育，青少年の労働，青少年の非行等問題行動），第2部 青少年に関する国の施策（青少年行政の総合的かつ計画的な推進，青少年健全育成事業，家庭に関する施策，学校教育に関する施策，職場に関する施策 ほか）

青少年白書　平成16年版　青少年の現状と施策　内閣府編　国立印刷局　2004.7　245p　30cm　（「暮らしと社会」シリーズ）〈付属資料：CD-ROM1〉2600円　①4-17-233078-9

〈目次〉第1部 青少年の現状（青少年の人口，青少年の健康と安全，青少年の教育，青少年の労働，青少年の非行等問題行動），第2部 青少年に関する国の施策（青少年育成施策の総合的・計画的な推進，年齢期ごとの施策，特定の状況にある青少年に関する施策，支援のための環境整備施策）

〈内容〉本白書は，第1部において，各種統計資料に基づき青少年の現状を紹介するとともに，第2部において，大綱の構成に沿って内閣府をはじめとする国の施策について平成15年度を中心に記述している。

青少年白書　青少年の現状と施策　平成17年版　内閣府編　国立印刷局　2005.7　223p　30cm　〈付属資料：CD-ROM1〉2600円　①4-17-233079-7

〈目次〉第1部 青少年の現状（青少年の人口，青少年の健康と安全，青少年の教育，青少年の労働，青少年の非行等問題行動，子育てと青少年の社会的自立─調査からみる親と子の意識），第2部 青少年に関する国の施策（青少年育成施策の総合的・計画的な推進，年齢期ごとの施策，特定の状況にある青少年に関する施策，支援のための環境整備施策），参考資料

〈内容〉第1部において，各種統計資料に基づき青少年の現状を明らかにするとともに，第2部において，国の施策について平成16年度に講じた施策を中心に大綱の構成に沿って記述。

青少年白書　青少年の現状と施策　平成18年版　社会的自立に向けて　可能性への挑戦　内閣府編　国立印刷局　2006.7　255p　30cm　（「暮らしと社会」シリーズ）〈付属資料：CD-ROM1〉2600円　①4-17-233080-0

〈目次〉第1部 青少年の現状（青少年の人口，青少年の健康と安全，青少年の教育，青少年の労働，青少年の非行等問題行動），特集 社会的自立に向けて─可能性への挑戦，第2部 青少年に関する国の施策（青少年育成施策の総合的・計画的な推進，年齢期ごとの施策，特定の状況にある青少年に関する施策，支援のための環境整備施策），参考資料

青少年白書　青少年の現状と施策　平成19年版　内閣府編　時事画報社　2007.7　236p　30cm　1500円　①978-4-915208-16-4

〈目次〉第1部 青少年の現状（青少年の人口，青少年の健康と安全，青少年の教育，青少年の労働，青少年の非行等問題行動），特集 キャリア教育等の時代へ─自分でつかもう自分の人生（若者の就職をめぐる状況，キャリア教育等の意義とこれまでの政府の取組，キャリア教育等の様々な試み，我が国におけるキャリア教育等の様々な試み，我が国のキャリア教育等の更なる推進に向けて），第2部 青少年に関する国の施策（青少年育成施策の総合的・計画的な推進，年齢期ごとの施策，特定の状況にある青少年に関する施策，支援のための環境整備施策），参考資料

青少年白書　平成20年版　内閣府編　佐伯印刷　2008.12　207p　30cm　1500円　①978-4-903729-45-9　Ⓝ367.6

〈目次〉第1部 青少年の現状（青少年の成育環境，青少年の社会的自立，青少年の安全と問題行動），特集 家庭，地域の変容と子どもへの影響，第2部 青少年に関する国の施策（青少年育成施策の総合的・計画的な推進，年齢期ごとの施策，特定の状況にある青少年に関する施策，支援のための環境整備施策，推進体制），参考資料

青少年白書　平成21年版　内閣府編　日経印刷　2009.8　223p　30cm　1500円　①978-4-904260-29-6　Ⓝ367.6

〈目次〉第1部 青少年の現状（青少年の成育環境，青少年の社会的自立，青少年の安全と問題行動），特集 高校中退者・中学校不登校生徒の「その後」と地域における支援，第2部 青少年に関する国の施策（青少年育成施策の総合的・計画的な推進，年齢期ごとの施策，困難を抱え

る青少年等に関する施策，青少年の健やかな成長を社会全体で支えるための環境整備施策，推進体制），参考資料

日本子ども資料年鑑　1991‐92　日本総合愛育研究会編　中央出版　1991.1　438,46,9p　26cm　8800円　①4-924814-11-3　Ⓝ367.6

(目次)これからの家庭と子ども，1 人口動態と子ども，2 家族，3 発育・発達，4 保健・医療，5 栄養・食生活，6 家族と子どもの福祉，7 教育，8 保育・健全育成，9 子どもの生活・文化，10 子どもの行動問題，11 子どもをめぐる生活環境，参考資料（子ども昭和史年表，児童の権利に関する条約）

日本子ども資料年鑑　第3巻　日本総合愛育研究所編　（名古屋）KTC中央出版　1992.10　563p　26cm　11000円　①4-924814-24-5

(目次)1 人口動態と子ども，2 家族，3 発育・発達，4 保健・医療，5 栄養・食生活，6 家族と子どもの福祉，7 教育，8 保育・健全育成，9 子どもの生活・文化，10 子どもの行動問題，11 子どもをめぐる生活環境

日本子ども資料年鑑　第4巻　恩賜財団母子愛育会日本総合愛育研究所編　（名古屋）KTC中央出版　1994.10　576,9p　26cm　11000円　①4-924814-50-4

(目次)1 人口動態と子ども，2 家族，3 発育・発達，4 保健・医療，5 栄養・食生活，6 家族と子どもの福祉，7 教育，8 保育・健全育成，9 子どもの生活・文化・意識と行動，10 子どもの行動問題，11 子どもをめぐる生活環境

(内容)子供と家庭をめぐる動向を収めた年鑑。発刊以来第4巻にあたる。人口動態と子ども，家族など全11編で構成する。巻頭に五十音順索引，巻末に参考資料一覧，子ども年表を付す。

日本子ども資料年鑑　第5巻　恩賜財団母子愛育会 日本総合愛育研究所編　（名古屋）KTC中央出版　1996.10　572,6p　26cm　11000円　①4-924814-84-9

(目次)1 人口動態と子ども，2 家族・家庭，3 発育・発達，4 保健・医療，5 栄養・食生活，6 家族と子どもの福祉，7 教育，8 保育・健全育成，9 子どもの生活・文化・意識と行動，10 子どもの行動問題，11 子どもをめぐる生活環境

日本子ども資料年鑑　第6巻　恩賜財団母子愛育会日本子ども家庭総合研究所編　（名古屋）KTC中央出版　1998.10　568,6p　26cm　11000円　①4-87758-119-7,ISSN1344-5596

(目次)1 人口動態と子ども，2 家族・家庭，3 発育・発達，4 保健・医療，5 栄養・食生活，6 子どもと家族の福祉，7 教育，8 保育・健全育成，9 子どもの生活・文化・意識と行動，10 子どもの行動問題，11 子どもをめぐる生活環境

(内容)子どもと家庭の保健と福祉と教育に関わる資料をまとめたもの。

日本子ども資料年鑑　2001　恩賜財団母子愛育会日本子ども家庭総合研究所編　（名古屋）KTC中央出版　2001.1　396p　26cm　〈付属資料：CD‐ROM〉　9000円　①4-87758-197-9　Ⓝ367.6

(目次)1 人口動態と子ども，2 家族・家庭，3 発育・発達，4 保健・医療，5 栄養・食生活，6 子どもと家族の福祉，7 教育，8 保育・健全育成，9 子どもの生活・文化・意識と行動，10 子どもの行動問題，11 子どもをめぐる生活環境

(内容)子どもと家庭の保健と福祉と教育に関わる資料をまとめた年鑑。

日本子ども資料年鑑　2002　日本子ども家庭総合研究所編　（名古屋）KTC中央出版　2002.1　396p　26cm　〈付属資料：CD‐ROM1〉　9000円　①4-87758-232-0　Ⓝ367.6

(目次)人口動態と子ども，家族・家庭，発育・発達，保健・医療，栄養・食生活，子どもと家族の福祉，教育，保育・健全育成，子どもの生活・文化・意識と行動，子どもの行動問題，子どもをめぐる生活環境

(内容)子どもと家庭の保健と福祉と教育に関わる資料をまとめた年鑑。厚生労働省が10年に1度実施する「乳幼児身体発育調査」の結果や，それと並行して行われた「幼児健康度調査」など，最新の資料データを掲載。今版の特集記事「幼児健康度調査」では，子どもの健康や親の養育態度など，子育てをめぐる時代の変化を映し出す資料を掲載。本編は11章に分けてデータを収録する。巻末に資料一覧，「健やか親子21」概要，子ども年表（2000年1月～2001年6月）がある。

日本子ども資料年鑑　2003　恩賜財団母子愛育会日本子ども家庭総合研究所編　（名古屋）KTC中央出版　2003.1　396p　26cm　9000円　①4-87758-284-3,ISSN1344-5596

(目次)巻頭特集 子育て支援と母子健康手帳の改正，1 人口動態と子ども，2 家族・家庭，3 発育・発達，4 保健・医療，5 栄養・食生活，6 子どもと家族の福祉，7 教育，8 保育・健全育成，9 子どもの生活・文化・意識と行動，10 子どもの行動問題，11 子どもをめぐる生活環境

(内容)近年は，子どもをめぐる環境や社会が実にめまぐるしく変わるため，官公庁から民間まで実に様々な子どもに関する調査が行われている。本書は，そのような多くの資料から，子どもたちをめぐる約680タイトルものデータを掲

載。今回は、14年度からの母子健康手帳の改正を巻頭特集にし、経年的なデータはもちろん、出会い系サイト・週5日制・学力の国際比較等、最近の話題についても幅広くデータを収集し編集。

日本子ども資料年鑑 2004 恩賜財団母子愛育会日本子ども家庭総合研究所編 (名古屋) KTC中央出版 2004.2 397p 26cm 〈付属資料：CD-ROM1〉 9000円 ⓘ4-87758-319-X

(目次)10巻目記念特集 子どもと社会の変化をみつめて、1 人口動態と子ども、2 家族・家庭、3 発育・発達、4 保健・医療、5 栄養・食生活、6 子どもと家族の福祉、7 教育、8 保育・健全育成、9 子どもの生活・文化・意識と行動、10 子どもの行動問題、11 子どもをめぐる生活環境

(内容)この10数年間の子どもをめぐる"多様な変化"を、11の分野からキーワードを特集として取り上げて各章別に解説。主なキーワードは、在日外国人、性別役割分業、性、救急医療、児童虐待、ゆとりと学力、保育メニューと供給システム、所有物と不安・悩み、就職形態の変化とITなど、子どもをめぐる変化と課題について、データをもとにまとめた。

日本子ども資料年鑑 2005 恩賜財団母子愛育会日本子ども家庭総合研究所編 KTC中央出版 2005.2 397p 26cm 〈付属資料：CD-ROM1〉 9000円 ⓘ4-87758-336-X,ISSN1334-5596

(目次)子どもデータマップ、人口動態と子ども、家族・家庭、発育・発達、保健・医療、栄養・食生活、子どもと家族の福祉、教育、保育・健全育成、子どもの生活・文化・意識と行動、子どもの行動問題、子どもをめぐる生活環境

(内容)子どもに関する膨大な調査・統計データをまとめて掲載。

日本子ども資料年鑑 2006 恩賜財団母子愛育会日本子ども家庭総合研究所編 KTC中央出版 2006.2 397p 26cm 〈付属資料：CD-ROM1〉 9000円 ⓘ4-87758-355-6,ISSN1344-5596

(目次)1 人口動態と子ども、2 家族・家庭、3 発育・発達、4 保健・医療、5 栄養・食生活、6 子どもと家族の福祉、7 教育、8 保育・健全育成、9 子どもの生活・文化・意識と行動、10 子どもの行動問題、11 子どもをめぐる生活環境

日本子ども資料年鑑 2007 恩賜財団母子愛育会日本子ども家庭総合研究所編 KTC中央出版 2007.2 397p 26cm 〈付属資料：CD-ROM1〉 9000円 ⓘ978-4-87758-356-9

(目次)家庭で今、何が起きているか、人口動態と子ども、家族・家庭、発育・発達、保健・医療、栄養・食生活、子どもと家族の福祉、教育、保育・健全育成、子どもの生活・文化・意識と行動、子どもの行動問題、子どもをめぐる生活環境

(内容)子どもに関する多岐にわたる膨大な調査・統計データをまとめた。

日本子ども資料年鑑 2008 恩賜財団母子愛育会日本子ども家庭総合研究所編 KTC中央出版 2008.2 397p 26cm 〈付属資料：CD・ROM1〉 9000円 ⓘ978-4-87758-358-3 Ⓝ367.6

(目次)社会的養護のもとに育つ子どもたち 社会的養護の現状と課題、人口動態と子ども、家族・家庭、発育・発達、保健・医療、栄養・食生活、子どもと家族の福祉、教育、保育・健全育成、子どもの生活・文化・意識と行動、子どもの行動問題

日本子ども資料年鑑 2009 恩賜財団母子愛育会日本子ども家庭総合研究所編 KTC中央出版 2009.2 397p 26cm 〈付属資料：CD・ROM1〉 9000円 ⓘ978-4-87758-360-6,ISSN1344-5596 Ⓝ367.6

(目次)子どもたちを脅かすもの・育むもの、人口動態と子ども、家族・家庭、発育・発達、保健・医療、栄養・食生活、子どもと家族の福祉、教育、保育・健全育成、子どもの生活・文化・意識と行動、子どもの行動問題、子どもをめぐる生活環境

日本子ども資料年鑑 2010 日本子ども家庭総合研究所編 KTC中央出版 2010.2 397p 26cm 〈付属資料：CD・ROM1〉 9000円 ⓘ978-4-87758-362-0,ISSN1344-5596 Ⓝ367.6

(目次)1 人口動態と子ども、2 家族・家庭、3 発育・発達、4 保健・医療、5 栄養・食生活、6 子どもと家族の福祉、7 教育、8 保育・健全育成、9 子どもの生活・文化・意識と行動、10 子どもの行動問題、11 子どもをめぐる生活環境

日本子ども資料年鑑 2011 恩賜財団母子愛育会日本子ども家庭総合研究所編 KTC中央出版 2011.2 397p 26cm 〈付属資料：CD・ROM1〉 9000円 ⓘ978-4-87758-363-7

(目次)巻頭特集 データから見る学校保健の今とこれから、人口動態と子ども、家族・家庭、発育・発達、保健・医療、栄養・食生活、子どもと家族の福祉、教育、保育・健全育成、子どもの生活・文化・意識と行動、子どもの行動問

社会と教育　　　　　　　　　　　青少年文化

題，子どもをめぐる生活環境

日本子ども資料年鑑　2012　母子愛育会日本子ども家庭総合研究所編　KTC中央出版　2012.2　397p　26cm　〈付属資料：CD-ROM1〉　9000円　①978-4-87758-364-4

[目次]巻頭特集「幼児健康度調査」からひも解く，幼児の生活・実態の変化，人口動態と子ども，家族・家庭，発育・発達，保健・医療，栄養・食生活，子どもと家族の福祉，教育，保育・健全育成，子どもの生活・文化・意識と行動，子どもの行動問題，子どもをめぐる生活環境

◆実態調査

<ハンドブック>

子どもの食生活データ総覧　2006年版　日本能率協会総合研究所編　生活情報センター　2006.2　317p　30cm　14800円　①4-86126-245-3

[目次]第1章 子どもの食生活，第2章 子どもの朝食・夕食，第3章 食卓の風景，第4章 食育，第5章 食と健康，第6章 メニュー・食材，第7章 学校給食

[内容]「子どもの食生活」に関するあらゆる分野の最新資料を網羅したデータブック。ビジネス，各種の調査研究に最適の一冊。

<年鑑・白書>

3・11被災地子ども白書　大橋雄介著　明石書店　2011.12　214p　21cm　1600円　①978-4-7503-3515-5

[目次]第1章 調査の概要・目的，第2章 被災地の概況，第3章 被災した子どもたちが置かれた現状，第4章 動き出している支援，第5章 NPO法人アスイクの取り組み，第6章 総括と今後の課題

青少年の社会的自立と意識　青少年の社会的自立に関する意識調査報告書　内閣府政策統括官　国立印刷局　2005.7　515p　30cm　2800円　①4-17-230950-X

[目次]第1部 調査実施の概要，第2部 調査の結果（青少年対象調査の結果，青少年の親対象調査の結果），第3部 調査結果の分析（青少年の自立志向の分析，社会的自立とライフスキル，青少年のライフプランとその規定要因，家庭環境・学歴と職業的自立，親の子育てと子どもの自立），第4部 資料編

[内容]内閣府政策統括官（共生社会政策担当）では，平成16年度に「青少年の社会的自立に関する意識調査」を実施した。この調査では，我が国の青少年の社会的自立に関する意識を総合的に把握することを目的として，満15歳から満29歳（平成16年4月1日現在）の青少年とその保護者に対し，家族関係，就労意識，人生観，社会とのかかわり，保護者の養育態度，子どもの職業に対する意識等を調査した。本報告書は，この結果を取りまとめたものである。

世界の青年との比較からみた日本の青年　第7回世界青年意識調査報告書　内閣府政策統括官　国立印刷局　2004.8　509p　30cm　2700円　①4-17-230913-5

[目次]第1部 調査実施の概要，第2部 調査結果の概要（家庭関係，学校関係，職業関係，友人関係，地域社会・余暇関係，国家・社会関係，人生観関係，その他），第3部 調査の分析結果，第4部 資料編

[内容]本調査は，我が国の青少年の意識の特徴及び問題状況を的確に把握し，今後の青少年に関する施策の樹立に資するとともに，諸外国の青少年との相互理解の促進に必要な基礎資料を得ることを目的としている。そのために，我が国を含む世界各国の青少年の各生活領域における意識や人生観等を調べ，これらを相互に比較し，また調査結果の経年変化をみるものである。

<統計集>

現代の青少年　青少年の連帯感などに関する調査報告書　第5回　総務庁青少年対策本部編　大蔵省印刷局　1992.1　381p　26cm　2100円　①4-17-185010-X

[目次]第1編 調査結果の概観，第2編 調査結果の各論（基本項目，家庭，学校・職業，団体・友人，地域社会，国家，人生観等），第3編 調査結果からみた現代の青少年（21世紀を迎える青少年たち，生活世界の変容と青少年の人間関係），第4編 集計結果（クロス集計表，調査票と単純集計結果）

高校生の心と体の健康に関する調査報告書　日本・米国・中国・韓国の比較　日本青少年研究所　2011.3　95p　26cm　〈平成22年度調査事業　奥付のタイトル：高校生の心と体に関する調査報告書　共同刊行：一ツ橋文芸教育振興会〉　Ⓝ371.47

高校生の勉強に関する調査報告書　日本・米国・中国・韓国の比較　日本青少年研究所　2010.4　119p　26cm　〈平成21年度調査事業　共同刊行：一ツ橋文芸教育振興会〉　Ⓝ371.47

子どものスポーツライフ・データ　4～9歳のスポーツライフに関する調査報告書　2010　笹川スポーツ財団　2010.1　119p　30cm　〈他言語標題：The 2010 SSF national sports-life survey of children　文

献あり〉 2000円 Ⓘ978-4-915944-43-7
Ⓝ780.59

〔目次〕序章 SSF調査研究委員会(調査の概要，本報告書の読み方，用語の解説)，1 要約，2 ダイジェスト(運動・スポーツ実施状況，スポーツ施設，スポーツ指導者，スポーツクラブ・運動部，ローレル指数(R1)と体力，習いごと，スポーツへの態度，好きなスポーツ選手，家族の運動・スポーツ実施と子どもの運動・スポーツ実施)，3 トピック(子どもの運動・スポーツ実施とジェンダー，家族の運動・スポーツ参与別にみる子どもの運動・スポーツ実施への期待)，4 調査票・単純集計結果，5 クロス集計結果，6 参考文献，7 データの使用申請について

子どものスポーツライフ・データ 4～9歳のスポーツライフに関する調査報告書
2012 笹川スポーツ財団 2012.3 135p 30cm 〈他言語標題：The 2012 SSF National Sports-Life Survey of Children 文献あり〉 2000円 Ⓘ978-4-915944-50-5
Ⓝ780.59

〔目次〕1 要約，2 ダイジェスト，3 トピック，4 調査票・単純集計結果，5 クロス集計結果，6 参考文献，7 データの使用申請について

子ども・若者の状況及び子ども・若者育成支援施策の実施状況 平成21年度 〔内閣府〕 〔2010〕 251p 30cm 〈第176回国会(臨時会)提出〉 Ⓝ367.6

児童生徒の食事状況等調査報告書 平成22年度 日本スポーツ振興センター学校安全部編 日本スポーツ振興センター学校安全部 2012.5 464p 30cm 〈共同刊行：児童生徒の食事状況等調査委員会〉 Ⓝ498.5

青少年のスポーツライフ・データ 10代のスポーツライフに関する調査報告書
2002 SSF笹川スポーツ財団 2002.8 175p 30cm 2000円 Ⓘ4-915944-29-8
Ⓝ780

〔目次〕1 要約，2 ダイジェスト(スポーツ実施状況，スポーツ実施の国際比較，スポーツ施設，スポーツクラブ・運動部，スポーツ指導者，スポーツへの態度 ほか)，3 調査票・単純集計および クロス集計結果，4 参考文献，5 データの使用申請について

青少年のスポーツライフ・データ 10代のスポーツライフに関する調査報告書
2006 SSF笹川スポーツ財団 2006.3 175p 30cm 2000円 Ⓘ4-915944-38-7

〔目次〕1 要約，2 ダイジェスト(運動・スポーツ実施状況，スポーツ実施の国際比較，スポーツ施設，スポーツクラブ・運動部，スポーツ指導者，スポーツへの態度，スポーツ観戦，好きなスポーツ選手，スポーツ・ボランティア，BMI (体格指数) ほか)，3 調査票・単純集計およびクロス集計結果，4 参考文献，5 データの使用申請について

青少年のスポーツライフ・データ 10代のスポーツライフに関する調査報告書
2010 笹川スポーツ財団 2010.1 183p 30cm 〈他言語標題：The 2010 SSF national sports-life survey of young people 2006までの出版者：SSF笹川スポーツ財団 文献あり〉 2000円 Ⓘ978-4-915944-42-0
Ⓝ780.59

〔目次〕1 要約，2 ダイジェスト(運動・スポーツ実施状況，スポーツ施設，スポーツクラブ・運動部，スポーツ指導者，スポーツへの態度，スポーツ観戦，好きなスポーツ選手，スポーツボランティア，体力・運動不足感・体型，スポーツ傷害，習いごと，保護者の運動・スポーツ実施)，3 トピック，4 調査票・単純集計結果，5 クロス集計結果，6 参考文献，7 データの使用申請について

青少年のスポーツライフ・データ 10代のスポーツライフに関する調査報告書
2012 笹川スポーツ財団 2012.3 199p 30cm 〈他言語標題：The 2012 SSF National Sports-Life Survey of Young People 文献あり〉 2000円 Ⓘ978-4-915944-49-9 Ⓝ780.59

〔目次〕1 要約，2 ダイジェスト，3 トピック，4 調査票・単純集計結果，5 クロス集計結果，6 参考文献，7 データの使用申請について

青少年の性行動 わが国の中学生・高校生・大学生に関する第7回調査報告 日本児童教育振興財団内日本性教育協会編 日本児童教育振興財団内日本性教育協会 2012.8 71p 30cm Ⓝ367.9

中学生・高校生の食生活データブック
2002年版 食品流通情報センター編 食品流通情報センター 2001.12 332p 26cm (情報センターBOOKs) 14800円 Ⓘ4-915776-62-X Ⓝ498.5

〔目次〕第1章 食に対する考え方・行動，第2章 食の好み，第3章 食品に対する嗜好性，第4章 食品の購入・外食，第5章 家での食事，第6章 食材の購入，第7章 栄養状態，自由回答

〔内容〕中学生・高校生を対象とした食生活調査の統計書。北海道から沖縄県まで，全国の中学1年生から高校3年生までの男女1155人(有効回答数)に対するアンケート調査結果を収録。はやりの食品のチェック，好き嫌い，カロリー意

識など、現代の中学・高校生世代の食生活・ライフスタイルを示す指標を掲載する。

データでみる若者の現在 「若者調査」報告書 1991年版 日本経済新聞社,日経産業消費研究所編 日経産業消費研究所 1991.5 203p 30cm 20000円

[内容]若者の価値観や生活意識、消費行動を探るための調査を記す。中学生以上30歳未満の男女を対象に、1985年以降毎年1回行われる調査の、第6回にあたる。6年間の変化をまとめながら、生活意識、情報ストレス、行動等につき分析。

日本の青少年の生活と意識 第2回調査青少年の生活と意識に関する基本調査報告書 内閣府政策統括官（総合企画調整担当）編 財務省印刷局 2001.11 418p 30cm 2800円 ①4-17-312121-0 Ⓝ367.61

[目次]第1部 調査の概要、第2部 青少年を対象とする調査の結果、第3部 青少年の親を対象とする調査の結果、第4部 調査結果の分析、第5部 資料

ゆとり世代の消費実態 日本経済新聞社産業地域研究所編著 日本経済新聞社産業地域研究所,日本経済新聞出版社〔発売〕 2011.1 222p 30cm 8000円 ①978-4-532-63585-5

[内容]調査の概要、解説編（ゆとり世代の消費活性法、ゆとり世代その意識と行動の実態、ゆとり世代と「モテ」意識、ゆとり世代の声に見る生活意識）、データ編（単純集計、クロス集計）

「若者の性」白書 第5回青少年の性行動全国調査報告 日本性教育協会編 小学館 2001.5 207p 21cm 1800円 ①4-09-837046-8 Ⓝ367.9

[目次]第1章 「青少年の性行動全国調査」の問いかけるもの、第2章 性行動の低年齢化がもつ意味、第3章 異性関係の変容と学校集団の影響、第4章 青少年にとっての「性情報源」の意味、第5章 性教育はどう受けとめられているか、第6章 性被害とセクシュアリティの形成

[内容]財団法人日本性教育協会が1999年に実施した「青少年の性行動全国調査報告」の第5回調査の分析結果をとりまとめたもの。性意識、異性関係は変容したか？ 性行動の早期化は進んでいる？ 求められる性教育とは？ 中・高・大学生の「性」の実態を、25年の継続調査結果をふまえ、最新のデータで読み解く。

「若者の性」白書 第6回青少年の性行動全国調査報告 日本性教育協会編 小学館 2007.6 223p 21cm 2000円 ①978-4-09-837047-4

[目次]序章 「青少年の性行動全国調査」とその30年、第1章 青少年の生活環境と性行動の変容—生活構造の多チャンネル化のなかで、第2章 コミュニケーション・メディアと性行動における青少年層の分極化—携帯メールによる親密性の変容、第3章 情報源の違いがもたらす性意識のジェンダー差—"純粋な恋愛"志向をめぐって、第4章 性行動の変化と避妊の実行状況、第5章 青少年の性的被害と恋人からのDV被害の現状と特徴、第6章 性教育・性情報源と性知識および避妊に対する態度形成

[内容]全国規模で行われた青少年の性意識・性行動に関するレポート。1974年より定期的に刊行しており、我が国の青少年の性にかかわる実態と変容を的確にまとめている。巻末に「青少年の性に関する調査」調査票と主要調査結果（学校種別・年齢別）を収録。

◆ライフスタイル

<ハンドブック>

中学生・高校生のライフスタイルを読み解くデータ総覧 2004 生活情報センター編集部編 生活情報センター 2004.4 305p 30cm 14800円 ①4-86126-122-8

[目次]第1章 学校生活、第2章 家庭生活、第3章 コミュニケーション・友人、第4章 健康・ストレス、第5章 食生活、第6章 ショッピング・ファッション、第7章 ライフスタイル・価値観

中学生・高校生のライフスタイル資料集 2006 日本能率協会総合研究所編 生活情報センター 2005.12 318p 30cm 14800円 ①4-86126-229-1

[目次]第1章 生活と意識に関するデータ、第2章 学習実態に関するデータ、第3章 メディアとの接触に関するデータ、第4章 学校外の生活に関するデータ、第5章 家族に関するデータ、第6章 学校の制度に関するデータ、第7章 就職に関するデータ

[内容]教育関係者・研究者、子育てに関心を持つ多くの方々必読の最新統計資料集。各種データを広範に収録。ビジネス、各種の調査研究に最適。

<年鑑・白書>

若者ライフスタイル資料集 1990 若者ライフスタイル資料集編集委員会編 食品流通情報センター 1989.8 401p 26cm 9900円 ①4-915776-00-8

[目次]第1章 人口に関するデータ、第2章 消費経済に関するデータ、第3章 勤労と賃金に関するデータ、第4章 生活意識全般に関するデータ、第5章 購買行動に関するデータ、第6章 衣

生活に関するデータ，第7章 食生活と健康についてのデータ，第8章 余暇生活に関するデータ，第9章 恋愛・結婚に関するデータ，第10章 教育・文化に関するデータ，第11章 生活時間に関するデータ

若者ライフスタイル資料集 1992 生活科学情報センター編 食品流通情報センター 1992.1 461p 26cm 13800円 ⓘ4-915776-09-3

(目次)人口に関するデータ，家計に関するデータ，仕事に関するデータ（労働省「雇用動向調査」，日本生産性本部「働くことの意識」ほか），余暇に関するデータ（総理府「自然の保護と利用に関する世論調査」，朝日新聞大阪本社「消費生活調査」ほか），生活全般に関するデータ（総理府「国民生活に関する世論調査」，花王ソフィーナ美容センター「現代キャンパス化粧ライフ」，総理府「国民生活に関する世論調査」，総務庁「青少年の友人関係に関する国際比較調査」ほか），生活時間に関するデータ―「学校基本調査」を含む（総務庁「社会生活基本調査」，NHK「国民生活時間調査」）

若者ライフスタイル資料集 団塊ジュニア世代のデータバンク '97 秋葉美知子監修 食品流通情報センター 1997.1 522p 26cm 14369円

(目次)第1章 人口に関するデータ，第2章 結婚に関するデータ，第3章 仕事に関するデータ，第4章 余暇に関するデータ，第5章 消費・マネーに関するデータ，第6章 ファッション・食生活に関するデータ，第7章 生活意識全般に関するデータ

若者ライフスタイル資料集 高校生から団塊ジュニア世代のデータバンク '98 食品流通情報センター編 食品流通情報センター 1998.3 523p 26cm 14800円

(目次)第1章 人口に関するデータ，第2章 教育・就労に関するデータ，第3章 結婚に関するデータ，第4章 余暇に関するデータ，第5章 消費・マネーに関するデータ，第6章 ファッション・住まいに関するデータ，第7章 生活全般に関するデータ

(内容)生活時間、収支と貯蓄、海外留学、ファッション選びなど、若者関連の各種統計・データアンケートを収録したデータ集。

若者ライフスタイル資料集 '99 秋葉美知子解説，食品流通情報センター編 食品流通情報センター 1999.7 716p 26cm 14800円 ⓘ4-915776-26-3

(目次)第1章 人口に関するデータ，第2章 教育・就労に関するデータ，第3章 結婚に関するデータ，第4章 社会意識に関するデータ，第5章 家計・消費動向に関するデータ，第6章 生活意識全般に関するデータ

(内容)若者関連の統計データ・アンケートを収録したもの。

若者ライフスタイル資料集 2000 食品流通情報センター編 食品流通情報センター 2000.7 709p 26cm 14800円 ⓘ4-915776-35-2 Ⓝ367.6

(目次)第1章 人口に関するデータ，第2章 教育・就労に関するデータ，第3章 結婚に関するデータ，第4章 社会意識に関するデータ，第5章 家計・消費動向に関するデータ

(内容)若者のライフスタイルに関する統計資料集。3000万人市場のデータを多数収録する。統計は人口、教育・就労、結婚・社会意識、家計・消費動向の5つの分野にわけて省庁および企業の調査による各種の統計を掲載する。

若者ライフスタイル資料集 2001 食品流通情報センター編 食品流通情報センター 2001.7 606p 26cm 14800円 ⓘ4-915776-52-2 Ⓝ367.6

(目次)第1章 人口に関するデータ（総務省「推計人口」，自治省「住民基本台帳人口要覧」ほか），第2章 教育・仕事に関するデータ（文部省「学校基本調査」，東京地区私立大学教職員組合連合「私立大学新入生の家計負担調査」ほか），第3章 結婚・恋愛に関するデータ（日本青年館「30代男性の結婚意識と生活に関する調査」，日本性教育協会「『青少年の性行動』第5回調査」ほか）第4章 社会意識に関するデータ（総務庁「青少年の暴力観と非行に関する研究調査」，総理府「国民生活に関する世論調査」ほか），第5章 消費動向に関するデータ（東京都「平成12年度流通構造等分析調査『携帯電話』」，全日本アミューズメント施設営業者協会連合会「平成11年度ゲームセンター利用者調査」ほか）

若者ライフスタイル資料集 2002 生活情報センター編 生活情報センター 2002.10 507p 26cm 14800円 ⓘ4-915776-76-X Ⓝ367.6

(目次)第1章 人口に関するデータ（総務省「平成12年国勢調査」，総務省「平成13年労働力調査」），第2章 教育・仕事に関するデータ（東京私大教連「私立大学新入生の家計負担調査」，早稲田大学「第20回学生生活調査報告書」ほか），第3章 結婚・恋愛に関するデータ（厚生労働省「平成12年人口動態統計」，賃貸住宅ニュース社「首都圏・近畿圏・東海・九州・北海道の『新婚カップルが求める住まい』調査レポート」ほか），第4章 社会意識に関するデータ（内閣府「日本の青少年の生活と意識」，内閣府「少年非行問題等に関する世論調査」ほ

か），第5章 消費動向に関するデータ（全日本アミューズメント施設営業者協会連合会「ゲームセンター利用者調査」，日本石鹸洗剤工業会「女子高校生、20代サラリーマン、20代OLのヘアケア/ヘアカラーに関する調査」ほか）

(内容)3000万人市場と言われる若者のライフスタイルを調査した資料集。パソコン・携帯電話・ヘアカラー・資格・社会環境・恋愛・勉強・進学・就職・結婚・家計消費・希望する家賃・フリーター意識・金銭感覚・食生活・ダイエット・趣味・イベント・住まい・貯蓄・ブランド観・人間関係・テレビ番組・その他、若者関連の統計データ・アンケートを多数掲載。

若者ライフスタイル資料集　2004年版
生活情報センター編集部編　生活情報センター　2004.6　328p　30cm　14800円　①4-86126-105-8

(目次)1章 人口に関するデータ（婚姻―厚生労働省「平成13年人口動態統計」，労働人口―総務省「平成14年労働力調査」），2章 教育・仕事に関するデータ（大学卒業者の就職状況―文部科学省「平成14年度大学等卒業者の就職状況調査（4月1日現在）について」，高等学校卒業後の就職状況―文部科学省「平成15年3月高等学校卒業者の就職状況（平成15年3月末現在）に関する調査」ほか），3章 結婚・恋愛に関するデータ（異性意識―資生堂「20代女性・男性の意識調査」，友情―東芝「若者たちの友情事情」ほか），4章 社会意識に関するデータ（児童の性的搾取に関する意識―内閣府「児童の性的搾取に関する世論調査」，社会意識―内閣府「社会意識に関する世論調査」ほか），5章 消費動向に関するデータ（音楽メディア―日本レコード協会「2002年度音楽メディアユーザー実態調査」，スポーツライフ―SSF笹川スポーツ財団「スポーツライフに関する調査」ほか）

(内容)3000万人市場の最新データを豊富に収録！ 仕事に使える注目データが満載の一冊。

若者ライフスタイル資料集　2006
生活情報センター編集部編　生活情報センター　2005.11　321p　30cm　14800円　①4-86126-211-9

(目次)第1章 人口に関するデータ（労働人口―総務省「平成16年労働力調査」，婚姻―厚生労働省「平成15年人口動態統計」），第2章 教育・仕事に関するデータ（高卒の就職―文部科学省「高等学校卒業者の就職状況に関する調査」，大学卒の就職―文部科学省「平成16年度大学等卒業者の就職状況調査」ほか），第3章 結婚・恋愛に関するデータ（結婚―リクルート「ゼクシィ結婚トレンド調査2004（首都圏版）」，結婚・出産―明治安田生活福祉研究所「結婚・出産に関するアンケート」ほか），第4章 社会意識に関するデータ（社会意識―内閣府「社会意識に関する世論調査」，日本語―文化庁「平成15年度国語に関する世論調査」ほか），第5章 消費動向に関するデータ（家計―総務省「家計調査平成16年年報」，単身家計―総務省「平成16年度単身世帯収支調査速報」ほか）

(内容)3000万人市場の最新データを豊富に収録。仕事に使える注目データが満載。

<統計集>

情報化社会と青少年　第4回情報化社会と青少年に関する調査報告書
内閣府政策統括官編　財務省印刷局　2002.7　445p　30cm　2800円　①4-17-217102-8　Ⓝ361.45

(目次)第1部 調査の概要，第2章 調査結果の概要（青少年に関する結果，親に関する結果），第2部 調査の結果（青少年に関する結果，親に関する結果），第3部 調査結果の分析（ディジタル時代の青少年のメディア利用行動と意識に関する社会的対応の在り方，青少年の情報メディアの利用に関する地域特性，携帯電話・PHS利用パターンの社会心理，新しいメディアの出現によって変化する『友達』とのコミュニケーション，青少年（12歳～18歳）の情報行動・社会意識に対する親の影響），第4部 資料

青少年教育

<年表>

青少年教育行政史（社会教育）年表
繁内友一編著　近代文芸社　1991.6　535p　21cm　4000円　①4-7733-1062-6　Ⓝ379.3

(内容)青少年団体の活動や社会教育的な出来事を中心に、江戸期（概説のみ）、明治期から平成元年末まで収録した年表。

<事典>

青少年教育データブック
国立オリンピック記念青少年総合センター編　国立オリンピック記念青少年総合センター　1992.3　312p　26cm　Ⓝ379.3

<統計集>

「子どもの体験活動の実態に関する調査研究」報告書
国立青少年教育振興機構総務企画部調査研究・広報課編　国立青少年教育振興機構総務企画部調査研究・広報課　2010.10　158p　30cm　Ⓝ379.3

「青少年教育関係施設基礎調査」報告書　平成22年度調査
国立青少年教育振興機構青少年教育研究センター総務企画部調査・

広報課編　国立青少年教育振興機構青少年教育研究センター／総務企画部調査・広報課　2012.3　73p　30cm　Ⓝ379.3

「青少年の体験活動等と自立に関する実態調査」報告書　平成22年度調査　国立青少年教育振興機構青少年教育研究センター総務企画部調査・広報課編　国立青少年教育振興機構青少年教育研究センター／総務企画部調査・広報課　2011.11　193p　30cm　〈平成22年度調査研究事業〉　Ⓝ379.3

◆児童健全育成

<ハンドブック>

児童健全育成ハンドブック　平成10年度版
厚生省児童家庭局育成環境課監修　日本児童福祉協会,中央法規出版〔発売〕　1999.4　696p　21cm　3400円　①4-8058-4197-4
(目次)第1部 児童健全育成の概要(児童健全育成の概要, 児童健全育成施策の機構, 児童健全育成の各施策の概要), 第2部 児童健全育成関係通知(児童厚生施設関係通知, 放課後児童健全育成事業関係通知, 児童委員関係通知, その他の児童健全育成事業関係通知, 交付要綱通知), 第3部 関係資料(関係法律等, 資料, 中央児童福祉審議会答申等, その他)

児童健全育成ハンドブック　平成13年度版　児童手当制度研究会監修　中央法規出版　2001.8　838p　21cm　3500円　①4-8058-4356-X
(目次)第1部 児童健全育成の概要(児童健全育成の概要, 児童健全育成対策の各機関の概要, 児童健全育成の各施策の概要), 第2部 児童健全育成関係通知(児童厚生施設関係通知, 放課後児童健全育成事業関係通知, 児童委員関係通知 ほか), 第3部 関係資料(関係法律等, 資料, 審議会答申等 ほか)

児童健全育成ハンドブック　平成14年度版　児童手当制度研究会監修　中央法規出版　2002.7　876p　21cm　3500円　①4-8058-4412-4
(目次)第1部 児童健全育成の概要(児童健全育成の概要, 児童健全育成対策の各機関の概要, 児童健全育成の各施策の概要), 第2部 児童健全育成関係通知(児童厚生施設関係通知, 放課後児童健全育成事業関係通知, 児童委員関係通知 ほか), 第3部 関係資料(関係法律等, 資料, 審議会答申等 ほか)

児童健全育成ハンドブック　平成15年度版　児童手当制度研究会監修　中央法規出版　2003.6　925p　21cm　3600円　①4-8058-4477-9
(目次)第1部 児童健全育成の概要(児童健全育成の概要, 児童健全育成対策の各機関の概要, 児童健全育成の各施策の概要), 第2部 児童健全育成関係通知(児童厚生施設関係通知, 放課後児童健全育成事業関係通知, 児童委員関係通知, その他の児童健全育成事業関係通知, 交付要綱通知), 第3部 関係資料(関係法律等, 資料, 審議会答申等, その他)

児童健全育成ハンドブック　平成16年度版　児童手当制度研究会監修　中央法規出版　2004.6　902p　21cm　3600円　①4-8058-4537-6
(目次)第1部 児童健全育成の概要(児童健全育成の概要, 児童健全育成対策の各機関の概要, 児童健全育成の各施策の概要), 第2部 児童健全育成関係通知(児童厚生施設関係通知, 放課後児童健全育成事業関係通知, 児童委員関係通知, その他の児童健全育成事業関係通知, 交付要綱通知), 第3部 関係資料(関係法律等, 資料, 審議会答申等, その他)

児童健全育成ハンドブック　平成17年度版　児童手当制度研究会監修　中央法規出版　2005.8　850p　21cm　3600円　①4-8058-4609-7
(目次)第1部 児童健全育成の概要(児童健全育成の概要, 児童健全育成対策の各機関の概要, 児童健全育成の各施策の概要), 第2部 児童健全育成関係通知(児童厚生施設設置運営関係通知, 健全育成事業関係通知, 健全育成施設整備関係通知, 児童委員関係通知, 事故防止・安全管理関係通知, 関連通知), 第3部 関係資料(関係法律等, 資料, 審議会答申等, その他)

児童健全育成ハンドブック　平成18年度版　児童手当制度研究会監修　中央法規出版　2006.9　842p　21cm　3600円　①4-8058-4665-8
(目次)第1部 児童健全育成の概要(児童健全育成の概要, 児童健全育成対策の各機関の概要, 児童健全育成の各施策の概要), 第2部 児童健全育成関係通知(児童厚生施設関係通知, 健全育成事業関係通知, 健全育成施設整備関係通知 ほか), 第3部 関係資料(関係法律等, 資料, 審議会答申等 ほか)

児童健全育成ハンドブック　平成19年度版　児童手当制度研究会監修　中央法規出版　2007.7　886p　21cm　3600円　①978-4-8058-4750-3
(目次)第1部 児童健全育成の概要(児童健全育成の概要, 児童健全育成対策の各機関の概要, 児童健全育成の各施策の概要), 第2部 児童健全育成関係通知(児童厚生施設設置運営関係通

知，健全育成事業関係通知，健全育成施設整備関係通知，児童委員関係通知，事故防止・安全管理関係通知，関連通知)，第3部 関係資料(関係法律等，資料，審議会答申等，その他)

◆◆国際交流

<ハンドブック>

国際協力ガイド 2011 国際開発ジャーナル社，丸善(発売) 2009.10 258p 26cm 1200円 ①978-4-87539-076-3 Ⓝ366.29

(目次)Special Interview 藤原紀香─私が現場に行く理由，巻頭インタビュー 挑戦する人々の物語，巻頭特集 この道にマニュアルはない！国際協力の仕事を探る，第2特集 ボランティア，第3特集 まなび─大学・大学院・留学，Data 巻末リスト全750件

<年鑑・白書>

青年国際交流事業と事業参加者の事後活動 International Youth Exchange FY2008 平成20年度年報 青少年国際交流推進センター 2009.3 163p 30cm 1600円 ①978-4-9903690-1-9

(内容)青少年国際交流推進センターの平成20年度の活動と，日本青年国際交流機構の活動実績，外国参加青年の事後活動内容等をまとめた年報。

青年国際交流事業と事業参加者の事後活動 平成21年度年報 青少年国際交流推進センター 2010.3 174p 30cm 1600円 ①978-4-9903690-2-6 Ⓝ379.3

(目次)第1章 平成21年度の特色のある取組について，第2章 財団法人青少年国際交流推進センターの概要及び事業概況等，第3章 日本青年国際交流機構の概要及び活動状況等，資料 内閣府青年国際交流事業の実績とその事後活動について

青年国際交流事業と事業参加者の事後活動 平成22年度年報 青少年国際交流推進センター 2011.3 194p 30cm 1600円 ①978-4-9903690-3-3

(目次)第1章 平成22年度の特色のある取組について，第2章 財団法人青少年国際交流推進センターの概要及び事業概況等，第3章 日本青年国際交流機構の概要及び活動状況等，資料 内閣府青年国際交流事業の実績とその事後活動について

青年国際交流事業と事業参加者の事後活動 平成23年度年報 青少年国際交流推進センター 2012.3 202p 30cm 1600円

①978-4-9903690-4-0

(目次)第1章 平成23年度の特色のある取組について，第2章 財団法人青少年国際交流推進センターの概要及び事業概況等，第3章 日本青年国際交流機構の概要及び活動状況等，資料 内閣府青年国際交流事業の実績とその事後活動について

生涯学習

<書誌>

生涯学習ブックガイド '93 トーハン 1992.12 123p 26cm (Tohan gift book 4) 485円

(内容)自分を企画する本 「自分を企画する」を主題に「自然と健康を楽しもう」「豊かな才能を育てよう」など5つの柱を立て，合計600点の実用書を紹介。ほかに，「課長たちの課外活動」を特集，現役課長たちの余暇時間の勉強ぶりを紹介している。

新・生涯教育図書101選 森隆夫編 ぎょうせい 1992.9 217p 19cm 《〈監修：北野生涯教育振興会〉》 1500円 ①4-324-03495-8

(内容)生涯教育が提唱されてから今日に至るまでに出版された文献から101冊を選び，簡潔に内容を紹介。排列は著者の五十音順。1986年版の改訂版。

<事典>

国際生涯学習キーワード事典 パオロ・フェデリーギ編，佐藤一子，三輪建二監訳 東洋館出版社 2001.9 19,287p 21cm 〈原書名：Glossary of Adult Learning in Europe〉 3800円 ①4-491-01743-3 Ⓝ379.033

(目次)1 理論・概念，2 ストラテジー・政策，3 制度・領域，4 機関・事業の提供者，5 プログラム・学習活動・学習方法，6 参加者・受講生，7 成人学習の支援者

生涯学習事典 日本生涯教育学会編 東京書籍 1990.4 625p 21cm 6000円 ①4-487-73211-5

(目次)1 生涯学習関係の諸原理，2 学習要求と学習行動，3 社会の変化と生涯学習，4 生涯学習と家庭教育・地域の教育，5 生涯学習と学校教育，6 生涯学習と社会教育，7 生涯学習と職業生活・訓練，8 生涯学習と文化活動・生涯スポーツ，9 生涯学習支援システムと行政，10 生涯学習施設，11 生涯学習の指導者とボランティア，12 生涯学習の内容と方法，13 生涯各期の学習課題と事業，14 生涯学習情報提供・学習相談，15 生涯学習メディア，16 民間生涯

学習関係機関・団体とその事業，17 海外の生涯教育，18 資料

(内容)新しい時代を拓く生涯学習のキーワードを理論と実践と豊かなデータによって多角的に解説。生涯学習の初めての事典。

生涯学習事典 増補版 日本生涯教育学会編
東京書籍 1992.6 637p 21cm 6500円
⑪4-487-73212-3

(内容)生涯学習の歴史・理論から最新の動向まで180項目で構成。生涯学習のすべてがわかる。各項目を定義・意義・動向・問題点・参考文献・資料─実践例などに分け，多角的な視点からわかりやすく解説。平成2年の生涯学習振興法をはじめ最新のデータや事例を満載，生涯学習時代の「今」が具体的につかめる。

＜ハンドブック＞

カルチャー生涯学習講座名ハンドブック
加藤迪男編 東京堂出版 1997.5 221p 21cm 2200円 ⑪4-490-20311-X

(目次)カルチャー講座名と用語インフォメーション，前や後につけて講座名を引き立たせたいときの講座の説明語，自由な発想で分類するときのジャンル名，わかりづらい用語で困ったときのカルチャーの基礎用語

生涯学習を始めよう 生きがいづくりのための活動ハンドブック 山本恒夫編著
実務教育出版 1995.11 249p 19cm 1200円 ⑪4-7889-1667-3

(目次)ガイド編(生きがいを求めて生涯学習を，充実した人生設計のために何をすべきか，生涯学習のさまざまなジャンル，生涯学習の上手な進め方)，情報編

生涯学習「自己点検・評価」ハンドブック 行政機関・施設における評価技法の開発と展開 井内慶次郎監修，山本恒夫，浅井経子，椎広行編 文憲堂 2004.7 249p 30cm (生涯学習実践技法シリーズ) 2800円 ⑪4-938355-18-3

(目次)理論編(生涯学習関連の自己点検・評価，第三者評価と行政評価，生涯学習関係の事業評価の考え方と公民館事業評価の手順，独立行政法人の評価，地方公共団体における生涯学習関連行政評価─横須賀市を中心にして，生涯学習関連施設の自己点検・評価─博物館を中心に)，技法編(自己点検・評価，第三者評価と行政評価)，事例編(地方公共団体，独立行政法人等における事例と展開)

生涯学習・社会教育行政必携 平成2年版
文部省内生涯学習・社会教育行政研究会編
第一法規出版 1989.7 1463p 21cm 3500円 ⑪4-474-04815-6

(目次)第1章 総則(基本法令，主要答申等)，第2章 行政組織，第3章 社会教育主事等，第4章 社会教育施設，第5章 社会教育事業，第6章 社会通信教育等，第7章 視聴覚教育，第8章 放送大学，第9章 専修学校・各種学校，第10章 財務・税制，第11章 補助金・委嘱費

(内容)本書は，生涯学習・社会教育関係諸法令のほか，生涯学習・社会教育関係者の日常の仕事に必要な通達・通知・答申・建議，補助金・委嘱費交付要綱および統計資料などを収録し，生涯学習・社会教育行政全般の理解に役立て，会議・研修等の執務に携行し利用されることを念頭して編集した。

生涯学習・社会教育行政必携 平成4年版
文部省内生涯学習・社会教育行政研究会編
第一法規出版 1991.7 1465p 21cm 3800円 ⑪4-474-09025-X

(目次)第1章 総則，第2章 行政組織，第3章 生涯学習の基盤整備，第4章 社会教育主事等，第5章 社会教育施設，第6章 社会教育事業，第7章 社会通信教育等，第8章 視聴覚教育，第9章 学習情報提供，第10章 放送大学，第11章 専修学校・各種学校，第12章 財務・税制，第13章 補助金・委嘱費

生涯学習・社会教育行政必携 平成6年版
文部省内生涯学習・社会教育行政研究会編
第一法規出版 1993.7 1464p 22cm 4000円 ⑪4-474-00263-6 Ⓝ379.1

生涯学習・社会教育行政必携 平成8年版
文部省内生涯学習・社会教育行政研究会編
第一法規出版 1995.7 1冊 22cm 4000円 ⑪4-474-00550-3 Ⓝ379.1

生涯学習・社会教育行政必携 平成10年版
文部省内生涯学習・社会教育行政研究会編
第一法規出版 1997.12 1冊 22cm 4000円 ⑪4-474-00761-1 Ⓝ379.1

生涯学習・社会教育行政必携 平成12年版
生涯学習・社会教育行政研究会編 第一法規出版 2000.6 1冊 22cm 4000円 ⑪4-474-00950-9 Ⓝ379.1

生涯学習・社会教育行政必携 平成14年版
生涯学習・社会教育行政研究会編 第一法規出版 2001.11 1冊 22cm 4000円 ⑪4-474-01610-6 Ⓝ379.1

生涯学習・社会教育行政必携 平成16年版
生涯学習・社会教育行政研究会編 第一法規出版 2003.7 1892p 22cm 4200円

生涯学習・社会教育行政必携　平成18年版
生涯学習・社会教育行政研究会編　第一法規　2005.6　2164p　21cm　4200円　Ⓘ4-474-01891-5　Ⓘ4-474-01747-1　Ⓝ379.1

⦅目次⦆総則，行政組織，生涯学習・社会教育の基盤整備等，社会教育主事等，社会教育施設，社会教育事業，社会通信教育等，情報化への対応，放送大学，専修学校・各種学校，財務等，補助金・委嘱費

生涯学習・社会教育行政必携　平成20年版
生涯学習・社会教育行政研究会編　第一法規　2007.7　2301p　21cm　4500円　Ⓘ978-4-474-02308-6

⦅目次⦆第1章 総則，第2章 行政組織，第3章 生涯学習・社会教育の基盤整備等，第4章 社会教育主事等，第5章 社会教育施設，第6章 社会教育事業，第7章 社会通信教育等，第8章 情報化への対応，第9章 放送大学，第10章 専修学校・各種学校，第11章 財務等，第12章 補助金・委託費等

⦅内容⦆本書は，生涯学習・社会教育関係諸法令のほか，生涯学習・社会教育関係者の日常の仕事に必要な通達・通知・答申，建議，補助金・委託費等交付要綱および統計資料などを収録し，生涯学習・社会教育行政全般の理解に役立つ，会議，研修等の執務に携行し利用されることを念願して編集した。収録内容は，原則として平成十九年四月十日現在における法令，通達・通知，答申，建議，報告など二百十四件を収録した。

生涯学習・社会教育行政必携　平成22年版
生涯学習・社会教育行政研究会編　第一法規　2009.9　2350p　21cm　4500円　Ⓘ978-4-474-02509-7　Ⓝ379.1

⦅目次⦆第1章 総則，第2章 行政組織，第3章 生涯学習基盤整備等，第4章 社会教育施設・社会教育関係職員，第5章 社会教育事業，第6章 社会通信教育等，第7章 情報化への対応，第8章 放送大学，第9章 専修学校・各種学校，第10章 財務等，第11章 補助金・委託費等

⦅内容⦆生涯学習・社会教育行政関係の諸法令を中心に，日常の業務に必要な通達・答申・行政実例・統計資料等を多数登載する。

生涯学習・社会教育行政必携　平成24年版
生涯学習・社会教育行政研究会編　第一法規　2011.7　3363p　21cm　4500円　Ⓘ978-4-474-02709-1

⦅目次⦆第1章 総則，第2章 行政組織，第3章 生涯学習基盤整備等，第4章 社会教育施設・社会教育関係職員，第5章 社会教育事業，第6章 社会通信教育等，第7章 情報化への対応，第8章 放送大学，第9章 専修学校・各種学校，第10章 財務等，第11章 補助金・委託費等

生涯学習「答申」ハンドブック　目標・計画づくり、実践への活用
井内慶次郎監修，山本恒夫，浅井経子編　文憲堂　2004.4　294p　30×21cm　3000円　Ⓘ4-938355-16-7

⦅目次⦆第1部 生涯学習関連答申の動向（生涯学習関連答申の動向，生涯学習審議会答申の動向―平成8年以降，生涯学習審議会から中央教育審議会生涯学習分科会へ），第2部 生涯学習関連の答申と解説（生涯学習，生涯学習社会，連携・協力・融合，情報系生涯学習支援，生涯を通じての教育・学習，生涯学習の内容・方法，生涯にわたる学習機会等，社会参加・ボランティア活動，学習成果の評価・認定・認証，生涯学習関連指導者と施設，生涯学習関連行政・法規），資料編 生涯学習関連答申抄

⦅内容⦆第1部では，平成期の生涯学習に関する答申の概要を述べており，第2部は，数ある答申の中から，行政や実践に役立つと思われるところを抽出して，分類し，解説を加えたものである。第3部には，資料として答申抄を掲載した。

生涯学習「eソサエティ」ハンドブック　地域で役立つメディア活用の発想とポイント
井内慶次郎監修，山本恒夫，浅井経子，伊康康志編　文憲堂　2004.5　232p　30×21cm　（生涯学習実践技法シリーズ）　2500円　Ⓘ4-938355-17-5

⦅目次⦆理論編（これからの時代における生涯学習eソサエティ，インターネットによる教育・学習の可能性），技術編（インターネット講座の具体化とチェックポイント，インターネット活用の発想と様々な学習サービス，メディア活用を進めるための基礎知識），実践事例編（生涯学習を支援する多様なメディア活用の実際）

⦅内容⦆情報通信技術の発達は著しく，ともすればそれそのものに翻弄され，それが教育・学習あるいはコミュニケーションに果たす役割が忘れられてしまう危険性がある。本書は，社会教育などの生涯学習支援に携わる方々がそのような事態に陥らず，手軽に情報通信技術を活用できるように，理論と実践の融合を図り，可能な限り具体的にわかりやすくアイディアやノウハウを示すように努めている。第1章と第2章は「理論編」で，生涯学習eソサエティ及びインターネット活用の教育・学習の可能性と課題を概観している。第3章，第4章，第5章は「技術編」で，生涯学習支援にインターネット等を導入する際のポイントなどを取り上げている。さらに，「実践事例編」やQ&Aを通して，具体的に理解を深めることができるようにしている。

新 生涯学習・人権教育基本資料集
金泰

泳，白石正明，中島智枝子，三原容子編　（京都）阿吽社　2003.5　366p　21cm　2380円　Ⓘ4-900590-75-4

(目次)第1部 生涯学習，第2部 人権問題（人権擁護・啓発，部落問題，民族・外国人問題，性をめぐる問題，子どもをめぐる問題，障害者問題，ハンセン病問題，エイズ問題，さまざまな問題），第3部 国際人権問題

(内容)"平和・人権・環境の世紀"と期待された21世紀，凄惨な戦争で幕をあけた。弱者が痛めつけられ，多くの人命が奪われつつある今，私たちはどのように生きるのか─94点収録。

世界の生涯学習　成人学習の促進に向けて

OECD編著，立田慶裕監訳，長岡智寿子，岩崎久美子，宮田緑，青山貴子訳　明石書店　2010.9　164p　26cm　〈原書名：Promoting adult learning.〉　3000円　Ⓘ978-4-7503-3260-4　Ⓝ379

(目次)第1章 成人学習の促進—その形態と課題（参加の形態，新しい参加の指標，成人学習における不平等の要因，成人学習にとっての障壁，結論），第2章 成人学習の利益の増加と促進（学習の利益の透明化，明確なシグナルを送ること，潜在的学習者のための情報とガイダンス，結論），第3章 成人学習への財政的な支援（政府間財政移転：政府下位組織でのインセンティブの強化，企業と成人を対象とした財政制度，結論），第4章 学習プログラムの提供と品質の向上（学習プログラムの提供，柔軟性：時間的取り決めの緩和と遠隔教育，職業訓練の強化，品質管理，プログラムの事前評価および事後評価，結論），第5章 政策の共同決定と統一性の確立（国の政策における協働，政策の実施，結論），付録（調整済み成人学習参加率（The Adjusted Adult Learning Participation Rate：APR）—新しい指標に関する定義と測定法，成人学習に対する主要国のアプローチ，用語解説，各国のコーディネーターと調査チームのメンバー）

(内容)本書は，近年までほとんど政策の優先性が与えられてこなかった領域への政策的ガイドを提供するものである。学習への成人参加の状況を改善するために実施された戦略に関しての根拠を提供してくれるOECD17か国からの重要な教訓を与えてくれる。学習の潜在的障害を解決する方向だけではなくそのための保障を行う政策も取り上げている。そこには，成人学習を目に見えるものとしてもっとわかりやすくすることで成人学習のメリットを増やし促進する政策が提示される。その他にも政策的な工夫として，成人の必要に応じた高い品質の学習を提供し，成人学習の効率性を向上できるような経済的な工夫や財政的な支援策も含まれている。最後に，教育に関する省庁や労働に関する省庁を含めて，多様な領域の担当者によって特徴づけられる成人学習の分野における領域間の協働と政策の一貫性が改善されうるような政策形成の重要性が論じられる。

〈統計集〉

生涯学習施策に関する調査研究　我が国の企業等における中堅人材の人材ニーズに関する調査研究 報告書　平成21年度

三菱総合研究所　2010.2　124p　30cm　Ⓝ336.41

図書館

〈書誌〉

子どもと本をつなぐあなたへ　新・この一冊から

「新・この一冊から」をつくる会編　東京子ども図書館　2008.6　71p　19cm　600円　Ⓘ978-4-88569-073-0　Ⓝ028.09

(内容)図書館員や図書館ボランティアのために児童書を紹介する選定書誌。これだけは読んでほしい，と思われる41冊を選び，紹介する。

みんなで楽しむ絵本　おはなし会のためのリスト

徳丸邦子著，あすなろ文庫編　（川崎）てらいんく　2008.3　59p　19×26cm　500円　Ⓘ978-4-86261-017-1　Ⓝ028.09

(目次)1 詩・ことばあそび，2 外国の昔話，3 日本の昔話，4 科学，5 外国の創作絵本，6 日本の創作絵本

(内容)二十年近く本読みのボランティアを続けてきた中で感じたり，経験してきたことなどを書き留めておきたい，人に伝えたいと思ったことが，この本を出すきっかけになりました（あすなろ文庫主宰・徳丸邦子）。

TRCDジュニア　こどもの本のデータブック　2000

図書館流通センターソフト制作　リブリオ出版　2000.7　151p　27×19cm　〈付属資料：CD-ROM2〉　20000円　Ⓘ4-89784-808-3　Ⓝ028.09

(目次)大航海に挑戦しよう，TRCDジュニア児童用操作マニュアル，TRCDジュニア教師用操作マニュアル

(内容)児童図書館のための書誌データベース。2000年6月2日時点のTRC MARCから児童書を中心に119206件をCD-ROMに収録。CD-ROMは児童用検索システムと教師用検索システムで構成。児童用では学習件名，社会・理科・国語の教科書単元キーワードによる検索，文学キーワードによる検索が可能，教師用では図書館管理システムと教材用図書資料リストの作成ができる。ほかに調べ学習を始める先生や子供向けの入門ガイドとなる「ボクの調べ学習奮戦記」

を登載する。

<ハンドブック>

新・こどもの本と読書の事典　黒沢浩, 佐藤宗子, 砂田弘, 中多泰子, 広瀬恒子, 宮川健郎編　ポプラ社　2004.4　502p　29×22cm　16000円　Ⓘ4-591-99566-6
㊥こどもの本の理論と実践(こどもの本, こどもの文化, こどもの文学, 図書館, 読書運動, 学校図書館・読書教育), こどもの本の作品紹介(絵本—日本, 物語・ノンフィクション—日本, 絵本—外国, 物語・ノンフィクション—外国, 総合的な学習に有効な本), こどもの本の人物紹介, 付録

<年鑑・白書>

こどもの図書館　年報　1986年版　児童図書館研究会編　日本図書館協会　1987.6　303p　26cm　〈1981〜1985〉　4800円　Ⓘ4-8204-8702-7　Ⓝ016.28
㊥1 子どもをめぐる社会・文化状況1981—1985, 2 児童図書館界の動向, 3 地域・家庭文庫の動向, 4 児童図書出版の動向, 5 資料編

子どもの豊かさを求めて　全国子ども文庫調査報告書　3　日本図書館協会　1995.12　118p　26cm　2000円　Ⓘ4-8204-9516-X
㊥1 子ども文庫を比較する—1981年と1993年の調査から, 2 子ども文庫を比較する—過去の主な調査から, 3 子ども文庫の「現在」, 4 座談会「子ども文庫を考える」, 5 調査のあらましと資料

年報こどもの図書館　1992年版　児童図書館研究会編　日本図書館協会　1994.4　350p　26cm　〈1986〜1991〉　6600円　Ⓘ4-8204-9405-8　Ⓝ016.28

年報こどもの図書館　1998年版　児童図書館研究会編　日本図書館協会　1998.10　337p　26cm　〈1992-1997〉　6000円　Ⓘ4-8204-9815-0　Ⓝ016.28

年報こどもの図書館　1997-2001　2002年版　児童図書館研究会編　日本図書館協会　2003.3　366p　26cm　6000円　Ⓘ4-8204-0228-5
㊥1 子どもをめぐる社会・文化状況, 2 児童図書館界の動向, 3 職員とボランティア, 4 地域家庭文庫の動向, 5 学校図書館の動向, 6 児童図書出版の動向, 7 資料編

年報こどもの図書館　2007年版　児童図書館研究会編　日本図書館協会　2008.3　454p　26cm　〈2002-2006　年表あり　文献あり〉　7000円　Ⓘ978-4-8204-0726-3　Ⓝ016.28

年報こどもの図書館　2012年版　児童図書館研究会編　日本図書館協会　2012.10　475p　26cm　〈2007-2011　年表あり　文献あり〉　8000円　Ⓘ978-4-8204-1213-7　Ⓝ016.28

児童福祉

<書誌>

児童福祉関係図書目録 45/94　日外アソシエーツ編　日外アソシエーツ, 紀伊國屋書店〔発売〕　1999.11　676p　21cm　27000円　Ⓘ4-8169-1572-9
㊥福祉制度・政策, 社会と児童, 母子保健, 家庭環境, 保育, 学校と福祉, 児童研究
㊨児童福祉に関する図書を網羅的に集め, テーマ別に排列した図書目録。1945年(昭和20年)から1994年(平成6年)までの戦後50年間に日本国内で刊行された商業出版物, 政府刊行物, 私家版など10978点を収録。見出しとして, 「福祉制度・政策」「社会と児童」「母子保健」「家庭環境」「保育」「学校と福祉」「児童研究」の7テーマを設ける。掲載データは, 書名, 副書名, 巻次, 各巻書名, 著者表示, 版表示, 出版地, 出版者, 出版年月, ページ数または冊数, 大きさ, 叢書名, 叢書番号, 注記, 定価(刊行時), ISBN, NDC, 内容など。五十音順の著者名索引と事項名索引付き。

児童福祉関係図書目録1995-2004　日外アソシエーツ編　日外アソシエーツ　2005.3　716p　21cm　27000円　Ⓘ4-8169-1898-1
㊥福祉制度・政策(社会福祉一般, 児童福祉一般 ほか), 社会と児童(社会と児童一般, 戦争と子ども(日本) ほか), 母子保健(母子保健一般, 法律 ほか), 家庭環境(家庭環境一般, 法律 ほか), 保育(保育一般, 地域社会と子育て, 育児論), 学校と福祉(学校と福祉一般, 教育相談・学校カウンセリング ほか), 児童研究(児童研究一般, こども観 ほか)
㊨児童福祉に関する図書8830点の目録。子どもの権利に関する条約, 児童養護, 家庭環境, 親子関係, 児童心理, 育児休業法, 児童虐待, 学校カウンセリングなど幅広く収録しテーマ別に分類。「著者名索引」「事項名索引」付き。

児童福祉文化財年報　社会保障審議会推薦児童福祉文化財目録　平成21年度　日本児童福祉協会　2010.10　136p　30cm　1300円　Ⓘ978-4-930918-19-2　Ⓝ369.4
㊥子どものこころと児童福祉文化財, 社会保障審議会による児童福祉文化財推薦の趣旨,

児童福祉　　　　　　　　　　　社会と教育

平成21年度児童福祉文化財推薦目録，平成21年度児童福祉文化財特別推薦一覧，特別企画 音楽を「心の友」にしてもらいたくて…。，トピックス，児童福祉文化賞，資料編，平成21年度児童福祉文化財推薦目録さくいん

<ハンドブック>

子どもを守る地域ネットワーク活動実践ハンドブック　要保護児童対策地域協議会の活動方法・運営Q&A　加藤曜子, 安部計彦編　中央法規出版　2008.10　251p　26cm　3200円　①978-4-8058-4839-5　Ⓝ369.4

（目次）1章 児童家庭相談と要保護児童対策地域協議会の関係，2章 要保護児童対策地域協議会の構造，3章 児童相談所と市町村，4章 人材育成と研修，5章 市における取組みの実態と課題—「ケースの進行管理を中心にして」，6章 要保護児童対策地域協議会で扱うケース紹介，7章 要保護児童対策地域協議会の運営Q&A，8章 要保護児童対策地域協議会設置の効果と今後について，資料

子ども・家族の自立を支援するために　子ども自立支援ハンドブック　児童自立支援対策研究会編　日本児童福祉協会　2005.6　511p　21cm　3000円　4-930918-02-2

（目次）第1部 基本編（子ども自立支援の理念について，子どもの権利擁護 ほか），第2部 技術編（基本事項）（子ども自立支援課程，子ども理解（アセスメント）と子ども自立支援計画 ほか），第3部 技術編（技術的事項）（施設の自立支援・養育環境づくり，生活支援の基本 ほか），第4部 年長の子どもの自立支援（就労・就学支援，アフターケア），第5部 資料編（法令・各種通知関係）

（内容）施設で生活する子どもとかかわる人に，子どもの自立を支援するには，あるいはその家族を支援するにはどのようにかかわればいいのか，その一助となるために作成した。

子どもと親のための心の相談室　2003年度版　須田諭一編，NPO法人21世紀教育研究所協力　本の泉社　2003.8　303p　19cm　1500円　④4-88023-812-0

（目次）不登校（登校拒否）についての相談室，ひきこもりについての相談室，学習や進路についての相談室，対人関係についての相談室，個人的な悩みについての相談室，子育て・子どもの発達・障がいについての相談室，性や身体・健康・病気・生活習慣についての相談室，子どもの非行・犯罪・問題行動についての相談室，依存（薬物・アルコールほか）・摂食障がいについての相談室，自傷行為・自殺願望・自殺未遂についての相談室，学校や行政との関係についての相談室，留学・帰国子女についての相談室，制度・法律（子どもの権利や人権に関するころを含む）についての相談室，国際交流，国際理解，在日外国人支援についての相談室，情報を求める方法についての相談室，その他の相談室

（内容）相談室を"選定しやすい"ように，不登校・ひきこもり・学習や進路・対人関係など相談の内容から，分類。実際に相談室に電話をするときの参考例を掲載した。自分の相談内容がより明確になるように，学習障がい・対人不安・子捨て・注意欠陥多動障がいなど"用語解説"を充実させた。家族の気持ちに立ったガイドブック。

子どもの福祉を改善する　より良い未来に向けた比較実証分析　OECD編著，高木郁朗監訳，熊倉瑞恵，関谷みのぶ，永由裕美訳　明石書店　2011.3　220p　26cm　〈原書名：Doing better for children.〉　3800円　①978-4-7503-3353-3　Ⓝ369.4

（目次）第1章 中心的な事実発見の要約，第2章 OECD諸国にみる子どもの福祉の国際比較，第3章 子どものライフサイクル全体のなかでの社会支出，第4章 胎児期から幼稚園まで，第5章 子どもの福祉とひとり親状態，第6章 子ども時代と世代間移動，第7章 子どもの福祉を改善する：前進の道

（内容）今日の子どもの福祉の実情はどのようなものか。政府がどれだけの費用を使い，またそれは適切な時期に使われているのか。子どもの初期の時期にどのような社会政策と家族政策が最大の影響を与えているか。ひとり親のもとで成長することは子どもに不利な状態をもたらすのか。世代にまたがって継続する不平等は子どもの福祉にとって脅威となっているか。広い範囲の資料にもとづいて，OECD加盟国全体にわたって子どもの福祉のさまざまな指標を構成し，分析。物的貧困，住まいと環境，教育的福祉，健康と安全，危険行動，学校生活の質，の6つの基幹的な分野を対象としている。

Leaving Care　児童養護施設職員のための自立支援ハンドブック　改訂4版　東京都社会福祉協議会児童部会リービングケア委員会編　東京都社会福祉協議会　2008.5　110p　26cm　952円　①978-4-903290-94-2　Ⓝ369.4

（目次）1 General Support—すべての子どもに必要な支援（自立支援と子どもの権利，自立支援計画書の策定，家族関係の支援 ほか），2 Support of the Course—進路を切り拓くための支援（子ども達が進路を切り拓くために，中学生の進路選択，高校を卒業するための支援 ほか），3 Special Support—特定の課題への支

援（自立が困難な子どもの支援，行動上の問題への対応，不登校児童への支援 ほか）

<法令集>

改正児童福祉法新旧対照条文集 信山社編
信山社出版 1997.6 70p 21cm （改正新法シリーズ 2） 1000円 ⓘ4-7972-1582-8
⦅目次⦆1 改正児童福祉法新旧対照条文，2 改正児童福祉法関連改正法新旧対照条文（社会福祉事業法，母子及び寡婦福祉法，地方自治法，少年法，身体障害者福祉法，生活保護法，国有財産特別措置法，国民健康保険法，社会福祉施設職員等退職手当共済法，地震防災対策強化地域における地震対策緊急整備事業に係る国の財政上の特別措置に関する法律，地震防災対策特別措置法，介護保険法施行一案）

児童福祉六法 平成3年版 厚生省児童家庭局編 中央法規出版 1990.11 1570p 19cm 4600円 ⓘ4-8058-0773-3 Ⓝ369.4
⦅目次⦆第1章 児童福祉，第2章 児童手当・児童扶養手当・特別児童扶養手当等，第3章 母子及び寡婦福祉，第4章 母子保健，第5章 精神薄弱者福祉・心身障害者福祉協会，第6章 関係法令・条約，第7章 資料
⦅内容⦆児童福祉法を始めとする児童福祉関係法令から，政令，省令，告示，通知までを収録。毎年見直しを行っており，本年版は平成2年10月20日現在。

児童福祉六法 平成4年版 厚生省児童家庭局編 中央法規出版 1991.11 1764p 19cm 4800円 ⓘ4-8058-0894-2 Ⓝ369.4
⦅目次⦆第1章 児童福祉，第2章 児童手当・児童扶養手当・特別児童扶養手当等，第3章 母子及び寡婦福祉，第4章 母子保健，第5章 精神薄弱者福祉・心身障害者福祉協会，第6章 関係法令・条約，第7章 資料

児童福祉六法 平成5年版 厚生省児童家庭局編 中央法規出版 1992.11 1764p 19cm 5000円 ⓘ4-8058-1042-4
⦅目次⦆第1章 児童福祉，第2章 児童手当・児童扶養手当・特別児童扶養手当等，第3章 母子及び寡婦福祉，第4章 母子保健，第5章 精神薄弱者福祉・心身障害者福祉協会，第6章 関係法令・条約，第7章 資料

児童福祉六法 平成6年版 厚生省児童家庭局編 中央法規出版 1993.11 1814p 19cm 5200円 ⓘ4-8058-1174-9
⦅目次⦆第1章 児童福祉，第2章 児童手当・児童扶養手当・特別児童扶養手当等，第3章 母子及び寡婦福祉，第4章 母子保健，第5章 精神薄弱者福祉・心身障害者福祉協会，第6章 関係法令・条約，第7章 資料
⦅内容⦆児童福祉法を始めとする児童福祉関係法令・政省令・告示・通知を網羅収録した法令集。巻頭に五十音順法令索引、法令名略語一覧を付す。

児童福祉六法 平成7年版 厚生省児童家庭局編 中央法規出版 1994.11 1964p 19cm 5400円 ⓘ4-8058-1294-X
⦅目次⦆第1章 児童福祉，第2章 児童手当・児童扶養手当・特別児童扶養手当等，第3章 母子及び寡婦福祉，第4章 母子保健，第5章 精神薄弱者福祉・心身障害者福祉協会，第6章 関係法令・条約，第7章 資料
⦅内容⦆児童福祉法を始めとする児童福祉関係法令・政省令・告示・通知を網羅収録した法令集。平成6年11月1日内容現在。巻末資料には答申・宣言等を収める。巻頭に五十音順法令索引、法令名略語一覧を付す。

児童福祉六法 平成8年版 厚生省児童家庭局編 中央法規出版 1995.11 1969p 19cm 5400円 ⓘ4-8058-4009-9
⦅目次⦆第1章 児童福祉，第2章 児童手当・児童扶養手当・特別児童扶養手当等，第3章 母子及び寡婦福祉，第4章 母子保健，第5章 精神薄弱者福祉・心身障害者福祉協会，第6章 関係法令・条約，第7章 資料

児童福祉六法 平成9年版 厚生省児童家庭局編 中央法規出版 1996.11 2067p 19cm 5459円 ⓘ4-8058-4062-5
⦅目次⦆第1章 児童福祉，第2章 児童手当・児童扶養手当・特別児童扶養手当等，第3章 母子及び寡婦福祉，第4章 母子保健，第5章 精神薄弱者福祉・心身障害者福祉協会，第6章 関係法令・条約

児童福祉六法 平成10年版 児童福祉法規研究会監修 中央法規出版 1998.1 2154p 19cm 5400円 ⓘ4-8058-4121-4
⦅目次⦆第1章 児童福祉，第2章 児童手当・児童扶養手当，第3章 母子及び寡婦福祉，第4章 母子保健等，第5章 精神薄弱者福祉・心身障害者福祉協会，第6章 関係法令・条約，第7章 資料

児童福祉六法 平成11年版 児童福祉法規研究会監修 中央法規出版 1999.1 2154p 19cm 5400円 ⓘ4-8058-4181-8
⦅目次⦆第1章 児童福祉，第2章 児童手当・児童扶養手当・特別児童扶養手当等，第3章 母子及び寡婦福祉，第4章 母子保健等，第5章 知的障害者福祉・心身障害者福祉協会，第6章 関係法令・条約，第7章 資料
⦅内容⦆児童福祉に関する、法、政・省令、告示、通知などを収録した法令集。内容は、1998年11

月26日現在。五十音索引付き。

児童福祉六法　平成12年版　児童福祉法規研究会監修　中央法規出版　2000.2　2170p　19cm　5500円　①4-8058-4240-7　Ⓝ369.4

(目次)第1章 児童福祉，第2章 児童手当・児童扶養手当・特別児童扶養手当，第3章 母子及び寡婦福祉，第4章 母子保健等，第5章 知的障害者福祉・心身障害者福祉協会，第6章 関係法令・条約，第7章 資料

(内容)児童福祉に関する法律、政・省令、告示、通知を収録した法令集。内容は2000年1月30日現在。巻頭に五十音順索引付き。

児童福祉六法　平成13年版　児童福祉法規研究会監修　中央法規出版　2000.12　2230p　19cm　5500円　①4-8058-4311-X　Ⓝ369.4

(目次)第1章 児童福祉，第2章 児童手当・児童扶養手当・特別児童扶養手当，第3章 母子及び寡婦福祉，第4章 母子保健等，第5章 知的障害者福祉・心身障害者福祉協会，第6章 関係法令・条約，第7章 資料

(内容)児童福祉関係の法・政・省令、告示、通知を7章に分けて収録した法令集。内容は平成12年11月15日現在。巻頭に五十音順索引あり。

児童福祉六法　平成14年版　児童福祉法規研究会監修　中央法規出版　2001.12　2303p　19cm　5500円　①4-8058-4374-8　Ⓝ369.4

(目次)第1章 児童福祉，第2章 児童手当・児童扶養手当・特別児童扶養手当，第3章 母子及び寡婦福祉，第4章 母子保健等，第5章 知的障害者福祉・心身障害者福祉協会，第6章 関係法令・条約，第7章 資料

(内容)児童福祉関連実務従事者向けに法令、政・省令、告示、通知まで体系的に編集した法令集。内容は2001年11月15日現在。

児童福祉六法　平成15年版　児童福祉法規研究会監修　中央法規出版　2002.11　2634p　19cm　5500円　①4-8058-4438-8　Ⓝ369.4

(目次)第1章 児童福祉，第2章 児童手当・児童扶養手当・特別児童扶養手当，第3章 母子及び寡婦福祉，第4章 母子保健等，第5章 知的障害者福祉・心身障害者福祉協会，第6章 関係法令・条約，第7章 資料

(内容)児童福祉関連実務従事者向けに、法令、政・省令、告示、通知まで体系的に編集した法令集。内容は平成14年10月24日現在のもの。児童福祉、児童手当・児童扶養手当・特別児童扶養手当、母子及び寡婦福祉、母子保健等、知的障害者福祉・心身障害者福祉協会、関係法令・条約、資料の7章からなる。巻頭に五十音索引を付す。

児童福祉六法　平成16年版　児童福祉法規研究会監修　中央法規出版　2003.11　2992p　19cm　5600円　①4-8058-4499-X

(目次)第1章 児童福祉，第2章 児童手当・児童扶養手当・特別児童扶養手当，第3章 母子及び寡婦福祉，第4章 母子保健等，第5章 知的障害者福祉・独立行政法人国立重度知的障害者総合施設のぞみの園，第6章 関係法令・条約，第7章 資料

(内容)本書は、児童福祉に携わる方々のために、簡便かつ実用的であることを旨とし、法はもとより政・省令、告示、通知に至るまで体系的に編集した。平成十五年十一月一日現在の内容。

児童福祉六法　平成17年版　児童福祉法規研究会監修　中央法規出版　2005.1　3054p　19cm　5600円　①4-8058-4563-5

(目次)第1章 児童福祉，第2章 児童手当・児童扶養手当・特別児童扶養手当，第3章 母子及び寡婦福祉，第4章 母子保健等，第5章 知的障害者福祉・独立行政法人国立重度知的障害者総合施設のぞみの園，第6章 関係法令・条約，第7章 資料

児童福祉六法　平成18年版　児童福祉法規研究会監修　中央法規出版　2005.11　2899p　19×14cm　5600円　①4-8058-4631-3

(目次)第1章 児童福祉等，第2章 児童手当・児童扶養手当・特別児童扶養手当，第3章 母子及び寡婦福祉，第4章 母子保健等，第5章 知的障害者福祉，第6章 関係法令・条約，第7章 資料

(内容)本書は、児童福祉に携わる方々のために、簡便かつ実用的であることを旨とし、法はもとより政・省令、告示、通知に至るまで体系的に編集した。

児童福祉六法　平成19年版　児童福祉法規研究会監修　中央法規出版　2006.11　2505p　19cm　5600円　①4-8058-4695-X

(目次)第1章 児童福祉等，第2章 児童手当・児童扶養手当・特別児童扶養手当，第3章 母子及び寡婦福祉，第4章 母子保健等，第5章 関係法令・条約，第6章 資料

(内容)児童福祉行政に携わる方のために必要な児童福祉法関係の法令・通知をまとめた実務六法。認定こども園法の収載。自立支援法施行に伴い大幅な構成替えをし、児童福祉行政に重点をおいて内容を整備。

児童福祉六法　平成20年版　児童福祉法規研究会監修　中央法規出版　2007.11　2505p　20×15cm　5600円　①978-4-8058-4774-9

(目次)第1章 児童福祉等(児童福祉，少子化社会対策，認定こども園，児童虐待の防止等，配偶者からの暴力の防止及び被害者の保護，児童買春，児童ポルノ)，第2章 児童手当・児童扶

養手当・特別児童扶養手当，第3章 母子及び寡婦福祉，第4章 母子保健等（母子保健，母体保護），第5章 関係法令・条約，第6章 資料
(内容)児童手当法の改正，放課後子どもプラン通知の収載。児童福祉行政の豊富な法令・通知を項目ごとに収載。主要な法律には法の概要を収載。

児童福祉六法　平成21年版　児童福祉法規研究会監修　中央法規出版　2008.12　10,2605p　19cm　5800円　Ⓘ978-4-8058-4847-0　Ⓝ369.4
(目次)第1章 児童福祉等，第2章 児童手当・児童扶養手当・特別児童扶養手当，第3章 母子及び寡婦福祉，第4章 母子保健等，第5章 関係法令・条約，第6章 資料
(内容)児童虐待防止法関連通知の収載。保育所保育指針告示の収載。児童福祉行政の豊富な法令・通知を項目ごとに収載。主要な法律には法の概要を収載。児童福祉に携わる方のための実務六法。

児童福祉六法　平成22年版　児童福祉六法編集委員会編　中央法規出版　2009.12　1冊　19cm　〈索引あり〉　6000円　Ⓘ978-4-8058-4907-1　Ⓝ369.4
(目次)第1章 児童福祉等，第2章 児童手当・児童扶養手当・特別児童扶養手当，第3章 母子及び寡婦福祉，第4章 母子保健等，第5章 関係法令・条約，第6章 資料
(内容)児童福祉行政の重要な法令はもちろんのこと，事業の実施に必要な重要通知やガイドラインを収載。22年版では，子育て支援事業の法定化，里親制度の改正，要保護児童対策協議会の機能強化，施設内虐待の防止など改正内容が盛りだくさん。

児童福祉六法　平成23年版　中央法規出版　2010.12　1冊　19cm　〈索引あり〉　6000円　Ⓘ978-4-8058-3391-9　Ⓝ369.4
(目次)第1章 児童福祉等，第2章 児童手当・児童扶養手当・特別児童扶養手当，第3章 母子及び寡婦福祉，第4章 母子保健等，第5章 関係法令・条約，第6章 資料
(内容)児童福祉法をはじめ児童福祉関連の法令・通知・ガイドラインを幅広く収載。本年版の主な改正内容：児童扶養手当法の改正，保育士養成課程の見直し，児童虐待防止関連の最新通知，他。

児童福祉六法　平成24年版　中央法規出版　2012.1　2494p　19cm　〈索引あり〉　6000円　Ⓘ978-4-8058-3585-2　Ⓝ369.4
(目次)第1章 児童福祉等，第2章 児童手当・児童扶養手当・特別児童扶養手当，第3章 母子及

び寡婦福祉，第4章 母子保健等，第5章 関係法令・条約，第6章 資料
(内容)児童福祉法をはじめ児童福祉関連の法令・通知を体系的に編集。地域主権改革による改正や児童福祉法施行規則改正による里親制度の改正を盛り込み発行。

新・児童福祉法正文　正文増補版　信山社編　信山社出版　1997.11　413p　21cm　（改正新法シリーズ 3）　6000円　Ⓘ4-7972-1633-6
(目次)1 新・児童福祉法正文，2 新・児童福祉法新旧対照条文，3 新・児童福祉法関連改正法新旧対照条文，4 児童福祉法等の一部改正法施行関係政令の整備に関する政令，5 児童福祉法施行規則等の一部改正省令，6 新・児童福祉法等の施行関係法（案）他について

<雑誌目次総覧>

児童養護　別冊　児童養護1・2総目次集　網野武博，柏女霊峰，新保幸男編　日本図書センター　2008.5　125p　21cm　（児童福祉文献ライブラリー　シリーズ2）　Ⓘ978-4-284-30186-2, 978-4-284-30175-6　Ⓝ369.4
(内容)児童福祉の黎明期にあたる1940年代から転換期にあたる1970年代までの重要文献・資料を複刻刊行する『児童養護』シリーズの目次集。第1期全10巻，第2期全10巻の収録文献の目次を掲載する。

<年鑑・白書>

子どもの貧困白書　子どもの貧困白書編集委員会編　明石書店　2009.9　351p　26cm　2800円　Ⓘ978-4-7503-3035-8　Ⓝ369.4
(目次)1 現代日本の子どもの貧困，2 子どもの暮らし・育ちと貧困，3 学費・教育費と奨学金問題，4 テーマで考える子どもの貧困，5 若者の貧困，6 貧困と地域沖縄から，7 外国に学ぶイギリス，8 なくそう！　子どもの貧困私たちのとりくみ
(内容)子どもをとりまく貧困の状況と，貧困をなくすための提言を示した資料集。さまざまな立場，いろいろな現場から，執筆者総数105人が解説・提言する。

大震災と子どもの貧困白書　「なくそう！子どもの貧困」全国ネットワーク編　（京都）かもがわ出版　2012.3　360p　26cm　3000円　Ⓘ978-4-7803-0521-0
(目次)第1部 大震災と子どもの貧困（震災があぶり出した子どもの貧困，子どもたち・若者たちから，子ども・家庭への支援，震災と子どもの貧困を考える），第2部 子どもの貧困2011（「過去最悪」子どもの貧困率15.7％，子どもの

貧困解決政策へ）

◆児童手当

<ハンドブック>

子ども手当ハンドブック　未来へのスタート　2010　矢崎公二著　大空出版　2010.4　241,3p　19cm　〈文献あり〉　1400円
①978-4-903175-28-7　Ⓝ369.4

(目次)第1章　「子ども手当」の誕生、第2章　子育て支援に成功したフランス、第3章　そもそも子ども手当とは？、第4章　他の国々の状況はどうなっているのか、第5章　日本は世界一の少子高齢社会、第6章　少子化が進むと、どうなるニッポン、第7章　これまでの政府の取り組み、第8章　少子化対策が失敗したわけ、第9章　22年度「子ども手当」の中身、第10章　「子ども手当」素朴な疑問—こんな時、どうなるの？、第11章　資料編

(内容)昨年の衆議院選で新聞記者から1年生議員になった矢崎公二氏が「子ども手当」の成り立ちや理念、目的を分かりやすく解説。また法案成立の立役者ともいうべき小宮山洋子・林久美子・西村智奈美議員にもインタビュー。さらに、子育て支援に成功したフランスの例も取り上げ、在日フランス大使館の参事官に話しを聞くなど精力的に取り組み、「子供は社会で育てる」という日本の未来への第一歩を著す。

<法令集>

児童手当関係法令通知集　平成12年版　児童手当制度研究会監修　中央法規出版　2000.8　359p　21cm　2500円　①4-8058-4279-2　Ⓝ369.4

(目次)1 法令編（児童手当法、児童手当法施行令、児童手当法施行規則、平成12年度における児童手当法に基づく一般事業主から徴収する拠出金に係る拠出金率を定める政令 ほか）、2 通知編（施行通知、事務取扱要領「事務取扱準則」、財務「児童手当交付金」）、3 疑義回答編（監護要件及び生計要件、住所要件、所得要件、認定及び支給、公務員、その他、特例給付関係）

(内容)児童手当関係の法令通知集。児童手当報、児童手当法施行令などの法令編、施行通知・事務取扱要領・財務についての通知編、看護要件及び生計要件、住所要件など質疑照会通知等を内容により整理した質疑応答の3編で構成。法令等の内容は平成12年8月7日現在。

児童手当関係法令通知集　平成13年版　児童手当制度研究会監修　中央法規出版　2001.7　382p　21cm　2500円　①4-8058-4354-3

(目次)1 法令編、2 通知編（施行通知、事務取扱要領、財務）、3 疑義回答編（監護要件及び生計要件、住所要件、所得要件、認定及び支給、公務員、その他、特例給付関係）

(内容)平成13年7月3日現在の内容で、法令編、通知編、疑義回答編を収載した法令通知集。

児童手当関係法令通知集　平成14年版　児童手当制度研究会監修　中央法規出版　2002.7　387p　21cm　2500円　①4-8058-4413-2

(目次)1 法令編、2 通知編（施行通知、事務取扱要領、財務）、3 疑義回答編（監護要件及び生計要件、住所要件、所得要件 ほか）

児童手当関係法令通知集　平成15年版　児童手当制度研究会監修　中央法規出版　2003.7　387p　22×16cm　2500円　①4-8058-4486-8

(目次)1 法令編、2 通知編（施行通知、事務取扱要領、財務）、3 疑義回答編（監護要件及び生計要件、住所要件、所得要件、認定及び支給、公務員、その他、特例給付関係）

児童手当関係法令通知集　平成16年版　児童手当制度研究会監修　中央法規出版　2004.9　396p　21cm　2500円　①4-8058-4551-1

(目次)1 法令編（児童手当法、児童手当法施行令、児童手当法施行規則 ほか）、2 通知編（施行通知、事務取扱要領、財務）、3 疑義回答編（監護要件及び生計要件、住所要件、所得要件 ほか）

児童手当関係法令通知集　平成17年版　児童手当制度研究会監修　中央法規出版　2005.6　370p　21cm　2500円　①4-8058-4605-4

(目次)1 法令編（児童手当法（昭和46年5月27日法律第73号）、児童手当法施行令（昭和46年9月4日政令第281号）、児童手当法施行規則（昭和46年9月4日厚生省令第33号） ほか）、2 通知編（施行通知、事務取扱要領、財務）、3 疑義回答編（監護要件及び生計要件、住所要件、所得要件、認定及び支給、公務員、その他、特例給付関係）

児童手当関係法令通知集　平成18年版　児童手当制度研究会監修　中央法規出版　2006.7　386p　21cm　2500円　①4-8058-4673-9

(目次)1 法令編（児童手当法、児童手当法施行令、児童手当法施行規則 ほか）、2 通知編（施行通知、事務取扱要領、財務）、3 疑義回答編（監護要件及び生計要件、住所要件、所得要件 ほか）

児童手当関係法令通知集　平成19年版　児

童手当制度研究会監修　中央法規出版
2007.6　394p　21cm　2500円　⓵978-4-8058-4739-8

⦅目次⦆1 法令編（児童手当法，児童手当法施行令，児童手当法施行規則 ほか），2 通知編（施行通知，事務取扱要領，財務），3 疑義回答編（監護要件及び生計要件，住所要件，所得要件ほか）

児童手当関係法令通知集　平成20年版　児童手当制度研究会監修　中央法規出版
2008.7　402p　21cm　2600円　⓵978-4-8058-4831-9

⦅目次⦆1 法令編（児童手当法，児童手当法施行令，児童手当法施行規則 ほか），2 通知編（施行通知，事務取扱要領，財務），3 疑義回答編（監護要件及び生計要件，住所要件，所得要件ほか）

児童手当関係法令通知集　平成24年版　中央法規出版　2012.8　581p　21cm　3000円
⓵978-4-8058-3693-4　Ⓝ369.4

⦅目次⦆1 法令編（児童手当法，児童手当法施行令，児童手当法施行規則 ほか），2 通知編（施行通知，事務処理要領，財務），3 疑義回答・Q&A編（疑義回答，Q&A）

青少年問題

＜書　誌＞

最新文献ガイド 荒れる10代　ひきこもり・ネット中毒・凶悪犯罪から少年法改正論議まで　日外アソシエーツ編　日外アソシエーツ，紀伊國屋書店〔発売〕　2001.5　233p　21cm　5300円　⓵4-8169-1665-2　Ⓝ367.6

⦅目次⦆少年論，少年事件，家庭，学校，いじめと不登校，海外事情，事項名索引

⦅内容⦆10代の青少年をめぐる様々な問題に関する文献の書誌。1997年以降に発行された雑誌記事・論文3776点，図書798点を収録する。テーマ別に構成し，雑誌記事，図書の順に発行年月により排列。雑誌記事は記事タイトル，著者名，掲載誌名，巻号・通号，発行年月，掲載頁を記載し，図書は書名，著者名，版表示，出版地，出版者，発行年月，頁数・冊数，大きさ，叢書名・叢書番号，注記，定価，ISBN，NDC分類，内容を記載する。巻末に五十音順の事項名索引付き。

青少年問題に関する文献集　第22巻　総務庁青少年対策本部編　総務庁青少年対策本部　1992.3　38,354,102p　26cm　〈1990.4～1991.3〉　Ⓝ367.6

青少年問題の本全情報 45/97　日外アソシエーツ編　日外アソシエーツ，紀伊国屋書店〔発売〕　1998.1　776p　21cm　28000円　⓵4-8169-1471-4

⦅目次⦆青少年一般，社会と青少年，経済・労働，学校問題，家庭問題，意識・心理，生活・文化，非行・犯罪，保険・体育

⦅内容⦆1945年から1997年6月までの53年間に日本国内で刊行された青少年関連の図書1万469点を収録した図書目録。全体を大きく9つの分野に分け，さらにその下に特定のテーマで図書をまとめている。巻末に著者名索引，事項名索引が付く。

青少年問題の本全情報 1997－2002　日外アソシエーツ編　日外アソシエーツ，紀伊国屋書店〔発売〕　2002.10　625p　21cm　26000円　⓵4-8169-1737-3　Ⓝ367.6

⦅目次⦆青少年一般，社会と青少年，経済・労働，学校問題，家庭問題，意識・心理，生活・文化，非行・犯罪，保健・体育

⦅内容⦆1997年7月～2002年6月に刊行された青少年問題に関する図書7157点を収録した書誌。いじめ，フリーター，学力低下，フリースクール，若者文化など285のテーマに分類。分類見出しの下で五十音順，欧文書名は末尾にABC順で排列，同一書名の図書は出版年月順に排列する。巻末に著者名索引，事項名索引がある。

青少年問題の本全情報 2002-2007　日外アソシエーツ編　日外アソシエーツ，紀伊國屋書店〔発売〕　2007.10　792p　21cm　26000円　⓵978-4-8169-2071-4

⦅目次⦆青少年一般，社会と青少年，経済・労働，学校問題，家庭問題，意識・心理，生活・文化，非行・犯罪，保健・体育

⦅内容⦆青少年問題に関する図書7845点の目録。現代社会を反映するテーマから，素早く検索。2002年7月～2007年6月に刊行された青少年問題に関する図書7845点を収録。学力問題，不登校，インターンシップ，少年法改正，若者文化など305のテーマに分類。特別支援教育，食育，いのちの教育，子どもの居場所などの最新テーマも収録。巻末に便利な「著名者索引」「事項名索引」付き。

＜事　典＞

青少年問題用語小辞典　青少年問題研究会編　（京都）同朋舎出版　1979.12　353p　19cm　1900円　Ⓝ379.2

⦅内容⦆青少年問題に関わる官庁・機関における執務上の参考図書及び関係者の手引き書として編集された。

犯罪・非行事典 星野周弘, 米川茂信, 荒木伸怡, 沢登俊雄, 西村春夫編　大成出版社　1995.11　754p　21cm　7600円　⓵4-8028-2746-6

〔目次〕第1部 犯罪・非行の実体と理論, 第2部 各種犯罪・非行の理論と実体, 第3部 刑事司法と少年保護手続, 第4部 犯罪者・非行少年の処遇, 第5部 犯罪・非行の予防

〔内容〕犯罪・非行に関する制度および理論を解説した専門事典。「犯罪・非行の実体と理論」「各種犯罪・非行の理論と実体」「刑事司法と少年保護手続」「犯罪者・非行少年の処遇」「犯罪・非行の予防」の5部構成。各部の末に関係の深い用語の解説を付す。巻末に本文および用語解説部分の総索引がある。

<ハンドブック>

子どもの相談・治療ハンドブック　全国情緒障害児短期治療施設協議会編　日本評論社　2008.7　239p　21cm　〈文献あり〉1800円　⓵978-4-535-56266-0　Ⓝ378.8

〔目次〕1 変貌する子どもの問題(親と子のこころの風景, 子どもの自殺 ほか), 2 相談を受けるにあたって(子どものこころの発達と現状, 症状や問題行動の成り立ちとその意味 ほか), 3 相談Q&A (視線が合わない, 弟をいじめる ほか), 4 相談をすすめるなかで(相談・治療が進展しない(停滞している)とき, 混乱状況への対応 ほか), 5 参考資料(向精神薬の基礎知識, 児童虐待における親子分離のめやす ほか)

〔内容〕問題行動にどう対応するか。典型的な相談事例を, 理解, 配慮, 見通しの3つの視点からQ&A形式でわかりやすく解説した援助者必携マニュアル。

問題行動解決支援ハンドブック　子どもの視点で考える　ロバート・E.オニール, ロバート・H.ホーナー, リチャード・W.アルビン, ジェフリー・R.スプラギュー, キース・ストーレイ, J・ステファン・ニュートン著, 茨木俊夫監修, 三田地昭典, 三田地真実監訳　学苑社　2003.4　170p　26cm　〈原書第2版　原書名：Functional Assesment and Program Development for Problem Behavior A Practical Handbook,second edition〉　⓵4-7614-0303-9　2500円

〔目次〕序論(このハンドブックの目的, 誰がこのハンドブックを使うべきか?, 機能的アセスメント, 機能的アセスメントとは何か?, 機能的アセスメントの三つのアプローチ, なぜ, 機能的アセスメントを行うのか?, 機能的アセスメントを行なう前に一考えなければならない, いくつかの付加項目, 根底にある三つの価値

観), 機能的アセスメントとその分析方略(機能的アセスメントインタビュー, 対象となっている個人を参加させる一生徒に直接行なう機能的アセスメントインタビュー, 直接観察, 機能分析の操作), 行動支援計画の立案(行動支援計画を立案するときの四つの配慮事項, 介入手続きの選択―競合行動バイパスモデル), 行動支援計画を文書にする(なぜ行動支援計画書を書かなければならないのか?, 行動支援計画に必要な要素)

〔内容〕子どもは問題行動を示すことで何かを相手に訴えようとしている。本書は機能的アセスメントを用いることで, その「何か」を解き明かし, さらに問題行動を解決する介入プラン立案までのプロセスを分かりやすく解説する。専門用語の使用を最小限にとどめており, 行動分析を学んだことのない家族, 教師, 支援スタッフなどにも理解しやすい内容となっている。

◆青少年犯罪

<年鑑・白書>

犯罪白書　平成10年版　少年非行の動向と非行少年の処遇　法務省法務総合研究所編　大蔵省印刷局　1998.10　510p　21cm　1760円　⓵4-17-350173-0

〔目次〕第1編 犯罪の動向(平成9年の犯罪の概観, 各種の犯罪と犯罪者, 犯罪被害とその国家的救済), 第2編 犯罪者の処遇(処遇の概要, 検察, 裁判 ほか), 第3編 少年非行の動向と少年の処遇(少年非行の動向と特質, 非行少年の処遇, 非行少年の特質 ほか)

◆少年司法

<事　典>

矯正用語事典　鴨下守孝, 松本良枝編集代表　東京法令出版　2006.4　384p　19cm　2600円　⓵4-8090-5077-7

〔内容〕矯正に関わる法学, 行政法, 刑事法, 刑事政策, 教育学, 心理学, 社会学, 医学, 行刑法, 少年法・少年院法・婦人歩道院法, 行政実務, 少年院実務, 少年鑑別所実務, 更生保護, 職員・組織, 統計の分野から用語を選定し解説した用語事典。

矯正用語事典　改訂　鴨下守孝ほか編　東京法令出版　2009.4　401p　19cm　〈文献あり　索引あり〉　2700円　⓵978-4-8090-5090-9　Ⓝ326.53

〔内容〕矯正職員の職務に必要とされる用語を項目としてとりあげ解説。矯正実務に係わる法学, 行政法, 刑事法, 刑事政策, 教育学, 心理学, 社会学, 医学, 行刑法, 少年法・少年院

法・婦人補導院法、行刑実務、少年院実務、少年鑑別所実務、更生保護、職員・組織、統計の分野から重要項目を選定。

<法令集>

携帯刑事少年六法　2012年版　携帯刑事少年六法編修委員会編　現代人文社，大学図書〔発売〕　2011.10　605p　21cm　2900円
①978-4-87798-492-2

(目次)憲法・条約等，刑事実体法・条例，刑事手続法令，少年，処遇，資料

(内容)弁護活動・付添人活動に必携、極めの六法。神奈川・千葉・埼玉など13の法令・条例を追加。2012年に施行される条文を織り込み、最前線で使える。

<統計集>

司法統計年報　4　少年編　最高裁判所事務総局編　法曹会　1998.9　228p　26cm　2667円

(目次)1 総覧表(全事件，少年保護事件，準少年保護事件，少年審判等共助事件，少年審判雑事件，少年の保護処分決定に対する抗告事件，少年の福祉を害する成人の刑事事件)，2 既済事件に関する細別表(一般保護事件(少年保護事件のうち道路交通保護事件を除いたもの)，少年の福祉を害する成人の刑事事件，少年補償事件)

(内容)1997年中に全国の裁判所が取り扱った少年に関する全事件についての裁判統計報告を、各種分類項目に従って集計整理し、収録したもの。

司法統計年報　4　少年編　最高裁判所事務総局編　法曹会　1999.9　228p　26cm　2667円

(目次)1 総覧表(全事件，少年保護事件，準少年保護事件，少年審判等共助事件，少年審判雑事件，少年の保護処分決定に対する抗告事件，少年の福祉を害する成人の刑事事件)，2 既済事件に関する細別表(一般保護事件(少年保護事件のうち道路交通保護事件を除いたもの)，少年の福祉を害する成人の刑事事件，少年補償事件)

(内容)1998年中に全国の裁判所が取り扱った少年に関する全事件についての裁判統計報告を、各種分類項目に従って集計整理し、収録したもの。

労働

<ハンドブック>

世界の若者と雇用　学校から職業への移行を支援する：OECD若年者雇用レビュー：統合報告書　OECD編著，濱口桂一郎監訳，中島ゆり訳　明石書店　2011.12　246p　22cm　〈文献あり〉　3800円　①978-4-7503-3514-8　Ⓝ366.2

(目次)第1章 雇用危機を若者はどのようにくぐり抜けているか，第2章 若年雇用の課題，第3章 若者の学校から職業への移行における経路と障壁，第4章 職業への移行を改善するよりよい教育訓練，第5章 若年雇用に対する需要側の障壁を取り除く，第6章 若者に対する雇用危機の長期間の影響を最小限にする，第7章 結論：若者のための雇用政策を実行する

(内容)この報告書は、若者に有益な雇用政策と実践の新しい課題に重要な貢献をするものである。雇用危機における若者の雇用と失業の状況を分析し、OECD諸国で成功した政策手段を明らかにしている。そしてまた、学校から職業への移行を容易にする教育と労働市場の構造改革も論じている。この報告書には、OECD『若者と雇用』シリーズの16か国のレビューから得られた近年のデータと主な教訓が活用されている。

若者就労支援「静岡方式」で行こう!!　地域で支える就労支援ハンドブック　津富宏，青少年就労支援ネットワーク静岡編著　(京都)クリエイツかもがわ，(京都)かもがわ出版〔発売〕　2011.11　185p　21cm　2000円　①978-4-86342-071-7

(目次)REPORT フリーライターが見た青少年就労支援ネットワーク静岡 「静岡方式」の利点，01 静岡方式のノウハウ，02 OBインタビュー，03 若者とともに悩み、支える，04 就労体験先，05 「静岡方式」を取り入れた秋田県の試み，静岡方式の実際

(内容)多様な引き出しをもつ「素人(サポーター)」集団が緊密に連携、働けない若者を働く若者に変える！　若者に寄り添う伴走型支援のノウハウをすべて明らかに―セミナー修了者・就労体験先のインタビューを収録。

<年鑑・白書>

勤労青少年の現状　平成元年版　労働省労政局編　大蔵省印刷局　1990.5　177p　21cm　〈発売：東京官書普及〉　1456円　①4-17-161964-5　Ⓝ366.38

(内容)政府関係諸機関が発表した最新の統計資料の側面から、勤労青少年の現状を紹介。勤労青少年の現状、勤労青少年対策の概況(平成元年度の施策)の2部からなる。

勤労青少年の現状　平成2年版　労働省労政局編　大蔵省印刷局　1991.4　188p　21cm　〈発売：東京官書普及〉　1456円　①4-17-161965-3　Ⓝ366.38

(内容)勤労青少年の現状を統計的側面から紹介

することを目的に、政府関係機関が発表した最新統計資料をまとめたもの。平成元年実施「勤労青少年福祉に関する総合的な調査」の詳細を掲載。本文では平成2年度の施策を中心に説明。

勤労青少年の現状　平成3年版　労働省労政局編　大蔵省印刷局　1992.4　195p　21cm　1700円　①4-17-161966-1

(目次)1 勤労青少年の現状(勤労青少年の概況,勤労青少年の職業生活の動向),2 勤労青少年対策の概況(勤労青少年福祉対策,新規学校卒業者の雇用対策,青少年労働者の職業能力開発),参考資料(勤労青少年福祉法,勤労青少年育成団体一覧,都道府県別勤労青少年ホーム等の設置数,勤労青少年ホーム一覧,自己啓発助成給付金,中小企業福祉補助事業,ワーキング・ホリデー制度,青年海外協力隊派遣事業)

勤労青少年の現状　平成4年版　労働省労政局編　大蔵省印刷局　1993.4　197p　21cm　1700円　①4-17-161967-X

(目次)勤労青少年の現状(勤労青少年の概況,勤労青少年の職業生活の動向,勤労学生の就労等実態調査の結果概要),勤労青少年対策の概況(勤労青少年福祉対策,新規学校卒業者の雇用対策,青少年労働者の職業能力開発,働きがいと技能尊重に関する有識者懇談会の開催),参考資料(勤労青少年福祉法,勤労青少年育成団体一覧,都道府県別勤労青少年ホーム等の設置数,勤労青少年ホーム一覧,自己啓発助成給付金,中小企業福祉補助事業,ワーキング・ホリデー制度,青年海外協力隊派遣事業,働きがいと技能尊重に関する有識者懇談会報告)

勤労青少年の現状　平成5年版　労働省労政局編　大蔵省印刷局　1994.6　160p　21cm　1700円　①4-17-161968-8

(目次)1 勤労青少年の現状(勤労青少年の概況,勤労青少年の職業生活の動向,若年勤労者の国際交流に関する調査結果の概要),2 勤労青少年対策の概況(勤労青少年福祉対策,新規学校卒業者の雇用対策,青少年労働者の職業能力開発),参考資料(勤労青少年福祉法,勤労青少年育成団体一覧,都道府県別勤労青少年ホーム等の設置数,勤労青少年ホーム一覧,自己啓発助成給付金,中小企業福祉補助事業,ワーキング・ホリデー制度,青年海外協力隊派遣事業)

(内容)本書は、政府関係機関が発表した最新の統計資料から、勤労青少年に関するものをまとめ、主として勤労青少年の現状を統計的側面から紹介するとともに、平成5年度の勤労青少年福祉対策の概況を説明する。

勤労青少年の現状　平成6年版　労働省労政局編　大蔵省印刷局　1995.8　171p　21cm　1700円　①4-17-161969-6

(目次)1 勤労青少年の現状(勤労青少年の概況,勤労青少年の職業生活の動向,勤労青少年指導者に関する調査結果の概要),2 勤労青少年対策の概況(勤労青少年福祉対策,新規学校卒業者の雇用対策,青少年労働者の職業能力開発)

(内容)勤労青少年の現状および1994年度の勤労青少年福祉対策の概況をまとめたもの。現状については政府関係機関の発表による統計資料を基に解説を加えている。

働く若者のデータブック　平成9年版　労働省労政局編　大蔵省印刷局　1998.4　114p　30cm　1600円　①4-17-355098-7

(目次)1 働く若者の職業生活の動向,2 働く若者の意識の変化,3 働く若者の自由時間活動,4 勤労学生の就労等に関する実態調査結果の概要,5 参考資料

書名索引

【あ】

愛知児童文化事典 257
青森県教育関係者必携 平成8年版 32
青森県教育関係者必携 平成10年版 32
青森県教育関係者必携 平成12年版 32
青森県教育関係者必携 平成14年版 32
青森県教育関係者必携 平成16年版 32
青森県教育関係者必携 平成18年版 32
青森県教育関係者必携 平成20年版 32
青森県教育関係者必携 平成22年版 32
赤ちゃん絵本ノート 73
あかちゃんの絵本箱 74
あすの授業アイデア チョイ引き活用事典
　... 143
あそびうたハンドブック 87
遊びの指導 エンサイクロペディア 乳幼児編 ハンディ版 87
新しい小学校学校行事 実践活用事典 第1巻 209
新しい小学校学校行事 実践活用事典 第2巻 209
新しい小学校学校行事 実践活用事典 第3巻 209
新しい小学校学校行事 実践活用事典 第4巻 209
新しい小学校学校行事 実践活用事典 第5巻 209
アフリカの高等教育 237
アメリカ医学留学ガイド 改訂第2版 222
アメリカ高校留学ガイド 223
アメリカ2年制大学留学ガイド 新版 223
アメリカ北中部地区基準協会の大学・カレッジ評価ハンドブック 237
アメリカ有名英語学校・英語講座 223
アメリカ有名短大・大学留学 223
アメリカ留学公式ガイドブック 2010 ... 223
アメリカ留学公式ガイドブック 2013 ... 223
アメリカ留学日常語事典 221
アメリカ留学マニュアル 223
アメリカわくわくスペシャリスト留学 ... 223
安全教育事典 214

【い】

医学教育ハンドブック 238
イギリス留学事典 221
生きるための知識と技能 189
生きるための知識と技能 2 190
生きるための知識と技能 3 190
育児の事典 75
いじめ問題ハンドブック 216
いつでも大人気「係り活動」小事典 208
異文化コミュニケーション・ハンドブック
　... 179
今すぐできる幼・保・小連携ハンドブック
　... 83
イラスト手話辞典 2 198
イラストでわかる小学校単元別教材・教具一覧 1 146
イラストでわかる小学校単元別教材・教具一覧 2 146
イラストでわかる小学校単元別教材・教具一覧 3 146
eラーニング白書 2001/2002年版 226
eラーニング白書 2002/2003年版 226
eラーニング白書 2003/2004年版 226
eラーニング白書 2004/2005年版 226
eラーニング白書 2005/2006年版 226
eラーニング白書 2006/2007年版 227
eラーニング白書 2007/2008年版 227
eラーニング白書 2008/2009年版 227
岩波教育小辞典 3
インターナショナルスクールガイド 227
インターネット教育イエローページ 99年版 6
インターネット 世界の学校アドレスブック 109

【え】

英語音読指導ハンドブック 154
英語科教育法ハンドブック 154
英語教育現代キーワード事典 153
英語教育雑誌目次総覧 156
英語教育雑誌目次総覧 著者名索引 156
英語教育指導法事典 153

えいこ　　　　書名索引

英語教育指導法事典 新編 改訂新版 ……… 153
「英語教育のための文学」案内事典 ……… 153
英語教育用語辞典 ……………………… 153
英語教育用語辞典 改訂版 ………………… 153
英国人による英国留学生活ハンドブック
　改訂新版 ………………………………… 224
英語語彙指導ハンドブック ……………… 154
英語テストなしのアメリカ大学留学 …… 224
英語リーディング指導ハンドブック …… 154
英文 文部科学統計要覧 平成14年版 …… 60
英文 文部科学統計要覧 平成15年版 …… 60
英文 文部科学統計要覧 平成16年版 …… 60
英文 文部科学統計要覧 2005年版 ……… 60
英文 文部科学白書 平成13年度 ………… 57
英文 文部科学白書 平成14年度 ………… 57
英文 文部科学白書 平成16年度 ………… 58
英文 文部科学白書 平成17年度 ………… 58
英文 文部科学白書 平成18年度 ………… 58
英文 文部統計要覧 平成11年版 ………… 60
英文 文部統計要覧 平成12年版 ………… 60
英文 文部統計要覧 平成13年版 ………… 60
英和学習基本用語辞典生物 ……………… 159
英和 生物学習基本用語辞典 ……………… 159
英和・和英学校教育用語集 ……………… 105
絵でわかる社会科事典 1 ………………… 163
絵でわかる社会科事典 2 ………………… 163
絵による児童診断ハンドブック ………… 71
えほん 子どものための300冊 …………… 74
LD・ADHD等関連用語集 第3版 ……… 201
LD・学習障害事典 ……………………… 201

【お】

OECD教員白書 …………………………… 24
OECD保育白書 …………………………… 94
往来物解題辞典 …………………………… 191
おさんぽあそびハンドブック …………… 87
オープン・エデュケーション文献目録 … 142
おもしろ実験・ものづくり事典 ………… 159
オーラル・コミュニケーションハンドブッ
　ク ………………………………………… 154
音楽科授業の指導と評価 ………………… 176
音楽家のための留学ガイド ……………… 222
音楽教科書掲載作品10000 ……………… 175
音声言語指導大事典 ……………………… 145
音読・群読・ことばあそびハンドブック … 150

【か】

海外・帰国・中国引揚者子女教育ガイド
　ブック …………………………………… 208
海外進学時代のアメリカ150大学ガイド
　……………………………………………… 224
海外留学英語辞典 ………………………… 222
海外留学快適生活マニュアル アメリカ・カ
　ナダ・イギリス・オーストラリア・ニュー
　ジーランド編 …………………………… 221
海外留学生・帰国子女のための進学ガイド
　……………………………………………… 221
外国語教育学大辞典 ……………………… 153
外国人留学生のための奨学金案内 2005-
　2006年版 ………………………………… 225
「介護等の体験」ハンドブック …………… 137
改正児童福祉法新旧対照条文集 ………… 279
解説 教育六法 1990（平成2年版） ……… 33
解説 教育六法 1991（平成3年版） ……… 33
解説 教育六法 1992（平成4年版） ……… 33
解説 教育六法 1993（平成5年版） ……… 33
解説 教育六法 1994（平成6年版） ……… 33
解説 教育六法 1995（平成7年版） ……… 33
解説 教育六法 1996（平成8年版） ……… 33
解説 教育六法 1997（平成9年版） ……… 33
解説 教育六法 1998（平成10年版） …… 34
解説 教育六法 1999（平成11年版） …… 34
解説 教育六法 2000（平成12年版） …… 34
解説教育六法 2001（平成13年版） ……… 34
解説教育六法 2002（平成14年版） ……… 34
解説教育六法 2003（平成15年版） ……… 34
解説教育六法 2004（平成16年版） ……… 34
解説 教育六法 2005（平成17年版） …… 34
解説 教育六法 2006（平成18年版） …… 35
解説 教育六法 2007（平成19年版） …… 35
解説 教育六法 2008（平成20年版） …… 35
解説 教育六法 2009（平成21年版） …… 35
解説 教育六法 2010（平成22年版） …… 35
解説教育六法 2011（平成23年版） ……… 35
解説教育六法 2012（平成24年版） ……… 35
改訂 教育法講義資料 …………………… 32
改訂福祉施設実習ハンドブック 改訂版
　……………………………………………… 103
懐徳堂事典 ………………………………… 21
解剖・観察・飼育大事典 ………………… 160
カウンセリング感覚のある学級経営ハンド
　ブック …………………………………… 132

書名索引　　　　　　　　　　　　　　かつこ

科学研究費補助金交付・執行等事務の手引
　平成3年度版 ……………………… 229
科学研究費補助金交付・執行等事務の手引
　平成6年度版 ……………………… 229
科学研究費補助金交付・執行等事務の手引
　平成13年度版 ……………………… 229
科学研究費補助金交付・執行等事務の手引
　平成14年度版 ……………………… 229
科学研究費補助金交付・執行等事務の手引
　平成15年度版 ……………………… 229
華僑教育関係文献資料目録 …………… 207
学習科学ハンドブック ………………… 68
学習指導用語事典 第3版 …………… 142
学習指導要領用語辞典 ………………… 142
学生がとりたい!!資格ベスト・ガイド 理科
　系 …………………………………… 246
学生部ハンドブック …………………… 118
学童保育指導員ハンドブック ………… 78
学童保育ハンドブック ………………… 78
学費免除・奨学金で行く大学・大学院 … 239
家族本40 ……………………………… 79
学級経営重要用語300の基礎知識 …… 131
学級づくりハンドブック ……………… 132
学級担任ハンドブック ………………… 132
学校 改訂新版 ………………………… 22
学校安全事典 …………………………… 215
学校安全ハンドブック ………………… 215
学校医・学校保健ハンドブック ……… 129
学校医・養護教諭のための学校心臓病検診
　ハンドブック ………………………… 129
学校運営便覧 …………………………… 118
学校運営便覧 新版 …………………… 118
学校運営便覧 第3版 ………………… 118
学校園おもしろ栽培ハンドブック …… 211
学校管理運営実務必携 第11次改訂版 … 119
学校管理職必携新学習指導要領ハンドブッ
　ク ……………………………………… 143
学校基本調査報告書 平成元年度 …… 112
学校基本調査報告書 平成2年度 …… 112
学校基本調査報告書 平成3年度 …… 113
学校基本調査報告書 平成4年度 …… 113
学校基本調査報告書 平成5年度 …… 113
学校基本調査報告書 平成6年度 …… 113
学校基本調査報告書 平成7年度 …… 113
学校基本調査報告書 平成8年度 …… 113
学校基本調査報告書 平成9年度 …… 113,114
学校基本調査報告書 平成10年度 …… 114
学校基本調査報告書 平成11年度 …… 114
学校基本調査報告書 平成12年度 …… 114
学校基本調査報告書 平成13年度 …… 114

学校基本調査報告書 平成14年度 …… 114
学校基本調査報告書 平成15年度 …… 114,115
学校基本調査報告書 平成16年度 …… 115
学校基本調査報告書 平成17年度 …… 115
学校基本調査報告書 平成18年度 …… 115
学校基本調査報告書 平成19年度 …… 115,116
学校基本調査報告書 平成20年度 …… 116
学校基本調査報告書 平成21年度 …… 116
学校基本調査報告書 平成22年度 …… 116
学校基本調査報告書 平成23年度 …… 116
学校基本調査報告書 平成24年度 …… 116
学校給食必携 第7次改訂版 ………… 213
学校給食要覧 平成2年版 …………… 213
学校教育 ……………………………… 35
学校教育キーワード事典 ……………… 105
学校教育辞典 新版 …………………… 105
学校教育相談学ハンドブック ………… 189
学校教員統計調査報告書 平成4年度 … 136
学校教員統計調査報告書 平成7年度 … 136
学校教員統計調査報告書 平成10年度 … 136
学校教員統計調査報告書 平成13年度 … 136
学校教員統計調査報告書 平成16年度 … 136
学校教員統計調査報告書 平成19年度 … 136
学校教員統計調査報告書 平成22年度 … 137
学校経営重要用語300の基礎知識 …… 117
学校健康相談・指導事典 ……………… 128
学校財務実務便覧 ……………………… 119
学校事務事典 …………………………… 117
学校事務小六法 2002 ………………… 36
学校事務小六法 2008 ………………… 36
学校心理学ハンドブック ……………… 189
学校創立者人名事典 …………………… 106
学校と学校薬剤師 2011 ……………… 129
学校・図書館 …………………………… 126
学校図書館基本図書目録 1990年版 … 217
学校図書館基本図書目録 1991年版 … 217
学校図書館基本図書目録 1992年版 … 218
学校図書館基本図書目録 1993年版 … 218
学校図書館基本図書目録 1994年版 … 218
学校図書館基本図書目録 1995年版 … 218
学校図書館基本図書目録 1996年版 … 218
学校図書館基本図書目録 1997年版 … 218
学校図書館基本図書目録 1998年版 … 218
学校図書館基本図書目録 1999年版 … 218
学校図書館基本図書目録 2000年版 … 218
学校図書館基本図書目録 2001年版 … 219
学校図書館基本図書目録 2002年版 … 219
学校図書館基本図書目録 2003年版 … 219
学校図書館基本図書目録 2004年版 … 219
学校図書館基本図書目録 2005年版 … 219

学校・教育問題レファレンスブック　291

学校図書館基本図書目録 2006年版 …… 219	学校法人ハンドブック ………………… 121
学校図書館基本図書目録 2007年版 …… 219	学校法人ハンドブック 改訂版 ………… 121
学校図書館基本図書目録 2008年版 …… 220	学校法人ハンドブック 三訂版 ………… 121
学校図書館基本図書目録 2009年版 …… 220	学校法人ハンドブック 4訂版 ………… 121
学校図書館基本図書目録 2010年版 …… 220	学校法人ハンドブック 5訂版 ………… 121
学校図書館基本図書目録 2011年版 …… 220	学校法人ハンドブック 6訂版 ………… 121
学校図書館基本図書目録 2012年版 …… 220	学校法人名簿 平成5年版 ……………… 106
学校図書館50年史年表 ………………… 220	学校保健・学校安全法令必携 新訂版 …… 216
学校に行けない子どもたちへの対応ハンドブック ………………………………… 217	学校保健・学校安全法令必携 第3次改訂版 ……………………………………… 216
学校における製品安全教育のすすめ方 家電製品・スポーツ用品編 …………… 178	学校保健学校安全法令必携 第4次改訂版 ……………………………………… 216
がっこう百科 ……………………………… 109	学校保健・学校安全法令必携 第5次改訂版 ……………………………………… 216
学校法人会計監査六法 平成22年版 …… 122	学校保健・学校安全法令必携 第6次改訂 ……………………………………… 216
学校法人会計監査六法 平成23年版 …… 122	学校保健学校安全法令必携 第7次改訂 ………………………………………… 216
学校法人会計監査六法 平成24年版 …… 122	学校保健・健康教育用語辞典 ………… 128
学校法人会計実務総覧 …………………… 119	学校保健実務必携 第2次改訂版 新訂版 ………………………………………… 129
学校法人会計実務総覧 改訂第2版 …… 119	学校保健統計調査報告書 平成元年度 … 130
学校法人会計小六法 平成18年版 ……… 123	学校保健統計調査報告書 平成2年度 … 130
学校法人会計小六法 平成19年版 ……… 123	学校保健統計調査報告書 平成3年度 … 130
学校法人会計小六法 平成20年版 ……… 123	学校保健統計調査報告書 平成4年度 … 130
学校法人会計ハンドブック ……………… 119	学校保健統計調査報告書 平成5年度 … 130
学校法人会計ハンドブック 平成10年版 ……………………………………… 119	学校保健統計調査報告書 平成6年度 … 130
学校法人会計ハンドブック 平成13年版 ……………………………………… 119	学校保健統計調査報告書 平成7年度 … 130
学校法人会計ハンドブック 平成17年版 ……………………………………… 119	学校保健統計調査報告書 平成8年度 … 130
学校法人会計ハンドブック 平成20年版 ……………………………………… 119	学校保健統計調査報告書 平成9年度 … 130
学校法人会計要覧 平成2年版 ………… 119	学校保健統計調査報告書 平成10年度 … 130
学校法人会計要覧 平成3年版 ………… 119	学校保健統計調査報告書 平成11年度 … 130
学校法人会計要覧 平成7年版 ………… 120	学校保健統計調査報告書 平成12年度 … 130
学校法人会計要覧 平成8年版 ………… 120	学校保健統計調査報告書 平成13年度 … 130
学校法人会計要覧 平成9年版 ………… 120	学校保健統計調査報告書 平成14年度 … 131
学校法人会計要覧 平成10年版 ………… 120	学校保健統計調査報告書 平成15年度 … 131
学校法人会計要覧 平成11年版 ………… 120	学校保健統計調査報告書 平成16年度 … 131
学校法人会計要覧 平成12年版 ………… 120	学校保健統計調査報告書 平成17年度 … 131
学校法人会計要覧 平成13年版 ………… 120	学校保健統計調査報告書 平成18年度 … 131
学校法人会計要覧 平成14年版 ………… 120	学校保健統計調査報告書 平成19年度 … 131
学校法人会計要覧 平成15年版 ………… 120	学校保健統計調査報告書 平成20年度 … 131
学校法人会計要覧 平成16年版 ………… 120	学校保健統計調査報告書 平成21年度 … 131
学校法人会計要覧 平成17年版 ………… 120	学校保健統計調査報告書 平成22年度 … 131
学校法人会計要覧 平成18年版 ………… 120	学校保健統計調査報告書 平成23年度 … 131
学校法人会計要覧 平成19年版 ………… 120	学校保健ハンドブック 第5次改訂 …… 129
学校法人会計要覧 平成20年版 ………… 120	学校名変遷総覧 大学・高校編 ………… 106
学校法人会計要覧 平成21年版 ………… 120	学校用語英語小事典 改訂増補版 ……… 105
学校法人会計要覧 平成22年版 ………… 120	学校用語英語小事典 第3版 …………… 105
学校法人会計要覧 平成23年版 ………… 120	家庭科教育事典 …………………………… 175
学校法人会計要覧 平成24年版 ………… 121	家庭・技術科重要用語300の基礎知識 … 175

家庭と子育ての指標 ………………	76
神奈川県教育関係例規集 平成13年版 ‥‥	32
神奈川県教育関係例規集 平成17年版 ‥‥	32
カナダ留学ガイドブック …………	224
カナダ留学事典 ……………………	221
体と心保健総合大百科 小学校編 2008年 ………………………………………	172
体と心保健総合大百科 中・高校編 2008年 ………………………………………	172
カルチャー生涯学習講座名ハンドブック ………………………………………	274
環境教育ガイドブック ……………	180
環境教育がわかる事典 ……………	181
環境教育事典 ………………………	180
環境教育辞典 ………………………	180
環境教育指導事典 …………………	180
環境にやさしい幼稚園・学校づくりハンドブック …………………………	85
韓国大学全覧 ………………………	236
関西学院事典 ………………………	234
観点別評価ハンドブック …………	143

【き】

帰国子女受入れ大学全調査 付短期大学 2001年版 ……………………………	208
帰国子女のための学校便覧 2013 ………	208
技術科教育辞典 ……………………	175
基礎演習ハンドブック ……………	246
基礎演習ハンドブック 改訂新版 …	246
岐阜県教育法令要覧 平成元年版 ………	36
岐阜県教育法令要覧 平成4年版 ………	36
岐阜県教育法令要覧 平成7年版 ………	36
岐阜県教育法令要覧 平成10年版 ………	36
岐阜県教育法令要覧 平成12年版 ………	36
岐阜県教育法令要覧 平成15年版 ………	36
"疑問"に即座に答える算数数学学習小事(辞)典 ………………………………	157
キャリア教育文献資料集 別冊 …………	187
Q&A外国人・留学生支援「よろず相談」ハンドブック ………………………	225
Q&A 学校災害対応ハンドブック ………	215
Q&A高等学校産業教育ハンドブック ……	187
Q&A児童虐待防止ハンドブック ………	80
Q&A児童虐待防止ハンドブック 改訂版 ………………………………………	80
Q&A早わかり食育基本法 ……………	213
給食経営管理実務ガイドブック 改訂新版 ………………………………………	213
給食経営管理用語辞典 ……………	212
給食用語辞典 第3版 ………………	212
旧制中等教育国語科教科書内容索引 ……	150
教育アンケート調査年鑑 1995年版 上 ………………………………………	13
教育アンケート調査年鑑 1995年版 下 ………………………………………	13
教育アンケート調査年鑑 1996年版 上 ………………………………………	13
教育アンケート調査年鑑 1996年版 下 ………………………………………	13
教育アンケート調査年鑑 1997年版 上 ………………………………………	13
教育アンケート調査年鑑 1997年版 下 ………………………………………	13
教育アンケート調査年鑑 1998年版 上 ………………………………………	13
教育アンケート調査年鑑 1998年版 下 ………………………………………	13
教育アンケート調査年鑑 1999年版 上 ………………………………………	13
教育アンケート調査年鑑 1999年版 下 ………………………………………	13
教育アンケート調査年鑑 2000年版 上 ………………………………………	13
教育アンケート調査年鑑 2000年版 下 ………………………………………	13
教育アンケート調査年鑑 2001年版 上 ………………………………………	13
教育アンケート調査年鑑 2001年版 下 ………………………………………	13
教育アンケート調査年鑑 2002年版 上 ………………………………………	13
教育アンケート調査年鑑 2002年版 下 ………………………………………	13
教育アンケート調査年鑑 2003年版 上 ………………………………………	13
教育アンケート調査年鑑 2003年版 下 ………………………………………	13
教育アンケート調査年鑑 2004年版 上 ………………………………………	13
教育アンケート調査年鑑 2004年版 下 ………………………………………	13
教育アンケート調査年鑑 2005年版 上 ………………………………………	13
教育アンケート調査年鑑 2005年版 下 ………………………………………	14
教育アンケート調査年鑑 2006年版 上 ………………………………………	14
教育アンケート調査年鑑 2006年版 下 ………………………………………	14
教育アンケート調査年鑑 2007年版 上	

きよう　　　　　　　　　　書名索引

教育アンケート調査年鑑 2007年版 下 ……… 14
教育アンケート調査年鑑 2008年版 上 ……… 14
教育アンケート調査年鑑 2008年版 下 ……… 14
教育アンケート調査年鑑 2009年版 上 ……… 14
教育アンケート調査年鑑 2009年版 下 ……… 14
教育アンケート調査年鑑 2010年版 上 ……… 15
教育アンケート調査年鑑 2010年版 下 ……… 15
教育アンケート調査年鑑 2011年版 上 ……… 15
教育アンケート調査年鑑 2011年版 下 ……… 15
教育アンケート調査年鑑 2012年版 上 ……… 15
教育アンケート調査年鑑 2012年版 下 ……… 15
教育改革論に関する文献目録 1 ……… 66
教育改革論に関する文献目録 2 ……… 66
教育学がわかる事典 ……… 19
教育学関係参考文献総覧 ……… 18
教育学・教育心理学に関する10年間の雑誌
　文献目録 ……… 18
教育学・教育問題に関する10年間の雑誌文
　献目録 ……… 18
教育学辞典 ……… 19
教育学事典 ……… 19
教育学用語辞典 第三版 ……… 19
教育学用語辞典 第四版 ……… 19
教育学用語辞典 第四版（改訂版） ……… 19
教育課題便覧 ……… 139
教育課題便覧 平成17年版 ……… 139
教育課題便覧 平成18年版 ……… 139
教育課題便覧 平成19年版 ……… 139
教育課題便覧 平成20年版 ……… 139
教育課題便覧 平成21年版 ……… 140
教育課題便覧 平成22年版 ……… 140
教育課題便覧 平成23年版 ……… 140
教育課題便覧 平成24年版 ……… 140
教育課程・教育方法に関する10年間の雑誌
　文献目録 昭和50年～昭和59年 1 …… 141
教育課程・教育方法に関する10年間の雑誌
　文献目録 昭和50年～昭和59年 2 …… 141
教育課程事典 ……… 141
教育課程重要用語300の基礎知識 ……… 141
教育関係雑誌目次集成 第1期（教育一般

編）第1巻 ……… 8
教育関係雑誌目次集成 第1期（教育一般
　編）第2巻 ……… 8
教育関係雑誌目次集成 第1期（教育一般
　編）第3巻 ……… 8
教育関係雑誌目次集成 第1期（教育一般
　編）第4巻 ……… 8
教育関係雑誌目次集成 第1期（教育一般
　編）第5巻 ……… 8
教育関係雑誌目次集成 第1期（教育一般
　編）第6巻 ……… 8
教育関係雑誌目次集成 第1期（教育一般
　編）第7巻 ……… 8
教育関係雑誌目次集成 第1期（教育一般
　編）第8巻 ……… 8
教育関係雑誌目次集成 第1期（教育一般
　編）第9巻 ……… 8
教育関係雑誌目次集成 第1期（教育一般
　編）第10巻 ……… 8
教育関係雑誌目次集成 第1期（教育一般
　編）第11巻 ……… 8
教育関係雑誌目次集成 第1期（教育一般
　編）第12巻 ……… 8
教育関係雑誌目次集成 第1期（教育一般
　編）第13巻 ……… 8
教育関係雑誌目次集成 第1期（教育一般
　編）第14巻 ……… 9
教育関係雑誌目次集成 第1期（教育一般
　編）第15巻 ……… 9
教育関係雑誌目次集成 第1期（教育一般
　編）第16巻 ……… 9
教育関係雑誌目次集成 第1期（教育一般
　編）第17巻 ……… 9
教育関係雑誌目次集成 第1期（教育一般
　編）第18巻 ……… 9
教育関係雑誌目次集成 第1期（教育一般
　編）第19巻 ……… 9
教育関係雑誌目次集成 第1期（教育一般
　編）第20巻 ……… 9
教育関係雑誌目次集成 第2期（学校教育
　編）第1巻 ……… 111
教育関係雑誌目次集成 第2期（学校教育
　編）第2巻 ……… 111
教育関係雑誌目次集成 第2期（学校教育
　編）第3巻 ……… 111
教育関係雑誌目次集成 第2期（学校教育
　編）第4巻 ……… 111
教育関係雑誌目次集成 第2期（学校教育
　編）第5巻 ……… 111
教育関係雑誌目次集成 第2期（学校教育
　編）第6巻 ……… 111

教育関係雑誌目次集成 第2期(学校教育編) 第7巻 ……………………………… 111
教育関係雑誌目次集成 第2期(学校教育編) 第8巻 ……………………………… 112
教育関係雑誌目次集成 第2期(学校教育編) 第9巻 ……………………………… 112
教育関係雑誌目次集成 第2期(学校教育編) 第10巻 …………………………… 112
教育関係雑誌目次集成 第2期(学校教育編) 第11巻 …………………………… 112
教育関係雑誌目次集成 第2期(学校教育編) 第12巻 …………………………… 112
教育関係雑誌目次集成 第2期(学校教育編) 第13巻 …………………………… 112
教育関係雑誌目次集成 第2期(学校教育編) 第14巻 …………………………… 112
教育関係雑誌目次集成 第2期(学校教育編) 第15巻 …………………………… 112
教育関係雑誌目次集成 第2期(学校教育編) 第16巻 …………………………… 112
教育関係雑誌目次集成 第2期(学校教育編) 第17巻 …………………………… 112
教育関係雑誌目次集成 第2期(学校教育編) 第18巻 …………………………… 112
教育関係雑誌目次集成 第2期(学校教育編) 第19巻 …………………………… 112
教育関係雑誌目次集成 第2期(学校教育編) 第20巻 …………………………… 112
教育関係雑誌目次集成 第3期(人間形成と教育編) 第1巻 ……………………… 9
教育関係雑誌目次集成 第3期(人間形成と教育編) 第2巻 ……………………… 9
教育関係雑誌目次集成 第3期(人間形成と教育編) 第3巻 ……………………… 9
教育関係雑誌目次集成 第3期(人間形成と教育編) 第4巻 ……………………… 9
教育関係雑誌目次集成 第3期(人間形成と教育編) 第5巻 ……………………… 9
教育関係雑誌目次集成 第3期(人間形成と教育編) 第6巻 ……………………… 9
教育関係雑誌目次集成 第3期(人間形成と教育編) 第7巻 ……………………… 9
教育関係雑誌目次集成 第3期(人間形成と教育編) 第8巻 ……………………… 9
教育関係雑誌目次集成 第3期(人間形成と教育編) 第9巻 ……………………… 9
教育関係雑誌目次集成 第3期(人間形成と教育編) 第10巻 …………………… 9
教育関係雑誌目次集成 第3期(人間形成と教育編) 第11巻 …………………… 10
教育関係雑誌目次集成 第3期(人間形成と教育編) 第12巻 …………………… 10
教育関係雑誌目次集成 第3期(人間形成と教育編) 第13巻 …………………… 10
教育関係雑誌目次集成 第3期(人間形成と教育編) 第14巻 …………………… 10
教育関係雑誌目次集成 第3期(人間形成と教育編) 第15巻 …………………… 10
教育関係雑誌目次集成 第3期(人間形成と教育編) 第16巻 …………………… 10
教育関係雑誌目次集成 第3期(人間形成と教育編) 第17巻 …………………… 10
教育関係雑誌目次集成 第3期(人間形成と教育編) 第18巻 …………………… 10
教育関係雑誌目次集成 第3期(人間形成と教育編) 第19巻 …………………… 10
教育関係雑誌目次集成 第3期(人間形成と教育編) 第20巻 …………………… 10
教育関係雑誌目次集成 第3期(人間形成と教育編) 第21巻 …………………… 10
教育関係雑誌目次集成 第3期(人間形成と教育編) 第22巻 …………………… 10
教育関係雑誌目次集成 第3期(人間形成と教育編) 第23巻 …………………… 10
教育関係雑誌目次集成 第3期(人間形成と教育編) 第24巻 …………………… 10
教育関係雑誌目次集成 第3期(人間形成と教育編) 第25巻 …………………… 10
教育関係雑誌目次集成 第3期(人間形成と教育編) 第26巻 …………………… 10
教育関係雑誌目次集成 第3期(人間形成と教育編) 第27巻 …………………… 10
教育関係雑誌目次集成 第3期(人間形成と教育編) 第28巻 …………………… 10
教育関係雑誌目次集成 第3期(人間形成と教育編) 第29巻 …………………… 10
教育関係雑誌目次集成 第3期(人間形成と教育編) 第30巻 …………………… 11
教育関係雑誌目次集成 第3期(人間形成と教育編) 第31巻 …………………… 11
教育関係雑誌目次集成 第3期(人間形成と教育編) 第32巻 …………………… 11
教育関係雑誌目次集成 第3期(人間形成と教育編) 第33巻 …………………… 11
教育関係雑誌目次集成 第4期(国家と教育編) 第1巻 …………………………… 11
教育関係雑誌目次集成 第4期(国家と教育編) 第2巻 …………………………… 11
教育関係雑誌目次集成 第4期(国家と教育編) 第3巻 …………………………… 11
教育関係雑誌目次集成 第4期(国家と教育編) 第4巻 …………………………… 11

きよう　　　　　　　　　　書名索引

教育関係雑誌目次集成 第4期（国家と教育編）第5巻 …………………………… 11
教育関係雑誌目次集成 第4期（国家と教育編）第6巻 …………………………… 11
教育関係雑誌目次集成 第4期（国家と教育編）第7巻 …………………………… 11
教育関係雑誌目次集成 第4期（国家と教育編）第8巻 …………………………… 11
教育関係雑誌目次集成 第4期（国家と教育編）第9巻 …………………………… 11
教育関係雑誌目次集成 第4期（国家と教育編）第10巻 ………………………… 11
教育関係雑誌目次集成 第4期（国家と教育編）第11巻 ………………………… 11
教育関係雑誌目次集成 第4期（国家と教育編）第12巻 ………………………… 11
教育関係雑誌目次集成 第4期（国家と教育編）第13巻 ………………………… 12
教育関係雑誌目次集成 第4期（国家と教育編）第14巻 ………………………… 12
教育関係雑誌目次集成 第4期（国家と教育編）第15巻 ………………………… 12
教育関係雑誌目次集成 第4期（国家と教育編）第16巻 ………………………… 12
教育関係雑誌目次集成 第4期（国家と教育編）第17巻 ………………………… 12
教育関係雑誌目次集成 第4期（国家と教育編）第18巻 ………………………… 12
教育関係雑誌目次集成 第4期（国家と教育編）第19巻 ………………………… 12
教育関係雑誌目次集成 第4期（国家と教育編）第20巻 ………………………… 12
教育関係雑誌目次集成 第4期（国家と教育編）第21巻 ………………………… 12
教育関係雑誌目次集成 第4期（国家と教育編）第22巻 ………………………… 12
教育関係雑誌目次集成 第4期（国家と教育編）第23巻 ………………………… 12
教育関係雑誌目次集成 第4期（国家と教育編）第24巻 ………………………… 12
教育関係雑誌目次集成 第4期（国家と教育編）第25巻 ………………………… 12
教育関係雑誌目次集成 第4期（国家と教育編）第26巻 ………………………… 12
教育関係雑誌目次集成 第4期（国家と教育編）第27巻 ………………………… 12
教育関係雑誌目次集成 第4期（国家と教育編）第28巻 ………………………… 12
教育関係法令目録 明治編 ……………… 36
教育関係法令目録 大正編 ……………… 28
教育関係法令目録並びに索引 昭和編 1 ……………………………………………… 36
教育関係法令目録並びに索引 昭和編 2 ……………………………………………… 36
教育関係法令目録並びに索引 昭和編 3 ……………………………………………… 36
教育行政事典 …………………………… 55
教育キーワード ’90 - ’91 ……………… 3
教育キーワード ’92 …………………… 3
教育研究事典 …………………………… 3
教育研究とエビデンス ………………… 24
教育研究ハンドブック ………………… 7
教育研究論文索引 2002年版 …………… 6
教育工学事典 ………………………… 105
教育財政会計六法 平成2年版 ………… 64
教育財政会計六法 平成3年版 ………… 64
教育財政会計六法 平成4年版 ………… 64
教育財政会計六法 平成5年版 ………… 64
教育財政会計六法 平成6年版 ………… 64
教育財政会計六法 平成7年版 ………… 64
教育財政会計六法 平成8年版 ………… 64
教育財政会計六法 平成9年版 ………… 64
教育財政会計六法 平成10年版 ………… 64
教育財政会計六法 平成11年版 ………… 64
教育財政会計六法 平成12年版 ………… 64
教育財政会計六法 平成13年版 ………… 64
教育財政会計六法 平成14年版 ………… 64
教育財政会計六法 平成15年版 ………… 64
「教育支援人材」育成ハンドブック …… 134
教育時事用語の基礎知識 ……………… 138
教育システム情報ハンドブック ……… 109
教育思想事典 …………………………… 20
教育実習安心ハンドブック …………… 137
教育実習ハンドブック ………………… 137
教育実習ハンドブック 改訂版 ……… 137
教育実習ハンドブック 増補版 ……… 137
教育史に関する文献目録並に解題 改訂版
 ……………………………………………… 20
教育指標の国際比較 平成5年版 ……… 25
教育指標の国際比較 平成6年版 ……… 25
教育指標の国際比較 平成7年版 ……… 25
教育指標の国際比較 平成8年版 ……… 25
教育指標の国際比較 平成9年版 ……… 25
教育指標の国際比較 平成10年版 …… 25
教育指標の国際比較 平成11年版 …… 25
教育指標の国際比較 平成13年版 …… 25
教育指標の国際比較 平成14年版 …… 26
教育指標の国際比較 平成15年版 …… 26
教育指標の国際比較 平成16年版 …… 26
教育指標の国際比較 平成17年版 …… 26
教育指標の国際比較 平成18年版 …… 26
教育指標の国際比較 平成19年版 …… 26

教育小事典 新版	3
教育小事典 新版 第2版	3
教育小事典 新版(第3版)	3
教育小六法 平成2年版	37
教育小六法 平成3年版	37
教育小六法 平成4年版	37
教育小六法 平成5年版	37
教育小六法 平成6年版	37
教育小六法 平成7年版	37
教育小六法 平成8年版	37
教育小六法 平成9年版	37
教育小六法 平成10年版	37
教育小六法 平成11年版	38
教育小六法 平成12年版	38
教育小六法 平成13年版	38
教育小六法 平成14年版	38
教育小六法 平成15年版	38
教育小六法 平成16年版	38
教育小六法 平成17年版	38
教育小六法 平成18年版	39
教育小六法 平成19年版	39
教育小六法 平成20年版	39
教育小六法 平成21年版	39
教育小六法 平成22年版	39
教育小六法 平成23年版	39
教育小六法 平成24年版	39
教育職員免許状取得希望者のための 「介護等の体験」実践ハンドブック	138
教育資料事典	3
教育人名辞典 1	6
教育人名辞典 2	6
教育人名辞典 3	6
教育人名資料事典 第1巻	6
教育人名資料事典 第2巻	6
教育人名大辞典 復刻版	6
教育心理学小辞典	67
教育心理学ハンドブック	69
教育心理学用語辞典	68
教育総研年報 2008	15
教育相談重要用語300の基礎知識	188
教育データブック 2000・2001	16
教育データランド '93〜'94	7
教育データランド '94〜'95	7
教育データランド '95〜'96	7
教育データランド '96〜'97	7
教育データランド '97〜'98	7
教育データランド '98〜'99	7
教育データランド 1999・2000	8
教育特区ハンドブック	66
教育における統計事典	16
「教育の情報化」用語辞典	105
教育の目標・成果管理	64
教育評価事典	190
教育評価小辞典	190
教育・文化・宗教団体関係図書目録 '45-'93	1
教育・文化・宗教団体関係図書目録 1999-2003	1
教育文献総合目録 第1集	1
教育文献総合目録 第2集	1
教育文献総合目録 第3集 第1	1
教育文献総合目録 第3集 第2	1
教育法学文献目録	31
教育法規事典 追補版	31
教育法規事典 追補改装版	31
教育法規新事典	31
教育法規大辞典	31
教育法規便覧 平成3年版	40
教育法規便覧 平成4年版	40
教育法規便覧 平成5年版	40
教育法規便覧 平成6年版	40
教育法規便覧 平成7年版	40
教育法規便覧 平成8年版	40
教育法規便覧 平成9年版	41
教育法規便覧 平成10年版	41
教育法規便覧 平成11年版	41
教育法規便覧 平成12年版	41
教育法規便覧 平成13年版	41
教育法規便覧 平成14年版	41
教育法規便覧 平成15年版	41
教育法規便覧 平成16年版	42
教育法規便覧 平成17年版	42
教育法規便覧 平成18年版	42
教育法規便覧 平成19年版	42
教育法規便覧 平成20年版	42
教育法規便覧 平成21年版	42
教育法規便覧 平成22年版	42
教育法規便覧 平成23年版	43
教育法規便覧 平成24年版	43
教育本44	1
教育名言辞典	3
教育名著の愉しみ	2
教育問題情報事典	3
教育問題情報事典 第2版	4
教育問題に関する10年間の雑誌文献目録	2
教育問題の10年	2
教育問題の10年雑誌文献目録 2000-2009	2
教育用音楽用語〔最新版〕	176

きょう　　　　　　　　　　書名索引

教育用語辞典	4
教育・臨床心理学中辞典	68
教員志望学生のための特別支援教育ハンドブック	206
教員免許更新制ハンドブック	138
教科教育学に関する研究総目録 第11集	145
教科書関係文献目録	191
教科書掲載作品 小・中学校編	191
教科書掲載作品13000	191
教科書図書館蔵書目録 昭和54年9月1日現在	191
教科書図書館蔵書目録 昭和60年3月現在	191
教科書年表	192
教科心理学ハンドブック	143
教師をめざす人の介護等体験ハンドブック	138
教師をめざす人の介護等体験ハンドブック 改訂版	138
教師生活大百科	140
教室英語活用事典	154
教師のコミュニケーション事典	141
教師のための防災教育ハンドブック	215
教師ハンドブック 全訂版	141
教師必携！英語授業マネジメントハンドブック	155
業種別 企業案内グラフィックス	111
教職員人事関係実務必携 第11次改訂版	135
教職員の勤務時間 2003年改訂版	135
教職員の権利ハンドブック	135
教職員のための職場体験学習ハンドブック	187
教職員ハンドブック	135
教職員ハンドブック 第1次改訂版	135
教職員ハンドブック 第2次改訂版	135
教職員ハンドブック 第3次改訂版	135
教職をめざす人のための教育用語・法規	4
教職基本用語辞典	137
教職研修事典	138
教職実務ハンドブック	136
教職用語辞典	137
矯正用語事典	284
矯正用語事典 改訂	284
きょうだい関係とその関連領域の文献集成 1	79
教務運営ハンドブック	136
キリスト教学校教育同盟百年史 年表	21
近畿学校一覧 2006年度	106

近畿の公私立高等学校全調査 平成25年度	106
近代子ども史年表 明治・大正編 1868-1926	257
近代子ども史年表 昭和・平成編 1926-2000	257
近代体育スポーツ年表 1800-1997 三訂版	170
近代日本教科書総説	191
近代日本のアジア教育認識 目録篇	20
勤労青少年の現状 平成元年版	285
勤労青少年の現状 平成2年版	285
勤労青少年の現状 平成3年版	286
勤労青少年の現状 平成4年版	286
勤労青少年の現状 平成5年版	286
勤労青少年の現状 平成6年版	286

【く】

熊本洋学校（1871-1876）旧蔵書の書誌と伝来	228

【け】

慶応義塾史事典	235
携帯刑事少年六法 2012年版	285
研究計画書の点検と進化の実際	229
研究者・研究課題総覧 自然科学編 1990年版	245
研究者・研究課題総覧 人文・社会科学編 1990年版	245
研究者・研究課題総覧 1996年版 第1分冊（人文科学）	246
研究者・研究課題総覧 1996年版 第2分冊（文学）	246
研究者・研究課題総覧 1996年版 第3分冊（法学・経済学）	246
研究者・研究課題総覧 1996年版 第4分冊（理学・農学）	246
研究者・研究課題総覧 1996年版 第5分冊（工学）	246
研究者・研究課題総覧 1996年版 第6分冊（医学 上）	246
研究者・研究課題総覧 1996年版 第7分冊（医学 下）	246
研究者・研究課題総覧 1996年版 第8分冊	

（複合領域）	246
研究者・研究課題総覧 1996年版 第9分冊（総合索引）	246
研究法と尺度	69
健康保育ハンドブック	88
言語活動の充実に関する指導事例集	143
原色子どもの絵診断事典	68
厳選 保育用語集	85
現代アメリカ教育ハンドブック	28
現代学校教育大事典 1-7巻	105
現代学校教育大事典 新版	106
現代学校経営総合文献目録	117
現代学校経営用語辞典	117
現代学校体育大事典 新版	170
現代カリキュラム事典	142
現代教育学事典	19
現代教育活動事典 改訂版	4
現代教育史事典	22
現代教育小事典	4
現代教育評価事典	190
現代教育方法事典	4
現代教育用語辞典	4
現代子ども大百科	257
現代授業研究大事典	142
現代小学校経営事典	117
現代書写字典 第3版	148
現代数学教育史年表	157
現代性科学・性教育事典	173
現代中学校経営事典	117
現代っ子版子育て安心ハンドブック	75
現代「手に職」ガイド	247
現代の青少年 第5回	267
現代保育用語辞典	85
現代幼児教育小辞典 改訂新版	84

【こ】

公教育計画学会年報 1	65
高校数学解法事典 第九版	157
高校生の心と体の健康に関する調査報告書	267
高校生の勉強に関する調査報告書	267
高校留学の手引	224
こうすれば子どもが育つ学校が変わる	220
こうすればできる高校の特別支援教育	206
厚生白書 平成5年版	78
高等学校キャリア教育の手引き	187
高等学校 国語教育情報事典	147
高等学校スポーツ・文化データブック 2004年度版	211
高等学校データブック スポーツ・文化編	211
行動・性格アセスメント基本ハンドブック	69
公立学校施設関係法令集 平成4年	127
公立学校施設関係法令集 平成7年	127
公立学校施設関係法令集 平成8年	127
公立学校施設関係法令集 平成9年	127
公立学校施設関係法令集 平成10年	127
公立学校施設関係法令集 平成11年	127
公立学校施設関係法令集 平成12年	127
公立学校施設関係法令集 平成13年	127
公立学校施設関係法令集 平成14年	127
公立学校施設関係法令集 平成15年	127
公立学校施設関係法令集 平成16年	127
公立学校施設関係法令集 平成17年	127
公立学校施設関係法令集 平成18年	127
公立学校施設関係法令集 平成19年	127
公立学校施設関係法令集 平成20年	127
公立学校施設関係法令集 平成21年	128
公立学校施設関係法令集 平成22年	128
公立学校施設関係法令集 平成23年	128
公立学校施設関係法令集 平成24年	128
公立学校施設整備事務ハンドブック 平成19年	126
公立学校施設整備事務ハンドブック 平成20年	126
公立学校施設整備事務ハンドブック 平成21年	126
公立学校施設整備事務ハンドブック 平成22年	126
公立学校施設整備事務ハンドブック 平成23年	126
公立学校施設整備事務ハンドブック 平成24年	126
国語学大辞典	147
国語科 重要用語300の基礎知識	147
国語教育研究大辞典 〔普及版〕	147
国語教育辞典	147
国語教育辞典 新装版	147
国語教育指導用語辞典 新訂版	147
国語教育指導用語辞典 第三版	147
国語教育指導用語辞典 第4版	147
国語教育条規体系	150
国語教育文献総合目録	146
国語国文学資料図解大事典 上	147

こくこ

国語国文学資料図解大事典 下 ………… 148
国際教育事典 ……………………………… 179
国際協力ガイド 2011 …………………… 273
国際生涯学習キーワード事典 …………… 273
国際比較教育情報総覧 …………………… 23
国際比較にみる世界の家族と子育て …… 75
国際理解教育のキーワード ……………… 179
国定教科書内容索引 尋常科修身・国語・
　唱歌篇 ………………………………… 192
国定読本用語総覧 1 ……………………… 148
国定読本用語総覧 2 ……………………… 148
国定読本用語総覧 3 ……………………… 148
国定読本用語総覧 4 ……………………… 149
国定読本用語総覧 5 ……………………… 149
国定読本用語総覧 6 ……………………… 149
国定読本用語総覧 7 ……………………… 149
国定読本用語総覧 8 ……………………… 149
国定読本用語総覧 9 ……………………… 149
国定読本用語総覧 10 …………………… 149
国定読本用語総覧 11 …………………… 149
国定読本用語総覧 12 …………………… 149
国民生活白書 平成4年版 ……………… 254
国民生活白書 平成13年度 ……………… 79
国民生活白書 平成15年版 ……………… 250
国民生活白書 平成17年版 ……………… 76
国民生活白書 平成18年版 ……………… 249
国立学校特別会計予算執務ハンドブック
　平成2年度 …………………………… 121
国立学校特別会計予算執務ハンドブック
　平成3年度 …………………………… 121
国立学校特別会計予算執務ハンドブック
　平成7年度 …………………………… 121
国立学校特別会計予算執務ハンドブック
　平成8年度 …………………………… 121
国立学校特別会計予算執務ハンドブック
　平成9年度 …………………………… 121
国立学校特別会計予算執務ハンドブック
　平成10年度 ………………………… 122
国立学校特別会計予算執務ハンドブック
　平成11年度 ………………………… 122
国立学校特別会計予算執務ハンドブック
　平成12年度 ………………………… 122
国立学校特別会計予算執務ハンドブック
　平成13年度 ………………………… 122
国立学校特別会計予算執務ハンドブック
　平成14年度 ………………………… 122
国立大学法人の労働関係ハンドブック … 232
国立大学法人法コンメンタール ………… 232
国連子どもの代替養育に関するガイドライ
　ン ……………………………………… 79

ここが変わった！new幼稚園教育要領new
　保育所保育指針ガイドブック ………… 84
心のケアのためのカウンセリング大事典
　……………………………………………… 188
五十音で引ける手話単語集 ……………… 198
コスモ「実践」家政・生活系教育用語辞
　典 ……………………………………… 175
子育て応援BOOK 滋賀 …………………… 99
子育て・教育・子どもの暮らしのデータ集
　2001年版 ……………………………… 17
子育て・教育・子どもの暮らしのデータ集
　2002年版 ……………………………… 17
子育て・教育・子どもの暮らしのデータ集
　2004年版 ……………………………… 17
子育て・教育・子どもの暮らしのデータ集
　2005年版 ……………………………… 17
子育て支援データ集 2005 ……………… 77
子育て支援データ集 2006年版 ………… 77
子育て支援ハンドブック ………………… 78
子育て支援ハンドブック チェック版 … 78
子育て支援用語集 ………………………… 77
子育て情報ハンドブック ………………… 78
子育てに活かすABAハンドブック ……… 194
子ども英語指導ハンドブック …………… 155
子ども英語指導ハンドブック 英語ゲーム
　92 ……………………………………… 155
子どもへの言葉かけハンドブック ……… 103
こども絵本ガイド ………………………… 74
子どもを守る地域ネットワーク活動実践ハ
　ンドブック …………………………… 278
子ども・家族の自立を支援するために … 278
子どもが光る学級づくり 学級担任ハンド
　ブック 小学校低学年 ……………… 132
子どもが光る学級づくり 学級担任ハンド
　ブック 小学校中学年 ……………… 132
子どもが光る学級づくり 学級担任ハンド
　ブック 小学校高学年 ……………… 132
子どもがよろこぶ楽しい行事ハンドブック
　校内編 ………………………………… 210
子どもがよろこぶ楽しい行事ハンドブック
　校外編 ………………………………… 210
子どもがよろこぶ！読み聞かせ絵本101冊
　ガイド ………………………………… 74
子ども虐待対応ハンドブック …………… 80
子ども虐待問題百科事典 ………………… 80
子ども・子育て白書 平成22年版 ……… 76
子ども・子育て白書 平成23年版 ……… 77
子ども・子育て白書 平成24年版 ……… 77
こども手話じてんセット ………………… 198
子ども心理辞典 …………………………… 257
子ども性虐待防止白書 …………………… 81

300　学校・教育問題 レファレンスブック

子ども手当ハンドブック 2010 ………… 282
子どもと親のための心の相談室 2003年度版 …………………………………………… 278
子どもと自然大事典 ……………………… 257
子どもと本をつなぐあなたへ …………… 276
子どもと若者のための認知行動療法ガイドブック …………………………………… 71
子どもの安全ハンドブック ……………… 215
子どもの栄養と食育がわかる事典 ……… 212
子どもの学習費調査報告書 平成6年度 …………………………………………… 72
子どもの学習費調査報告書 平成10年度 …………………………………………… 72
子どもの学習費調査報告書 平成12年度 …………………………………………… 72
子どもの学習費調査報告書 平成14年度 …………………………………………… 72
子どもの学習費調査報告書 平成16年度 …………………………………………… 72
子どもの学習費調査報告書 平成18年度 …………………………………………… 73
子どもの学習費調査報告書 平成20年度 …………………………………………… 73
子どもの学習費調査報告書 平成22年度 …………………………………………… 73
子どもの活力 ……………………………… 76
子どもの虐待とネグレクト ……………… 80
子どもの教育と福祉の事典 ……………… 4
子どもの教育と福祉の事典 改訂版 …… 83
子どもの権利ガイドブック ……………… 183
「こどもの権利条約」絵事典 …………… 183
子どもの権利 ネットワーキング '97 …… 182
子どもの食生活データ総覧 2006年版 … 267
子どもの人権大辞典 普及版 …………… 182
子どものスポーツライフ・データ 2010 …………………………………………… 267
子どものスポーツライフ・データ 2012 …………………………………………… 268
子どもの相談・治療ハンドブック ……… 284
「子どもの体験活動の実態に関する調査研究」報告書 ………………………………… 271
子どものための頭がよくなる読み薬 その2 …………………………………………… 73
子どものための環境用語事典 …………… 180
子どものための手話事典 ………………… 198
子どものための点字事典 ………………… 198
こどもの図書館 1986年版 ……………… 277
子どもの習いごとガイド・SAITAMA埼玉 …………………………………………… 72
子どもの発音とことばのハンドブック … 100
子どもの貧困白書 ………………………… 281

子どもの福祉を改善する ………………… 278
子どもの本 国語・英語をまなぶ2000冊 …………………………………………… 146
子どもの本 美術・音楽にふれる2000冊 …………………………………… 169,175
子どもの面接ガイドブック ……………… 81
子どもの豊かさを求めて 3 ……………… 277
子ども白書 1990年版 …………………… 258
子ども白書 1991年版 …………………… 258
子ども白書 1992年版 …………………… 258
子ども白書 1993年版 …………………… 259
子ども白書 1994年版 …………………… 259
子ども白書 1995年版 …………………… 259
子ども白書 1996年版 …………………… 259
子ども白書 1997年版 …………………… 259
子ども白書 1998年版 …………………… 259
子ども白書 1999年版 …………………… 259
子ども白書 2000年版 …………………… 259
子ども白書 2001年版 …………………… 260
子ども白書 2002年版 …………………… 260
子ども白書 2003 ………………………… 260
子ども白書 2004 ………………………… 260
子ども白書 2005 ………………………… 260
子ども白書 2006 ………………………… 261
子ども白書 2007 ………………………… 261
子ども白書 2008 ………………………… 261
子ども白書 2009 ………………………… 261
子ども白書 2010 ………………………… 261
子ども白書 2011 ………………………… 261
子ども白書 2012 ………………………… 261
子ども・若者の状況及び子ども・若者育成支援施策の実施状況 平成21年度 …… 268
子ども・若者白書 平成22年版 ………… 262
子ども・若者白書 平成23年版 ………… 262
子ども・若者白書 平成24年版 ………… 262
個別の指導計画作成ハンドブック 第2版 …………………………………………… 144
ゴーマンレポート ………………………… 237
これからの授業に役立つ新学習指導要領ハンドブック 中学校社会 ……………… 144
これだ!!留学必携ハンドブック ………… 224
こんなとき子どもにこの本を 第3版 …… 74
今日の私学財政 平成16年度版 ………… 123
今日の私学財政 平成17年度版 ………… 124
今日の私学財政 平成18年度版 ………… 124
今日の私学財政 平成19年度版 ………… 124
今日の私学財政 平成20年度版 ………… 125
今日の私学財政 平成21年度版 ………… 125
今日の私学財政 平成22年度版 ………… 125
今日の私学財政 平成23年度版 …… 125,126

今日の私学財政 平成24年度版 ………… 126
コンパクト手話辞典 ……………………… 200

【さ】

サイエンスワールド ……………………… 159
災害共済給付ハンドブック ……………… 215
採活・就活最前線 2012年 ……………… 249
西郷竹彦・教科書指導ハンドブック ものの見方・考え方を育てる小学校一学年・国語の授業 …………………………… 150
西郷竹彦・教科書指導ハンドブック ものの見方・考え方を育てる小学校二学年・国語の授業 …………………………… 150
西郷竹彦・教科書指導ハンドブック ものの見方・考え方を育てる小学校三学年・国語の授業 …………………………… 150
西郷竹彦・教科書指導ハンドブック ものの見方・考え方を育てる小学校四学年・国語の授業 …………………………… 150
西郷竹彦・教科書指導ハンドブック ものの見方・考え方を育てる小学校五学年・国語の授業 …………………………… 151
西郷竹彦・教科書指導ハンドブック ものの見方・考え方を育てる小学校六学年・国語の授業 …………………………… 151
最新 学習指導用語事典 ………………… 142
最新 学校教育キーワード事典 最新増補版 ……………………………………… 106
最新 学校体育経営ハンドブック ……… 171
最新Q&A 教師のための救急百科 …… 129
最新教育キーワード ………………………… 4
最新教育キーワード137 第8版 …………… 5
最新教育キーワード137 第9版 …………… 5
最新教育キーワード137 第10版 ………… 5
最新教育キーワード137 第11版 ………… 5
最新教育キーワード137 第12版 ………… 5
最新教育データブック 第9版 ………… 17
最新教育データブック 第10版 ………… 17
最新教育データブック 第11版 ………… 17
最新教育データブック 第12版 ………… 17
最辛大学ガイド 一番新しく、どこよりも辛口！2013 ……………………… 228
最新版 西郷竹彦教科書指導ハンドブック 子どもの見方・考え方を育てる小学校低学年・国語の授業 ……………… 151
最新版 西郷竹彦教科書指導ハンドブック 子どもの見方・考え方を育てる小学校中学年・国語の授業 …………………… 151
最新版 西郷竹彦教科書指導ハンドブック 子どもの見方・考え方を育てる小学校高学年・国語の授業 …………………… 151
最新文献ガイド 荒れる10代 …………… 283
最新文献ガイド 育児をめぐって ……… 75
最新保育資料集 1994 …………………… 88
最新保育資料集 1995 …………………… 88
最新保育資料集 1996 …………………… 88
最新保育資料集 1997 …………………… 88
最新保育資料集 1998 …………………… 88
最新保育資料集 1999 …………………… 88
最新保育資料集 2000 …………………… 88
最新保育資料集 2001 …………………… 89
最新保育資料集 2002 …………………… 89
最新保育資料集 2003 …………………… 89
最新保育資料集 2004 …………………… 89
最新保育資料集 2005 …………………… 89
最新保育資料集 2006 …………………… 89
最新保育資料集 2007 …………………… 89
最新保育資料集 2008 …………………… 89
最新保育資料集 2009 …………………… 90
最新保育資料集 2010 …………………… 90
最新保育資料集 2011 …………………… 90
最新保育資料集 2012 …………………… 90
斎藤喜博学校づくり小事典 …………… 117
「作文技術」指導大事典 ………………… 148
算数教育指導用語辞典 新訂版 ……… 157
算数教育指導用語辞典 第三版 ……… 157
算数教育指導用語辞典 第四版 ……… 157
算数の授業 基礎・基本の徹底！ハンドブック 1・2年編 ………………………… 158
算数の授業 基礎・基本の徹底！ハンドブック 3・4年編 ………………………… 158
算数の授業 基礎・基本の徹底！ハンドブック 5・6年編 ………………………… 158
3・11被災地子ども白書 ………………… 267

【し】

ジェンダー白書 4 ………………………… 254
私学事務ハンドブック …………………… 122
資格でハローワーク ……………………… 247
私学必携 第六次改訂版 ………………… 109
私学必携 第七次改訂版 ………………… 110
私学必携 第八次改訂 …………………… 110
私学必携 第九次改訂版 ………………… 110
私学必携 第十次改訂版 ………………… 110

書名	頁
私学必携　第十一次改訂版	110
私学必携　第十二次改訂版	110
私学必携　第十三次改訂	110
私学必携　第十四次改訂版	110
私学必携　第十四次改訂第2版	110
時間と人間	69
自己概念研究ハンドブック	69
私塾・私学・企業教育ネット要覧　第12集	31
実験観察　自由研究ハンドブック	160
実験観察　自由研究ハンドブック　2　第2版	161
実習に役立つパネルシアターハンドブック	90
実践「介護等の体験」ハンドブック	138
実践教育評価事典　改訂	191
実用手話ハンドブック	200
事典日本の大学ブランド商品	229
児童英語キーワードハンドブック	155
児童学事典	258
児童虐待とネグレクト対応ハンドブック	81
児童虐待防止法等関係法令通知集	81
児童虐待防止法令ハンドブック　平成21年版	81
児童教育の本全情報　70-92	2
児童教育の本全情報　1992-2005	2
児童健全育成ハンドブック　平成10年度版	272
児童健全育成ハンドブック　平成13年度版	272
児童健全育成ハンドブック　平成14年度版	272
児童健全育成ハンドブック　平成15年度版	272
児童健全育成ハンドブック　平成16年度版	272
児童健全育成ハンドブック　平成17年度版	272
児童健全育成ハンドブック　平成18年度版	272
児童健全育成ハンドブック　平成19年度版	272
児童生徒の食事状況等調査報告書　平成22年度	268
児童青年精神医学大事典	70
児童手当関係法令通知集　平成12年版	282
児童手当関係法令通知集　平成13年版	282
児童手当関係法令通知集　平成14年版	282
児童手当関係法令通知集　平成15年版	282
児童手当関係法令通知集　平成16年版	282
児童手当関係法令通知集　平成17年版	282
児童手当関係法令通知集　平成18年版	282
児童手当関係法令通知集　平成19年版	282
児童手当関係法令通知集　平成20年版	283
児童手当関係法令通知集　平成24年版	283
児童の賞事典	258
児童福祉関係図書目録　45/94	277
児童福祉関係図書目録1995-2004	277
児童福祉文化財年報　平成21年度	277
児童福祉六法　平成3年版	279
児童福祉六法　平成4年版	279
児童福祉六法　平成5年版	279
児童福祉六法　平成6年版	279
児童福祉六法　平成7年版	279
児童福祉六法　平成8年版	279
児童福祉六法　平成9年版	279
児童福祉六法　平成10年版	279
児童福祉六法　平成11年版	279
児童福祉六法　平成12年版	280
児童福祉六法　平成13年版	280
児童福祉六法　平成14年版	280
児童福祉六法　平成15年版	280
児童福祉六法　平成16年版	280
児童福祉六法　平成17年版	280
児童福祉六法　平成18年版	280
児童福祉六法　平成19年版	280
児童福祉六法　平成20年版	280
児童福祉六法　平成21年版	281
児童福祉六法　平成22年版	281
児童福祉六法　平成23年版	281
児童福祉六法　平成24年版	281
児童保護措置費保育所運営費手帳　平成10年度版	100
児童保護措置費保育所運営費手帳　平成11年度版	100
児童保護措置費保育所運営費手帳　平成12年度版	100
児童保護措置費・保育所運営費手帳　平成16年度版	100
児童保護措置費保育所運営費手帳　平成17年度版	101
児童保護措置費保育所運営費手帳　平成18年度版	101
児童保護措置費・保育所運営費手帳　平成19年度版	101
児童保護措置費保育所運営費手帳　平成20年度版	101
児童保護措置費保育所運営費手帳　平成21年度版	101
児童保護措置費・保育所運営費手帳　平成	

しとう　書名索引

22年度版 ……………………………… 101
児童保護措置費・保育所運営費手帳　平成23年度版 ………………………… 101
児童養護　別冊 ……………………… 281
自閉症教育基本用語事典 …………… 201
自閉症児のためのTEACCHハンドブック ……………………………… 202
自閉症スペクトラム辞典 …………… 201
自閉症百科事典 ……………………… 201
「自閉」の本九十九冊　増補 ……… 201
司法統計年報 4 ……………………… 285
社会科教育実践ハンドブック ……… 165
社会科教育事典　新版 ……………… 163
社会科教育指導用語辞典　新訂版 … 163
社会科重要用語300の基礎知識 …… 164
社会科　間違いやすい・紛らわしい用語指導辞典 ……………………… 164
社会科読み物資料活用小事典 ……… 164
社会教育計画ハンドブック ………… 252
社会教育者事典　増補版 …………… 252
社会教育・生涯学習ハンドブック　増補版 ………………………………… 252
社会教育・生涯学習ハンドブック　第6版 ………………………………… 252
社会教育・生涯学習ハンドブック　第7版 ………………………………… 252
社会教育・生涯学習ハンドブック　第8版 ………………………………… 253
社会教育・生涯教育関係文献目録集 … 252
社会教育・障害者教育・家庭教育に関する10年間の雑誌文献目録 …… 252
社会教育調査ハンドブック ………… 253
社会教育調査報告書　平成2年度 … 253
社会教育調査報告書　平成5年度 … 253
社会教育調査報告書　平成8年度 … 253
社会教育調査報告書　平成11年度 … 253
社会教育調査報告書　平成14年度 … 253
社会教育調査報告書　平成17年度 … 254
社会教育調査報告書　平成20年度 … 254
社会・文化に生きる人間 ……………… 70
写真　手話辞典 ……………………… 198
写真と絵でわかる　手話単語・用語辞典 … 198
写真と絵でわかる手話単語・用語辞典　カラー版 ……………………… 198
集会・行事・運動会のための体育あそび大事典 ……………………………… 170
就活最前線 2013年 ………………… 249
重症児者の防災ハンドブック ……… 100
就職四季報　総合版 2014年版 …… 249
住宅白書 1994年版 ………………… 82
集団給食用語辞典 …………………… 212

重要教育判例集 ……………………… 43
授業研究大事典 ……………………… 142
授業研究用語辞典 …………………… 143
「授業」で選ぶ中高一貫校 ………… 109
授業ハンドブック 1 ………………… 152
授業評価活用ハンドブック ………… 239
シュタイナーを学ぶ本のカタログ …… 20
シュタイナー教育小事典　子ども編 …… 20
シュタイナー教育ハンドブック ……… 20
ジュニアボランティア学習小事典 … 183
手話きほん単語集 …………………… 199
手話・日本語辞典 …………………… 199
手話・日本語大辞典 ………………… 199
手話のハンドブック ………………… 200
女医ママが教える育児ハンドブック 0～3歳 ……………………………………… 76
生涯学習「eソサエティ」ハンドブック … 275
生涯学習を始めよう ………………… 274
生涯学習「自己点検・評価」ハンドブック ……………………………… 274
生涯学習施策に関する調査研究　平成21年度 ……………………………… 276
生涯学習事典 ………………………… 273
生涯学習事典　増補版 ……………… 274
生涯学習・社会教育行政必携　平成2年版 ……………………………… 274
生涯学習・社会教育行政必携　平成4年版 ……………………………… 274
生涯学習・社会教育行政必携　平成6年版 ……………………………… 274
生涯学習・社会教育行政必携　平成8年版 ……………………………… 274
生涯学習・社会教育行政必携　平成10年版 …………………………… 274
生涯学習・社会教育行政必携　平成12年版 …………………………… 274
生涯学習・社会教育行政必携　平成14年版 …………………………… 274
生涯学習・社会教育行政必携　平成16年版 …………………………… 274
生涯学習・社会教育行政必携　平成18年版 …………………………… 275
生涯学習・社会教育行政必携　平成20年版 …………………………… 275
生涯学習・社会教育行政必携　平成22年版 …………………………… 275
生涯学習・社会教育行政必携　平成24年版 …………………………… 275
生涯学習「答申」ハンドブック …… 275
生涯学習ブックガイド '93 ………… 273
詳解　学校運営必携　改訂版 ……… 122
詳解　学校運営必携　第2次改訂版 … 122

書名索引　しょう

詳解 教務必携 第5次改訂版 ……… 136
詳解 教務必携 第8次改訂版 ……… 136
詳解子ども虐待事典 ……………… 80
障害児教育実践ハンドブック ……… 194
障害児教育大事典 ………………… 192
障害児教育図書総目録 No.12（1990年版）
　………………………………… 192
障害児教育図書総目録 No.13（1991年版）
　………………………………… 192
障害児教育図書総目録 2001年版 … 192
障害児教育用語辞典 改訂版 ……… 193
しょうがい児支援ハンドブック …… 194
障害児発達支援基礎用語事典 ……… 193
障害者教育福祉リハビリテーション目次総
　覧 第1巻 ……………………… 195
障害者教育福祉リハビリテーション目次総
　覧 第2巻 ……………………… 195
障害者教育福祉リハビリテーション目次総
　覧 第3巻 ……………………… 195
障害者教育福祉リハビリテーション目次総
　覧 第4巻 ……………………… 195
障害者教育福祉リハビリテーション目次総
　覧 第5巻 ……………………… 195
障害者教育福祉リハビリテーション目次総
　覧 第6巻 ……………………… 195
障害者教育福祉リハビリテーション目次総
　覧 第7巻 ……………………… 196
障害者教育福祉リハビリテーション目次総
　覧 第8巻 ……………………… 196
障害者教育福祉リハビリテーション目次総
　覧 第9巻 ……………………… 196
障害者教育福祉リハビリテーション目次総
　覧 第10巻 …………………… 196
障害者教育福祉リハビリテーション目次総
　覧 第11巻 …………………… 196
障害者教育福祉リハビリテーション目次総
　覧 第12巻 …………………… 196
障害者教育福祉リハビリテーション目次総
　覧 第13巻 …………………… 196
障害者教育福祉リハビリテーション目次総
　覧 第14巻 …………………… 196
障害者教育福祉リハビリテーション目次総
　覧 第15巻 …………………… 196
障害者教育福祉リハビリテーション目次総
　覧 第16巻 …………………… 196
障害者教育福祉リハビリテーション目次総
　覧 別巻 ………………………… 197
障害者教育福祉リハビリテーション目次総
　覧 第2期別巻 ………………… 197
障害者教育福祉リハビリテーション目次総
　覧 続 第1巻 ………………… 197

障害者教育福祉リハビリテーション目次総
　覧 続 第2巻 ………………… 197
障害者教育福祉リハビリテーション目次総
　覧 続 第3巻 ………………… 197
障害者教育福祉リハビリテーション目次総
　覧 続 第4巻 ………………… 197
障害者教育福祉リハビリテーション目次総
　覧 続 第5巻 ………………… 197
障害者教育福祉リハビリテーション目次総
　覧 続 第6巻 ………………… 197
障害者教育福祉リハビリテーション目次総
　覧 続 別巻 …………………… 198
詳解 生徒指導必携 ………………… 212
詳解 生徒指導必携 改訂版 ……… 212
小学社会科学習事典 3訂版 ……… 164
小学社会科事典 3訂版 …………… 164
小學讀本便覧 第8巻 ……………… 192
小学保健ニュース・心の健康ニュース縮刷
　活用版 体と心 保健総合大百科 小学校
　編 2006年 …………………… 173
「小学校英語」指導法ハンドブック … 156
小学校音楽教育講座 第10巻 ……… 176
小学校件名標目表 第2版 ………… 221
小学校 校務処理のマニュアル …… 122
小学校 講話あいさつ事典 ………… 209
小学校 国語学習指導実践事典 …… 152
小学校算数・中学校数学・高等学校数学 指
　導資料 ………………………… 158
小学校社会科地域学習指導ハンドブック
　………………………………… 165
小学校 授業の知恵・教科話題事典 … 145
小学校新教育課程編成の基本用語辞典
　………………………………… 142
小学校新算数科授業の基本用語辞典 … 157
小学校新社会科授業の基本用語辞典 … 164
小学校新図画工作科授業の基本用語辞典
　………………………………… 169
小学校新体育科授業の基本用語辞典 … 170
小学校新家庭科授業の基本用語辞典 … 175
小学校新理科授業の基本用語辞典 … 159
小学校 図説学校行事アイデア事典 … 209
小学校体育運動・用語活用事典 …… 170
小学校 特別活動指導法ハンドブック 1巻
　………………………………… 208
小学校 特別活動指導法ハンドブック 2巻
　………………………………… 208
小学校 特別活動指導法ハンドブック 3巻
　………………………………… 208
小学校 特別活動指導法ハンドブック 4巻
　………………………………… 208
小学校 特別活動指導法ハンドブック 5巻

学校・教育問題 レファレンスブック　305

……………………………	210	諸外国の教育動向 2008年度版 …………	29
小学校における安全教育ハンドブック …	215	諸外国の教育動向 2009年度版 …………	29
小学校・幼稚園受験用語ハンドブック …	84	諸外国の教育動向 2010年度版 …………	30
小学校理科室経営ハンドブック …………	161	諸外国の教育動向 2011年度版 …………	30
小学校理科・中学校理科・高等学校理科 指		諸外国の教育の動き 2005 ……………	30
導資料 ……………………………………	163	諸外国の主要学校ハンドブック アジア編	
小学校 理科の学ばせ方・教え方事典 …	161	………………………………………………	29
小学校 理科の学ばせ方・教え方事典 改訂		諸外国の主要学校ハンドブック アジア編	
新装版 ……………………………………	161	平成14年版 ………………………………	29
少子化社会白書 平成16年版 ……………	254	諸外国の主要学校ハンドブック 大洋州編	
少子化社会白書 平成17年版 ……………	254	………………………………………………	29
少子化社会白書 平成18年版 ……………	254	諸外国の主要学校ハンドブック 中近東・	
少子化社会白書 平成19年版 ……………	254	アフリカ編 ………………………………	29
少子化社会白書 平成20年版 ……………	255	諸外国の主要学校ハンドブック 中南米編	
少子化社会白書 平成21年版 ……………	255	………………………………………………	29
少子高齢社会総合統計年報 2002年版 …	255	諸外国の主要学校ハンドブック 中南米編	
少子高齢社会総合統計年報 2003年版 …	255	平成13年版 ………………………………	29
少子高齢社会総合統計年報 2004 ………	255	諸外国の主要学校ハンドブック ヨーロッ	
少子高齢社会総合統計年報 2006 ………	255	パ編 ………………………………………	29
少子高齢社会総合統計年報 2008 ………	255	諸外国の主要学校ハンドブック ヨーロッ	
少子高齢社会総合統計年報 2011・2012		パ編 資料編 ……………………………	29
………………………………………………	256	諸外国の主要学校ハンドブック ヨーロッ	
少子高齢社会総合統計年報 2012・2013		パ編 平成15年版 ………………………	29
………………………………………………	256	諸外国の大学教授職の資格制度に関する実	
少子高齢社会総合統計年報 2013 ………	256	態調査 ……………………………………	246
小中学生からとれる資格と検定大事典！		食育実践ハンドブック …………………	213
………………………………………………	177	食育実践ハンドブック 第2版 …………	213
小中学校教育課程実施状況調査報告書 小		食育白書 平成18年版 ……………………	214
学校国語 平成13年度 …………………	152	食育白書 平成19年版 ……………………	214
小中学校教育課程実施状況調査報告書 小		食育白書 平成20年版 ……………………	214
学校算数 平成13年度 …………………	158	食育白書 平成21年版 ……………………	214
小中学校教育課程実施状況調査報告書 小		食育白書 平成22年版 ……………………	214
学校社会 平成13年度 …………………	165	食育白書 平成23年版 ……………………	214
小中学校教育課程実施状況調査報告書 小		食育白書 平成24年版 ……………………	214
学校理科 平成13年度 …………………	163	職員による職員のための―大学用語集	
小中学校教育課程実施状況調査報告書 中		………………………………………………	239
学校英語 平成13年度 …………………	156	職業レファレンスブック ………………	247
小中学校教育課程実施状況調査報告書 中		女子大生・OLの職業意識 ……………	250
学校国語 平成13年度 …………………	153	女子用往来刊本総目録 …………………	191
小中学校教育課程実施状況調査報告書 中		女性学教育・学習ハンドブック 新版 …	253
学校社会 平成13年度 …………………	165	初年次教育ハンドブック ………………	239
小中学校教育課程実施状況調査報告書 中		調べ学習ガイドブック 2000‐2001 ……	177
学校数学 平成13年度 …………………	159	調べ学習ガイドブック 2004‐2005 ……	177
小中学校教育課程実施状況調査報告書 中		調べ学習に役立つ世界の地図 …………	165
学校理科 平成13年度 …………………	163	調べ学習に役立つ日本の地図 …………	165
消費者教育事典 …………………………	181	自立・社会参加を促す寄宿舎教育ハンド	
情報化社会と青少年 ……………………	271	ブック ……………………………………	207
情報教育 重要用語300の基礎知識 ……	176	「事例解説」事典 学校の危機管理 ………	215
情報読解力を育てるNIEハンドブック …	177	事例解説 事典 学校の危機管理 第2版 …	215
将来の仕事なり方完全ガイド …………	187	新学習指導要領ハンドブック 小学校 …	144
諸外国の教育動向 2007年度版 …………	29	新学習指導要領ハンドブック 中学校 国	

語	144	身体障害事典	193
新学習指導要領ハンドブック 中学校 数学	144	新 中国留学ガイドブック	225
新学習指導要領ハンドブック 中学校 理科	144	新道徳教育事典	174
新学習指導要領ハンドブック 中学校 保健体育	144	新・どの本で調べるか	177
新学習指導要領ハンドブック 中学校 英語	145	新・どの本で調べるか 2006年版	177
新学習指導要領ハンドブック 中学校 技術・家庭(家庭分野)	145	新日本教育年記 第1巻 復刻版	22
新 学校用語辞典	106	新日本教育年記 第2巻 復刻版	22
新 観察・実験大事典 化学編	161	新日本教育年記 第3巻 復刻版	22
新 観察・実験大事典 地学編	161	新日本教育年記 第4巻 復刻版	22
新 観察・実験大事典 物理編	161	新日本教育年記 第5巻 復刻版	23
新 観察・実験大事典 生物編	162	新日本教育年記 第6巻 復刻版	23
新教育学大事典	19	新日本教育年記 第7巻 復刻版	23
新教育基本語彙	150	新日本教育年記 第8巻	23
新 教育事典	5	新日本教育年記 第9巻	23
新教育社会学事典	5	新日本教育年記 第10巻	23
新・教育心理学事典	68	新日本教育年記 第11巻	23
新教育の事典	5	新日本教育年記 第12巻	23
新教育法規基本用語辞典	31	新日本教育年記 第13巻	23
人権教育・啓発白書 平成14年版	181	新版学童保育のハンドブック	78
人権教育・啓発白書 平成15年版	181	新版 環境教育事典	180
人権教育・啓発白書 平成16年版	181	新版 教育学用語辞典 増補版	19
人権教育・啓発白書 平成17年版	181	新版 社会教育・生涯学習ハンドブック	253
人権教育・啓発白書 平成18年版	182	新版 詳解教務必携	136
人権教育・啓発白書 平成19年版	182	新美術教育基本用語辞典	169
人権教育・啓発白書 平成20年版	182	新理科の"発展教材&補充学習"活動づくり事典	162
人権教育・啓発白書 平成21年版	182		
人権教育・啓発白書 平成22年版	182		
人権教育・啓発白書 平成23年版	182	**【す】**	
人権教育・啓発白書 平成24年版	182		
新・こどもの本と読書の事典	277	数学教育学研究ハンドブック	158
新・児童福祉法正文 正文増補版	281	図解学級経営	132,133
新社会教育事典	252	図解 子ども事典	258
新社会人白書	249	図解 子ども事典 普及版	258
新社会人白書 07/08	249	図解実験観察大事典 新訂	160
新社会人白書 2009	250	図解 先生のためのコーチングハンドブック	141
新・手話辞典	199	図解体育授業 低学年	171
新・手話辞典 第2版	199	図解体育授業 中学年	171
新手話ハンドブック	200	図解体育授業 高学年	171
新 生涯学習・人権教育基本資料集	181,275	図解理科授業3・4年	162
新・生涯教育図書101選	273	図解理科授業5・6年	162
心身障害教育と福祉の情報事典	193	すぐつかえる学級担任ハンドブック 小学校1年生	133
心身障害児教育・福祉・医療総合事典	193	すぐつかえる学級担任ハンドブック 小学校2年生	133
心身障害辞典	193	すぐつかえる学級担任ハンドブック 小学校3年生	133
新進路指導事典	186	すぐつかえる学級担任ハンドブック 小学	
新生徒指導事典	211		

すぐつかえる学級担任ハンドブック 小学校4年生 ……………………………… 133
すぐつかえる学級担任ハンドブック 小学校5年生 ……………………………… 133
すぐつかえる学級担任ハンドブック 小学校6年生 ……………………………… 133
すぐつかえる学級担任ハンドブック 中学校1年生 ……………………………… 133
すぐつかえる学級担任ハンドブック 中学校2年生 ……………………………… 134
すぐつかえる学級担任ハンドブック 中学校3年生 ……………………………… 134
すぐつかえる授業ハンドブック ……… 145
すぐ使える手話ハンドブック ………… 200
すぐに使える手話辞典6000 …………… 200
すぐに引けるやさしい手話の辞典1700語 ……………………………………… 199
すぐ役立つ救急ハンドブック ………… 84
スクールカウンセリング事典 ………… 188
図説教育人物事典 ……………………… 6
図説近代百年の教育 …………………… 22
図説盲教育史事典 ……………………… 198
スーパー情報源 ………………………… 247
スーパー理科事典 改訂版〔カラー版〕… 160
図表でみる教育 2002年版 …………… 26
図表でみる教育 2003年版 …………… 26
図表でみる教育 2004年版 …………… 27
図表でみる教育 2005年版 …………… 27
図表でみる教育 2006年版 …………… 27
図表でみる教育 2007年版 …………… 27
図表でみる教育 2008年版 …………… 27
図表でみる教育 2009年版 …………… 27
図表でみる教育 2010年版 …………… 28
図表でみる教育 2011年版 …………… 28
図表でみる教育 2012年版 …………… 28
スポーツ指導・実務ハンドブック …… 171
スポーツ指導・実務ハンドブック 第2版 ……………………………………… 171
スポーツ進学するならコノ高校！ …… 109

【せ】

生活科事典 ……………………………… 169
生活指導研究 NO.24 (2007) ………… 212
「青少年教育関係施設基礎調査」報告書 平成22年度調査 ……………………… 271
青少年教育行政史（社会教育）年表 … 271
青少年教育データブック ……………… 271
青少年の社会的自立と意識 …………… 267

青少年のスポーツライフ・データ 2002 ……………………………………… 268
青少年のスポーツライフ・データ 2006 ……………………………………… 268
青少年のスポーツライフ・データ 2010 ……………………………………… 268
青少年のスポーツライフ・データ 2012 ……………………………………… 268
青少年の性行動 ………………………… 268
「青少年の体験活動等と自立に関する実態調査」報告書 平成22年度調査 …… 272
青少年白書 平成元年版 ………………… 262
青少年白書 平成2年版 ………………… 262
青少年白書 平成3年版 ………………… 262
青少年白書 平成4年版 ………………… 262
青少年白書 平成5年度版 ……………… 262
青少年白書 平成6年度版 ……………… 263
青少年白書 平成7年度版 ……………… 263
青少年白書 平成8年度版 ……………… 263
青少年白書 平成9年版 ………………… 263
青少年白書 平成10年度版 …………… 263
青少年白書 平成11年度版 …………… 263
青少年白書 平成13年度版 …………… 263
青少年白書 平成14年版 ……………… 264
青少年白書 平成15年版 ……………… 264
青少年白書 平成16年版 ……………… 264
青少年白書 平成17年版 ……………… 264
青少年白書 平成18年版 ……………… 264
青少年白書 平成19年版 ……………… 264
青少年白書 平成20年版 ……………… 264
青少年白書 平成21年版 ……………… 264
青少年問題に関する文献集 第22巻 … 283
青少年問題の本全情報 45/97 ………… 283
青少年問題の本全情報 1997‐2002 … 283
青少年問題の本全情報 2002-2007 …… 283
青少年問題用語小辞典 ………………… 283
成績評価の厳正化とGPA活用の深化 … 239
性と心の教育ハンドブック …………… 174
性と生を考える ………………………… 173
生徒の権利 ……………………………… 211
青年国際交流事業と事業参加者の事後活動 平成20年度年報 …………………… 273
青年国際交流事業と事業参加者の事後活動 平成21年度年報 …………………… 273
青年国際交流事業と事業参加者の事後活動 平成22年度年報 …………………… 273
青年国際交流事業と事業参加者の事後活動 平成23年度年報 …………………… 273
青年心理学事典 ………………………… 68
性の指導総合事典 ……………………… 174
生物による環境調査事典 ……………… 180

西洋教育史年表	21	全国公私立高等学校海外修学旅行・海外研修（修学旅行外）実施状況調査報告　平成19年度	210
世界教育事典　増補改訂版	5	全国公私立高等学校海外修学旅行・海外研修（修学旅行外）実施状況調査報告　平成20年度	210
世界教育白書 1994	24		
世界教育白書 1996	24		
世界教育白書 1998	24	全国公私立高等学校海外修学旅行・海外研修（修学旅行外）実施状況調査報告　平成21年度	210
世界商売往来用語索引	192		
世界諸地域の文化と教育	28		
世界の教育改革	66	全国公私立高等学校海外修学旅行・海外研修（修学旅行外）実施状況調査報告　平成22年度	211
世界の教育改革 2	67		
世界の教育改革 3	67		
世界の教育改革 4	67	全国公私立高等学校海外修学旅行・海外研修（修学旅行外）実施状況調査報告　平成23年度	211
世界の教育政策と行財政	29		
世界の生涯学習	276		
世界の青年との比較からみた日本の青年	267	全国高等学校便覧 1993年版	186
世界の大学入試	29	全国高等学校便覧 1997	186
世界の若者と雇用	285	全国高等学校便覧 1999	186
セクシコン	174	全国高等学校便覧 2001	186
0才から6才の幼児スクールガイド　首都圏版	84	全国高等学校便覧 2003	186
戦後教育資料総合目録	2	全国高等学校便覧 2004	187
戦後教育年表	21	全国職業能力開発施設ガイドブック	248
全国学校総覧 1991年版	106	全国職業能力開発施設ガイドブック　平成17年度	248
全国学校総覧 1992年版	106		
全国学校総覧 1993年版	107	全国職業能力開発施設ガイドブック　平成19年度	248
全国学校総覧 1994年版	107		
全国学校総覧 1995年版	107	全国職業能力開発施設ガイドブック　平成20年度	248
全国学校総覧 1996年版	107		
全国学校総覧 1997年版	107	全国大学職員録　平成2年版	240
全国学校総覧 1998年版	107	全国大学職員録　平成3年版	240
全国学校総覧 1999年版	107	全国大学職員録　平成4年版	240
全国学校総覧 2000年版	107	全国大学職員録　平成5年版	240
全国学校総覧 2001年版	107	全国大学職員録 1994年版	240
全国学校総覧 2002年版	108	全国大学職員録　平成7年版	240
全国学校総覧 2003年版	108	全国大学職員録 1996	240
全国学校総覧 2004年版	108	全国大学職員録 1997	240
全国学校総覧 2005年版	108	全国大学職員録　平成10年版	240
全国学校総覧 2006年版	108	全国大学職員録　平成11年版	241
全国公私立高等学校海外修学旅行・海外研修（修学旅行外）実施状況調査報告　平成15年度	210	全国大学職員録　平成12年版	241
		全国大学職員録　平成13年版	241
		全国大学職員録　平成14年版	241
全国公私立高等学校海外修学旅行・海外研修（修学旅行外）実施状況調査報告　平成16年度	210	全国大学職員録　平成15年版	241
		全国大学職員録　平成16年版	241
		全国大学職員録　平成17年版	242
全国公私立高等学校海外修学旅行・海外研修（修学旅行外）実施状況調査報告　平成17年度	210	全国大学職員録　平成18年版	242
		全国大学の研究活性度	230
		全国大学の研究活性度 2004	230
全国公私立高等学校海外修学旅行・海外研修（修学旅行外）実施状況調査報告　平成18年度	210	全国大学の研究活性度 2005	230
		全国大学の研究活性度 2006	230
		全国大学の研究活性度 2007	230

全国短大高専職員録　平成2年版 …………	242
全国短大高専職員録　平成3年版 …………	242
全国短大高専職員録　平成4年版 …………	242
全国短大・高専職員録　平成5年版 ………	242
全国短大・高専職員録　平成6年版 ………	242
全国短大・高専職員録　1995 …………	242
全国短大・高専職員録　1996 …………	243
全国短大・高専職員録　1997 …………	243
全国短大・高専職員録　平成10年版 ……	243
全国短大・高専職員録　1999 …………	243
全国短大・高専職員録　平成12年版 ……	243
全国短大・高専職員録　平成13年版 ……	243
全国短大・高専職員録　平成14年版 ……	244
全国短大・高専職員録　2003 …………	244
全国短大・高専職員録　平成16年版 ……	244
全国短大・高専職員録　平成17年版 ……	244
全国短大・高専職員録　平成18年版 ……	244
全国定時制通信制高等学校基本調査　平成24年度 …………………………………	108
全国特色ある研究校便覧　平成12・13年度 …………………………………………	109
全国土木系教員名簿　大学・短大・高専　2006年版 …………………………………	244
全国土木系教員名簿　大学・短大・高専　2007年版 …………………………………	244
全国土木系教官・教員名簿　1995年版 …	244
全国土木系教官・教員名簿　2001年版 …	245
全国土木系教官・教員名簿　2002年版 …	245
全国土木系教官・教員名簿　2003年版 …	245
全国版インターナショナルスクール活用ガイド　第2版 ………………………………	227
全国ひきこもり・不登校援助団体レポート　宿泊型施設編 ……………………………	217
戦後30年学校教育統計総覧 ……………	117
戦後大学・学生問題文献目録—1945〜1967　大学・学生問題文献目録—改訂・増補　1965〜1971 …………………………	228
戦後日本学力調査資料集　第1巻 ………	189
戦後日本学力調査資料集　第2巻 ………	189
戦後日本学力調査資料集　第3巻 ………	189
戦後日本学力調査資料集　第4巻 ………	189
戦後日本学力調査資料集　第5巻 ………	189
先生と司書が選んだ調べるための本 ……	163

【そ】

総合教職事典 ……………………………	134
総合的な学習　授業づくりハンドブック	

…………………………………………	179

【た】

体育・スポーツ指導実務必携　平成2年版 …………………………………………	171
体育・スポーツ指導実務必携　平成3年版 …………………………………………	171
体育・スポーツ指導実務必携　平成4年版 …………………………………………	172
体育・スポーツ指導実務必携　平成15年版 …………………………………………	172
大学・カレッジ自己点検ハンドブック …	232
大学関係六法 ……………………………	231
大学技術移転サーベイ　2006年版 ………	231
大学技術移転サーベイ　2007年度版 ……	231
大学技術移転サーベイ　2008年度版 ……	231
大学技術移転サーベイ　2009年度版 ……	232
大学技術移転サーベイ　2010年度版 ……	232
「大学教育」関係図書目録1989-2005 ……	228
大学教育・大学問題に関する10年間の雑誌文献目録 ……………………………	228
大学教育に関する比較研究　中間資料1（和文文献の部） ………………………	228
大学教育のエクセレンスとガバナンス …………………………………………	232
大学行政の現状と課題　平成7年8月 ……	232
大学研究所要覧　1990年版 ……………	235
大学研究所要覧　1992年版 ……………	235
大学研究所要覧　1994年版 ……………	235
大学研究所要覧　1997年版 ……………	235
大学研究所要覧　1999 …………………	235
大学研究所要覧　2001 …………………	235
大学研究所要覧　2003年版 ……………	235
大学図鑑！　2013 ………………………	228
大学生の英語学習ハンドブック …………	247
大学生の進路意識に関する調査研究報告書 ………………………………………	250
大学生のための手話ハンドブック ………	200
大学生のための福祉教育入門 …………	138
大学生学びのハンドブック ………………	247
大学転部・編入ガイド　第3版 …………	231
大学における教員養成 …………………	245
大学における社会貢献・連携ハンドブック …………………………………………	231
大学の実力　2013 ………………………	229
大学の自由に関する文献目録 …………	228
大学博物館事典 …………………………	235
大学ランキング　2013年版 ………………	229

書名索引　つよく

大修館英語授業ハンドブック　中学校編
　　　・・・・・・・・・・・・・・・・・・・・・・・・・・・・・・・・・・・・　155
大修館英語授業ハンドブック　高校編　・・・・　155
大震災と子どもの貧困白書　・・・・・・・・・・・・・　281
大都市の若者の就業行動と意識　・・・・・・・・・　250
大日本博士録　第5巻　復刻版　・・・・・・・・・・　238
台湾地区大学総覧　・・・・・・・・・・・・・・・・・・・・・　236
多項目教育心理学辞典　・・・・・・・・・・・・・・・・　68
たのしくわかる物理実験事典　・・・・・・・・・・　160
多文化教育事典　・・・・・・・・・・・・・・・・・・・・・・　179
多文化共生キーワード事典　・・・・・・・・・・・・　207

【ち】

逐条学校教育法　第6次改訂版　・・・・・・・・・・　43
逐条学校教育法　第7次改訂版　・・・・・・・・・・　43
知的障害児・者の生活と援助　三訂版　・・・・　100
地方教育費調査報告書　平成12年度（平成
　11会計年度）　・・・・・・・・・・・・・・・・・・・・・・　62
地方教育費調査報告書　平成13年度（平成
　12会計年度）　・・・・・・・・・・・・・・・・・・・・・・　62
地方教育費調査報告書　平成14年度（平成
　13会計年度）　・・・・・・・・・・・・・・・・・・・・・・　63
地方教育費調査報告書　平成15年度（平成
　14会計年度）　・・・・・・・・・・・・・・・・・・・・・・　63
地方教育費調査報告書　平成16年度（平成
　15会計年度）　・・・・・・・・・・・・・・・・・・・・・・　63
地方教育費調査報告書　平成17年度（平成
　16会計年度）　・・・・・・・・・・・・・・・・・・・・・・　63
地方教育費調査報告書　平成18年度（平成
　17会計年度）　・・・・・・・・・・・・・・・・・・・・・・　63
地方教育費調査報告書　平成19年度　・・・・・・　63
地方教育費調査報告書　平成20年度　・・・・・・　63
地方教育費調査報告書　平成21年度　・・・・・・　63
地方教育費調査報告書　平成22年度　・・・・・・　63
地方教育費調査報告書　平成23年度　・・・・・・　63
中央教育審議会答申総覧　増補版　・・・・・・・・　64
注解　新教育六法　平成2年版　・・・・・・・・・・　43
注解　新教育六法　平成3年版　・・・・・・・・・・　43
注解　新教育六法　平成4年版　・・・・・・・・・・　43
注解　新教育六法　平成5年版　・・・・・・・・・・　43
注解　新教育六法　平成6年版　・・・・・・・・・・　44
注解　新教育六法　平成7年版　・・・・・・・・・・　44
注解　新教育六法　平成8年版　・・・・・・・・・・　44
注解　新教育六法　平成9年版　・・・・・・・・・・　44
注解　新教育六法　平成10年版　・・・・・・・・・　44
注解　新教育六法　平成11年版　・・・・・・・・・　44
中学英語教師のための小学英語実践への対

応ハンドブック　・・・・・・・・・・・・・・・・・・・・・　156
中学英語辞書の使い方ハンドブック　・・・　155
中学英語辞典　・・・・・・・・・・・・・・・・・・・・・・・・　154
中学英語指導法事典　言語材料編　・・・・・・　154
中学英語指導法事典　指導法編　・・・・・・・・　154
中学・高校件名標目表　第3版　・・・・・・・・・　221
中学生・高校生の仕事ガイド　・・・・・・・・・・　187
中学生・高校生の食生活データブック　2002
　年版　・・・・・・・・・・・・・・・・・・・・・・・・・・・・・・　268
中学生・高校生のための仕事ガイド　新版
　　・・・・・・・・・・・・・・・・・・・・・・・・・・・・・・・・・・　188
中学生・高校生のライフスタイルを読み解
　くデータ総覧　2004　・・・・・・・・・・・・・・・・・　269
中学生・高校生のライフスタイル資料集
　2006　・・・・・・・・・・・・・・・・・・・・・・・・・・・・・・　269
中学理科用語集　・・・・・・・・・・・・・・・・・・・・・・　160
中学校　講話あいさつ事典　・・・・・・・・・・・・　209
中学校国語科新学習指導要領詳解ハンド
　ブック　・・・・・・・・・・・・・・・・・・・・・・・・・・・・・　152
中学校国語教科書内容索引　昭和24～61年
　度　・・・・・・・・・・・・・・・・・・・・・・・・・・・・・・・・・　146
中学校新技術・家庭科授業の基本用語辞
　典　・・・・・・・・・・・・・・・・・・・・・・・・・・・・・・・・・　175
中学校新国語科授業の基本用語辞典　・・・　148
中学校新数学科授業の基本用語辞典　・・・　157
中学校新道徳授業の基本用語辞典　・・・・・・　174
中学校新美術科授業の基本用語辞典　・・・　169
中学校新保健体育科授業の基本用語辞典
　　・・・・・・・・・・・・・・・・・・・・・・・・・・・・・・・・・・　173
中学校特別活動指導法ハンドブック　1
　　・・・・・・・・・・・・・・・・・・・・・・・・・・・・・・・・・・　208
中学校特別活動指導法ハンドブック　2
　　・・・・・・・・・・・・・・・・・・・・・・・・・・・・・・・・・・　208
中学校特別活動指導法ハンドブック　3
　　・・・・・・・・・・・・・・・・・・・・・・・・・・・・・・・・・・　210
中学校理科室ハンドブック　・・・・・・・・・・・・　162
中国大学全覧　・・・・・・・・・・・・・・・・・・・・・・・・　236
中国大学全覧　2007　新訂版　・・・・・・・・・・・　236
中国大学総覧　・・・・・・・・・・・・・・・・・・・・・・・・　236
中国留学ガイドブック　・・・・・・・・・・・・・・・・　225
超少子化時代の家族意識　・・・・・・・・・・・・・・　256
ちょっと変わった幼児学用語集　・・・・・・・・　83
地理教育用語技能事典　・・・・・・・・・・・・・・・・　164

【つ】

月別の産後一年間子育て事典　・・・・・・・・・・　76
強く賢い子に育てる食と健康大事典　・・・・　212

学校・教育問題レファレンスブック　311

【て】

DVDで覚える手話辞典	201
定本 総合的な学習ハンドブック	179
デザイン教育大事典	169
デジカメ徹底活用術 2	141
データからみる日本の教育 2004	15
データからみる日本の教育 2005	15
データからみる日本の教育 2006	16
データからみる日本の教育 2008	16
データでみる若者の現在 1991年版	269
データに見る今日の学校図書館 3	221
手に職をつける海外資格留学	225
天職事典	188
天職事典 Ver.2	188

【と】

ドイツ留学案内 大学篇	225
東京大学法学部白書 1997・1998	233
東京大学法学部白書 1999・2000	233
東京大学法学部白書 2001・2002	233
東京大学法学部白書 2003・2004	233
東京大学法学部白書 2005・2006	233
東京大学法学部白書 2007・2008	233
東京大学法学部白書 2009・2010	233
東京都学校名簿 平成22年度版	108
東京都教育例規集 平成17年版	44
東京都教育例規集 平成19年版	44
東京都教育例規集 平成21年版	45
東京都教育例規集 平成23年版	45
東京都内区市町村における児童虐待対応及び予防に関するアンケート報告書	81
登校拒否関係団体全国リスト '97・'98年版	217
東書文庫所蔵教科用図書目録 第1集 1	191
東書文庫所蔵教科用図書目録 第1集 2	191
東書文庫所蔵教科用図書目録 第2集 1	192
東書文庫所蔵教科用図書目録 第2集 2	192
東大は主張する 2001	233
東大は主張する 2003・04	233
東大は主張する 2004・05	234
東大は主張する 2005・06	234
東大は主張する 2006・07	234
東大は主張する 2007・08	234
東大は主張する 2008・09	234
東大は主張する 2009・10	234
東大は主張する 2011・12	234
どうなる、どうする。世界の学力、日本の学力	189
特殊教育必携 第3次改訂	194
特殊教育用語辞典 新訂	206
特別活動指導法事典	208
「特別支援学級」と「通級による指導」ハンドブック	207
特別支援教育支援員ハンドブック	207
特別支援教育大事典	206
特別支援コーディネーターに必要な基本スキル小事典	206
特別支援コーディネーター必携ハンドブック	207
特別なニーズ教育ハンドブック	194
都市と地方における子育て環境に関する調査報告書	77
図書館利用教育ハンドブック	236
どの本で調べるか 増補改訂版	177
富山県教育関係者必携 平成5年版 県例規編・国法編	32
富山県教育関係者必携 平成7年版 県例規編・国法編	32
富山県教育関係者必携 平成9年版	33
富山県教育関係者必携 平成12年版	33
富山県教育関係者必携 平成15年版	33
富山県教育関係者必携 平成17年版	33

【な】

仲間の中で育ちあう	195
奈良県教育委員会規程集 平成5年版	57
奈良県教育委員会規程集 平成8年版	57
奈良県教育委員会規程集 平成11年版	57
奈良県教育委員会規程集 平成15年版	57

【に】

21世紀学校事務事典 1	118
21世紀学校事務事典 2	118

書名索引

21世紀学校事務事典 3 ……………… 118
21世紀学校事務事典 4 ……………… 118
21世紀学校事務事典 5 ……………… 118
21世紀学校事務事典 6 ……………… 118
21世紀コンピュータ教育事典 ……… 176
21世紀出生児縦断調査 第3回 平成15年度 …………………………………… 77
21世紀出生児縦断調査 第4回 平成16年度 …………………………………… 77
日本LD学会LD・ADHD等関連用語集 … 201
日本LD学会LD・ADHD等関連用語集 第2版 …………………………………… 202
日本教育史事典 …………………… 21
日本教育史年表 …………………… 21
日本教育年鑑 1990年版 …………… 16
日本教育年鑑 1991年版 …………… 16
日本教育年鑑 1992年版 …………… 16
日本教育年鑑 1993年版 …………… 16
日本教科書大系 往来編 別巻 ……… 192
日本教科書大系 往来編 別巻2 …… 192
日本近代教育史事典 ……………… 22
日本近代教育史文献目録 1 ………… 21
日本近代教育史料大系 附巻2 編集復刻版 …………………………………… 23
日本近代地方教育史文献目録 ……… 21
日本公認会計士協会学校法人会計監査六法 平成21年版 ……………………… 123
日本語・手話辞典 …………………… 199
日本子ども資料年鑑 1991・92 …… 265
日本子ども資料年鑑 第3巻 ……… 265
日本子ども資料年鑑 第4巻 ……… 265
日本子ども資料年鑑 第5巻 ……… 265
日本子ども資料年鑑 第6巻 ……… 265
日本子ども資料年鑑 2001 ………… 265
日本子ども資料年鑑 2002 ………… 265
日本子ども資料年鑑 2003 ………… 265
日本子ども資料年鑑 2004 ………… 266
日本子ども資料年鑑 2005 ………… 266
日本子ども資料年鑑 2006 ………… 266
日本子ども資料年鑑 2007 ………… 266
日本子ども資料年鑑 2008 ………… 266
日本子ども資料年鑑 2009 ………… 266
日本子ども資料年鑑 2010 ………… 266
日本子ども資料年鑑 2011 ………… 266
日本子ども資料年鑑 2012 ………… 267
日本児童図書研究文献目次総覧 1945-1999 …………………………………… 256
日本植民地教育政策史料集成 朝鮮篇〔別巻〕…………………………………… 21
日本で学べるアメリカ大学通信教育ガイド …………………………………… 236

日本の教育・学習データ総覧 2006 … 18
日本の教育統計 …………………… 18
日本の青少年の生活と意識 ………… 269
日本の名門高校ベスト100 公立高校編 …………………………………… 108
日本博士学位論文索引 人文科学・社会科学篇 ………………………………… 238
日本博士学位論文索引 工学篇 …… 238
日本博士学位論文索引 歯学・保健学・薬学篇 ………………………………… 238
日本博士学位論文索引 農学・獣医学・水産学篇 ………………………………… 238
日本博士学位論文索引 理学篇 …… 238
日本美術教育総鑑 戦後編 ………… 170
入会・入学案内グラフィックス …… 111
乳幼児発達事典 …………………… 83
Newボランティア用語事典 ………… 183

【ね】

年報こどもの図書館 1992年版 …… 277
年報こどもの図書館 1998年版 …… 277
年報こどもの図書館 2002年版 …… 277
年報こどもの図書館 2007年版 …… 277
年報こどもの図書館 2012年版 …… 277

【の】

ノーベル賞受賞者業績事典 ………… 237
ノーベル賞受賞者業績事典 新訂版 … 237
ノーベル賞受賞者人物事典 物理学賞・化学賞 ……………………………… 237
ノーベル賞受賞者総覧 92年版 …… 237
ノーベル賞受賞者総覧 〔最新版〕… 237

【は】

俳句の授業ができる本 ……………… 152
博士課程修了者の進路実態に関する調査研究報告書 ………………………… 238
博士号のとり方 …………………… 238
博士論文目録 昭和59～63年 ……… 237
博士論文目録 平成元年～2年 …… 238
はじめての料理ハンドブック 改訂版 … 195

働く若者のデーターブック 平成9年版 …… 286
発達障害がある子どもの進路選択ハンドブック …… 202
発達障害基本用語事典 …… 202
発達障害支援ハンドブック …… 203
発達障害児者の防災ハンドブック …… 203
発達障害事典 …… 202
発達障害指導事典 …… 202
発達障害指導事典 第二版 …… 202
発達障害年鑑 VOL.3 …… 204
発達障害年鑑 VOL.4 …… 204
発達障害の人の就労支援ハンドブック …… 203
発達障害白書 2000年版 …… 204
発達障害白書 2001年版 …… 204
発達障害白書 2002年版 …… 204
発達障害白書 2003年版 …… 204
発達障害白書 2004 …… 204
発達障害白書 2005 …… 205
発達障害白書 2006 …… 205
発達障害白書 2007年版 …… 205
発達障害白書 2008年版 …… 205
発達障害白書 2009年版 …… 205
発達障害白書 2010年版 …… 205
発達障害白書 2011年版 …… 205
発達障害白書 2012年版 …… 205
発達障害白書 2013年版 …… 206
発達心理学辞典 …… 69
発達心理学用語辞典 …… 69
発達心理学用語集 …… 69
発達と支援 …… 70
発達の基盤：身体、認知、情動 …… 70
早引き 手話ハンドブック …… 201
早わかり教育人名小事典 …… 6
バランスよく食べよう！栄養がわかる絵事典 …… 213
ハワイ日本語学校教科書集成 編集復刻版 …… 192
犯罪から子どもを守る！ハンドブック …… 216
犯罪白書 平成10年版 …… 284
犯罪・非行事典 …… 284
ハンディキャップ教育・福祉事典 1巻 …… 193
ハンディキャップ教育・福祉事典 2巻 …… 193
ハンディ教育六法 '91年版 …… 45
ハンディ教育六法 …… 45
ハンディ教育六法 改訂版 …… 45
ハンディ教育六法 再改訂版 …… 45
ハンディ教育六法 三改訂版 …… 45
ハンディ教育六法 四改訂版 …… 45
ハンディ教育六法 5改訂版 …… 46
ハンディ教育六法 6改訂版 …… 46
ハンディ教育六法 2003年版 …… 46
ハンディ教育六法 2004年版 …… 46
ハンディ教育六法 2005年版 …… 46
ハンディ教育六法 2006年版 …… 46
ハンディ教育六法 2007年版 …… 46
ハンディ教育六法 2008年版 …… 46
ハンディ教育六法 2009年版 …… 47
ハンディ教育六法 2010年版 …… 47
ハンディ教育六法 2011年版 …… 47
ハンディ教育六法 2012年版 …… 47
ハンドブック 学級経営の悩み相談 …… 134
ハンドブック 学級担任の基本 …… 134
ハンドブック 教育・保育・福祉 …… 8
ハンドブック 教育・保育・福祉関係法令集 平成11年版 …… 47
ハンドブック 教育・保育・福祉関係法令集 平成12年版 …… 47
ハンドブック 教育・保育・福祉関係法令集 平成13年版 …… 47
ハンドブック 教育・保育・福祉関係法令集 平成14年版 …… 47
ハンドブック 教育・保育・福祉関係法令集 平成15年版 …… 48
ハンドブック 教育・保育・福祉関係法令集 平成16年版 …… 48
ハンドブック 教育・保育・福祉関係法令集 平成17年版 …… 48
ハンドブック 教育・保育・福祉関係法令集 平成18年版 …… 48
ハンドブック 教育・保育・福祉関係法令集 平成19年版 …… 48
ハンドブック 教育・保育・福祉関係法令集 平成20年版 …… 48
ハンドブック 教育・保育・福祉関係法令集 平成21年版 …… 48
ハンドブック 学ぶ意欲を高める100の方法 …… 145

【ひ】

比較教育学事典 …… 24
PISA2006年調査 評価の枠組み …… 190
必携学校小六法 '91年度版 …… 48
必携学校小六法 '92年度版 …… 48
必携学校小六法 '93年度版 …… 49
必携学校小六法 '94年度版 …… 49
必携学校小六法 '95年度版 …… 49

必携学校小六法 '96年度版 ……………… 49	……………………………… 152
必携学校小六法 1997年度版 …………… 49	
必携学校小六法 '98年度版 ……………… 49	**【へ】**
必携学校小六法 '99年度版 ……………… 49	
必携学校小六法 2000年度版 …………… 49	平和教育実践事典 …………………… 179
必携学校小六法 2001年度版 …………… 50	平和教育ハンドブック ………………… 179
必携学校小六法 2002年度版 …………… 50	ペスタロッチー・フレーベル事典 ……… 20
必携学校小六法 2003年度版 …………… 50	ベビー・キッズサービス施設事業化計画・
必携学校小六法 2004年版 ……………… 50	運営実態資料集 ………………………… 78
必携学校小六法 2005年度版 …………… 50	
必携学校小六法 2006年度版 …………… 50	**【ほ】**
必携学校小六法 2007年度版 …………… 50	
必携学校小六法 2008年度版 …………… 51	保育園・幼稚園 3 …………………… 127
必携学校小六法 2009年度版 …………… 51	保育おたすけハンドブック 入門編 …… 90
必携学校小六法 2010年度版 …………… 51	保育学大事典 …………………………… 85
必携学校小六法 2011年度版 …………… 51	保育技術事典 …………………………… 85
必携学校小六法 2012年度版 …………… 51	保育基本用語事典 ……………………… 86
必携学校小六法 2013年度教採対応版 … 51	保育実践用語事典 改訂版 …………… 86
ひと目でわかる実用手話辞典 ………… 199	保育指導案大百科事典 ………………… 86
兵庫県学校要覧 2006年度 …………… 108	保育士のための福祉施設実習ハンドブック
兵庫県内公立高等学校郷土資料総合目録	…………………………………………… 104
平成元年1月末現在 ………………… 220	保育者・教師のための障害児医学ケア相談
広島県教育法規集 平成24年版 ……… 51	事典 1 ………………………………… 99
	保育者・教師のための障害児医学ケア相談
【ふ】	事典 2 ………………………………… 99
	保育者と学生・親のための乳児の絵本・保
深谷式辞書・図鑑活用術 ……………… 73	育課題絵本ガイド ……………………… 74
深谷式辞書引きガイドブック ………… 73	保育者のための教育と福祉の事典 …… 83
福祉教育資料集 ……………………… 183	保育小辞典 ……………………………… 86
福祉系学生のための就職ハンドブック … 248	保育小辞典 改訂版 …………………… 86
福祉施設実習ハンドブック …………… 104	保育小六法 平成7年版 ……………… 91
防げなかった死 2001 ………………… 81	保育小六法 平成8年版 ……………… 91
ブックレビュー教育論 ………………… 2	保育小六法 平成9年版 ……………… 91
不登校・中退生のための高校・同等学校ガ	保育小六法 平成10年版 ……………… 91
イド ………………………………… 217	保育小六法 平成11年版 ……………… 91
不登校・中退生のためのスクール・ガイ	保育小六法 平成12年版 ……………… 91
ド …………………………………… 217	保育小六法 平成13年版 ……………… 91
不登校・引きこもり・ニート支援団体ガイ	保育小六法 平成14年版 ……………… 91
ド …………………………………… 217	保育小六法 平成15年版 ……………… 91
フリーターの意識と実態 ……………… 251	保育小六法 平成16年版 ……………… 91
フリーター労組の生存ハンドブック … 250	保育小六法 平成17年版 ……………… 92
プロスポーツ界のかっこいい指示・用語事	保育小六法 平成18年版 ……………… 92
典 …………………………………… 172	保育小六法 平成19年版 ……………… 92
文学教材の実践・研究文献目録 1(1955年	保育小六法 平成20年版 ……………… 92
—1976年9月) …………………… 146	保育小六法 平成21年版 ……………… 92
文学教材の実践・研究文献目録 1976年10	保育小六法 平成22年版 ……………… 92
月〜1981年9月 …………………… 146	
文学の授業づくりハンドブック 第2巻	

ほいく　書名索引

保育小六法　2010 …… 92
保育小六法　2011 …… 92
保育小六法　2012（平成24年版）…… 92
保育所運営ハンドブック　平成7年版 …… 101
保育所運営ハンドブック　平成8年版 …… 101
保育所運営ハンドブック　平成9年版 …… 101
保育所運営ハンドブック　平成10年版 …… 102
保育所運営ハンドブック　平成11年版 …… 102
保育所運営ハンドブック　平成12年版 …… 102
保育所運営ハンドブック　平成13年版 …… 102
保育所運営ハンドブック　平成14年版 …… 102
保育所運営ハンドブック　平成15年版 …… 102
保育所運営ハンドブック　平成16年版 …… 102
保育所運営ハンドブック　平成17年版 …… 102
保育所運営ハンドブック　平成18年版 …… 102
保育所運営ハンドブック　平成19年版 …… 102
保育所運営ハンドブック　平成20年版 …… 102
保育所運営ハンドブック　平成21年版 …… 102
保育所運営ハンドブック　平成22年版 …… 103
保育所運営ハンドブック　平成23年版 …… 103
保育所運営ハンドブック　平成24年版 …… 103
保育所待機児問題白書 …… 103
保育所保育指針 …… 103
保育に役だつ子どもの健康＋病気ハンドブック …… 90
保育年報　1990年版 …… 95
保育年報　1996 …… 95
保育年報　1998‐1999 …… 95
保育年報　2001 …… 95
保育年報　2002 …… 95
保育年報　2005 …… 95
保育年報　2006 …… 95
保育のための小児保健ハンドブック …… 100
保育のための乳幼児心理事典 …… 86
保育の悩みを解決！子どもの心にとどく指導法ハンドブック …… 91
保育白書　1991 …… 96
保育白書　1992年版 …… 96
保育白書　1993年版 …… 96
保育白書　1994年版 …… 96
保育白書　1995年版 …… 96
保育白書　1996 …… 96
保育白書　1997 …… 96
保育白書　'98 …… 96
保育白書　1999年版 …… 97
保育白書　2000年版 …… 97
保育白書　2001 …… 97
保育白書　2002年版 …… 97
保育白書　2003年版 …… 97
保育白書　2004年版 …… 97
保育白書　2005年版 …… 98
保育白書　2006年版 …… 98
保育白書　2007年版 …… 98
保育白書　2008 …… 98
保育白書　2009年版 …… 98
保育白書　2010年版 …… 99
保育白書　2011 …… 99
保育白書　2012年版 …… 99
保育福祉小六法　1996年版 …… 93
保育福祉小六法　1997年版 …… 93
保育福祉小六法　1998年版 …… 93
保育福祉小六法　1999年版 …… 93
保育福祉小六法　2000年版 …… 93
保育福祉小六法　2001年版 …… 93
保育福祉小六法　2002年版 …… 93
保育福祉小六法　2003年版 …… 93
保育福祉小六法　2004年版 …… 93
保育福祉小六法　2005年版 …… 94
保育福祉小六法　2006年版 …… 94
保育福祉小六法　2007年版 …… 94
保育福祉小六法　2008年版 …… 94
保育福祉小六法　2009年版 …… 94
保育福祉小六法　2010年版 …… 94
保育福祉小六法　2011年版 …… 94
保育福祉小六法　2012年版 …… 94
保育ミニ辞典 …… 86
保育用語辞典 …… 86
保育用語辞典　第2版 …… 87
保育用語辞典　第3版 …… 87
保育用語辞典　第4版 …… 87
保育用語辞典　第5版 …… 87
保育用語辞典　第6版 …… 87
保育六法　2009 …… 94
保育六法　第2版 …… 94
ポケット教育小六法　2005年度版 …… 51
ポケット教育小六法　2006年度版　改訂四版 …… 51
ポケット教育小六法　2007年度版 …… 51
ポケット教育小六法　2008年度版 …… 52
ポケット教育小六法　2009年版 …… 52
ポケット教育小六法　2010年版 …… 52
ポケット教育小六法　2011年版 …… 52
ポケット教育小六法　2012年版 …… 52
ポケット　教育小六法 …… 51
保健体育科・スポーツ教育重要用語300の基礎知識 …… 173
保健ニュース・心の健康ニュース縮刷活用版　体と心　保健総合大百科　中・高校編　2006年 …… 173
保護者会が成功する話題小事典 …… 209

316　学校・教育問題 レファレンスブック

保護者との話し方ハンドブック ………… 104
保護者にきちんと伝わる連絡帳の書き方
　＆文例ハンドブック …………… 104
北海道教育関係職員録 2000年度版 …… 134
北海道教育例規集 平成4年版 …………… 52
北海道教育例規集 〔1996〕改訂版 ……… 52
北海道教育例規集 第2次改訂版 ………… 52
北海道教育例規集 第3次改訂版 ………… 52
北海道教育例規集 第4次改訂版 ………… 52
ほめ言葉ハンドブック 家族・プライベー
　ト編 ………………………………… 79
ボランティア・NPO用語事典 ………… 183
ボランティア入門ハンドブック ………… 184
ボランティア白書 1992年版 …………… 184
ボランティア白書 1995年版 …………… 184
ボランティア白書 1999 ………………… 184
ボランティア白書 2001 ………………… 184
ボランティア白書 2003 ………………… 184
ボランティア白書 2005 ………………… 184
ボランティア白書 2007 ………………… 185
ボランティア白書 2009 ………………… 185
ボランティア白書 2012 ………………… 185
ボランティア・ハンドブック …………… 184
ボランティアブック ……………………… 183
本邦大学・高等教育機関沿革史総覧 増補
　改訂 ………………………………… 229

【ま】

学びとコンピュータハンドブック ……… 176
「学び」の認知科学事典 ………………… 68

【み】

緑のふるさと協力隊 ……………………… 185
緑のふるさと協力隊 響き合う！集落と若
　者 2011 ……………………………… 185
緑のふるさと協力隊 若者たちの震災復興
　2012 ………………………………… 186
民間教育史研究事典 ……………………… 22
みんなが参加したくなる生徒会活動ハンド
　ブック ……………………………… 208
みんなで楽しむ絵本 ……………………… 276
みんなで楽しむ体育あそび・ゲーム事典
　……………………………………… 171

【め】

明治新聞雑誌文庫所蔵雑誌目次総覧 第6
　巻（73‐78）………………………… 258
明治前期文部省刊行雑誌総目録 ………… 2
明治・大正・昭和（戦前）教育関係雑誌総
　覧稿 ………………………………… 3
名著解題 ………………………………… 18

【も】

盲学校、聾学校及び養護学校学習指導要
　領 …………………………………… 195
盲学校, 聾学校及び養護学校 教育要領・学
　習指導要領 ………………………… 195
盲、聾、養護学校教育の基本用語辞典 … 194
ものづくりハンドブック ………………… 178
ものづくりハンドブック 2 ……………… 178
ものづくりハンドブック 3 ……………… 178
ものづくりハンドブック 4 ……………… 178
ものづくりハンドブック 5 ……………… 178
ものづくりハンドブック 6 ……………… 178
ものづくりハンドブック 7 第2版 ……… 178
問題行動解決支援ハンドブック ………… 284
モンテッソーリ教育用語辞典 …………… 20
文部科学省 ……………………………… 57
文部科学省関係法人名鑑 平成12年度版
　……………………………………… 55
文部科学省関係法人名鑑 平成13年度版
　……………………………………… 55
文部科学省関係法人名鑑 平成14年度版
　……………………………………… 55
文部科学省関係法人名鑑 平成15年度版
　……………………………………… 55
文部科学省関係法人名鑑 平成16年度版
　……………………………………… 55
文部科学省関係法人名鑑 平成17年度版
　……………………………………… 55
文部科学省関係法人名鑑 平成18年度版
　……………………………………… 55
文部科学省関係法人名鑑 平成19年度版 限
　定版 ………………………………… 55
文部科学省関係法人名鑑 平成20年度版
　……………………………………… 56
文部科学省関係法人名鑑 平成21年度版
　……………………………………… 56

文部科学省関係法人名鑑 平成22年度版 ……………………………………… 56	文部省名鑑 2000年版 ……………… 57
文部科学省関係法人名鑑 平成23年度版 ……………………………………… 56	文部統計要覧 平成2年版 …………… 61
	文部統計要覧 平成3年版 …………… 61
文部科学省関係法人名鑑 平成24年度版 限定版 ……………………………… 56	文部統計要覧 平成4年版 …………… 62
	文部統計要覧 平成5年版 …………… 62
文部科学統計要覧 平成14年版 ……… 60	文部統計要覧 平成6年版 …………… 62
文部科学統計要覧 平成15年版 ……… 60	文部統計要覧 平成7年版 …………… 62
文部科学統計要覧 平成16年版 ……… 60	文部統計要覧 平成8年版 …………… 62
文部科学統計要覧 平成17年版 ……… 61	文部統計要覧 平成9年版 …………… 62
文部科学統計要覧 平成18年版 ……… 61	文部統計要覧 平成10年版 ………… 62
文部科学統計要覧 平成19年版 ……… 61	文部統計要覧 平成11年版 ………… 62
文部科学統計要覧 平成20年版 ……… 61	文部統計要覧 平成12年版 ………… 62
文部科学統計要覧 平成21年版 ……… 61	文部統計要覧 平成13年版 ………… 62
文部科学統計要覧 平成22年版 ……… 61	文部法令要覧 平成2年版 …………… 53
文部科学統計要覧 平成23年版 ……… 61	文部法令要覧 平成3年版 …………… 53
文部科学統計要覧 平成24年版 ……… 61	文部法令要覧 平成4年版 …………… 53
文部科学白書 平成13年度 …………… 58	文部法令要覧 平成5年版 …………… 53
文部科学白書 平成14年度 …………… 58	文部法令要覧 平成6年版 …………… 53
文部科学白書 平成15年度 …………… 58	文部法令要覧 平成7年版 …………… 53
文部科学白書 平成16年度 …………… 58	文部法令要覧 平成8年版 …………… 54
文部科学白書 平成17年度 …………… 59	文部法令要覧 平成9年版 …………… 54
文部科学白書 平成18年度 …………… 59	文部法令要覧 平成10年版 ………… 54
文部科学白書 平成19年度 …………… 59	文部法令要覧 平成11年版 ………… 54
文部科学白書 平成20年度 …………… 59	文部法令要覧 平成12年版 ………… 54
文部科学白書 平成21年度 …………… 59	文部法令要覧 平成13年版 ………… 54
文部科学白書 平成22年度 …………… 59	文部法令要覧 平成14年版 ………… 54
文部科学白書 平成23年度 …………… 59	文部法令要覧 平成15年版 ………… 54
文部科学法令要覧 平成17年版 ……… 52	文部法令要覧 平成16年版 ………… 54
文部科学法令要覧 平成18年版 ……… 52	
文部科学法令要覧 平成19年版 ……… 53	【や】
文部科学法令要覧 平成20年版 ……… 53	
文部科学法令要覧 平成21年版 ……… 53	やさしい健康へのアドバイス ……… 203
文部科学法令要覧 平成22年版 ……… 53	やさしい指導法・療育技法 ………… 203
文部科学法令要覧 平成23年版 ……… 53	やさしい日常生活の基礎知識 ……… 203
文部科学法令要覧 平成24年版 ……… 53	やさしい予防と対応 ………………… 204
文部省関係法人名鑑 平成7年度版 … 56	やさしい療育Q&A …………………… 204
文部省関係法人名鑑 平成8年度版 限定版 ……………………………………… 56	【ゆ】
文部省関係法人名鑑 平成9年度版 … 56	
文部省関係法人名鑑 平成10年度版 … 56	行きたい入りたい学校・施設グラフィックス ……………………………………… 111
文部省関係法人名鑑 平成11年度版 … 56	ゆとり世代の消費実態 ……………… 269
文部省名鑑 1990年版 ………………… 56	ユネスコ文化統計年鑑 1989 ……… 30
文部省名鑑 1991年版 ………………… 56	ユネスコ文化統計年鑑 1990 ……… 30
文部省名鑑 1992年版 ………………… 56	ユネスコ文化統計年鑑 1991 ……… 30
文部省名鑑 1993年版 ………………… 56	ユネスコ文化統計年鑑 1992 ……… 30
文部省名鑑 1994年版 ………………… 57	
文部省名鑑 1996年版 ………………… 57	
文部省名鑑 1997年版 ………………… 57	
文部省名鑑 1999年版 ………………… 57	

ユネスコ文化統計年鑑 1993 30
ユネスコ文化統計年鑑 1997 30
ユネスコ文化統計年鑑 1999 30

【よ】

養護教諭の健康相談ハンドブック 129
養護教諭のための保健・医療・福祉系実習
　ハンドブック 改訂版 129
幼児音楽教育ハンドブック 84
幼児音楽教育ハンドブック 新訂版 176
幼児教育・保育図書総目録 No.7(1990年
　版) 83
幼児教育・保育図書総目録 No.8(1991年
　版) 83
幼児保育学辞典 87
幼稚園教育要領 84
幼稚園教育要領―平成20年告示 原本 保育
　所保育指針―平成20年告示 原本 84
幼稚園事典 85
幼稚園の教育課程と指導計画 85
よくわかる新・保育所保育指針ハンドブッ
　ク 103
読み聞かせで育つ子どもたち 75
読み聞かせのための音のある英語絵本ガイ
　ド 75

【り】

理科教育事典 160
理科教育指導用語辞典 新訂版 160
理科実験に役立つ道具のつかい方事典
　..................................... 162
理科重要用語300の基礎知識 160
リフレッシュ教育 改訂版 231,238
留学英語キーワード辞典 221
留学生受入れの手引き 増補改訂版 226
留学生担当者の手引 受け入れ編 (1990
　年) 226
留学生担当者の手引 送り出し編 226
留学生のためのカレッジ・ハンドブック
　..................................... 222
留学生必携英和辞典 222

【れ】

歴史教育学事典 164
歴史教育・社会科教育年報 1991年版 ... 166
歴史教育・社会科教育年報 1992年版 ... 166
歴史教育・社会科教育年報 1993年版 ... 166
歴史教育・社会科教育年報 1994年版 ... 166
歴史教育・社会科教育年報 1995年版 ... 166
歴史教育・社会科教育年報 1996年版 ... 166
歴史教育・社会科教育年報 1997年版 ... 167
歴史教育・社会科教育年報 1998年版 ... 167
歴史教育・社会科教育年報 1999年版 ... 167
歴史教育・社会科教育年報 2000年版 ... 167
歴史教育・社会科教育年報 2001年版 ... 167
歴史教育・社会科教育年報 2002年版 ... 167
歴史教育・社会科教育年報 2003年版 ... 168
歴史教育・社会科教育年報 2004年版 ... 168
歴史教育・社会科教育年報 2005年版 ... 168
歴史教育・社会科教育年報 2006年版 ... 168
歴史教育・社会科教育年報 2007年版 ... 168
歴史教育・社会科教育年報 2008年版 ... 168
歴史教育・社会科教育年報 2009年版 ... 168
歴史教育・社会科教育年報 2010年版 ... 168
歴史教育・社会科教育年報 2011年版 ... 169

【ろ】

ROM単 留学生必携英和辞典 222

【わ】

和英/英和 算数・数学用語活用辞典 158
わが国における心身障害教育文献集成
　..................................... 192
我が国の教育統計 2001 18
我が国の文教施策 平成2年度 65
我が国の文教施策 平成3年度 65
我が国の文教施策 平成4年度 65
我が国の文教施策 平成5年度 65
我が国の文教施策 平成6年度 65
我が国の文教施策 平成7年度 65
我が国の文教施策 平成8年度 66

我が国の文教施策 平成9年度	66
我が国の文教施策 平成10年度	66
我が国の文教施策 平成11年度	66
我が国の文教施策 平成12年度	66
若者就労支援「静岡方式」で行こう!!	285
「若者の性」白書	269
若者ライフスタイル資料集 1990	269
若者ライフスタイル資料集 1992	270
若者ライフスタイル資料集 '97	270
若者ライフスタイル資料集 '98	270
若者ライフスタイル資料集 '99	270
若者ライフスタイル資料集 2000	270
若者ライフスタイル資料集 2001	270
若者ライフスタイル資料集 2002	270
若者ライフスタイル資料集 2004年版	271
若者ライフスタイル資料集 2006	271
和歌山県 教育関係諸規程集 平成15年版	33
和歌山県 教育関係諸規程集 平成17年版	33
わかりやすい手話辞典	199
早稲田大学教務部調査課・大学問題研究資料室大学問題論説記事文献目録 昭和62年1月～62年12月現在収集分	228
わたしたちの「女の子」レッスン	174
わたしたちの手話学習辞典	200
わたしたちの手話 総さくいん 2002年版 改訂版	201

【ABC】

Leaving Care 改訂4版	278
New Company Brochure Design 2	111
TRCDジュニア 2000	276

著編者名索引

【あ】

相澤 雅文
　教員志望学生のための特別支援教育ハンドブック ………………………… 206
　特別支援コーディネーター必携ハンドブック ………………………… 207
ICS国際文化教育センター
　アメリカ留学マニュアル ………… 223
　海外留学快適生活マニュアル アメリカ・カナダ・イギリス・オーストラリア・ニュージーランド編 ……………… 221
アイゼンバーグ, A.
　月別の産後一年間子育て事典 ………… 76
青木 宏治
　生徒の権利 ……………………… 211
青木 孝頼
　新道徳教育事典 ………………… 174
青木 一
　現代教育学事典 ………………… 19
青野 保
　大修館英語授業ハンドブック 中学校編 ………………………………… 155
青森県教育庁
　青森県教育関係者必携 平成8年版 …… 32
　青森県教育関係者必携 平成10年版 … 32
　青森県教育関係者必携 平成12年版 … 32
　青森県教育関係者必携 平成14年版 … 32
　青森県教育関係者必携 平成16年版 … 32
　青森県教育関係者必携 平成18年版 … 32
　青森県教育関係者必携 平成20年版 … 32
　青森県教育関係者必携 平成22年版 … 32
青山 和子
　知的障害児・者の生活と援助 三訂版 … 100
青山 貴子
　世界の生涯学習 ………………… 276
アーカイブス出版編集部
　少子高齢社会総合統計年報 2008 …… 255
赤尾 勝己
　教育データブック 2000 - 2001 ……… 16
　教育データランド '95〜'96 …………… 7
　教育データランド '96〜'97 …………… 7
　教育データランド '97〜'98 …………… 7
　教育データランド '98〜'99 …………… 7
　教育データランド 1999 - 2000 ……… 8
　最新教育データブック 第9版 ……… 17
　最新教育データブック 第10版 …… 17
　最新教育データブック 第12版 …… 17
明石 要一
　教育学用語辞典 第四版 …………… 19
　教育学用語辞典 第四版（改訂版） …… 19
赤堀 侃司
　国際理解教育のキーワード ……… 179
アカルド, パスカル・J.
　発達障害事典 …………………… 202
秋田 喜代美
　学習科学ハンドブック …………… 68
秋葉 美知子
　若者ライフスタイル資料集 '97 …… 270
　若者ライフスタイル資料集 '99 …… 270
秋山 幹雄
　理科重要用語300の基礎知識 ……… 160
浅井 経子
　生涯学習「eソサエティ」ハンドブック ……………………………… 275
　生涯学習「自己点検・評価」ハンドブック ……………………………… 274
　生涯学習「答申」ハンドブック …… 275
朝木 永
　「介護等の体験」ハンドブック …… 137
　実践「介護等の体験」ハンドブック … 138
浅田 匡
　自己概念研究ハンドブック ………… 69
浅沼 茂
　定本 総合的な学習ハンドブック … 179
浅見 千鶴子
　児童学事典 ……………………… 258
浅利 篤
　原色子どもの絵診断事典 ………… 68
アジア学生文化協会
　外国人留学生のための奨学金案内 2005-2006年版 ……………………… 225
芦沢 宏生
　環境教育ガイドブック …………… 180
あした
　しょうがい児支援ハンドブック … 194
あすなろ文庫
　みんなで楽しむ絵本 ……………… 276
東 照二
　アメリカ留学日常語事典 ………… 221

東 洋
　現代教育評価事典 ……………… 190
　理科教育事典 …………………… 160
東 真須美
　英語科教育法ハンドブック ……… 154
あそびうた研究会
　あそびうたハンドブック ………… 87
足立 己幸
　子どもの栄養と食育がわかる事典 … 212
アダムズ, カール・R.
　教室英語活用事典 ……………… 154
アダメック, クリスティン
　子ども虐待問題百科事典 ………… 80
　詳解子ども虐待事典 …………… 80
アップクラフト, リー
　初年次教育ハンドブック ………… 239
熱海 則夫
　教師ハンドブック 全訂版 ……… 141
姉崎 洋一
　解説教育六法 2005 (平成17年版) …… 34
　解説教育六法 2006 (平成18年版) …… 35
阿野 幸一
　大修館英語授業ハンドブック 高校編 … 155
安彦 忠彦
　現代学校教育大事典 1-7巻 ……… 105
　現代学校教育大事典 新版 ……… 106
　早わかり教育人名小事典 ………… 6
アービン, D.L.
　子どもの面接ガイドブック ……… 81
阿部 彰
　教育関係法令目録並びに索引 昭和編 1 … 36
　教育関係法令目録並びに索引 昭和編 2 … 36
　教育関係法令目録並びに索引 昭和編 3 … 36
　戦後教育年表 …………………… 21
安部 計彦
　子どもを守る地域ネットワーク活動実践ハンドブック ……………… 278
阿部 憲司
　新進路指導事典 ………………… 186
阿部 秀雄
　「自閉」の本九十九冊 増補 …… 201
阿部 洋
　日本植民地教育政策史料集成 朝鮮篇〔別巻〕……………………… 21

あべ みちこ
　赤ちゃん絵本ノート …………… 73
阿保 直彦
　現代書写字典 第3版 …………… 148
天野 正輝
　教育課程重要用語300の基礎知識 … 141
網野 武博
　現代保育用語辞典 ……………… 85
　児童養護 別冊 ………………… 281
アメリカ教育学会
　現代アメリカ教育ハンドブック … 28
アメリカ自由人権協会
　生徒の権利 ……………………… 211
あゆみ出版編集部
　音読・群読・ことばあそびハンドブック …………………………… 150
新井 浅浩
　教育データブック 2000・2001 … 16
　教育データランド '95〜'96 ……… 7
　教育データランド '96〜'97 ……… 7
　教育データランド '97〜'98 ……… 7
　教育データランド '98〜'99 ……… 7
　教育データランド 1999・2000 …… 8
　最新教育データブック 第9版 …… 17
　最新教育データブック 第10版 …… 17
　最新教育データブック 第12版 …… 17
新井 郁男
　学校教育辞典 新版 …………… 105
　世界教育事典 増補改訂版 ……… 5
新井 英靖
　発達障害児者の防災ハンドブック … 203
新井 隆一
　解説 教育六法 1996 (平成8年版) …… 33
　解説 教育六法 1998 (平成10年版) … 34
　解説 教育六法 1999 (平成11年版) … 34
荒川 智
　障害児教育大事典 ……………… 192
荒木 伸怡
　犯罪・非行事典 ………………… 284
荒牧 重人
　解説教育六法 2005 (平成17年版) … 34
　解説教育六法 2006 (平成18年版) … 35
アリスインスティテュート
　海外進学時代のアメリカ150大学ガイド ……………………………… 224
有田 和正
　小学社会科事典 3訂版 ………… 164

有村 久春
　カウンセリング感覚のある学級経営ハンドブック ……………………………… 132
　小学校 図説学校行事アイデア事典 …… 209
有本 昌剛
　こうすればできる高校の特別支援教育 ……………………………………… 206
REF留学教育フォーラム
　アメリカわくわくスペシャリスト留学 ……………………………………… 223
アルビン,リチャード・W.
　問題行動解決支援ハンドブック …… 284
安藤 和彦
　ハンドブック教育・保育・福祉関係法令集 平成17年版 ……………………… 48
　ハンドブック教育・保育・福祉関係法令集 平成18年版 ……………………… 48
　ハンドブック教育・保育・福祉関係法令集 平成19年版 ……………………… 48
　ハンドブック教育・保育・福祉関係法令集 平成20年版 ……………………… 48
　ハンドブック教育・保育・福祉関係法令集 平成21年版 ……………………… 48
安東 茂樹
　中学校新技術・家庭科授業の基本用語辞典 ……………………………………… 175
安藤 昭一
　英語教育現代キーワード事典 ……… 153
安藤 隆男
　障害児発達支援基礎用語事典 ……… 193
阿武 泉
　教科書掲載作品13000 ………………… 191

【い】

飯田 朝子
　コスモ 「実践」家政・生活系教育用語辞典 ……………………………………… 175
飯田 順三
　児童青年精神医学大事典 ……………… 70
飯田 芳郎
　新生徒指導事典 ……………………… 211
家田 哲夫
　現代小学校経営事典 ………………… 117
家本 芳郎
　すぐつかえる学級担任ハンドブック 小学校1年生 ……………………………… 133
　すぐつかえる学級担任ハンドブック 小学校2年生 ……………………………… 133
　すぐつかえる学級担任ハンドブック 小学校3年生 ……………………………… 133
　すぐつかえる学級担任ハンドブック 小学校4年生 ……………………………… 133
　すぐつかえる学級担任ハンドブック 小学校5年生 ……………………………… 133
　すぐつかえる学級担任ハンドブック 小学校6年生 ……………………………… 133
　すぐつかえる学級担任ハンドブック 中学校1年生 ……………………………… 133
　すぐつかえる学級担任ハンドブック 中学校2年生 ……………………………… 134
　すぐつかえる学級担任ハンドブック 中学校3年生 ……………………………… 134
　すぐつかえる授業ハンドブック …… 145
医学教育ハンドブック刊行会
　医学教育ハンドブック ……………… 238
伊ケ崎 暁生
　解説 教育六法 1996（平成8年版） …… 33
　解説 教育六法 1998（平成10年版） …… 34
　解説 教育六法 1999（平成11年版） …… 34
　日本教育史年表 ………………………… 21
五十嵐 顕
　岩波教育小辞典 ………………………… 3
イケガメ シノ
　子どものための手話事典 …………… 198
池下 育子
　わたしたちの「女の子」レッスン … 174
池田 延行
　小学校新体育科授業の基本用語辞典 … 170
池野 範男
　社会科 間違いやすい・紛らわしい用語指導辞典 ……………………………… 164
池村 大一郎
　英語語彙指導ハンドブック ………… 154
石井 敏
　異文化コミュニケーション・ハンドブック ……………………………………… 179
石井 哲夫
　よくわかる新・保育所保育指針ハンドブック ……………………………………… 103
石井 博子
　すぐ役立つ救急ハンドブック ………… 84
石井 雅幸
　小学校 理科の学ばせ方・教え方事典 … 161

小学校 理科の学ばせ方・教え方事典 改訂新装版 161
理科実験に役立つ道具のつかい方事典 162

石川 謙
　日本教科書大系 往来編 別巻 192
　日本教科書大系 往来編 別巻 2 192

石川 功治
　現代っ子版子育て安心ハンドブック 75

石川 秀也
　小学校 授業の知恵・教科話題事典 145

石川 松太郎
　往来物解題辞典 191
　教育史に関する文献目録並に解題 改訂版 20
　日本教科書大系 往来編 別巻 192
　日本教科書大系 往来編 別巻 2 192

石隈 利紀
　学校心理学ハンドブック 189
　スクールカウンセリング事典 188

石田 恒好
　教育評価事典 190

石堂 豊
　現代教育活動事典 改訂版 4

石部 元雄
　心身障害辞典 193
　ハンディキャップ教育・福祉事典 1巻 193
　ハンディキャップ教育・福祉事典 2巻 193

石本 祐二
　ハンディ教育六法 2008年版 46
　ハンディ教育六法 2012年版 47

石山 脩平
　教育研究事典 3

石渡 嶺司
　最辛大学ガイド 一番新しく、どこよりも辛口！ 2013 228

礒沢 淳子
　保育者と学生・親のための乳児の絵本・保育課題絵本ガイド 74

礒辺 啓二郎
　学校保健・健康教育用語辞典 128

市川 昭午
　教職研修事典 138
　子どもの人権大辞典 普及版 182
　必携学校小六法 '98年度版 49
　必携学校小六法 '99年度版 49

必携学校小六法 2000年度版 49
必携学校小六法 2001年度版 50
必携学校小六法 2002年度版 50
必携学校小六法 2003年度版 50
必携学校小六法 2004年版 50

市川 須美子
　教育小六法 平成15年版 38
　教育小六法 平成16年版 38
　教育小六法 平成17年版 38
　教育小六法 平成18年版 39
　教育小六法 平成19年版 39
　教育小六法 平成20年版 39
　教育小六法 平成21年版 39
　教育小六法 平成22年版 39
　教育小六法 平成23年版 39
　教育小六法 平成24年版 39

市川 宏伸
　児童青年精神医学大事典 70

市川 陽子
　給食経営管理実務ガイドブック 改訂新版 213

一木 玲子
　世界の教育改革 3 67

一宮算数数学教育研究会
　算数の授業 基礎・基本の徹底！ ハンドブック 1・2年編 158
　算数の授業 基礎・基本の徹底！ ハンドブック 3・4年編 158
　算数の授業 基礎・基本の徹底！ ハンドブック 5・6年編 158

一番ヶ瀬 康子
　知的障害児・者の生活と援助 三訂版 .. 100
　福祉教育資料集 183

一丸 藤太郎
　教育相談重要用語300の基礎知識 188

一見 真理子
　OECD保育白書 94

井出 一雄
　小学校 国語学習指導実践事典 152

井出 耕一郎
　理科教育指導用語辞典 新訂版 160

伊藤 俊夫
　新社会教育事典 252

伊藤 稔
　教育データブック 2000・2001 16
　教育データランド '95〜'96 7
　教育データランド '96〜'97 7
　教育データランド '97〜'98 7

教育データランド '98〜'99 ……………… 7
教育データランド 1999 - 2000 ………… 8
最新教育データブック 第9版 …………… 17
最新教育データブック 第10版 ………… 17
最新教育データブック 第12版 ………… 17
伊藤 康志
　生涯学習「eソサエティ」ハンドブッ
　　ク …………………………………… 275
伊藤 良高
　ハンディ教育六法 5改訂版 …………… 46
　ハンディ教育六法 6改訂版 …………… 46
　ハンディ教育六法 2004年版 ………… 46
　ハンディ教育六法 2005年版 ………… 46
　ハンディ教育六法 2006年版 ………… 46
　ハンディ教育六法 2007年版 ………… 46
　ハンディ教育六法 2008年版 ………… 46
　ハンディ教育六法 2009年版 ………… 47
　ハンディ教育六法 2010年版 ………… 47
　ハンディ教育六法 2011年版 ………… 47
　ハンディ教育六法 2012年版 ………… 47
伊藤 隆二
　乳幼児発達事典 ………………………… 83
　ハンディキャップ教育・福祉事典 1
　　巻 …………………………………… 193
　ハンディキャップ教育・福祉事典 2
　　巻 …………………………………… 193
　わが国における心身障害教育文献集
　　成 …………………………………… 192
井内 慶次郎
　生涯学習「eソサエティ」ハンドブッ
　　ク …………………………………… 275
　生涯学習「自己点検・評価」ハンドブッ
　　ク …………………………………… 274
　生涯学習「答申」ハンドブック ……… 275
稲垣 正浩
　近代体育スポーツ年表 1800 - 1997 三
　　訂版 ………………………………… 170
稲垣 由子
　子どもの虐待とネグレクト …………… 80
稲川 英嗣
　世界の教育改革 ………………………… 66
　世界の教育改革 2 ……………………… 67
　世界の教育改革 3 ……………………… 67
　世界の教育改革 4 ……………………… 67
稲田 智子
　図表でみる教育 2008年版 …………… 27
　図表でみる教育 2009年版 …………… 27
　図表でみる教育 2010年版 …………… 28
　図表でみる教育 2011年版 …………… 28

　図表でみる教育 2012年版 …………… 28
稲富 栄次郎
　教育人名資料事典 第1巻 ……………… 6
　教育人名資料事典 第2巻 ……………… 6
稲村 松雄
　中学英語指導法事典 言語材料編 …… 154
　中学英語指導法事典 指導法編 ……… 154
犬塚 健次
　特別なニーズ教育ハンドブック …… 194
井上 勝也
　スクールカウンセリング事典 ……… 188
井上 尚美
　国語教育指導用語辞典 新訂版 ……… 147
　国語教育指導用語辞典 第三版 ……… 147
　国語教育指導用語辞典 第4版 ……… 147
井上 肇
　子どもの教育と福祉の事典 …………… 4
　子どもの教育と福祉の事典 改訂版 … 83
井上 裕吉
　中学校特別活動指導法ハンドブック
　　1 ……………………………………… 208
井上 裕美
　月別の産後一年間子育て事典 ………… 76
井上 雅彦
　子育てに活かすABAハンドブック … 194
井上 勝
　ちょっと変わった幼児学用語集 ……… 83
茨木 俊夫
　スクールカウンセリング事典 ……… 188
　問題行動解決支援ハンドブック …… 284
今泉 みね子
　環境にやさしい幼稚園・学校づくりハン
　　ドブック ……………………………… 85
今塩屋 隼男
　障害児発達支援基礎用語事典 ……… 193
今中 博章
　「介護等の体験」ハンドブック ……… 137
　実践「介護等の体験」ハンドブック … 138
今西 幸蔵
　社会教育計画ハンドブック ………… 252
今村 修
　新学習指導要領ハンドブック 中学校 保
　　健体育 ……………………………… 144
今村 久二
　小学校 国語学習指導実践事典 ……… 152

伊能 秀明
　大学博物館事典 ………………… 235
入沢 充
　改訂 教育法講義資料 …………… 32
岩内 亮一
　教育学用語辞典 第三版 ………… 19
　教育学用語辞典 第四版 ………… 19
　教育学用語辞典 第四版（改訂版）… 19
　新版 教育学用語辞典 増補版 …… 19
岩崎 久美子
　世界の生涯学習 ………………… 276
岩崎 摂子
　国語教育条規体系 ……………… 150
岩崎 大輔
　子どもの安全ハンドブック …… 215
岩田 一彦
　社会科 間違いやすい・紛らわしい用語
　　指導辞典 …………………… 164
岩田 純一
　発達心理学辞典 ………………… 69
岩立 志津夫
　研究法と尺度 …………………… 69
岩間 夏樹
　新社会人白書 …………………… 249
　新社会人白書 07/08 …………… 249
インタメッツォ
　インターネット 世界の学校アドレスブッ
　　ク ……………………………… 109

【う】

ウィーナー, ジェリー
　児童青年精神医学大事典 ………… 70
ウィリス, ジェーン
　子ども英語指導ハンドブック …… 155
WILLこども知育研究所
　わたしたちの「女の子」レッスン … 174
上田 信一郎
　現代「手に職」ガイド ………… 247
上田 礼子
　現代保育用語辞典 ……………… 85
上地 安昭
　スクールカウンセリング事典 … 188

上野 辰美
　現代幼児教育小辞典 改訂新版 … 84
請川 滋大
　発達心理学用語集 ……………… 69
氏家 達夫
　社会・文化に生きる人間 ………… 70
牛山 道雄
　教員志望学生のための特別支援教育ハン
　　ドブック …………………… 206
碓井 隆次
　保育小辞典 改訂版 ……………… 86
内村 浩
　おもしろ実験・ものづくり事典 … 159
内山 源
　保育のための小児保健ハンドブック … 100
内山 裕之
　解剖・観察・飼育大事典 ……… 160
　生物による環境調査事典 ……… 180
内山 元夫
　改訂福祉施設実習ハンドブック 改訂
　　版 …………………………… 103
　福祉施設実習ハンドブック …… 104
宇土 正彦
　現代学校体育大事典 新版 …… 170
　最新 学校体育経営ハンドブック … 171
宇野 政雄
　消費者教育事典 ………………… 181
姥沢 愛水
　音楽家のための留学ガイド …… 222
海原 徹
　学校 改訂新版 ………………… 22
梅永 雄二
　発達障害の人の就労支援ハンドブッ
　　ク …………………………… 203
浦田 賢治
　解説 教育六法 1996（平成8年版）… 33
　解説 教育六法 1998（平成10年版）… 34
　解説 教育六法 1999（平成11年版）… 34
浦野 東洋一
　教育小六法 平成11年版 ………… 38
　教育小六法 平成12年版 ………… 38
　教育小六法 平成13年版 ………… 38
　教育小六法 平成15年版 ………… 38
　教育小六法 平成16年版 ………… 38
　教育小六法 平成17年版 ………… 38
　教育小六法 平成18年版 ………… 39
　教育小六法 平成19年版 ………… 39

教育小六法 平成20年版 ………………… 39
教育小六法 平成21年版 ………………… 39
教育小六法 平成22年版 ………………… 39
教育小六法 平成23年版 ………………… 39
教育小六法 平成24年版 ………………… 39
宇留田 敬一
　特別活動指導法事典 ………………… 208
宇留野 藤雄
　学校安全事典 ………………………… 215
ウルフ, パメラ・S.
　自閉症百科事典 ……………………… 201

【え】

エイアイケイ教育情報部
　帰国子女受入れ大学全調査 付短期大学
　　2001年版 …………………………… 208
江上 芳郎
　戦後大学・学生問題文献目録—1945〜
　　1967 大学・学生問題文献目録—改訂・
　　増補 1965〜1971 ………………… 228
江川 玟成
　教育キーワード '90・'91 ………………… 3
　教育キーワード '92 ……………………… 3
　最新教育キーワード …………………… 4
　最新教育キーワード137 第8版 ……… 5
　最新教育キーワード137 第9版 ……… 5
　最新教育キーワード137 第10版 …… 5
　最新教育キーワード137 第11版 …… 5
　最新教育キーワード137 第12版 …… 5
衛藤 隆
　学校医・学校保健ハンドブック ……… 129
　最新Q&A 教師のための救急百科 …… 129
NPO手話技能検定協会
　ひと目でわかる実用手話辞典 ……… 199
NPO法人21世紀教育研究所
　子どもと親のための心の相談室 2003年
　　度版 ………………………………… 278
江波戸 昭
　調べ学習に役立つ世界の地図 ……… 165
　調べ学習に役立つ日本の地図 ……… 165
海老沢 隼悟
　ハンディ教育六法 2012年版 ………… 47
エリス, ゲイル
　「小学校英語」指導法ハンドブック … 156

遠藤 克弥
　新 教育事典 …………………………… 5
遠藤 利彦
　社会・文化に生きる人間 …………… 70
遠藤 友麗
　中学校新美術科授業の基本用語辞典 … 169
遠藤 誉
　韓国大学全覧 ………………………… 236
　台湾地区大学総覧 …………………… 236
　中国大学全覧 ………………………… 236
　中国大学全覧 2007 新訂版 ………… 236
　中国大学総覧 ………………………… 236

【お】

及川 宣史
　すぐつかえる学級担任ハンドブック 小
　　学校2年生 ………………………… 133
生地 新
　児童青年精神医学大事典 …………… 70
OECD教育研究革新センター
　図表でみる教育 2002年版 ………… 26
　図表でみる教育 2003年版 ………… 26
　図表でみる教育 2004年版 ………… 27
扇田 博元
　絵による児童診断ハンドブック ……… 71
旺文社
　子ども英語指導ハンドブック ……… 155
　子ども英語指導ハンドブック 英語ゲー
　　ム92 ………………………………… 155
　小学社会科事典 3訂版 ……………… 164
　中学理科用語集 ……………………… 160
大川原 潔
　心身障害児教育・福祉・医療総合事典 … 193
　特殊教育用語辞典 新訂 …………… 206
大久保 哲夫
　障害児教育実践ハンドブック ……… 194
大久保 洋子
　児童英語キーワードハンドブック …… 155
　「小学校英語」指導法ハンドブック … 156
大久保 了平
　現代中学校経営事典 ………………… 117
大蔵省印刷局
　盲学校, 聾学校及び養護学校 教育要領・
　　学習指導要領 ……………………… 195

大越 和孝
　小学校 国語学習指導実践事典 ……… 152
大阪教育大学
　小学校における安全教育ハンドブック ……… 215
大阪児童美術研究会
　新美術教育基本用語辞典 ……… 169
大阪保育研究所
　学童保育指導員ハンドブック ……… 78
大阪ボランティア協会
　ボランティア・NPO用語事典 ……… 183
大沢 清二
　学校保健・健康教育用語辞典 ……… 128
大島 明秀
　熊本洋学校(1871-1876)旧蔵書の書誌と伝来 ……… 228
大嶋 恭二
　保育者のための教育と福祉の事典 ……… 83
太田 和枝
　給食用語辞典 第3版 ……… 212
　集団給食用語辞典 ……… 212
大田 堯
　民間教育史研究事典 ……… 22
太田 順子
　インターネット教育イエローページ 99年版 ……… 6
　21世紀コンピュータ教育事典 ……… 176
太田 信子
　LD・学習障害事典 ……… 201
太田 晴雄
　多文化教育事典 ……… 179
太田 洋
　大修館英語授業ハンドブック 中学校編 ……… 155
太田 真弓
　児童虐待とネグレクト対応ハンドブック ……… 81
太田 光洋
　子育て支援用語集 ……… 77
大塚 裕介
　世界の教育改革 3 ……… 67
　世界の教育改革 4 ……… 67
大槻 和夫
　国語科 重要用語300の基礎知識 ……… 147
大戸 美也子
　現代保育用語辞典 ……… 85

大野 久
　青年心理学事典 ……… 68
大場 一義
　近代体育スポーツ年表 1800-1997 三訂版 ……… 170
大場 幸夫
　現代保育用語辞典 ……… 85
大橋 謙策
　福祉教育資料集 ……… 183
大橋 秀雄
　理科教育事典 ……… 160
大橋 雄介
　3・11被災地子ども白書 ……… 267
大平 浩哉
　高等学校 国語教育情報事典 ……… 147
大豆生田 啓友
　最新保育資料集 2010 ……… 90
　最新保育資料集 2011 ……… 90
　最新保育資料集 2012 ……… 90
大南 英明
　盲学校、聾学校及び養護学校学習指導要領 ……… 195
　盲、聾、養護学校教育の基本用語辞典 ……… 194
大森 照夫
　社会科教育指導用語辞典 新訂版 ……… 163
岡 秀夫
　オーラル・コミュニケーションハンドブック ……… 154
　外国語教育学大辞典 ……… 153
岡崎 勝
　がっこう百科 ……… 109
岡崎 光子
　強く賢い子に育てる食と健康大事典 ……… 212
緒方 英秋
　すぐに使える手話辞典6000 ……… 200
　わかりやすい手話辞典 ……… 199
岡田 加奈子
　養護教諭のための保健・医療・福祉系実習ハンドブック 改訂版 ……… 129
岡田 正章
　現代保育用語辞典 ……… 85
　保育学大事典 ……… 85
　保育基本用語事典 ……… 86
岡田 真理子
　こんなとき子どもにこの本を 第3版 ……… 74
岡田 由香
　子どもの虐待とネグレクト ……… 80

岡東 寿隆
　学校経営重要用語300の基礎知識 ……　117
岡村 章司
　子育てに活かすABAハンドブック ……　194
岡本 昭
　教育における統計事典 ………………　16
岡本 栄一
　ボランティア・NPO用語事典 ………　183
岡本 富郎
　ハンドブック 教育・保育・福祉関係法
　　令集 平成11年版 ………………………　47
　ハンドブック教育・保育・福祉関係法令
　　集 平成12年版 …………………………　47
　ハンドブック 教育・保育・福祉関係法
　　令集 平成13年版 ………………………　47
　ハンドブック 教育・保育・福祉関係法
　　令集 平成14年版 ………………………　47
　ハンドブック教育・保育・福祉関係法令
　　集 平成15年版 …………………………　48
　ハンドブック教育・保育・福祉関係法令
　　集 平成16年版 …………………………　48
　保育者のための教育と福祉の事典 …　83
岡本 幹彦
　改訂福祉施設実習ハンドブック 改訂
　　版 …………………………………………　103
　福祉施設実習ハンドブック …………　104
小川 吉造
　ブックレビュー教育論 …………………　2
小川 正人
　解説教育六法 2005（平成17年版）……　34
　解説教育六法 2006（平成18年版）……　35
小川 真弓
　自閉症百科事典 ………………………　201
小川 友次
　教育法規便覧 平成18年版 ……………　42
　教育法規便覧 平成19年版 ……………　42
　教育法規便覧 平成20年版 ……………　42
　教育法規便覧 平成21年版 ……………　42
　教育法規便覧 平成22年版 ……………　42
　教育法規便覧 平成23年版 ……………　43
　教育法規便覧 平成24年版 ……………　43
奥田 真丈
　学習指導要領用語辞典 ………………　142
　新教育学大事典 …………………………　19
オクムラ書店
　0才から6才の幼児スクールガイド 首都
　　圏版 ………………………………………　84

小倉 学
　学校健康相談・指導事典 ……………　128
小篠 直美
　ドイツ留学案内 大学篇 ………………　225
小山内 優
　研究計画書の点検と進化の実際 ……　229
小沢 紀美子
　環境教育指導事典 ……………………　180
小沢 治夫
　新学習指導要領ハンドブック 中学校 保
　　健体育 …………………………………　144
小沢 真嗣
　子どもの面接ガイドブック ……………　81
小澤 芳明
　研究計画書の点検と進化の実際 ……　229
押谷 由夫
　これからの授業に役立つ新学習指導要領
　　ハンドブック 中学校社会 …………　144
　新学習指導要領ハンドブック 中学校 国
　　語 ………………………………………　144
　新学習指導要領ハンドブック 中学校 数
　　学 ………………………………………　144
　新学習指導要領ハンドブック 中学校 理
　　科 ………………………………………　144
　新学習指導要領ハンドブック 中学校 保
　　健体育 …………………………………　144
　新学習指導要領ハンドブック 中学校 英
　　語 ………………………………………　145
　新学習指導要領ハンドブック 中学校 技
　　術・家庭（家庭分野） ………………　145
小島 弘道
　現代学校経営総合文献目録 …………　117
小田 豊
　ハンドブック 教育・保育・福祉関係法
　　令集 平成11年版 ………………………　47
　ハンドブック教育・保育・福祉関係法令
　　集 平成12年版 …………………………　47
　ハンドブック 教育・保育・福祉関係法
　　令集 平成13年版 ………………………　47
　ハンドブック 教育・保育・福祉関係法
　　令集 平成14年版 ………………………　47
　ハンドブック教育・保育・福祉関係法令
　　集 平成15年版 …………………………　48
　ハンドブック教育・保育・福祉関係法令
　　集 平成16年版 …………………………　48
尾高 豊作
　教育人名大辞典 復刻版 …………………　6
落合 正行
　発達心理学辞典 …………………………　69

オックスフォード大学
　　子ども英語指導ハンドブック ……… 155
オックスフォード大学出版局
　　子ども英語指導ハンドブック 英語ゲーム92 ……………………………… 155
尾鍋　輝彦
　　歴史教育学事典 ………………… 164
オニール, ロバート・E.
　　問題行動解決支援ハンドブック … 284
小野　次朗
　　LD・学習障害事典 ……………… 201
小野　善郎
　　詳解子ども虐待事典 ……………… 80
尾上　孝一
　　コスモ「実践」家政・生活系教育用語辞典 ……………………………… 175
小野澤　昇
　　保育士のための福祉施設実習ハンドブック ……………………………… 104
小野瀬　雅人
　　学校心理学ハンドブック ………… 189
　　教科心理学ハンドブック ………… 143
小野田　正利
　　教育小六法 平成15年版 ………… 38
　　教育小六法 平成16年版 ………… 38
　　教育小六法 平成17年版 ………… 38
　　教育小六法 平成18年版 ………… 39
　　教育小六法 平成19年版 ………… 39
　　教育小六法 平成20年版 ………… 39
　　教育小六法 平成21年版 ………… 39
　　教育小六法 平成22年版 ………… 39
　　教育小六法 平成23年版 ………… 39
　　教育小六法 平成24年版 ………… 39
オバタ　カズユキ
　　小中学生からとれる資格と検定大事典！ ………………………………… 177
　　大学図鑑！　2013 ……………… 228
『おまかせ！教師のパソコン』編集部
　　デジカメ徹底活用術 2 …………… 141
恩賜財団母子愛育会日本子ども家庭総合研究所
　　日本子ども資料年鑑 第6巻 …… 265
　　日本子ども資料年鑑 2001 ……… 265
　　日本子ども資料年鑑 2002 ……… 265
　　日本子ども資料年鑑 2003 ……… 265
　　日本子ども資料年鑑 2004 ……… 266
　　日本子ども資料年鑑 2005 ……… 266
　　日本子ども資料年鑑 2006 ……… 266

日本子ども資料年鑑 2007 ……… 266
日本子ども資料年鑑 2008 ……… 266
日本子ども資料年鑑 2009 ……… 266
日本子ども資料年鑑 2010 ……… 266
日本子ども資料年鑑 2011 ……… 266
日本子ども資料年鑑 2012 ……… 267
恩賜財団母子愛育会日本総合愛育研究所
　　日本子ども資料年鑑 第3巻 …… 265
　　日本子ども資料年鑑 第4巻 …… 265
　　日本子ども資料年鑑 第5巻 …… 265
恩藤　知典
　　スーパー理科事典 改訂版〔カラー版〕… 160

【か】

海後　宗臣
　　近代日本教科書総説 …………… 191
外国人留学生問題研究会
　　留学生担当者の手引 受け入れ編（1990年）……………………………… 226
　　留学生担当者の手引 送り出し編 … 226
海津　亜希子
　　個別の指導計画作成ハンドブック 第2版 ………………………………… 144
貝塚　茂樹
　　教育学用語辞典 第四版 ………… 19
解説教育六法編修委員会
　　解説 教育六法 1990（平成2年版）……… 33
　　解説 教育六法 1991（平成3年版）……… 33
　　解説 教育六法 1992（平成4年版）……… 33
　　解説 教育六法 1993（平成5年版）……… 33
　　解説 教育六法 1994（平成6年版）……… 33
　　解説 教育六法 1997（平成9年版）……… 33
　　解説 教育六法 2000（平成12年版）……… 34
　　解説教育六法 2001（平成13年版）……… 34
　　解説教育六法 2002（平成14年版）……… 34
　　解説教育六法 2003（平成15年版）……… 34
　　解説教育六法 2004（平成16年版）……… 34
　　解説教育六法 2006（平成18年版）……… 35
　　解説教育六法 2007（平成19年版）……… 35
　　解説教育六法 2008（平成20年版）……… 35
　　解説教育六法 2009（平成21年版）……… 35
　　解説教育六法 2010（平成22年版）……… 35
　　解説教育六法 2011（平成23年版）……… 35
　　解説教育六法 2012（平成24年版）……… 35

カヴァイェ, ロナルド
　音楽家のための留学ガイド ………… 222
加我 牧子
　発達障害事典 ……………………… 202
科学教育研究会
　サイエンスワールド ……………… 159
科学研究費研究会
　科学研究費補助金交付・執行等事務の手
　　引 平成3年度版 ………………… 229
　科学研究費補助金交付・執行等事務の手
　　引 平成6年度版 ………………… 229
学校教育用語編集委員会
　英和・和英学校教育用語集 ……… 105
加古 陽治
　文部科学省 …………………………… 57
笠木 恵司
　学費免除・奨学金で行く大学・大学院 … 239
　日本で学べるアメリカ大学通信教育ガイ
　　ド ………………………………… 236
笠原 肇
　斎藤喜博学校づくり小事典 ……… 117
梶田 叡一
　自己概念研究ハンドブック ………… 69
　実践教育評価事典 改訂 …………… 191
柏 茂夫
　安全教育事典 ……………………… 214
柏女 霊峰
　児童養護 別冊 …………………… 281
　保育用語辞典 ……………………… 86
　保育用語辞典 第2版 ……………… 87
　保育用語辞典 第3版 ……………… 87
　保育用語辞典 第4版 ……………… 87
　保育用語辞典 第5版 ……………… 87
　保育用語辞典 第6版 ……………… 87
片上 宗二
　教育用語辞典 ………………………… 4
　社会科重要用語300の基礎知識 …… 164
　社会科 間違いやすい・紛らわしい用語
　　指導辞典 ………………………… 164
学研
　将来の仕事なり方完全ガイド …… 187
学研ラポム編集部
　保育おたすけハンドブック 入門編 … 90
学校教育課題研究会
　教育課題便覧 ……………………… 139
　教育課題便覧 平成17年版 ………… 139
　教育課題便覧 平成18年版 ………… 139

　教育課題便覧 平成19年版 ………… 139
　教育課題便覧 平成20年版 ………… 139
　教育課題便覧 平成21年版 ………… 140
　教育課題便覧 平成22年版 ………… 140
　教育課題便覧 平成23年版 ………… 140
　教育課題便覧 平成24年版 ………… 140
学校教材研究会
　イラストでわかる小学校単元別教材・教
　　具一覧 1 ………………………… 146
　イラストでわかる小学校単元別教材・教
　　具一覧 2 ………………………… 146
　イラストでわかる小学校単元別教材・教
　　具一覧 3 ………………………… 146
学校教務研究会
　詳解 教務必携 第8次改訂版 ……… 136
学校経理研究会
　学校法人会計要覧 平成18年版 …… 120
　学校法人会計要覧 平成19年版 …… 120
　学校法人会計要覧 平成20年版 …… 120
　学校法人会計要覧 平成21年版 …… 120
　学校法人会計要覧 平成22年版 …… 120
　学校法人会計要覧 平成24年版 …… 121
学校健康教育法令研究会
　学校給食必携 第7次改訂版 ……… 213
　学校保健・学校安全法令必携 第5次改訂
　　版 ………………………………… 216
　学校保健・学校安全法令必携 第6次改
　　訂 ………………………………… 216
学校災害対応ハンドブック編集委員会
　Q&A 学校災害対応ハンドブック …… 215
学校財務実務研究会
　学校財務実務便覧 ………………… 119
学校事務法令研究会
　学校事務小六法 2008 ……………… 36
学校保健安全実務研究会
　学校保健実務必携 第2次改訂版 新訂
　　版 ………………………………… 129
加藤 明
　実践教育評価事典 改訂 …………… 191
加藤 一郎
　消費者教育事典 …………………… 181
加藤 一俊
　中学校 講話あいさつ事典 ………… 209
加藤 恭子
　すぐつかえる学級担任ハンドブック 小
　　学校3年生 ……………………… 133
加藤 多佳子
　発達障害事典 ……………………… 202

加藤　達成
　現代書写字典　第3版 ················ 148
加藤　真紀子
　児童虐待とネグレクト対応ハンドブッ
　　ク ······································· 81
加藤　迪男
　カルチャー生涯学習講座名ハンドブッ
　　ク ······································ 274
加藤　曜子
　子どもを守る地域ネットワーク活動実践
　　ハンドブック ························ 278
加登田　恵子
　大学生のための手話ハンドブック ···· 200
門田　修平
　英語音読指導ハンドブック ·········· 154
　英語語彙指導ハンドブック ·········· 154
　英語リーディング指導ハンドブック ··· 154
ガードナー, ジョン
　初年次教育ハンドブック ············· 239
角屋　重樹
　小学校 理科の学ばせ方・教え方事典 ··· 161
　小学校 理科の学ばせ方・教え方事典 改
　　訂新装版 ······························ 161
角谷　快彦
　博士号のとり方 ······················· 238
門脇　陽子
　子ども虐待問題百科事典 ············· 80
　詳解子ども虐待事典 ·················· 80
金井　肇
　中学校新道徳授業の基本用語辞典 ···· 174
神奈川県教育委員会教育局総務課
　神奈川県教育関係例規集　平成17年版
　　·· 32
神奈川県教育庁管理部総務室
　神奈川県教育関係例規集　平成13年版
　　·· 32
金沢　洋子
　外国語教育学大辞典 ················· 153
金沢　吉展
　スクールカウンセリング事典 ······· 188
金谷　憲
　大修館英語授業ハンドブック 中学校
　　編 ···································· 155
　大修館英語授業ハンドブック 高校編 ··· 155
金子　茂
　教育名著の愉しみ ······················ 2

金子　孫市
　現代教育活動事典 改訂版 ············· 4
兼子　仁
　教育小六法　平成2年版 ·············· 37
　教育小六法　平成3年版 ·············· 37
　教育小六法　平成4年版 ·············· 37
　教育小六法　平成5年版 ·············· 37
　教育小六法　平成6年版 ·············· 37
　教育小六法　平成7年版 ·············· 37
　教育小六法　平成8年版 ·············· 37
　教育小六法　平成9年版 ·············· 37
　教育小六法　平成10年版 ············· 37
　教育小六法　平成11年版 ············· 38
　教育小六法　平成12年版 ············· 38
　教育小六法　平成13年版 ············· 38
　教育小六法　平成14年版 ············· 38
　教育法規事典　追補版 ················ 31
　教育法規事典　追補改装版 ··········· 31
　教育法規新事典 ························ 31
金子　征史
　解説教育六法 2005（平成17年版）··· 34
　解説教育六法 2006（平成18年版）··· 35
金子　守
　観点別評価ハンドブック ············· 143
　新学習指導要領ハンドブック　中学校 国
　　語 ···································· 144
金田　利子
　保育小辞典 ···························· 86
金田　雅代
　バランスよく食べよう！ 栄養がわかる
　　絵事典 ······························· 213
金丸　隆太
　発達障害児者の防災ハンドブック ···· 203
加納　正巳
　教育学関係参考文献総覧 ············· 18
梛沢　幸苗
　保護者にきちんと伝わる連絡帳の書き方
　　＆文例ハンドブック ················ 104
鏑木　孝昭
　ボランティア入門ハンドブック ····· 184
鎌田　和宏
　絵でわかる社会科事典 1 ············· 163
　絵でわかる社会科事典 2 ············· 163
　先生と司書が選んだ調べるための本 ··· 163
鎌田　大輔
　「介護等の体験」ハンドブック ······ 137
　実践「介護等の体験」ハンドブック ··· 138

神谷 和宏
　図解 先生のためのコーチングハンドブック ……………………………………… 141
鴨下 守孝
　矯正用語事典 …………………… 284
　矯正用語事典 改訂 ……………… 284
唐沢 勇
　教育職員免許状取得希望者のための「介護等の体験」実践ハンドブック …… 138
唐沢 富太郎
　図説教育人物事典 ………………… 6
　図説近代百年の教育 …………… 22
雁坂 明
　授業ハンドブック 1 …………… 152
川井 尚
　育児の事典 ……………………… 75
川口 彰義
　生徒の権利 ……………………… 211
川久保 美智子
　女子大生・OLの職業意識 ……… 250
川崎 二三彦
　詳解子ども虐待事典 …………… 80
川崎 陽子
　世界の教育改革 2 ……………… 67
川崎市医師会学校医部会
　学校医・養護教諭のための学校心臓病検診ハンドブック ………………… 129
川崎市心臓病判定委員会
　学校医・養護教諭のための学校心臓病検診ハンドブック ………………… 129
川田 学
　発達心理学用語集 ……………… 69
河原 紀子
　発達心理学用語集 ……………… 69
川村 匡由
　福祉系学生のための就職ハンドブック ……………………………………… 248
環境教育事典編集委員会
　環境教育事典 …………………… 180
　新版 環境教育事典 ……………… 180
環境用語編集委員会
　子どものための環境用語事典 …… 180
関西教育環境文化研究会
　ポケット教育小六法 2008年度版 …… 52
関西学院事典編集委員会
　関西学院事典 …………………… 234

関西学院大学総合政策学部
　基礎演習ハンドブック ………… 246
　基礎演習ハンドブック 改訂新版 …… 246
神田 修
　解説 教育六法 1996(平成8年版) …… 33
　解説 教育六法 1998(平成10年版) …… 34
　解説 教育六法 1999(平成11年版) …… 34
　教育法規事典 追補版 …………… 31
　教育法規事典 追補改装版 ……… 31
　教育法規新事典 ………………… 31
官庁通信社
　文部科学省関係法人名鑑 平成18年度版 ……………………………………… 55
神林 照道
　調べ学習ガイドブック 2000‐2001 …… 177
　調べ学習ガイドブック 2004‐2005 …… 177
上林 靖子
　発達障害事典 …………………… 202
神戸 賢次
　改訂福祉施設実習ハンドブック 改訂版 ……………………………………… 103
　福祉施設実習ハンドブック …… 104

【き】

木内 剛
　教育実習ハンドブック ………… 137
　教育実習ハンドブック 改訂版 …… 137
　教育実習ハンドブック 増補版 …… 137
菊地 明子
　教育実習ハンドブック ………… 137
菊地 英
　子どもが光る学級づくり 学級担任ハンドブック 小学校低学年 ………… 132
　子どもが光る学級づくり 学級担任ハンドブック 小学校中学年 ………… 132
　子どもが光る学級づくり 学級担任ハンドブック 小学校高学年 ………… 132
岸野 雄三
　近代体育スポーツ年表 1800‐1997 三訂版 ……………………………………… 170
岸本 弘
　教育心理学用語辞典 ……………… 68
木附 千晶
　「こどもの権利条約」絵事典 …… 183

きた

喜多　明人
　解説教育六法 2005（平成17年版）‥‥‥ 34
　解説教育六法 2006（平成18年版）‥‥‥ 35
　学校安全ハンドブック ‥‥‥‥‥‥‥‥ 215

来田　誠一郎
　図表でみる教育 2008年版 ‥‥‥‥‥‥ 27
　図表でみる教育 2009年版 ‥‥‥‥‥‥ 27
　図表でみる教育 2010年版 ‥‥‥‥‥‥ 28
　図表でみる教育 2011年版 ‥‥‥‥‥‥ 28
　図表でみる教育 2012年版 ‥‥‥‥‥‥ 28

北　俊夫
　小学校 授業の知恵・教科話題事典 ‥‥ 145

北尾　倫彦
　観点別評価ハンドブック ‥‥‥‥‥‥ 143
　教育心理学小辞典 ‥‥‥‥‥‥‥‥‥‥ 67
　教育評価事典 ‥‥‥‥‥‥‥‥‥‥‥ 190

北九州市立男女共同参画センター"ムーブ"
　ジェンダー白書 4 ‥‥‥‥‥‥‥‥‥ 254

北沢　弥吉郎
　理科教育指導用語辞典 新訂版 ‥‥‥‥ 160

木谷　要治
　環境教育指導事典 ‥‥‥‥‥‥‥‥‥ 180

喜多村　和之
　戦後大学・学生問題文献目録―1945～
　1967 大学・学生問題文献目録―改訂・
　増補 1965～1971 ‥‥‥‥‥‥‥‥‥ 228
　大学・カレッジ自己点検ハンドブック ‥ 232

城戸　幡太郎
　教育学辞典 ‥‥‥‥‥‥‥‥‥‥‥‥‥ 19

絹川　正吉
　大学教育のエクセレンスとガバナン
　ス ‥‥‥‥‥‥‥‥‥‥‥‥‥‥‥‥ 232

木下　江美
　OECD教員白書 ‥‥‥‥‥‥‥‥‥‥‥ 24

岐阜県教育委員会
　岐阜県教育法令要覧 平成4年版 ‥‥‥‥ 36
　岐阜県教育法令要覧 平成7年版 ‥‥‥‥ 36
　岐阜県教育法令要覧 平成10年版 ‥‥‥ 36
　岐阜県教育法令要覧 平成12年版 ‥‥‥ 36
　岐阜県教育法令要覧 平成15年版 ‥‥‥ 36

木俣　美樹男
　環境教育指導事典 ‥‥‥‥‥‥‥‥‥ 180

君羅　満
　給食経営管理実務ガイドブック 改訂新
　版 ‥‥‥‥‥‥‥‥‥‥‥‥‥‥‥‥ 213

金　泰泳
　新 生涯学習・人権教育基本資料集 ‥ 181,275

木村　周
　スクールカウンセリング事典 ‥‥‥‥ 188

虐待防止法研究会
　児童虐待防止法等関係法令通知集 ‥‥‥ 81

「教育アンケート調査年鑑」編集委員会
　教育アンケート調査年鑑 1995年版 上
　‥‥‥‥‥‥‥‥‥‥‥‥‥‥‥‥‥‥ 13
　教育アンケート調査年鑑 1995年版 下
　‥‥‥‥‥‥‥‥‥‥‥‥‥‥‥‥‥‥ 13
　教育アンケート調査年鑑 1996年版 上
　‥‥‥‥‥‥‥‥‥‥‥‥‥‥‥‥‥‥ 13
　教育アンケート調査年鑑 1996年版 下
　‥‥‥‥‥‥‥‥‥‥‥‥‥‥‥‥‥‥ 13
　教育アンケート調査年鑑 1997年版 上
　‥‥‥‥‥‥‥‥‥‥‥‥‥‥‥‥‥‥ 13
　教育アンケート調査年鑑 1997年版 下
　‥‥‥‥‥‥‥‥‥‥‥‥‥‥‥‥‥‥ 13
　教育アンケート調査年鑑 1998年版 上
　‥‥‥‥‥‥‥‥‥‥‥‥‥‥‥‥‥‥ 13
　教育アンケート調査年鑑 1998年版 下
　‥‥‥‥‥‥‥‥‥‥‥‥‥‥‥‥‥‥ 13
　教育アンケート調査年鑑 1999年版 上
　‥‥‥‥‥‥‥‥‥‥‥‥‥‥‥‥‥‥ 13
　教育アンケート調査年鑑 1999年版 下
　‥‥‥‥‥‥‥‥‥‥‥‥‥‥‥‥‥‥ 13
　教育アンケート調査年鑑 2000年版 上
　‥‥‥‥‥‥‥‥‥‥‥‥‥‥‥‥‥‥ 13
　教育アンケート調査年鑑 2000年版 下
　‥‥‥‥‥‥‥‥‥‥‥‥‥‥‥‥‥‥ 13
　教育アンケート調査年鑑 2001年版 上
　‥‥‥‥‥‥‥‥‥‥‥‥‥‥‥‥‥‥ 13
　教育アンケート調査年鑑 2001年版 下
　‥‥‥‥‥‥‥‥‥‥‥‥‥‥‥‥‥‥ 13
　教育アンケート調査年鑑 2002年版 上
　‥‥‥‥‥‥‥‥‥‥‥‥‥‥‥‥‥‥ 13
　教育アンケート調査年鑑 2002年版 下
　‥‥‥‥‥‥‥‥‥‥‥‥‥‥‥‥‥‥ 13
　教育アンケート調査年鑑 2003年版 上
　‥‥‥‥‥‥‥‥‥‥‥‥‥‥‥‥‥‥ 13
　教育アンケート調査年鑑 2003年版 下
　‥‥‥‥‥‥‥‥‥‥‥‥‥‥‥‥‥‥ 13
　教育アンケート調査年鑑 2004年版 上
　‥‥‥‥‥‥‥‥‥‥‥‥‥‥‥‥‥‥ 13
　教育アンケート調査年鑑 2004年版 下
　‥‥‥‥‥‥‥‥‥‥‥‥‥‥‥‥‥‥ 13
　教育アンケート調査年鑑 2005年版 上
　‥‥‥‥‥‥‥‥‥‥‥‥‥‥‥‥‥‥ 13
　教育アンケート調査年鑑 2005年版 下
　‥‥‥‥‥‥‥‥‥‥‥‥‥‥‥‥‥‥ 14
　教育アンケート調査年鑑 2006年版 上
　‥‥‥‥‥‥‥‥‥‥‥‥‥‥‥‥‥‥ 14
　教育アンケート調査年鑑 2006年版 下
　‥‥‥‥‥‥‥‥‥‥‥‥‥‥‥‥‥‥ 14
　教育アンケート調査年鑑 2007年版 上

著編者名索引　きよう

　　　　　　　　　　　　　　　　　　14
　教育アンケート調査年鑑 2007年版 下
　　　　　　　　　　　　　　　　　　14
　教育アンケート調査年鑑 2008年版 上
　　　　　　　　　　　　　　　　　　14
　教育アンケート調査年鑑 2008年版 下
　　　　　　　　　　　　　　　　　　14
　教育アンケート調査年鑑 2009年版 上
　　　　　　　　　　　　　　　　　　14
　教育アンケート調査年鑑 2009年版 下
　　　　　　　　　　　　　　　　　　14
　教育アンケート調査年鑑 2010年版 上
　　　　　　　　　　　　　　　　　　15
　教育アンケート調査年鑑 2010年版 下
　　　　　　　　　　　　　　　　　　15
　教育アンケート調査年鑑 2011年版 上
　　　　　　　　　　　　　　　　　　15
　教育アンケート調査年鑑 2011年版 下
　　　　　　　　　　　　　　　　　　15
　教育アンケート調査年鑑 2012年版 上
　　　　　　　　　　　　　　　　　　15
　教育アンケート調査年鑑 2012年版 下
　　　　　　　　　　　　　　　　　　15
教育研究振興会
　教育関係法令目録 大正編　　　　28
教育財政研究会
　教育財政会計六法 平成2年版　　　64
　教育財政会計六法 平成3年版　　　64
　教育財政会計六法 平成4年版　　　64
　教育財政会計六法 平成5年版　　　64
　教育財政会計六法 平成6年版　　　64
　教育財政会計六法 平成7年版　　　64
　教育財政会計六法 平成8年版　　　64
　教育財政会計六法 平成9年版　　　64
　教育財政会計六法 平成10年版　　64
　教育財政会計六法 平成11年版　　64
　教育財政会計六法 平成12年版　　64
　教育財政会計六法 平成13年版　　64
　教育財政会計六法 平成14年版　　64
　教育財政会計六法 平成15年版　　64
教育事情研究会
　中央教育審議会答申総覧 増補版　　64
教育システム情報学会
　教育システム情報ハンドブック　　109
教育思想史学会
　教育思想事典　　　　　　　　　　20
教育実成会
　教育人名辞典 1　　　　　　　　　6
　教育人名辞典 2　　　　　　　　　6
　教育人名辞典 3　　　　　　　　　6

教育ジャーナリズム史研究会
　教育関係雑誌目次集成　第1期（教育一般編）第1巻　　　　　　　　　　　　8
　教育関係雑誌目次集成　第1期（教育一般編）第2巻　　　　　　　　　　　　8
　教育関係雑誌目次集成　第1期（教育一般編）第3巻　　　　　　　　　　　　8
　教育関係雑誌目次集成　第1期（教育一般編）第4巻　　　　　　　　　　　　8
　教育関係雑誌目次集成　第1期（教育一般編）第5巻　　　　　　　　　　　　8
　教育関係雑誌目次集成　第1期（教育一般編）第6巻　　　　　　　　　　　　8
　教育関係雑誌目次集成　第1期（教育一般編）第7巻　　　　　　　　　　　　8
　教育関係雑誌目次集成　第1期（教育一般編）第8巻　　　　　　　　　　　　8
　教育関係雑誌目次集成　第1期（教育一般編）第9巻　　　　　　　　　　　　8
　教育関係雑誌目次集成　第1期（教育一般編）第10巻　　　　　　　　　　　8
　教育関係雑誌目次集成　第1期（教育一般編）第11巻　　　　　　　　　　　8
　教育関係雑誌目次集成　第1期（教育一般編）第12巻　　　　　　　　　　　8
　教育関係雑誌目次集成　第1期（教育一般編）第13巻　　　　　　　　　　　8
　教育関係雑誌目次集成　第1期（教育一般編）第14巻　　　　　　　　　　　9
　教育関係雑誌目次集成　第1期（教育一般編）第15巻　　　　　　　　　　　9
　教育関係雑誌目次集成　第1期（教育一般編）第16巻　　　　　　　　　　　9
　教育関係雑誌目次集成　第1期（教育一般編）第17巻　　　　　　　　　　　9
　教育関係雑誌目次集成　第1期（教育一般編）第18巻　　　　　　　　　　　9
　教育関係雑誌目次集成　第1期（教育一般編）第19巻　　　　　　　　　　　9
　教育関係雑誌目次集成　第1期（教育一般編）第20巻　　　　　　　　　　　9
　教育関係雑誌目次集成　第2期（学校教育編）第1巻　　　　　　　　　　111
　教育関係雑誌目次集成　第2期（学校教育編）第2巻　　　　　　　　　　111
　教育関係雑誌目次集成　第2期（学校教育編）第3巻　　　　　　　　　　111
　教育関係雑誌目次集成　第2期（学校教育編）第4巻　　　　　　　　　　111
　教育関係雑誌目次集成　第2期（学校教育編）第5巻　　　　　　　　　　111
　教育関係雑誌目次集成　第2期（学校教育

教育関係雑誌目次集成　第2期（学校教育編）第6巻 ……………… 111
教育関係雑誌目次集成　第2期（学校教育編）第7巻 ……………… 111
教育関係雑誌目次集成　第2期（学校教育編）第8巻 ……………… 112
教育関係雑誌目次集成　第2期（学校教育編）第9巻 ……………… 112
教育関係雑誌目次集成　第2期（学校教育編）第10巻 ……………… 112
教育関係雑誌目次集成　第2期（学校教育編）第11巻 ……………… 112
教育関係雑誌目次集成　第2期（学校教育編）第12巻 ……………… 112
教育関係雑誌目次集成　第2期（学校教育編）第13巻 ……………… 112
教育関係雑誌目次集成　第2期（学校教育編）第14巻 ……………… 112
教育関係雑誌目次集成　第2期（学校教育編）第15巻 ……………… 112
教育関係雑誌目次集成　第2期（学校教育編）第16巻 ……………… 112
教育関係雑誌目次集成　第2期（学校教育編）第17巻 ……………… 112
教育関係雑誌目次集成　第2期（学校教育編）第18巻 ……………… 112
教育関係雑誌目次集成　第2期（学校教育編）第19巻 ……………… 112
教育関係雑誌目次集成　第2期（学校教育編）第20巻 ……………… 112
教育関係雑誌目次集成　第3期（人間形成と教育編）第1巻 ……………… 9
教育関係雑誌目次集成　第3期（人間形成と教育編）第2巻 ……………… 9
教育関係雑誌目次集成　第3期（人間形成と教育編）第3巻 ……………… 9
教育関係雑誌目次集成　第3期（人間形成と教育編）第4巻 ……………… 9
教育関係雑誌目次集成　第3期（人間形成と教育編）第5巻 ……………… 9
教育関係雑誌目次集成　第3期（人間形成と教育編）第6巻 ……………… 9
教育関係雑誌目次集成　第3期（人間形成と教育編）第7巻 ……………… 9
教育関係雑誌目次集成　第3期（人間形成と教育編）第8巻 ……………… 9
教育関係雑誌目次集成　第3期（人間形成と教育編）第9巻 ……………… 9
教育関係雑誌目次集成　第3期（人間形成と教育編）第10巻 ……………… 9
教育関係雑誌目次集成　第3期（人間形成と教育編）第11巻 ……………… 10
教育関係雑誌目次集成　第3期（人間形成と教育編）第12巻 ……………… 10
教育関係雑誌目次集成　第3期（人間形成と教育編）第13巻 ……………… 10
教育関係雑誌目次集成　第3期（人間形成と教育編）第14巻 ……………… 10
教育関係雑誌目次集成　第3期（人間形成と教育編）第15巻 ……………… 10
教育関係雑誌目次集成　第3期（人間形成と教育編）第16巻 ……………… 10
教育関係雑誌目次集成　第3期（人間形成と教育編）第17巻 ……………… 10
教育関係雑誌目次集成　第3期（人間形成と教育編）第18巻 ……………… 10
教育関係雑誌目次集成　第3期（人間形成と教育編）第19巻 ……………… 10
教育関係雑誌目次集成　第3期（人間形成と教育編）第20巻 ……………… 10
教育関係雑誌目次集成　第3期（人間形成と教育編）第21巻 ……………… 10
教育関係雑誌目次集成　第3期（人間形成と教育編）第22巻 ……………… 10
教育関係雑誌目次集成　第3期（人間形成と教育編）第23巻 ……………… 10
教育関係雑誌目次集成　第3期（人間形成と教育編）第24巻 ……………… 10
教育関係雑誌目次集成　第3期（人間形成と教育編）第25巻 ……………… 10
教育関係雑誌目次集成　第3期（人間形成と教育編）第26巻 ……………… 10
教育関係雑誌目次集成　第3期（人間形成と教育編）第27巻 ……………… 10
教育関係雑誌目次集成　第3期（人間形成と教育編）第28巻 ……………… 10
教育関係雑誌目次集成　第3期（人間形成と教育編）第29巻 ……………… 10
教育関係雑誌目次集成　第3期（人間形成と教育編）第30巻 ……………… 11
教育関係雑誌目次集成　第3期（人間形成と教育編）第31巻 ……………… 11
教育関係雑誌目次集成　第3期（人間形成と教育編）第32巻 ……………… 11
教育関係雑誌目次集成　第3期（人間形成と教育編）第33巻 ……………… 11
教育関係雑誌目次集成　第4期（国家と教育編）第1巻 ……………… 11
教育関係雑誌目次集成　第4期（国家と教育編）第2巻 ……………… 11
教育関係雑誌目次集成　第4期（国家と教育編）第3巻 ……………… 11
教育関係雑誌目次集成　第4期（国家と教育編）第4巻 ……………… 11
教育関係雑誌目次集成　第4期（国家と教

著編者名索引　　　　　　　　　きりす

育編）第5巻 …………………… 11
教育関係雑誌目次集成　第4期（国家と教育編）第6巻 …………………… 11
教育関係雑誌目次集成　第4期（国家と教育編）第7巻 …………………… 11
教育関係雑誌目次集成　第4期（国家と教育編）第8巻 …………………… 11
教育関係雑誌目次集成　第4期（国家と教育編）第9巻 …………………… 11
教育関係雑誌目次集成　第4期（国家と教育編）第10巻 ………………… 11
教育関係雑誌目次集成　第4期（国家と教育編）第11巻 ………………… 11
教育関係雑誌目次集成　第4期（国家と教育編）第12巻 ………………… 11
教育関係雑誌目次集成　第4期（国家と教育編）第13巻 ………………… 12
教育関係雑誌目次集成　第4期（国家と教育編）第14巻 ………………… 12
教育関係雑誌目次集成　第4期（国家と教育編）第15巻 ………………… 12
教育関係雑誌目次集成　第4期（国家と教育編）第16巻 ………………… 12
教育関係雑誌目次集成　第4期（国家と教育編）第17巻 ………………… 12
教育関係雑誌目次集成　第4期（国家と教育編）第18巻 ………………… 12
教育関係雑誌目次集成　第4期（国家と教育編）第19巻 ………………… 12
教育関係雑誌目次集成　第4期（国家と教育編）第20巻 ………………… 12
教育関係雑誌目次集成　第4期（国家と教育編）第21巻 ………………… 12
教育関係雑誌目次集成　第4期（国家と教育編）第22巻 ………………… 12
教育関係雑誌目次集成　第4期（国家と教育編）第23巻 ………………… 12
教育関係雑誌目次集成　第4期（国家と教育編）第24巻 ………………… 12
教育関係雑誌目次集成　第4期（国家と教育編）第25巻 ………………… 12
教育関係雑誌目次集成　第4期（国家と教育編）第26巻 ………………… 12
教育関係雑誌目次集成　第4期（国家と教育編）第27巻 ………………… 12
教育関係雑誌目次集成　第4期（国家と教育編）第28巻 ………………… 12
教育人名辞典刊行会
　教育人名資料事典　第1巻 …………… 6
　教育人名資料事典　第2巻 …………… 6

教育フロンティア研究会
　ポケット教育小六法　2009年版 ……… 52
　ポケット教育小六法　2010年版 ……… 52
　ポケット教育小六法　2011年版 ……… 52
　ポケット教育小六法　2012年版 ……… 52
教育法令研究会
　注解　新教育六法　平成2年版 ……… 43
　注解　新教育六法　平成3年版 ……… 43
　注解　新教育六法　平成4年版 ……… 43
　注解　新教育六法　平成5年版 ……… 43
　注解　新教育六法　平成6年版 ……… 44
　注解　新教育六法　平成7年版 ……… 44
　注解　新教育六法　平成8年版 ……… 44
　注解　新教育六法　平成9年版 ……… 44
　注解　新教育六法　平成10年版 …… 44
　注解　新教育六法　平成11年版 …… 44
教員養成系大学保健協議会
　学校保健ハンドブック　第5次改訂 … 129
教科書研究センター
　中学校国語教科書内容索引　昭和24〜61年度 ……………………………… 146
教科書研究センター付属教科書図書館
　教科書図書館蔵書目録　昭和54年9月1日現在 ………………………………… 191
教師生活研究会
　教師生活大百科 ……………………… 140
教職研究会
　ポケット　教育小六法 ……………… 51
教職実務研究会
　教職実務ハンドブック ……………… 136
ぎょうせい
　学校保健学校安全法令必携　第7次改訂 ……………………………………… 216
京都教育大学附属教育実践センター機構特別支援教育臨床実践センター
　教員志望学生のための特別支援教育ハンドブック …………………………… 206
京都この本だいすきの会
　読み聞かせで育つ子どもたち ……… 75
清原　正義
　21世紀学校事務事典　1 …………… 118
　21世紀学校事務事典　2 …………… 118
　21世紀学校事務事典　3 …………… 118
　21世紀学校事務事典　4 …………… 118
　21世紀学校事務事典　5 …………… 118
　21世紀学校事務事典　6 …………… 118
キリスト教学校教育同盟百年史編纂委員会
　キリスト教学校教育同盟百年史　年表 … 21

学校・教育問題 レファレンスブック　　339

喜里山 慶子
　女医ママが教える育児ハンドブック 0～3歳 ………………………………… 76
近代アジア教育史研究会
　近代日本のアジア教育認識 目録篇 ……… 20
金田一 秀穂
　小学校・幼稚園受験用語ハンドブック … 84
金曜会
　文学教材の実践・研究文献目録 1（1955年―1976年9月）………………… 146

【く】

空気調和衛生工学会
　学校・図書館 …………………………… 126
九鬼 博
　アメリカ有名英語学校・英語講座 …… 223
　アメリカ有名短大・大学留学 ………… 223
　英語テストなしのアメリカ大学留学 … 224
久世 敏雄
　青年心理学事典 ………………………… 68
工藤 潤
　大学・カレッジ自己点検ハンドブック … 232
久保 義三
　現代教育史事典 ………………………… 22
窪田 眞二
　教育課題便覧 …………………………… 139
　教育課題便覧 平成17年版 …………… 139
　教育課題便覧 平成18年版 …………… 139
　教育課題便覧 平成19年版 …………… 139
　教育課題便覧 平成20年版 …………… 139
　教育課題便覧 平成21年版 …………… 140
　教育課題便覧 平成22年版 …………… 140
　教育課題便覧 平成23年版 …………… 140
　教育課題便覧 平成24年版 …………… 140
　教育小六法 平成15年版 ……………… 38
　教育小六法 平成16年版 ……………… 38
　教育小六法 平成17年版 ……………… 38
　教育小六法 平成18年版 ……………… 39
　教育小六法 平成19年版 ……………… 39
　教育小六法 平成20年版 ……………… 39
　教育小六法 平成21年版 ……………… 39
　教育小六法 平成22年版 ……………… 39
　教育小六法 平成23年版 ……………… 39
　教育小六法 平成24年版 ……………… 39
　教育法規便覧 平成18年版 …………… 42
　教育法規便覧 平成19年版 …………… 42
　教育法規便覧 平成20年版 …………… 42
　教育法規便覧 平成21年版 …………… 42
　教育法規便覧 平成22年版 …………… 42
　教育法規便覧 平成23年版 …………… 43
　教育法規便覧 平成24年版 …………… 43
窪田 三喜夫
　外国語教育学大辞典 …………………… 153
久保野 雅史
　大修館英語授業ハンドブック 高校編 … 155
熊谷 真理子
　環境教育ガイドブック ………………… 180
熊倉 瑞恵
　子どもの福祉を改善する ……………… 278
熊沢 幸子
　子育て支援用語集 ……………………… 77
久米 昭元
　異文化コミュニケーション・ハンドブック …………………………………… 179
倉石 一郎
　多文化教育事典 ………………………… 179
クラーク, ジュディス・フリーマン
　子ども虐待問題百科事典 ……………… 80
　詳解子ども虐待事典 …………………… 80
クラーク, ロビン・E.
　子ども虐待問題百科事典 ……………… 80
　詳解子ども虐待事典 …………………… 80
倉戸 直実
　保育者のための教育と福祉の事典 …… 83
倉富 崇人
　小学社会科学習事典 3訂版 ………… 164
グラント, カール・A.
　多文化教育事典 ………………………… 179
栗岩 英雄
　小学校 授業の知恵・教科話題事典 … 145
クリエイティブプレイ研究会
　遊びの指導 エンサイクロペディア 乳幼児編 ハンディ版 ……………………… 87
栗田 一良
　理科教育指導用語辞典 新訂版 ……… 160
クレイグ, アナベル
　サイエンスワールド …………………… 159
クレヨンハウス『子どもの権利ネットワーキング』事務局
　子どもの権利 ネットワーキング '97 … 182

黒岩 誠
　大学における社会貢献・連携ハンドブック ……………… 231
黒崎 恵津子
　子どものための点字事典 …………… 198
黒沢 浩
　新・こどもの本と読書の事典 ……… 277

【け】

慶応義塾
　慶応義塾史事典 …………………… 235
経済企画庁
　国民生活白書 平成4年版 ………… 254
経済企画庁国民生活局消費者行政第一課
　学校における製品安全教育のすすめ方　家電製品・スポーツ用品編 ……… 178
経済協力開発機構
　OECD教員白書 …………………… 24
　OECD保育白書 …………………… 94
　子どもの福祉を改善する ………… 278
　図表でみる教育 2002年版 ………… 26
　図表でみる教育 2003年版 ………… 26
　図表でみる教育 2004年版 ………… 27
　図表でみる教育 2005年版 ………… 27
　図表でみる教育 2006年版 ………… 27
　図表でみる教育 2007年版 ………… 27
　図表でみる教育 2008年版 ………… 27
　図表でみる教育 2009年版 ………… 27
　図表でみる教育 2010年版 ………… 28
　図表でみる教育 2011年版 ………… 28
　図表でみる教育 2012年版 ………… 28
　世界の教育改革 …………………… 66
　世界の教育改革 2 ………………… 67
　世界の教育改革 3 ………………… 67
　世界の教育改革 4 ………………… 67
　世界の生涯学習 …………………… 276
　世界の若者と雇用 ………………… 285
経済産業省商務情報政策局情報処理振興課
　eラーニング白書 2004/2005年版 …… 226
　eラーニング白書 2005/2006年版 …… 226
　eラーニング白書 2006/2007年版 …… 227
　eラーニング白書 2007/2008年版 …… 227
携帯刑事少年六法編修委員会
　携帯刑事少年六法 2012年版 ……… 285

ケリー,D.M.
　子どもの面接ガイドブック ………… 81
研究社出版編集部
　大学生の英語学習ハンドブック …… 247
現代学校事務研究会
　学校事務小六法 2002 ……………… 36
現代教育文化研究所
　学級づくりハンドブック ………… 132
現代教師養成研究会
　教師をめざす人の介護等体験ハンドブック ……………………………… 138
　教師をめざす人の介護等体験ハンドブック 改訂版 …………………… 138
建築思潮研究所
　保育園・幼稚園 3 ………………… 127

【こ】

小池 文英
　身体障害事典 ……………………… 193
小泉 吉永
　往来物解題辞典 …………………… 191
　女子用往来刊本総目録 …………… 191
小板橋 靖
　強く賢い子に育てる食と健康大事典 … 212
小出 進
　発達障害指導事典 ………………… 202
　発達障害指導事典 第二版 ……… 202
公教育計画学会
　公教育計画学会年報 1 …………… 65
纐纈 建史
　障害児教育実践ハンドブック …… 194
高校教育研究委員会
　平和教育ハンドブック …………… 179
廣潤社編集部
　全国大学職員録 平成5年版 ……… 240
　全国大学職員録 1997 …………… 240
　全国大学職員録 平成10年版 …… 240
　全国大学職員録 平成11年版 …… 241
　全国大学職員録 平成12年版 …… 241
　全国大学職員録 平成13年版 …… 241
　全国大学職員録 平成14年版 …… 241
　全国大学職員録 平成15年版 …… 241
　全国大学職員録 平成16年版 …… 241
　全国大学職員録 平成17年版 …… 242

こうせ　　　　著編者名索引

全国大学職員録 平成18年版 ………… 242
全国短大・高専職員録 平成5年版 …… 242
全国短大・高専職員録 1996 ………… 243
全国短大・高専職員録 1997 ………… 243
全国短大・高専職員録 平成10年版 … 243
全国短大・高専職員録 1999 ………… 243
全国短大・高専職員録 平成12年版 … 243
全国短大・高専職員録 平成13年版 … 243
全国短大・高専職員録 平成14年版 … 244
全国短大・高専職員録 2003 ………… 244
全国短大・高専職員録 平成16年版 … 244
全国短大・高専職員録 平成17年版 … 244
全国短大・高専職員録 平成18年版 … 244
厚生省
　厚生白書 平成5年版 ………………… 78
厚生省児童家庭局
　児童福祉六法 平成3年版 …………… 279
　児童福祉六法 平成4年版 …………… 279
　児童福祉六法 平成5年版 …………… 279
　児童福祉六法 平成6年版 …………… 279
　児童福祉六法 平成7年版 …………… 279
　児童福祉六法 平成8年版 …………… 279
　児童福祉六法 平成9年版 …………… 279
　児童保護措置費保育所運営費手帳 平成10年度版 ……………………… 100
　児童保護措置費保育所運営費手帳 平成11年度版 ……………………… 100
　保育所運営ハンドブック 平成7年版 … 101
厚生省児童家庭局育成環境課
　児童健全育成ハンドブック 平成10年度版 ……………………………… 272
厚生省児童家庭局企画課
　家庭と子育ての指標 ………………… 76
厚生省児童家庭局保育課
　保育小六法 平成7年版 ……………… 91
　保育小六法 平成8年版 ……………… 91
　保育小六法 平成9年版 ……………… 91
　保育小六法 平成10年版 …………… 91
　保育小六法 平成11年版 …………… 91
　保育所運営ハンドブック 平成8年版 … 101
　保育所運営ハンドブック 平成9年版 … 101
　保育所運営ハンドブック 平成10年版 ……………………………… 102
厚生労働省
　保育所保育指針 ……………………… 103
　幼稚園教育要領―平成20年告示 原本 保育所保育指針―平成20年告示 原本 … 84
厚生労働省大臣官房統計情報部
　21世紀出生児縦断調査 第3回 平成15年度 …………………………… 77
　21世紀出生児縦断調査 第4回 平成16年度 …………………………… 77
古宇田 亮順
　実習に役立つパネルシアターハンドブック …………………………… 90
高等教育情報センター
　大学教育のエクセレンスとガバナンス ……………………………… 232
河野 和清
　必携学校小六法 2012年度版 ……… 51
　必携学校小六法 2013年度教採対応版 ……………………………… 51
河野 公子
　新学習指導要領ハンドブック 中学校 技術・家庭（家庭分野） ………… 145
巷野 悟郎
　保育技術事典 ………………………… 85
河野 重男
　新教育学大事典 ……………………… 19
河野 庸介
　中学校新国語科授業の基本用語辞典 … 148
甲本 卓司
　特別支援コーディネーターに必要な基本スキル小事典 ………………… 206
公立学校施設法令研究会
　公立学校施設関係法令集 平成4年 …… 127
　公立学校施設関係法令集 平成7年 …… 127
　公立学校施設関係法令集 平成8年 …… 127
　公立学校施設関係法令集 平成9年 …… 127
　公立学校施設関係法令集 平成10年 … 127
　公立学校施設関係法令集 平成11年 … 127
　公立学校施設関係法令集 平成12年 … 127
　公立学校施設関係法令集 平成13年 … 127
　公立学校施設関係法令集 平成14年 … 127
　公立学校施設関係法令集 平成15年 … 127
　公立学校施設関係法令集 平成16年 … 127
　公立学校施設関係法令集 平成17年 … 127
　公立学校施設関係法令集 平成18年 … 127
　公立学校施設関係法令集 平成19年 … 127
　公立学校施設関係法令集 平成20年 … 127
　公立学校施設関係法令集 平成21年 … 128
　公立学校施設関係法令集 平成22年 … 128
　公立学校施設関係法令集 平成23年 … 128
　公立学校施設関係法令集 平成24年 … 128
　公立学校施設整備事務ハンドブック 平成19年 …………………………… 126
　公立学校施設整備事務ハンドブック 平成20年 …………………………… 126

公立学校施設整備事務ハンドブック 平成21年 ………………………… 126
公立学校施設整備事務ハンドブック 平成22年 ………………………… 126
公立学校施設整備事務ハンドブック 平成23年 ………………………… 126
公立学校施設整備事務ハンドブック 平成24年 ………………………… 126

古賀 祥子
　発達障害事典 ……………………… 202

子川 智
　子どもの安全ハンドブック ………… 215

国語学会
　国語学大辞典 ……………………… 147

国語教育研究所
　国語教育研究大辞典〔普及版〕…… 147
　「作文技術」指導大事典 …………… 148

国際基督教大学研究所
　世界教育白書 1994 ………………… 24

国際交流委員会
　イギリス留学事典 ………………… 221

国分 久子
　教師のコミュニケーション事典 …… 141

国分 康孝
　教師のコミュニケーション事典 …… 141
　スクールカウンセリング事典 ……… 188

国民教育文化総合研究所
　教育総研年報 2008 ………………… 15

国立オリンピック記念青少年総合センター
　青少年教育データブック …………… 271

国立教育会館社会教育研修所
　社会教育・生涯教育関係文献目録集 … 252

国立教育研究所
　教育文献総合目録 第1集 ……………… 1
　教育文献総合目録 第2集 ……………… 1
　教育文献総合目録 第3集 第1 ………… 1
　大学教育に関する比較研究 中間資料 1（和文文献の部）………………… 228
　中学校国語教科書内容索引 昭和24～61年度 ……………………………… 146
　日本近代教育史文献目録 1 ………… 21

国立教育研究所附属教育図書館
　国定教科書内容索引 尋常科修身・国語・唱歌篇 ……………………………… 192

国立教育政策研究所
　生きるための知識と技能 …………… 189
　生きるための知識と技能 2 ………… 190
　生きるための知識と技能 3 ………… 190
　教育研究とエビデンス ……………… 24
　教育研究論文索引 2002年版 ………… 6
　PISA2006年調査 評価の枠組み …… 190

国立教育政策研究所教育課程研究センター
　小中学校教育課程実施状況調査報告書　小学校国語 平成13年度 ………… 152
　小中学校教育課程実施状況調査報告書　小学校算数 平成13年度 ………… 158
　小中学校教育課程実施状況調査報告書　小学校社会 平成13年度 ………… 165
　小中学校教育課程実施状況調査報告書　小学校理科 平成13年度 ………… 163
　小中学校教育課程実施状況調査報告書　中学校英語 平成13年度 ………… 156
　小中学校教育課程実施状況調査報告書　中学校国語 平成13年度 ………… 153
　小中学校教育課程実施状況調査報告書　中学校社会 平成13年度 ………… 165
　小中学校教育課程実施状況調査報告書　中学校数学 平成13年度 ………… 159
　小中学校教育課程実施状況調査報告書　中学校理科 平成13年度 ………… 163

国立国語研究所
　国定読本用語総覧 1 ………………… 148
　国定読本用語総覧 2 ………………… 148
　国定読本用語総覧 3 ………………… 148
　国定読本用語総覧 4 ………………… 149
　国定読本用語総覧 5 ………………… 149
　国定読本用語総覧 6 ………………… 149
　国定読本用語総覧 7 ………………… 149
　国定読本用語総覧 8 ………………… 149
　国定読本用語総覧 9 ………………… 149
　国定読本用語総覧 10 ………………… 149
　国定読本用語総覧 11 ………………… 149
　国定読本用語総覧 12 ………………… 149

国立国会図書館
　大学の自由に関する文献目録 ……… 228

国立国会図書館支部上野図書館
　博士論文目録 昭和59～63年 ………… 237
　博士論文目録 平成元年～2年 ……… 238

国立青少年教育振興機構
　「子どもの体験活動の実態に関する調査研究」報告書 ……………………… 271

国立青少年教育振興機構青少年教育研究センター
　「青少年教育関係施設基礎調査」報告書　平成22年度調査 …………………… 271
　「青少年の体験活動等と自立に関する実態調査」報告書 平成22年度調査 … 272

こくり

国立大学法人法制研究会
　国立大学法人法コンメンタール …… 232
国立婦人教育会館女性学ジェンダー研究会
　女性学教育・学習ハンドブック 新版 ‥ 253
越桐 国雄
　インターネット教育イエローページ 99
　年版 ……………………………………… 6
越野 和之
　仲間の中で育ちあう ………………… 195
児島 邦宏
　学校教育辞典 新版 ………………… 105
　定本 総合的な学習ハンドブック …… 179
小嶋 秀夫
　教育心理学小辞典 …………………… 67
小島 宏
　ハンドブック 学級経営の悩み相談 …… 134
　ハンドブック 学級担任の基本 ……… 134
　ハンドブック 学ぶ意欲を高める100の方
　　法 …………………………………… 145
小杉 夏子
　世界の教育改革 2 …………………… 67
小杉 礼子
　キャリア教育文献資料集 別冊 …… 187
小菅 知三
　子どもがよろこぶ楽しい行事ハンドブッ
　　ク 校内編 ………………………… 210
　子どもがよろこぶ楽しい行事ハンドブッ
　　ク 校外編 ………………………… 210
コスモピア
　読み聞かせのための音のある英語絵本ガ
　　イド ………………………………… 75
古関 勝則
　すぐつかえる学級担任ハンドブック 小
　　学校1年生 ………………………… 133
古藤 泰弘
　「教育の情報化」用語辞典 ………… 105
梧桐書院編集部
　資格でハローワーク ………………… 247
こどもくらぶ
　子どもがよろこぶ楽しい行事ハンドブッ
　　ク 校内編 ………………………… 210
　子どもがよろこぶ楽しい行事ハンドブッ
　　ク 校外編 ………………………… 210
　調べ学習ガイドブック 2004-2005 …… 177
子ども性虐待防止市民ネットワーク大阪
　子ども性虐待防止白書 ……………… 81

子どもと自然学会大事典編集委員会
　子どもと自然大事典 ………………… 257
子どもと保育総合研究所
　最新保育資料集 2008 ………………… 89
　最新保育資料集 2010 ………………… 90
　最新保育資料集 2011 ………………… 90
こどもと本‐おかやま‐「あかちゃんの絵本
　箱」編集委員会
　あかちゃんの絵本箱 ………………… 74
子どもの虐待防止ネットワークあいち
　防げなかった死 2001 ………………… 81
子どもの貧困白書編集委員会
　子どもの貧困白書 …………………… 281
子どもの村福岡
　国連子どもの代替養育に関するガイドラ
　　イン ………………………………… 79
小林 重雄
　自閉症教育基本用語事典 …………… 201
小林 利宣
　教育・臨床心理学中辞典 …………… 68
小林 美実
　現代保育用語辞典 …………………… 85
小林 義郎
　ハンドブック 教育・保育・福祉関係法
　　令集 平成11年版 …………………… 47
　ハンドブック 教育・保育・福祉関係法令
　　集 平成12年版 ……………………… 47
　ハンドブック 教育・保育・福祉関係法
　　令集 平成13年版 …………………… 47
　ハンドブック 教育・保育・福祉関係法
　　令集 平成14年版 …………………… 47
　ハンドブック 教育・保育・福祉関係法令
　　集 平成15年版 ……………………… 48
　ハンドブック 教育・保育・福祉関係法令
　　集 平成16年版 ……………………… 48
小原 友行
　小学校新社会科授業の基本用語辞典 ‥ 164
小堀 哲郎
　厳選 保育用語集 …………………… 85
駒込 武
　現代教育史事典 ……………………… 22
小松 郁夫
　教育学用語辞典 第四版 …………… 19
ゴーマン, ジャック
　ゴーマンレポート …………………… 237
児美川 孝一郎
　現代教育史事典 ……………………… 22

小宮　三弥
　障害児発達支援基礎用語事典 ……… 193
小盛　真紀子
　オープン・エデュケーション文献目録 ‥ 142
子安　増生
　時間と人間 ……………………… 69
小柳　憲司
　学校に行けない子どもたちへの対応ハンドブック ……………………… 217
小山　茂喜
　教育実習安心ハンドブック ……… 137
雇用問題研究会
　全国高等学校便覧 2003 ………… 186
コルター, ケビン
　児童虐待とネグレクト対応ハンドブック …………………………… 81
近藤　賢司
　すぐつかえる学級担任ハンドブック 中学校1年生 ……………………… 133
近藤　千穂
　セクシコン ……………………… 174
近藤　正春
　ハンドブック 教育・保育・福祉関係法令集 平成13年版 ……………… 47
　ハンドブック 教育・保育・福祉関係法令集 平成14年版 ……………… 47
　ハンドブック教育・保育・福祉関係法令集 平成15年版 ………………… 48
　ハンドブック教育・保育・福祉関係法令集 平成16年版 ………………… 48
　ハンドブック教育・保育・福祉関係法令集 平成17年版 ………………… 48
　ハンドブック教育・保育・福祉関係法令集 平成18年版 ………………… 48
　ハンドブック教育・保育・福祉関係法令集 平成19年版 ………………… 48
　ハンドブック教育・保育・福祉関係法令集 平成20年版 ………………… 48
　ハンドブック教育・保育・福祉関係法令集 平成21年版 ………………… 48
今野　喜清
　学校教育辞典 新版 ……………… 105
　新教育学大事典 ………………… 19

【さ】

西郷　竹彦
　西郷竹彦・教科書指導ハンドブック ものの見方・考え方を育てる小学校一学年・国語の授業 ………………… 150
　西郷竹彦・教科書指導ハンドブック ものの見方・考え方を育てる小学校二学年・国語の授業 ………………… 150
　西郷竹彦・教科書指導ハンドブック ものの見方・考え方を育てる小学校三学年・国語の授業 ………………… 150
　西郷竹彦・教科書指導ハンドブック ものの見方・考え方を育てる小学校四学年・国語の授業 ………………… 150
　西郷竹彦・教科書指導ハンドブック ものの見方・考え方を育てる小学校五学年・国語の授業 ………………… 151
　西郷竹彦・教科書指導ハンドブック ものの見方・考え方を育てる小学校六学年・国語の授業 ………………… 151
　最新版 西郷竹彦教科書指導ハンドブック 子どもの見方・考え方を育てる小学校低学年・国語の授業 ………… 151
　最新版 西郷竹彦教科書指導ハンドブック 子どもの見方・考え方を育てる小学校中学年・国語の授業 ………… 151
　最新版 西郷竹彦教科書指導ハンドブック 子どもの見方・考え方を育てる小学校高学年・国語の授業 ………… 151
最高裁判所事務総局
　司法統計年報 4 ………………… 285
ザ・イーストパブリケイション
　インターナショナルスクールガイド ‥ 227
斉藤　万比古
　児童青年精神医学大事典 ……… 70
斎藤　一久
　重要教育判例集 ………………… 43
斎藤　耕二
　青年心理学事典 ………………… 68
斎藤　里美
　OECD教員白書 ………………… 24
斎藤　哲也
　小中学生からとれる資格と検定大事典！ ……………………………… 177
斎藤　友介
　大学生のための福祉教育入門 ……… 138

斎藤　幸江
　新社会人白書 ……………………… 249
　新社会人白書 07/08 ……………… 249
佐伯　知美
　ハンディ教育六法 2006年版 ……… 46
　ハンディ教育六法 2007年版 ……… 46
　ハンディ教育六法 2008年版 ……… 46
　ハンディ教育六法 2009年版 ……… 47
　ハンディ教育六法 2010年版 ……… 47
佐伯　胖
　学びとコンピュータハンドブック …… 176
　「学び」の認知科学事典 ……………… 68
栄　陽子
　アメリカ高校留学ガイド …………… 223
榊原　保志
　新学習指導要領ハンドブック 中学校 理科 ……………………………………… 144
阪田　蓉子
　オープン・エデュケーション文献目録 … 142
坂野　純子
　大学生のための福祉教育入門 ……… 138
阪本　一郎
　新教育基本語彙 ……………………… 150
坂本　敬
　ハンドブック 教育・保育・福祉関係法令集 平成11年版 ……………………… 47
　ハンドブック 教育・保育・福祉関係法令集 平成12年版 ……………………… 47
　ハンドブック 教育・保育・福祉関係法令集 平成13年版 ……………………… 47
　ハンドブック 教育・保育・福祉関係法令集 平成14年版 ……………………… 47
　ハンドブック 教育・保育・福祉関係法令集 平成15年版 ……………………… 48
　ハンドブック 教育・保育・福祉関係法令集 平成16年版 ……………………… 48
坂本　辰朗
　新 教育事典 …………………………… 5
相良　惟一
　教育行政事典 ………………………… 55
佐々木　一芳
　ゴーマンレポート …………………… 237
佐々木　元太郎
　現代数学教育史年表 ………………… 157
佐々木　正美
　自閉症児のためのTEACCHハンドブック ……………………………………… 202

佐島　群巳
　環境教育指導事典 …………………… 180
　社会科教育指導用語辞典 新訂版 …… 163
薩日内　信一
　小学校 講話あいさつ事典 ………… 209
佐藤　一子
　国際生涯学習キーワード事典 ……… 273
佐藤　久美子
　「小学校英語」指導法ハンドブック … 156
佐藤　真
　定本 総合的な学習ハンドブック …… 179
佐藤　苑生
　日本児童図書研究文献目次総覧 1945-1999 …………………………………… 256
佐藤　司
　教育小六法 平成3年版 ……………… 37
　教育小六法 平成6年版 ……………… 37
　教育小六法 平成8年版 ……………… 37
　教育小六法 平成9年版 ……………… 37
　教育小六法 平成10年版 …………… 37
　教育小六法 平成11年版 …………… 38
　教育小六法 平成12年版 …………… 38
　教育小六法 平成13年版 …………… 38
佐藤　晴雄
　教育データブック 2000 - 2001 …… 16
　教育データランド '95～'96 …………… 7
　教育データランド '96～'97 …………… 7
　教育データランド '97～'98 …………… 7
　教育データランド '98～'99 …………… 7
　教育データランド 1999 - 2000 ……… 8
　最新教育データブック 第9版 ……… 17
　最新教育データブック 第10版 …… 17
　最新教育データブック 第12版 …… 17
佐藤　久夫
　障害児教育大事典 …………………… 192
佐藤　尚子
　新 教育事典 …………………………… 5
佐藤　学
　教育本44 ……………………………… 1
佐藤　宗子
　新・こどもの本と読書の事典 ……… 277
佐藤　勇治
　私塾・私学・企業教育ネット要覧 第12集 ……………………………………… 31
佐藤　玲子
　給食経営管理実務ガイドブック 改訂新版 ……………………………………… 213

佐名川　洋之
　解剖・観察・飼育大事典 ……………… 160
実藤　秀志
　学校法人ハンドブック ………………… 121
　学校法人ハンドブック 改訂版 ………… 121
　学校法人ハンドブック 三訂版 ………… 121
　学校法人ハンドブック 4訂版 ………… 121
　学校法人ハンドブック 5訂版 ………… 121
　学校法人ハンドブック 6訂版 ………… 121
佐野　金吾
　これからの授業に役立つ新学習指導要領
　　ハンドブック 中学校社会 ………… 144
　新学習指導要領ハンドブック 中学校 国
　　語 ……………………………………… 144
　新学習指導要領ハンドブック 中学校 数
　　学 ……………………………………… 144
　新学習指導要領ハンドブック 中学校 理
　　科 ……………………………………… 144
　新学習指導要領ハンドブック 中学校 保
　　健体育 ………………………………… 144
　新学習指導要領ハンドブック 中学校 英
　　語 ……………………………………… 145
　新学習指導要領ハンドブック 中学校 技
　　術・家庭（家庭分野） ……………… 145
佐野　豪
　子どもの活力 …………………………… 76
左巻　健男
　おもしろ実験・ものづくり事典 ……… 159
　たのしくわかる物理実験事典 ………… 160
さわだ　さちこ
　こども絵本ガイド ……………………… 74
澤田　富雄
　心のケアのためのカウンセリング大事
　　典 ……………………………………… 188
沢野　郁文
　すぐつかえる学級担任ハンドブック 小
　　学校4年生 …………………………… 133
沢野　尚子
　すぐつかえる学級担任ハンドブック 小
　　学校4年生 …………………………… 133
沢登　俊雄
　犯罪・非行事典 ………………………… 284
産業教育振興中央会
　Q&A高等学校産業教育ハンドブック ‥ 187

【し】

ジアース教育新社
　教員免許更新制ハンドブック ………… 138
椎　広行
　生涯学習「自己点検・評価」ハンドブッ
　　ク ……………………………………… 274
私学法令研究会
　私学必携 第十次改訂版 ……………… 110
　私学必携 第十一次改訂版 …………… 110
　私学必携 第十二次改訂版 …………… 110
　私学必携 第十三次改訂 ……………… 110
　私学必携 第十四次改訂版 …………… 110
　私学必携 第十四次改訂第2版 ……… 110
氏木　道人
　英語リーディング指導ハンドブック ‥ 154
繁内　友一
　青少年教育行政史（社会教育）年表 … 271
重水　健介
　すぐつかえる学級担任ハンドブック 中
　　学校2年生 …………………………… 134
重水　祐子
　すぐつかえる学級担任ハンドブック 中
　　学校2年生 …………………………… 134
時事通信出版局
　新学習指導要領ハンドブック 小学校 ‥ 144
　新学習指導要領ハンドブック 中学校 国
　　語 ……………………………………… 144
　新学習指導要領ハンドブック 中学校 数
　　学 ……………………………………… 144
　新学習指導要領ハンドブック 中学校 理
　　科 ……………………………………… 144
　新学習指導要領ハンドブック 中学校 保
　　健体育 ………………………………… 144
　新学習指導要領ハンドブック 中学校 英
　　語 ……………………………………… 145
　新学習指導要領ハンドブック 中学校 技
　　術・家庭（家庭分野） ……………… 145
宍戸　健夫
　保育小辞典 ……………………………… 86
児童虐待防止法令編集委員会
　児童虐待防止法令ハンドブック 平成21
　　年版 …………………………………… 81
児童虐待問題研究会
　Q&A児童虐待防止ハンドブック ……… 80

しとう

Q&A児童虐待防止ハンドブック 改訂版 ………………………… 80
児童自立支援対策研究会
　子ども・家族の自立を支援するために ‥ 278
児童手当制度研究会
　児童健全育成ハンドブック 平成13年度版 ………………………… 272
　児童健全育成ハンドブック 平成14年度版 ………………………… 272
　児童健全育成ハンドブック 平成15年度版 ………………………… 272
　児童健全育成ハンドブック 平成16年度版 ………………………… 272
　児童健全育成ハンドブック 平成17年度版 ………………………… 272
　児童健全育成ハンドブック 平成18年度版 ………………………… 272
　児童健全育成ハンドブック 平成19年度版 ………………………… 272
　児童手当関係法令通知集 平成12年版 ………………………… 282
　児童手当関係法令通知集 平成13年版 ………………………… 282
　児童手当関係法令通知集 平成14年版 ………………………… 282
　児童手当関係法令通知集 平成15年版 ………………………… 282
　児童手当関係法令通知集 平成16年版 ………………………… 282
　児童手当関係法令通知集 平成17年版 ………………………… 282
　児童手当関係法令通知集 平成18年版 ………………………… 282
　児童手当関係法令通知集 平成19年版 ………………………… 282
　児童手当関係法令通知集 平成20年版 ………………………… 283
児童図書館研究会
　こどもの図書館 1986年版 …………… 277
　年報こどもの図書館 1992年版 ……… 277
　年報こどもの図書館 1998年版 ……… 277
　年報こどもの図書館 2002年版 ……… 277
　年報こどもの図書館 2007年版 ……… 277
　年報こどもの図書館 2012年版 ……… 277
児童福祉法規研究会
　児童福祉六法 平成10年版 …………… 279
　児童福祉六法 平成11年版 …………… 279
　児童福祉六法 平成12年版 …………… 280
　児童福祉六法 平成13年版 …………… 280
　児童福祉六法 平成14年版 …………… 280
　児童福祉六法 平成15年版 …………… 280

著編者名索引

　児童福祉六法 平成16年版 …………… 280
　児童福祉六法 平成17年版 …………… 280
　児童福祉六法 平成18年版 …………… 280
　児童福祉六法 平成19年版 …………… 280
　児童福祉六法 平成20年版 …………… 280
　児童福祉六法 平成21年版 …………… 281
児童福祉六法編集委員会
　児童福祉六法 平成22年版 …………… 281
篠田 三郎
　手話のハンドブック ………………… 200
篠田 信司
　食育実践ハンドブック ……………… 213
　食育実践ハンドブック 第2版 ……… 213
柴田 すみ子
　大学生のための手話ハンドブック …… 200
柴田 義松
　教育実習ハンドブック ……………… 137
　教育実習ハンドブック 改訂版 ……… 137
　教育実習ハンドブック 増補版 ……… 137
　教育心理学用語辞典 …………………… 68
　教職基本用語辞典 …………………… 137
澁澤 文隆
　これからの授業に役立つ新学習指導要領ハンドブック 中学校社会 ……… 144
　新学習指導要領ハンドブック 中学校 国語 …………………………………… 144
　新学習指導要領ハンドブック 中学校 数学 …………………………………… 144
　新学習指導要領ハンドブック 中学校 理科 …………………………………… 144
　新学習指導要領ハンドブック 中学校 保健体育 ……………………………… 144
　新学習指導要領ハンドブック 中学校 英語 …………………………………… 145
　新学習指導要領ハンドブック 中学校 技術・家庭（家庭分野）…………… 145
島田 修一
　解説 教育六法 1996（平成8年版）…… 33
　解説 教育六法 1998（平成10年版）…… 34
　解説 教育六法 1999（平成11年版）…… 34
清水 一彦
　教育データブック 2000・2001 ……… 16
　教育データランド '93〜'94 …………… 7
　教育データランド '94〜'95 …………… 7
　教育データランド '95〜'96 …………… 7
　教育データランド '96〜'97 …………… 7
　教育データランド '97〜'98 …………… 7
　教育データランド '98〜'99 …………… 7
　教育データランド 1999・2000 ………… 8

最新教育データブック 第9版 …… 17
最新教育データブック 第10版 …… 17
最新教育データブック 第11版 …… 17
最新教育データブック 第12版 …… 17
清水 貞夫
　特別支援コーディネーター必携ハンドブック …… 207
清水 鉄郎
　読み聞かせで育つ子どもたち …… 75
清水 直子
　フリーター労組の生存ハンドブック …… 250
志水 広
　算数の授業 基礎・基本の徹底！ ハンドブック 1・2年編 …… 158
　算数の授業 基礎・基本の徹底！ ハンドブック 3・4年編 …… 158
　算数の授業 基礎・基本の徹底！ ハンドブック 5・6年編 …… 158
清水 凡生
　ちょっと変わった幼児学用語集 …… 83
清水 康敬
　「教育の情報化」用語辞典 …… 105
志村 欣一
　ハンディ教育六法 '91年版 …… 45
　ハンディ教育六法 …… 45
　ハンディ教育六法 改訂版 …… 45
　ハンディ教育六法 再改訂版 …… 45
　ハンディ教育六法 三改訂版 …… 45
　ハンディ教育六法 四改訂版 …… 45
　ハンディ教育六法 5改訂版 …… 46
　ハンディ教育六法 6改訂版 …… 46
　ハンディ教育六法 2004年版 …… 46
　ハンディ教育六法 2005年版 …… 46
　ハンディ教育六法 2006年版 …… 46
　ハンディ教育六法 2007年版 …… 46
　ハンディ教育六法 2008年版 …… 46
　ハンディ教育六法 2009年版 …… 47
　ハンディ教育六法 2010年版 …… 47
　ハンディ教育六法 2011年版 …… 47
下川 耿史
　近代子ども史年表 明治・大正編 1868-1926 …… 257
　近代子ども史年表 昭和・平成編 1926-2000 …… 257
下村 哲夫
　学校運営便覧 新版 …… 118
　教育法規大辞典 …… 31
　教育法規便覧 平成3年版 …… 40

教育法規便覧 平成4年版 …… 40
教育法規便覧 平成5年版 …… 40
教育法規便覧 平成6年版 …… 40
教育法規便覧 平成7年版 …… 40
教育法規便覧 平成8年版 …… 40
教育法規便覧 平成9年版 …… 41
教育法規便覧 平成10年版 …… 41
教育法規便覧 平成11年版 …… 41
教育法規便覧 平成12年版 …… 41
教育法規便覧 平成13年版 …… 41
教育法規便覧 平成14年版 …… 41
教育法規便覧 平成15年版 …… 41
教育法規便覧 平成16年版 …… 42
教育法規便覧 平成17年版 …… 42
教育法規便覧 平成18年版 …… 42
現代小学校経営事典 …… 117
現代中学校経営事典 …… 117
「事例解説」事典 学校の危機管理 …… 215
事例解説 事典 学校の危機管理 第2版 …… 215
新教育法規基本用語辞典 …… 31
必携学校小六法 '98年度版 …… 49
必携学校小六法 '99年度版 …… 49
必携学校小六法 2000年度版 …… 49
必携学校小六法 2001年度版 …… 50
必携学校小六法 2002年度版 …… 50
必携学校小六法 2003年度版 …… 50
必携学校小六法 2004年度版 …… 50
必携学校小六法 2005年度版 …… 50
下村 昇
　こんなとき子どもにこの本を 第3版 …… 74
下山 晴彦
　子どもと若者のための認知行動療法ガイドブック …… 71
社会教育推進全国協議会
　社会教育・生涯学習ハンドブック 増補版 …… 252
　社会教育・生涯学習ハンドブック 第6版 …… 252
　社会教育・生涯学習ハンドブック 第7版 …… 252
　社会教育・生涯学習ハンドブック 第8版 …… 253
　新版 社会教育・生涯学習ハンドブック …… 253
JAFSA（国際教育交流協議会）
　留学生受入れの手引き 増補改訂版 …… 226
シュタイナー, ルドルフ
　シュタイナー教育ハンドブック …… 20

主婦の友社
　こども絵本ガイド ……………… 74
手話コミュニケーション研究会
　新・手話辞典 ………………… 199
　新・手話辞典 第2版 ………… 199
生涯学習・社会教育行政研究会
　生涯学習・社会教育行政必携 平成2年版 …………………………………… 274
　生涯学習・社会教育行政必携 平成4年版 …………………………………… 274
　生涯学習・社会教育行政必携 平成6年版 …………………………………… 274
　生涯学習・社会教育行政必携 平成8年版 …………………………………… 274
　生涯学習・社会教育行政必携 平成10年版 ………………………………… 274
　生涯学習・社会教育行政必携 平成12年版 ………………………………… 274
　生涯学習・社会教育行政必携 平成14年版 ………………………………… 274
　生涯学習・社会教育行政必携 平成16年版 ………………………………… 274
　生涯学習・社会教育行政必携 平成18年版 ………………………………… 275
　生涯学習・社会教育行政必携 平成20年版 ………………………………… 275
　生涯学習・社会教育行政必携 平成22年版 ………………………………… 275
　生涯学習・社会教育行政必携 平成24年版 ………………………………… 275
小学校体育指導者研究会
　小学校体育運動・用語活用事典 …… 170
庄司 順一
　子ども虐待対応ハンドブック ……… 80
少年写真新聞社
　体と心保健総合大百科 小学校編 2008年 …………………………………… 172
　体と心保健総合大百科 中・高校編 2008年 …………………………………… 172
　小学保健ニュース・心の健康ニュース縮刷活用版 体と心 保健総合大百科 小学校編 2006年 …………………… 173
　保健ニュース・心の健康ニュース縮刷活用版 体と心 保健総合大百科 中・高校編 2006年 ………………………… 173
消費者教育支援センター
　消費者教育事典 ……………… 181
小六法編集委員会
　保育福祉小六法 2005年版 ………… 94

食育基本法研究会
　Q&A早わかり食育基本法 ………… 213
食品流通情報センター
　子育て・教育・子どもの暮らしのデータ集 2001年版 …………………… 17
　少子高齢社会総合統計年報 2002年版 ………………………………………… 255
　中学生・高校生の食生活データブック 2002年版 ………………………… 268
　若者ライフスタイル資料集 '98 …… 270
　若者ライフスタイル資料集 '99 …… 270
　若者ライフスタイル資料集 2000 … 270
　若者ライフスタイル資料集 2001 … 270
ジョンソン,H.
　外国語教育学大辞典 ……………… 153
ジョンソン,K.
　外国語教育学大辞典 ……………… 153
白井 利明
　時間と人生 ……………………… 69
　青年心理学事典 …………………… 68
白井 三恵
　中学校特別活動指導法ハンドブック 2 …………………………………… 208
白石 正明
　新 生涯学習・人権教育基本資料集 ‥ 181,275
白石 裕
　必携学校小六法 2006年度版 ……… 50
　必携学校小六法 2007年度版 ……… 50
　必携学校小六法 2008年度版 ……… 51
　必携学校小六法 2009年度版 ……… 51
　必携学校小六法 2010年度版 ……… 51
　必携学校小六法 2011年度版 ……… 51
白川 優治
　ハンディ教育六法 2012年版 ……… 47
白佐 俊憲
　きょうだい関係とその関連領域の文献集成 1 …………………………… 79
白畑 知彦
　英語教育用語辞典 ………………… 153
　英語教育用語辞典 改訂版 ………… 153
しりあがり 寿
　大学図鑑！ 2013 ………………… 228
伸芽会教育研究所
　小学校・幼稚園受験用語ハンドブック … 84
「新 観察実験大事典」編集委員会
　新 観察・実験大事典 化学編 ……… 161
　新 観察・実験大事典 地学編 ……… 161

新 観察・実験大事典 物理編 161
新 観察・実験大事典 生物編 162
信山社
　改正児童福祉法新旧対照条文集 279
　新・児童福祉法正文 正文増補版 281
真珠書院編集部
　高等学校スポーツ・文化データブック
　　2004年度版 211
　高等学校データブック スポーツ・文化
　　編 211
心身障害教育福祉研究会
　心身障害教育と福祉の情報事典 193
新生通信
　日本の名門高校ベスト100 公立高校
　　編 108
新保 幸男
　児童養護 別冊 281
進路就職研究会
　中学生・高校生のための仕事ガイド 新
　　版 188
進路情報研究会
　中学生・高校生の仕事ガイド 187

【す】

末岡 一伯
　障害児発達支援基礎用語事典 193
菅井 裕行
　重症児者の防災ハンドブック 100
杉浦 正好
　「小学校英語」指導法ハンドブック ... 156
杉原 誠四郎
　必携学校小六法 '98年度版 49
　必携学校小六法 '99年度版 49
　必携学校小六法 2000年度版 49
　必携学校小六法 2001年度版 50
　必携学校小六法 2002年度版 50
　必携学校小六法 2003年度版 50
　必携学校小六法 2004年版 50
　必携学校小六法 2005年度版 50
　必携学校小六法 2006年度版 50
　必携学校小六法 2007年度版 50
　必携学校小六法 2008年度版 51
　必携学校小六法 2009年度版 51
　必携学校小六法 2010年度版 51
　必携学校小六法 2011年度版 51
　必携学校小六法 2012年度版 51
　必携学校小六法 2013年度教採対応版
　　.. 51
杉村 美紀
　華僑教育関係文献資料目録 207
杉本 徹
　スポーツ進学するならコノ高校！ 109
杉山 きく子
　日本児童図書研究文献目次総覧 1945-
　　1999 256
杉山 登志郎
　障害児教育大事典 192
鈴木 勲
　逐条学校教育法 第6次改訂版 43
　逐条学校教育法 第7次改訂版 43
鈴木 英一
　教育小六法 平成3年版 37
　教育小六法 平成6年版 37
　教育小六法 平成8年版 37
　教育小六法 平成9年版 37
　教育小六法 平成10年版 37
　教育小六法 平成11年版 38
　教育小六法 平成12年版 38
　教育小六法 平成13年版 38
鈴木 栄子
　発達障害児者の防災ハンドブック 203
鈴木 克明
　教育職員免許状取得希望者のための「介
　　護等の体験」実践ハンドブック 138
鈴木 清
　教育評価事典 190
鈴木 寿一
　英語音読指導ハンドブック 154
鈴木 善次
　環境教育指導事典 180
鈴木 孝光
　新 教育事典 5
鈴木 敏則
　平和教育ハンドブック 179
鈴木 久乃
　給食用語辞典 第3版 212
　集団給食用語辞典 212
鈴木 広子
　外国語教育学大辞典 153
鈴木 文子
　はじめての料理ハンドブック 改訂版 .. 195

すすき　　　　　　　　　著編者名索引

鈴木　康之
　教育相談重要用語300の基礎知識 …… 188
鈴木　力二
　図説盲教育史事典 ………………… 198
鈴木　隆祐
　「授業」で選ぶ中高一貫校 ………… 109
須田　諭一
　子どもと親のための心の相談室 2003年度版 ………………………………… 278
スタラード, ポール
　子どもと若者のための認知行動療法ガイドブック ……………………………… 71
首藤　美香子
　OECD保育白書 …………………… 94
ストーレイ, キース
　問題行動解決支援ハンドブック …… 284
砂田　弘
　新・こどもの本と読書の事典 ……… 277
スネリング, ジョン・L.
　学校用語英語小事典 改訂増補版 … 105
　学校用語英語小事典 第3版 ……… 105
スプラギュー, ジェフリー・R.
　問題行動解決支援ハンドブック …… 284
スポーツ指導実務ハンドブック編集委員会
　スポーツ指導・実務ハンドブック … 171
　スポーツ指導・実務ハンドブック 第2版 ………………………………… 171
住友　光男
　新社会人白書 07/08 ……………… 249
スラタリー, メアリー
　子ども英語指導ハンドブック ……… 155

【せ】

生活科学情報センター
　若者ライフスタイル資料集 1992 …… 270
生活情報センター
　子育て・教育・子どもの暮らしのデータ集 2002年版 ……………………… 17
　子育て・教育・子どもの暮らしのデータ集 2004年版 ……………………… 17
　子育て・教育・子どもの暮らしのデータ集 2005年版 ……………………… 17
　子育て支援データ集 2005 ………… 77
　子育て支援データ集 2006年版 …… 77

少子高齢社会総合統計年報 2003年版 ……………………………… 255
少子高齢社会総合統計年報 2004 …… 255
少子高齢社会総合統計年報 2006 …… 255
中学生・高校生のライフスタイルを読み解くデータ総覧 2004 ……………… 269
若者ライフスタイル資料集 2002 …… 270
若者ライフスタイル資料集 2004年版 ……………………………… 271
若者ライフスタイル資料集 2006 …… 271
青少年就労支援ネットワーク静岡
　若者就労支援「静岡方式」で行こう!! … 285
青少年問題研究会
　青少年問題用語小辞典 …………… 283
生徒会活動研究会
　みんなが参加したくなる生徒会活動ハンドブック ……………………………… 208
性と心の教育刊行会
　性と心の教育ハンドブック ………… 174
生徒指導研究会
　詳解 生徒指導必携 改訂版 ……… 212
世界思想社
　大学生学びのハンドブック ………… 247
関村　亮一
　文学教材の実践・研究文献目録 1（1955年—1976年9月） ……………… 146
関谷　みのぶ
　子どもの福祉を改善する …………… 278
瀬谷　広一
　中学英語辞典 ……………………… 154
戦後教育資料収集委員会
　戦後教育資料総合目録 ……………… 2
全国学童保育連絡協議会
　学童保育ハンドブック …………… 78
　新版学童保育のハンドブック …… 78
全国学校データ研究所
　全国学校総覧 2001年版 ………… 107
　全国学校総覧 2002年版 ………… 108
　全国学校総覧 2003年版 ………… 108
　全国学校総覧 2004年版 ………… 108
　全国学校総覧 2005年版 ………… 108
　全国学校総覧 2006年版 ………… 108
全国学校図書館協議会
　小学校件名標目表 第2版 ………… 221
　データに見る今日の学校図書館 3 … 221
全国学校図書館協議会『学校図書館50年史年表』編集委員会
　学校図書館50年史年表 …………… 220

352　学校・教育問題 レファレンスブック

全国学校図書館協議会基本図書目録編集委員会
 学校図書館基本図書目録 1990年版 … 217
 学校図書館基本図書目録 1991年版 … 217
 学校図書館基本図書目録 1992年版 … 218
 学校図書館基本図書目録 1993年版 … 218
 学校図書館基本図書目録 1994年版 … 218
 学校図書館基本図書目録 1995年版 … 218
 学校図書館基本図書目録 1998年版 … 218
 学校図書館基本図書目録 1999年版 … 218
 学校図書館基本図書目録 2001年版 … 219
 学校図書館基本図書目録 2002年版 … 219
 学校図書館基本図書目録 2003年版 … 219
 学校図書館基本図書目録 2004年版 … 219
 学校図書館基本図書目録 2005年版 … 219
 学校図書館基本図書目録 2006年版 … 219
 学校図書館基本図書目録 2007年版 … 219
 学校図書館基本図書目録 2008年版 … 220
 学校図書館基本図書目録 2009年版 … 220
 学校図書館基本図書目録 2010年版 … 220
 学校図書館基本図書目録 2011年版 … 220
 学校図書館基本図書目録 2012年版 … 220
全国学校図書館協議会件名標目表委員会
 中学・高校件名標目表 第3版 ……… 221
全国学校図書館協議会ブックリスト委員会
 性と生を考える ……………… 173
全国教育調査研究協会
 戦後30年学校教育統計総覧 ………… 117
全国社会科教育学会
 社会科教育実践ハンドブック ……… 165
全国小学校学校行事研究会
 新しい小学校学校行事 実践活用事典 第1巻 …………… 209
 新しい小学校学校行事 実践活用事典 第2巻 …………… 209
 新しい小学校学校行事 実践活用事典 第3巻 …………… 209
 新しい小学校学校行事 実践活用事典 第4巻 …………… 209
 新しい小学校学校行事 実践活用事典 第5巻 …………… 209
全国情緒障害児短期治療施設協議会
 子どもの相談・治療ハンドブック …… 284
全国大学音楽教育学会
 幼児音楽教育ハンドブック ………… 84
 幼児音楽教育ハンドブック 新訂版 … 176
全国特別支援学級設置学校長協会
 「特別支援学級」と「通級による指導」ハンドブック ……………… 207

全国保育園保健婦看護婦連絡会
 健康保育ハンドブック …………… 88
全国保育協議会
 保育年報 1990年版 ……………… 95
 保育年報 1996 ………………… 95
 保育年報 1998・1999 …………… 95
 保育年報 2001 ………………… 95
 保育年報 2002 ………………… 95
 保育年報 2005 ………………… 95
 保育年報 2006 ………………… 95
全国保育団体連絡会
 保育白書 1991 ………………… 96
 保育白書 1992年版 ……………… 96
 保育白書 1993年版 ……………… 96
 保育白書 1994年版 ……………… 96
 保育白書 1995年版 ……………… 96
 保育白書 1996 ………………… 96
 保育白書 1997 ………………… 96
 保育白書 '98 …………………… 96
 保育白書 1999年版 ……………… 97
 保育白書 2000年版 ……………… 97
 保育白書 2001 ………………… 97
 保育白書 2002年版 ……………… 97
 保育白書 2003年版 ……………… 97
 保育白書 2004年版 ……………… 97
 保育白書 2005年版 ……………… 98
 保育白書 2006年版 ……………… 98
 保育白書 2007年版 ……………… 98
 保育白書 2008 ………………… 98
 保育白書 2009年版 ……………… 98
 保育白書 2010年版 ……………… 99
 保育白書 2011 ………………… 99
 保育白書 2012年版 ……………… 99
全国連合小学校長会
 全国特色ある研究校便覧 平成12・13年度 …………………… 109
全障研八日市養護学校サークル
 仲間の中で育ちあう ……………… 195
先進学習基盤協議会
 eラーニング白書 2001/2002年版 …… 226
 eラーニング白書 2002/2003年版 …… 226
 eラーニング白書 2003/2004年版 …… 226
全日本教職員組合弁護団
 教職員の権利ハンドブック ………… 135
全日本ろうあ連盟
 子どものための手話事典 ………… 198
 手話のハンドブック ……………… 200
 新手話ハンドブック ……………… 200

わたしたちの手話学習辞典 ………… 200
全日本ろうあ連盟日本手話研究所
　日本語・手話辞典 ………………… 199
千羽 喜代子
　現代保育用語辞典 ………………… 85
全米大学生涯教育協会
　日本で学べるアメリカ大学通信教育ガイド ……………………………… 236

【そ】

造事務所
　天職事典 …………………………… 188
　天職事典 Ver.2 …………………… 188
総務庁
　青少年白書 平成2年版 …………… 262
総務庁行政監察局
　大学行政の現状と課題 平成7年8月 … 232
総務庁青少年対策本部
　現代の青少年 第5回 ……………… 267
　青少年白書 平成元年版 …………… 262
　青少年白書 平成3年版 …………… 262
　青少年白書 平成4年版 …………… 262
　青少年白書 平成5年度版 ………… 262
　青少年白書 平成6年度版 ………… 263
　青少年白書 平成7年度版 ………… 263
　青少年白書 平成8年度版 ………… 263
　青少年白書 平成9年版 …………… 263
　青少年白書 平成10年度版 ……… 263
　青少年白書 平成11年度版 ……… 263
　青少年問題に関する文献集 第22巻 … 283
園 良太
　フリーター労組の生存ハンドブック … 250
ソーヤー,R.K.
　学習科学ハンドブック …………… 68
曽余田 浩史
　学校経営重要用語300の基礎知識 …… 117

【た】

体育スポーツ指導実務研究会
　体育・スポーツ指導実務必携 平成15年版 ……………………………… 172

大栄出版編集部
　学生がとりたい!!資格ベスト・ガイド 理科系 ……………………………… 246
大学英語教育学会文学研究会
　「英語教育のための文学」案内事典 … 153
大学技術移転協議会
　大学技術移転サーベイ 2006年版 …… 231
　大学技術移転サーベイ 2007年度版 … 231
　大学技術移転サーベイ 2008年度版 … 231
　大学技術移転サーベイ 2009年度版 … 232
　大学技術移転サーベイ 2010年度版 … 232
大学行政管理学会
　職員による職員のための―大学用語集 ……………………………… 239
大学職員録刊行会
　全国大学職員録 平成2年版 ……… 240
　全国大学職員録 平成3年版 ……… 240
　全国大学職員録 平成4年版 ……… 240
　全国短大高専職員録 平成2年版 … 242
　全国短大高専職員録 平成3年版 … 242
　全国短大高専職員録 平成4年版 … 242
台北駐日経済文化代表処文化組
　台湾地区大学総覧 ………………… 236
タイムス
　近畿学校一覧 2006年度 ………… 106
　兵庫県学校要覧 2006年度 ……… 108
高木 郁朗
　子どもの福祉を改善する ………… 278
高木 秀明
　青年心理学事典 …………………… 68
高木 浩志
　中学英語教師のための小学英語実践への対応ハンドブック ……………… 156
高倉 翔
　現代学校経営用語辞典 …………… 117
高瀬 雄二
　定本 総合的な学習ハンドブック … 179
高徳 忍
　いじめ問題ハンドブック ………… 216
高梨 庸雄
　教室英語活用事典 ………………… 154
高野 陽
　健康保育ハンドブック …………… 88
高橋 明子
　環境教育指導事典 ………………… 180
高橋 聡
　世界の教育改革 2 ………………… 67

世界の教育改革 3 ……………… 67
世界の教育改革 4 ……………… 67
高橋 智
　障害児教育大事典 ……………… 192
高橋 俊三
　音声言語指導大事典 …………… 145
高橋 哲夫
　中学校特別活動指導法ハンドブック
　　1 ……………………………… 208
　中学校特別活動指導法ハンドブック
　　2 ……………………………… 208
　中学校特別活動指導法ハンドブック
　　3 ……………………………… 210
高橋 正夫
　教室英語活用事典 ……………… 154
高橋 正視
　21世紀コンピュータ教育事典 … 176
高橋 勝
　教育キーワード '90・'91 ………… 3
　教育キーワード '92 ………………… 3
　最新教育キーワード ……………… 4
　最新教育キーワード137 第8版 …… 5
　最新教育キーワード137 第9版 …… 5
　最新教育キーワード137 第10版 …… 5
　最新教育キーワード137 第11版 …… 5
　最新教育キーワード137 第12版 …… 5
高旗 正人
　学級経営重要用語300の基礎知識 … 131
田神 一美
　学校保健・健康教育用語辞典 … 128
高見 茂
　必携学校小六法 2012年度版 …… 51
　必携学校小六法 2013年度教採対応版
　　……………………………………… 51
田上 不二夫
　スクールカウンセリング事典 … 188
高村 博正
　これだ!!留学必携ハンドブック ……… 224
高籔 学
　世界の教育改革 4 ……………… 67
高山 芳樹
　大修館英語授業ハンドブック 高校編 … 155
高鷲 忠美
　こうすれば子どもが育つ学校が変わ
　　る ……………………………… 220
滝川 洋二
　たのしくわかる物理実験事典 …… 160

ターキントン, キャロル
　LD・学習障害事典 ……………… 201
竹内 通夫
　現代幼児教育小辞典 改訂新版 …… 84
竹内書店新社編集部
　手話きほん単語集 ……………… 199
竹田 明彦
　学校用語英語小事典 改訂増補版 … 105
　学校用語英語小事典 第3版 …… 105
竹田 契一
　LD・学習障害事典 ……………… 201
武田 利幸
　子どものための頭がよくなる読み薬 そ
　　の2 ……………………………… 73
武田 敏
　性の指導総合事典 ……………… 174
武村 重和
　理科重要用語300の基礎知識 …… 160
竹村 茂
　手話・日本語辞典 ……………… 199
　手話・日本語大辞典 …………… 199
武山 裕一
　重症児者の防災ハンドブック …… 100
田坂 文穂
　旧制中等教育国語科教科書内容索引 … 150
田近 洵一
　国語教育指導用語辞典 新訂版 … 147
　国語教育指導用語辞典 第三版 … 147
　国語教育指導用語辞典 第4版 … 147
田嶋 八千代
　学校保健・健康教育用語辞典 … 128
鑪 幹八郎
　教育相談重要用語300の基礎知識 … 188
立田 慶裕
　教育研究ハンドブック ………………… 7
　世界の生涯学習 ………………… 276
辰野 千寿
　学習指導用語事典 第3版 ……… 142
　教育評価事典 …………………… 190
　行動・性格アセスメント基本ハンドブック
　　……………………………………… 69
　最新 学習指導用語事典 ………… 142
　多項目教育心理学辞典 ………… 68
辰見 敏夫
　教育評価小辞典 ………………… 190

建守 紀子
　小学校新家庭科授業の基本用語辞典 ‥ 175
田中 清
　写真と絵でわかる 手話単語・用語辞典 ‥‥‥‥‥‥‥‥‥‥‥‥‥‥‥‥ 198
　写真と絵でわかる手話単語・用語辞典 カラー版 ‥‥‥‥‥‥‥‥‥‥‥‥ 198
田中 智志
　教育学がわかる事典 ‥‥‥‥‥‥‥ 19
田中 総一郎
　重症児者の防災ハンドブック ‥‥‥ 100
田中 哲郎
　最新Q&A 教師のための救急百科 ‥‥ 129
　すぐ役立つ救急ハンドブック ‥‥‥ 84
田中 利則
　保育士のための福祉施設実習ハンドブック ‥‥‥‥‥‥‥‥‥‥‥‥‥‥ 104
田中 尚人
　赤ちゃん絵本ノート ‥‥‥‥‥‥‥ 73
田中 のり子
　すぐに引けるやさしい手話の辞典1700語 ‥‥‥‥‥‥‥‥‥‥‥‥‥‥‥ 199
田中 治彦
　新 教育事典 ‥‥‥‥‥‥‥‥‥‥‥ 5
田中 未来
　子どもの教育と福祉の事典 ‥‥‥‥ 4
　子どもの教育と福祉の事典 改訂版 ‥ 83
田中 道治
　教員志望学生のための特別支援教育ハンドブック ‥‥‥‥‥‥‥‥‥‥‥ 206
田中 洋一
　中学校国語科新学習指導要領詳解ハンドブック ‥‥‥‥‥‥‥‥‥‥‥‥ 152
谷 千春
　こども手話じてんセット ‥‥‥‥‥ 198
　コンパクト手話辞典 ‥‥‥‥‥‥‥ 200
　実用手話ハンドブック ‥‥‥‥‥‥ 200
　DVDで覚える手話辞典 ‥‥‥‥‥‥ 201
谷川 彰英
　社会科教育指導用語辞典 新訂版 ‥‥ 163
　生活科事典 ‥‥‥‥‥‥‥‥‥‥‥ 169
「たのしい授業」編集委員会
　学級担任ハンドブック ‥‥‥‥‥‥ 132
　実験観察 自由研究ハンドブック ‥‥ 160
　実験観察 自由研究ハンドブック 2 第2版 ‥‥‥‥‥‥‥‥‥‥‥‥‥‥‥‥ 161
　ものづくりハンドブック ‥‥‥‥‥ 178

　ものづくりハンドブック 2 ‥‥‥‥ 178
　ものづくりハンドブック 3 ‥‥‥‥ 178
　ものづくりハンドブック 4 ‥‥‥‥ 178
　ものづくりハンドブック 5 ‥‥‥‥ 178
　ものづくりハンドブック 6 ‥‥‥‥ 178
　ものづくりハンドブック 7 第2版 ‥ 178
ダーフィー, マイケル
　児童虐待とネグレクト対応ハンドブック ‥‥‥‥‥‥‥‥‥‥‥‥‥‥‥‥ 81
多文化共生キーワード事典編集委員会
　多文化共生キーワード事典 ‥‥‥‥ 207
田部井 潤
　新 教育事典 ‥‥‥‥‥‥‥‥‥‥‥ 5
民秋 言
　ここが変わった！ new幼稚園教育要領 new保育所保育指針ガイドブック ‥‥ 84
　ハンドブック 教育・保育・福祉関係法令集 平成11年版 ‥‥‥‥‥‥‥‥‥ 47
　ハンドブック 教育・保育・福祉関係法令集 平成12年版 ‥‥‥‥‥‥‥‥‥ 47
　ハンドブック 教育・保育・福祉関係法令集 平成13年版 ‥‥‥‥‥‥‥‥‥ 47
　ハンドブック 教育・保育・福祉関係法令集 平成14年版 ‥‥‥‥‥‥‥‥‥ 47
　ハンドブック 教育・保育・福祉関係法令集 平成15年版 ‥‥‥‥‥‥‥‥‥ 48
　ハンドブック 教育・保育・福祉関係法令集 平成16年版 ‥‥‥‥‥‥‥‥‥ 48
田村 和之
　保育六法 2009 ‥‥‥‥‥‥‥‥‥‥ 94
　保育六法 第2版 ‥‥‥‥‥‥‥‥‥ 94
田村 幸子
　保育に役だつ子どもの健康＋病気ハンドブック ‥‥‥‥‥‥‥‥‥‥‥‥ 90
田村 学
　総合的な学習 授業づくりハンドブック ‥‥‥‥‥‥‥‥‥‥‥‥‥‥‥‥ 179
ダルカン, ミナ
　児童青年精神医学大事典 ‥‥‥‥‥ 70

【ち】

地方教育史文献研究会
　日本近代地方教育史文献目録 ‥‥‥ 21
中央職業能力開発協会
　全国職業能力開発施設ガイドブック ‥ 248

著編者名索引　てんり

全国職業能力開発施設ガイドブック 平成17年度 ……………………… 248
全国職業能力開発施設ガイドブック 平成19年度 ……………………… 248
全国職業能力開発施設ガイドブック 平成20年度 ……………………… 248
中央ゼミナール
　大学転部・編入ガイド 第3版 ……… 231
中央法規出版編集部
　保育所運営ハンドブック 平成23年版 …………………………………… 103
　保育所運営ハンドブック 平成24年版 …………………………………… 103
中華人民共和国教育部発展規画司
　中国大学全覧 …………………… 236
　中国大学全覧 2007 新訂版 ……… 236
中華人民共和国国家教育委員会計画建設司
中華人民共和国国家教育委員会高等教育出版社
　中国大学総覧 …………………… 236
中京大学文化科学研究所
　愛知児童文化事典 ……………… 257
駐日本国大韓民国大使館教育官室
　韓国大学全覧 …………………… 236
鄭　仁豪
　韓国大学全覧 …………………… 236

【つ】

月森　久江
　発達障害がある子どもの進路選択ハンドブック ………………………… 202
次山　信男
　社会科教育指導用語辞典 新訂版 …… 163
辻本　信義
　留学英語キーワード辞典 ………… 221
　留学生必携英和辞典 ……………… 222
　ROM単 留学生必携英和辞典 …… 222
津田　稔
　英和学習基本用語辞典生物 ……… 159
土屋　隆裕
　社会教育調査ハンドブック ……… 253
土屋　基規
　学校教育キーワード事典 ………… 105
　最新 学校教育キーワード事典 最新増補版 ………………………………… 106

筒井　のり子
　ボランティア・NPO用語事典 …… 183
津富　宏
　若者就労支援「静岡方式」で行こう!! … 285
鶴田　義男
　アフリカの高等教育 ……………… 237

【て】

手束　仁
　スポーツ進学するならコノ高校！ …… 109
手塚　直樹
　知的障害児・者の生活と援助 三訂版 … 100
テツマロハヤシ
　これだ!!留学必携ハンドブック …… 224
デパンフィリス, ダイアン
　子ども虐待対応ハンドブック …… 80
寺崎　昌男
　教育小事典 新版 ………………… 3
　教育小事典 新版 第2版 ………… 3
　教育小事典 新版(第3版) ……… 3
　教育名言辞典 …………………… 3
　名著解題 ………………………… 18
寺師　信之
　小学校 校務処理のマニュアル …… 122
電気電子情報学術振興財団
　研究者・研究課題総覧 1996年版 第1分冊（人文科学）………………… 246
　研究者・研究課題総覧 1996年版 第2分冊（文学）…………………… 246
　研究者・研究課題総覧 1996年版 第3分冊（法学・経済学）………… 246
　研究者・研究課題総覧 1996年版 第4分冊（理学・農学）…………… 246
　研究者・研究課題総覧 1996年版 第5分冊（工学）…………………… 246
　研究者・研究課題総覧 1996年版 第6分冊（医学 上）……………… 246
　研究者・研究課題総覧 1996年版 第7分冊（医学 下）……………… 246
　研究者・研究課題総覧 1996年版 第8分冊（複合領域）…………… 246
　研究者・研究課題総覧 1996年版 第9分冊（総合索引）…………… 246
天理教手話研究室
　写真 手話辞典 …………………… 198

学校・教育問題 レファレンスブック　357

【と】

十一 元三
　児童青年精神医学大事典 ……………… 70
ドイツ環境自然保護連盟
　環境にやさしい幼稚園・学校づくりハンドブック ………………………… 85
東京学芸大学海外子女教育センター
　世界諸地域の文化と教育 ……………… 28
東京学芸大学附属小金井小学校
　あすの授業アイデア チョイ引き活用事典 ……………………………… 143
東京学芸大学野外教育実習施設
　環境教育辞典 ………………………… 180
東京子ども図書館
　子どもと本をつなぐあなたへ ……… 276
東京書籍
　ノーベル賞受賞者人物事典 物理学賞・化学賞 ………………………… 237
東京大学新聞社
　東大は主張する 2001 ……………… 233
　東大は主張する 2003・04 ………… 233
　東大は主張する 2004・05 ………… 234
　東大は主張する 2005・06 ………… 234
　東大は主張する 2006・07 ………… 234
　東大は主張する 2007・08 ………… 234
　東大は主張する 2008・09 ………… 234
　東大は主張する 2009・10 ………… 234
　東大は主張する 2011・12 ………… 234
東京大学法学部
　東京大学法学部白書 2001・2002 …… 233
　東京大学法学部白書 2005・2006 …… 233
　東京大学法学部白書 2007・2008 …… 233
　東京大学法学部白書 2009・2010 …… 233
東京都教育委員会
　東京都学校名簿 平成22年度版 ……… 108
東京都教育庁総務部
　東京都教育例規集 平成17年版 ……… 44
　東京都教育例規集 平成19年版 ……… 44
　東京都教育例規集 平成21年版 ……… 45
　東京都教育例規集 平成23年版 ……… 45
東京都教職員研修センター
　教職員ハンドブック …………………… 135
　教職員ハンドブック 第1次改訂版 …… 135
　教職員ハンドブック 第2次改訂版 …… 135
　教職員ハンドブック 第3次改訂版 …… 135
東京都社会福祉協議会児童部会リービングケア委員会
　Leaving Care 改訂4版 ……………… 278
東京都小学校生活科総合的な学習教育研究会
　総合的な学習 授業づくりハンドブック ………………………………… 179
東京都私立短期大学協会
　教務運営ハンドブック ………………… 136
東京都立青鳥養護学校寄宿舎教育プロジェクトチーム
　自立・社会参加を促す寄宿舎教育ハンドブック ………………………… 207
東京ボランティアセンター
　ボランティア・ハンドブック ……… 184
堂寺 泉
　外国語教育学大辞典 ………………… 153
東書文庫
　東書文庫所蔵教科用図書目録 第1集 1 …………………………………… 191
　東書文庫所蔵教科用図書目録 第1集 2 …………………………………… 191
　東書文庫所蔵教科用図書目録 第2集 1 …………………………………… 192
　東書文庫所蔵教科用図書目録 第2集 2 …………………………………… 192
ドゥボヴィッツ, ハワード
　子ども虐待対応ハンドブック ……… 80
東洋経済新報社
　就職四季報 総合版 2014年版 ……… 249
遠山 淳
　異文化コミュニケーション・ハンドブック ………………………………… 179
徳永 優子
　自閉症百科事典 ……………………… 201
　図表でみる教育 2008年版 ………… 27
　図表でみる教育 2009年版 ………… 27
　図表でみる教育 2010年版 ………… 28
　図表でみる教育 2011年版 ………… 28
　図表でみる教育 2012年版 ………… 28
徳丸 邦子
　みんなで楽しむ絵本 ………………… 276
徳山 正人
　学習指導要領用語辞典 ……………… 142
図書館科学会
　教育学関係参考文献総覧 …………… 18
　戦後大学・学生問題文献目録―1945～

1967 大学・学生問題文献目録—改訂・
　　増補 1965～1971 ･････････････････ 228
大学教育に関する比較研究 中間資料1
　　（和文文献の部） ･･･････････････ 228
大学の自由に関する文献目録 ･･･････ 228
日本近代教育史文献目録1 ･･･････････ 21
図書館資料研究会
　どの本で調べるか 増補改訂版 ･･････ 177
図書館流通センター
　TRCDジュニア 2000 ･･････････････ 276
　新・どの本で調べるか ･････････････ 177
　新・どの本で調べるか 2006年版 ････ 177
TOSS岡山サークルMAK
　特別支援コーディネーターに必要な基本
　　スキル小事典 ･･････････････････ 206
戸田 盛和
　理科教育事典 ････････････････････ 160
戸田 芳雄
　小学校新体育科授業の基本用語辞典 ･･ 170
　中学校新保健体育科授業の基本用語辞
　　典 ･･････････････････････････ 173
栃本 武良
　生物による環境調査事典 ･････････ 180
土木学会出版委員会
　全国土木系教員名簿 大学・短大・高専
　　2006年版 ･････････････････････ 244
　全国土木系教員名簿 大学・短大・高専
　　2007年版 ･････････････････････ 244
　全国土木系教官・教員名簿 2001年版 ･･ 245
　全国土木系教官・教員名簿 2002年版 ･･ 245
　全国土木系教官・教員名簿 2003年版 ･･ 245
富岡 和夫
　給食経営管理実務ガイドブック 改訂新
　　版 ･････････････････････････ 213
冨田 祐一
　英語教育用語辞典 ････････････････ 153
　英語教育用語辞典 改訂版 ･････････ 153
外山 節子
　子ども英語指導ハンドブック ･･････ 155
　子ども英語指導ハンドブック 英語ゲー
　　ム92 ････････････････････････ 155
　読み聞かせのための音のある英語絵本ガ
　　イド ･････････････････････････ 75
富山県教育委員会
　富山県教育関係者必携 平成5年版 県例
　　規編・国法編 ････････････････ 32
　富山県教育関係者必携 平成7年版 県例
　　規編・国法編 ････････････････ 32
　富山県教育関係者必携 平成9年版 ･････ 33

　富山県教育関係者必携 平成12年版 ････ 33
　富山県教育関係者必携 平成15年版 ････ 33
　富山県教育関係者必携 平成17年版 ････ 33
鳥居 次好
　中学英語指導法事典 言語材料編 ･････ 154
　中学英語指導法事典 指導法編 ･･････ 154
鳥光 美緒子
　ちょっと変わった幼児学用語集 ･･････ 83

【な】

内閣府
　国民生活白書 平成13年度 ･･･････････ 79
　国民生活白書 平成15年版 ･････････ 250
　国民生活白書 平成17年版 ･･････････ 76
　国民生活白書 平成18年版 ･････････ 249
　子ども・子育て白書 平成22年版 ････ 76
　子ども・子育て白書 平成23年版 ････ 77
　子ども・子育て白書 平成24年版 ････ 77
　子ども・若者白書 平成22年版 ･････ 262
　子ども・若者白書 平成23年版 ･････ 262
　子ども・若者白書 平成24年版 ･････ 262
　少子化社会白書 平成16年版 ････････ 254
　少子化社会白書 平成17年版 ････････ 254
　少子化社会白書 平成18年版 ････････ 254
　少子化社会白書 平成19年版 ････････ 254
　少子化社会白書 平成20年版 ････････ 255
　少子化社会白書 平成21年版 ････････ 255
　食育白書 平成18年版 ･･････････････ 214
　食育白書 平成19年版 ･･････････････ 214
　食育白書 平成20年版 ･･････････････ 214
　食育白書 平成21年版 ･･････････････ 214
　食育白書 平成22年版 ･･････････････ 214
　食育白書 平成23年版 ･･････････････ 214
　食育白書 平成24年版 ･･････････････ 214
　青少年白書 平成13年度版 ･･････････ 263
　青少年白書 平成14年版 ････････････ 264
　青少年白書 平成15年版 ････････････ 264
　青少年白書 平成16年版 ････････････ 264
　青少年白書 平成17年版 ････････････ 264
　青少年白書 平成18年版 ････････････ 264
　青少年白書 平成19年版 ････････････ 264
　青少年白書 平成20年版 ････････････ 264
　青少年白書 平成21年版 ････････････ 264
内閣府政策統括官
　情報化社会と青少年 ･･･････････････ 271

なか

青少年の社会的自立と意識 ……… 267
世界の青年との比較からみた日本の青年 …… 267
日本の青少年の生活と意識 ……… 269

仲 新
　近代日本教科書総説 …………… 191

仲 真紀子
　発達の基盤：身体、認知、情動 …… 70

永井 憲一
　解説 教育六法 1996（平成8年版） …… 33
　解説 教育六法 1998（平成10年版） …… 34
　解説 教育六法 1999（平成11年版） …… 34
　改訂 教育法講義資料 …………… 32
　子どもの人権大辞典 普及版 …… 182

永井 理
　文部科学省 ………………………… 57

永井 弘行
　Q&A外国人・留学生支援「よろず相談」ハンドブック …………… 225

永井 道雄
　ユネスコ文化統計年鑑 1989 …… 30
　ユネスコ文化統計年鑑 1990 …… 30
　ユネスコ文化統計年鑑 1991 …… 30
　ユネスコ文化統計年鑑 1992 …… 30
　ユネスコ文化統計年鑑 1993 …… 30
　ユネスコ文化統計年鑑 1997 …… 30
　ユネスコ文化統計年鑑 1999 …… 30

中内 敏夫
　民間教育史研究事典 ……………… 22

長尾 彰夫
　どうなる、どうする。世界の学力、日本の学力 …………………… 189

永岡 順
　現代学校経営総合文献目録 …… 117

長岡 智寿子
　世界の生涯学習 ………………… 276

中川 健二
　小学校 図説学校行事アイデア事典 …… 209

中桐 佐智子
　養護教諭のための保健・医療・福祉系実習ハンドブック 改訂版 …… 129

中窪 裕也
　国立大学法人の労働関係ハンドブック …… 232

長崎 勤
　発達と支援 ……………………… 70

長崎純心大学ボランティア研究会
　Newボランティア用語事典 …… 183

なかじま えりこ
　こども絵本ガイド ……………… 74

長島 和子
　食育実践ハンドブック ………… 213
　食育実践ハンドブック 第2版 … 213

中島 智枝子
　新 生涯学習・人権教育基本資料集 … 181,275

中島 常安
　発達心理学用語集 ……………… 69

中嶋 哲彦
　教育小六法 平成15年版 ………… 38
　教育小六法 平成16年版 ………… 38
　教育小六法 平成17年版 ………… 38
　教育小六法 平成18年版 ………… 39
　教育小六法 平成19年版 ………… 39
　教育小六法 平成20年版 ………… 39
　教育小六法 平成21年版 ………… 39
　教育小六法 平成22年版 ………… 39
　教育小六法 平成23年版 ………… 39
　教育小六法 平成24年版 ………… 39

中島 智子
　多文化教育事典 ………………… 179

中島 直忠
　世界の大学入試 ………………… 29

中嶋 公喜
　子どもが光る学級づくり 学級担任ハンドブック 小学校低学年 …… 132
　子どもが光る学級づくり 学級担任ハンドブック 小学校中学年 …… 132
　子どもが光る学級づくり 学級担任ハンドブック 小学校高学年 …… 132

中島 ゆり
　世界の若者と雇用 ……………… 285

仲田 紀夫
　"疑問"に即座に答える算数数学学習小事（辞）典 ……………… 157

中多 泰子
　新・こどもの本と読書の事典 … 277

中田 康彦
　ハンディ教育六法 5改訂版 …… 46
　ハンディ教育六法 6改訂版 …… 46
　ハンディ教育六法 2004年版 …… 46
　ハンディ教育六法 2005年版 …… 46
　ハンディ教育六法 2006年版 …… 46
　ハンディ教育六法 2007年版 …… 46

ハンディ教育六法 2008年版 ………… 46
ハンディ教育六法 2009年版 ………… 47
中谷 彪
　現代教育用語辞典 ………………………… 4
　ハンディ教育六法 '91年版 …………… 45
　ハンディ教育六法 …………………… 45
　ハンディ教育六法 改訂版 …………… 45
　ハンディ教育六法 再改訂版 ………… 45
　ハンディ教育六法 三改訂版 ………… 45
　ハンディ教育六法 四改訂版 ………… 45
　ハンディ教育六法 5改訂版 ………… 46
　ハンディ教育六法 6改訂版 ………… 46
　ハンディ教育六法 2004年版 ………… 46
　ハンディ教育六法 2005年版 ………… 46
　ハンディ教育六法 2006年版 ………… 46
中野 重人
　小学校新教育課程編成の基本用語辞
　　典 ……………………………………… 142
　生活科事典 …………………………… 169
中野 洋恵
　国際比較にみる世界の家族と子育て … 75
中野 善達
　障害児教育用語辞典 改訂版 ………… 193
　ハンディキャップ教育・福祉事典 1
　　巻 ……………………………………… 193
　ハンディキャップ教育・福祉事典 2
　　巻 ……………………………………… 193
中鉢 恵一
　外国語教育学大辞典 ………………… 153
中原 俊隆
　学校医・学校保健ハンドブック …… 129
中村 悦子
　現代保育用語辞典 ……………………… 85
中村 一夫
　「教育の情報化」用語辞典 …………… 105
中村 勝二
　「介護等の体験」ハンドブック ……… 137
　実践「介護等の体験」ハンドブック … 138
中村 紀久二
　教科書関係文献目録 ………………… 191
中村 敬
　育児の事典 ……………………………… 75
中村 丁次
　給食用語辞典 第3版 ………………… 212
　集団給食用語辞典 …………………… 212
中村 博男
　本邦大学・高等教育機関沿革史総覧 増
　　補改訂 ………………………………… 229
中村 浩樹
　大学生のための手話ハンドブック … 200
中山 和久
　解説 教育六法 1996（平成8年版）…… 33
　解説 教育六法 1998（平成10年版）…… 34
　解説 教育六法 1999（平成11年版）…… 34
中山 美由紀
　先生と司書が選んだ調べるための本 … 163
永由 裕美
　子どもの福祉を改善する …………… 278
「なくそう！ 子どもの貧困」全国ネットワーク
　大震災と子どもの貧困白書 ………… 281
名古屋市学童保育連絡協議会
　しょうがい児支援ハンドブック …… 194
名古屋市教育委員会指導室
　海外・帰国・中国引揚者子女教育ガイド
　　ブック ………………………………… 208
夏井 いつき
　俳句の授業ができる本 ……………… 152
夏目 孝吉
　新社会人白書 ………………………… 249
　新社会人白書 07/08 ………………… 249
浪本 勝年
　現代教育用語辞典 ………………………… 4
　ハンディ教育六法 '91年版 …………… 45
　ハンディ教育六法 …………………… 45
　ハンディ教育六法 改訂版 …………… 45
　ハンディ教育六法 再改訂版 ………… 45
　ハンディ教育六法 三改訂版 ………… 45
　ハンディ教育六法 四改訂版 ………… 45
　ハンディ教育六法 5改訂版 ………… 46
　ハンディ教育六法 6改訂版 ………… 46
　ハンディ教育六法 2003年版 ………… 46
　ハンディ教育六法 2004年版 ………… 46
　ハンディ教育六法 2005年版 ………… 46
　ハンディ教育六法 2006年版 ………… 46
　ハンディ教育六法 2007年版 ………… 46
　ハンディ教育六法 2008年版 ………… 46
　ハンディ教育六法 2009年版 ………… 47
　ハンディ教育六法 2010年版 ………… 47
　ハンディ教育六法 2011年版 ………… 47
　ハンディ教育六法 2012年版 ………… 47
納谷 友一
　中学英語指導法事典 言語材料編 …… 154
　中学英語指導法事典 指導法編 ……… 154

ならけ　　　　　　　　　　著編者名索引

奈良県教育委員会教育企画課
　奈良県教育委員会規程集 平成15年版
　　……………………………………… 57
奈良県教育委員会総務課
　奈良県教育委員会規程集 平成5年版 …… 57
　奈良県教育委員会規程集 平成8年版 …… 57
　奈良県教育委員会規程集 平成11年版
　　……………………………………… 57
成田 久四郎
　社会教育者事典 増補版 …………… 252
成田 国英
　小学校 特別活動指導法ハンドブック 1
　　巻 ………………………………… 208
　小学校 特別活動指導法ハンドブック 2
　　巻 ………………………………… 208
　小学校 特別活動指導法ハンドブック 3
　　巻 ………………………………… 208
　小学校 特別活動指導法ハンドブック 4
　　巻 ………………………………… 208
　小学校 特別活動指導法ハンドブック 5
　　巻 ………………………………… 210
成田 十次郎
　近代体育スポーツ年表 1800‐1997 三
　　訂版 ……………………………… 170
成山 治彦
　こうすればできる高校の特別支援教
　　育 ………………………………… 206
成嶋 隆
　教育小六法 平成11年版 …………… 38
　教育小六法 平成12年版 …………… 38
　教育小六法 平成13年版 …………… 38
　教育小六法 平成15年版 …………… 38
　教育小六法 平成16年版 …………… 38
　教育小六法 平成18年版 …………… 39
　教育小六法 平成20年版 …………… 39
　教育小六法 平成21年版 …………… 39
　教育小六法 平成22年版 …………… 39
　教育小六法 平成23年版 …………… 39
鳴島 甫
　高等学校 国語教育情報事典 ……… 147

【に】

新里 真男
　新学習指導要領ハンドブック 中学校 英
　　語 ………………………………… 145

西岡 有香
　LD・学習障害事典 ………………… 201
西川 隆範
　シュタイナー教育小事典 子ども編 …… 20
　シュタイナー教育ハンドブック ……… 20
西久保 礼造
　保育実践用語事典 改訂版 ………… 86
　幼稚園の教育課程と指導計画 ……… 85
西田 美奈子
　日本児童図書研究文献目次総覧 1945‐
　　1999 ……………………………… 256
西野 泰広
　研究法と尺度 ………………………… 69
西之園 晴夫
　情報教育 重要用語300の基礎知識 …… 176
西村 重稀
　ハンドブック 教育・保育・福祉関係法令
　　集 平成12年版 …………………… 47
　ハンドブック 教育・保育・福祉関係法
　　令集 平成13年版 ………………… 47
　ハンドブック 教育・保育・福祉関係法
　　令集 平成14年版 ………………… 47
　ハンドブック 教育・保育・福祉関係法令
　　集 平成15年版 …………………… 48
　ハンドブック 教育・保育・福祉関係法令
　　集 平成20年版 …………………… 48
　ハンドブック 教育・保育・福祉関係法令
　　集 平成21年版 …………………… 48
西村 俊一
　国際教育事典 ……………………… 179
西村 佐二
　小学校 講話あいさつ事典 ………… 209
西村 春夫
　犯罪・非行事典 …………………… 284
西村 良二
　児童青年精神医学大事典 …………… 70
西本 鶏介
　子どもがよろこぶ！ 読み聞かせ絵本101
　　冊ガイド ………………………… 74
西山 幸恵
　世界の教育改革 4 ………………… 67
21世紀教育研究所学びリンク編集部
　教育特区ハンドブック ……………… 66
21世紀教職研究会
　ポケット教育小六法 2005年度版 …… 51
　ポケット教育小六法 2006年度版 改訂
　　四版 ……………………………… 51
　ポケット教育小六法 2007年度版 …… 51

日外アソシエーツ
　音楽教科書掲載作品10000 ………… 175
　学校教育 …………………………… 35
　学校創立者人名事典 ……………… 106
　学校名変遷総覧 大学・高校編 …… 106
　教育学・教育心理学に関する10年間の雑
　　誌文献目録 ……………………… 18
　教育学・教育問題に関する10年間の雑誌
　　文献目録 ………………………… 18
　教育課程・教育方法に関する10年間の雑誌
　　文献目録 昭和50年～昭和59年 1 … 141
　教育課程・教育方法に関する10年間の雑誌
　　文献目録 昭和50年～昭和59年 2 … 141
　教育・文化・宗教団体関係図書目録 '45-
　　'93 ………………………………… 1
　教育・文化・宗教団体関係図書目録 1999-
　　2003 ……………………………… 1
　教育問題情報事典 ………………… 3
　教育問題情報事典 第2版 ………… 4
　教育問題に関する10年間の雑誌文献
　　目録 ……………………………… 2
　教育問題の10年 …………………… 2
　教育問題の10年雑誌文献目録 2000-
　　2009 ……………………………… 2
　教科書掲載作品 小・中学校編 …… 191
　子どもの本 国語・英語をまなぶ2000
　　冊 ………………………………… 146
　子どもの本 美術・音楽にふれる2000
　　冊 ……………………………… 169,175
　最新文献ガイド 荒れる10代 …… 283
　最新文献ガイド 育児をめぐって … 75
　事典日本の大学ブランド商品 …… 229
　児童教育の本全情報 70-92 ……… 2
　児童教育の本全情報 1992-2005 … 2
　児童の賞事典 ……………………… 258
　児童福祉関係図書目録 45/94 …… 277
　児童福祉関係図書目録1995-2004 … 277
　社会教育・障害者教育・家庭教育に関す
　　る10年間の雑誌文献目録 ……… 252
　青少年問題の本全情報 45/97 …… 283
　青少年問題の本全情報 1997‐2002 … 283
　青少年問題の本全情報 2002-2007 … 283
　「大学教育」関係図書目録1989-2005 … 228
　大学教育・大学問題に関する10年間の雑
　　誌文献目録 ……………………… 228
　日本教育史事典 …………………… 21
日米教育委員会
　アメリカ留学公式ガイドブック 2010
　　…………………………………… 223
　アメリカ留学公式ガイドブック 2013
　　…………………………………… 223

日本児童画研究会
　原色子どもの絵診断事典 ………… 68
二通 諭
　特別支援コーディネーター必携ハンド
　　ブック …………………………… 207
日教組本部弁護団
　教職員の勤務時間 2003年改訂版 …… 135
日経産業消費研究所
　データでみる若者の現在 1991年版 … 269
二宮 克美
　青年心理学事典 …………………… 68
日本イーラーニングコンソシアム
　eラーニング白書 2006/2007年版 …… 227
　eラーニング白書 2008/2009年版 …… 227
日本NIE学会
　情報読解力を育てるNIEハンドブッ
　　ク ………………………………… 177
日本LD学会
　LD・ADHD等関連用語集 第3版 … 201
　日本LD学会LD・ADHD等関連用語集
　　…………………………………… 201
　日本LD学会LD・ADHD等関連用語集
　　第2版 …………………………… 202
日本学術振興会
　科学研究費補助金交付・執行等事務の手
　　引 平成13年度版 ……………… 229
　科学研究費補助金交付・執行等事務の手
　　引 平成14年度版 ……………… 229
　科学研究費補助金交付・執行等事務の手
　　引 平成15年度版 ……………… 229
　研究者・研究課題総覧 自然科学編 1990
　　年版 ……………………………… 245
　研究者・研究課題総覧 人文・社会科学
　　編 1990年版 …………………… 245
　大学研究所要覧 1990年版 ……… 235
　大学研究所要覧 1992年版 ……… 235
　大学研究所要覧 1994年版 ……… 235
　大学研究所要覧 1997年版 ……… 235
　大学研究所要覧 1999 …………… 235
　大学研究所要覧 2001 …………… 235
　大学研究所要覧 2003年版 ……… 235
日本学校教育相談会刊行図書編集委員会
　学校教育相談学ハンドブック …… 189
日本学校教育相談学会
　学校教育相談学ハンドブック …… 189
日本学校心理学会
　学校心理学ハンドブック ………… 189

日本学校薬剤師会
　学校と学校薬剤師 2011 ……………… 129
日本家庭科教育学会
　家庭科教育事典 ……………………… 175
日本カリキュラム学会
　現代カリキュラム事典 ……………… 142
日本給食経営管理学会
　給食経営管理用語辞典 ……………… 212
日本教育学会教育制度研究委員会
　教育改革論に関する文献目録 1 ……… 66
　教育改革論に関する文献目録 2 ……… 66
日本教育工学会
　教育工学事典 ………………………… 105
日本教育社会学会
　新教育社会学辞典 ……………………… 5
日本教育心理学会
　教育心理学ハンドブック …………… 69
日本教育政策学会
　教育の目標・成果管理 ……………… 64
日本教育大学協会
　「教育支援人材」育成ハンドブック … 134
日本教育大学協会第二常置委員会
　教科教育学に関する研究総目録 第11
　　集 ……………………………………… 145
日本教育年鑑刊行委員会
　日本教育年鑑 1990年版 ……………… 16
　日本教育年鑑 1991年版 ……………… 16
　日本教育年鑑 1992年版 ……………… 16
　日本教育年鑑 1993年版 ……………… 16
日本教育方法学会
　現代教育方法事典 ……………………… 4
日本教職員組合
　教職員の勤務時間 2003年改訂版 …… 135
　どうなる、どうする。世界の学力、日本
　　の学力 ………………………………… 189
日本近代教育史事典編集委員会
　日本近代教育史事典 ………………… 22
日本近代教育史料研究会
　日本近代教育史料大系 附巻2 編集復刻
　　版 ……………………………………… 23
日本経済新聞社
　データでみる若者の現在 1991年版 … 269
日本経済新聞社産業地域研究所
　ゆとり世代の消費実態 ……………… 269
日本高等学校教職員組合
　平和教育ハンドブック ……………… 179

日本公認会計士協会
　学校法人会計監査六法 平成22年版 … 122
　学校法人会計監査六法 平成23年版 … 122
　学校法人会計監査六法 平成24年版 … 122
　学校法人会計小六法 平成18年版 …… 123
　学校法人会計小六法 平成19年版 …… 123
　学校法人会計小六法 平成20年版 …… 123
　学校法人会計ハンドブック 平成10年
　　版 ……………………………………… 119
　学校法人会計ハンドブック 平成13年
　　版 ……………………………………… 119
　学校法人会計ハンドブック 平成17年
　　版 ……………………………………… 119
　学校法人会計ハンドブック 平成20年
　　版 ……………………………………… 119
　学校法人会計要覧 平成2年版 ……… 119
　学校法人会計要覧 平成3年版 ……… 119
　学校法人会計要覧 平成7年版 ……… 120
　学校法人会計要覧 平成8年版 ……… 120
　学校法人会計要覧 平成9年版 ……… 120
　学校法人会計要覧 平成10年版 ……… 120
　学校法人会計要覧 平成11年版 ……… 120
　学校法人会計要覧 平成12年版 ……… 120
　学校法人会計要覧 平成13年版 ……… 120
　学校法人会計要覧 平成14年版 ……… 120
　学校法人会計要覧 平成15年版 ……… 120
　学校法人会計要覧 平成16年版 ……… 120
　学校法人会計要覧 平成17年版 ……… 120
　日本公認会計士協会学校法人会計監査六
　　法 平成21年版 ……………………… 123
日本公認会計士協会東京会
　学校法人会計ハンドブック ………… 119
日本国語教育学会
　国語教育辞典 ………………………… 147
　国語教育辞典 新装版 ………………… 147
日本子どもを守る会
　子ども白書 1990年版 ………………… 258
　子ども白書 1991年版 ………………… 258
　子ども白書 1992年版 ………………… 258
　子ども白書 1993年版 ………………… 259
　子ども白書 1994年版 ………………… 259
　子ども白書 1995年版 ………………… 259
　子ども白書 1996年版 ………………… 259
　子ども白書 1997年版 ………………… 259
　子ども白書 1998年版 ………………… 259
　子ども白書 1999年版 ………………… 259
　子ども白書 2000年版 ………………… 259
　子ども白書 2001年版 ………………… 260
　子ども白書 2002年版 ………………… 260

子ども白書 2003 260
子ども白書 2004 260
子ども白書 2005 260
子ども白書 2006 261
子ども白書 2007 261
子ども白書 2008 261
子ども白書 2009 261
子ども白書 2010 261
子ども白書 2011 261
子ども白書 2012 261
日本子どもの本研究会絵本研究部
　えほん 子どものための300冊 74
日本私学教育研究所学校事務研究会
　私学事務ハンドブック 122
日本自閉症スペクトラム学会
　自閉症スペクトラム辞典 201
日本社会科教育学会
　社会科教育事典 新版 163
日本住宅会議
　住宅白書 1994年版 82
日本生涯教育学会
　生涯学習事典 273
　生涯学習事典 増補版 274
日本小児科学会日本小児保健協会日本小児科医会日本小児科連絡協議会ワーキンググループ
　子育て支援ハンドブック 78
　子育て支援ハンドブック チェック版 78
日本私立学校振興共済事業団私学経営情報センター私学情報室
　今日の私学財政 平成21年度版 125
　今日の私学財政 平成23年度版 126
　今日の私学財政 平成24年度版 126
日本私立学校振興共済事業団私学情報部情報サービス課
　今日の私学財政 平成17年度版 124
　今日の私学財政 平成18年度版 124
　今日の私学財政 平成19年度版 124
日本私立学校振興共済事業団
　今日の私学財政 平成16年度版 123
　今日の私学財政 平成20年度版 125
　今日の私学財政 平成21年度版 125
　今日の私学財政 平成22年度版 125
日本数学教育学会
　算数教育指導用語辞典 新訂版 157
　算数教育指導用語辞典 第三版 157
　算数教育指導用語辞典 第四版 157
　数学教育学研究ハンドブック 158

和英/英和 算数・数学用語活用辞典 158
日本スポーツ学会
　スポーツ指導・実務ハンドブック 171
　スポーツ指導・実務ハンドブック 第2版 171
日本スポーツ振興センター
　災害共済給付ハンドブック 215
　児童生徒の食事状況等調査報告書 平成22年度 268
日本生活指導学会
　生活指導研究 NO.24（2007） 212
日本性教育協会
　青少年の性行動 268
　「若者の性」白書 269
日本生産性本部
　新社会人白書 2009 250
日本生産性本部就業力センター
　就活最前線 2013年 249
日本生産性本部就職力センター
　採活・就活最前線 2012年 249
日本精神薄弱者福祉連盟
　やさしい日常生活の基礎知識 203
日本生態系協会
　環境教育がわかる事典 181
日本総合愛育研究会
　日本子ども資料年鑑 1991・92 265
日本体育・学校健康センター学校給食部
　学校給食要覧 平成2年版 213
日本知的障害福祉連盟
　発達障害白書 2000年版 204
　発達障害白書 2001年版 204
　発達障害白書 2002年版 204
　発達障害白書 2003年版 204
　発達障害白書 2004 204
　発達障害白書 2005 205
　発達障害白書 2006 205
　やさしい健康へのアドバイス 203
　やさしい指導法・療育技法 203
　やさしい予防と対応 204
　やさしい療育Q&A 204
日本地理教育学会
　地理教育用語技能事典 164
日本図書館協会図書館利用教育委員会
　図書館利用教育ハンドブック 236
日本能率協会総合研究所
　子どもの食生活データ総覧 2006年版 267

中学生・高校生のライフスタイル資料集
　2006 ……………………………… 269
　日本の教育・学習データ総覧 2006 …… 18
日本俳句教育研究会
　俳句の授業ができる本 ………………… 152
日本発達障害学会
　発達障害基本用語事典 ………………… 202
　発達障害支援ハンドブック …………… 203
日本発達障害ネットワーク
　発達障害年鑑 VOL.3 …………………… 204
　発達障害年鑑 VOL.4 …………………… 204
日本発達障害福祉連盟
　発達障害白書 2007年版 ………………… 205
　発達障害白書 2008年版 ………………… 205
　発達障害白書 2009年版 ………………… 205
　発達障害白書 2010年版 ………………… 205
　発達障害白書 2011年版 ………………… 205
　発達障害白書 2012年版 ………………… 205
　発達障害白書 2013年版 ………………… 206
日本発達心理学会
　研究法と尺度 …………………………… 69
　時間と人間 ……………………………… 69
　社会・文化に生きる人間 ……………… 70
　発達と支援 ……………………………… 70
　発達の基盤：身体、認知、情動 ……… 70
日本比較教育学会
　比較教育学事典 ………………………… 24
日本美術教育連合
　日本美術教育総鑑 戦後編 …………… 170
日本標準教育研究所
　今すぐできる幼・保・小連携ハンドブック
　　…………………………………………… 83
日本ペスタロッチー・フレーベル学会
　ペスタロッチー・フレーベル事典 …… 20
日本弁護士連合会
　いじめ問題ハンドブック ……………… 216
　子どもの権利ガイドブック …………… 183
日本ユネスコ協会連盟
　世界教育白書 1996 ……………………… 24
　世界教育白書 1998 ……………………… 24
日本ユネスコ国内委員会
　世界の教育政策と行財政 ……………… 29
日本労働研究機構研究所
　大都市の若者の就業行動と意識 ……… 250
ニュートン, J・ステファン
　問題行動解決支援ハンドブック ……… 284

楡木　満生
　心のケアのためのカウンセリング大事
　　典 ………………………………………… 188
庭野　賀津子
　特別支援教育支援員ハンドブック …… 207

【ね】

ネイスワース, ジョン・T.
　自閉症百科事典 ………………………… 201
根ヶ山　光一
　発達の基盤：身体、認知、情動 ……… 70
ネッチャー, ミヒャエル
　環境にやさしい幼稚園・学校づくりハン
　　ドブック ………………………………… 85
根本　博
　新学習指導要領ハンドブック 中学校 数
　　学 ………………………………………… 144
　中学校新数学科授業の基本用語辞典 … 157
根本　正雄
　プロスポーツ界のかっこいい指示・用語
　　事典 ……………………………………… 172

【の】

農山漁村文化協会
　学校園おもしろ栽培ハンドブック …… 211
『農山村再生・若者白書2010』編集委員会
　緑のふるさと協力隊 …………………… 185
『農山村再生若者白書2011』編集委員会
　緑のふるさと協力隊 響き合う！ 集落と
　　若者 2011 ……………………………… 185
『農山村再生若者白書2012』編集委員会
　緑のふるさと協力隊 若者たちの震災復
　　興 2012 ………………………………… 186
野沢　久美子
　すぐ使える手話ハンドブック ………… 200
野尻　愛弓
　世界の教育改革 4 ……………………… 67
野田　進
　国立大学法人の労働関係ハンドブッ
　　ク ………………………………………… 232

野田 千亜紀
　世界の教育改革 4 67
野原 明
　学校管理職必携新学習指導要領ハンド
　ブック 143
　教育時事用語の基礎知識 138
ノーベル賞受賞者総覧編集委員会
　ノーベル賞受賞者総覧 92年版 237
ノーベル賞人名事典編集委員会
　ノーベル賞受賞者業績事典 237
　ノーベル賞受賞者業績事典 新訂版 237
野村 浩康
　全国大学の研究活性度 230
　全国大学の研究活性度 2004 230
　全国大学の研究活性度 2005 230
　全国大学の研究活性度 2006 230
　全国大学の研究活性度 2007 230
野呂 忠司
　英語リーディング指導ハンドブック .. 154

【は】

萩野 俊哉
　オーラル・コミュニケーションハンド
　ブック 154
萩原 重夫
　子ども虐待問題百科事典 80
萩原 拓
　自閉症百科事典 201
萩原 元昭
　教育学用語辞典 第三版 19
　現代保育用語辞典 85
　新版 教育学用語辞典 増補版 19
ハザウェイ, サンデー・E.
　月別の産後一年間子育て事典 76
羽豆 成二
　図解学級経営 132,133
長谷川 充子
　月別の産後一年間子育て事典 76
秦 佳朗
　新 中国留学ガイドブック 225
　中国留学ガイドブック 225
畠山 寛
　発達心理学用語集 69

畠山 美穂
　発達心理学用語集 69
畑中 豊
　教師必携！ 英語授業マネジメントハン
　ドブック 155
八田 玄二
　「小学校英語」指導法ハンドブック ... 156
花輪 稔
　学校運営便覧 118
　学校運営便覧 新版 118
　学校運営便覧 第3版 118
馬場 哲生
　大修館英語授業ハンドブック 中学校
　編 155
馬場 信雄
　技術科教育辞典 175
濱口 桂一郎
　世界の若者と雇用 285
浜田 寿美男
　発達心理学辞典 69
浜本 純逸
　国語教育文献総合目録 146
　文学教材の実践・研究文献目録 1（1955
　年―1976年9月） 146
　文学教材の実践・研究文献目録 1976年
　10月～1981年9月 146
　文学の授業づくりハンドブック 第2
　巻 152
浜本 宏子
　文学教材の実践・研究文献目録 1976年
　10月～1981年9月 146
早川 昌秀
　中学校 講話あいさつ事典 209
林 邦雄
　身体障害事典 193
　図解 子ども事典 258
　図解 子ども事典 普及版 258
　保育用語辞典 86
林 四郎
　小学校 理科の学ばせ方・教え方事典 . 161
　小学校 理科の学ばせ方・教え方事典 改
　訂新装版 161
林 孝
　学校経営重要用語300の基礎知識 117
早瀬 昇
　ボランティア・NPO用語事典 183

早田 幸政
　アメリカ北中部地区基準協会の大学・カレッジ評価ハンドブック ………… 237
　大学・カレッジ自己点検ハンドブック ‥ 232
　大学関係六法 ………………………… 231
葉養 正明
　教育キーワード '90・'91 ……………… 3
　教育キーワード '92 …………………… 3
　最新教育キーワード ………………… 4
　最新教育キーワード137 第8版 …… 5
　最新教育キーワード137 第9版 …… 5
　最新教育キーワード137 第10版 …… 5
　最新教育キーワード137 第11版 …… 5
　最新教育キーワード137 第12版 …… 5
　必携学校小六法 2005年度版 ……… 50
　必携学校小六法 2006年度版 ……… 50
　必携学校小六法 2007年度版 ……… 50
　必携学校小六法 2008年度版 ……… 51
　必携学校小六法 2009年度版 ……… 51
　必携学校小六法 2010年度版 ……… 51
　必携学校小六法 2011年度版 ……… 51
　必携学校小六法 2012年度版 ……… 51
　必携学校小六法 2013年度教採対応版 …………………… 51
原 清治
　戦後日本学力調査資料集 第1巻 …… 189
　戦後日本学力調査資料集 第2巻 …… 189
　戦後日本学力調査資料集 第3巻 …… 189
　戦後日本学力調査資料集 第4巻 …… 189
　戦後日本学力調査資料集 第5巻 …… 189
原 聡介
　教職用語辞典 ………………………… 137
原 孝成
　ハンドブック教育・保育・福祉関係法令集 平成20年版 ………………… 48
　ハンドブック教育・保育・福祉関係法令集 平成21年版 ………………… 48
原 裕視
　子ども心理辞典 ……………………… 257
原 正俊
　給食用語辞典 第3版 ………………… 212
　集団給食用語辞典 …………………… 212
原 美津子
　食育実践ハンドブック ……………… 213
　食育実践ハンドブック 第2版 ……… 213
原書房編集部
　全国学校総覧 1999年版 …………… 107
　全国学校総覧 2000年版 …………… 107

原田 種雄
　国際理解教育のキーワード ………… 179
ハリス, ジョセフ・R.
　LD・学習障害事典 ………………… 201
半田 智久
　成績評価の厳正化とGPA活用の深化 ‥ 239

【ひ】

PHP研究所
　子育て情報ハンドブック …………… 78
日置 光久
　小学校新理科授業の基本用語辞典 …… 159
　小学校理科室経営ハンドブック …… 161
　新理科の"発展教材&補充学習"活動づくり事典 ……………………… 162
　図解理科授業3・4年 ………………… 162
　図解理科授業5・6年 ………………… 162
樋口 禎一
　高校数学解法事典 第九版 ………… 157
菱村 幸彦
　教育法規大辞典 ……………………… 31
飛田 良文
　世界商売往来用語索引 ……………… 192
日台 滋之
　中学英語辞書の使い方ハンドブック ‥ 155
ピーターソン, マリリン・ストラッチェン
　児童虐待とネグレクト対応ハンドブック ……………………………… 81
日比野 正己
　Newボランティア用語事典 ………… 183
ビュー, デレック・S.
　博士号のとり方 ……………………… 238
兵庫県立図書館
　兵庫県内公立高等学校郷土資料総合目録 平成元年1月末現在 ……… 220
平井 一弘
　異文化コミュニケーション・ハンドブック ……………………………… 179
開 仁志
　保育指導案大百科事典 ……………… 86
平原 春好
　学校教育キーワード事典 …………… 105
　教育小事典 新版 …………………… 3
　教育小事典 新版 第2版 …………… 3

教育小事典 新版(第3版) ……… 3
教育小六法 平成3年版 ……… 37
教育小六法 平成6年版 ……… 37
教育小六法 平成8年版 ……… 37
教育小六法 平成9年版 ……… 37
教育小六法 平成10年版 ……… 37
教育小六法 平成12年版 ……… 38
教育小六法 平成13年版 ……… 38
最新 学校教育キーワード事典 最新増補版 ……… 106
平山 宗宏
　育児の事典 ……… 75
　現代子ども大百科 ……… 257
平山 祐一郎
　子育て支援用語集 ……… 77
ヒル,グラハム・バーン
　21世紀コンピュータ教育事典 ……… 176
広岡 義之
　教職をめざす人のための教育用語・法規 ……… 4
広岡 亮蔵
　授業研究大事典 ……… 142
「広がれボランティアの輪」連絡会議
　ボランティア白書 2012 ……… 185
広島県教育委員会事務局管理部法務室
　広島県教育法規集 平成24年版 ……… 51
広島平和教育研究所
　平和教育実践事典 ……… 179
広瀬 恒子
　新・こどもの本と読書の事典 ……… 277
廣田 健
　ハンディ教育六法 2006年版 ……… 46
　ハンディ教育六法 2007年版 ……… 46
　ハンディ教育六法 2008年版 ……… 46
　ハンディ教育六法 2009年版 ……… 47
　ハンディ教育六法 2010年版 ……… 47
　ハンディ教育六法 2011年版 ……… 47
　ハンディ教育六法 2012年版 ……… 47

【ふ】

ファレル,マイケル
　特別なニーズ教育ハンドブック ……… 194
フィリップス,エステール・M.
　博士号のとり方 ……… 238

フェデリーギ,パオロ
　国際生涯学習キーワード事典 ……… 273
深田 昭三
　ちょっと変わった幼児学用語集 ……… 83
深谷 圭助
　深谷式辞書・図鑑活用術 ……… 73
　深谷式辞書引きガイドブック ……… 73
深谷 昌志
　教育学用語辞典 第三版 ……… 19
　新版 教育学用語辞典 増補版 ……… 19
布川 あゆみ
　OECD教員白書 ……… 24
福井 昭史
　音楽科授業の指導と評価 ……… 176
福岡 貞子
　保育者と学生・親のための乳児の絵本・保育課題絵本ガイド ……… 74
福沢 周亮
　学校心理学ハンドブック ……… 189
　教科心理学ハンドブック ……… 143
福祉心理研究会
　教育職員免許状取得希望者のための「介護等の体験」実践ハンドブック ……… 138
福島 脩美
　スクールカウンセリング事典 ……… 188
福田 公子
　家庭・技術科重要用語300の基礎知識 ……… 175
福田 憲明
　大学における社会貢献・連携ハンドブック ……… 231
福田 雅章
　「こどもの権利条約」絵事典 ……… 183
福田 美恵子
　はじめての料理ハンドブック 改訂版 ……… 195
福田 行宏
　子どものための点字事典 ……… 198
福富 護
　青年心理学事典 ……… 68
藤岡 信勝
　社会科教育指導用語辞典 新訂版 ……… 163
藤岡 秀樹
　教員志望学生のための特別支援教育ハンドブック ……… 206
藤川 大祐
　教育学用語辞典 第四版 ……… 19

ふしか　　　　　　　　　　著編者名索引

藤川 洋子
　子どもの面接ガイドブック 81
藤崎 敬
　図解体育授業 低学年 171
　図解体育授業 中学年 171
　図解体育授業 高学年 171
藤沢 皖
　英和学習基本用語辞典生物 159
藤沢 英昭
　小学校新図画工作科授業の基本用語辞
　　典 169
藤田 慶三
　小学校 国語学習指導実践事典 152
藤田 晃之
　キャリア教育文献資料集 別冊 187
　教育データブック 2000・2001 16
　最新教育データブック 第12版 17
藤田 佳子
　実習に役立つパネルシアターハンドブッ
　　ク 90
藤永 保
　現代教育小事典 4
藤本 ともひこ
　おさんぽあそびハンドブック 87
藤原 五百子
　海外留学英語辞典 222
　留学英語キーワード辞典 221
　留学生必携英和辞典 222
　ROM単 留学生必携英和辞典 222
不登校情報センター
　登校拒否関係団体全国リスト '97・'98
　　年版 217
　不登校・中退生のための高校・同等学校
　　ガイド 217
　不登校・中退生のためのスクール・ガイ
　　ド 217
　不登校・引きこもり・ニート支援団体ガ
　　イド 217
舩橋 恵子
　国際比較にみる世界の家族と子育て 75
フラゴー, R.
　子どもの面接ガイドブック 81
ブラッケン, ブルース・A.
　自己概念研究ハンドブック 69
プラットフォームプロジェクト
　全国ひきこもり・不登校援助団体レポー
　　ト 宿泊型施設編 217

ブラント, オーエ
　セクシコン 174
ブリティッシュカウンシル
　英国人による英国留学生活ハンドブック
　　改訂新版 224
古沢 常雄
　名著解題 18
ブルースター, ジーン
　「小学校英語」指導法ハンドブック ... 156
古田 東朔
　小學讀本便覽 第8巻 192
古田 陽久
　スーパー情報源 247
古田 真美
　スーパー情報源 247
ブロドリック, R.
　子どもの面接ガイドブック 81
文教予算事務研究会
　国立学校特別会計予算執務ハンドブック
　　平成2年度 121
　国立学校特別会計予算執務ハンドブック
　　平成3年度 121
　国立学校特別会計予算執務ハンドブック
　　平成7年度 121
　国立学校特別会計予算執務ハンドブック
　　平成8年度 121
　国立学校特別会計予算執務ハンドブック
　　平成9年度 121
　国立学校特別会計予算執務ハンドブック
　　平成10年度 122
　国立学校特別会計予算執務ハンドブック
　　平成11年度 122
　国立学校特別会計予算執務ハンドブック
　　平成12年度 122
　国立学校特別会計予算執務ハンドブック
　　平成13年度 122
　国立学校特別会計予算執務ハンドブック
　　平成14年度 122
文芸教育研究協議会
　西郷竹彦・教科書指導ハンドブック も
　　のの見方・考え方を育てる小学校一学
　　年・国語の授業 150
　西郷竹彦・教科書指導ハンドブック も
　　のの見方・考え方を育てる小学校二学
　　年・国語の授業 150
　西郷竹彦・教科書指導ハンドブック も
　　のの見方・考え方を育てる小学校三学
　　年・国語の授業 150
　西郷竹彦・教科書指導ハンドブック も

のの見方・考え方を育てる小学校四学
　年・国語の授業 ……………… 150
西郷竹彦・教科書指導ハンドブック も
　のの見方・考え方を育てる小学校五学
　年・国語の授業 ……………… 151
西郷竹彦・教科書指導ハンドブック も
　のの見方・考え方を育てる小学校六学
　年・国語の授業 ……………… 151

【へ】

平凡社
　教育学事典 ……………………………… 19
ベッドソン, グンター
　子ども英語指導ハンドブック 英語ゲー
　　ム92 ……………………………… 155

【ほ】

保育研究所
　保育白書 1991 ………………………… 96
　保育白書 1992年版 …………………… 96
　保育白書 1993年版 …………………… 96
　保育白書 1994年版 …………………… 96
　保育白書 1995年版 …………………… 96
　保育白書 1996 ………………………… 96
　保育白書 1997 ………………………… 96
　保育白書 '98 …………………………… 96
　保育白書 1999年版 …………………… 97
　保育白書 2000年版 …………………… 97
　保育白書 2001 ………………………… 97
　保育白書 2002年版 …………………… 97
　保育白書 2003年版 …………………… 97
　保育白書 2004年版 …………………… 97
　保育白書 2005年版 …………………… 98
　保育白書 2006年版 …………………… 98
　保育白書 2007年版 …………………… 98
　保育白書 2008 ………………………… 98
　保育白書 2009年版 …………………… 98
　保育白書 2010年版 …………………… 99
　保育白書 2011 ………………………… 99
　保育白書 2012年版 …………………… 99
保育小辞典編集委員会
　保育小辞典 ……………………………… 86

保育小六法編集委員会
　保育小六法 平成22年版 ……………… 92
保育所運営ハンドブック編集委員会
　保育所運営ハンドブック 平成22年版
　　………………………………………… 103
保育福祉小六法編集委員会
　保育福祉小六法 1996年版 …………… 93
　保育福祉小六法 1998年版 …………… 93
　保育福祉小六法 1999年版 …………… 93
　保育福祉小六法 2000年版 …………… 93
　保育福祉小六法 2001年版 …………… 93
　保育福祉小六法 2002年版 …………… 93
　保育福祉小六法 2003年版 …………… 93
　保育福祉小六法 2004年版 …………… 93
　保育福祉小六法 2006年版 …………… 94
　保育福祉小六法 2007年版 …………… 94
　保育福祉小六法 2008年版 …………… 94
　保育福祉小六法 2009年版 …………… 94
　保育福祉小六法 2010年版 …………… 94
　保育福祉小六法 2011年版 …………… 94
　保育福祉小六法 2012年版 …………… 94
保育法令研究会
　保育小六法 平成12年版 ……………… 91
　保育小六法 平成13年版 ……………… 91
　保育小六法 平成14年版 ……………… 91
　保育小六法 平成15年版 ……………… 91
　保育小六法 平成16年版 ……………… 91
　保育小六法 平成17年版 ……………… 92
　保育小六法 平成18年版 ……………… 92
　保育小六法 平成19年版 ……………… 92
　保育小六法 平成20年版 ……………… 92
　保育小六法 平成21年版 ……………… 92
　保育所運営ハンドブック 平成11年版
　　………………………………………… 102
　保育所運営ハンドブック 平成12年版
　　………………………………………… 102
　保育所運営ハンドブック 平成13年版
　　………………………………………… 102
　保育所運営ハンドブック 平成14年版
　　………………………………………… 102
　保育所運営ハンドブック 平成15年版
　　………………………………………… 102
　保育所運営ハンドブック 平成16年版
　　………………………………………… 102
　保育所運営ハンドブック 平成17年版
　　………………………………………… 102
　保育所運営ハンドブック 平成18年版
　　………………………………………… 102
　保育所運営ハンドブック 平成19年版
　　………………………………………… 102
　保育所運営ハンドブック 平成20年版

ほいつ　　　　　　　　　　　著編者名訪索引

　　　　.................................. 102
　　保育所運営ハンドブック　平成21年版
　　　　.................................. 102
ホイットマン,バーバラ・Y.
　　発達障害事典 202
法学協会
　　東京大学法学部白書 1999・2000 233
法務省
　　人権教育・啓発白書　平成14年版 181
　　人権教育・啓発白書　平成15年版 181
　　人権教育・啓発白書　平成16年版 181
　　人権教育・啓発白書　平成17年版 181
　　人権教育・啓発白書　平成18年版 182
　　人権教育・啓発白書　平成19年版 182
　　人権教育・啓発白書　平成20年版 182
　　人権教育・啓発白書　平成21年版 182
　　人権教育・啓発白書　平成22年版 182
　　人権教育・啓発白書　平成23年版 182
　　人権教育・啓発白書　平成24年版 182
法務省法務総合研究所
　　犯罪白書　平成10年版 284
ボーグ,W.
　　子どもの面接ガイドブック 81
星　三和子
　　OECD保育白書 94
星野　周弘
　　犯罪・非行事典 284
細谷　俊夫
　　新教育学大事典 19
北海道教育庁企画総務部総務課
　　北海道教育例規集　第2次改訂版 52
　　北海道教育例規集　第3次改訂版 52
　　北海道教育例規集　第4次改訂版 52
北海道教職員組合
　　北海道教育関係職員録　2000年度版 ... 134
ホーナー,ロバート・H.
　　問題行動解決支援ハンドブック 284
『ボランティア白書1999』編集委員会
　　ボランティア白書 1999 184
「ボランティア白書2001」編集委員会
　　ボランティア白書 2001 184
「ボランティア白書2003」編集委員会
　　ボランティア白書 2003 184
「ボランティア白書2005」編集委員会
　　ボランティア白書 2005 184
ボランティア白書編集委員会
　　ボランティア白書 1992年版 184

ボランティアワークショップ
　　ボランティアブック 183
堀井　雅道
　　学校安全ハンドブック 215
本城　秀次
　　児童青年精神医学大事典 70
本田　伊克
　　OECD教員白書 24
ほんの木
　　シュタイナーを学ぶ本のカタログ 20
本間　正人
　　ほめ言葉ハンドブック　家族・プライベー
　　ト編 79

【ま】

毎日新聞社人口問題調査会
　　超少子化時代の家族意識 256
前田　早苗
　　大学・カレッジ自己点検ハンドブック .. 232
前田　正史
　　全国大学の研究活性度 230
　　全国大学の研究活性度 2004 230
　　全国大学の研究活性度 2005 230
　　全国大学の研究活性度 2006 230
　　全国大学の研究活性度 2007 230
前橋　至
　　全国大学の研究活性度 230
　　全国大学の研究活性度 2004 230
　　全国大学の研究活性度 2005 230
　　全国大学の研究活性度 2006 230
　　全国大学の研究活性度 2007 230
横　常三
　　中学校特別活動指導法ハンドブック
　　　3 210
牧　昌見
　　現代小学校経営事典 117
　　現代中学校経営事典 117
　　新 学校用語辞典 106
牧口　明
　　ボランティア・NPO用語事典 183
牧田　章
　　現代小学校経営事典 117
牧野　カツコ
　　国際比較にみる世界の家族と子育て 75

マーコフ, ハイジ・E.
　月別の産後一年間子育て事典 ………… 76
増井 三夫
　名著解題 ……………………………… 18
増沢 高
　詳解子ども虐待事典 ………………… 80
益田 宗
　小学社会科学習事典 3訂版 ………… 164
増田 ユリヤ
　全国版インターナショナルスクール活用
　　ガイド 第2版 ……………………… 227
間瀬 智子
　給食経営管理実務ガイドブック 改訂新
　　版 …………………………………… 213
間田 泰弘
　家庭・技術科重要用語300の基礎知識 ‥ 175
待井 和江
　子どもの教育と福祉の事典 …………… 4
　子どもの教育と福祉の事典 改訂版 … 83
　保育小辞典 改訂版 …………………… 86
松尾 英俊
　留学英語キーワード辞典 …………… 221
　留学生必携英和辞典 ………………… 222
　ROM単 留学生必携英和辞典 ……… 222
松岡 重信
　保健体育科・スポーツ教育重要用語300
　　の基礎知識 ………………………… 173
松岡 昌幸
　アメリカわくわくスペシャリスト留
　　学 …………………………………… 223
松家 まきこ
　実習に役立つパネルシアターハンドブッ
　　ク ……………………………………… 90
松川 秀夫
　子育て支援用語集 …………………… 77
松坂 晃
　発達障害児者の防災ハンドブック …… 203
松崎 正治
　文学の授業づくりハンドブック 第2
　　巻 …………………………………… 152
松沢 哲郎
　発達心理学辞典 ……………………… 69
松島 栄一
　日本教育史年表 ……………………… 21
松田 岩男
　現代学校体育大事典 新版 ………… 170

松原 達哉
　心のケアのためのカウンセリング大事
　　典 …………………………………… 188
　幼児保育学辞典 ……………………… 87
松村 康平
　児童学事典 …………………………… 258
松本 茂
　異文化コミュニケーション・ハンドブッ
　　ク …………………………………… 179
松本 順子
　すぐつかえる学級担任ハンドブック 小
　　学校5年生 ………………………… 133
松本 峰雄
　子どもの教育と福祉の事典 …………… 4
　子どもの教育と福祉の事典 改訂版 … 83
　保育者のための教育と福祉の事典 … 83
松本 良枝
　矯正用語事典 ………………………… 284
間森 誉司
　小学校社会科地域学習指導ハンドブッ
　　ク …………………………………… 165
丸山 和雄
　国語教育条規体系 …………………… 150
丸山 啓史
　教員志望学生のための特別支援教育ハン
　　ドブック …………………………… 206
丸山 浩路
　イラスト手話辞典 2 ………………… 198

【み】

三浦 和尚
　俳句の授業ができる本 ……………… 152
三浦 光哉
　特別支援コーディネーター必携ハンド
　　ブック ……………………………… 207
三笠 乙彦
　教育名著の愉しみ ……………………… 2
三神 敬子
　子どもの教育と福祉の事典 …………… 4
　子どもの教育と福祉の事典 改訂版 … 83
　保育者のための教育と福祉の事典 … 83
三島 敏男
　障害児教育実践ハンドブック ……… 194

水野 悌一
　ハンディキャップ教育・福祉事典 1
　　巻 ……………………………… 193
　ハンディキャップ教育・福祉事典 2
　　巻 ……………………………… 193
御園生 純
　世界の教育改革 ………………… 66
　世界の教育改革 2 ……………… 67
　世界の教育改革 3 ……………… 67
　世界の教育改革 4 ……………… 67
三田地 昭典
　問題行動解決支援ハンドブック …… 284
三田地 真実
　子育てに活かすABAハンドブック …… 194
　問題行動解決支援ハンドブック …… 284
三谷 大紀
　最新保育資料集 2010 …………… 90
　最新保育資料集 2011 …………… 90
　最新保育資料集 2012 …………… 90
光田 好孝
　全国大学の研究活性度 ………… 230
　全国大学の研究活性度 2004 …… 230
　全国大学の研究活性度 2005 …… 230
　全国大学の研究活性度 2006 …… 230
　全国大学の研究活性度 2007 …… 230
御堂岡 潔
　異文化コミュニケーション・ハンドブッ
　　ク ……………………………… 179
南 瑠霞
　五十音で引ける手話単語集 …… 198
ミネルヴァ書房
　保育小六法 2010 ………………… 92
　保育小六法 2011 ………………… 92
　保育小六法 2012（平成24年版） …… 92
三原 容子
　新 生涯学習・人権教育基本資料集 …… 181,275
宮川 健郎
　新・こどもの本と読書の事典 …… 277
宮城 まり子
　心のケアのためのカウンセリング大事
　　典 ……………………………… 188
三宅 和夫
　教育心理学小辞典 ……………… 67
三宅 邦夫
　集会・行事・運動会のための体育あそび
　　大事典 ………………………… 170
　みんなで楽しむ体育あそび・ゲーム事
　　典 ……………………………… 171

宮坂 琇子
　教職基本用語辞典 ……………… 137
宮下 いづみ
　読み聞かせのための音のある英語絵本ガ
　　イド …………………………… 75
宮田 丈夫
　学校安全事典 …………………… 215
宮田 緑
　世界の生涯学習 ………………… 276
宮本 文雄
　「介護等の体験」ハンドブック …… 137
　教育職員免許状取得希望者のための「介
　　護等の体験」実践ハンドブック …… 138
　実践「介護等の体験」ハンドブック …… 138
三輪 建二
　国際生涯学習キーワード事典 …… 273
三輪 定宣
　学校教育キーワード事典 ……… 105
　最新 学校教育キーワード事典 最新増補
　　版 ……………………………… 106
民間教育史料研究会
　民間教育史研究事典 …………… 22

【む】

向山 洋一
　いつでも大人気「係り活動」小事典 …… 208
　社会科読み物資料活用小事典 …… 164
　ジュニアボランティア学習小事典 …… 183
　保護者会が成功する話題小事典 …… 209
無藤 隆
　教育心理学用語辞典 …………… 68
　ここが変わった！ new幼稚園教育要領
　　new保育所保育指針ガイドブック …… 84
　生活科事典 ……………………… 169
　発達と支援 ……………………… 70
村上 俊亮
　総合教職事典 …………………… 134
邑上 裕子
　小学校 国語学習指導実践事典 …… 152
村越 正則
　小学校 講話あいさつ事典 …… 209
村野井 仁
　英語教育用語辞典 ……………… 153
　英語教育用語辞典 改訂版 …… 153

村山　晃
　　教職員の権利ハンドブック ………… 135
村山　哲哉
　　小学校理科室経営ハンドブック …… 161
村山　昌俊
　　世界商売往来用語索引 ……………… 192
室井　修
　　学校教育キーワード事典 …………… 105
　　最新 学校教育キーワード事典 最新増補
　　　版 ……………………………………… 106
室井　力
　　教育小六法 平成3年版 ……………… 37
　　教育小六法 平成6年版 ……………… 37
　　教育小六法 平成8年版 ……………… 37
　　教育小六法 平成9年版 ……………… 37
　　教育小六法 平成10年版 …………… 37
　　教育小六法 平成12年版 …………… 38
　　教育小六法 平成13年版 …………… 38

【め】

メイリー，アラン
　　子ども英語指導ハンドブック 英語ゲー
　　　ム92 ………………………………… 155
妻鹿　ふみ子
　　ボランティア・NPO用語事典 ……… 183
巡　静一
　　ボランティア・NPO用語事典 ……… 183

【も】

茂木　俊彦
　　障害児教育実践ハンドブック ……… 194
　　障害児教育大事典 …………………… 192
　　特別支援教育大事典 ………………… 206
　　保育小辞典 ……………………………… 86
望月　重信
　　教育キーワード '90 - '91 ……………… 3
　　教育キーワード '92 …………………… 3
　　最新教育キーワード …………………… 4
　　最新教育キーワード137 第8版 ……… 5
　　最新教育キーワード137 第9版 ……… 5
　　最新教育キーワード137 第10版 …… 5
　　最新教育キーワード137 第11版 …… 5
　　最新教育キーワード137 第12版 ……… 5
本村　清人
　　中学校新保健体育科授業の基本用語辞
　　　典 ……………………………………… 173
本吉　修二
　　教育学用語辞典 第三版 ……………… 19
　　教育学用語辞典 第四版 ……………… 19
　　教育学用語辞典 第四版（改訂版）…… 19
　　新版 教育学用語辞典 増補版 ………… 19
百瀬　ユカリ
　　厳選 保育用語集 ……………………… 85
森　清
　　新社会人白書 ………………………… 249
　　新社会人白書 07/08 ………………… 249
森　健
　　子どもの安全ハンドブック ………… 215
森　隆夫
　　現代教育小事典 ………………………… 4
　　新・生涯教育図書101選 …………… 273
　　必携学校小六法 '91年度版 …………… 48
　　必携学校小六法 '92年度版 …………… 48
　　必携学校小六法 '93年度版 …………… 49
　　必携学校小六法 '94年度版 …………… 49
　　必携 学校小六法 '95年度版 ………… 49
　　必携 学校小六法 '96年度版 ………… 49
　　必携 学校小六法 1997年度版 ……… 49
　　必携 学校小六法 '98年度版 ………… 49
　　必携 学校小六法 '99年度版 ………… 49
　　必携学校小六法 2000年度版 ……… 49
　　必携学校小六法 2001年度版 ……… 50
　　必携学校小六法 2002年度版 ……… 50
　　必携学校小六法 2003年度版 ……… 50
　　必携学校小六法 2004年版 ………… 50
森　敏昭
　　学習科学ハンドブック ……………… 68
森上　史朗
　　最新保育資料集 2001 ………………… 89
　　最新保育資料集 2003 ………………… 89
　　最新保育資料集 2007 ………………… 89
　　最新保育資料集 2009 ………………… 90
　　最新保育資料集 2012 ………………… 90
　　保育基本用語事典 …………………… 86
　　保育のための乳幼児心理事典 ……… 86
　　保育用語辞典 ………………………… 86
　　保育用語辞典 第2版 ………………… 87
　　保育用語辞典 第3版 ………………… 87
　　保育用語辞典 第4版 ………………… 87
　　保育用語辞典 第5版 ………………… 87

保育用語辞典 第6版 ･･････････････ 87
森岡 修一
　教職基本用語辞典 ･･････････････ 137
森川 みゆき
　厳選 保育用語集 ･･････････････ 85
森田 俊男
　平和教育ハンドブック ･･････････ 179
森田 光子
　養護教諭の健康相談ハンドブック ････ 129
森田 康夫
　高校数学解法事典 第九版 ･････････ 157
森田 由美
　子ども虐待問題百科事典 ･････････ 80
　詳解子ども虐待事典 ･･･････････ 80
　発達障害事典 ････････････････ 202
森野 さかな
　「こどもの権利条約」絵事典 ･･･････ 183
森分 孝治
　社会科重要用語300の基礎知識 ･････ 164
諸沢 正道
　教師ハンドブック 全訂版 ･･･････ 141
文部科学省
　英文 文部科学統計要覧 平成14年版 ････ 60
　英文 文部科学統計要覧 平成15年版 ････ 60
　英文 文部科学統計要覧 平成16年版 ････ 60
　英文 文部科学統計要覧 2005年版 ････ 60
　英文 文部科学白書 平成13年度 ･･････ 57
　英文 文部科学白書 平成14年度 ･･････ 57
　英文 文部科学白書 平成16年度 ･･････ 58
　英文 文部科学白書 平成17年度 ･･････ 58
　英文 文部科学白書 平成18年度 ･･････ 58
　英文 文部統計要覧 平成13年版 ･･････ 60
　学校基本調査報告書 平成14年度 ････ 114
　学校基本調査報告書 平成15年度 ･･ 114,115
　学校基本調査報告書 平成16年度 ･･･ 115
　学校基本調査報告書 平成17年度 ･･･ 115
　学校基本調査報告書 平成18年度 ･･･ 115
　学校基本調査報告書 平成19年度 ･･ 115,116
　学校基本調査報告書 平成20年度 ･･･ 116
　学校基本調査報告書 平成21年度 ･･･ 116
　学校基本調査報告書 平成22年度 ･･･ 116
　学校基本調査報告書 平成23年度 ･･･ 116
　学校基本調査報告書 平成24年度 ･･･ 116
　学校教員統計調査報告書 平成13年度
　　････････････････････････ 136
　学校教員統計調査報告書 平成16年度
　　････････････････････････ 136
　学校教員統計調査報告書 平成19年度

　　････････････････････････ 136
　学校教員統計調査報告書 平成22年度
　　････････････････････････ 137
　学校保健統計調査報告書 平成13年度
　　････････････････････････ 130
　学校保健統計調査報告書 平成14年度
　　････････････････････････ 131
　学校保健統計調査報告書 平成15年度
　　････････････････････････ 131
　学校保健統計調査報告書 平成16年度
　　････････････････････････ 131
　学校保健統計調査報告書 平成17年度
　　････････････････････････ 131
　学校保健統計調査報告書 平成18年度
　　････････････････････････ 131
　学校保健統計調査報告書 平成19年度
　　････････････････････････ 131
　学校保健統計調査報告書 平成20年度
　　････････････････････････ 131
　学校保健統計調査報告書 平成21年度
　　････････････････････････ 131
　学校保健統計調査報告書 平成22年度
　　････････････････････････ 131
　学校保健統計調査報告書 平成23年度
　　････････････････････････ 131
　教育指標の国際比較 平成13年版 ････ 25
　教育指標の国際比較 平成14年版 ････ 26
　教育指標の国際比較 平成15年版 ････ 26
　教育指標の国際比較 平成16年版 ････ 26
　教育指標の国際比較 平成17年版 ････ 26
　教育指標の国際比較 平成18年版 ････ 26
　教育指標の国際比較 平成19年版 ････ 26
　言語活動の充実に関する指導事例集 ･･ 143
　高等学校キャリア教育の手引き ････ 187
　子どもの学習費調査報告書 平成12年
　　度 ･･････････････････････ 72
　子どもの学習費調査報告書 平成16年
　　度 ･･････････････････････ 72
　子どもの学習費調査報告書 平成18年
　　度 ･･････････････････････ 73
　子どもの学習費調査報告書 平成20年
　　度 ･･････････････････････ 73
　社会教育調査報告書 平成11年度 ････ 253
　社会教育調査報告書 平成14年度 ････ 253
　社会教育調査報告書 平成17年度 ････ 254
　社会教育調査報告書 平成20年度 ････ 254
　小学校算数・中学校数学・高等学校数学
　　指導資料 ･････････････････ 158
　小学校理科・中学校理科・高等学校理科
　　指導資料 ･････････････････ 163
　諸外国の教育動向 2007年度版 ･････ 29
　諸外国の教育動向 2008年度版 ･････ 29
　諸外国の教育動向 2009年度版 ･････ 29

著編者名索引　もんふ

諸外国の教育動向 2010年度版 ……… 30
諸外国の教育動向 2011年度版 ……… 30
諸外国の教育の動き 2005 ………… 30
人権教育・啓発白書 平成14年版 …… 181
人権教育・啓発白書 平成15年版 …… 181
人権教育・啓発白書 平成16年版 …… 181
人権教育・啓発白書 平成17年版 …… 181
人権教育・啓発白書 平成18年版 …… 182
人権教育・啓発白書 平成19年版 …… 182
人権教育・啓発白書 平成20年版 …… 182
人権教育・啓発白書 平成21年版 …… 182
人権教育・啓発白書 平成22年版 …… 182
人権教育・啓発白書 平成23年版 …… 182
地方教育費調査報告書 平成12年度（平成11会計年度）…………………… 62
地方教育費調査報告書 平成13年度（平成12会計年度）…………………… 62
地方教育費調査報告書 平成14年度（平成13会計年度）…………………… 63
地方教育費調査報告書 平成15年度（平成14会計年度）…………………… 63
地方教育費調査報告書 平成16年度（平成15会計年度）…………………… 63
地方教育費調査報告書 平成18年度（平成17会計年度）…………………… 63
地方教育費調査報告書 平成19年度 …… 63
地方教育費調査報告書 平成20年度 …… 63
地方教育費調査報告書 平成21年度 …… 63
地方教育費調査報告書 平成22年度 …… 63
地方教育費調査報告書 平成23年度 …… 63
データからみる日本の教育 2004 ……… 15
データからみる日本の教育 2005 ……… 15
データからみる日本の教育 2006 ……… 16
データからみる日本の教育 2008 ……… 16
文部科学統計要覧 平成14年版 ……… 60
文部科学統計要覧 平成15年版 ……… 60
文部科学統計要覧 平成16年版 ……… 60
文部科学統計要覧 平成17年版 ……… 61
文部科学統計要覧 平成18年版 ……… 61
文部科学統計要覧 平成19年版 ……… 61
文部科学統計要覧 平成20年版 ……… 61
文部科学統計要覧 平成21年版 ……… 61
文部科学統計要覧 平成22年版 ……… 61
文部科学統計要覧 平成23年版 ……… 61
文部科学統計要覧 平成24年版 ……… 61
文部科学白書 平成13年度 …………… 58
文部科学白書 平成14年度 …………… 58
文部科学白書 平成15年度 …………… 58
文部科学白書 平成16年度 …………… 58
文部科学白書 平成17年度 …………… 59

文部科学白書 平成18年度 …………… 59
文部科学白書 平成19年度 …………… 59
文部科学白書 平成20年度 …………… 59
文部科学白書 平成21年度 …………… 59
文部科学白書 平成22年度 …………… 59
文部科学白書 平成23年度 …………… 59
幼稚園教育要領 ……………………… 84
幼稚園教育要領―平成20年告示 原本 保育所保育指針―平成20年告示 原本 …… 84
我が国の教育統計 2001 ……………… 18
文部科学省生涯学習政策局調査企画課
　学校基本調査報告書 平成13年度 … 114
　学校保健統計調査報告書 平成12年度
　　……………………………………… 130
　子どもの学習費調査報告書 平成14年度 …………………………………… 72
　子どもの学習費調査報告書 平成22年度 …………………………………… 73
　地方教育費調査報告書 平成17年度（平成16会計年度）……………………… 63
文部科学法令研究会
　文部科学法令要覧 平成17年版 …… 52
　文部科学法令要覧 平成18年版 …… 52
　文部科学法令要覧 平成19年版 …… 53
　文部科学法令要覧 平成20年版 …… 53
　文部科学法令要覧 平成21年版 …… 53
　文部科学法令要覧 平成22年版 …… 53
　文部科学法令要覧 平成23年版 …… 53
　文部科学法令要覧 平成24年版 …… 53
文部省
　英文 文部統計要覧 平成11年版 …… 60
　英文 文部統計要覧 平成12年版 …… 60
　学校基本調査報告書 平成2年度 … 112
　学校基本調査報告書 平成3年度 … 113
　学校基本調査報告書 平成4年度 … 113
　学校基本調査報告書 平成5年度 … 113
　学校基本調査報告書 平成6年度 … 113
　学校基本調査報告書 平成7年度 … 113
　学校基本調査報告書 平成8年度 … 113
　学校基本調査報告書 平成9年度 … 114
　学校基本調査報告書 平成10年度 … 114
　学校基本調査報告書 平成11年度 … 114
　学校基本調査報告書 平成12年度 … 114
　学校教員統計調査報告書 平成7年度 ‥ 136
　学校教員統計調査報告書 平成10年度
　　……………………………………… 136
　学校保健統計調査報告書 平成元年度 ‥ 130
　学校保健統計調査報告書 平成2年度 ‥ 130
　学校保健統計調査報告書 平成3年度 ‥ 130
　学校保健統計調査報告書 平成4年度 ‥ 130

学校・教育問題 レファレンスブック　377

もんふ　　　　　　　著編者名索引

学校保健統計調査報告書　平成6年度 ‥ 130
学校保健統計調査報告書　平成7年度 ‥ 130
学校保健統計調査報告書　平成10年度
　‥‥‥‥‥‥‥‥‥‥‥‥‥‥‥‥ 130
学校保健統計調査報告書　平成11年度
　‥‥‥‥‥‥‥‥‥‥‥‥‥‥‥‥ 130
教育指標の国際比較　平成7年版 ‥‥‥ 25
教育指標の国際比較　平成8年版 ‥‥‥ 25
教育指標の国際比較　平成9年版 ‥‥‥ 25
教育指標の国際比較　平成10年版 ‥‥ 25
教育指標の国際比較　平成11年版 ‥‥ 25
教育用音楽用語　〔最新版〕‥‥‥‥ 176
高校留学の手引 ‥‥‥‥‥‥‥‥‥ 224
子どもの学習費調査報告書　平成10年
　度 ‥‥‥‥‥‥‥‥‥‥‥‥‥‥‥ 72
社会教育調査報告書　平成2年度 ‥‥ 253
社会教育調査報告書　平成5年度 ‥‥ 253
社会教育調査報告書　平成8年度 ‥‥ 253
戦後日本学力調査資料集　第1巻 ‥‥ 189
戦後日本学力調査資料集　第2巻 ‥‥ 189
戦後日本学力調査資料集　第3巻 ‥‥ 189
戦後日本学力調査資料集　第4巻 ‥‥ 189
戦後日本学力調査資料集　第5巻 ‥‥ 189
文部統計要覧　平成6年版 ‥‥‥‥‥ 62
文部統計要覧　平成7年版 ‥‥‥‥‥ 62
文部統計要覧　平成8年版 ‥‥‥‥‥ 62
文部統計要覧　平成9年版 ‥‥‥‥‥ 62
文部統計要覧　平成10年版 ‥‥‥‥ 62
文部統計要覧　平成11年版 ‥‥‥‥ 62
文部統計要覧　平成12年版 ‥‥‥‥ 62
リフレッシュ教育　改訂版 ‥‥‥ 231,238
我が国の文教施策　平成2年度 ‥‥‥ 65
我が国の文教施策　平成3年度 ‥‥‥ 65
我が国の文教施策　平成4年度 ‥‥‥ 65
我が国の文教施策　平成5年度 ‥‥‥ 65
我が国の文教施策　平成6年度 ‥‥‥ 65
我が国の文教施策　平成7年度 ‥‥‥ 65
我が国の文教施策　平成8年度 ‥‥‥ 66
我が国の文教施策　平成9年度 ‥‥‥ 66
我が国の文教施策　平成10年度 ‥‥ 66
我が国の文教施策　平成11年度 ‥‥ 66
我が国の文教施策　平成12年度 ‥‥ 66
文部省教務研究会
　詳解　学校運営必携　改訂版 ‥‥‥ 122
　詳解　学校運営必携　第2次改訂版 ‥ 122
　詳解　教務必携　第5次改訂版 ‥‥ 136
　詳解　生徒指導必携 ‥‥‥‥‥‥ 212
　新版　詳解教務必携 ‥‥‥‥‥‥ 136

文部省高等教育局学生課内厚生補導研究会
　学生部ハンドブック ‥‥‥‥‥‥ 118
文部省高等教育局私学部
　私学必携　第六次改訂版 ‥‥‥‥ 109
　私学必携　第七次改訂版 ‥‥‥‥ 110
　私学必携　第八次改訂 ‥‥‥‥‥ 110
文部省私学法令研究会
　私学必携　第九次改訂版 ‥‥‥‥ 110
文部省体育局
　体育・スポーツ指導実務必携　平成2年
　　版 ‥‥‥‥‥‥‥‥‥‥‥‥‥ 171
　体育・スポーツ指導実務必携　平成3年
　　版 ‥‥‥‥‥‥‥‥‥‥‥‥‥ 171
　体育・スポーツ指導実務必携　平成4年
　　版 ‥‥‥‥‥‥‥‥‥‥‥‥‥ 172
文部省体育局学校健康教育課
　学校保健・学校安全法令必携　新訂版 ‥ 216
　学校保健・学校安全法令必携　第3次改訂
　　版 ‥‥‥‥‥‥‥‥‥‥‥‥‥ 216
　学校保健学校安全法令必携　第4次改訂
　　版 ‥‥‥‥‥‥‥‥‥‥‥‥‥ 216
文部省大臣官房総務課
　文部法令要覧　平成2年版 ‥‥‥‥ 53
　文部法令要覧　平成3年版 ‥‥‥‥ 53
　文部法令要覧　平成4年版 ‥‥‥‥ 53
　文部法令要覧　平成5年版 ‥‥‥‥ 53
　文部法令要覧　平成6年版 ‥‥‥‥ 53
　文部法令要覧　平成7年版 ‥‥‥‥ 53
　文部法令要覧　平成8年版 ‥‥‥‥ 54
　文部法令要覧　平成9年版 ‥‥‥‥ 54
　文部法令要覧　平成10年版 ‥‥‥ 54
文部省大臣官房総務課法令研究会
　学校管理運営実務必携　第11次改訂版
　　‥‥‥‥‥‥‥‥‥‥‥‥‥‥ 119
文部省大臣官房調査統計企画課
　学校基本調査報告書　平成元年度 ‥‥ 112
　学校基本調査報告書　平成3年度 ‥‥ 113
　教育指標の国際比較　平成5年版 ‥‥ 25
　全国学校総覧　1991年版 ‥‥‥‥ 106
　全国学校総覧　1992年版 ‥‥‥‥ 106
　全国学校総覧　1993年版 ‥‥‥‥ 107
　全国学校総覧　1994年版 ‥‥‥‥ 107
　全国学校総覧　1996年版 ‥‥‥‥ 107
　全国学校総覧　1997年版 ‥‥‥‥ 107
　全国学校総覧　1998年版 ‥‥‥‥ 107
　文部統計要覧　平成2年版 ‥‥‥‥ 61
　文部統計要覧　平成3年版 ‥‥‥‥ 61
　文部統計要覧　平成4年版 ‥‥‥‥ 62
　文部統計要覧　平成5年版 ‥‥‥‥ 62

文部統計要覧 平成13年版 ………… 62
文部省地方課法令研究会
 教職員人事関係実務必携 第11次改訂
 版 ……………………………… 135
文部省特殊教育課特殊教育研究会
 特殊教育必携 第3次改訂 …… 194
文部省内海外教育事情研究会
 国際比較教育情報総覧 ………… 23
文部法令研究会
 文部法令要覧 平成11年版 …… 54
 文部法令要覧 平成12年版 …… 54
 文部法令要覧 平成13年版 …… 54
 文部法令要覧 平成14年版 …… 54
 文部法令要覧 平成15年版 …… 54
 文部法令要覧 平成16年版 …… 54

【や】

八尾坂 修
 教育データブック 2000・2001 ……… 16
 教育データランド '96〜'97 ……… 7
 教育データランド '97〜'98 ……… 7
 教育データランド '98〜'99 ……… 7
 教育データランド 1999・2000 ……… 8
 最新教育データブック 第12版 … 17
八木 慶男
 カナダ留学ガイドブック ……… 224
 カナダ留学事典 ………………… 221
矢倉 美登里
 図表でみる教育 2008年版 …… 27
 図表でみる教育 2009年版 …… 27
 図表でみる教育 2010年版 …… 28
 図表でみる教育 2011年版 …… 28
 図表でみる教育 2012年版 …… 28
矢崎 公二
 子ども手当ハンドブック 2010 … 282
やさしいまちをつくり隊
 子育て応援BOOK 滋賀 ……… 99
矢嶋 裕樹
 大学生のための福祉教育入門 … 138
谷田貝 公昭
 子ども心理辞典 ………………… 257
 図解 子ども事典 ……………… 258
 図解 子ども事典 普及版 ……… 258
 保育ミニ辞典 …………………… 86

 保育用語辞典 …………………… 86
柳瀬 陽介
 大修館英語授業ハンドブック 中学校
 編 ……………………………… 155
矢野 喜夫
 発達心理学辞典 ………………… 69
山内 太地
 最辛大学ガイド 一番新しく、どこより
 も辛口！ 2013 ………………… 228
山内 光哉
 発達心理学用語辞典 …………… 69
山内 豊
 外国語教育学大辞典 …………… 153
山岡 憲史
 オーラル・コミュニケーションハンド
 ブック ………………………… 154
山形県鶴岡市立朝暘第一小学校
 こうすれば子どもが育つ学校が変わ
 る ……………………………… 220
山口 晃弘
 中学校理科室ハンドブック …… 162
山口 栄一
 21世紀コンピュータ教育事典 … 176
山口 聡
 すぐつかえる学級担任ハンドブック 中
 学校3年生 …………………… 134
山口 拓史
 ハンディ教育六法 5改訂版 …… 46
 ハンディ教育六法 6改訂版 …… 46
山口 満
 これからの授業に役立つ新学習指導要領
 ハンドブック 中学校社会 …… 144
 新学習指導要領ハンドブック 中学校 国
 語 ……………………………… 144
 新学習指導要領ハンドブック 中学校 数
 学 ……………………………… 144
 新学習指導要領ハンドブック 中学校 理
 科 ……………………………… 144
 新学習指導要領ハンドブック 中学校 保
 健体育 ………………………… 144
 新学習指導要領ハンドブック 中学校 英
 語 ……………………………… 145
 新学習指導要領ハンドブック 中学校 技
 術・家庭（家庭分野） ………… 145
山口 百々男
 海外留学英語辞典 ……………… 222
 留学英語キーワード辞典 ……… 221
 留学生必携英和辞典 …………… 222

ROM単 留学生必携英和辞典 ………… 222
山口 善久
　学校法人会計実務総覧 ……………… 119
　学校法人会計実務総覧 改訂第2版 …… 119
山崎 晃
　ちょっと変わった幼児学用語集 ……… 83
山崎 祥子
　子どもの発音とことばのハンドブック ………………………………… 100
山崎 英則
　教育用語辞典 …………………………… 4
山崎 真秀
　解説 教育六法 1996（平成8年版）…… 33
　解説 教育六法 1998（平成10年版）…… 34
　解説 教育六法 1999（平成11年版）…… 34
山地 弘起
　授業評価活用ハンドブック ………… 239
山田 兼尚
　教師のための防災教育ハンドブック … 215
山田 智之
　教職員のための職場体験学習ハンドブック ………………………………… 187
山田 昇
　大学における教員養成 ……………… 245
山田 典子
　児童虐待とネグレクト対応ハンドブック ………………………………… 81
山田 昌弘
　家族本40 ………………………………… 79
山田 礼子
　初年次教育ハンドブック …………… 239
大和 洋子
　OECD保育白書 ………………………… 94
山内 乾史
　戦後日本学力調査資料集 第1巻 …… 189
　戦後日本学力調査資料集 第2巻 …… 189
　戦後日本学力調査資料集 第3巻 …… 189
　戦後日本学力調査資料集 第4巻 …… 189
　戦後日本学力調査資料集 第5巻 …… 189
山内 昭道
　子育て支援用語集 …………………… 77
山本 恒夫
　生涯学習「eソサエティ」ハンドブック ………………………………… 275
　生涯学習を始めよう ………………… 274
　生涯学習「自己点検・評価」ハンドブック ………………………………… 274
　生涯学習「答申」ハンドブック …… 275
山本 浩司
　ドイツ留学案内 大学篇 ……………… 225
山本 政人
　教育心理学用語辞典 ………………… 68

【ゆ】

湯浅 邦弘
　懐徳堂事典 ……………………………… 21
結城 忠
　必携学校小六法 2005年度版 ………… 50
　必携学校小六法 2006年度版 ………… 50
　必携学校小六法 2007年度版 ………… 50
　必携 学校小六法 2008年度版 ……… 51
　必携学校小六法 2009年度版 ………… 51
　必携学校小六法 2010年度版 ………… 51
　必携学校小六法 2011年度版 ………… 51
　必携学校小六法 2012年度版 ………… 51
　必携学校小六法 2013年度教採対応版 ………………………………… 51
結城 光夫
　教育学用語辞典 第四版 ……………… 19
祐川 京子
　ほめ言葉ハンドブック 家族・プライベート編 ……………………………… 79
ユネスコ
　障害児教育用語辞典 改訂版 ……… 193
　世界教育白書 1994 …………………… 24
　世界教育白書 1996 …………………… 24
　世界教育白書 1998 …………………… 24
　世界の教育政策と行財政 …………… 29
　ユネスコ文化統計年鑑 1989 ………… 30
　ユネスコ文化統計年鑑 1990 ………… 30
　ユネスコ文化統計年鑑 1991 ………… 30
　ユネスコ文化統計年鑑 1992 ………… 30
　ユネスコ文化統計年鑑 1993 ………… 30
　ユネスコ文化統計年鑑 1997 ………… 30
　ユネスコ文化統計年鑑 1999 ………… 30

【よ】

幼児保育研究会
　最新保育資料集 1994 ………………… 88

最新保育資料集 1995 ……………… 88
最新保育資料集 1996 ……………… 88
最新保育資料集 1997 ……………… 88
最新保育資料集 1998 ……………… 88
最新保育資料集 1999 ……………… 88
最新保育資料集 2000 ……………… 88
最新保育資料集 2002 ……………… 89
最新保育資料集 2003 ……………… 89
最新保育資料集 2004 ……………… 89
最新保育資料集 2005 ……………… 89
最新保育資料集 2006 ……………… 89
幼少年教育研究所
　幼稚園事典 ……………………… 85
横須賀 薫
　授業研究用語辞典 ……………… 143
横田 俊一郎
　最新Q&A 教師のための救急百科 … 129
横山 洋子
　子どもへの言葉かけハンドブック … 103
　保育の悩みを解決！子どもの心にとど
　　く指導法ハンドブック ………… 91
　保護者との話し方ハンドブック … 104
吉岡 宏晃
　アメリカ医学留学ガイド 改訂第2版 … 222
吉海 直人
　女子用往来刊本総目録 …………… 191
吉川 成夫
　小学校新算数科授業の基本用語辞典 … 157
吉田 瑩一郎
　学校安全事典 …………………… 215
吉田 和子
　給食経営管理実務ガイドブック 改訂新
　　版 ……………………………… 213
吉田 健三
　オーラル・コミュニケーションハンド
　　ブック ………………………… 154
吉田 美樹
　自閉症百科事典 ………………… 201
吉本 均
　現代授業研究大事典 …………… 142
米内山 明宏
　すぐに使える手話辞典6000 ……… 200
　早引き 手話ハンドブック ……… 201
　わかりやすい手話辞典 …………… 199
米川 明彦
　日本語・手話辞典 ……………… 199

米川 茂信
　犯罪・非行事典 ………………… 284
米沢 久美子
　すぐつかえる学級担任ハンドブック 小
　　学校6年生 …………………… 133
米田 俊彦
　現代教育史事典 ………………… 22
米盛 幹雄
　文部省名鑑 1990年版 …………… 56
　文部省名鑑 1991年版 …………… 56
　文部省名鑑 1992年版 …………… 56
　文部省名鑑 1994年版 …………… 57
　文部省名鑑 1996年版 …………… 57
　文部省名鑑 1997年版 …………… 57
　文部省名鑑 1999年版 …………… 57
　文部省名鑑 2000年版 …………… 57
米山 朝二
　英語教育指導法事典 …………… 153
　英語教育指導法事典 新編 改訂新版 … 153
読売新聞社
　大学の実力 2013 ………………… 229

【ら】

ラドソン=ビリング, グロリア
　多文化教育事典 ………………… 179

【り】

留学ジャーナル
　アメリカ2年制大学留学ガイド 新版 … 223

【る】

ルイス, ゴードン
　子ども英語指導ハンドブック 英語ゲー
　　ム92 …………………………… 155
ルッツ, エーリッヒ
　環境にやさしい幼稚園・学校づくりハン
　　ドブック ……………………… 85
ルーメル, クラウス
　モンテッソーリ教育用語辞典 …… 20

【れ】

歴史教育者協議会
　歴史教育・社会科教育年報 1991年版 ‥ 166
　歴史教育・社会科教育年報 1992年版 ‥ 166
　歴史教育・社会科教育年報 1993年版 ‥ 166
　歴史教育・社会科教育年報 1994年版 ‥ 166
　歴史教育・社会科教育年報 1995年版 ‥ 166
　歴史教育・社会科教育年報 1996年版 ‥ 166
　歴史教育・社会科教育年報 1997年版 ‥ 167
　歴史教育・社会科教育年報 1998年版 ‥ 167
　歴史教育・社会科教育年報 1999年版 ‥ 167
　歴史教育・社会科教育年報 2000年版 ‥ 167
　歴史教育・社会科教育年報 2001年版 ‥ 167
　歴史教育・社会科教育年報 2002年版 ‥ 167
　歴史教育・社会科教育年報 2003年版 ‥ 168
　歴史教育・社会科教育年報 2004年版 ‥ 168
　歴史教育・社会科教育年報 2005年版 ‥ 168
　歴史教育・社会科教育年報 2006年版 ‥ 168
　歴史教育・社会科教育年報 2007年版 ‥ 168
　歴史教育・社会科教育年報 2008年版 ‥ 168
　歴史教育・社会科教育年報 2009年版 ‥ 168
　歴史教育・社会科教育年報 2010年版 ‥ 168
　歴史教育・社会科教育年報 2011年版 ‥ 169
レビン，カレン
　日本で学べるアメリカ大学通信教育ガイド ‥‥‥‥‥‥‥‥‥‥‥‥‥‥ 236

【ろ】

労働省職業安定局
　全国高等学校便覧 1997 ‥‥‥‥‥ 186
　全国高等学校便覧 1999 ‥‥‥‥‥ 186
労働省労政局
　勤労青少年の現状 平成元年版 ‥‥‥‥ 285
　勤労青少年の現状 平成2年版 ‥‥‥‥ 285
　勤労青少年の現状 平成3年版 ‥‥‥‥ 286
　勤労青少年の現状 平成4年版 ‥‥‥‥ 286
　勤労青少年の現状 平成5年版 ‥‥‥‥ 286
　勤労青少年の現状 平成6年版 ‥‥‥‥ 286
　働く若者のデーターブック 平成9年版 ‥‥‥‥‥‥‥‥‥‥‥‥‥‥ 286

労働政策研究研修機構
　職業レファレンスブック ‥‥‥‥‥‥ 247
ロズニー，クリフ
　サイエンスワールド ‥‥‥‥‥‥‥‥ 159
ロムインターナショナル
　手に職をつける海外資格留学 ‥‥‥‥ 225

【わ】

若井 彌一
　必携 学校小六法 '98年度版 ‥‥‥‥‥ 49
　必携 学校小六法 '99年度版 ‥‥‥‥‥ 49
　必携学校小六法 2000年度版 ‥‥‥‥‥ 49
　必携学校小六法 2001年度版 ‥‥‥‥‥ 50
　必携学校小六法 2002年度版 ‥‥‥‥‥ 50
　必携学校小六法 2003年度版 ‥‥‥‥‥ 50
　必携学校小六法 2004年版 ‥‥‥‥‥‥ 50
　必携学校小六法 2005年度版 ‥‥‥‥‥ 50
　必携学校小六法 2006年度版 ‥‥‥‥‥ 50
　必携学校小六法 2007年度版 ‥‥‥‥‥ 50
　必携 学校小六法 2008年度版 ‥‥‥‥‥ 51
　必携学校小六法 2009年度版 ‥‥‥‥‥ 51
　必携学校小六法 2010年度版 ‥‥‥‥‥ 51
　必携学校小六法 2011年度版 ‥‥‥‥‥ 51
　必携学校小六法 2012年度版 ‥‥‥‥‥ 51
　必携学校小六法 2013年度教採対応版 ‥‥‥‥‥‥‥‥‥‥‥‥‥‥‥‥ 51
若林 茂則
　英語教育用語辞典 ‥‥‥‥‥‥‥‥‥ 153
若者ライフスタイル資料集編集委員会
　若者ライフスタイル資料集 1990 ‥‥‥ 269
和歌山県教育庁教育総務局総務課
　和歌山県 教育関係諸規程集 平成15年版 ‥‥‥‥‥‥‥‥‥‥‥‥‥‥‥‥ 33
　和歌山県 教育関係諸規程集 平成17年版 ‥‥‥‥‥‥‥‥‥‥‥‥‥‥‥‥ 33
和倉 康悦
　西洋教育史年表 ‥‥‥‥‥‥‥‥‥‥‥ 21
早稲田大学
　早稲田大学教務部調査課・大学問題研究資料室大学問題論説記事文献目録 昭和62年1月～62年12月現在収集分 ‥ 228
早稲田大学教育総合研究所
　大学生の進路意識に関する調査研究報告書 ‥‥‥‥‥‥‥‥‥‥‥‥‥‥‥ 250

和田 肇
　国立大学法人の労働関係ハンドブック ……………………… 232
和田 ラヂヲ
　大学図鑑！ 2013 ………………… 228
渡辺 映子
　「介護等の体験」ハンドブック ……… 137
　教育職員免許状取得希望者のための「介護等の体験」実践ハンドブック …… 138
　実践「介護等の体験」ハンドブック ‥ 138
渡辺 賢二
　平和教育ハンドブック ……………… 179
渡辺 孝三
　教育小六法 平成3年版 ……………… 37
　教育小六法 平成6年版 ……………… 37
　教育小六法 平成9年版 ……………… 37
　教育小六法 平成10年版 ……………… 37
　教育小六法 平成12年版 ……………… 38
　教育小六法 平成13年版 ……………… 38
渡辺 茂男
　オープン・エデュケーション文献目録 ‥ 142
渡部 信一
　「学び」の認知科学事典 ……………… 68
渡辺 秀樹
　国際比較にみる世界の家族と子育て … 75
渡部 洋
　教育心理学用語辞典 ………………… 68
渡辺 弘
　中学校 講話あいさつ事典 ………… 209
渡辺 博
　最新Q&A 教師のための救急百科 …… 129
渡辺 正樹
　学校保健・健康教育用語辞典 ……… 128
渡辺 弥生
　子育て支援用語集 …………………… 77
渡辺 幸重
　インターネット教育イエローページ 99年版 …………………………………… 6
　21世紀コンピュータ教育事典 ……… 176

Barefoot,Betsy O.
　初年次教育ハンドブック …………… 239
Cox,Ken
　医学教育ハンドブック ……………… 238
Ewan,Christine E.
　医学教育ハンドブック ……………… 238
Hanks,Helga G.I.
　子どもの虐待とネグレクト ………… 80
Hobbs,Christopher J.
　子どもの虐待とネグレクト ………… 80
THE RIGHTS OF STUDENTS和訳会
　生徒の権利 …………………………… 211
Wynne,Jane M.
　子どもの虐待とネグレクト ………… 80

【ABC】

CIEC
　学びとコンピュータハンドブック …… 176

事項名索引

【あ】

ICT教育　→情報科 ……………………… 176
愛知県　→青少年文化 …………………… 256
青森県　→教育制度 ……………………… 31
アジア　→海外の教育事情 ……………… 28
アフリカ
　→海外の教育事情 …………………… 28
　→海外の大学 ………………………… 236
アメリカ
　→海外の教育事情 …………………… 28
　→留学 ………………………………… 221
　→海外の大学 ………………………… 236
アルバイト　→アルバイト・フリーター … 250
安全教育　→学校安全 …………………… 214
医学教育　→大学教育 …………………… 238
イギリス　→留学 ………………………… 221
育児　→子育て …………………………… 75
いじめ　→いじめ ………………………… 216
異文化コミュニケーション　→国際理解
　教育 …………………………………… 179
eラーニング　→通信教育 ……………… 226
インターナショナルスクール　→イン
　ターナショナルスクール …………… 227
英語科　→英語科 ………………………… 153
ADHD　→発達障害 ……………………… 201
NIE　→その他の教育 …………………… 177
LD　→発達障害 ………………………… 201
OECD生徒の学習到達度調査　→OECD
　生徒の学習到達度調査（PISA）…… 189
往来物　→教科書 ………………………… 191
オーラル・コミュニケーション　→英語
　科 ……………………………………… 153
音楽科　→音楽科 ………………………… 175
音読
　→国語科 ……………………………… 146
　→英語科 ……………………………… 153

【か】

海外研修　→学校行事 …………………… 209
海外の大学　→海外の大学 ……………… 236
外国人子女教育　→外国人子女・帰国子
　女教育 ………………………………… 207
介護等の体験　→教育実習 ……………… 137
懐徳堂　→教育史 ………………………… 20
化学　→理科 ……………………………… 159
科学研究費　→大学 ……………………… 228
係活動　→特別活動 ……………………… 208
学位論文　→大学院 ……………………… 237
学習指導　→学習指導 …………………… 142
学習指導要領　→学習指導 ……………… 142
学習塾　→教育産業 ……………………… 31
学習障害　→発達障害 …………………… 201
学習心理学　→教育心理 ………………… 67
学習費　→家庭教育一般 ………………… 72
学習法
　→学習法 ……………………………… 73
　→大学生 ……………………………… 246
学童保育　→学童保育 …………………… 78
学生問題　→大学 ………………………… 228
学力問題　→学力問題 …………………… 189
学級活動　→特別活動 …………………… 208
学級経営　→学級経営 …………………… 131
学級担任　→学級経営 …………………… 131
学校安全　→学校安全 …………………… 214
学校医　→学校保健 ……………………… 128
学校運営　→学校経営・学校運営 ……… 117
学校園　→学校生活 ……………………… 211
学校会計　→学校経営・学校運営 ……… 117
学校カウンセリング　→教育相談・学校
　カウンセリング ……………………… 188
学校基本調査　→学校教育一般 ………… 105
学校給食　→給食指導 …………………… 212
学校教育　→学校教育一般 ……………… 105
学校教育法　→教育制度 ………………… 31
学校行事　→学校行事 …………………… 209
学校経営　→学校経営・学校運営 ……… 117

かつこ　　　　　　　　　　事項名索引

学校建築　→学校施設 …………… 126	教育産業　→教育産業 …………… 31
学校災害　→学校安全 …………… 214	教育史　→教育史 ……………………… 20
学校支援ボランティア　→教職員 …… 134	教育事情
学校施設　→学校施設 …………… 126	→教育事情 …………………………… 23
学校事務　→学校経営・学校運営 …… 117	→海外の教育事情 ………………… 28
学校心理学　→教育相談・学校カウンセ	教育思想　→教育思想 …………… 20
リング ……………………………… 188	教育実習　→教育実習 …………… 137
学校生活　→学校生活 …………… 211	教育指標　→教育事情 …………… 23
学校創立者　→学校教育一般 …… 105	教育社会学　→教育一般 …………… 1
学校図書館　→学校図書館 ……… 217	教育心理　→教育心理 …………… 67
学校保健　→学校保健 …………… 128	教育政策　→教育政策 …………… 64
学校名　→学校教育一般 ………… 105	教育制度　→教育制度 …………… 31
学校薬剤師　→学校保健 ………… 128	教育相談　→教育相談・学校カウンセリ
家庭科　→技術・家庭科 ………… 175	ング ………………………………… 188
家庭環境　→家庭環境・家庭問題 …… 79	教育団体　→教育一般 ……………… 1
家庭教育　→家庭教育一般 ……… 72	教育統計　→教育一般 ……………… 1
家庭問題　→家庭環境・家庭問題 …… 79	教育特区　→教育改革 …………… 66
カナダ　→留学 …………………… 221	教育判例　→教育制度 …………… 31
カリキュラム　→教育課程 ……… 141	教育費　→教育財政 ……………… 62
環境教育　→環境教育 …………… 180	教育評価　→評価 ………………… 190
韓国　→海外の大学 ……………… 236	教育法規　→教育制度 …………… 31
観察　→理科 ……………………… 159	教育問題　→教育一般 ……………… 1
関西学院大学　→私立大学 ……… 234	教員研修　→教員研修 …………… 138
危機管理　→学校安全 …………… 214	教員養成　→教員養成 …………… 137
帰国子女教育　→外国人子女・帰国子女	教科書　→教科書 ………………… 191
教育 ………………………………… 207	教科別教育　→教科別教育 ……… 145
技術科　→技術・家庭科 ………… 175	教材　→学習指導 ………………… 142
岐阜県　→教育制度 ……………… 31	教師　→教師 ……………………… 140
虐待　→児童虐待 ………………… 80	教授法　→大学教職員 …………… 239
キャリア教育　→キャリア教育 … 187	教職員　→教職員 ………………… 134
給食指導　→給食指導 …………… 212	矯正　→青少年犯罪 ……………… 284
教育　→教育一般 …………………… 1	兄弟関係　→兄弟関係 …………… 79
教育委員会　→教育行政 ………… 55	教務　→教職員 …………………… 134
教育改革　→教育改革 …………… 66	勤労青少年　→労働 ……………… 285
教育学　→教育学 ………………… 18	クラブ活動　→部活動 …………… 211
教育課題　→教員研修 …………… 138	慶応義塾大学　→私立大学 ……… 234
教育課程　→教育課程 …………… 141	研究者　→大学教職員 …………… 239
教育行政　→教育行政 …………… 55	研究助成金　→大学 ……………… 228
教育研究　→教育一般 ……………… 1	健康相談　→学校保健 …………… 128
教育工学　→学校教育一般 ……… 105	高校留学　→留学 ………………… 221
教育財政　→教育財政 …………… 62	高等学校　→進路指導 …………… 186
教育雑誌　→教育一般 ……………… 1	高等専門学校　→大学教職員 …… 239

388　学校・教育問題レファレンスブック

講話　→学校行事 ……………………… 209	社会人　→就職 ………………………… 247
国語科　→国語科 ……………………… 146	修学旅行　→学校行事 ………………… 209
国際交流　→国際交流 ………………… 273	住環境　→住環境 ……………………… 82
国際理解教育　→国際理解教育 ……… 179	自由研究　→理科 ……………………… 159
子育て　→子育て ……………………… 75	就職　→就職 …………………………… 247
子育て支援　→子育て支援 …………… 77	就労支援　→労働 ……………………… 285
コーチング　→教師 …………………… 140	授業　→学習指導 ……………………… 142
国公立大学　→国公立大学 …………… 232	授業評価　→大学教育 ………………… 238
国定教科書　→教科書 ………………… 191	受験　→幼児教育 ……………………… 84
子ども手当　→児童手当 ……………… 282	シュタイナー教育　→教育思想 ……… 20
子どもの人権　→子どもの人権 ……… 182	手話　→聴覚障害 ……………………… 198
子ども白書　→青少年文化 …………… 256	生涯学習　→生涯学習 ………………… 273
子ども文庫　→図書館 ………………… 276	障害児保育　→障害児保育 …………… 99
雇用　→労働 …………………………… 285	障害者教育　→障害者教育 …………… 192
コンピュータ教育　→情報科 ………… 176	小学校英語　→小学校英語 …………… 156
	少子化　→少子化 ……………………… 254
【さ】	少年司法　→少年司法 ………………… 284
	消費者教育　→消費者教育 …………… 181
作文　→国語科 ………………………… 146	消費生活　→実態調査 ………………… 267
里親制度　→家庭環境・家庭問題 …… 79	情報科　→情報科 ……………………… 176
産業教育　→キャリア教育 …………… 187	食育　→給食指導 ……………………… 212
算数科　→算数・数学科 ……………… 157	職業案内　→就職 ……………………… 247
視覚障害　→視覚障害 ………………… 198	職業教育　→キャリア教育 …………… 187
私学必携　→学校教育一般 …………… 105	職業能力開発施設　→就職 …………… 247
辞書引き学習　→学習法 ……………… 73	食生活　→実態調査 …………………… 267
実験　→理科 …………………………… 159	職場体験学習　→キャリア教育 ……… 187
実態調査　→実態調査 ………………… 267	書写　→国語科 ………………………… 146
児童会活動　→特別活動 ……………… 208	女性学教育　→社会教育一般 ………… 252
児童虐待　→児童虐待 ………………… 80	初年次教育　→大学教育 ……………… 238
児童教育　→教育一般 ………………… 1	調べ学習　→その他の教育 …………… 177
指導計画　→学習指導 ………………… 142	私立大学　→私立大学 ………………… 234
児童健全育成　→児童健全育成 ……… 272	人権教育　→人権教育 ………………… 181
児童診断　→精神衛生 ………………… 70	新社会人　→就職 ……………………… 247
児童手当　→児童手当 ………………… 282	心理療法　→精神衛生 ………………… 70
児童図書館　→図書館 ………………… 276	進路指導　→進路指導 ………………… 186
児童の指導・理解　→児童の指導・理解 … 211	数学科　→算数・数学科 ……………… 157
児童福祉　→児童福祉 ………………… 277	図画工作科　→図画工作・美術科 …… 169
児童養護施設　→児童福祉 …………… 277	スクールカウンセリング　→教育相談・
自閉症　→発達障害 …………………… 201	学校カウンセリング ………………… 188
社会科　→社会科 ……………………… 163	スポーツ　→実態調査 ………………… 267
社会教育　→社会教育一般 …………… 252	スポーツ指導　→体育科 ……………… 170
	生活科　→生活科 ……………………… 169

せいか　　　　　　　　　　　　　　事項名索引

生活指導　→児童の指導・理解 …………… 211	地図　→社会科 ……………………………… 163
性教育　→性教育 ………………………… 173	中央教育審議会　→教育政策 ……………… 64
青少年教育　→青少年教育 ……………… 271	中近東　→海外の教育事情 ………………… 28
青少年白書　→青少年文化 ……………… 256	中国
青少年犯罪　→青少年犯罪 ……………… 284	→留学 ………………………………………… 221
青少年文化　→青少年文化 ……………… 256	→海外の大学 …………………………… 236
青少年問題　→青少年問題 ……………… 283	中退　→不登校・ひきこもり ……………… 217
精神衛生　→精神衛生 ……………………… 70	中南米　→海外の教育事情 ………………… 28
成績評価　→大学教育 …………………… 238	聴覚障害　→聴覚障害 …………………… 198
生徒会活動　→特別活動 ………………… 208	地理教育　→社会科 ……………………… 163
生徒指導　→児童の指導・理解 …………… 211	通信教育　→通信教育 …………………… 226
製品安全教育　→その他の教育 ………… 177	デザイン教育　→図画工作・美術科 …… 169
生物　→理科 ……………………………… 159	点字　→視覚障害 ………………………… 198
全国学校総覧　→学校教育一般 ………… 105	転部　→大学 ……………………………… 228
総合的な学習　→総合的な学習 ………… 179	ドイツ　→留学 …………………………… 221
	東京大学　→国公立大学 ………………… 232
	東京都　→学校教育一般 ………………… 105
	登校拒否　→不登校・ひきこもり ……… 217
	道徳科　→道徳科 ………………………… 174

【た】

体育科　→体育科 ………………………… 170	特殊教育　→特別支援教育 ……………… 206
大学　→大学 ……………………………… 228	特別活動　→特別活動 …………………… 208
大学院　→大学院 ………………………… 237	特別支援教育　→特別支援教育 ………… 206
大学教育　→大学教育 …………………… 238	図書館
大学教員　→大学教員 …………………… 245	→学校図書館 …………………………… 217
大学経営　→大学経営 …………………… 232	→大学附属機関 ………………………… 235
大学研究所　→大学附属機関 …………… 235	→図書館 ………………………………… 276
大学職員　→大学教職員 ………………… 239	富山県　→教育制度 ……………………… 31
大学生　→大学生 ………………………… 246	
大学図書館　→大学附属機関 …………… 235	
大学博物館　→大学附属機関 …………… 235	
大学附属機関　→大学附属機関 ………… 235	

【な】

大学ブランド　→大学 …………………… 228	習い事　→家庭教育一般 …………………… 72
大学留学　→留学 ………………………… 221	奈良県　→教育行政 ………………………… 55
待機児童　→保育所 ……………………… 100	ネグレクト　→児童虐待 …………………… 80
代替養育　→家庭環境・家庭問題 ………… 79	ノーベル賞　→ノーベル賞 ……………… 237
大洋州　→海外の教育事情 ………………… 28	
台湾　→海外の大学 ……………………… 236	
多文化教育　→国際理解教育 …………… 179	

【は】

短期大学　→大学教職員 ………………… 239	博士録　→大学院 ………………………… 237
担任　→学級経営 ………………………… 131	博士論文　→大学院 ……………………… 237
地域貢献　→福祉・ボランティア教育 …… 183	
地学　→理科 ……………………………… 159	

390　学校・教育問題レファレンスブック

発達障害　→発達障害 ………………… 201
発達心理学　→発達心理学 ……………… 69
パネルシアター　→幼児保育 …………… 85
犯罪
　→学校安全 …………………………… 214
　→青少年犯罪 ………………………… 284
比較教育学　→教育事情 ………………… 23
ひきこもり　→不登校・ひきこもり …… 217
PISA　→OECD生徒の学習到達度調査
　（PISA） ……………………………… 189
美術科　→図画工作・美術科 …………… 169
評価　→評価 …………………………… 190
兵庫県　→学校教育一般 ………………… 105
広島県　→教育制度 ……………………… 31
貧困　→児童福祉 ………………………… 277
部活動　→部活動 ……………………… 211
福祉教育　→福祉・ボランティア教育 … 183
福祉施設実習　→保育士 ………………… 103
物理　→理科 …………………………… 159
不登校　→不登校・ひきこもり ………… 217
フリーター　→アルバイト・フリーター … 250
フレーベル　→教育思想 ………………… 20
文教施策　→教育政策 …………………… 64
平和教育　→平和教育 …………………… 179
ペスタロッチー　→教育思想 …………… 20
編入　→大学 …………………………… 228
保育　→幼児教育・保育一般 …………… 83
保育士　→保育士 ……………………… 103
保育所　→保育所 ……………………… 100
保育白書　→幼児保育 …………………… 85
防災教育　→学校安全 …………………… 214
防犯　→学校安全 ……………………… 214
保健科　→保健科 ……………………… 172
保護者会　→学校行事 …………………… 209
北海道　→教育制度 ……………………… 31
ボランティア教育　→福祉・ボランティ
　ア教育 ………………………………… 183

【ま】

緑のふるさと協力隊　→福祉・ボラン
　ティア教育 …………………………… 183

盲学校　→障害者教育 …………………… 192
ものづくり　→その他の教育 …………… 177
モンテッソーリ教育　→教育思想 ……… 20
文部科学省　→教育行政 ………………… 55
文部科学白書　→教育行政 ……………… 55

【や】

養護学校　→障害者教育 ………………… 192
養護教諭　→学校保健 …………………… 128
幼児教育
　→幼児教育・保育一般 ……………… 83
　→幼児教育 …………………………… 84
幼児保育　→幼児保育 …………………… 85
幼稚園　→幼稚園 ……………………… 85
幼・保・小連携　→幼児教育・保育一般 … 83
予備校　→教育産業 ……………………… 31
読み聞かせ　→読み聞かせ ……………… 73
ヨーロッパ　→海外の教育事情 ………… 28

【ら】

ライフスタイル　→ライフスタイル …… 269
理科　→理科 …………………………… 159
リーディング　→英語科 ………………… 153
留学　→留学 …………………………… 221
留学生　→留学生 ……………………… 225
例規　→教育制度 ……………………… 31
歴史教育　→社会科 …………………… 163
連絡帳　→保育士 ……………………… 103
聾学校　→障害者教育 …………………… 192
労働　→労働 …………………………… 285

【わ】

和歌山県　→教育制度 …………………… 31

学校・教育問題レファレンスブック

2013年9月25日　第1刷発行

発 行 者／大高利夫
編集・発行／日外アソシエーツ株式会社
　　　　　〒143-8550 東京都大田区大森北1-23-8 第3下川ビル
　　　　　電話 (03)3763-5241(代表)　FAX(03)3764-0845
　　　　　URL http://www.nichigai.co.jp/
発 売 元／株式会社紀伊國屋書店
　　　　　〒163-8636 東京都新宿区新宿3-17-7
　　　　　電話 (03)3354-0131(代表)
　　　　　ホールセール部(営業)　電話 (03)6910-0519

電算漢字処理／日外アソシエーツ株式会社
印刷・製本／株式会社平河工業社

不許複製・禁無断転載　　　《中性紙三菱クリームエレガ使用》
〈落丁・乱丁本はお取り替えいたします〉
ISBN978-4-8169-2432-3　　　Printed in Japan,2013

本書はディジタルデータでご利用いただくことができます。詳細はお問い合わせください。

日本教育史事典―トピックス1868-2010

A5・500頁　定価14,910円（本体14,200円）　2011.5刊

1868～2010年の、日本の教育に関するトピック3,776件を年月日順に掲載した記録事典。教育政策・制度、関連の法律、学校設立、教育現場の事件など幅広いテーマを収録。「分野別索引」「人名索引」「事項名索引」付き。

ヤングアダルトの本　教科書の名作3000冊

A5・450頁　定価8,400円（本体8,000円）　2013.4刊

ヤングアダルト世代向けのテーマ別図書目録。書誌事項と内容情報がわかる。中学国語の教科書に載った図書3,308冊を収録。

ヤングアダルトの本　職業・仕事への理解を深める4000冊

A5・430頁　定価8,400円（本体8,000円）　2011.9刊

ヤングアダルト世代向けのテーマ別図書目録。書誌事項と内容情報がわかる。「モノづくり」「販売」「運輸」など探しやすい分野別構成で、「弁護士」「レスキュー隊」「犬訓練士」など341の職業・資格に関するノンフィクション・なり方ガイドを収録。

子どもの本　教科書にのった名作2000冊

A5・380頁　定価7,980円（本体7,600円）　2013.3刊

児童書を分野ごとにガイドするシリーズ。子どもたちにも理解できる表現を使った見出しのもとに関連の図書を一覧。国語の教科書にのった作品が読める本2,215冊を収録。

子どもの本　美術・音楽にふれる2000冊

A5・320頁　定価7,980円（本体7,600円）　2012.7刊

児童書を分野ごとにガイドするシリーズ。子どもたちにも理解できる表現を使った見出しのもとに関連の図書を一覧。「美術館に行ってみよう」「オーケストラについて知ろう」など、美術・音楽について小学生を対象に書かれた本2,419冊を収録。

データベースカンパニー
日外アソシエーツ
〒143-8550　東京都大田区大森北1-23-8
TEL.(03)3763-5241　FAX.(03)3764-0845　http://www.nichigai.co.jp/